社会统计学（第五版）

Social Statistics

卢淑华 编著

图书在版编目(CIP)数据

社会统计学/卢淑华编著. —5 版. —北京：北京大学出版社，2021.8
21 世纪社会学规划教材. 社会学系列
ISBN 978-7-301-31723-5

Ⅰ. ①社… Ⅱ. ①卢… Ⅲ. ①社会统计—高等学校—教材 Ⅳ. ①C91-03
中国版本图书馆 CIP 数据核字(2020)第 192764 号

书　　　名	社会统计学（第五版） SHEHUI TONGJIXUE（DI-WU BAN）
著作责任者	卢淑华　编著
责 任 编 辑	武　岳
标 准 书 号	ISBN 978-7-301-31723-5
出 版 发 行	北京大学出版社
地　　　址	北京市海淀区成府路 205 号　100871
网　　　址	http://www.pup.cn
新 浪 微 博	@北京大学出版社　@未名社科-北大图书
微信公众号	北京大学出版社　北大出版社社科图书
电 子 邮 箱	编辑部 ss@pup.cn　总编室 zpup@pup.cn
电　　　话	邮购部 010-62752015　发行部 010-62750672　编辑部 010-62753121
印 刷 者	河北滦县鑫华书刊印刷厂
经 销 者	新华书店
	730 毫米×980 毫米　16 开本　36.5 印张　743 千字 1989 年 8 月第 1 版　2001 年 6 月重排本（第 2 版） 2005 年 5 月第 3 版　2009 年 11 月第 4 版 2021 年 8 月第 5 版　2024 年 7 月第 5 次印刷
定　　　价	88.00 元

未经许可，不得以任何方式复制或抄袭本书之部分或全部内容。
版权所有，侵权必究
举报电话：010-62752024　电子邮箱：fd@pup.cn
图书如有印装质量问题，请与出版部联系，电话：010-62756370

第五版前言

本书自 2009 年第四版出版以来，转眼又十余年过去了，其间共印刷了 17 次，累计印刷达 36 次。如果从 1989 年本书初次问世算起，已经历了三十余年，最初的读者，现在应该是其儿辈在读了。为此，有人说，教材已成"经典"了。当然"经典"还不敢当，只能当作是鼓励、鞭策和期盼吧！

本次改版已有的章节内容没有改动，只是新增了两章：多元分析简述和纵贯分析简述。增加多元分析的原因是，考虑到原教材只是介绍了社会统计分析中的基础部分，增加了多元内容，可以帮助读者更好地了解基础知识在总体中的位置，对于不准备进一步学习更高级多元统计技术的读者，可以对社会统计分析有较完整的了解。

纵贯分析一词，顾名思义，指的是对事物的动态研究。在经济类的"统计学原理"课程中，称"时间数列"；在"统计学"课程中，称"时间序列"。社会研究中的动态分析，在《社会研究的统计应用》（李沛良著，社会科学文献出版社 2001 年版）一书中，称社会变迁分析，实际介绍的是纵贯分析，这里为了和内容相一致，索性用了纵贯分析作为这一章的标题。纵贯分析介绍的是样本多次时序性重复调查所进行的分析和研究。所用到的统计方法，从单变量的统计图、统计表，直至相关、回归、统计模型，几乎可以无所不用，这是和本书前面各章编排系统完全不同的。这一章可看作是统计方法在纵贯分析中的综合应用。

纵贯分析或称时间序列、社会变迁分析，传统的分析方法有图、表、趋势分析等，而现代的分析，则将时间序列看作随机过程，通过变量自身的相关和回归，探索建立优化的模型。对这些内容的处理，需要复杂的统计模型，这远远超出本书的范围。因此这次增加的两章，无论是多元分析，或是纵贯分析，都只是概念性的浅显入门知识，需要进一步了解的读者，可参考有关的多元分析书籍。

本教材是大学本科生用，学时设置为 80 学时，因此增加的两章，只作选读，不设习题。

最后，谨向多年来关心本书，采用本书，不远万里给本书寄来宝贵意见的广大师生和读者表示感谢。同时，还要感谢出版社的全体同人，每一次的印刷或修改，无不包含了大家辛勤的劳动和汗水。特别是这次，本书责任编辑武岳老师，为了使本书更上一层楼，不辞辛苦地向有关专家征求意见，使本次修改有了更广泛的基础，作者在此表示深深感谢。

作　者

2021年初于北京大学社会学系

第四版前言

今年距本书首次印刷已经20年了,回顾20年来,从最初经过了6年才有了第二次印刷,到目前每年都要两次印刷,说明了读者对本书的肯定。例如有的读者说:"自己原本不是社会学出身,对报考社会学研究生感到胆怯,但当读到这本统计学时,有了信心,从而决心报考社会学研究生。如今我已经走上与社会学有关的工作岗位了。"有的社会学毕业生说:"这是我走上人生职场,立即就能用的一门学问。"有的老师说:"这是目前国内介绍社会统计学知识(本科层次)最完整,也最符合社会学专业本科教学特点的教材。"由于读者群的扩大,每每在不同场合,遇到我不认识的人,听到他们送上一句"我读过你的书!"时,我都一再感受到本书存在的价值和责任。我想,本书受欢迎的原因,是把高深的统计知识,浅显地介绍给了读者。所谓:"深了讲,容易。浅了讲,难!"当然,前提是,讲解本身是正确、不走样的。

本次修订,参考了一些新近出版的有关书籍和杂志,特别是有关统计包应用方面的书籍。正如作者一贯强调的,本书是一本专业基础教材,内容是基本的统计知识,虽然有过两次改版,但总体结构没有大的改变。本次也不例外,下面是本次修改的内容及说明:

1. 第二章增加了多项选择的讨论。虽然从制作统计表来说,似乎没有什么新内容要增加,但调查中确实经常会遇到多项选择问题,SPSS也没有专门的处理技术对此加以说明。为此,本次改版做了讨论。此外,在集中趋势的比较中,增加了对出现双峰可能原因的说明。

2. 第三章增加了概率数值大小,偏态、峰态的例题,说明它们实际的含义。逆概公式一节中,增加了和人们健康紧密相关的体检例题,以加深对统计知识实用性的理解。

3. 第八章又增加了一例第二类纳伪概率的计算,以便说明样本容量在推论中的重要性。

4. 第十一章增加了1984年美国社会统计学家休伯特·M.布莱洛克(Hubert M. Blalock)来华讲学,有关研究单位层次间推论的一段话。

5. 第十三章增加了 SPSS 统计包中提供的,用以检验分布正态性的 Normal P-P 图法。

在此修订之际,我要感谢我系的阮桂海和林彬两位教授和我所做的有益讨论。三亚学院的陈飞强老师,虽然素昧平生,但出于对教学认真负责的态度,寄来了他教学中发现书中的印刷错误,以及同学容易混淆的地方,谨此表示感谢!

最后对长期关心和帮助本书出版的读者、教师、出版社的同人表示深深的敬意!没有大家的辛勤参与,本书是不可能持续至今的。

作　者

2009 年 8 月于北京大学社会学系

关于修改例题部分内容的说明

本书自 1989 年出版，至今已累计印刷达 16 次。其间虽有两次修改版，但书中例、习题基本保留。考虑到近二十年我国社会生活变化巨大，书中不少例题已经过时或不符合当前的情况，而作为通过社会生活介绍统计知识的应用统计学，虽然全书的统计知识不需修改，但例、习题有必要作适当修改。修改中，作者仍然本着一贯的原则，即例题是为介绍和掌握统计知识服务的，只要能说明问题，例、习题应越贴近生活易懂越好，绝不采用生硬难懂的专业术语，以便广大的读者群，包括非社会学专业的，都可正确地理解统计的知识。

最后须要强调的，本书自 2006 年底，大部分图表都做成了多媒体形式，欢迎老师免费下载（详见本书第三版第 5 次以后各次印刷版本的末页）。网址是：http://www.pup.cn。

作　者

2007 年岁末于北京大学社会学系

2005 年版前言

本书自 1989 年问世，2000 年重排后，如今总印刷已达 10 次了。其间除作者在北京大学社会学系历届使用外，还得到了兄弟院校相关专业的使用，从而累积了不少有益的交流和值得修改的地方。但本书是一本专业基础课的教材，一方面基本内容和体系是不变的，另一方面篇幅也不宜过长。因此这次把要增添的内容只做扼要介绍，有的则放在注释中给出，未做太大的展开。本次修改有如下几点：

1. 进一步统一了术语，如频数、频次都统一为频次。
2. 第三章至第六章、第八章、第十三章都有部分内容改为选读，这样既保持了统计知识体系的完整与水准，同时也便于多层次读者的使用。
3. 改写了部分例题的内容，以便更贴近当前社会生活的实际。
4. 根据读者的询问，某些公式在注释里给出了出处。
5. 根据多年教学的经验，对某些内容的顺序做了适当调整，如第十章第二节的部分内容。
6. 增加了某些内容和讨论，如配对与随机化设计、生态学谬误、实验性与非实验性研究、PPS 抽样，这些都在相应的第九章、第十一章、第十二章、第十五章有介绍。

最后，在此谨向关心本书、给本书提出过宝贵意见的师生、广大读者以及北大出版社的同人致意，没有他们的辛勤劳动，本书是不可能出版的。

作　者
2005 年 4 月于北京大学

重 排 本 前 言

《社会统计学》自1989年问世以来,如今已印刷了4次,累计印数达2万册。本次决定重新排版的原因,是经多次印刷后原版损毁严重,有的字迹模糊不清。所以从内容上讲,重排本与以往的版本基本相同。只在以下几处有些小的改动:

1. 第二章第一节一增加了组距式统计表的名称。
2. 第二章第一节二(三)增加了离散型定距变量采用组距式统计表的解释。
3. 第二章第一节四增加了累计图表的应用实例:洛伦茨曲线和基尼系数。
4. 第十章第三节三增加了对 λ 系数和 τ 系数的讨论,并引出了概率比概念。
5. 本书曾由北大出版社推荐,准备在中国台湾出版。为此,作者将书中的主要专业术语都补充了英语译名。现借重新排版之际一并推荐给读者,相信这是很有益的。

另外,新增加的附录是统计专业术语的中英文对照表。该表是按章汇总,词是按在各章出现的先后次序排列。

本书在出版的十余年中曾获北京大学科研成果奖、国家教委第二届普通高等学校优秀教材二等奖,以及在由北京市社科院主持的对全国开设社会学系或专业共16所大学全部硕士生、博士生以及他们的导师就社会学恢复以来主要课程教材的问卷调查中,本书获同类教材综合评分第一名(《社会学研究》1994年第5期)。在此修订之际,谨向读者表示深深的谢意。长江后浪推前浪,相信在现有教材抛砖引玉的基础上,必将有更优秀的教材问世。

作 者

2000年10月于北京大学

初 版 前 言

"社会统计学"是根据1985年11月国家教委在广州召开文科教学总结会上所确定的课程。它是社会学专业十门必修课中的一门。它与另一门必修课"社会学方法与社会调查研究"结合起来,完整地介绍了当代社会调查研究的科学方法和资料处理技术。其中社会统计学则是侧重介绍资料的收集、整理、分析和推论的处理技术。

社会统计学,正如一切其他领域的应用统计学,它的渊源都是来自概率论和数理统计学,因此都带有浓厚的数理统计学特色。但它和数理统计学教材或其他领域的应用统计学相比,有如下的特点:

1. 从内容阐述来讲,多取材于社会现象,并多采用直观、浅显的讲解,尽量减少数学上的难度,以适合文科学生的程度和需要。

2. 社会统计学根据变量的四个层次(定类、定序、定距和定比)组织与展开教材的内容,这是社会统计学所特有的,很适合社会现象的研究和学生对统计技术的掌握,这在国内其他应用统计中还未见过。

3. 根据社会现象的特点,社会统计学扩大了定类变量的讨论,特别是对列联表做了详尽的讨论。

4. 根据社会研究的需要,讨论了适合各种变量层次的统一相关强度定义方法和测量。这些量度的定义和公式,只有在社会统计学学科中才有系统的介绍。对这些公式的解释亦具有社会学研究的特色。

"社会统计学"课程是北京大学建立社会学系以来,因袁方教授鼎力倡导加强现代社会调查方法的研究而开设的。1984年开始,起初本教材内容在研究生中讲授;1986年以后,逐渐扩大到社会学系本科生。目前本书已作为社会学系本科生教材。研究生则以介绍多变量分析技术为主,这部分内容在本教材中没有编入,因为这样会更适合大学本科生的程度。

本教材由于已将数理统计学和社会研究中的应用融合在一起,并且对概率和数理统计知识的讲授也有一定的深度,因此,学生无须先进行概率论或其统计知识的学习,只需有高等数学的知识就可以了。本教材的讲授约需80学时。

此外，《社会统计学》的习题都是作者自己编写的，这些习题，有的已作为书中例题给出，有一些习题集中编在各章之后。

在编写本教材过程中，作者参考了大量国外社会统计学书籍，也吸收了国内外数理统计学和其他领域应用统计学的内容。就书中例题的内容来说，多结合近几年北大社会学系的研究课题和国内有关的课题。学生通过本教材的学习，可以直接学到统计技术在社会研究中的运用。

需要说明的是，国内统计学中的名称不够一致，经济类也有一些社会统计学，但就其内容来说与本书是不同的。本书以数理统计学为基础，并注意与国外社会统计学名称与讲授内容的一致性。

这本教材已被国家教委批准作为高等学校社会学专业的统编教材。由于社会学目前在我国还处在恢复初建阶段，教材建设亟待完善，作为第一本社会统计学教材，错误不当之处在所难免，切望国内同行和广大读者批评指正。

本教材在审编过程中，承蒙北大经济管理系胡健颖教授细心审阅，北师大数学系李占柄教授对书中公式做了审查，北大出版社王禹功副编审和苏勇副编审以及中国社科院社会学所唐军同志为本书的出版付出了辛勤劳动，特此致以谢意，并向一切关心过本书出版的社会学系师生员工致意。

作　者

1989年5月于北京大学

目 录

第一章 社会学研究与统计分析 ……………………………………… (1)
  第一节 社会学研究的科学性 ………………………………… (1)
  第二节 社会调查资料的特点和统计学的运用 ……………… (7)
  第三节 怎样选用统计分析方法 ……………………………… (16)

第二章 单变量统计描述分析 …………………………………………… (21)
  第一节 分布 统计表 统计图 ……………………………… (21)
  第二节 集中趋势测量法 ……………………………………… (43)
  第三节 离散趋势测量法 ……………………………………… (52)
  习 题 …………………………………………………………… (60)

第三章 概率 ……………………………………………………………… (64)
  第一节 基础概率 ……………………………………………… (64)
  第二节 概率分布、均值与方差 ……………………………… (91)
  习 题 …………………………………………………………… (111)

第四章 二项分布及其他离散型随机变量的分布 ……………………… (114)
  第一节 二点分布 ……………………………………………… (114)
  第二节 排列与组合 …………………………………………… (116)
  第三节 二项分布 ……………………………………………… (119)
  第四节 多项分布 ……………………………………………… (126)
  第五节 超几何分布 …………………………………………… (134)
  第六节 泊松分布 ……………………………………………… (138)
  习 题 …………………………………………………………… (143)

第五章 正态分布、常用统计分布和极限定理 ………………………… (144)
  第一节 什么是正态分布 ……………………………………… (144)
  第二节 标准正态分布 ………………………………………… (151)
  第三节 标准正态分布表的使用 ……………………………… (157)

第四节　常用统计分布 …………………………………… (161)
　　第五节　大数定理与中心极限定理 ……………………… (166)
　　习　　题 …………………………………………………… (182)

第六章　参数估计 ……………………………………………… (183)
　　第一节　统计推论 ………………………………………… (183)
　　第二节　名词解释 ………………………………………… (185)
　　第三节　参数的点估计 …………………………………… (187)
　　第四节　抽样分布 ………………………………………… (197)
　　第五节　正态总体的区间估计 …………………………… (204)
　　第六节　大样本区间估计 ………………………………… (215)
　　习　　题 …………………………………………………… (225)

第七章　假设检验的基本概念 ………………………………… (227)
　　第一节　统计假设 ………………………………………… (227)
　　第二节　统计检验中的名词 ……………………………… (231)
　　第三节　假设检验的步骤和两类错误 …………………… (236)

第八章　单总体假设检验 ……………………………………… (242)
　　第一节　大样本假设检验 ………………………………… (242)
　　第二节　小样本假设检验 ………………………………… (249)
　　习　　题 …………………………………………………… (255)

第九章　二总体假设检验(二分变量-二分变量；
　　　　　二分变量-定距变量) ……………………………… (256)
　　第一节　引言 ……………………………………………… (256)
　　第二节　大样本二总体假设检验 ………………………… (258)
　　第三节　小样本二总体假设检验 ………………………… (264)
　　第四节　配对样本的比较 ………………………………… (270)
　　习　　题 …………………………………………………… (273)

第十章　列联表(定类变量-定类变量) ……………………… (275)
　　第一节　什么是列联表 …………………………………… (275)
　　第二节　列联表的检验 …………………………………… (283)
　　第三节　列联强度 ………………………………………… (292)
　　习　　题 …………………………………………………… (312)

第十一章 等级相关（定序变量-定序变量） (314)
- 第一节 斯皮尔曼等级相关系数 (314)
- 第二节 Gamma 等级相关 (323)
- 第三节 其他等级相关系数 (331)
- 习题 (337)

第十二章 回归与相关（定距变量-定距变量） (339)
- 第一节 回归研究的对象 (339)
- 第二节 回归直线方程的建立与最小二乘法 (342)
- 第三节 回归方程的假定与检验 (346)
- 第四节 相关 (355)
- 第五节 用回归方程进行预测 (368)
- 习题 (373)

第十三章 方差分析（定类变量-定距变量） (375)
- 第一节 引言 (375)
- 第二节 一元方差分析 (376)
- 第三节 二元方差分析 (390)
- 第四节 多元方差分析 (416)
- 习题 (420)

第十四章 非参数检验（定类变量-定序变量） (422)
- 第一节 非参数检验 (422)
- 第二节 符号检验 (423)
- 第三节 符号秩检验 (430)
- 第四节 秩和检验 (433)
- 第五节 游程检验 (435)
- 第六节 累计频次检验 (438)
- 第七节 两个以上样本的非参数检验 (443)
- 习题 (446)

第十五章 抽样 (449)
- 第一节 引言 (449)
- 第二节 抽样调查方法 (450)
- 第三节 抽样误差 (455)

第四节　样本容量的确定 ……………………………………… (470)
　　习　题 …………………………………………………………… (475)

第十六章　多元分析简述 …………………………………………… (476)
　　第一节　控制变量 ………………………………………………… (476)
　　第二节　多元线性回归 …………………………………………… (482)
　　第三节　其他类型的多元分析 …………………………………… (497)
　　第四节　对数线性模型 …………………………………………… (504)

第十七章　纵贯分析简述 …………………………………………… (508)
　　第一节　什么是纵贯分析 ………………………………………… (508)
　　第二节　重复样本调查的数据分析 ……………………………… (511)
　　第三节　固定样本调查的数据分析 ……………………………… (520)

附　表 ………………………………………………………………… (532)
　　附表1　随机数字表 ……………………………………………… (532)
　　附表2　二项分布表 ……………………………………………… (534)
　　附表3　泊松分布表 ……………………………………………… (538)
　　附表4　标准正态分布表 ………………………………………… (540)
　　附表5　t分布表 ………………………………………………… (541)
　　附表6　χ^2分布表 …………………………………………… (543)
　　附表7　F分布表 ………………………………………………… (546)
　　附表8　相关系数检验表 ………………………………………… (555)
　　附表9　符号秩检验表 …………………………………………… (556)
　　附表10　秩和检验表 …………………………………………… (557)
　　附表11　游程数检验表 ………………………………………… (558)

附录　统计术语中英文对照 ………………………………………… (560)

参考书目 ……………………………………………………………… (568)

第一章

社会学研究与统计分析

第一节 社会学研究的科学性

社会学是一门研究不断变化着的社会生活的科学,提起社会学研究,人们很自然地就会想到社会调查。社会学工作者凭借社会这样一个大工厂,对社会的资料进行收集、整理和分析,以便对社会学的假设、理论进行谨慎的求证。社会对于社会学来说,犹如实验室、工厂对于自然科学一样,它是进行科学研究的源泉和手段。通过社会调查进行社会学研究,其成果与自然科学通过科学实验获取成果具有同等的科学价值。社会调查在社会学的现代化科学研究中,扮演了重要的角色。下面让我们来回顾一下社会研究方法课程中所列举的社会调查研究的大致步骤。

一、确定课题

社会现象,包罗万千,如何从中确定研究的课题呢?首先,课题的研究必须具有社会价值;其次,还要考虑人力、物力的可能。社会学研究课题除了少部分来源于社会学理论外,大部分都是来源于当前的社会现实和要解决的实际问题。因此,社会学的研究具有强烈的时代感,是直接为国家现代化服务的。例如,为配合我国当前构建和谐社会,社会学工作者进行了大量关于社会各阶层利益的调查、效率与公平的调查,这些都为国家的有关决策提供了可靠的依据。可以不夸张地说,社会学在社会信息全面的提供上,起到了其他学科不可替代的作用。

二、了解情况

在确定研究课题之后,通过查阅文献和向有经验、有知识的人,了解本课题已有的进展。同时,更重要的还要向社会进行了解。运用个案调查、典型调查进行探索性研究,了解人们现实的想法与动态,以便取得第一手资料。

三、建立假设

在前两步的基础上,明确研究的范围,并在初步探索的基础上,提出一定的想法和建立假设。

举例说,如果我们确定的课题是有关生育意愿的问题,那么,通过探索性研究,发现生育的意愿是因人而异的。具体说,文化程度高的人,希望生育的子女数就比文化程度低的要少些。城市的居民又比农村的居民希望生育的子女数要少些。这里我们不仅讨论孤立的社会现象,诸如希望生育的子女数、文化程度、地区等,同时还要研究社会现象之间的联系,例如希望生育的子女数与文化程度之间的联系、希望生育的子女数与地区之间的联系。这称作命题或模型的研究。模型的表述有两种方式:

(1) **差异式**:差异式仅说明现象与现象之间存在关系。例如上面所谈的地区不同、生育意愿亦不相同就是差异式模型。

(2) **函数式**:函数式不仅表现了现象与现象之间存在关系,而且表现了两者间变化的方向:

A 高则 B 高(正比);

A 高则 B 低(反比)。

例如文化程度愈高,则生育意愿愈低就是反比关系。

需要强调的是,以上无论是对孤立的社会现象或是对模型的表达,都只是一种初步想法,或称假设。最终能否确认,还必须通过实践的检验。

四、确立概念和测量方法

通过上例可以看出,在社会学的研究中,需要采用适当的术语或概念来描述研究的对象。例如上例中就运用了"生育意愿"这样一个概念。概念是进行研究的基本单位,它犹如建筑大厦中的基石。通过它,才能建立起整体间的联系。概念一般具有抽象的属性,没有时间和空间的限制。抽象层次越高,所概括的现象越广。

概念不仅包括人们习惯了的一些术语,例如性别、职业、文化程度,同时还包括根据研究需要所设计出来的术语,又称构念。例如社会化、都市化、社会地位、社会适应、职业流动、和谐社会、白领犯罪、社会角色等。这些术语在使用时除了要考虑到社会约定俗成的解释外,都必须给出作者的定义,以免混淆。例如"角色"这个概念,其含义既可指客观对行为者的要求,也可指行为者主观上对自己的要求,还可指行为者的实际行动等。这些在使用中都必须有明确的界定。其次,上面所说的定义还只是抽象性的。为了进一步开展定量研究,还必须为所运用的概念建立定量测量的方法。犹如自然科学中,仅仅知道了温度的定义和公式还不够,还必须有人发明温度计来测量温度一样。社会学研究中所涉及的概念,也必须用一串可以观察、可以测量的指标来模拟它,这称作概念的操作化定义。试比较以下一组概念的抽象定义和操作化定义(表1-1)。

表 1-1 抽象定义与操作化定义的比较

概念	抽象定义	操作化定义
都市化	现代都市的生活形态	妇女就业人数;子女数;交通;通信手段等
个人现代化观念	一个人由于经济、工业等现代工业因素的影响所产生的内部变化	对时间、效率、家庭、亲属、消费、自信等具体问题的看法
子代偏重	经济上、感情上和生活上对子代过分偏重	子代抚育费与家庭平均消费的比较;子代过生日与长辈是否过生日的比较;花在子代闲暇时间的多少等

可见,抽象概念通过操作化定义得到了测量和量化。所谓操作化定义(Operational definition),或许是翻译不够传神,它的意思是通过概念的操作化,非量化的概念得以运算(Operation)、得以测量操作了!可见,概念的操作化使定性和定量研究之间架起了桥梁,它是定量研究的飞跃和艺术所在。任何一门学科定量研究的重要性,正如拉法格在《忆马克思》中所写到,马克思认为:"一种科学只有在成功地运用数学时,才算达到了真正完善的地步。"[①]

操作化定义就其本质来说,只是对抽象概念的间接测量。而间接测量的手段往往不是唯一的。正像通过液体体积的变化来间接测量温度一样,其温度计里装的液体既可以是水银,也可以是酒精。同样,操作化定义对于同一个概念也不是唯一的,而一个好的操作化定义应尽量模拟和包含抽象定义的内容。

或许会产生这样的问题:对于某些社会学的概念,在现实的社会中,是否会

---

① 中共中央马克思恩格斯列宁斯大林著作编译局编:《回忆马克思》,人民出版社2005年版,第191页。

出现无法找到作为间接测量的替代物或操作化定义？回答是否定的，正如恩格斯在《自然辩证法》一书中指出，人类的概念不过是一种简称，利用这种简称，"把许多不同的、可以从感觉上感知的事物，依照其共同的属性把握住"[①]。可见，社会学的每个概念都是对这种或那种现实存在的现象的概括和抽象，因此必然在社会生活中可以找到与之对应的经验层次的替代物，也就是操作化定义。而社会学工作者的任务，就在于发现这些概念的替代物，并使之不断完善。一般来说，一个效度高的操作化定义并不是很容易设计出来的。如果说统计分析技术还可以借助于统计工作者协作的话，那么，操作化定义的设计必须由课题研究人员自己来完成。而操作化定义设计的好坏则取决于研究人员对课题理解的深度、情况的掌握以及研究的素质和艺术。

概念及其操作化定义，在数量上或质量上往往有所变化，或者说概念的表现形式往往具有多值性。因此，概念可以看作为变量，而各种表现形式就是变量的不同取值。例如性别是概念，也是变量，而男和女则是变量的两种可能取值。下面列举一组变量及其可能的取值（表1-2）。

表 1-2 变量及其可能的取值

变量	变量的可能取值
性别	男；女
家庭子女数	1个；2个；3个；……
重要性	非常重要；一般；不重要
文化程度	大学；中学；小学；文盲

五、设计问卷

问卷是指一组与研究目标有关的问题。这些问题是根据概念操作化所提出的。问卷包括的内容一般有：

（1）事实：被访人的年龄、性别、职业、文化程度等。这些事实属于基本资料，在分析过程中，往往被当作自变量来考虑。

（2）态度与看法：被访人对某种行为、政策是否赞成，对某种职业的评价等。

（3）行为趋向：行为趋向具有假设性。要了解的往往是在某一种情况下，被访者会有什么样的行为。

[①] 《马克思恩格斯全集》第20卷，人民出版社1971年版，第579页。

(4) 理由：了解被访人采取某种态度和行为趋向的原因。

问卷的回答有两种方式：固定答题式和自由答题式。固定答题式一般是多种答案选择，这种问卷在大规模调查中经常使用。固定答题中答案的设计，取决于研究人员对问题实际情况了解的程度。为此，在探索性研究阶段，不妨采用自由答题式，以便收集到更多的活思想、新情况。

六、试填问卷

把问卷发给研究对象中的少数人试填，以便使问卷设计不周或遗漏之处，尽量在试填阶段予以纠正。否则，当大规模调查一经开始，纠正起来将相当困难，甚至不可能。这点凡具有实际经验的人，都知道它在调查研究中的实际价值和不可缺少性。

七、调查实施（抽样调查）

设计好问卷，下一步就可以开展大规模社会调查收集资料了。社会学研究很少采用全面调查，一般都是从研究总体中，科学地抽取一部分进行研究，然后从局部推论到全体。但即便是抽样社会调查，一般调查人数也在数百人以上。因此对于大型抽样社会调查，培训访问员协助调查是必需的。但研究人员在问卷调查中，自己也要参加一部分实地调查，以便及时发现问题，指导访问员和对访问员进行质量检查。

八、校核与登录

问卷回收之后，应立即逐份进行校核，看看是否有填错或明显不合理的部分。例如初婚年龄过小，家庭成员之间关系前后填写有矛盾，或编码不合理等。情况发现愈早，纠正起来愈方便。否则，时过境迁，无论访问员或被访者回忆起来，都将十分困难。问卷校核之后，可以将资料录入计算机保存起来，以便进一步处理。

九、统计分析与命题的检验

问卷回收的资料还只是原始的数据，它必须经过整理、归纳与分析，才能作为研究命题或假设的凭据。而资料的整理、归纳、分析，以及调查实施阶段收集资料的抽样方法，正是统计分析所要讨论的基本内容。

进行统计分析,其计算量一般都很大。目前这些大量重复、令人困倦的计算工作,一般都委以计算机去完成。例如国外常用的社会科学用软件包有 SPSS、SAS、LISREL 以及 StatPac 等,这些都有专门的软件包课程讲授。

通过统计分析,可以进行以下几方面工作:检验最初研究阶段的命题或假设是否得以证实或部分证实,并在此基础上对研究内容提出建议和确定进一步的研究方案。可见,社会研究方法是遵循了人们认识真理的基本规律的。那就是理论来源于实践,而又必须受到实践的检验。人们在理论联系实践的多次循环认识中,逐步掌握了事物的客观规律。

总结以上所谈的步骤,可以看出社会研究包括了不可缺少的两个层次(或两个层面)的结合(表 1-3)。

表 1-3 科学研究方法

	抽象层	概念	命题	理论
	经验层			
研究设计	原则	观察	测定	测定
		量度	分析	分析
	数据	搜集	使用计算机对数据记录、储存、管理与分析	

抽象层次包括前面列举的一、二、三步骤,主要目的在于确定课题、概念以及概念与概念之间假设的关系(命题)或一组命题。但作为科学研究,仅此还不够,还必须得到经验层次支持与证实。为此,必须搜集数据。而概念与搜集之间,必须通过观察与量度才能使研究得以量化。这就是研究设计的概念操作化。作为研究,一般都要分析社会现象与现象之间的关系,因此,在对概念进行操作化、搜集数据的同时,还要对所假设的命题或理论进行测定、分析和检验。而社会学工作者的能力则表现在自由穿梭于两个层面,富于想象而又清晰、明朗,这就是要求具有良好的社会学想象力。

下面用一个简化的循环图来说明社会学研究称之为科学研究的进程,它又称科学研究环(图 1-1)。其中,社会学理论和假设指导我们应该收集哪些资料,它是研究的基础,是定性的研究。而实践和经验概括则要解决资料如何收集、如何整理、如何分析和如何推论。

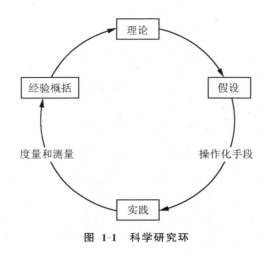

图 1-1 科学研究环

第二节 社会调查资料的特点和统计学的运用

第一节介绍了社会调查研究的全过程,以及非量化的抽象概念如何转化为量化的操作化定义,从而实现了从抽象层次向经验层次的过渡。下面将讨论根据这些量化的操作化定义所收集到的资料具有哪些特点以及在进行分析时需要采用统计学的原因。

一、社会调查资料的特点

(一)随机性

客观现象可以分作确定性现象和非确定性现象。例如,物体在重力作用下的降落是确定性的。我们只要知道物体开始降落时刻的高度和速度,就可以完全确定地预言在随后任一时刻的运动情况。同样,水在常压下,加热到 100℃ 必然沸腾,这也是确定性现象。对于确定性现象,其因果关系可归纳为:

"若 A,则必有 B。"

A 与 B 之间,存在着确定性的函数关系:

$$B = f(A)$$

和确定的函数图形(图 1-2)。

非确定性现象是指在某种条件下可能发生也可能不发生的现象。同样,如

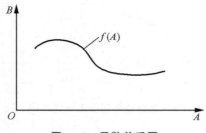

图 1-2 函数关系图

果把所指的某种条件也看作是一种现象,那么这两种现象可以说存在着某种关系,但却不是唯一的,是非确定性关系。比如说,如果两性具有相同的价值观,那他们就可能结为伴侣。这里只存在可能性,而非必然结为伴侣。实际上相同的价值观只能是两性结合的一项重要条件,但并不是全部条件。因此非确定性关系可归纳为:

若 A,则可能有 B;
但也可能有 C,
D,
E。

A 与 B 之间,表现为非确定性关系。A 和 B 之间虽然没有确定的函数关系和确定的函数图形,但 A 和 B 之间,仍然存在某种联系,其图形为图 1-3。

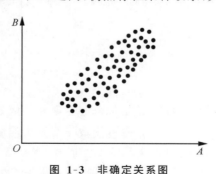

图 1-3 非确定关系图

通过散布图(图 1-3),我们仍能看出 A 与 B 之间的联系。例如,身高与体重之间的关系就表现为如上的散布图。

任何社会现象产生的原因都是十分复杂的。当我们仅研究其中的某一个或某几个因素时,剩下的未被研究的因素就可能处在不同的状态,从而导致现象不能完全地确定。因此,大部分社会现象都具有非确定性,现象与现象之间

第一章　社会学研究与统计分析

联系的命题也往往是非确定性的。我们不能像水在常压下到100℃必然沸腾那样来预言人到了某一年龄必然结婚。同样,也不能像抽查一滴水那样抽查一部分人的情况就知道全体人的情况。下面举例说明。

[例]1. 下面列举了某企业全部女工结婚年龄。假设总数 $N=100$(表1-4)。

表 1-4　某企业全部女工结婚年龄统计

人名代号	1	2	3	4	5	6	7	8	9	10	11	12	13	14	15
结婚年龄	25	25	24	27	25	26	24	28	27	26	25	25	26	22	21
16	17	18	19	20	21	22	23	24	25	26	27	28	29	30	31	32	33	34
25	25	27	22	24	26	27	24	26	27	25	26	27	28	27	24	27
35	36	37	38	39	40	41	42	43	44	45	46	47	48	49	50	51	52	53
26	29	27	22	22	19	24	27	26	24	20	30	26	25	24	28	32	25	26
54	55	56	57	58	59	60	61	62	63	64	65	66	67	68	69	70	71	72
24	25	24	19	25	25	27	23	30	25	28	25	28	19	24	25	27	25	26
73	74	75	76	77	78	79	80	81	82	83	84	85	86	87	88	89	90	91
24	22	26	28	25	25	26	26	25	24	25	25	27	25	26	24	22	23	26
92	93	94	95	96	97	98	99	100										
28	26	24	28	26	25	25	27	24										

企业女工的平均结婚年龄(总体平均值)

$$\bar{n} = 25.26 \text{ 岁}$$

现在如果进行的不是全体统计,而是抽查。例如从中任意地抽查10名,计算抽查的平均结婚年龄,并假设这样的抽查共进行了4次。于是有

$$\bar{n}_1 = 25.9 \text{ 岁}$$
$$\bar{n}_2 = 25.7 \text{ 岁}$$
$$\bar{n}_3 = 25.5 \text{ 岁}$$
$$\bar{n}_4 = 26.1 \text{ 岁}$$

可见,4次抽样结果相互都不相等,且都不等于总体的平均值:

$$\bar{n}_1 \neq \bar{n}_2 \neq \bar{n}_3 \neq \bar{n}_4 \neq \bar{n}$$

读者如果有兴趣,不妨自己也试一下:把人名代号作为100个阄,充分搅乱,从中摸10个,计算它的平均结婚年龄。

从上面4次抽样结果可以看出,对于社会调查资料,不存在局部平均值等于总体平均值的公式。这是和确定性现象所不同的。

下面再举一个总体百分比不等于抽样百分比的例子。

[例]2. 以下列举某企业职工对独生子女的看法。其中括号内的人名代号表示不赞成独生子女的。假设男、女总数都是100名(表1-5)。

表 1-5 某企业职工对独生子女的看法统计

男	女
1,2,3,(4),5,6,7,8,(9),10,(11),12,13,14,(15),(16),17,18,(19),20,21,22,23,(24),25,26,27,(28),29,(30),31,32,33,34,35,(36),(37),(38),39,40,(41),42,43,44,45,(46),47,48,49,(50),51,52,53,(54),55,(56),57,58,(59),60,(61),(62),63,64,65,(66),67,68,69,70,(71),72,73,74,(75),76,77,78,(79),80,81,82,83,(84),85,86,87,88,(89),90,91,(92),93,94,(95),96,(97),98,99,(100)	1,(2),3,(4),5,6,7,(8),9,10,(11),12,13,14,15,(16),(17),18,19,20,21,22,23,(24),25,26,(27),28,29,(30),31,32,(33),34,35,36,(37),(38),39,40,(41),42,(43),44,(45),46,47,48,(49),50,51,52,53,(54),55,(56),57,58,59,60,(61),62,63,64,65,66,(67),68,69,70,(71),72,73,74,(75),76,77,(78),(79),80,81,82,(83),84,85,(86),87,88,(89),90,91,(92),93,94,(95),(96),97,98,99,100

于是,总体情况有表1-6:

表 1-6 总体状况

	男	女
赞成	70人	70人
不赞成	30人	30人

与[例]1一样,为了比较总体与抽样结果,再进行抽查。每次男、女各抽25人。抽查的方法,仍然是抓阄,这样可以排除主观因素的干扰。下面列出二次抽查的结果(表1-7和表1-8)。如果读者有兴趣,不妨可以再抽几次,并记录其抽样结果。

表 1-7 第一次抽查

	男	女
赞成	17人	20人
不赞成	8人	5人

表 1-8 第二次抽查

	男	女
赞成	20人	18人
不赞成	5人	7人

比较表 1-7 和表 1-8 两次抽查的结果,其中第一次不赞成的人数是男多于女,而第二次却是女多于男。而我们知道实际总体(表 1-6)中男、女不赞成的总数是相等的,都等于 30%。可见,抽样结果的男多于女或女多于男都不反映总体的真实情况。

(二) 统计规律性

以上谈了社会调查资料的随机性、多种可能性或不确定性。由于存在着不确定性,因此在统计分析时,不能把局部的抽样结果或特征就看作总体的特征,但不确定性只是随机现象的一个方面,另一方面则是它潜在的统计规律性。婴儿的性别比就是一例。各家各户生男生女纯属偶然,但表 1-9 所列某市婴儿出生数的情况,清楚地表明男、女的性别比在大量统计的基础上却一直在 50% 左右摆动。

表 1-9 某市 1956—1975 年婴儿出生数及所占百分比

出生年份	男性		女性	
	人数	百分比	人数	百分比
1956	68 688	51.0	66 102	49.0
1957	71 803	50.0	71 768	50.0
1958	59 931	48.8	62 868	51.2
1959	55 675	49.7	56 441	50.3
1960	59 564	49.1	61 831	50.9
1961	50 464	49.6	51 346	50.4
1962	76 986	51.8	71 628	48.2
1963	92 953	51.5	87 598	48.5
1964	60 033	51.6	56 250	48.4
1965	43 089	51.4	40 811	48.6
1966	37 461	51.8	34 892	48.2
1967	37 066	51.7	34 585	48.3
1968	53 194	51.5	50 006	48.5
1969	46 385	51.7	43 418	48.3
1970	41 504	51.8	38 653	48.2
1971	37 507	51.4	35 476	48.6
1972	35 742	51.5	33 635	48.5
1973	33 046	51.5	31 098	48.5
1974	24 219	51.6	22 729	48.4
1975	22 062	51.8	20 547	48.2

资料来源:《社会》1983 年第 2 期。

可见，表面杂乱无章的随机现象，实际上是有其内在规律性的。恩格斯说过："表面上是偶然性在起作用的地方，这种偶然性始终是受内部的隐蔽着的规律支配的，而问题只是在于发现这些规律。"①表 1-9 婴儿性别的百分比就是隐蔽着的内部数量规律。这种规律性随着观察数目的增加将越为明显。

由于存在着随机性，人们就不能简单地把抽样结果当作总体分析的依据，这一点在前面已经谈了。但抽样结果与总体性质也并非毫无关系。统计的内在规律性，使我们可以透过抽样推论总体。抽样结果与总体性质是既有差别又有内在联系的两个量。

二、统计学的运用

统计学一词源远流长，它的含义随着时代的进步也在不断地变化。它的发源可追溯到拉丁词"*status*"，是中世纪拉丁语中国家的意义。最初统计学是用文字描述一个国家的情况和制度。到 19 世纪，统计学逐渐形成狭隘的意义：用数字的方法说明国家的特征。后来管理国家要掌握的数据实在太多，而且还涉及如何收集这些数据，于是统计学被用作是指这类数据收集、整理、分析和推论的方法。

从收集具有数据意义的统计资料来说，社会统计学应包括一切与社会研究有关的定量数据。从这个意义上来说，要界定社会统计学的领域与范围是很不容易的。因为统计的内容是不断变化的，同时与部门统计也有一定的重复。例如婚姻和家庭的统计，既是人口学感兴趣的，也是社会学感兴趣的；健康与疾病的统计既是医学工作者感兴趣的，也是社会统计感兴趣的。例如，我国国家统计局制定了《社会统计指标体系（草案）》，其中规定了社会统计内容有 13 个大类：(1) 自然环境；(2) 人口家庭；(3) 劳动；(4) 居民收入与消费；(5) 劳动保险与社会福利；(6) 住房与生活服务；(7) 教育与培训；(8) 科学研究；(9) 卫生与环境保护；(10) 文化与体育；(11) 生活时间分配；(12) 社会秩序与安全；(13) 政治活动与社会活动参与情况。

本书要介绍的社会统计学，并非指上面所介绍的具有数据意义的资料统计，而是它的最后一种含义，即介绍有关社会调查资料收集、整理、分析和推论的统计方法。基于本节"一"所谈社会资料的复杂性或多值性，以及由此产生的抽样数据的不确定性，决定了社会资料的分析和推论只能采用研究客观世界随机现象的数学工具，在我国称数理统计学，在西方称统计学，它是原有统计学含

---

① 《马克思恩格斯选集》第 4 卷，人民出版社 1995 年版，第 247 页。

义的延伸和发展。

数理统计学的分析方法不仅可以用于社会调查资料的分析,它在其他一切具有随机现象的领域都有着广泛的运用。例如它用于教育学称教育统计学;用于医学称医学统计学;用于体育称体育统计学。这些应用统计学虽然运用的领域各不相同,但由于所用的数学理论工具都是以概率论为基础的数理统计学,因此各应用统计学介绍方法的框架大致相同,所不同的是多结合本学科的内容介绍统计的方法,以便读者更直接地学到统计学在本学科的运用。从这个意义上来说,各领域的应用统计学应加强联系。读者不仅要看本学科的统计分析,还可以看看其他领域的统计学,以便不断吸收其他学科在统计方法上的新成就。实际上,各学科的统计学家也正是这样做的。例如1921年遗传学家休厄尔·赖特(Sewall Wright)首创的路径分析,20世纪60年代被布莱洛克(H. Blalock)等引进社会学后,已成为社会学因果分析中一个强有力的工具。

以上谈了社会统计学和其他应用统计学的共性。但是社会统计学也有它一定的特点。首先,社会研究除了一些简单的调查内容外,往往还包括一些抽象概念,它只有经过操作化定义,形成一系列明确的问题,才能收集资料。因此社会学家除了关心社会统计分析,还要关心如何设计好问卷。其次,社会统计分析中资料收集的对象是人而不是物。对于测量对象是物体来说,它是不可能拒绝被测或故意显示不正确的结果的,除非测量的仪器出了毛病。但是对于测量的对象人来说,是有主观意识的,人可以提供不真实的信息或是拒绝回答,所以收集资料要困难得多,因此如何对付收集资料中的种种困难,提高问卷的回收率,是进行社会统计分析的独特课题。此外,社会统计中收集到的资料,往往有很多是低层次的变量,如定类、定序变量①,这些低层次变量的统计分析方法比之自然科学在社会统计学中占有更大的篇幅。

三、统计分析的作用及主要内容

以上介绍了社会统计资料的特点,以及运用数理统计学作为资料分析、推论主要手段的必要性。下面根据本章的科学研究环(图1-1)来分析在研究的哪些环节中需要运用统计分析,或者说,统计分析的前导是什么。首先在理论和假设阶段,基本上运用定性分析。对于操作化手段,也不是统计分析所能解决的,正如前面指出,它取决于研究人员对问题理解的深度和研究水平。正如医生对病情的询问,必须弄清楚哪些疾病可能会有哪些特征一样,否则将是无的

---

① 变量层次见本章第三节。

放矢。经过国内外社会学工作者多年的努力,已累积了不少行之有效的概念操作化定义,简称量表。例如态度量表、生活满意程度量表、精神健康量表等,这些都可作为进一步开展社会学研究的借鉴。

可见,没有理论、假设的定性研究,就没有进一步定量分析的基础。而没有操作化手段就无法完成定性研究向定量研究的转化。因此,理论、假设、操作化都是统计分析的前导。或者说,统计分析是否确有价值、是否正确都是以前导研究为基础的。

在实践和经验概括阶段,要完成资料的测量和度量,为此要研究资料如何收集、整理、分析和推论,以便验证初始的理论、假设,这时需要用到统计分析。但是要指出的是,统计分析的完成是一个整体。例如,正确的分析来源于正确地收集资料,因此,如果数据的收集没有按照统计分析的要求去做,或者资料的收集不可靠,那么统计分析的结果就可能是虚假的。而我们知道,虚假信息甚至比没有结果还会产生更大的危害。因此,广义来说,统计分析的前导,不仅包括理论、假设、操作化,而且包括科学地收集数据、回收资料的信度和效度。这些条件就构成了统计分析能否被成功运用的前提或假定。可见,统计分析在社会调查研究中的功用,主要表现在经验层次的大面积数据处理方面。有人认为统计学应称作数据科学也是不无道理的。的确,统计学是数据分析理论和过程的主体。当然这样说,也并不排斥在定性研究阶段,运用统计技术对资料的信度与效度做一定的评估。

总之,在资料分析之前,一定要注意使用统计分析的前提是否满足:资料的信度和效度,资料收集的科学性,资料在总体中的分布是否满足统计分析的要求等。

除了以上要注意的问题外,还须强调的是对于统计结果不能轻率地做出因果的结论。举例说,统计资料表明,服用保健品的人,其死亡率高于不服用保健品的人,那是否意味着保健品对健康有害呢?不!这是由于服用保健品的人大都是老弱病残者,而老弱病残才是死亡率高的原因。

下面再看某校研究生录取工作中性别比差异的研究(表 1-10)。

表 1-10 不同性别录取百分比比较

性别	报名人数	录取人数	录取百分比
男	2691	1189	44
女	1830	551	30

根据表 1-10 统计结果,显然会得出男生录取比例高于女生的结论。但如果再按专业细分一下,将出现如下的结果(表 1-11)。

表 1-11 不同专业、性别录取百分比比较

专业	报名人数		录取人数		录取百分比	
	男	女	男	女	男	女
A	825	103	512	84	62	82
B	560	25	353	17	63	68
C	325	593	120	201	37	34
D	417	375	138	131	33	35
E	191	393	44	94	23	24
F	373	341	22	24	6	7
合计	2691	1830	1189	551	44	30

根据表 1-11 六个专业统计的结果,除 C 专业是男性录取比例略高于女性(37∶34)外,其他专业都是女性录取比例高于男性。那为什么又会出现表 1-10 中全校女性录取比例低于男性呢?实际上,只要分析一下男、女生报名的情况就可得出答案了。原来男性报考的人数都是集中在录取率高的专业(表 1-11):A 和 B。恰恰相反,女性报考 A、B 两专业的人数最少。也就是说,女性报考的专业多在录取率低的专业,从而出现了全校与各专业录取性别比不一致的情况。可见,对于统计结果的分析,有赖于对事物深入的观察与了解,绝不能凭表面的数据就轻易地得出结论。

统计分析内容主要分两部分:统计描述和统计推论。在统计描述的分析里,主要介绍资料的整理、分类和简化或特征研究。在统计推论中,主要介绍参数估计、假设检验、回归、列联表、方差、等级相关等统计技术。鉴于本教材将主要供社会学系本科生使用,因此除第十三章方差分析中有部分内容超出二变量外,本教材主要讨论二变量的统计分析。多元分析只在第十六章做简单介绍,主要内容都放在高级社会统计(研究生用)[①]中阐述。同时,对于学习本教材有难度的读者,不妨参考作者的另一姊妹篇《社会统计学概要》[②](大专用),该书除了内容有一定减少外,在讲解上采用自问自答的方式,启发读者对教材的掌握;

---

① 卢淑华编著:《多元社会统计分析基础》,北京大学出版社 2017 年版。
② 卢淑华编著:《社会统计学概要》,北京大学出版社 2016 年版。

辅导和习题较多，可作为社会统计学自学或辅导教材。第十七章对纵贯分析做了简单介绍，是统计方法的综合运用。

第三节　怎样选用统计分析方法

在前几节里，我们介绍了社会研究的全过程，分析了贯穿在全过程中两个层次的相互作用，并指出概念的操作化定义是两个层面之间、定性研究与定量研究之间的接口。在经验层次中，数理统计学是社会调查资料进行定量分析的强有力工具。

本节将讨论在着手统计分析之前，应根据数据的哪些特点来选择适当的统计方法。

一、全面调查(Complete enumeration)与非全面调查(Incomplete enumeration)

在经验层次中，从收集资料来看，不外两种情况：一种是对所研究全部对象都进行观察与调查，从而掌握整个单位的全部资料，这种调查称作全面调查。例如国家统计机关的各种统计报表或小范围的调查，常采用这种方法。另一种是在全部研究对象中只调查其中的一部分，称作非全面调查。例如个别访问（个案调查）、典型调查、解剖麻雀等。在非全面调查中，以概率抽样法或简称抽样调查最为重要，它是大型社会调查最常用的方法(详见第十五章)。所谓抽样调查(Sampling survey)，就是在一定条件下，不是抽取总体的全部单位，而是科学、客观地抽取总体中一部分单位来加以研究，其目的是获得对总体性质的正确叙述。

对于全面调查，一般可使用统计描述(Descriptive statistics)。所谓统计描述是将所观察的数据、资料，进行整理、归纳和分析，以期找出某种规律。常用的统计方法有频次(Frequency)分布，统计图、统计表，集中趋势的测量法，离散趋势测量法，相关等(详见第二章)。

对于抽样调查，根据社会调查资料随机性的特点，我们知道它不能简单地将部分资料的结论当作总体的特征，因此，仅用统计描述对抽样调查资料进行分析是不够的，还必须根据统计资料的统计规律性，运用概率论，正确地从局部推论到全体。这种根据不完全数据对全体做出正确推论的方法称作统计推论(Statistical inference)，又称统计归纳(Statistical induction)。

二、单变量(Univariate)与多变量(Multivariate)

在统计分析之前,除了要研究是全面调查还是非全面调查外,还要研究是单变量还是多变量。

如果是单变量,那调查的内容仅包括一个或多个相互独立的概念。这时需要对每个独立的变量研究它有哪几种可能变动的情况,有多少人次(频次)或比例(相对频次),其集中和分散的特征如何(详见第二章)。

对于二变量即命题的研究,除了依单变量研究外,还要研究两个变量之间是否存在关系,如果确定了存在关系,那关系的密切程度(强度)又如何。此外,如果资料来源于抽样调查,还要研究这些结论能否推论到全体。

对于多变量的研究,情况将更为复杂。它们除了两两之间可能存在联系,还可能存在网状、链状,一因多果或一果多因等多种联系。这些都属于更高层次的统计技术。

以下是假想的有关儿童行为受父母、祖父母、学校、社会结构、规范因素等影响的多变量分析图(图 1-4)。

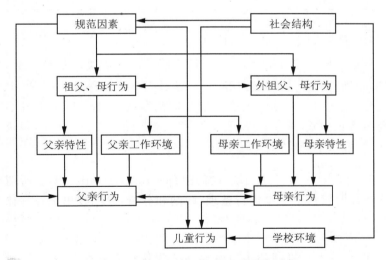

图 1-4 影响儿童行为的多变量分析图

三、变量层次(Level of variate)

在本章第一节表 1-2 里,我们列举了变量及其可能的取值。为了解变量可能的取值所代表的不同特征,现从中挑选3个有代表性的变量值(表1-12),它实际反映了不同的变量层次。对于性别,它的取值只有类别属性之分。对于重要性,它的取值除了属性还有程度、顺序之分。对于家庭子女数,各取值除了有顺序可比外,变量值之间还可以加或减。例如可以说3个孩子的家庭比2个孩子的家庭多1个孩子:3-2=1。

（一）定类层次(Nominal level)的变量

定类变量是变量层次最低的。它的取值只有类别属性之分,而无大小、程度之分。根据变量值,只能知道研究对象是相同或是不同。例如,表1-12中的第一个变量"性别",又如婚姻、民族、出生地等。从数学运算特性来看,定类变量只具有等于或不等于($=,\neq$)的性质。

表 1-12 变量与可能的取值

变量	变量的可能取值
性别	男;女
重要性	非常重要;较重要;一般重要;不太重要;不重要
家庭子女数	1个;2个;3个;……

（二）定序层次(Ordinal level)的变量

定序变量的层次高于定类变量。它的取值除了有类别属性之外,还有等级、次序的差别。其数学运算特性除具有等于或不等于($=,\neq$)之外,还有大于或小于之分($>,<$)。常见的定序变量有教育程度(文盲、小学、初中、高中、大学),社会经济地位(上等、中等、下等),积极性(很积极、一般、不积极),以及表1-12中的第二个变量"重要性"等。

（三）定距层次(Interval level)的变量

定距变量的层次又高于定序变量。定距变量的取值,除了类别、次序属性之外,取值之间的距离还可用标准化的距离去量度。其数学运算特性除了等于、不等于、大于、小于($=,\neq,>,<$)之外,还可以加或减($+,-$)。例如表1-12中的家庭子女数,如果用1个孩子为单位作为标准化的距离,那么2个孩子的家庭就比1个孩子的家庭多出1个孩子。

（四）定比层次(Ratio level)的变量

定比变量是最高层次的变量。它除了具有上述三种属性之外,其取值还可以构成一个有意义的比率。例如,年龄有一个真正有意义的零点(刚出生),故

第一章 社会学研究与统计分析

我们可以说一个30岁的人和一个10岁的人相比,前者年龄是后者的3倍。

(五)变量层次的比较

(1)根据数学运算特性,可以对变量层次做出对比(表1-13)。

表 1-13　变量与数学运算特性

数学运算特性	层次			
	定类	定序	定距	定比
$=,\neq$	√	√	√	√
$>,<$		√	√	√
$+,-$			√	√
$\times,\div$				√

(2)在社会学研究中,只满足定距而不能同时满足定比要求的变量并不多。真正可算是定距变量的,大概只有心理学上所用的智商(IQ)了,常人的智商在100左右,并且可认为智商在100与110之间的差别,相当于120与130之间的差别等。因此,在社会学中一般是不再区分定距或定比,而是当作一类,称作定距变量。

(3)一个变量,它的层次并不是唯一的。如果变量是高层次的,它也必然可以作为低层次来使用。但降低层次的使用,一般会使资料的信息使用不完全。例如,收入按实际数填写是定距变量。但如果按低薪、一般水平和高薪来填,则是定序变量。而如果只问有无收入,则为定类变量。一般来说,问卷设计中总是按最高层次来询问,这样可使以后的处理变得灵活。例如在询问年龄时,一般问"你年龄多大?",而不会问"你是青年?中年?还是老年?"。

另一方面应该看到变量取值之间的差异与社会实际衡量之间存在着差距或不一致性。例如,从定距变量来看,收入5000元与1万元之间的差距等于收入5万元与5.5万元之间的差距。但在实际生活中,收入在5000元与1万元之间,生活水平的差距远比收入在5万元与5.5万元之间为大。

变量根据研究内容之不同,其层次也可能不同。例如,性别在医学上如果根据荷尔蒙比例来区分,这时它是定距变量,而不是定类变量。

(4)变量类型的划分不是唯一的。各领域往往根据自己研究的需要来划分。例如,工业上把收集的数据分作计量型和计数型。数学上,习惯把变量(随机变量)分为离散型和连续型。所谓离散型变量,是变量只可能取有限个或者一串值,例如家庭子女数只能取正整数。连续型变量是它可能取某一区间内所有的值,例如身高、体重、年龄等。

(5) 根据以上的分析,可以有如下的概括(图 1-5)。

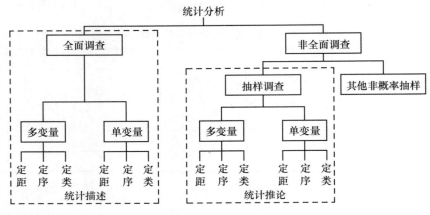

图 1-5　统计分布一览图

第二章

单变量统计描述分析

第一节 分布 统计表 统计图

社会学工作者为了从经验层次上证实自己在研究中所建立的概念、假设和理论,一是要正确地收集资料或数据,二是要学会正确地处理这些数据。一般说来,原始的资料往往都是杂乱无章的,它可能分散在各份问卷之中,也可能分散在他人的文章或档案、文献之中。因此,资料如果不进行加工,也许会毫无价值。本章讨论的内容,就是从原始资料加工开始,研究单变量的情况。它包括分布、统计表、统计图、集中和离散趋势的分析,也就是单变量特征的统计分析。对于更复杂的情况,例如问题的分析涉及不止一个变量,或虽然是单变量,但数据的收集来自抽样,这时本章的内容,只是分析的基础,因为它还必须进行统计检验或统计推论。有关内容将在第六章以后讨论。

单变量情况列举:

- 某城市的家庭结构如何?有多少直系家庭?有多少联合家庭?又有多少核心家庭?
- 某城市居民中有多少个民族?各占多少比例?
- 某企业有多少女性员工?其年龄结构如何?
- 某学校教师的文化结构如何?

一、分布(Distributions)

分布二字使人很自然地联想起森林分布、矿藏分布、民族分布，它们指的是一个地区、一个国家甚至整个世界，其中各个位置或区域里森林、矿藏、民族的数量。社会统计学里指的是一个概念或变量的全部取值及其频次的集合。简称该变量的频次分布(Frequency distribution)。

举例说，家庭子女数是一个概念，由于它的形式不唯一，因此可看作一个变量(X)。于是 X 的可能取值有：

- X_1——没有子女的家庭，又称丁克家庭。
- X_2——只有一个子女的家庭，又称独生子女家庭。
- X_3——有多个子女的家庭，又称多子女家庭。
- X_4——其他。

如果我们将调查结果按被访人的回答，分别归入上述的 4 类中去，则有如下 4 对数据：

$$(X_1, n_1)$$
$$(X_2, n_2)$$
$$(X_3, n_3)$$
$$(X_4, n_4)$$

其中，每对数据都用括号括起，表示数据是共存的。括号里的第一项表示变量 X 的一种可能取值，第二项表示该种取值所对应的频次。

所谓分布，实质上就是这些对数的集合(Set of pairs)。因此，分布的一般形式为

$$(X_1, n_1)$$
$$(X_2, n_2)$$
$$\vdots \quad \vdots$$
$$(X_n, n_n)$$

其中，$X_1, X_2, \cdots, X_n$ 是变量 X 一切可能的取值，$n_1, n_2, \cdots, n_n$ 为其所对应的数值。当 n 代表不同的含义时，就表示不同的分布。例如，当 n 表示频次时，以上变量值(Value of the variate)频次对的集合称作变量的频次分布。当 n 表示概率时，以上变量值概率对的集合称作概率分布。而如果 n 代表的是百分比时，则以上变量值百分比对的集合称作百分比分布，又称变量的频率或相对频次分布(Relative frequency distribution)。

下面谈变量取值要注意的问题：

(1) 变量取值必须完备(Exhaustion)。因为只有这样，才能将被访者(或称

第二章 单变量统计描述分析

每一个观察值)——无遗地进行归类。

比较表 2-1 和表 2-2 两个变量的取值表。显见表 2-1 对于变量"性别"所列举的可能值是完备的,而表 2-2 对于变量"收入"所列举的可能值则是不完备的。因为收入在 1001—1999 元之间的观察值无处归类。

表 2-1 完备型变量取值表

性别	频次
男	(略)
女	

表 2-2 不完备型变量取值表

收入(元)	频次
0—1000	
2000—3000	(略)
3000 以上	

(2) 变量取值必须互斥(Mutual exclusion)。因为只有结合(1)(2)两点才能使每一个观察值归入一类且仅仅归入一类。否则,由于归类失去唯一性,也就失去归类的意义。

比较表 2-3 和表 2-4 变量的取值表,显见表 2-3 中人数是互斥的。因为人数是离散型定距变量。组界上从 5 人增至 6 人和从 10 人增至 11 人,中间的小数都不会存在观察对象的。但表 2-4 组界上的 1000 元、2000 元都同时属于两类,所以分类是不互斥的。但在实际工作中,有时也采用表 2-4 的形式。这时为了满足互斥性,一般增加"上组界不包括在内"的约定。也就是说,凡收入为 1000 元者,归入 1000—2000 元档,凡收入为 2000 元者,归入 2000 元以上档,从而满足了互斥性的要求。

表 2-3 互斥型变量取值表

工厂规模(人数)	频次
1—5	
6—10	(略)
11—20	

表 2-4 非互斥型变量取值表

收入(元)	频次
0—1000	
1000—2000	(略)
2000 以上	

综合表 2-2 至表 2-4,它们有一个共同的特点,即变量值的分类都是以分组式的形式给出,简称组距式分类。依此进行的分类,并以表格的形式给出统计的结果,称组距式统计表。对于组距式统计表,为了满足互斥性,除了必要时增加新约定外,还可采用增加组界值精度的方法。详见本节"二、统计表"中"(三) 定距变量"中介绍的内容。

二、统计表(Statistical tables)

所谓统计表就是用表格形式来表示前面所说变量的分布。它不需用文字叙述,就能反映出资料的特性以及资料之间的关系。因此,在编印、传递方面有很大的优点,比之统计图有更高的精确性,但缺点是不及统计图直观。

下面根据变量的层次,讨论统计表制作上的特点。

(一) 定类变量

表 2-5 和表 2-6 是定类变量的统计表。为了叙述的方便,不妨假定以下是 2130 户家庭的统计结果。

表 2-5　家庭结构的频次分布　　　　　　　　(××地,2015 年 6 月)

家庭结构	频次
核心家庭	1050
直系家庭	720
联合家庭	110
其他	250
总数	2130

表 2-6　家庭结构的百分比分布　　　　　　　(××地,2015 年 6 月)

家庭结构	百分比
核心家庭	49.3
直系家庭	33.8
联合家庭	5.2
其他	11.7
总和百分比	100.0
(统计总数)	(2130)

结论:

(1) 表 2-5 和表 2-6 实际上是等价的。因为通过频次就可换算为百分比,反之亦然。因此,在实际报表中,有一种就够了。但要注意在百分比统计表(表 2-6)中,最后一定要注明统计总数。这不仅是为了能够还原为频次表,而且,如果是抽样调查的话,还存在检验上的意义。这点在有关统计推论的章节中还会讲到。

(2) 统计表必须具备的内容有:

① 表号:统计表×.×或×-×。
② 表头:包括标题、时间、地点。
③ 标识行:其中第一列为变量名称,如表 2-5、表 2-6 中的"家庭结构"。第二列为变量对应数的说明,如表 2-5、表 2-6 中的"频次""百分比"等。
④ 主体行:由于变量取值的不唯一性,这部分至少要有两行。第一列位置,按行填写变量的不同取值,取值的顺序可以任意,这一项又称主词。第二列位置,按行填写变量取值相应的频次、百分比等。有时为了阅读的醒目,也可将频次和百分比都列在一张表上。这时,一般第二列排频次值,第三列排百分比,第二列以后的内容又称宾词(见表 2-7)。对于只有百分比的统计表,要写明统计总数。
⑤ 表尾:如果引用的是间接资料,要写清资料来源。

检验统计表是否正确可根据统计表中的百分比总和来判断。如果百分比总和少于 100%,表示有的个案情况未能包括在统计表里,即变量取值不满足完备性;反之,如果百分比总和大于 100%,则必有某些个案情况被同时统计在不止一类,即变量取值不满足互斥性。因此只有百分比总和等于 100% 时才能表示统计表中变量取值的分类是正确的。但在实际计算中,由于"四舍五入"的缘故,百分比总和有时是 100.1% 或 99.9% 等,这些都不算错。

一般说来,问卷调查表中可供选择的答案就构成了主体行中变量的取值内容。可供选择的答案数目就是主体行中变量取值的数目。例如性别有两种可供选择的答案:男和女。因此主体行中的变量值也就是男和女两行。但在有关意愿、原因的社会调查中,可供选择的答案类别数目,有时与变量值的数目并不相等。这时,如果有人同时挑选了两个答案,那绝不能分别在两类中各统计一次,因为这样就破坏了变量取值必须互斥的要求。正确的做法是将挑中两类答案的人,另立一类。举例说,问卷中有这样一个问题:"你认为人生最大的乐趣是什么?"答案有:

(1) 事业上有成就。
(2) 美满的婚姻。
(3) 有丰富的经历、见多识广。

如果其中有人选择的答案不止一个,同时选择(1)和(2),(1)和(3),或(2)和(3),这时分类应增加为 6 种:

(1) 事业上有成就。
(2) 美满的婚姻。
(3) 有丰富的经历、见多识广。
(4) 事业上有成就和美满的婚姻。

(5) 事业上有成就和有丰富的经历、见多识广。

(6) 美满的婚姻和有丰富的经历、见多识广。

只有这样做,才能保证每一个回答者只能被统计到其中的一类,从而满足了变量互斥性的要求,但分类数增加,势必造成每类频次的减少,从而增加了统计结果的偶然性,因此,这样的处理有一定的局限性。下面介绍多选项问题的其他几种处理方法。

(1) 多选项二分法

[例]1. 你是否同意对当前小学升初中采取下列做法?

a. 取消少先队干部加分制

b. 取消择校生制

c. 取消三好学生加分制

d. 恢复小升初统考

e. 取消奥数班

答案:同意的请打钩"√",不同意的请打"×"。

这类问题,被访人的回答是随意的,既可以全回答,也可以部分回答,甚至可以全不回答,因此这类多选项,实际可以看作是以下 5 个问题的浓缩写法:

问题 1:你是否同意对当前小学升初中,取消少先队干部加分? 答案有:同意,不同意。

问题 2:你是否同意对当前小学升初中,取消择校生? 答案有:同意,不同意。

问题 3:你是否同意对当前小学升初中,取消三好学生加分? 答案有:同意,不同意。

问题 4:你是否同意对当前小学升初中,恢复小升初统考? 答案有:同意,不同意。

问题 5:你是否同意对当前小学升初中,取消奥数班? 答案有:同意,不同意。

统计时,应对 5 个问题分别统计,做出 5 张统计表。

(2) 多选项分类法

[例]2. 你在购房中,主要考虑哪些因素?

a. 价格适中

b. 上班近

c. 附近有好学校

d. 购物方便

e. 所在居民区素质高

f. 交通方便

第二章 单变量统计描述分析

答案:请从中选择3项,第1项_____;第2项_____;第3项_____。
这类多选项统计,应先将3项选择当作3个变量进行统计:
变量1(第1项):取值为 a,b,c,d,e,f
变量2(第2项):取值为 a,b,c,d,e,f
变量3(第3项):取值为 a,b,c,d,e,f

由于各项取值分散在3个变量中,因此把取值相同的频次累计起来,作为该取值的总人次。例如,设 n_a 为取值 a 在3个变量中的总累计频次(人次),n_{a1},n_{a2},n_{a3} 分别为取值 a 在变量1、变量2和变量3中的频次,
于是有
$$n_a = n_{a1} + n_{a2} + n_{a3}$$
同理,
$$n_b = n_{b1} + n_{b2} + n_{b3}$$
$$n_c = n_{c1} + n_{c2} + n_{c3}$$
$$n_d = n_{d1} + n_{d2} + n_{d3}$$
$$n_e = n_{e1} + n_{e2} + n_{e3}$$
$$n_f = n_{f1} + n_{f2} + n_{f3}$$

被选中的总人次 $n = n_a + n_b + n_c + n_d + n_e + n_f \leqslant 3 \times$ 调查总数
各取值在全部选项中的比例为
$$n_a(\%) = n_a/n$$
$$n_b(\%) = n_b/n$$
$$n_c(\%) = n_c/n$$
$$n_d(\%) = n_d/n$$
$$n_e(\%) = n_e/n$$
$$n_f(\%) = n_f/n$$

通过比例,将最后对取值进行比较。

但[例]2中可供选择的答案,只对选项的数量进行了统计,但在很多情况下,被选中的顺序代表了被调查者认为不同的重要性,这时多选项分类法的比较是有失偏颇的,如[例]3所示。

[例]3. 你认为幸福的人生,下列各项哪些最重要?
a. 事业有成 b. 婚姻美满 c. 经历丰富 d. 子女有出息
答:A. 你认为最重要的是_____ B. 较重要的是_____ C. 一般重要的是_____。

运用[例]2多选项分类法,将一个问题分解为3个变量进行统计:
A. 你认为人生幸福最重要的是什么? 答案:$a;b;c;d$

B. 你认为人生幸福较重要的是什么？答案：a；b；c；d

C. 你认为人生幸福一般重要的是什么？答案：a；b；c；d

设调查了 100 人，下面是分为 3 个变量后的统计结果：

	最重要	较重要	一般重要	累计人次
a. 事业有成	20	40		60
b. 婚姻美满	60	30		90
c. 经历丰富		10		10
d. 子女有出息	20	20	100	140

可见，在 300 人次的回答中，比例最高的是子女有出息 140/300＝0.47，其次是婚姻美满 90/300＝0.3，事业有成 60/300＝0.2，经历丰富 10/300＝0.03。但子女有出息人次比例最高，并未反映出它最重要，因为其频次主要是由一般重要提供的，因此多选项分类法对需要比较顺序的处理不够理想。

（3）加权平均法

第三种方法，不是统计包提供的处理方法，而是专业工作者另辟蹊径，改变题型达到了既保留答案的顺序信息，同时又使统计结果具有概括性。其方法不是让被访人从可供选择的答案中顺序挑选几个答案，而是让被访人对全部可供选择的答案，按重要性进行打分，一般采用 5 等分。

[例] 4. 你认为下列各项对幸福人生是否重要？

	最重要	较重要	一般重要	较不重要	很不重要
a. 事业有成					
b. 婚姻美满					
c. 经历丰富					
d. 子女有出息					

回答者对每一项内容，只能从"最重要"至"很不重要"5 种评价中，选择其中的一种。

资料处理时，按重要性的顺序赋予不同权重，例如：最重要＝5 分；较重要＝4 分；一般重要＝3 分；较不重要＝2 分；很不重要＝1 分。计算各项回答的平均得分后，平均分高的，表示重要性要高些。

例如，设以下是对 100 人调查的结果：

第二章 单变量统计描述分析

	a. 事业有成	b. 婚姻美满	c. 经历丰富	d. 子女有出息
最重要（5分）	30	60		
较重要（4分）	60	20		10
一般重要（3分）	10	20	10	50
较不重要（2分）			10	20
很不重要（1分）			80	20

各项平均分为

$$\bar{X}_a = (5 \times 30 + 4 \times 60 + 3 \times 10)/100 = 4.2$$

$$\bar{X}_b = (5 \times 60 + 4 \times 20 + 3 \times 20)/100 = 4.4$$

$$\bar{X}_c = (3 \times 10 + 2 \times 10 + 1 \times 80)/100 = 1.3$$

$$\bar{X}_d = (4 \times 10 + 3 \times 50 + 2 \times 20 + 1 \times 20)/100 = 2.5$$

由于 $\bar{X}_b > \bar{X}_a > \bar{X}_d > \bar{X}_c$，可以得出幸福人生中，婚姻美满最重要，其次是事业有成，再次是子女有出息，经历丰富排在第4位。

（二）定序变量

定序变量统计表内容、制作方法与定类变量相同。所不同的是，由于定序变量的取值有大小次序之分，因此在统计表制作时，应保留其变化趋势，不要任意打乱。例如某电影厂为了了解群众对武打片是否喜爱，将喜爱程度分为5等：非常爱看；爱看；一般；不爱看；很反感。因此，在统计表中，变量取值的排列也应保持以上的次序（表2-7）。

表 2-7　××单位对武打片的反映统计

喜爱程度	频次	百分比
非常爱看	7	17.9
爱看	9	23.1
一般	10	25.6
不爱看	10	25.6
很反感	3	7.7
总数	39	99.9

（三）定距变量

对于定距变量，我们要区分它是连续型（Continuous type）定距变量，还是离散型（Discrete type）定距变量。例如，家庭子女数就是离散型定距变量。它只能取正整数。离散型定距变量的制表方法一般与定序变量的制表方法相同。

统计表中的变量数值,按取值的大小排列,不要任意打乱。但这样的制表方法,有时也会遇到困难,如当变量取值的变化幅度过大。因此,如果一一列举,势必形成很长的分类,而每一类的频次又变得很少。这时宜采用组距式统计表,如表 2-3 的形式。需要注意的是,制作组距式统计表,要将原表中的组界连续化,写成 0.5—5.5,5.5—10.5,10.5—20.5。此法称将原表中的标明组界转化为真实组界(表 2-9)。

对于连续型变量,由于任意两变量之间的取值都是无穷的,而且,原则上讲,也没有任意两个观察值是绝对相等的,因此,我们无法简单地运用上述的分布,使每一个取值对应一个确定的频次或百分比。解决的办法是将变量值分为若干个区间或组,然后统计每一个组内的频次或百分比。例如婚龄问题,由于成年人可在任何一个年龄结婚,因此婚龄是一个连续型定距变量。为了研究婚龄的分布就要将婚龄分组。但组分多少合适呢?是按 15—20 岁,21—25 岁,……分呢?还是一岁一分组呢?或是全部按等距分组呢?还是人数集中的地方分得细一些,人数少的地方分得粗一些,即用非等距的分组法分呢?在实际中要考虑如下几个问题。

(1) 组数(Intervals)。组数太少会掩盖变量变动时频次的变化。极端的情况下,如果只分一个组,那就什么变化也看不出了。但组数太多,又会使每组内频次过少,增加偶然因素,使各组高度参差不齐,看不出明显的规律。一般调查总数 N 与分组数 K 有如下经验性关系(表 2-8)。

表 2-8　调查总数与分组数的关系

调查总数 N	分组数 K
50—100	6—10
100—250	7—12
250 以上	10—20

(2) 等距(Equal length)分组与非等距(Unequal length)分组。一般来说都是采用等距分组,如人口学中一般以 5 年作为一档,这样 20 档正好代表人的寿命为 1—100 岁。但在社会学中,也并非全是等距分组才能反映现象本质的。例如,收入为月薪 5000 元和 1 万元的职工,他们的生活水平差距是显著的,但月薪为 5 万元和 5.5 万元的职工,其生活水平差距就小得多,而且这样的人数也少些。因此,在分组时,应将低收入分得细一些,高收入分得粗些,这种非等距分组更能反映现象的本质。

(3) 决定分点的精度(Degree of accuracy)。前面我们谈到,年龄的分组可采用 1—5 岁,6—10 岁,……这是统计年龄的精度以年为标准的。如果我们统计的精度增高,例如,统计到月,那么,5 岁半的儿童是分到第一组呢,还是分到第二组呢？可见,随着精度的提高,分组点(Limits)的精度也要提高。一般分组点比原统计资料的精度要高一位。如统计资料的精度为整数,则分组点就取小数点后面一位计算。举例说,原统计资料的年龄以年计算,统计范围为 1—8 岁,按 2 岁一个分组,即有 1—2 岁,3—4 岁,5—6 岁,7—8 岁,4 个分组。为此,应在上述分组值∓0.5 岁,得 0.5—2.5 岁,2.5—4.5 岁,4.5—6.5 岁,6.5—8.5 岁。前者称标明组界(Stated limits),后者称真实组界(True limits)。试比较上述资料两种组界定义的不同(表 2-9)。

表 2-9 标明组界与真实组界

标明组界	真实组界
1—2	0.5—2.5
3—4	2.5—4.5
5—6	4.5—6.5
7—8	6.5—8.5

可见,真实组界值是相邻两组标明组界值的中点,它的精度比标明组界要高一位,组与组的分界是连续的,而标明组界则是离散的。标明组界只是分组资料的简化表示,而在实际运算时,都要用到真实组界。

下面通过一个实例,来看分组统计表是如何制作的。

表 2-10 100 名同龄儿童身高统计

1.43	1.43	1.33	1.39	1.37	1.44	1.38	1.42	1.41	1.40
1.39	1.36	1.42	1.44	1.42	×1.30	1.41	1.33	1.43	1.37
1.40	1.44	×1.27	1.37	1.33	1.36	1.40	1.46	1.39	×1.36
1.38	1.38	1.44	▲1.56	1.42	1.46	1.38	×1.31	▲1.49	▲1.49
1.43	×1.35	1.41	1.39	1.40	1.36	1.43	1.42	×1.32	1.38
1.39	1.41	▲1.48	1.44	1.41	1.34	1.38	▲1.51	1.36	1.40
1.41	1.36	1.33	×1.37	1.45	1.39	▲1.44	1.42	1.34	1.43
×1.38	▲1.45	1.40	1.44	×1.32	1.44	1.40	1.46	1.46	1.37
▲1.48	1.36	1.47	1.42	1.47	1.38	1.43	1.42	1.39	1.41
1.39	1.45	1.41	1.37	▲1.49	▲1.47	×1.37	1.50	1.43	1.40

表 2-10 是 100 名同龄儿童的身高统计,试做统计表。

步骤 1. 收集数据,写成 10×10 数据表(表 2-10),数据总数 $N=100$(数据单位"米")。

步骤 2. 找出表 2-10 数据中最大值 L、最小值 S 和极差(Range)R。

先在数据表内找出各列的最大值(▲)和最小值(×),然后找出全体数据的最大值 L 和最小值 S。数据极差 R 等于最大值 L 和最小值 S 之差。

$$R = L - S = 1.56 - 1.27 = 0.29$$

步骤 3. 把数据分组(Grouping the data)。根据表 2-8 取分组数 $K=10$。

步骤 4. 计算组距(Class interval) h。

$$h = \frac{R}{K} = \frac{L-S}{K} = \frac{0.29}{10} = 0.029 \approx 0.03$$

步骤 5. 根据组距 h 和分点精度比原统计数据精度高一位的原则,将数据分为如下 10 组:

1.265—1.295;1.295—1.325;1.325—1.355;…;1.535—1.565

步骤 6. 计算各组的中心值(Midpoint) b_i。

中心值是每组中间的数值,可按下式计算:

$$b_i = \frac{\text{第 } i \text{ 组真实下界值} + \text{第 } i \text{ 组真实上界值}}{2}$$

于是各组的中心值有

1.28;1.31;1.34;1.37;1.40;1.43;1.46;1.49;1.52;1.55

步骤 7. 做频次分布表,即统计表(表 2-11)。

根据表 2-10 用唱票的办法画"正"字,进行频次统计,每组的数目,称作频次。频次与统计总数之比称作相对频次(频率),如再乘 100,就是百分比。

表 2-11 频次分布表

组号 i	真实组界限	中心值 b_i	频次统计	频次 n_i	相对频次 = $\frac{\text{频次}(n_i)}{\sum n_i}$
1	1.265—1.295	1.28	一	1	0.01
2	1.295—1.325	1.31	正	4	0.04
3	1.325—1.355	1.34	正丁	7	0.07
4	1.355—1.385	1.37	正正正正丅	22	0.22
5	1.385—1.415	1.40	正正正正正	24	0.24
6	1.415—1.445	1.43	正正正正正	24	0.24
7	1.445—1.475	1.46	正正	10	0.10
8	1.475—1.505	1.49	正一	6	0.06
9	1.505—1.535	1.52	一	1	0.01
10	1.535—1.565	1.55	一	1	0.01
总和				$\sum n_i = 100$	

最后一行中频次总和 $\sum n_i$ 应等于调查总数，$N = \sum n_i$，如果不等则表示统计过程中有错。

三、统计图（Statistical graphs）

所谓统计图就是用图形的形式来表示变量的分布，所以又称分布图。它和统计表一样，也不需要文字叙述，就能反映出资料的特性以及资料之间的关系。同时还具有比统计表更为直观与形象的特点，但缺点是不及统计表精确。

根据变量的层次，可选择以下不同的统计图形：

定类变量：圆瓣图；条形图。

定序变量：条形图。

定距变量：直方图；折线图。

（一）圆瓣图（Pie graphs）

圆瓣图是将资料展示在一个圆平面上，通常用圆形代表现象的总体，用圆瓣代表现象中的一种情况，其大小代表变量取值在总体中所占的百分比。

圆瓣图的制作方法是将统计表中的百分比乘以 360°，即可得各圆瓣之圆心角度数。现以表 2-6 为例，说明如何绘制圆瓣图（表 2-12、图 2-1）。

表 2-12　家庭结构的百分比分布及对应圆心角度数

家庭结构	百分比	对应圆心角度数
核心家庭	49.3	177.48°（＝0.493×360°）
直系家庭	33.8	121.68°（＝0.338×360°）
联合家庭	5.2	18.72°（＝0.052×360°）
其他	11.7	42.12°（＝0.117×360°）

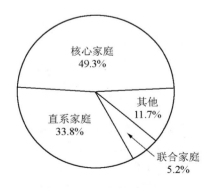

图 2-1　家庭结构分布图

由于圆瓣图只表示变量取值在总体中所占的比例,而对变量取值的排列没有要求,因此圆瓣图多用于定类变量。

(二) 条形图(Bar graphs)

条形图是用长条的高度来表示资料类别的频次或百分比。而长条的宽度没有意义,一般都画成等宽长条。长条既可画成平行于横轴,也可画成平行于纵轴。如果是定类变量,图形画作离散的长条;如果是定序变量,则长条的排列次序应与变量取值的次序相一致,且图形可画作紧挨着的长条或离散的长条。

定类变量:长条排列次序可以任意,条形是离散的(图 2-2)。

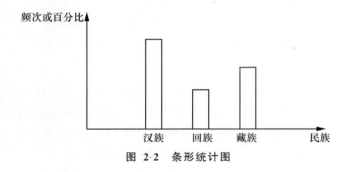

图 2-2 条形统计图

定序变量:长条按序排列,条形可以是紧挨着的(图 2-3),也可以是离散的(图 2-4)。

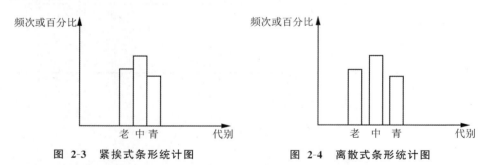

图 2-3 紧挨式条形统计图　　　　图 2-4 离散式条形统计图

(三) 直方图(Histograms)

直方图从图形来看,也是由紧挨着的长条所组成(图 2-6),但它与条形图不同,直方图的宽度是有意义的。一般说,直方图是以长条的面积(长与宽的乘积)来表示频次或相对频次。而条形的长度,即纵轴高度表示的是频次密度(单位组距所含有的频次)或相对频次密度(Relative frequency density):

第二章 单变量统计描述分析

$$频次密度 = \frac{频次}{组距(条宽)}; \quad \frac{相对频次密度}{(频率密度)} = \frac{相对频次(频率)}{组距(条宽)}$$

直方图仅适用于定距变量。用密度作条形高度,是因为连续型定距变量可采用非等距分组。对于等距分组,用频次或密度作为条形高度,图形的相对比例关系是不变的,因此,仍可用频次(或称频数)作为条形的相对高度。但在非等距分组情况下,如果用频次作为条形高度,将会产生错误。举例说,婚龄统计(表 2-13)中有如下两组数据:

表 2-13 婚龄组别统计

婚龄组(岁)	频次(人)
⋮	⋮
26—27	30
⋮	⋮
40—50	35

如果根据频次来比较,就会得出 40—50 岁结婚的人比 26—27 岁结婚的人还多,显然这是错误的。正确的方法是,应该根据频次密度来比较和画直方图(图 2-5)。

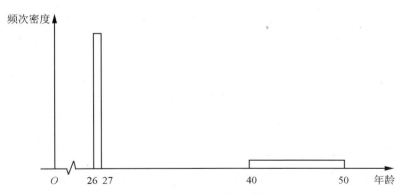

图 2-5 年龄组别统计图

频次密度: $\frac{30}{27-26} = 30$ 人/岁

$\frac{35}{50-40} = 3.5$ 人/岁

可见,在 26—27 岁结婚的频次密度远比 40—50 岁的频次密度要高。

下面是根据表 2-11 所做有关 100 名同龄儿童身高的频次分布直方图（图 2-6）。

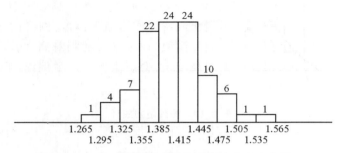

图 2-6　100 名同龄儿童身高频次分布直方图

根据直方图（图 2-6），可以清晰看出，所统计的同龄儿童，身高基本集中在 1.355—1.445m，太高和太矮的儿童都比较少见。

（四）折线图（Line chart）

如果用直线连接直方图中条形顶端的中点，就得折线图（又称多边形图、多角线图）。折线图可使资料频次分布的趋势一目了然。

对于离散型定距变量，将变量值、频数对 (X_i, n_i) 的集合（频次分布）根据坐标连成的图就是折线图（图 2-7）。

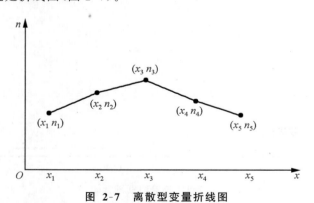

图 2-7　离散型变量折线图

对于连续型定距变量，用组中心值 b_i 代替变量值，并用该组相应的频次作为 b_i 的频次，于是 (b_i, n_i) 坐标的连线就是折线图（图 2-8）。

当组距逐渐减小时，折线将逐渐平滑为曲线。

第二章　单变量统计描述分析

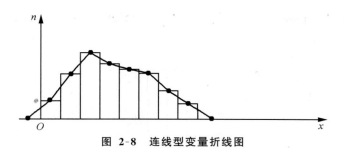

图 2-8　连线型变量折线图

四、累计图(Cumulative graphs)和累计表(Cumulative tables)

统计图和统计表告诉我们的是某一个(或某一组)变量值所对应的频次是多少。但有时我们不仅需要了解频次分布,还需要了解小于某一变量值或大于某一变量值总共的频次是多少,这时就要用到图和表的累计表示。所谓累计图或累计表表示的是大于或小于某个变量值的频次是多少。

下面通过例子来比较统计图、表和累计图、表。

表 2-14 和图 2-9 是某少数民族地区 12 户家庭子女数的统计表和统计图。

表 2-14　家庭子女数统计表

家庭子女数	频次
0	2
1	3
2	3
3	2
4	1
5	1

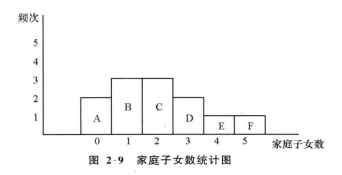

图 2-9　家庭子女数统计图

现在用：

cf↑表示从最小子女数增加到某个子女数的累计频次，也就是小于和等于某个子女数的累计频次；

cf↓表示从最大子女数减少到某个子女数的累计频次，也就是大于和等于某个子女数的累计频次。

表 2-15、图 2-10、图 2-11 是根据表 2-14 和图 2-9 所做的 cf↑和 cf↓累计分布表和分布图。

表 2-15　频次分布与累计频次分布

家庭子女数	频次	cf↑	cf↓
0	2	2	2+10=12
1	3	3+2=5	3+7=10
2	3	3+5=8	3+4=7
3	2	2+8=10	2+2=4
4	1	1+10=11	1+1=2
5	1	1+11=12	1

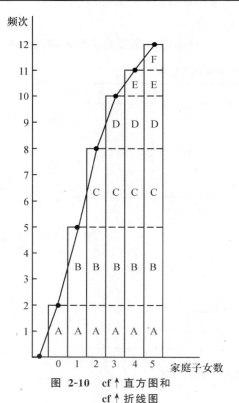

图 2-10　cf↑直方图和 cf↑折线图

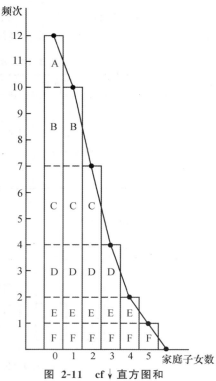

图 2-11　cf↓直方图和 cf↓折线图

第二章 单变量统计描述分析

同理,如果把频次换成频率,还可以做成累计频率 c%↑ 或 c%↓ 分布图。

累计图和表的应用,在于通过它可以比较个体在总体中的位置。举例说,甲、乙两同学分别在班里都考得 80 分,那么谁在班里的成绩更好呢?为此,先将两班的成绩做成累计图,然后计算 80 分在两班所对应的累计频次,设其结果是:

$$甲:cf\uparrow = 95$$
$$乙:cf\uparrow = 60$$

为了计算方便,设两班人数都为 $N=100$ 人,于是通过计算

$$c\%\uparrow = \frac{cf\uparrow}{N} \times 100\%$$

可以求得甲、乙各自在班里的累计百分比 c%↑:

$$甲:c\%\uparrow = 95\%$$
$$乙:c\%\uparrow = 60\%$$

甲在班里考试成绩为 80 分,意味着班里有 95% 的人,低于他的成绩;乙在班里虽然考试成绩也是 80 分,但在班里只有 60% 的人低于他的成绩。可见,甲在班里的相对成绩远比乙好。

累计图和表的应用,还可举洛伦茨曲线(Lorenz curve)为例,它是西方经济学中描述收入分配中平均程度的一种方法。其中以家庭(或人数)累计百分比为 x 轴,收入累计百分比为 y 轴。当所有家庭具有相同收入时,x 的取值与 y 的取值相同(表 2-16),即占总数 10% 的家庭占有总收入的 10%,占总数 20% 的家庭占有总收入的 20%,其余可以此类推,这称作完全的平均分配直线。这时 x 和 y 的关系表现为原点(0,0)至点(100,100)的对角线(图 2-12)。反之,当社会财富集中在极少数人手中,极限的情况如表 2-17 所示,称为完全的分配不均。而实际情况将是介于两者间的曲线,又称洛伦茨曲线。收入分配愈不平均,洛伦茨曲线愈下凹。

表 2-16 完全的平均分配示意表

x	0	20%	40%	50%	60%	80%	100%
y	0	20%	40%	50%	60%	80%	100%

表 2-17　完全的分配不均示意表

x	0	20%	40%	50%	60%	80%	100%
y	0	0	0	0	0	0	100%

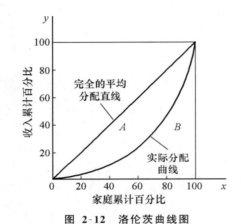

图 2-12　洛伦茨曲线图

根据洛伦茨曲线组成的基尼系数(又称洛伦茨系数)(图 2-12)

$$G=\frac{A}{A+B}$$

A 为完全平均分配直线和洛伦茨曲线所包含的面积。$A+B$ 为完全平均分配直线下的直角三角形面积。$G=0$ 表示收入分配完全平均。$G=1$ 表示收入分配完全的不平均。G 的取值范围是

$$0 \leqslant G \leqslant 1^{①}$$

五、分布图分析

当直方图的组距逐渐变小时,折线图将逐渐平滑为曲线。对于曲线可做以下几方面的研究。

---

①　按照世界通常的标准,基尼系数在 0.3 以下为最佳的平均状态,0.3—0.4 为正常状态,超过 0.4 为警戒状态,达到 0.6 则属社会动乱随时发生的危险状态。详见张小虎、康树华主编:《法制教育研究》第 1 辑,北京大学出版社 2004 年版,第 85 页。

(一) 峰点(Peak)研究

人们首先可以看到的是图形有几个峰点。如果只有一个变量值对应的频次最高，或某一个区间对应的频次密度最高，且向两边逐渐递减，则称单峰图形（图 2-13）。如果不止一个峰点，则称多峰图形（图 2-14）。

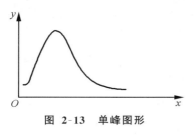

图 2-13 单峰图形

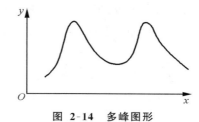

图 2-14 多峰图形

(二) 对称(Symmetry)研究

如果图形能找到一个对称轴，使对称轴两边的资料分布完全相同，则称图形是对称的。对于对称图形，如按对称轴对折，图形两边将重合（图 2-15）。相反，如果图形不能找到这样一个对称轴，则称为非对称图形（图 2-16），又称偏态图形。凡偏态图形左边尾巴拖得较长的称左偏态或负向偏态（Negatively skewed）（图 2-17），右边尾巴拖得较长的称右偏态或正向偏态（Positively skewed）（图 2-18）。

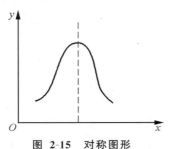

图 2-15 对称图形

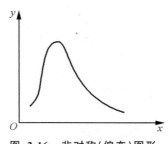

图 2-16 非对称(偏态)图形

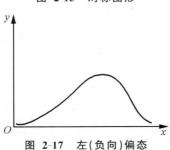

图 2-17 左(负向)偏态

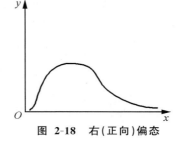

图 2-18 右(正向)偏态

以上所列举的各种图形以单峰、对称的钟形图形最为常见,如图 2-15 所示,它称作正态分布图。例如婚龄、身高、体重等分布都满足正态分布。以后我们还将详细讨论它。

（三）U 形曲线与 J 形曲线

除了以上所谈的各种图形外,在社会学中还可能碰到的图形有 U 形（图 2-19）和 J 形（图 2-20）。

例如,人口死亡率和年龄的关系满足 U 形分布（U-shaped distribution）。婚姻次数与人数满足 J 形分布（J-shaped distribution）。

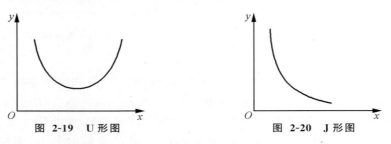

图 2-19　U 形图　　　　　　　图 2-20　J 形图

通过分布图的形状不仅可以帮助我们更好地了解变量,而且可以帮助我们更好地比较变量。例如,如果一个国家的收入分布图是对称的,而另一个国家的收入分布图是偏态的,那么,我们可以知道这两个国家的社会经济结构有很大的不同。又如,两个国家的产业分布分别如图 2-21 和图 2-22 所示。那么,这两个国家发达的程度将相差甚远。

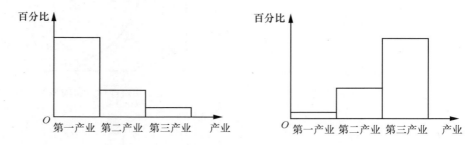

图 2-21　以第一产业为主的 J 形图　　图 2-22　以第三产业为主的 J 形图

最后需要指出的是分布图的形状会随着分组的不同而改变。以前面的家庭子女数为例（图 2-9）,它是单峰右偏态形,但如果我们把子女数 0、1、2 合并为一组,3、4、5 合并为一组,于是得图 2-23,这时它已接近 J 形的图形了。

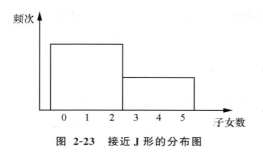

图 2-23 接近 J 形的分布图

六、小结

本节讨论的内容是统计分析的第一步。通过频次分布，把杂乱无章的原始数据进行整理。有了分布，可以看出统计的频次大概集中在变量值的哪一部分以及频次随变量值变化的趋势。同时，通过分布还可对不同总体的统计进行比较。

统计图和统计表都是表达变量的分布的。分布是绘制统计图和统计表的基础。没有分布也就无法绘制相应的图和表。

这里介绍的只是单变量的分布和相应的图、表。多变量的情况没有涉及。

第二节 集中趋势测量法

前面谈了用分布来研究变量，这是最全面的研究方法。在很多情况下，我们并不需要对变量有详尽的了解，而只是要了解其大概，或只要了解分布的主要特征以便简化资料。例如，我们只要大概了解当前青年的结婚年龄等。于是就产生了用某一个典型的变量值或特征值来代表变量全貌的问题。这个典型的变量值或特征值就称作集中值或集中趋势（Central tendency）。当然这样做的结果是会牺牲变量的某些信息的。我们的目的就在于选择这样的集中值，以便用它来估计或预测变量时所产生的误差最小。根据这样的原则，一般有三种方法来选择集中值：一是根据频次。哪个变量值具有的频次最多，就选择哪个变量值。例如，一个城市有多种产业，但如果以旅游业为最多，那就称为旅游城市。当然，并不排斥城市中还会有其他产业。二是根据居中。举例说，如果一个城市的居民生活水平，居中的是小康家庭，那么就用小康家庭来代表一个城市的生活水平。三是根据平均。常见的有用平均成绩来代替一个班级、一个组的水平。下面给出三种集中值和所适用的变量层次。

一、众值(Mode)Mo

众值就是用具有频次最高的变量值来表示变量的集中值。从某种意义上来说,具有频次最高的变量值,代表性也是最好的。如果变量 x 具有图 2-24 的分布:

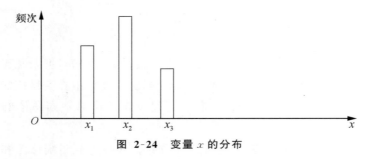

图 2-24 变量 x 的分布

那么,它的众值为 Mo＝x_2。

对于连续型定距变量,如果变量在第 i 组具有最高的频次密度,则用第 i 组中心值 b_i 来表示变量的众值。

众值可适用于任何层次的变量,因为只要知道频次分布,就能找到众值,因此,是最易求出的。它特别适用于单峰对称的情况,也是比较两个分布是否相近首先要考虑的参数。对于多峰的图形,由于众值不唯一,一般不用它来讨论。

二、中位值(Median)Md

中位值是变量的一个取值,它把观察总数一分为二,其中一半具有比它小的变量值,另一半具有比它大的变量值。所以,中位值是数据序列中央位置之变量值。

(一)未分组数据(Ungrouped data)

1. 根据原始资料求中位值

当原始数据比较少时,可直接将资料按顺序、大小排队。

当观察总数 N 为奇数(Odd)时,中位值 Md 位于 $\frac{N+1}{2}$ 的地方:

第二章 单变量统计描述分析

```
        2
        3
        4
        7 ←—中位值 Md
        9
       11
       11
```

或

```
       丁
       丙
       丙 ←—中位值 Md
       乙
       乙
```

当观察总数 N 为偶数(Even)时,由于中位值位于 $\dfrac{N+1}{2}$ 的地方不存在变量值,所以取居中位置左右两数的平均值为中位值:

```
        3
        4
        5
          ←—中位值 Md=5+8/2=6.5
        8
        9
        9
```

$$\text{中位值 Md}=\dfrac{5+8}{2}=6.5$$

2. 根据频次分布求中位值

当原始数据很多时,这时可根据分布来求中位值(表 2-18)。

表 2-18 频次与累计频次表

学生成绩	频次	累计频次(cf↑)
丁	10	10
丙	210	220
乙	195	415
甲	85	500

中位值位置 $=\dfrac{N+1}{2}=250.5$

中位值 Md＝乙

中位值对于变量层次在定序以上的都可以使用。因此,对定序变量来说,有两种集中值可供选择。但由于众值不考虑变量次序,所以对定序以上的变量,无疑是一个损失。定序变量一般采用中位值,以求其精确。

(二) 分组数据(Grouped data)

对于分组数据,中位值可以通过累计百分比中的 50% 分位点求出。

(1) 根据统计表中的累计百分比,找出含有 50% 分位点的区间(表 2-19)。

表 2-19 含 50% 分位点区间的上、下界值及其累计百分比

真实组界限	频次	累计频次	累计百分比 c%
0.2—0.4	⋮	⋮	⋮ 下界累计百分比 $L\%$
0.4—0.6			
0.6—0.8	121	363	36.3
0.8—1.0	182	545	54.5
	⋮	⋮	⋮ 上界累计百分比 $U\%$
下界值 L 上界值 U 1.0—1.2			

(2) 求出含有 50% 区间的上界(Upper limit)值 U、下界(Lower limit)值 L、上界累计百分比(Upper cumulative percentage) $U\%$、下界累计百分比(Lower cumulative percentage) $L\%$ 和组距 h:

$L=0.8,\quad U=1.0$
$L\%=36.3\%,\quad U\%=54.5\%$
$h=1.0-0.8=0.2$

(3) 利用线性插值法,求出累计百分比为 50% 的变量值(图2-25):

$\dfrac{X}{U-L}=\dfrac{50\%-L\%}{U\%-L\%}$

$\dfrac{X}{0.2}=\dfrac{13.7}{18.2}$

$X=0.2\times\dfrac{13.7}{18.2}\approx 0.15$

中位值 $Md=L+X=0.8+0.15=0.95$

第二章 单变量统计描述分析

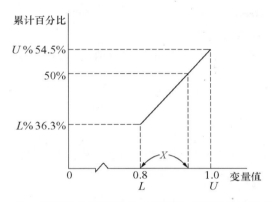

图 2-25 含 50% 分位点区间的上、下界值及其累计百分比示意图

求中位值的一般式为

$$Md = L + \frac{(U-L)(50\% - L\%)}{U\% - L\%} \qquad (2\text{-}1)$$

或

$$Md = \frac{L(U\% - 50\%) + U(50\% - L\%)}{U\% - L\%} \qquad (2\text{-}2)$$

除了用式(2-1)或式(2-2)计算中位值外,还可直接运用频次来计算中位值,式(2-3)与式(2-1)或式(2-2)都是等效的。

$$Md = L + \frac{\left(\dfrac{N}{2} - cf\uparrow\right)}{n}(U - L) \qquad (2\text{-}3)$$

其中,

n:中位值组的频次;

$cf\uparrow$:含中位值区间的真实下界累计(向上)频次;

N:调查总数。

中位值是 50% 分位点所对应的变量值。利用上面的方法,还可以求出 10%、25%、75% 等任何一个分位点的变量值。

三、均值(Mean)

均值仅适用于定距变量。用均值作为变量的集中值,不仅考虑到变量值的频次、次序,而且还考虑到它的大小。数据资料中任何频次、次序和数值大小的变化,都会引起均值的改变,因此它是灵敏的,也是对资料所提供信息运用得最充分的。

（一）未分组数据

1. 根据原始资料求均值

当原始数据比较少时,可直接累加观察值,除以观察总数,以求得均值。

$$\bar{X} = \frac{\sum X_i}{N} \qquad (2\text{-}4)$$

$\bar{X}$ 表示变量 X 的均值;

$\sum X_i$ 表示资料所观察到的变量值(观察值)的总和;

N 表示观察总数。

例如:

5 户干部家庭人数为

$$7,3,11,10,4$$

6 户工人家庭人数为

$$6,5,5,8,10,8$$

根据公式　$\bar{X}(干) = \dfrac{7+3+11+10+4}{5} = 7$ 人

$$\bar{X}(工) = \frac{6+5+5+8+10+8}{6} = 7 \text{ 人}$$

可见,用集中值比较,说明干部家庭的平均人口与工人家庭的平均人口相同。

2. 根据频次分布求均值

利用频次分布可以简化均值的计算。

$$\bar{X} = \frac{\sum n_i X_i}{\sum n_i} = \frac{n_1 X_1 + n_2 X_2 + \cdots + n_k X_k}{n_1 + n_2 + \cdots + n_k}$$

其中,

$n_1 X_1$ 表示变量值 X_1 与它对应频次 n_1 的乘积;

$n_2 X_2$ 表示变量值 X_2 与它对应频次 n_2 的乘积;

$n_k X_k$ 表示变量值 X_k 与它对应频次 n_k 的乘积。

$$\sum n_i X_i = n_1 X_1 + n_2 X_2 + \cdots + n_k X_k$$

$$\sum n_i = n_1 + n_2 + \cdots + n_k = N$$

第二章 单变量统计描述分析

[例]5. 求以下550人之平均得分（表2-20）。

表 2-20 变量值、频次及它们的乘积

变量值 X_i	频次 n_i	$n_i X_i$
50	15	750
60	28	1680
63	40	2520
70	290	20 300
74	160	11 840
80	17	1360
总和($\sum$)	550	38 450

[解]：$\bar{X} = \dfrac{\sum n_i X_i}{\sum n_i} = \dfrac{38\,450}{550} = 69.9$ 分

为了便于计算 $\bar{X}$ 值，一般可列表2-21。

表 2-21 变量值、频次及它们的乘积一般式

变量值 X_i	频次 n_i	$n_i X_i$
X_1	n_1	$n_1 X_1$
X_2	n_2	$n_2 X_2$
X_3	n_3	$n_3 X_3$
$\vdots$	$\vdots$	$\vdots$
X_k	n_k	$n_k X_k$
$\sum$	$\sum n_i = N$	$\sum n_i X_i$

$$\bar{X} = \frac{\sum n_i X_i}{N}$$

如果给出的分布是比例（成数）$P_i = \dfrac{n_i}{N}$，那么，均值计算还可以进一步简化为

$$\bar{X} = P_1 X_1 + P_2 X_2 + \cdots + P_k X_k = \sum P_i X_i \quad (2\text{-}5)$$

为了便于计算 $\bar{X}$ 值，一般可列表2-22。

表 2-22　变量值、比例及它们的乘积一般式

变量值 X_i	比例 P_i	P_iX_i
X_1	P_1	P_1X_1
X_2	P_2	P_2X_2
X_3	P_3	P_3X_3
⋮	⋮	⋮
X_k	P_k	P_kX_k
$\sum$	$\sum P_i = 1.00$	$\bar{X} = \sum P_iX_i$

$$\bar{X} = \sum P_iX_i$$

（二）分组数据

对于分组数据，可用组中心值来代替变量值。计算方法与未分组数据相同。例如，以下是对某社区居民每天看电视时间的统计（表 2-23）：

表 2-23　某社区居民每天看电视时间统计　　　　　　　　单位：小时

时间	中心值 b_i	人数 n_i	n_ib_i
0—2	1	7	7
2—4	3	2	6
4—6	5	1	5
$\sum$		$\sum n_i = 10$	$\sum n_ib_i = 18$

则均值 $\bar{X} = \dfrac{\sum n_ib_i}{\sum n_i} = 1.8$ 小时

应该指出，用中心值计算的均值与用原始数据计算的均值相比是有误差的。但对社会学来说，大多数情况下，其精确度已是足够的了。

四、众值、中位值和均值的比较

（1）三值设计的目的是共同的，都是希望通过一个数值来描述整体特征，以便简化资料。它们都反映了变量的集中趋势。一般说，

众值：适用于定类、定序和定距变量；

中位值：适用于定序和定距变量；

均值：适用于定距变量。

第二章 单变量统计描述分析

但有时对于定序变量,如果求平均等级也可使用均值。对于定类变量,如果人为地给每类赋予一个数值,例如男=1,女=0,那么,男性在总体中所占的比例,实际就是这种特殊的均值。由于在统计技术中,发展更多的是均值,而不是中位值或众值,因此,我们应该更多地想法用上均值。

(2)众值仅使用了资料中最大频次这一信息。因此,资料使用是不完全的。实际上在两份资料中只要最大频次所对应的变量值相等,那么,用众值来评价资料,两者就没有区别了。而中位值由于考虑了变量的顺序和居中位置,因此,它和总体的频次分布有关,但由于它只考虑居中位置,因此,其他变量值比中位值大多少或小多少是不影响中位值的。而均值由于既考虑到频次,又考虑了变量值的大小,因此它是最灵敏的。

(3)虽然均值对资料的信息利用最充分,但对严重偏态的分布,会失去它应有的代表性。例如,一个国家会因某些少数富翁的存在,平均收入变得很高。因此,对于偏态的分布,应使用中位值作为集中趋势。只有单峰和基本对称的图形,用均值作为集中趋势才是合理的。

(4)偏态(Skewness)和三值的关系(图 2-26、图 2-27、图 2-28)。

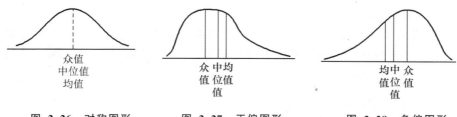

图 2-26 对称图形　　图 2-27 正偏图形　　图 2-28 负偏图形

对于对称的图形,众值、中位值和均值三者位置重叠。当图形正偏或负偏时,均值变化最快,中位值次之,众值不变。除了用众值、中位值和均值反映资料的集中趋势外,还有几何平均值、调和平均值等,这里不再介绍,有兴趣的读者可查阅有关的书籍。

(5)最后需要强调,以上的讨论都是对单峰而言的。如果数据的分布呈双峰,往往表示数据的实体不属同一类型,这时讨论众值、中位值或均值都是没有意义的。例如托儿所既有成人,又有幼童,如果混在一起讨论全体人员身高、体重等变量的集中趋势,是没有意义的。

第三节 离散趋势测量法

众值、中位值和均值都反映了资料的集中特征,但这还不够。试比较以下两个班次的考试成绩(图 2-29 和图 2-30)。

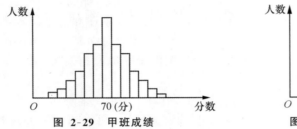
图 2-29 甲班成绩

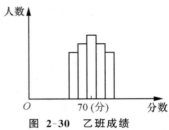
图 2-30 乙班成绩

如果仅用集中值来评价两个班次的成绩,似乎两班是相等的。但两班的分布显然有很大差别。对甲班来说,成绩参差不齐,相差悬殊。对乙班来说,虽然没有优异的,但成绩比较整齐。可见,仅用集中趋势来比较资料是不够的,还需要考虑资料的分散特征。

从后面章节所要谈到的统计推论来看,集中值告诉我们的是怎样去估计和预测总体,而离散趋势或离散特征告诉我们的是估计值误差的大小。两者是相互补充的。以下介绍四种离散趋势(Dispersion tendency)的测定法。

一、异众比率(Variation ratio) γ

当用众值来作为资料的集中值时,我们不知道非众值的频次和在总数 N 中所占的比例。显然,非众值的比例越小,众值的代表性越好,信息量越大。反之,非众值所占的相对频次越大,众值的代表性越差,所提供的信息量也就越小。异众比率 γ 是非众值在总数 N 中所占的比例。

$$\gamma = \frac{N - f_{Mo}}{N} \qquad (2\text{-}6)$$

f_{Mo}:众值的频次。

可见,异众比率是众值的补充。当 $\gamma = 0$,说明变量只有一个取值,那就是众值。这时众值可以完全代表变量,因此它的信息量最大。当 $\gamma \to 1$ 时,表示资料十分分散。众值几乎没有代表性。

二、极差 R

极差是对定序以上变量分散程度的度量。

$$极差(R) = 观察的最大值 - 观察的最小值$$

极差小表示资料比较集中,极差大表示资料分散。极差计算方便,但由于它的值是由端点的变量值决定的,因此个别远离群体的极值会极大地改变极差,以致不能真正反映资料全体的分散程度(图 2-31)。

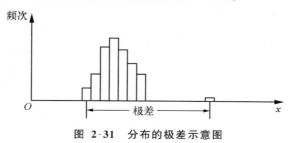

图 2-31 分布的极差示意图

三、四分互差(Interquartile range) Q

四分互差是定序以上变量度量分散程度的另一种方法。它的优点是可以克服极值对分散度量的干扰。四分互差不是用观察的最大值和最小值,而是用对应于累计百分比 $c\%\uparrow$ 为 75% 的变量值 Q_{75} 和对应于累计百分比 $c\%\uparrow$ 为 25% 的变量值 Q_{25} 相减而得(图 2-32)。

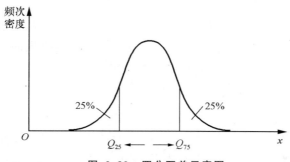

图 2-32 四分互差示意图

四分互差 $\qquad\qquad Q = Q_{75} - Q_{25} \qquad\qquad (2-7)$

（一）未分组数据

1. 根据原始资料求四分互差

以下是11户家庭人口数，Q_{25}，Q_{75}，Q_{50}（中位值）

$$2\ \ 2\ \ \underset{\underset{Q_{25}}{\uparrow}}{3}\ \ 4\ \ 4\ \ \underset{\underset{Q_{50}(中位值)}{\uparrow}}{4}\ \ 5\ \ 5\ \ \underset{\underset{Q_{75}}{\uparrow}}{6}\ \ 6\ \ 7$$

$$Q = Q_{75} - Q_{25} = 6 - 3 = 3$$

2. 根据频次分布求四分互差（表2-24）

表 2-24 学生成绩频次统计

学生成绩	频次	累计频次
丁	25	25
丙	30	55
乙	20	75
甲	5	80

$$Q_{50} \text{位置} = \frac{80+1}{2} = 40.5$$

$$Q_{25} \text{位置} = \frac{80+1}{4} = 20.25$$

$$Q_{75} \text{位置} = \frac{3 \times (80+1)}{4} = 60.75$$

中位值 = 丙

Q_{25} = 丁

Q_{75} = 乙

$Q = Q_{75} - Q_{25} = 乙 - 丁$

结论：有50%的学生成绩在乙与丁之间。

（二）分组资料

对于分组资料，求 Q_{25}，Q_{75} 与求 Q_{50}（中位值）方法相同。首先，找到含有累计百分比25%和75%的区间，然后利用线性插值法求出25%和75%所对应的变量值（表2-25）。

表 2-25　含 25%、75%分位点的上、下界值及其累计百分比

组界限	频次	累计频次	累计百分比
⋮			
0.4—0.6	70	242	24.2
0.6—0.8	121	363	36.3
⋮			⋮
1.0—1.2	85	697	69.7
1.2—1.4	91	788	78.8
⋮			⋮

例如为了求 Q_{25}，可把式(2-1)、式(2-2)的 50 换作 25，或把式(2-3)中的 $\frac{N}{2}$ 换作 $\frac{N}{4}$，得计算 Q_{25} 的 3 个公式——式(2-8)、式(2-9)、式(2-10)，它们都是等效的。

$$Q_{25} = L + \frac{(U-L)(25\% - L\%)}{U\% - L\%} \tag{2-8}$$

$$Q_{25} = \frac{L(U\% - 25\%) + U(25\% - L\%)}{U\% - L\%} \tag{2-9}$$

$$Q_{25} = L + \frac{\left(\frac{N}{4} - cf\uparrow\right)}{n}(U-L) \tag{2-10}$$

式中，

L：含累计百分比 25%区间的真实下界；

U：含累计百分比 25%区间的真实上界；

$L\%$：含累计百分比 25%区间的真实下界累计百分比；

$U\%$：含累计百分比 25%区间的真实上界累计百分比；

n：含累计百分比 25%区间的频次；

$cf\uparrow$：含累计百分比 25%区间的下界累计(向上)频次。

同理，为了求 Q_{75}，可把式(2-1)、式(2-2)的 50 换作 75，或把式(2-3)中的 $\frac{N}{2}$ 换作 $\frac{3N}{4}$，得计算 Q_{75} 的 3 个公式——式(2-11)、式(2-12)、式(2-13)，它们也都是等效的：

$$Q_{75} = L + \frac{(U-L)(75\% - L\%)}{U\% - L\%} \tag{2-11}$$

$$Q_{75} = \frac{L(U\% - 75\%) + U(75\% - L\%)}{U\% - L\%} \qquad (2\text{-}12)$$

$$Q_{75} = L + \frac{\left(\dfrac{3N}{4} - \text{cf}\uparrow\right)}{n}(U - L) \qquad (2\text{-}13)$$

式中，

L：含累计百分比 75% 区间的真实下界；

U：含累计百分比 75% 区间的真实上界；

$L\%$：含累计百分比 75% 区间的真实下界累计百分比；

$U\%$：含累计百分比 75% 区间的真实上界累计百分比；

n：含累计百分比 75% 区间的频次；

$\text{cf}\uparrow$：含累计百分比 75% 区间的下界累计（向上）频次。

下面运用表 2-25 中百分比数据，代入式(2-9)和式(2-12)，计算 Q_{25}，Q_{75} 和 Q 值：

$$Q_{25} = \frac{L(U\% - 25\%) + U(25\% - L\%)}{U\% - L\%}$$

$$= \frac{0.6 \times (36.3 - 25) + 0.8 \times (25 - 24.2)}{36.3 - 24.2}$$

$$= 0.61$$

$$Q_{75} = \frac{L(U\% - 75\%) + U(75\% - L\%)}{U\% - L\%}$$

$$= \frac{1.2 \times (78.8 - 75) + 1.4 \times (75 - 69.7)}{78.8 - 69.7}$$

$$= 1.32$$

$$Q = Q_{75} - Q_{25} = 1.32 - 0.61 = 0.71 \qquad (2\text{-}14)$$

读者可以运用式(2-8)、式(2-10)、式(2-11)、式(2-13)进行验算，看看结果是否与式(2-14)相同。

四、方差(Variance)σ^2 与标准差(Standard deviation)σ

为了充分利用资料所提供的信息，对于定距变量，可以使用方差或标准差来度量资料的分散程度。所谓方差 σ^2，是将观察值与其均值之差的平方和除以观察总数 N，方差的平方根便是标准差 σ。

$$\sigma^2 = \frac{\sum(X_i - \overline{X})^2}{N} \qquad (2\text{-}15)$$

$$\sigma = +\sqrt{\sigma^2} \qquad (2\text{-}16)$$

(一) 未分组数据

1. 根据原始资料(表 2-26)

表 2-26 变量值及其离均差平方值

变量值 X_i	$(X_i - \bar{X})$	$(X_i - \bar{X})^2$
72	-1	1
81	8	64
86	13	169
69	-4	16
57	-16	256
$\bar{X}=73$	$\sum = 0$	$\sum = 506$

$$\sigma = \sqrt{\frac{506}{5}} = \sqrt{101.2} = 10.06$$

计算的步骤是:(1) 根据变量的观察值求出平均值 $\bar{X}$;(2) 求观察值与均值之差 $(X_i - \bar{X})$;(3) 求平方 $(X_i - \bar{X})^2$,求和 $\sum(X_i - \bar{X})^2$;(4) 除以 N;(5) 再开方得之。

均值 $\bar{X}$ 在计算中只是过渡步骤。为了简化计算,可对分子项作变换:

$$\begin{aligned}
\sum(X_i - \bar{X})^2 &= \sum(X_i^2 - 2\bar{X}X_i + \bar{X}^2) \\
&= \sum X_i^2 - 2\bar{X}\sum X_i + N\bar{X}^2 \\
&= \sum X_i^2 - 2N\bar{X}^2 + N\bar{X}^2 \\
&= \sum X_i^2 - N\bar{X}^2 = \sum X_i^2 - \frac{\left(\sum X_i\right)^2}{N}
\end{aligned} \qquad (2\text{-}17)$$

将式(2-17)代入式(2-16):

$$\begin{aligned}
\sigma &= \sqrt{\frac{\sum(X_i - \bar{X})^2}{N}} = \sqrt{\frac{\sum X_i^2}{N} - \frac{\left(\sum X_i\right)^2}{N^2}} \\
&= \frac{1}{N}\sqrt{N\sum X_i^2 - \left(\sum X_i\right)^2}
\end{aligned} \qquad (2\text{-}18)$$

表 2-26 可简化为表 2-27。

表 2-27　变量值及其平方值

变量值 X_i	X_i^2
72	5184
81	6561
86	7396
69	4761
57	3249
$\sum = 365$	$\sum = 27\,151$

将表 2-27 值代入式(2-18)得

$$\sigma = \frac{1}{5}\sqrt{5 \times 27\,151 - 365^2}$$

$$= \frac{1}{5}\sqrt{135\,755 - 133\,225} = 10.06$$

可见,公式(2-16)和公式(2-18)计算的结果是相同的。但当 $\bar{X}$ 取小数点后有限位时,公式(2-16)计算的结果不及公式(2-18)计算的精确。

使用公式(2-18)时,可先列表 2-28,然后再代入公式:

$$\sigma = \frac{1}{N}\sqrt{N\sum X_i^2 - \left(\sum X_i\right)^2}$$

表 2-28　变量值 X_i 及其平方值 X_i^2 一般式

变量值 X_i	X_i^2
X_1	X_1^2
X_2	X_2^2
⋮	⋮
X_k	X_k^2
$\sum X_i$	$\sum X_i^2$

2. 根据频次分布

如果资料已经整理为频次分布,计算 σ 值的列表,一般有如表 2-29 的形式。

第二章 单变量统计描述分析

表 2-29 变量值、频次及它们的乘积

变量值 X_i	X_i^2	频次 n_i	$n_i X_i$	$n_i X_i^2$
X_1	X_1^2	n_1	$n_1 X_1$	$n_1 X_1^2$
X_2	X_2^2	n_2	$n_2 X_2$	$n_2 X_2^2$
X_3	X_3^2	n_3	$n_3 X_3$	$n_3 X_3^2$
⋮	⋮	⋮	⋮	⋮
X_k	X_k^2	n_k	$n_k X_k$	$n_k X_k^2$
总和		$N=\sum n_i$	$\sum n_i X_i$	$\sum n_i X_i^2$

$$\sum X_i^2 = \sum n_i X_i^2$$

$$\sum X_i = \sum n_i X_i$$

$$\sigma = \frac{1}{N}\sqrt{N\sum n_i X_i^2 - \left(\sum n_i X_i\right)^2} \qquad (2\text{-}19)$$

（二）分组资料

对于分组资料，用组中心值 b_i 来代替变量值 X_i，标准差计算公式与上述相同：

$$\sigma = \frac{1}{N}\sqrt{N\sum n_i b_i^2 - \left(\sum n_i b_i\right)^2} \qquad (2\text{-}20)$$

显然，用组中心值 b_i 计算的方差或标准差，不及用原始数据计算精确，但对社会学来说，大多数情况下已足够用了。

（三）小结

异众比率作为资料离散程度的度量仅考虑频次，因此对定类变量最为适用。极差和四分互差由于考虑了变量的次序或大小，因此适合定序和定距变量。从资料信息运用充分来考虑，使用方差和标准差对定距变量更精确。

异众比率：适用于定类、定序、定距变量

极　差 ⎱ 适用于定序、定距变量
四分互差 ⎰

方差或 ⎱ 适用于定距变量
标准差 ⎰

为了简化资料的分析，我们用众值、中位值或均值来代表变量分布的集中特征。但为了说明它们所能代表的程度或可靠的程度,还需要用变量分布的离散特征加以补充。集中值和离散值相互补充的对应关系是:

众　值 ⟷ 异众比率
中位值 ⟷ 极差、四分互差
均　值 ⟷ 方差或标准差

习　题

1. 评价以下各统计表是否有误,为什么?

表 1　某学校对最喜爱电视剧的调查

影片名	人数	百分比
红楼梦	150	60
水浒传	100	30
西游记	60	20
三国演义	70	20

表 2　某地民族构成

民族	人数	百分比
汉	50 000	50
苗	12 000	12
布衣	10 000	10

表 3　某村发展旅游业后经济情况调查　　　　　单位:%

经济状况	发展旅游业前	发展旅游业后		
	百分比	改善	下降	无变化
贫困户	10	60	10	30
一般户	80	80	10	10
富裕户	10	75	10	15

2. 试述为什么低层次的变量不能使用高层次变量的集中值和离散值。
3. 中位值和均值在实际中一定存在吗?
4. 均值永远是定距变量最合理的集中值吗?
5. 统计关系是否意味着因果关系?

第二章　单变量统计描述分析

6. 根据以下统计资料：

　　　　（汉族，50 000）
　　　　（苗族，22 000）
　　　　（布依族，20 000）
　　　　（藏族，1000）

问：(1) 能做成哪些统计图？
　　(2) 如果做成条形图，对变量值的排列是否有要求？

7. 根据以下统计资料：

　　　　（老年，1000）
　　　　（中年，2000）
　　　　（青年，5000）

问：(1) 能否做成直方图？为什么？
　　(2) 如果做成条形图，对变量值的排列是否有要求？

8. 直方图的高度有什么意义？什么情况下，直方图的高度也可用频次或频率来表示？

9. 以下是甲、乙两村 9 户家庭人口数的原始数据：

甲村：3；3；4；4；4；5；6；7；8
乙村：3；3；4；4；4；5；5；5

(1) 计算两村家庭人口数的众值、中位值和均值。
(2) 对 3 种集中值做出讨论。

10. 分布和统计表、统计图的关系如何？

11. 频次和频率有何不同？

12. 以下是 68 名职工婚姻状况的调查：

　　　　N="未婚"；　　M="已婚"；
　　　　D="离婚"；　　W="丧偶"。

MMNMMNMMNMMMMMMMNMM
MDMMMMNMMWMMMNMNMDN
MMMMMMNMMMMMMMMNNMM
NMNNMNDM

(1) 试做统计表和统计图。
(2) 选择适当的集中值和离散值，并讨论之。

13. 以下是某班参加业余活动情况的调查：

　　　　C="书社"；　　P="摄影组"；
　　　　J="舞蹈团"；　　O="体育组"。

C C C P O P C C C P O O P C O C P C C P
O C P C C O C J C O O C P C C O O O O P
O C O O O O O P O P P

(1) 试做统计表和统计图。

(2) 选择适当的集中值和离散值,并讨论之。

14. 以下是某企业职工教育程度的调查:

    SE="文盲";   CE="小学";

    JH="初中";   SH="高中";

    CH="大专";   SC="大学本科";

    CM="研究生"。

SH JH JH CM CM CH CM CM SH CE SH CH CM CH JH
CE CH SH SH CH CH CH JH SH CM SH SH CM CH JH
CH CH JH CH CH JH SE CM CH JH CE CE CE CH CH
CH CH SH JH SC SH JH CM CH CE JH SH SH CH CH
CH SH JH CM JH CH JH CH CE SC CH SC SH JH CH
CM CH SH CH CE JH CH CM SH SH SC CH CH CH
CH CM JH CM CH CE SC CH JH SC

(1) 试做统计表和统计图。

(2) 选择适当的集中值和离散值,并讨论之。

15. 设以下是某区家庭人数的统计表:

人数	户数
0	417
1	240
2	366
3	222
4	134
5	63
6	39
7	24
8	21

(1) 试做频率统计表、直方图和折线图。

(2) 试求均值和标准差。

(答案:2.0;1.85)

第二章　单变量统计描述分析

16. 设下表是对 72 名离婚者婚龄的统计。

婚龄	人数
1—3	5
4—6	10
7—9	20
10—12	14
13—15	9
16—18	4
19—21	3
22—24	2
25—27	4
28—30	1

(1) 试做频率统计表、直方图和折线图。

(2) 试求众值、中位值和均值,并做简单讨论。

(答案:8；9.7；11.21)

(3) 试求四分互差和标准差。

(答案:7.22；6.37)

17. 设下表是对 1209 名抽烟者年龄的统计。

年龄	人数
21—24	212
25—34	273
35—44	257
45—54	226
55—64	152
65 岁以上 [1]	89

(1) 试做频率统计表、直方图和折线图。

(2) 试求四分互差。

(答案:24.1)

---

[1] 此组称缺上界限的开口组。同理,还有缺下界限的开口组。缺上界限开口组的中心值为该组的组界限值加相邻组组距的一半,缺下界限开口组的中心值为该组的组界限值减相邻组组距的一半。

第三章

概　率

第一节　基础概率

前面谈到社会调查中最常用的方法是抽样调查。抽样调查的目的是要通过抽样的研究对全体做出判断或推论。它属于归纳法的范畴。归纳法(Induction)与演绎法(Deduction)所不同在于归纳法的结论大于前提,因此结论与前提间不是包含关系。归纳法的结论不能有百分之百的可靠性。它除了推理所预言的结果外,还可能存在其他结果。而各种可能出现的结果,及其所对应出现可能性的大小,正是概率论所要研究的问题。可见,对于通过抽样调查来研究从局部推论到总体,必须以概率论作为工具或媒介。这也是学习统计推论必须首先学习概率论的缘故。通过概率论,可以知道在一定条件下,总体的各种抽样结果所具有的概率(Probability)特性。而统计推论则是研究在发生了某种抽样结果的情况下,判断它来自何种总体更为合理。因此可以说,统计推论是概率论研究的逆问题。为了学习概率论,首先要了解概率论的研究对象。简单说来,概率论的研究对象是随机现象。因此,下面先介绍随机现象。

一、什么是随机现象(Random phenomena)

客观现象可以分为确定性现象和非确定性现象。在很长一段历史时期内,由于生产水平的限制,人们只限于研究确定性现象。例如,在自然科学领域中,水的温度上升到100℃,就必然会沸腾。同样,在社会经济领域中,一个国家每

第三章　概　率

年要支付多少工资也是确定的。但除了确定性现象外,在自然、经济、社会领域内还存在另一类现象,这类现象的特点是在一定条件下,它无法像"水必然沸腾"那样预言其必然发生。例如,我们无法预言某天将有多少人死亡;多少婴儿将诞生;多少人因车祸而身亡;多少人结婚;多少人离婚;多少人从北京到上海;多少人晚间收看哪些电视节目等。所有这些现象都有一个共同的特点,那就是在一定条件下(例如某天)事物的出现只具有可能性但不具有必然性。所谓可能而又不必然,则意味着在一定条件下出现的结果不止一种,因此对其中任一种结果的出现,都只能说具有一定的可能性、偶然性或称随机性。而且这种非确定性的存在,并不取决于对事物事先了解的程度。例如一个竞技再好的运动员,也无法预言他在比赛中一定会取胜。

随机现象具有非确定性、随机性,但绝不是说随机现象是杂乱无章、无规律可循或无法研究的。实际上,随机现象是存在着规律性的。人们通过大量的实践与观察,是能认识其统计规律性的。例如人口学中的性别比问题,说明了从局部的、瞬时的、小范围来看,婴儿的性别比可能波动性很大,但长期或大面积的统计,就会发现男、女性别比稳定地保持在 $\frac{22}{43}:\frac{21}{43}$,这正是概率论所要研究的随机现象的统计规律性。

从命题来分,确定性现象的研究属于必然命题,它表示为:

若……,则……

而非确定性现象的研究属于随机命题,它表示为:

若……,可能……

在社会学的研究中,常见的多为随机命题,必然命题是十分少见的。但从另一方面,也应该看到确定与非确定都是相对而言的,其间并无不可逾越的鸿沟。实际上,随着问题研究的深入和精确程度的提高,原先认为是确定性的现象也会成为非确定性的现象。比如以国家的工资总额来说,似乎是确定的。但如果要求数字的精确度进一步提高,那么每月随着职工人员的增加、退休、死亡、工伤、离职以及工资的变动,工资总额也是不断变化的。因此,可以说非确定性是普遍的,只是程度不同而已。同时,在社会生活中,由于任何一种社会现象、社会行为产生的原因都是十分复杂的,人们往往无法准确地掌握其全部原因,这也正是为什么社会学命题多为随机命题。当人们对事物发生的原因知之甚少时,事物的发生总是具有某种非确定性或偶然性的。但在看到社会现象具有偶然性一面时,还应该注意到,对于大量现象的研究,由于平衡与排除了单个孤立事件所具有的偶然性,从而呈现出了内部所隐蔽着的统计规律性。偶然事件的概率,即发生可能性的大小,就是偶然事件隐蔽着的规律。

二、概率的概念

前面谈到了随机现象具有在一定条件下,呈现多种可能结果(Possible outcomes)的特性,而到底出现哪种结果,却又是无法预言的。因此,随机现象的结果以及这些结果的集合就称作随机事件,或简称事件。

例如:
- 某人在运动会上将得金牌。
- 某人将活到 80 岁以上。
- 明年报考医学院的学生将超过 1 万人。
- 明天将下雨。

以上列举的事件都并非一定会发生的,而只是可能发生也可能不发生的非确定性事件,称随机事件。而概率则是这些随机事件发生可能性大小的数量表示。实际上,人们在日常生活中常用"比较级"粗略地来表示随机事件发生可能性的大小。

例如:
- 某生明年不可能考上大学。
- 某生明年可能会考上大学。
- 某生明年很可能考上大学。
- 某生明年一定会考上大学。

句中"不可能""可能""很可能""一定"都是对可能性大小的粗略的估计。而概率就其表达的实质来说,和这些"比较级"是一样的,只是在数量上对可能性大小表达得更为精确而已。

为了使可能性的大小能进行比较,概率的度量必须标准化。也就是确定概率的最大值是什么和最小值是什么。为此,我们把不可能发生的事件称作不可能事件(Impossible event)(记作 $\varnothing$),发生的概率 $P(\varnothing)$ 定作 0:

$$P(\varnothing)=0$$

把一定发生的事件(S)称作必然事件(Sure/Certain event),发生的概率 $P(S)$ 定作 1:

$$P(S)=1$$

而一般随机事件 E,由于它发生的可能性介于"必然"与"不可能"之间,因此它发生的概率 $P(E)$ 为:

$$0 \leqslant P(E) \leqslant 1$$

可见,如果我们按可能性的大小顺序排列事件的话,则有

第三章 概　率

不可能事件($\emptyset$)→随机事件(E)→必然事件(S)

那么,对应事件的概率为

$$P(\emptyset)=0 \to 0 \leqslant P(E) \leqslant 1 \to P(S)=1$$

也就是一般说来,任何随机事件 E 发生的概率介于 0 和 1 之间,是个非负数:

$$0 \leqslant P(E) \leqslant 1$$

概率的最大值是 1,当 $P(E)=1$ 时,事件 E 是必然发生的。概率最小值是 0,当 $P(E)=0$ 时,事件 E 是不可能发生的。而当概率介于 0 至 1 之间,事件发生的可能性随 P 值而变化。例如,当 $P(E)=0.1$ 时,表示事件 E 虽然有可能发生,但发生的可能性不大;当 $P(E)=0.9$ 时,事件 E 虽然并非必然发生,但发生的可能性就很大了;但当 $P(E)=0.5$ 时,事件 E 发生与否,各占 0.5,这种情况下,决策者做进一步的取舍就比较困难了。

下面举例分析哪些是必然事件,哪些是不可能事件或随机事件。

［例］1. 某企业有青年 100 名,其中 20 名为已婚者。今任抽 25 名,那么,其中含有 5 名为已婚者的事件为随机事件。因为任抽 25 名可能恰有 5 名已婚,也可能已婚人数不是 5 名。

［例］2. 接［例］1。若任抽 25 名,那么,其中至少有 5 名为未婚者的事件则为必然事件。（想想看为什么）

［例］3. 接［例］1。若任抽 25 名,其中有 21 名为已婚者的事件则为不可能事件。（想想看为什么）

三、概率的计算方法

概率是反映随机事件内含的统计规律性的。所谓统计规律性,是指在一定条件下,就其个别一次的结果来说都具有偶然性,但大量重复的试验或观察,则其结果无不呈现必然的规律性,这种规律性,称作统计规律性。统计规律性是事物本身所固有的,是事物的客观属性。而概率正是这种事物客观属性的数量表现。那么,如何求得这种概率属性呢？下面介绍两种常见的确定概率方法。

（一）频率(Relative frequency)法

随机事件的特点是具有两重性:一方面在一次试验或观察中事件出现与否具有偶然性;另一方面在相同条件下,进行大量重复试验或观察时,随机事件出现可能性的大小又是稳定的,它称作统计规律性(大量重复试验下的客观规律性)。

这种稳定的可能性大小值,最直观、最简单的想法就是和"频率"联系在一起的。

在相同条件下进行 N 次试验或观察,随机事件 E 出现的次数 n 称作频次。频次 n 与试验次数 N 的比值 $\frac{n}{N}$,称作 N 次试验或观察中事件 E 的频率,记作

$$f(E)=\frac{n}{N}$$

频率 $f(E)$ 具有如下的性质:
(1) $0 \leqslant f(E) \leqslant 1$。
因为 n 永远小于或等于 N:

$$n \leqslant N$$

因此必然存在

$$0 \leqslant f(E) \leqslant 1$$

(2) 对于必然事件 (S),频率 $f(S)=1$;
对于不可能事件 $(\varnothing)$,频率 $f(\varnothing)=0$。
(3) 频率具有双重性质:随机性和规律性。对同一随机事件 E,如果重复试验或观察的次数 N 不太大时,其频率 $f(E)$ 取值,不仅可能不相同,而且可以相互差别较大,这是它具有随机性的一面;但当试验或观察次数 N 相当大后,频率 $f(E)$ 将稳定于某一常数 p,这又是它具有统计规律性的一面。

以下是某社区对学龄前女童所占比例的统计(表 3-1)。

表 3-1　儿童观察总数与女童所占比例统计

儿童总数 N	女童数 n	女童频率 $f(E)=\frac{n}{N}$
10	7	0.70
20	9	0.45
30	12	0.40
40	17	0.43
50	27	0.54
60	31	0.52
70	39	0.56
80	40	0.50
90	46	0.51
100	50	0.50
110	54	0.49
120	60	0.50
130	64	0.49
140	70	0.50

根据表 3-1 可以有如下的图示(图 3-1)。

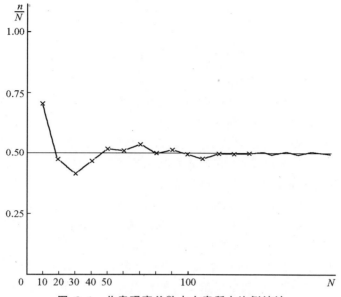

图 3-1　儿童观察总数中女童所占比例统计

图 3-1 表明:随着观察次数 N 的增加,事件 E(例如表中所指的女童)出现的频率逐渐趋向稳定,并在某一常数值 p 附近波动。另一方面,凭借人们生活经验的直观感觉可以知道,若事件 E 出现的可能性愈大,则实际观测结果的频率也愈大,反之亦然。而概率是事件发生可能性大小的数量表示,因此,可以把事件 E 的概率 $P(E)$ 定义为试验或观察次数 N 趋于无穷时相应频率 $\frac{n}{N}$ 的稳定值:

$$P(E) = \lim_{N \to \infty} f(E) = \lim_{N \to \infty} \frac{n}{N}$$

以上称作概率的频率定义。由于试验或观察次数 N 为无穷是做不到的,因此,实际上可把观察次数 N 充分大时(例如社会调查中的问卷在 1 000 份以上)的频率作为概率的近似值。

为了说明当 $N \to \infty$ 时,频率 $f(E)$ 的稳定值反映了随机事件自身固有的性质和规律,下面列举统计学家布丰和皮尔逊所做投掷硬币的经典试验(表 3-2)。可以看出,当 N 很大时,$f(E)$ 十分稳定地趋近于 0.5。

表 3-2 掷币次数与频率

试验者	掷币次数 N	出现"正面"频次 n	频率 $f(E)=\dfrac{n}{N}$
布丰	4040	2048	0.5069
皮尔逊	12 000	6019	0.5016
皮尔逊	24 000	12 012	0.5005

在实际问题中,当概率不易求出时,往往就取当 N 充分大的频率作为概率的近似值。比如当我们要了解全国人口的出生率、死亡率、初婚年龄、离婚率等,如果用抽样调查的结果来代替普查,那实际就是用频率代替了概率。但应该看到,由于频率是个试验值,它是随着试验或观察次数而变化的,因此具有随机性。它只能近似地反映事件出现可能性大小。而概率是个理论值,它由事件的本质所决定,其值是唯一的,能精确地反映事件出现可能性的大小。所以,从理论上讲,概率比频率要"完美",它是反映事件出现可能性大小的唯一精确数值;但在实际中经常碰到的却是频率而不是概率。另一方面,虽然我们经常用频率近似地代替概率,但并不能否定概率这个概念的作用。有了概率,它可以把随机事件与一个精确反映事件出现可能性大小的数量紧密地联系起来,这就是概率论所要研究的内容。

(二) 古典法

频率法是通过大量试验或观察之后求得概率值的。但在某些情况下,还可利用模型本身所具有的对称性来事先求得概率。为此,下面介绍几个有关的名词:

1. 样本点和样本空间

前面谈到的随机现象,指的都是在一定条件下,现象具有多种可能的结果。比如:"进行一次社会调查,了解人们对改革的看法""进行一次考试,观察其成绩"。这些随机现象所对应的试验或观察可以近似地看作数学中的随机试验。对于随机试验,要求满足在相同条件下可以重复,而且在每次试验前虽然不能预言会出现哪一种结果,但它共有多少种可能的结果又是事先已知的。我们把随机试验中的每一种结果称作一个样本点(Sample point)E_i,或称基本事件(Elementary event)。而所有样本点的全体则称作样本空间(Sample space)S。

[例]4. 投掷一枚硬币,其随机试验的样本点为

$E_1 =$ 正面朝上

$E_2 =$ 反面朝上

其随机试验的样本空间为
$$S=\{正面朝上,反面朝上\}$$

[例]5. 投掷一颗骰子,其随机试验的样本点为

E_1＝出现"1"点

E_2＝出现"2"点

E_3＝出现"3"点

E_4＝出现"4"点

E_5＝出现"5"点

E_6＝出现"6"点

其随机试验的样本空间为
$$S=("1","2","3","4","5","6")$$

2. 随机事件(Random event)

随机事件是基本事件自身或由基本事件组成的集合。它是样本空间 S 的某个子集。例如在[例]5 中"出现偶数点"就是一随机事件,它包括出现"2""4""6"三个基本事件(或样本点):
$$A=("2","4","6")$$
同样"出现大于 4 的点数"也是一随机事件,它包括出现"5""6"两个基本事件:
$$B=("5","6")$$

下面介绍古典计算概率的方法。

当随机试验满足以下两个条件:

i. 它的样本空间只有有限个样本点;

ii. 每个样本点出现的可能性相同。

这种随机试验称作古典型随机试验,简称古典概型。对于古典概率,如果事件 A 包含 m 个样本点,则事件 A 的概率为
$$P(A)=\frac{A 中包含的样本点的个数}{样本点总数}$$

用浅近的话来表达就是,对于随机试验,如果在事前它的结果可以一一无遗地列举出来,设这种结果共有 n 个,它满足有限、完备和互不相容,同时出现这 n 个结果又是等可能的,那么,对于研究的事件 A,如果包含有 m 个上述的结果,则事件 A 的概率为
$$P(A)=\frac{m}{n}$$

[例]6. 扔掷一枚均匀的硬币,求出现"正面朝上"的概率。

[解]:随机试验"扔掷一枚硬币"共有两种结果,即两个样本点 $n=2$,它们是

$$E_1 = 正面朝上$$
$$E_2 = 反面朝上$$

样本空间为

$$S=\{E_1,E_2\}$$

由于 E_1 和 E_2 是等可能的(因为硬币是均匀、对称的),从而满足古典概型。

随机事件 $A=$ 正面朝上,只包含一个样本点 E,$m=1$,所以有

$$P(A)=\frac{m}{n}=\frac{1}{2}$$

可见,扔一枚硬币,出现"正面朝上"的概率为 $\frac{1}{2}$。

[例]7. 扔掷两枚均匀的硬币,求出现"两枚都朝上"的概率以及"一枚朝上,一枚朝下"的概率。

[解]:扔掷两枚硬币,等可能的样本点为

$$E_1 = 两枚都朝上$$
$$E_2 = 两枚都朝下$$
$$E_3 = 第一枚朝上,第二枚朝下$$
$$E_4 = 第一枚朝下,第二枚朝上$$

样本空间为

$$S=\{E_1,E_2,E_3,E_4\}$$

随机事件 $A=$ 两枚都朝上,包含一个样本点 $m=1(E_1)$,样本点总数 $n=4$,因此有

$$P(A)=\frac{1}{4}$$

随机事件 $B=$ 一枚朝上,一枚朝下,包含两个样本点 $m=2(E_3$ 和 $E_4)$,样本点总数 $n=4$,因此有

$$P(B)=\frac{2}{4}=\frac{1}{2}$$

[例]8. 全班有 9 名同学,其中 3 名女生,求任抽 1 名是女生的概率。

[解]:设 3 名女生的代码为 $F_1;F_2;F_3$。

6 名男生的代码为 $M_1;M_2;M_3;M_4;M_5;M_6$。

任抽 1 名,可出现 9 种结果,这 9 个样本点为

$$E_1 = 抽到 M_1$$
$$E_2 = 抽到 M_2$$

$E_3 =$ 抽到 M_3
$E_4 =$ 抽到 M_4
$E_5 =$ 抽到 M_5
$E_6 =$ 抽到 M_6
$E_7 =$ 抽到 F_1
$E_8 =$ 抽到 F_2
$E_9 =$ 抽到 F_3

随机事件 $A=$ 任抽 1 名是女生,它包含 3 个样本点 $m=3(E_7,E_8,E_9)$。而样本空间

$$S=(E_1,E_2,E_3,E_4,E_5,E_6,E_7,E_8,E_9)$$

共包含 9 个样本点 $n=9$,因此

$$P(A)=\frac{3}{9}=\frac{1}{3}$$

四、概率的运算①

了解了概率的定义及其计算方法,进一步需要研究的是概率如何进行运算。但由于概率的运算与事件之间的关系有密切的联系,因此我们在讨论概率运算之前,必须先讨论事件之间的关系。

(一) 事件之间的关系

1. 事件的包含与相等

如果事件 A 的发生,必然导致事件 B 的发生,则称事件 B 包含事件 A(图 3-2-1),记作

$$A \subset B \text{ 或 } B \supset A$$

上述两个表达式中,虽然事件 A 与事件 B 书写在不同的位置,但"符号 $\subset$"都是朝着事件 B 的方向"开口",因此都表示同一的包含关系,即

事件 B 包含事件 A

如果事件 A 与事件 B 存在包含关系:

$$A \subset B$$

且同时事件 A 与事件 B 又存在反向的包含关系:

$$B \subset A$$

那么,事件 A 与事件 B 为相等,记作

---

① 可作选读用。

$$A = B$$

如果事件 A 与事件 B 为相等关系,则它们必然是等价的。

[例]9. 设婚姻调查中,

$$A = 自主婚姻$$
$$B = 自己认识的婚姻$$
$$C = 经人介绍的婚姻$$

问: A 与 B 之间的关系是什么?

[解]:因为"自主婚姻"包含"自己认识的婚姻"和"经人介绍的婚姻"两种,因此事件 B 发生必然导致事件 A 发生,因此有

$$B \subset A$$

但事件 A 发生,由于有事件 C 的存在,未必导致事件 B 必然发生,因此事件 A 与事件 B 之间不存在相等关系:

$$A \neq B$$

2. 事件和(Or conjunction)

事件 A 与事件 B 至少有一个发生所构成的事件 C,称作事件 A 与事件 B 的事件和(图 3-2-2),记作

$$A + B \text{ 或 } A \cup B$$

例如,在[例]9 中,"自主婚姻"包括"自己认识的婚姻"与"经人介绍的婚姻"。因此,"自主婚姻"便是"自己认识的婚姻"与"经人介绍的婚姻"这两个事件的事件和。

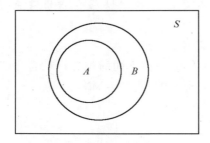

图 3-2-1 $A \subset B$

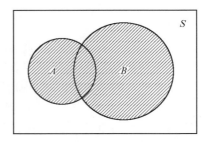

图 3-2-2 $A + B$

3. 事件积(As-well-as conjunction)

事件 A 与事件 B 同时发生所构成的事件 C,称作事件 A 与 B 的事件积(图 3-2-3),记作

$$AB \text{ 或 } A \cap B$$

例如,合格人才的标准是德才兼备。因此,合格人才便是"德"与"才"两事

件的事件积。

4．互不相容事件（Mutually exclusive events）

若事件 A 发生必导致事件 B 不发生，反之亦然，则称事件 A 与事件 B 是互不相容的或互斥的（图 3-2-4）。对于互不相容事件有

$$AB = \varnothing（不可能事件）$$

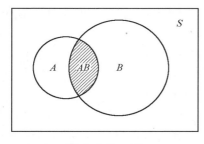
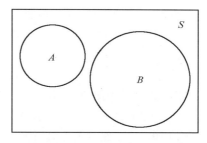

图 3-2-3　*AB*　　　　　　　　图 3-2-4　*AB*=∅

5．对立事件（Complementary events）（逆事件）

若事件 A 与事件 B 为互不相容事件，且在一次试验或观察中却必有其一发生，则称事件 A 与事件 B 为对立事件（图 3-2-5）。例如性别中的男和女就是对立的事件。因为任何一次观察都必将归入其中一类，而且也只能归入一类，因此是两者必居其一的关系，通常把 A 的对立事件记作 $\bar{A}$。

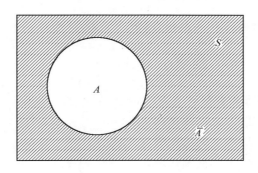

图 3-2-5　A 与 $\bar{A}$ 为对立事件

对于对立事件有

$$AB = \varnothing（不可能事件）$$
$$A + B = S（必然事件）$$

(二)概率的运算

1. 概率的加法公式(Addition rule)

概率的加法定理是研究事件和的概率与事件本身概率之间的关系。根据事件是否互不相容,概率的加法可分为简化式与一般式两种。

(1)简化式

当事件 A 与事件 B 互不相容时,事件和"$A+B$"的概率为事件 A 的概率与事件 B 的概率之和:

$$P(A+B) = P(A) + P(B) \quad (3\text{-}1)$$
$$(A, B \text{ 互不相容})$$

推论,如果 n 个事件 $A_1, A_2, \cdots, A_n$ 互不相容,则有

$$P(A_1 + A_2 + \cdots + A_n) = P(A_1) + P(A_2) + \cdots + P(A_n) \quad (3\text{-}2)$$

[例]10. 某年级共有学生 100 名,其中来自广东省的有 25 名,来自广西壮族自治区的有 10 名,问:任抽 1 名,来自两广的概率是多少?

[解]:设 A = 来自广东省

B = 来自广西壮族自治区

$$P(A) = \frac{25}{100} = 0.25$$

$$P(B) = \frac{10}{100} = 0.10$$

因为事件 A 与事件 B 互不相容,因此根据式(3-1),"来自两广"($A+B$)的概率为

$$P(A+B) = P(A) + P(B)$$
$$= 0.25 + 0.10 = 0.35$$

[例]11. 某企业根据统计直方图,初婚年龄在:

20—22 岁之间的比例为 20%;

23—25 岁之间的比例为 50%;

26—28 岁之间的比例为 15%;

29—31 岁之间的比例为 5%。

问:今任抽 1 名,其初婚年龄在 20—31 岁之间的概率是多少?

[解]:设 A=初婚年龄在 20—22 岁

B=初婚年龄在 23—25 岁

C=初婚年龄在 26—28 岁

D=初婚年龄在 29—31 岁

第三章 概 率

因为 A、B、C、D 为互不相容事件,因此,$A+B+C+D$("初婚年龄在 20—31 岁")的概率 $P(A+B+C+D)$ 根据式(3-2)为

$$P(A+B+C+D) = P(A)+P(B)+P(C)+P(D)$$
$$= 0.20+0.50+0.15+0.05$$
$$= 0.9$$

[例]12. 根据某市职业代际流动的统计,服务性行业代际向下流动的概率为 0.07,静止不流动的概率为 0.85,问:服务性行业代际向上流动的概率是多少?

[解]:设 A = 代际向下流动
　　　　B = 代际不流动
　　　　C = 代际向上流动

因为事件 A、事件 B、事件 C 互不相容,且三者组成必然事件 S,所以有

$$A+B+C=S$$
$$P(A+B+C)=P(A)+P(B)+P(C)=P(S)=1$$

因此有

$$P(C)=1-P(A)-P(B)=1-0.85-0.07=0.08$$

(2) 一般式

当事件 A 与事件 B 不满足互不相容性,则事件和"$A+B$"的概率为事件 A 的概率与事件 B 的概率之和减去事件 A 与事件 B 同时发生(事件积)的概率:

$$P(A+B)=P(A)+P(B)-P(AB) \quad (3\text{-}3)$$

(A、B 为两个任意事件)

实际上,概率加法的简化式(3-1)是概率加法一般式(3-3)的一个特殊情况。因为当事件 A、B 互不相容时有

$$AB=\varnothing$$
$$P(AB)=0$$

于是概率加法一般式(3-3):

$$P(A+B)=P(A)+P(B)-P(AB)$$

简化为式(3-1):

$$P(A+B)=P(A)+P(B)$$

推论 1:如果事件 A、B、C 为 3 个任意事件,则

$$P(A+B+C)=P(A)+P(B)+P(C)-$$
$$P(AB)-P(AC)-P(BC)+P(ABC) \quad (3\text{-}4)$$

式(3-4)可以用图形来进行解释。事件 $A+B+C$ 为图 3-3 中"$A+B+C$"

之面积：

"$A+B+C$"之面积＝3个"圆面积"－3个"椭圆面积"＋"三角形面积"

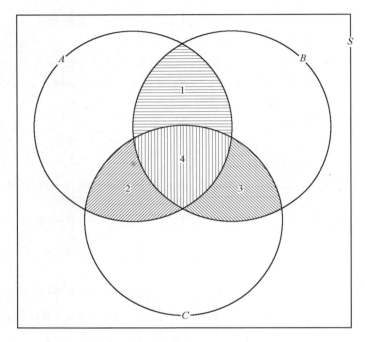

图 3-3　$P(A+B+C)$ 计算示意图

其中3个"圆面积"分别表示 A、B、C 3 个事件，3 个"椭圆面积"为 AB（"1"＋"4"）、AC（"2"＋"4"）和 BC（"3"＋"4"）事件，"三角形面积"则为 ABC（"4"）事件，因此对应的概率为

$$P(A+B+C)=P(A)+P(B)+P(C)-P(AB)-P(AC)-P(BC)+P(ABC)$$

推论 2：对于 n 个任意事件 $A_1,A_2,\cdots,A_n$ 有

$$P(A_1+A_2+\cdots+A_n)=\sum_{i=1}^{n}P(A_i)-\sum_{1\leqslant i<j\leqslant n}P(A_iA_j)+\sum_{1\leqslant i<j<t\leqslant n}P(A_iA_jA_t)+\cdots+(-1)^{n-1}P(A_1A_2\cdots A_n)$$

(3-5)

[例]13. 为了研究父代文化程度对子代文化程度的影响，某大学统计出学生中父亲具有大学文化程度的占 30%，母亲具有大学文化程度的占 20%，而父

第三章 概　率

母双方都具有大学文化程度的占 10%，问：学生中任抽一名，父代至少有一名具有大学文化程度的概率是多少？

[解]：设 A = 父亲具有大学文化程度
B = 母亲具有大学文化程度

根据题意
$$P(A)=0.3;\ P(B)=0.2;\ P(AB)=0.1$$

因此根据式(3-3)父代中至少有一名具有大学程度的概率为
$$P(A+B)=P(A)+P(B)-P(AB)=0.3+0.2-0.1=0.4$$

[例]14. 某地对国外旅游者旅游动机进行了调查，发现旅游者出于游览名胜的概率为 0.219，出于异族文化的吸引占 0.509，而两种动机兼而有之的占 0.102。问：旅游动机为游览名胜或为异族文化吸引的概率是多少？

[解]：设 A = 游览名胜
B = 异族文化的吸引

根据题意　　$P(A)=0.219$
$P(B)=0.509$
$P(AB)=0.102$

因此根据式(3-3)，旅游动机为"游览名胜或异族文化的吸引"的概率为
$$P(A+B)=P(A)+P(B)-P(AB)$$
$$=0.219+0.509-0.102$$
$$=0.626$$

2. 概率的乘法公式（Multiplication rule）

概率的乘法是研究事件积的概率与事件本身概率之间的关系。根据事件是否独立，事件积的概率可分简化式和一般式两种。

(1) 简化式

如果事件 A 与事件 B 是相互独立的（Stochastically independent），也就是说如果事件 A 出现的概率与事件 B 是否出现是无关的，反之亦然，那么，事件 A 与事件 B 同时发生的概率（AB 事件积的概率）等于事件 A 概率与事件 B 概率的乘积：
$$P(AB)=P(A)P(B) \qquad (3\text{-}6)$$
（A、B 相互独立）

推论：如果 $A_1, A_2, \cdots, A_n$ 相互独立，则
$$P(A_1 A_2 \cdots A_n)=P(A_1)P(A_2)\cdots P(A_n) \qquad (3\text{-}7)$$

[例]15. 把两枚质地均匀的硬币同时扔掷，问：两枚结果都是朝上的概率是多少？

[解]：设 $A=$ 第一枚扔掷结果为朝上

$B=$ 第二枚扔掷结果为朝上

因为两枚硬币质地均匀，因此有

$$P(A) = \frac{1}{2}$$

$$P(B) = \frac{1}{2}$$

同时因为 A、B 相互独立，因此根据式(3-6)两枚都朝上(AB)的概率为

$$P(AB) = P(A)P(B) = \frac{1}{2} \times \frac{1}{2} = \frac{1}{4}$$

[例]16. 根据统计结果，在自然生育情况下，男婴出生的概率为 $\frac{22}{43}$，女婴出生的概率为 $\frac{21}{43}$。某单位有两名孕妇，问：两名孕妇都生男婴的概率是多少？两名孕妇都生女婴的概率是多少？其中一名孕妇生男婴、一名孕妇生女婴的概率是多少？

[解]：设 $A=$ 第一名孕妇生男婴

$B=$ 第二名孕妇生男婴

于是有　　$P(A) = \frac{22}{43}$

$$P(B) = \frac{22}{43}$$

$\overline{A} =$ 第一名孕妇生女婴

$\overline{B} =$ 第二名孕妇生女婴

$$P(\overline{A}) = \frac{21}{43}$$

$$P(\overline{B}) = \frac{21}{43}$$

根据式(3-6)，两名孕妇都生男婴的概率

$$P(AB) = P(A)P(B) = \frac{22}{43} \times \frac{22}{43} = 0.2618$$

根据式(3-6)，两名孕妇都生女婴的概率

$$P(\overline{A}\,\overline{B}) = P(\overline{A})P(\overline{B}) = \frac{21}{43} \times \frac{21}{43} = 0.2385$$

根据式(3-1)和式(3-6)，一名孕妇生男婴、一名孕妇生女婴的概率

第三章 概 率

$$P(A\bar{B} + \bar{A}B) = P(A\bar{B}) + P(\bar{A}B)$$
$$= P(A)P(\bar{B}) + P(\bar{A})P(B)$$
$$= \frac{22}{43} \times \frac{21}{43} + \frac{21}{43} \times \frac{22}{43}$$
$$= 0.4997$$

(2) 一般式

当事件 A 与事件 B 不满足相互独立时，则事件 A 发生与否将影响事件 B 发生的概率，反之亦然。为此我们要讨论一事件已发生条件下另一事件发生的概率，它称作条件概率。

$P(B|A)$：事件 A 发生的条件下，事件 B 发生的概率；

$P(A|B)$：事件 B 发生的条件下，事件 A 发生的概率。

于是概率乘法的一般式为事件积 AB 的概率等于其中一事件的概率与另一事件在前一事件已发生条件下的条件概率的乘积，即

$$P(AB) = P(A)P(B|A) \tag{3-8}$$

或

$$P(AB) = P(B)P(A|B) \tag{3-9}$$

推论 1：

$$P(A_1 A_2 A_3) = P(A_1 A_2) P(A_3 | A_1 A_2)$$
$$= P(A_1) P(A_2 | A_1) P(A_3 | A_1 A_2) \tag{3-10}$$

推论 2：

$$P(A_1 A_2 \cdots A_n) = P(A_1) P(A_2 | A_1) \cdots P(A_n | A_1 A_2 \cdots A_{n-1}) \tag{3-11}$$

[例]17. 某居民楼共 20 户，其中直系家庭为两户，访问两户都是直系家庭的概率是多少？

[解]：设 $A_1 =$ 第一户访问对象为直系家庭

$A_2 =$ 第二户访问对象为直系家庭

根据题意，所要求的是 $P(A_1 A_2)$，即两户都是直系家庭的概率。但 $A_1 A_2$ 不满足相互独立的条件。因为第一次访问是从 20 户中任访一户，其访问到直系家庭的概率是 $\frac{2}{20}$。而第二次访问只是从剩下的 19 户中任访一户，且 A_2 的概率还直接取决于第一次访问的结果。因此访问两户都是直系家庭的概率须运用概率乘法的一般公式(3-8)：

$$P(A_1 A_2) = P(A_1) P(A_2 | A_1)$$

因为

$$P(A_1) = \frac{2}{20} = 0.1$$

$$P(A_2 \mid A_1) = \frac{1}{19} = 0.0526$$

所以　　$P(A_1A_2) = P(A_1)P(A_2 \mid A_1) = 0.1 \times 0.0526 = 0.00526$

[例]18. 某居民楼共20户,其中直系家庭为两户,访问第二户才是直系家庭的概率是多少?

[解]:设 A_1＝第一户访问对象为非直系家庭

　　　　A_2＝第二户访问对象为直系家庭

根据题意和式(3-8),所示概率为 $P(A_1A_2)$。

$$P(A_1A_2) = P(A_1)P(A_2 \mid A_1)$$

$$P(A_1) = \frac{20-2}{20} = \frac{18}{20}$$

$$P(A_2 \mid A_1) = \frac{2}{19}$$

所以　　$P(A_1A_2) = \frac{18}{20} \times \frac{2}{19} = 0.095$

[例]19. 接[例]17。在什么条件下,可以近似地使用概率乘法的简化公式?

[解]:如果居民楼的住户很多,例如1000户,甚至更多,那么第二次访问到直系家庭的概率几乎与第一次是否访问到直系家庭无关,且与第一次访问到直系家庭的概率也近似相等:

$$P(A_1) = \frac{2}{1000} = 0.002$$

$$P(A_2 \mid A_1) = \frac{1}{999} = 0.001$$

$$P(A_2 \mid \overline{A_1}) = \frac{2}{999} = 0.002$$

可见三者概率的差值都在千分之一的数量级,即有

$$P(A_1) \approx P(A_2 \mid A_1) \approx P(A_2 \mid \overline{A_1})$$

这也是为什么在抽样调查中,如果总体 N 很大(例如整个城市、学校等),而被抽数目 n(样本容量)满足 $n \ll N$ 时,可以把每个被抽单位的概率看作不变的缘故。下面通过实例进行比较。

[例]20. 某居民楼共有住户1000户,其中核心家庭占60%,访谈中3户都是核心家庭的概率是多少?

[解]:设 A_1＝第一户为核心家庭

第三章 概 率

A_2＝第二户为核心家庭

A_3＝第三户为核心家庭

根据题意,所求概率为 $P(A_1A_2A_3)$。现对两种方法计算进行比较:

方法一:按照条件概率式(3-10)计算。

因为核心家庭总数为 $1000×60\% = 600$ 户

所以

$$P(A_1) = \frac{600}{1000}$$

$$P(A_2 \mid A_1) = \frac{599}{999}$$

$$P(A_3 \mid A_1A_2) = \frac{598}{998}$$

$$P(A_1A_2A_3) = P(A_1)P(A_2 \mid A_1)P(A_3 \mid A_1A_2)$$

$$= \frac{600}{1000} × \frac{599}{999} × \frac{598}{998} = 0.21557$$

方法二:近似地认为访谈到核心家庭概率不变,都等于 $P(A_1)$,根据式(3-7)有

$$P(A_1A_2A_3) \approx P(A_1)P(A_1)P(A_1) = 0.6^3 = 0.216$$

可见,当抽样数 $n \ll N(3 \ll 1000)$ 时,两种方法计算结果非常接近。

［例］21. 当总数 N 不够大,但又希望事件的概率不变,怎么办?

［解］:这时应将各次抽到的单位,记录结果后放回原总体参加下一次的抽取,这样每次事件的概率就不变了。这种抽取方式又称回置抽取或重复抽取。而［例］15—［例］17 则为非重复抽取。因为它们每次抽到的单位都不再参加下一次抽取了。在实际抽样中,很少采用重复抽取,一般都因 N 很大,非重复抽取可以近似地看作重复抽取并可以使用事件相互独立情况下的简化概率乘法公式。

（三）小结

本节介绍了概率、事件、事件的运算以及概率的运算等重要的概念。下面就概率的运算规则和事件关系中的几个概念做一小结和比较。

1. 概率的加法公式

（1）如果事件 A、B 为互不相容事件,则

$$P(A+B) = P(A) + P(B)$$

事件 A、B 互不相容,可表示为图 3-4。

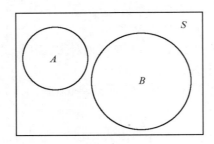

图 3-4 $AB=\varnothing$

(2) 如果事件 A、B 为一般事件,不满足互不相容性,则
$$P(A+B)=P(A)+P(B)-P(AB)$$
事件 A、B 不满足互不相容,可表示为图 3-5。

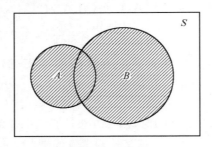

图 3-5 $A+B$

2. 概率的乘法公式
(1) 如果事件 A、B 相互独立,则
$$P(AB)=P(A)P(B)$$
(2) 如果事件 A、B 不满足相互独立,则
$$P(AB)=P(A)P(B|A)=P(B)P(A|B)$$

3. 事件的相互独立、互不相容和互为对立之间的关系
一般说来,三者不能同时存在。下面我们讨论它们之间的关系。
(1) 互不相容性与互为对立
如果事件 A 与事件 B 相互对立,则它们必然也是互不相容的,但如果事件 A 与事件 B 仅为互不相容,则不一定能满足相互对立。
事实上事件 A 与事件 B 互不相容是指两者不能同时出现,因此有
$$AB=\varnothing(不可能事件)$$
如图 3-4 所示。

第三章 概率

从图 3-4 中可以看出,事件 A 与事件 B 并不构成必然事件,也就是除事件 A、B 外存在其他可能的事件,即
$$A+B \neq S(必然事件)$$
而互为对立事件,则表示除事件 A 与事件 B 不能同时出现外,两者还构成必然事件,即
$$\begin{cases} AB = \varnothing (不可能事件) \\ A+B = S(必然事件) \end{cases}$$
用图形表示有图 3-6:

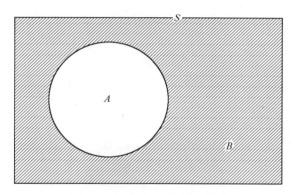

图 3-6 A 和 B 互为对立事件

可见事件 A 与事件 B 是非此则彼、两者必居其一的关系。因此,如果事件 A 与事件 B 互为对立,则必然满足互不相容,但逆定理不存在。

(2) 互不相容性与相互独立

一般说,如果 $P(A) \neq 0$,$P(B) \neq 0$,则互不相容一定不满足相互独立,反之亦然。

事实上,所谓相互独立,是指两者的出现相互无关。而互不相容性则要求 A 出现的条件必须是 B 不能出现,这本身就是一种特定的约束关系。它与相互独立的要求是相互矛盾的,因此一般不能同时满足。数学上,设
$$P(A) > 0, \ P(B) > 0$$
根据相互独立,则
$$P(AB) = P(A)P(B) > 0$$
但根据互不相容性:
$$AB = \varnothing (不可能事件)$$
则有
$$P(AB) = P(\varnothing) = 0$$

可见,两者结果是相互矛盾的。因此,相互独立与互不相容性是不能同时存在的。

但在特殊的情况下,即 $P(A)$ 或 $P(B)=0$,则根据相互独立有
$$P(AB)=P(A)P(B)=0 \cdot P(B)=0$$
因此,互不相容与相互独立得到了统一的结果。但实际上,如果某事件出现的概率为零,显然也就谈不上与其他事件的关系了,因此两者兼容的情况,只是数学上的讨论。

(3) 互为对立与相互独立

由于互为对立可看作互不相容的特例,因此有关互不相容性与相互独立的讨论,也适用于互为对立的讨论,即一般情况下,互为对立与相互独立是不能同时满足的。

(四) 全概公式与逆概公式(贝叶斯)

以上介绍了概率的加法公式和乘法公式,但对于一些复杂的事件,单用其中之一还不够,而需要联合使用它们才能奏效。全概公式和逆概公式就是为着解决这些复杂事件的。

1. 全概公式(Total probabilities theorem)

如果 $A_1, A_2, \cdots, A_n$ 为完备事件组,即有

(1) $A_1, A_2, \cdots, A_n$ 互不相容,且 $P(A_i)>0 \quad (i=1,2,\cdots,n)$

(2) $A_1+A_2+\cdots+A_n=S$

则对于任一事件 B 皆有

$$P(B) = \sum_{i=1}^{n} P(A_i)P(B|A_i) \tag{3-12}$$

全概公式(3-12)看起来很复杂,实际只要理解了,也并不复杂。

首先对于复杂的事件 B,如果 $P(B)$ 直接不好求,但事件 B 可以分解为一组仅能与 $A_1, A_2, \cdots, A_n$ 之一同时发生的和事件(图 3-7),那么,B 分解为所有 BA_i 交之和:
$$B=BA_1+BA_2+\cdots+BA_n$$
由于 $A_1, A_2, \cdots, A_n$ 是互不相容的,因而 $BA_1, BA_2, \cdots, BA_n$ 也是互不相容的。所以有

$$P(B) = \sum_{i=1}^{n} P(BA_i) \tag{3-13}$$

至此,B 的概率已分解为一组概率 $P(BA_i)$ 之和了。而 $P(BA_i)$ 根据概率的乘法公式(3-9)有

$$P(BA_i)=P(A_i)P(B|A_i) \tag{3-14}$$

第三章 概 率

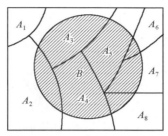

图 3-7 全概公式图解

将式(3-14)代入式(3-13),得上面给出的全概公式(3-12):

$$P(B) = \sum_{i=1}^{n} P(A_i) P(B|A_i)$$

可见,为了用好全概公式,关键是找到一组 $A_1, A_2, \cdots, A_n$ 互不相容的完备事件组[①]。$A_1, A_2, \cdots, A_n$ 可看作是导致 B 发生的一组原因,而这些原因的概率是已知的或可以求出的。

[例]22. 10 人抓阄,其中共有 2 张球票,求第 2 个人抓到球票的概率。

[解]:设 A＝第 1 人抓得球票

B＝第 2 人抓得球票

事件 B 的发生只有在第 1 人抓得结果后才发生,因此 B 的发生,原因有两个

$$A = \text{第 1 人抓得球票}$$

$$\overline{A} = \text{第 1 人未抓得球票}$$

且

$$A + \overline{A} = 1$$

因此事件 B 的发生,根据全概公式,可以分解为互不相容的 AB 与 $\overline{A}B$ 之和:

$$B = AB + \overline{A}B$$

$$P(B) = P(AB) + P(\overline{A}B)$$

$$= P(A)P(B|A) + P(\overline{A})P(B|\overline{A}) \qquad (3\text{-}15)$$

根据题意

$$P(A) = \frac{2}{10}; \quad P(B|A) = \frac{1}{9}$$

$$P(\overline{A}) = \frac{8}{10}; \quad P(B|\overline{A}) = \frac{2}{9}$$

---

① 如果 $A_1, A_2, \cdots, A_n$ 互不相容,但不满足完备性,这时要求 B 仅当 $A_1, A_2, \cdots, A_n$ 中某一事件出现时才出现,即 $A_1, A_2, \cdots, A_n$ 在图形上要能够"盖住"B。

代入式(3-15)有

$$P(B) = \frac{2}{10} \times \frac{1}{9} + \frac{8}{10} \times \frac{2}{9} = \frac{2}{10}$$

2. 逆概公式(贝叶斯公式,Bayes' theorem)

全概公式是根据对发生 B 的各种原因 A_i 分析,即 $P(A_i)$ 和 $P(B|A_i)$ 分析,求出事件 B 发生可能性的大小,这是由因探果的过程。反之,如果事件 B 发生了,可以追溯导致 B 发生的各种原因 A_i 概率分别是多大,即求

$$P(A_i \mid B) = ? \quad (i = 1, 2, \cdots, n)$$

它是由果探因的过程。

如果 $A_1, A_2, \cdots, A_n$ 为完备事件组,即有

(1) $A_1, A_2, \cdots, A_n$ 互不相容,且 $P(A_i) > 0$ $(i=1,2,\cdots,n)$

(2) $A_1 + A_2 + \cdots + A_n = S$

事件 B 仅能与 $A_1, A_2, \cdots, A_n$ 之一同时发生,$P(B) \neq 0$,那么,在事件 B 发生的情况下,事件 A_i 出现的条件概率

$$P(A_i|B) = \frac{P(A_i)P(B|A_i)}{P(B)} \tag{3-16}$$

其中,

$$P(B) = \sum_{i=1}^{n} P(A_i) P(B|A_i)$$

公式(3-16)称作逆概公式,或贝叶斯公式。式中 $P(A_i)$ 称作原因 A_i 的先验概率,它是在 B 未发生情况下对 A_i 的认识,而 $P(A_i|B)$ 称作后验概率,它是在 B 发生后对 A_i 的再认识,是对 $P(A_i)$ 的修正。

为了形象地表达全概公式和逆概公式,可以用流图(图 3-8)来说明。

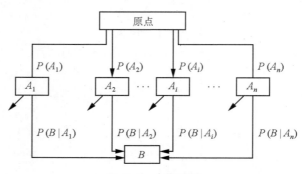

图 3-8　全概流图

第三章 概 率

首先把研究的现象作为分析的原点,它犹如水流的源头。现象的各种结果作为各种流向,其结果用节点 A_i 表示,流向的大小用 A_i 之概率 $P(A_i)$ 表示,又称路径系数。事件 B 的出现,由于是在 A_i 出现的基础上发生的,因此可把 A_i 看作新的子源点,B 则是 A_i 各种流向中的一种结果,其大小由 A_i 至 B 的路径系数 $P(B|A_i)$ 表示。

全概公式,表示所有通路流向节点 B 之和,而每一条通路的通路系数则是流经节点 A_i 两次路径系数的乘积:

$$P(A_i)P(B|A_i)$$

因而全概公式有

$$P(B) = \sum P(A_i)P(B|A_i)$$

逆概公式表示在 B 发生的情况下,追溯由 A_i 引起可能性的大小,即流经 A_i 通路在所有通路中可能性的大小。在数值上等于流经 A_i 的通路系数 $P(A_i)P(B|A_i)$ 与全部通路系数总和 $\sum_{i=1}^{n} P(A_i)P(B|A_i)$ 之比:

$$P(A_i | B) = \frac{P(A_i)P(B|A_i)}{\sum_{i=1}^{n} P(A_i)P(B|A_i)}$$

[例]23. 设出口商标为"Made in China"的产品,其中有 50% 为上海厂的产品,30% 为北京厂的产品,20% 为天津厂的产品。设上海厂的正品率为 90%,北京厂的正品率为 95%,天津厂的正品率为 97%。

问:(1) 任抽一件为正品的概率是多少?
(2) 在抽得产品是正品的情况下,是上海厂的概率是多少?

[解]:根据题意,作如下的流图(图 3-9)。

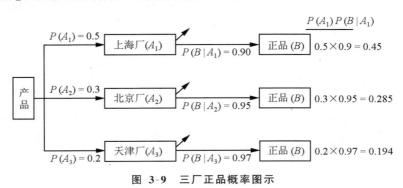

图 3-9　三厂正品概率图示

因此根据全概公式(3-12)和逆概公式(3-16)有：

(1) 任抽一件为正品的概率为

$$P(B) = \sum_{i=1}^{n} P(A_i) P(B \mid A_i) = 0.45 + 0.285 + 0.194 = 0.929$$

(2) 在抽得产品是正品情况下，是上海厂的概率为

$$P(A_1 \mid B) = \frac{P(A_1) P(B \mid A_1)}{\sum_{i=1}^{3} P(A_i) P(B \mid A_i)} = \frac{0.45}{0.929} = 0.48$$

[例]24. 根据历史资料，某地区癌症患病率为0.0004，某体检中心运用肿瘤标记物法，对前来体检的人群进行癌症检测，已知该方法对患有癌症的人，检测结果呈阳性的概率为0.95，但对未患癌症而检测结果呈阳性的概率为0.10。今某人检测结果呈阳性，问：此人真正患癌症的概率是多少？

[解]：根据题意，设

$B = $ 某人检测结果呈阳性

$A_1 = $ 某人患癌症

$A_2 = $ 某人未患癌症

于是有

$$P(A_1) = 0.0004, \quad P(A_2) = 1 - P(A_1) = 0.9996$$
$$P(B \mid A_1) = 0.95, \quad P(B \mid A_2) = 0.10$$

由全概公式得

$$P(B) = P(A_1) P(B \mid A_1) + P(A_2) P(B \mid A_2)$$
$$= 0.0004 \times 0.95 + 0.9996 \times 0.10$$
$$= 0.00038 + 0.09996 = 0.10034$$

根据逆概公式，可求得某人检测呈阳性情况下，真正患有癌症的概率为

$$P(A_1 \mid B) = \frac{P(A_1) P(B \mid A_1)}{P(B)} = \frac{0.0004 \times 0.95}{0.10034}$$
$$= 0.0038$$

可见，对于检测结果呈阳性，很可能是假阳性，因为平均1 000名检测结果是阳性的人中，只有不到4人是真正患者，所以不必太紧张。

贝叶斯的逆概公式不仅在决策论中有着广泛的运用，同时还形成了有别于传统统计推论方法的新统计推论派。这方面详细内容，可参考有关的统计书籍。

第三章 概　率

第二节　概率分布、均值与方差

一、概率分布(Probability distribution)

前面介绍了随机事件及其概率。但作为随机现象的全面研究还很不够。随机事件及其概率回答的是随机现象中某一局部的结果或称随机事件及其概率的大小。而概率分布,要回答的则是随机现象一共有多少种结果,以及每种结果相应的概率是多少。例如访谈 3 户,那么其中核心家庭的户数就是随机现象。因为它包括以下 4 种可能的结果：

(0 户核心家庭，3 户非核心家庭)
(1 户核心家庭，2 户非核心家庭)
(2 户核心家庭，1 户非核心家庭)
(3 户核心家庭，0 户非核心家庭)

可见,为了进行研究,我们把随机现象量化起来,便可看作变量 ξ[①],而把随机现象的各种结果看作变量 ξ 的各种取值。于是上例为

$\xi =$ 访谈 3 户中核心家庭数
$\xi = x_1$ 表示"访谈结果为 0 户核心家庭、3 户非核心家庭"
$\xi = x_2$ 表示"访谈结果为 1 户核心家庭、2 户非核心家庭"
$\xi = x_3$ 表示"访谈结果为 2 户核心家庭、1 户非核心家庭"
$\xi = x_4$ 表示"访谈结果为 3 户核心家庭、0 户非核心家庭"

可见,为了更好地对随机现象进行全面分析,我们可以把它看作变量及其取值来研究。而前面所谈的随机事件只是变量的某个取值或某几个取值而已。随机现象的量化,并把它当作变量来研究,这点很重要,但对读者接受起来并不困难,因为我们在第一章里已经把概念和变量联系起来了。但需要指出的是,这里的变量的概念与一般高等数学中所谈的变量是不同的。这里的变量是随机变量,而变量的取值,表示的是观测或试验的结果。这些取值在观测或试验前是无法预言或事先确定的,它们只在观察后才能确定,而且其取值又是随着各次观察或试验在变化的。随机变量是和随机现象联系在一起的,实际上,随机变量是以"量"的形式来描述随机现象。

---

① 为了符号上有所区别,我们约定用希腊字母 $\xi, \eta, \cdots$ 代表变量,拉丁字母 x 和 y 代表 ξ 和 η 的取值,例如 $\xi = x_1, x_2, \cdots; \eta = y_1, y_2, \cdots$。下面谈到这些变量都是随机变量。

概率分布要研究的是随机变量有哪些可能的取值以及每一种取值对应的概率是多少。确定取值的原则仍然如第二章第一节变量中所指出的那样,必须满足完备性与互不相容性。而当变量的取值满足了完备性和互不相容性,那么取值和概率对的集合:

$$(x_1, p_1)$$
$$(x_2, p_2)$$
$$\vdots \quad \vdots$$

就是随机变量的概率分布,简称概率分布。例如前面所谈"访谈3户的家庭结构",只有把4种结果及其概率全部列举出来才是概率分布。如果仅列举其中某一个或某几个结果都不能称作概率分布。

这里所谈分布的概念和第二章中所介绍的频率、频次分布十分相像,只是把频率、频次换成了概率。但正如本章第一节所指出频率与概率之不同一样,频率分布是实测值,是可以变化的。而概率分布是理论值,是唯一的。因此频率分布又称随机变量的统计分布或经验分布,而概率分布则称作随机变量的理论分布。仅当观测次数很大时,随机变量取值的频率接近其概率,这时随机变量的统计分布与理论分布将大致相符。

总结起来可以说,随机变量是随机事件的推广与外延;而随机变量的分布则是事件概率的自然推广与外延。利用随机变量及其分布,可以全面揭示客观事物内在的统计规律性。

随机变量根据其取值是否连续,可分为离散型随机变量和连续型随机变量。下面分别讨论它们的概率分布。

(一)离散型随机变量(Discrete random variables)及其概率分布

离散型随机变量是指它的可能取值是有限个或可数个值,这些取值都具有确定的概率。

离散型随机变量所包括的变量层次是很广的,它包括定类、定序、定距和定比。其中定类变量的取值虽然也以数量化的形式出现,例如0、1,但实际上它只是一种编号或赋值,数值大小并无实际意义,因此又可称作虚拟变量。性别(定类变量)、名次(定序)、家庭子女数(定比)等都是离散型随机变量。

离散型随机变量的概率分布,可有以下表达:

$$P(\xi = x_i) = p_i \qquad i = 1, 2, \cdots, n \qquad (3-17)$$

它表示当随机变量ξ取值为x_i时,所对应的概率为p_i。至于x_i具体是什么,n等于多少,要根据随机现象的实际情况而定。但必须知道了全部x_i值及其对

应的概率 p_i 值，概率分布才是确定的。

为了形象地表示随机变量的概率分布，可以通过概率分布表（表3-3）或概率分布图（图3-10）的形式来表示。

表 3-3 概率分布表

ξ	x_1	x_2	x_3	x_4	$\cdots$
$P(\xi=x_i)$	p_1	p_2	p_3	p_4	$\cdots$

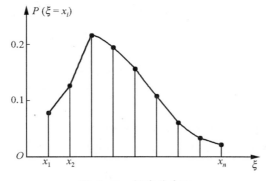

图 3-10 概率分布图

图3-10中横轴上的点表示随机变量的可能取值 $x_1, x_2, \cdots, x_n$，而对应的纵坐标表示随机变量取得这些值的概率 $p_1, p_2, \cdots, p_n$，再用折线把这些点 (x_i, p_i) 连起来，就得到随机变量的概率分布图（图3-10）。

有了概率分布表或概率分布图，不仅可以知道随机变量取值 x_i 所对应的概率 p_i，还可以看出概率值 p_i 随取值 x_i 变化的趋势，同时可以计算出随机变量落在某一区间内的概率或随机变量 ξ 小于某一取值的概率等。

例如，我们要求随机变量取值从 x_5 至 x_8 的概率，则有
$$P(x_5 \leqslant \xi \leqslant x_8) = p_5 + p_6 + p_7 + p_8$$

概率值可以简单相加的原因，正如前面指出，概率取值是满足互不相容性的。根据概率的非负性和随机变量取值的完备性，概率分布必然有如下两点性质：

(1) 任一取值的概率都是非负的：
$$p_i \geqslant 0$$
(2) 随机变量取遍所有取值，其相应概率总和为1：
$$\sum_{i=1}^{n} p_i = 1$$

[例]25. 接[例]16,求两名孕妇生女婴数的概率分布。

[解]:设 ξ = 出生女婴数

因为孕妇数为2,因此 ξ 的数值有

$$\xi = 0, 1, 2$$

$$P(\xi = 0) = \frac{22}{43} \times \frac{22}{43} = 0.2618$$

$$P(\xi = 1) = \frac{22}{43} \times \frac{21}{43} + \frac{21}{43} \times \frac{22}{43} = 0.4997$$

$$P(\xi = 2) = \frac{21}{43} \times \frac{21}{43} = 0.2385$$

概率分布有表3-4:

表 3-4　两名孕妇生女婴的概率分布

ξ	0	1	2
$P(\xi = x_i)$	0.2618	0.4997	0.2385

为了验证上述结果确为随机变量 ξ 之概率分布,可将 $P(\xi = x_i)$ 加总起来。

$$\sum P(\xi = x_i) = P(\xi = 0) + P(\xi = 1) + P(\xi = 2)$$
$$= 0.2618 + 0.4997 + 0.2385 = 1$$

验算结果 $\sum p_i = 1$,说明它满足随机变量概率分布所要求的互不相容性和完备性,因此上述的分布表确为概率分布。

[例]26. 根据某地居民户家庭规模(人口)普查结果(表3-5),试求任抽一户,其家庭人口的概率分布图。

表 3-5　某地居民家庭规模(人口)普查结果

家庭人口	1	2	3	4	5	6	7	8
户数	176	492	1018	967	406	169	56	34
百分比	5.30	14.83	30.68	29.14	12.24	5.09	1.69	1.03

[解]:由于调查属普查性质,因此任抽一户家庭人口取值的概率与其在总体中所占的百分比相同。因此设

$$\xi = 家庭人口$$

$$P(\xi = 1) = 0.053$$

$$P(\xi = 2) = 0.1483$$

$$P(\xi = 3) = 0.3068$$
$$P(\xi = 4) = 0.2914$$
$$P(\xi = 5) = 0.1224$$
$$P(\xi = 6) = 0.0509$$
$$P(\xi = 7) = 0.0169$$
$$P(\xi = 8) = 0.0103$$

概率分布图为图 3-11。

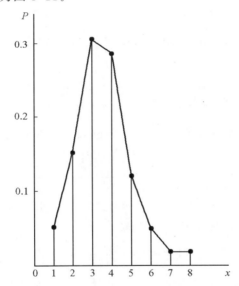

图 3-11 某地家庭规模的概率分布

(二) 连续型随机变量(Continuous random variables)及其概率分布

连续型随机变量,是指它的可能取值是连续地充满某个区间,例如年龄,由于每时每刻都有新生的婴儿诞生,所谓"同龄人"实际指的是"同年人"而已。如果比较同年人中的月、日、分、秒……则各人都会有不同程度的差异。因此,对于年龄这个随机变量,细分起来,应属于连续型随机变量。从变量的层次来看,只有定距型以上变量才属于连续型随机变量。

连续型随机变量,由于它的可能取值是连续地充满某个区间,因此讨论某一点取值的概率将是没有意义的。一般情况下有
$$P(\xi = x) = 0$$

为了讨论它的概率分布,取随机变量 ξ 在范围 $\left[x-\frac{\Delta x}{2}, x+\frac{\Delta x}{2}\right]$ 内的概率为

$$P\left(x-\frac{\Delta x}{2} \leqslant \xi \leqslant x+\frac{\Delta x}{2}\right)$$

显然,如果区间 Δx 很小,则相应 Δx 区间内的概率也会很小,因此,当 $\Delta x \to 0$ 时:

$$\lim_{\Delta x \to 0} P\left(x-\frac{\Delta x}{2} \leqslant \xi \leqslant x+\frac{\Delta x}{2}\right) \to 0$$

但如果我们研究概率和区间的比值,由于分子、分母同时趋向于零,则其比例一般并不为零:

$$\lim_{\Delta x \to 0} \frac{P\left(x-\frac{\Delta x}{2} \leqslant \xi \leqslant x+\frac{\Delta x}{2}\right)}{\Delta x}$$

它称作随机变量 ξ 的分布密度或概率密度(Probability density)$\varphi(x)$:

$$\varphi(x) = \lim_{\Delta x \to 0} \frac{P\left(x-\frac{\Delta x}{2} \leqslant \xi \leqslant x+\frac{\Delta x}{2}\right)}{\Delta x} \tag{3-18}$$

概率密度 $\varphi(x)$ 是随着随机变量 ξ 取值的不同而变化的,因此说 $\varphi(x)$ 是 ξ 的函数。

回忆第二章第一节在直方图介绍中,曾谈到

$$\text{频率密度} = \frac{\text{频率}}{\text{组距}}$$

因此,如果把频率看作概率的近似值,那么,频率密度的概念和概率密度的概念是相当的。由直方图各中心值顶点所连接的折线图,就是概率密度的近似图形。显然当组距趋近于零时,折线图就会平滑地过渡为概率密度的图形(图 3-12)。

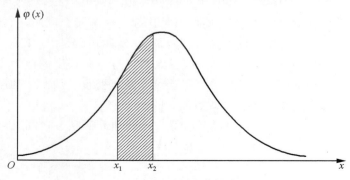

图 3-12 概率密度图

第三章 概率

有了概率密度,任意两点(x_1, x_2)之间的概率$P(x_1 \leqslant \xi \leqslant x_2)$就是图 3-12 阴影下的面积。

积分符号为$\int_{x_1}^{x_2} \varphi(x) \mathrm{d}x$,

$$P(x_1 \leqslant \xi \leqslant x_2) = \int_{x_1}^{x_2} \varphi(x) \mathrm{d}x \tag{3-19}$$

因为概率不可能是负的,且

$$P(-\infty < \xi < +\infty) = P(S) = 1$$

所以概率密度$\varphi(x)$必然有以下性质:

(1) $\varphi(x) \geqslant 0$

(2) $\int_{-\infty}^{+\infty} \varphi(x) \mathrm{d}x = 1$

(三) 分布函数[①]

除了用概率分布和概率密度来分别研究离散型和连续型随机变量外,还可用一个统一的量来研究这两种不同类型的变量。这就是分布函数。

分布函数$F(x)$定义为

$$F(x) = P(\xi \leqslant x) \tag{3-20}$$

它表示随机变量ξ从最远的起点$(-\infty)$到所研究的x点所有概率的总和。

对于离散型随机变量,如果它的概率分布是已知的,那么很容易求出它的分布函数。事实上,按概率加法定理,我们有

$$F(x) = P(\xi \leqslant x) = \sum_{x_i \leqslant x} P(\xi = x_i) \tag{3-21}$$

这里式(3-21)是对小于等于x的一切x_i的概率求和。

对于连续型随机变量,如果它的概率密度是已知的,那么根据简单微积分的知识,可以得出

$$F(x) = P(\xi \leqslant x) = \int_{-\infty}^{x} \varphi(x) \mathrm{d}x \tag{3-22}$$

下面通过例子说明概率分布和分布函数之间的对应关系。

[例]27. 接[例]26,求随机变量$\xi=$家庭人口的分布函数。

[解]:根据[例]26,随机变量$\xi=$家庭人口,有如表 3-6 的概率分布:

---

① 可作选读用。

表 3-6 随机变量 ξ 的概率分布

ξ	1	2	3	4	5	6	7	8
$P(\xi=x_i)$	0.053	0.1483	0.3068	0.2914	0.1224	0.0509	0.0169	0.0103

根据 ξ 取值的互不相容性,分布函数有

$$F(x)=P(\xi\leqslant x)=\begin{cases} 0 & x<1 \\ 0.053 & 1\leqslant x<2 \\ 0.053+0.1483=0.2013 & 2\leqslant x<3 \\ 0.053+0.1483+0.3068=0.5081 & 3\leqslant x<4 \\ 0.053+0.1483+0.3068+0.2914=0.7995 & 4\leqslant x<5 \\ 0.053+0.1483+0.3068+0.2914+0.1224 \\ \quad =0.9219 & 5\leqslant x<6 \\ 0.053+0.1483+0.3068+0.2914+ \\ \quad 0.1224+0.0509 \\ \quad =0.9728 & 6\leqslant x<7 \\ 0.053+0.1483+0.3068+0.2914+ \\ \quad 0.1224+0.0509+0.0169 \\ \quad =0.9897 & 7\leqslant x<8 \\ 0.053+0.1483+0.3068+0.2914+ \\ \quad 0.1224+0.0509+0.0169+0.0103 \\ \quad =1 & x\geqslant 8 \end{cases}$$

分布函数 $F(x)$ 的图形如图 3-13 所示。

它表示家庭人口小于 0 是不存在的,因为概率为 0;1 人以下(含 1 人)家庭的概率为 0.053;2 人以下(含 2 人)家庭的概率为 0.2013;3 人以下(含 3 人)家庭的概率为 0.5081;4 人以下(含 4 人)家庭的概率为 0.7995;5 人以下(含 5 人)家庭的概率为 0.9219;6 人以下(含 6 人)家庭的概率为 0.9728;7 人以下(含 7 人)家庭的概率为 0.9897;8 人以下(含 8 人)因为包括了家庭规模的全体情况,因此概率为 1。

可见,分布函数和概率分布有一一对应的关系,知道了概率分布或概率密度就可以换算成分布函数,反之,知道了分布函数也可以换算成概率分布或概率密度。因此从全面描述随机变量来说,分布函数和概率分布或概率密度是等价的。但从单位来看,分布函数 $F(x)$ 的单位是概率,而概率密度 $\varphi(x)$ 的单位是

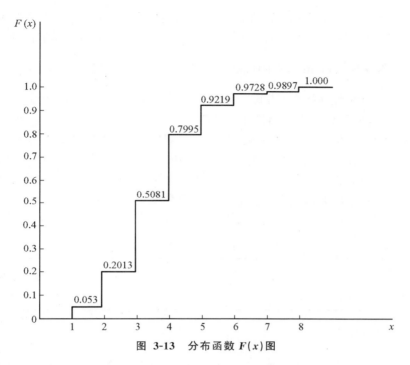

图 3-13 分布函数 $F(x)$ 图

单位取值下的概率,两者是不同的。犹如质量和密度之单位不同一样。使用分布函数的优点,在于它的概率计算左端都是固定为$-\infty$,因而可以把概率值计算成表,以便易于求得任意区间的概率,从而达到简化计算之目的。

实际上分布函数对我们并不生疏,它的含义和统计描述中的向上累计频率很接近。所不同的是这里讨论的是概率分布(理论分布),它累计的是概率。当然当观察总数很大时,累计频率将十分接近分布函数。

以上介绍了随机变量的概率分布、概率密度、分布函数等重要概念。为了具体地理解这些概念,可以和统计描述中的有关的量作类比性的联系:

(1) 频率   → 概率

(2) 频率密度$=\dfrac{\text{频率}}{\text{组距}}$ → 概率密度

$$=\lim_{\Delta x\to 0}\dfrac{P\left(x-\dfrac{\Delta x}{2}\leqslant\xi\leqslant x+\dfrac{\Delta x}{2}\right)}{\Delta x}$$

(3) 向上累计频率$=\sum f_i$ → 分布函数 $F(x)=P(\xi\leqslant x_i)$

左端各值都是统计描述或经验分布中所用到的量,而箭头右端各值则是理论分布中所用到的量。对于总体调查,两边相应的值是相等的。对于抽样调查则左端各值都是"→"右端各值的经验估计值。这在统计推论中还要详细讨论。

二、数学期望(Expectation)(总体均值)

在第二章统计描述中,谈到在研究变量分布的同时,为了对变量有集中概括的认识,我们研究了集中趋势和离散趋势。所谓集中趋势是指反映变量集中程度基本特点的值,而离散趋势是反映变量离散程度基本特点的值。这些都是变量分布的特征值。同样当我们对变量(随机)做理论分布探讨的同时,我们也要对它做相应简化的特征研究。其中用数学期望代表随机变量的集中趋势,方差代表随机变量的离散趋势。这里先介绍数学期望。

离散型变量的分布律如表 3-7 所示。

表 3-7 离散型变量的分布律

ξ	x_1	x_2	x_3	⋯	x_n
$P(\xi=x_i)$	p_1	p_2	p_3	⋯	p_n

则 ξ 的数学期望

$$E(\xi) = x_1 p_1 + x_2 p_2 + \cdots + x_n p_n = \sum_{i=1}^{n} x_i p_i \qquad (3-23)$$

(要求级数是绝对收敛的)

连续型变量的数学期望

$$E(\xi) = \int_{-\infty}^{+\infty} x\varphi(x) \mathrm{d}x \qquad (3-24)^{①}$$

(要求广义积分是收敛的)

我们会发现,数学期望的公式和第二章里所介绍的根据频次分布求均值的公式 $\bar{x} = \sum \frac{n_i}{N} x_i$ 很接近。以离散变量来说,如果把 $\frac{n_i}{N}$ 换成 p_i,那就是数学期望了。实际上它们之间也确实存在着内在的联系:当调查总数 N 等于总体个案总数时,$\frac{n_i}{N}$ 就等于 p。因此数学期望又可称作总体均值。同时由于它是随机变量各取值分别乘以取值的概率,我们把各取值的概率看作取值的权重,因此数学期望又可称作随机变量的加权平均值。但是不管它是什么样的平均值,毕竟

---

① 可作选读用。

它和一般数值的平均值不同,因为随机变量取什么值在试验前是不知道的,否则也就无所谓"期望"了。所谓数学期望,表示它只是一个理论值,它是我们所期望出现的均值,也就是说出现这种均值的可能性较大而已。

通过数学期望,可以对不同分布进行比较。

例如有甲、乙两名选手,根据以往经验,他们夺取奖牌的概率分别为表 3-8 和表 3-9。那么,如何来比较两人技术水平的高低呢?如果按"第一名"说,似乎乙比甲得分的机会更多一些(0.3>0.2),但同时乙比甲又更容易得"第三名"(0.4>0.3),因此可以说各有千秋了。这时就可以采用式(3-23)数学期望来比较两人的平均水平:

$$E(\xi_1) = 1 \times 0.2 + 2 \times 0.5 + 3 \times 0.3 = 2.1$$
$$E(\xi_2) = 1 \times 0.3 + 2 \times 0.3 + 3 \times 0.4 = 2.1$$

可见,两人的平均水平是一样的,都是 2.1。

表 3-8 甲选手得前三名的概率分布

ξ(名次)	1	2	3
P_i	0.2	0.5	0.3

表 3-9 乙选手得前三名的概率分布

ξ(名次)	1	2	3
P_i	0.3	0.3	0.4

数学期望有以下几方面性质[①]:

(1) 常数的期望等于该常数:

$$E(c) = c \tag{3-25}$$

(2) 随机变量与常数之和的期望,等于随机变量的期望与该常数之和:

$$E(\xi + c) = E(\xi) + c \tag{3-26}$$

(3) 常数与随机变量乘积的数学期望,等于这个常量与随机变量期望的乘积:

$$E(c\xi) = cE(\xi) \tag{3-27}$$

(4) 综合(2)、(3)两点有

$$E(c\xi + b) = cE(\xi) + b \tag{3-28}$$

---

① 可作选读用。

(5) 两个随机变量之和的期望,等于它们期望之和:
$$E(\xi+\eta) = E(\xi) + E(\eta) \tag{3-29}$$
推广,有限个随机变量之和的期望,等于它们期望之和:
$$E\left(\sum_{i=1}^{n}\xi_i\right) = \sum_{i=1}^{n}E(\xi_i) \tag{3-30}$$
(6) 两个独立随机变量乘积的期望,等于它们期望的乘积:
$$E(\xi\eta) = E(\xi)E(\eta) \tag{3-31}$$
推广,有限个独立随机变量乘积的期望,等于它们期望的乘积:
$$E(\xi_1\xi_2\cdots\xi_n) = E(\xi_1)E(\xi_2)\cdots E(\xi_n) \tag{3-32}$$

三、方差与标准差

数学期望反映了随机变量的平均取值,但仅知道平均取值还不够,还应该知道随机变量是如何围绕均值变化的,即偏离平均值的程度。

作为偏离平均值程度的标志,可以取
$$[\xi_i - E(\xi)]^k$$
的形式,然后求其平均
$$E[\xi - E(\xi)]^k$$
指数 k,不能取奇数,否则当偏离 $[\xi_i - E(\xi)]$ 有正有负时,将可能相互抵消。因此最简单的是取偏离项的平方 $[\xi_i - E(\xi)]^2$,然后求其平均 $E[\xi - E(\xi)]^2$ 作为偏离平均值程度的数字指标。

对于离散型随机变量,方差
$$D(\xi) = E[\xi - E(\xi)]^2 = \sum_i [x_i - E(\xi)]^2 p_i \tag{3-33}$$
$$[\text{要求 } E(\xi) \text{ 存在且级数收敛}]$$

如果随机变量 ξ 是连续的,则方差
$$D(\xi) = \int_{-\infty}^{+\infty} [x - E(\xi)]^2 \varphi(x) \mathrm{d}x \tag{3-34}①$$
$$[\text{要求 } E(\xi) \text{ 存在且积分收敛}]$$

由于方差的单位是随机变量单位的平方。为了使标志离散程度的单位与随机变量的相同,将方差 $D(\xi)$ 开方(取正值),称作随机变量 ξ 的标准差 σ,同时为了更明确地表示方差与标准差之间只是开方的关系,把 $D(\xi)$ 索性写成标准

---
① 可作选读用。

差 σ 的平方。于是有

$$\text{方差 } \sigma^2 = D(\xi) \tag{3-35}$$

$$\text{标准差 } \sigma = +\sqrt{D(\xi)} \tag{3-36}$$

根据方差和标准差的定义可知方差和标准差永远都是正值。

方差和标准差都反映了随机变量的可能值密集在数学期望周围的程度。方差值越小,密集的程度越高;反之则方差值较大(图 3-14)。

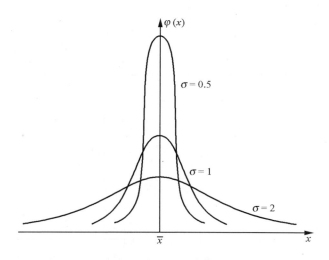

图 3-14 方差越小,分布的密集程度越高

方差计算除了使用公式(3-33):

$$\sigma^2 = E[\xi - E(\xi)]^2$$

外,还可以使用简化计算公式

$$\sigma^2 = E(\xi^2) - [E(\xi)]^2 \tag{3-37}$$

式(3-33)和式(3-37)是完全等效的。所不同的是,式(3-33)的计算程序比较复杂,它需要取两次变量值,而式(3-37)只需要取一次变量值。因此式(3-37)计算起来比较简便,这在计算机编制程序方面也特别有用。此外,当 $E(\xi)$ 的计算取小数点后面有限位时,则 $E[\xi - E(\xi)]^2$ 计算的误差将会累计,因此式(3-33)计算结果不及式(3-37)精确。下面举例说明。

[例]28. 已知随机变量的概率分布如表 3-10:

表 3-10　随机变量的概率分布

ξ	13.4	13.5	13.6	13.7	13.8
$P(\xi=x_i)$	0.05	0.15	0.60	0.15	0.05

求 σ^2。

[解]：根据公式(3-33)：
$$\sigma^2 = E[\xi - E(\xi)]^2$$

第一步：先求 $E(\xi)$（表 3-11）。

表 3-11　计算 $\xi P(\xi=x_i)$

$\xi=x_i$	$P(\xi=x_i)$	$\xi P(\xi=x_i)$
13.4	0.05	0.67
13.5	0.15	2.025
13.6	0.60	8.16
13.7	0.15	2.055
13.8	0.05	0.69
		$\sum x_i P(\xi=x_i) = 13.6$

所以　　　　　　　　　　　$E(\xi) = 13.6$

第二步：再取一次变量值，计算 $[\xi - E(\xi)]$，最后根据公式(3-33)求出 σ^2（表 3-12）。

表 3-12　计算 $[\xi - E(\xi)]^2 P(\xi=x_i)$

$\xi=x_i$	$P(\xi=x_i)$	$[\xi-E(\xi)]^2$	$[\xi-E(\xi)]^2 P(\xi=x_i)$
13.4	0.05	0.04	0.002
13.5	0.15	0.01	0.0015
13.6	0.60	0	0
13.7	0.15	0.01	0.0015
13.8	0.05	0.04	0.002
			$\sum[\xi-E(\xi)]^2 P(\xi=x_i) = 0.007$

所以　　　　　　　　　　　$\sigma^2 = 0.007$

第三章 概 率

如果根据简化计算公式(3-37)：
$$\sigma^2 = E(\xi^2) - [E(\xi)]^2$$
则只需取一次变量值，就可计算出 σ^2（表 3-13）。

表 3-13 计算 $E(\xi^2)$ 和 $E(\xi)$

$\xi = x_i$	$P(\xi = x_i)$	ξ^2	$\xi^2 \cdot P(\xi = x_i)$	$\xi \cdot P(\xi = x_i)$
13.4	0.05	179.56	8.978	0.67
13.5	0.15	182.25	27.3375	2.025
13.6	0.60	184.96	110.976	8.16
13.7	0.15	187.69	28.1535	2.055
13.8	0.05	190.44	9.522	0.69
			$E(\xi^2) = \sum \xi^2 \cdot P(\xi = x_i)$ $= 184.967$	$E(\xi) = \sum \xi P(\xi = x_i)$ $= 13.6$

$$\sigma^2 = E(\xi^2) - [E(\xi)]^2 = 184.967 - 13.6^2 = 0.007$$

可见，当 $E(\xi)$ 取精确值时，式(3-33)和式(3-37)计算的结果是完全一致的。

方差是度量分布离散程度的重要指标，它在统计推论中有着重要的意义。

方差具有以下几方面性质[①]：

(1) 常数的方差，永远为零：
$$D(c) = 0 \tag{3-38}$$

(2) 随机变量与常数之和的方差等于随机变量的方差：
$$D(\xi + c) = D(\xi) \tag{3-39}$$

(3) 常数和随机变量乘积的方差等于该常数的平方与随机变量方差的乘积：
$$D(c\xi) = c^2 D(\xi) \tag{3-40}$$

(4) 两个独立随机变量之和的方差等于它们方差的和：
$$D(\xi + \eta) = D(\xi) + D(\eta) \tag{3-41}$$

推广，有限个独立随机变量之和的方差等于它们方差的和：
$$D\left(\sum_{i=1}^{n} \xi_i\right) = \sum_{i=1}^{n} D(\xi_i) \tag{3-42}$$

---
① 可作选读用。

四、矩、偏态与峰态[①]

为了更细致地描述随机变量分布的特征,除了数学期望与方差外,我们还可以研究它的分布是否对称、峰点是否尖锐等。这时可以运用各阶矩(Moment)。

(一) 矩

矩是各点对某一固定点离差幂的平均值。矩的概念不仅在数理统计中使用,在其他学科也有使用。固定点的选取有多种方式,其中一种是以原点"0"为固定点;另一种是以均值 $E(\xi)$ 为固定点。

(1) 原点矩 ν_i(读作 niu):表示对原点"0"的 i 阶矩(图 3-15)

图 3-15 原点矩

$$一阶原点矩 \quad \nu_1 = E(\xi - 0) \tag{3-43}$$

$$二阶原点矩 \quad \nu_2 = E(\xi - 0)^2 \tag{3-44}$$

$$三阶原点矩 \quad \nu_3 = E(\xi - 0)^3 \tag{3-45}$$

$$四阶原点矩 \quad \nu_4 = E(\xi - 0)^4 \tag{3-46}$$

显然,一阶原点矩 ν_1 就是数学期望。

(2) 中心矩 μ_i(读作 miu):表示对 $E(\xi)$ 的 i 阶矩

$$一阶中心矩 \quad \mu_1 = E[\xi - E(\xi)] \tag{3-47}$$

$$二阶中心矩 \quad \mu_2 = E[\xi - E(\xi)]^2 \tag{3-48}$$

$$三阶中心矩 \quad \mu_3 = E[\xi - E(\xi)]^3 \tag{3-49}$$

$$四阶中心矩 \quad \mu_4 = E[\xi - E(\xi)]^4 \tag{3-50}$$

(3) 中心矩与原点矩的关系

$$\mu_1 = 0 \tag{3-51}$$

$$\mu_2 = \nu_2 - \nu_1^2 \tag{3-52}$$

$$\mu_3 = \nu_3 - 3\nu_2\nu_1 + 2\nu_1^3 \tag{3-53}$$

$$\mu_4 = \nu_4 - 4\nu_3\nu_1 + 6\nu_2\nu_1^2 - 3\nu_1^4 \tag{3-54}$$

---

① 可作选读用。

比较原点矩、中心矩和期望、方差之间的关系可知,所谓数学期望 $E(\xi)$[见式(3-23)]就是一阶原点矩[见式(3-43)],随机变量的方差[见式(3-33)]就是二阶中心矩[见式(3-48)]。而方差简化公式(3-37),正好反映了中心矩与原点矩之间关系式(3-52):

$$\mu_2 = \nu_2 - \nu_1^2$$

(二)偏态:偏态就是三阶中心矩

$$\mu_3 = E[\xi - E(\xi)]^3$$

一般用来测量分布偏离对称的程度。这里对称轴为 $E(\xi)$。

首先,如果图形(图 3-16)围绕分布的均值 $E(\xi)$ 是对称的,则任何一个取值
$$\xi = E(\xi) + \Delta x$$

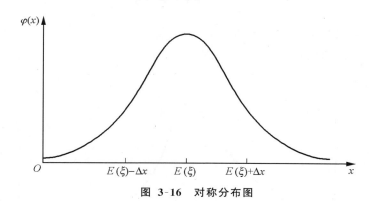

图 3-16 对称分布图

必然存在一个
$$\xi = E(\xi) - \Delta x$$

两者的频次是相同的。因此
$$[\xi - E(\xi)]^3 = \Delta x^3$$
$$[\xi - E(\xi)]^3 = -\Delta x^3$$

相加的结果为 0。

因为
$$E[\xi - E(\xi)]^3 = \frac{\sum [\xi - E(\xi)]^3}{N}$$

所以 $\mu_3 = E[\xi - E(\xi)]^3 = 0$ (当图形对称)

如果图形是非对称的,则变量值围绕 $E(\xi)$ 分布不均匀。这时如果概率分布右尾伸展较远,则称正偏态分布(图 3-17)。

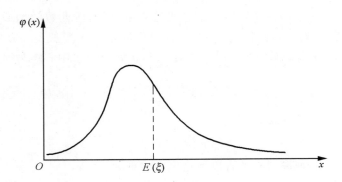

图 3-17 正偏态分布图

对于正偏态分布,右尾取值展宽,所以有 $\mu_3>0$。反之,对于负偏态分布(图 3-18),由于左尾伸展较远,因此 $\mu_3<0$。

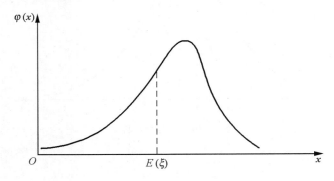

图 3-18 负偏态分布图

可见,三阶中心矩可以作为分布偏态程度的测量。但由于中心矩是变量取值的立方,因此它的单位就是变量单位的立方。为了使测量分布偏态的值归一化,成为无单位的量,我们把三阶中心矩除以标准差的立方,称作随机变量分布的偏态系数或简称偏态,记作 γ_3。

$$\gamma_3 = \frac{\mu_3}{\sigma^3} = E\left[\frac{\xi - E(\xi)}{\sigma}\right]^3$$

不同偏态图形的比较见图 3-19。

第三章 概　率

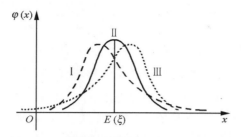

图 3-19　对称与正偏态、负偏态分布图比较

Ⅰ——正偏态($\mu_3>0$)；Ⅱ——对称($\mu_3=0$)；Ⅲ——负偏态($\mu_3<0$)

（三）峰态（Kurtosis）：峰态就是四阶中心矩

$$\mu_4=E[\xi-E(\xi)]^4$$

一般用来描述分布尖峰的程度。首先，为了使测量峰态的量是无单位的，正如测量偏态一样，我们把 μ_4 除以 σ^4：$\dfrac{\mu_4}{\sigma^4}$。

其次，为了使尖峭的程度有一比较，我们用正态分布的 $\dfrac{\mu_4}{\sigma^4}$ 作为基准。根据计算，对于正态分布 $\dfrac{\mu_4}{\sigma^4}=3$。因此峰态系数 γ_4 或简称峰态公式为

$$\gamma_4=\dfrac{\mu_4}{\sigma^4}-3=E\left[\dfrac{\xi-E(\xi)}{\sigma}\right]^4-3$$

不同峰态图形的比较见图 3-20。

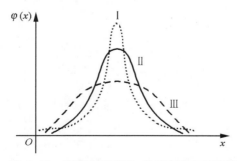

图 3-20　正态与正峰态、负峰态分布图比较

Ⅰ——正峰态($\gamma_4>0$)；Ⅱ——正态分布($\gamma_4=0$)；Ⅲ——负峰态($\gamma_4<0$)

当　$\gamma_4=0$，为正态分布的正态峰

　　　$\gamma_4>0$，为尖峰

　　　$\gamma_4<0$，为扁平峰

以上我们介绍了随机变量理论分布的特征值研究。但是对于一般社会调查，绝大多数都不是总体调查，而是抽样调查。因此它的分布也不是理论分布，而只是经验分布或统计分布。对于经验分布也可做类似的特征值研究。它称作样本的特征值，例如样本的均值（$\overline{X}$），样本的方差（S^2），样本的标准差（$+\sqrt{S^2}$）等。其含义与理论分布的特征值相同。但某些特征值的计算公式（例如方差）与理论分布的计算公式略有不同，其道理在统计推论中将会讲到。

下面给出社会科学常用统计包 SPSS[①] 所列举统计分布的特征值。

样本平均值（MEAN）：$\overline{X} = \dfrac{\sum\limits_{i=1}^{n} X_i}{n}$

样本方差（VARIANCE）：$S^2 = \dfrac{\sum\limits_{i=1}^{n}(X_i - \overline{X})^2}{n-1}$

样本标准差（STD DEV）：$SD = +\sqrt{S^2}$

标准误差（STD ERROR）：$SE = \dfrac{SD}{\sqrt{n}}$

统计分布的偏态（SKEWNESS）：

$$SKEWNESS = \dfrac{\sum\limits_{i=1}^{n}\left(\dfrac{X_i - \overline{X}}{S}\right)^3}{n}$$

统计分布的峰态（KURTOSIS）：

$$KURTOSIS = \dfrac{\sum\limits_{i=1}^{n}\left(\dfrac{X_i - \overline{X}}{S}\right)^4}{n} - 3$$

[例]29. 根据某市居民的住房调查，统计包给出的结果是：

$n = 2825$；MEAN $= 21.725$；SD $= 12.175$；

SKEWNESS $= 2.181$；KURTOSIS $= 8.311$

试用文字描述其统计结果。

[解]：它表示，该市根据 2825 户的调查，人均住房面积的平均值为 21.725 平方米，标准差为 12.175，但偏态值和峰态值都为正值，说明人均住房面积的分

---

① SPSS 为 Statistical Package for the Social Sciences 的缩写。

布呈右偏、尖峰。大部分家庭的人均住房面积要低于统计结果给出的平均值，因此，为了更真实地反映大部分居民的住房情况，应进一步讨论中位值和分布的离散情况。

习　题

1. 设 A、B、C 为 3 事件，指出以下事件哪些是对立事件。
(1) A,B,C 都发生；
(2) A,B,C 都不发生；
(3) A,B,C 至少有 1 个发生；
(4) A,B,C 最多有 1 个发生；
(5) A,B,C 至少有 2 个发生；
(6) A,B,C 最多有 2 个发生。

(答案：1 和 6；2 和 3；4 和 5)

2. 从户籍卡中任抽 1 名,
设 A＝抽到的是妇女
　　B＝抽到的受过高等教育
　　C＝未婚
(1) 用文字表达 $\overline{A}B\overline{C}$；
(2) 用文字表达 ABC；
(3) 什么条件下 $ABC=A$？

3. 某班对全班订报纸情况进行了统计，其中订《人民日报》的有 45％，订《北京晚报》的有 80％，2 种报纸都订的有 30％，试求以下事件的概率。
(1) 只订《人民日报》的；
(2) 至少订以上 1 种报纸的；
(3) 只订以上 1 种报纸的；
(4) 以上 2 种报纸都不订的。

(答案：0.15；0.95；0.65；0.05)

4. 1—1000 号国库券已到期，须抽签还本付息，求以下事件概率。
(1) 抽中 701 号；
(2) 抽中 532 号；
(3) 抽中小于 225 号；

(4) 抽中大于 600 号；

(5) 抽中 1020 号；

(6) 抽中大于或等于 700 号；

(7) 抽中小于 125 号或大于 725 号；

(8) 抽中小于 50 号或大于 700 号。

$$\left(\text{答案}:\frac{1}{1000};\frac{1}{1000};\frac{224}{1000};\frac{400}{1000};0;\frac{301}{1000};\frac{399}{1000};\frac{349}{1000}\right)$$

5. 某单位共有 5 名孕妇，求以下概率$\left(\text{设婴儿性别比男为}\frac{22}{43}，\text{女为}\frac{21}{43}\right)$。

(1) 全生男婴；

(2) 全生女婴；

(3) 3 男 2 女。

$$\left[\text{答案}:\left(\frac{22}{43}\right)^5;\left(\frac{21}{43}\right)^5;C_5^3\left(\frac{22}{43}\right)^3\left(\frac{21}{43}\right)^2\right]$$

6. 根据统计，由出生活到 60 岁的概率为 0.8，活到 70 岁的概率为 0.4，问：现年 60 岁的人活到 70 岁的概率是多少？

(答案:0.5)

7. 问卷调查中，首先问"您是否结婚？"，如果回答是未婚，将跳过以下问题不问。如果回答是已婚，则进一步询问"您是否有孩子？"。设未婚概率为 0.4，已婚中有孩子的概率为 0.8，问：访问中回答有孩子的概率是多少？

(答案:0.48)

8. 某产品由甲、乙两家乡镇企业生产，其中甲厂提供 95% 的产品，乙厂提供 5% 的产品。甲厂产品的合格率为 95%。乙厂产品的合格率为 70%。现抽得 1 件是次品的情况下，问：来自甲厂的概率是多少？

(答案:0.76)

9. 设随机变量为如下分布律：

ξ	1	2	3	4
P	0.1	0.4	0.3	0.2

试用 $c=3,d=2$

验证 $E(c\xi+d)=cE(\xi)+d$

10. 接上题，试用 $c=2,d=3$

验证 $D(c\xi+d)=c^2D(\xi)$

11. 设随机变量 ξ 和 η 相互独立，问：$D(\xi-\eta)=?$

12. 居民楼共有 12 户居民，其中有 9 户为干部，3 户为工人。现从中任抽 1 户，若抽到的是工人户，则不放回再抽 1 户，直到抽到干部户为止。求在抽到干部户以前已抽出的工人户的概率分布、均值 μ 和方差 σ^2。

(答案：$\mu=0.3, \sigma^2=0.319$)

第四章

二项分布及其他离散型随机变量的分布

有了概率与概率分布的概念,现在将转向常见分布的讨论。本章重点介绍二项分布(Binomial distribution)。但在二项分布之前,首先介绍它的最简的形式——二点分布。

第一节 二点分布

二点分布(Two-point Distribution)或称伯努利分布(Bernoulli Distribution),就是变量的取值只有两类:是与非;男与女;生存与死亡;成功与失败;未婚与已婚;同意与不同意;赞成与不赞成等。为了处理上的方便,可以把这两类分别用代码来表示,习惯上用0和1来表示,所以二点分布又称0—1分布。但这里的0和1只是定类变量的一种编号或代码,数值本身并无实际意义。

在社会调查中,翻开任何一张问卷表,都会发现大量的问题都可简化为"是与否"的询问,例如:

△你是否结过婚?

△你是否感到心情烦躁?

△你是否赞成"一对夫妇只生一个孩子"?

△开展社区服务以来,社区对孤寡老人的照顾是否得到改善?

△改革开放以后,你家的经济状况是否得到改善?

第四章 二项分布及其他离散型随机变量的分布

以上问题的回答,都可以归结为二类"是与否"的问题。当然在实际问卷中,有时类别分得更细些,例如把赞成分作:很赞成;赞成;不赞成;很不赞成。改善情况也可细分为:改善很多;稍有改善;无改善;变得更坏等。但"是与否"毕竟是我们首先需要获取的基本信息。同时,在多种回答中,如果为了突出某一类别的研究,也可将其他类别合并为一类。例如,你想了解改革开放以来有哪些家庭经济有了明显的改善,那么,你可以把除"改善很多"之外的各类合并为一类。这样,问题的性质又可归结为二分变量。可见,二分变量在社会研究中既是最常见、最普遍的形式,也是多取值变量,其中包括高层次变量的简化研究方式。通过下面二项分布的学习,还可以知道二点分布乃是二项分布的特殊情况,即二点分布是二项分布仅作一次观察的概率分布。

为了不失一般性的研究,我们把社会现象各种变量中只有两种结果的情况,想象为或等同于生活中常见的扔掷一枚硬币的两种结果:正面和反面。在实际社会现象中,"正面"可以赋予它不同的实际内容,例如"是""赞成""同意""改善"等;而"反面"也可赋予它和正面相反的实际内容,例如"非""不赞成""不同意""未改善"等。这些实际内容都不妨碍我们做一般性的讨论。

二分变量归结为一枚硬币扔掷的结果。我们用

$\xi = $ 一枚硬币投扔的结果

$\xi = 0$ 表示反面朝上

$\xi = 1$ 表示正面朝上

设正面朝上的概率为 p,反面朝上的概率为 q。两者之和为 1:

$$p+q=1$$

随机变量 ξ 如果满足二点分布,则其概率分布为

$$P(\xi=0)=q\text{①}$$
$$P(\xi=1)=p\text{②}$$
$$p+q=1$$

写成表格的形式为表 4-1。

表 4-1 二点分布

ξ	0	1
$P(\xi=x_i)$	q	p

---

① 表示随机变量 ξ 取值为 0 时,随机事件 $\xi=0$(反面朝上)的概率为 q。
② 表示随机变量 ξ 取值为 1 时,随机事件 $\xi=1$(正面朝上)的概率为 p。

它称作二点分布的分布律。x_i 只有两个取值:"0"和"1"。

二点分布有如下的性质:

(1) $P(\xi=0)>0$;$P(\xi=1)>0$

(2) $P(\xi=0)+P(\xi=1)=q+p=1$

(3) 二点分布的期望与方差:

根据期望与方差的定义,可以得到

$$E(\xi) = 0 \cdot q + 1 \cdot p = p$$
$$D(\xi) = E(\xi^2) - (E\xi)^2 = 0^2 \cdot q + 1^2 \cdot p - p^2 = p - p^2 = pq$$

(4) 二分变量中的取值 0 和 1 只表示定类变量的编码。这种变量又称作虚拟变量。

第二节 排列与组合

排列与组合是学习概率统计的必备知识,也是下一节二项分布要用到的。为此,有必要复习一些有关的内容。

一、排列(Permutation)

为了说明什么是排列,先从一个具体例子入手。

上节讨论了一枚硬币扔掷的结果。那么,如果同时扔掷更多的硬币会出现什么结果呢? 下面讨论同时扔掷三枚的情况:

首先对于第一枚硬币,可以有 0 和 1 两种结果。而对应第一枚的每一种结果,第二枚硬币又可能有 0 和 1 两种结果。因此,两枚硬币的组合,就可能有 $2\times2=2^2=4$ 种结果(图 4-1)。

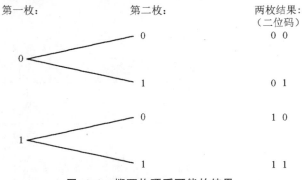

图 4-1 掷两枚硬币可能的结果

第四章　二项分布及其他离散型随机变量的分布

同理,两枚硬币组合的每一种结果,第三枚硬币又可能有 0 和 1 两种结果。因此,三枚硬币组合的结果,就可能有 $2^3=8$ 种结果(图 4-2)。

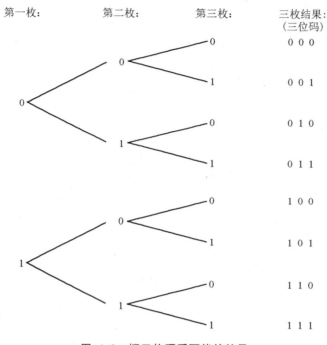

图 4-2　掷三枚硬币可能的结果

进一步把扔掷硬币增加到 S 枚,或者仅用一枚硬币,却反复扔掷了 S 次,则都有 2^S 种结果。

如果推广到更一般的情况,即不是扔掷硬币,而是其他的东西,而且每次结果都是有 n 种,其扔掷了 m 次,则将有 n^m 种结果。

这种允许不同结果在各次扔掷中重复出现的排列,称作重复排列,重复排列可以做如下一般化的叙述:

重复排列:从 n 个各不相同的东西 $a_1, a_2, \cdots, a_n$ 中任取一个,然后又放回去,再任取一个,然后又放回去,这样下去共进行 m 次,所得到不同序列的种数为

$$R_n^m = \underbrace{n \times n \times \cdots \times n}_{m \text{次}} = n^m$$

[例] 1. 某单位医疗证号码为四位数,问:该单位人数最多是多少?

[解]:由于每人的医疗证号都是不同的,一张医疗证里每位数字又是允许

有重复的,因此,它是一个重复排列问题。根据公式,该单位人数最多可达

$$R_n^m = \underbrace{10 \times 10 \times 10 \times 10}_{\text{四位}} = 10^4$$

在实际生活中,还有另一类排列问题,其中同一件东西在一次排列中是不允许重复出现的。

例如一条航线上共有 10 个航空站,问:这条航线上共有多少种不同的飞机票?因为每一张飞机票的起讫点必须属于不同的航空站,因此它不能是重复排列。对于这一类问题,可以这样来考虑,先看起点站,它可以有 10 种不同的选择。但在每一种起点站选定的情况下,终点站只能有除起点站外的其他 9 种选择方法,而起点站的选择共 10 种,因此,这条航线上总共的机票种类为 $10 \times (10-1) = 90$ 种,这类排列,称为非重复排列。如果在排列前没有冠以"重复",一般指的都是非重复排列。非重复排列,可做以下的一般化叙述:

非重复排列:从 n 个各不相同的东西里,任取 m 个排成一列($1 \leqslant m \leqslant n$)(注意没有东西重复!),那么,排列的种数

$$P_n^m = \underbrace{n(n-1)\cdots[n-(m-1)]}_{\text{共}m\text{个}} = \frac{n!}{(n-m)!}$$

[例] 2. 上例中 10 个航空站共有多少种飞机票的问题,实际就是 10 中取 2 的排列。因此飞机票共有

$$P_{10}^2 = 10 \times (10-1) = 90 \text{ 种}$$

[例] 3. 有 4 幢大楼将分配给 4 个单位使用,分配原则是每个单位只允许分配 1 幢,问共有多少种分配方案。

[解]:设 4 幢大楼为 A、B、C、D

4 个单位为甲、乙、丙、丁

现在假定先由甲单位来挑选,那么,甲单位可以任选 1 幢,因此有 4 种方案。在甲选定的条件下,假定由乙再来挑选,显然,乙只有 3 种方案。然后再由丙来选,那么,可供丙选择的大楼只有剩下的 2 幢了,也就是 2 种方案。而最后对丁来说,只剩下 1 幢了,也就是只有唯一的 1 种方案。可见,该问题可看作是

$$P_4^4 = 4(4-1)(4-2)(4-3) = 4 \times 3 \times 2 \times 1 = 24 \text{ 种}$$

这种从 n 个各不相同的东西里,任取 n 个的排列,又称全排列数:

$$P_n^n = n(n-1)(n-2)\cdots 2 \times 1 = n!$$

二、组合(Combinations)

如果在排列的序列中,不仅没有东西重复,而且与次序也无关。例如前面

第四章 二项分布及其他离散型随机变量的分布

所举的飞机票种类问题。如果所提的问题是:当假设每两站之间的票价都不同时,共有多少种票价?这时由于甲站到乙站和乙站到甲站虽然机票不同,但票价是一样的。这种不计次序的排列,称作组合问题。

组合:从 n 个各不相同的东西里,任取 m 个出来(不管顺序),问:共有多少种取法?

每一种取法称为一个组合。不同组合的总数通常用符号 C_n^m 表示,或者用符号 $\binom{n}{m}$ 表示。

$$C_n^m = \frac{P_n^m}{P_m^m} = \frac{n(n-1)\cdots(n-m+1)}{m!} = \frac{n!}{m!(n-m)!}$$

$$(1 \leqslant m \leqslant n)$$

C_n^m 公式中,分子 P_n^m 为 n 中取 m 个的非重复排列。分母 P_m^m 为取数 m 的全排列。两者相除,表示 m 个排列中,把 P_m^m 作为一种不计及排列次序的组合总数。

[例]4. 家庭成员共 8 人,问:有多少对人际关系?

[解]:因为凡 2 人之间就形成一对人际关系,且与方向无关,因此人际关系共有

$$C_8^2 = \frac{8 \times 7}{2 \times 1} = 28 \text{ 种}$$

[例]5. 把 6 个养鸡场承包给甲、乙、丙 3 个专业户,其中甲专业户可以承包 1 个养鸡场,乙专业户可承担 2 个养鸡场,丙专业户可承担 3 个养鸡场,问:有多少种承包的方法?

[解]:首先看甲专业户,它可以从 6 个养鸡场中任选 1 种,因此共有 $C_6^1 = 6$ 种选择方法。在甲专业户选定的基础上,剩下 5 个养鸡场可供乙选择。因此乙专业户共有 $C_5^2 = \frac{5 \times 4}{2 \times 1} = 10$ 种选择。当甲、乙专业户都选定后,剩下 3 个养鸡场,只好由丙专业户全部承包了。所以承包的分法共有

$$C_6^1 \cdot C_5^2 \cdot C_3^3 = 6 \times 10 \times 1 = 60 \text{ 种}$$

第三节 二项分布

一、二项分布

本章第一节谈了二分变量,它表示当随机试验仅进行一次的概率分布,又称二点分布。但将同样的试验或观察,独立地重复 n 次,其结果又将如何呢?

所谓 n 次试验是独立的,指的是试验重复进行 n 次,而各次试验互不影响,

即各次试验结果出现的概率都不依赖于其他次试验的结果。

举例说,1 枚硬币连续扔掷 4 次,那么各次扔掷结果就满足独立的要求。因为每次扔掷结果都不受前面扔掷结果的影响。现在要问:在 4 次扔掷中,出现正面次数的概率分布如何呢?

首先 4 次扔掷结果,出现正面次数可有 5 种情况:0 次;1 次;2 次;3 次;4 次。由于每次扔掷都是独立的,因此每次试验都可写成如下的二点分布:

$$P(\xi = 0) = q$$
$$P(\xi = 1) = p$$

下面就正面出现的次数进行讨论:

(1) 正面出现 0 次的概率

正面出现 0 次可能发生的情况只有 1 种,即

●●●● $q\,q\,q\,q = C_4^0 p^0 q^4$

黑点表示出现的是反面,其概率为 q。由于 4 次的结果都是相互独立的,因此总概率为 q^4。它的系数为 $C_4^0 p^0$,从数值上来说,虽然等于 $1(C_4^0 p^0 = 1)$,但这样写的结果,可以和下面的情况进行比较。$C_4^0 = 1$ 表示 4 次结果出现 0 次正面朝上的情况只有 1 种。

(2) 正面出现 1 次的概率

正面出现 1 次可能发生的情况有 4 种,即

$$\left.\begin{array}{l}\circ\bullet\bullet\bullet \quad p\,q\,q\,q = p\,q^{4-1} \\ \bullet\circ\bullet\bullet \quad q\,p\,q\,q = p\,q^{4-1} \\ \bullet\bullet\circ\bullet \quad q\,q\,p\,q = p\,q^{4-1} \\ \bullet\bullet\bullet\circ \quad q\,q\,q\,p = p\,q^{4-1}\end{array}\right\} = C_4^1 p q^{4-1}$$

它表示正面(用白点表示)出现 1 次的情况,共有 4 种,由于每 1 种情况都是由 4 次独立试验所构成,因此概率为 pq^{4-1}。而这 4 种情况为互不相容事件,因此总概率为 4 种情况概率之和,故写成 $C_4^1 pq^{4-1}$。

(3) 正面出现 2 次的概率

正面出现 2 次可能发生的情况有 6 种,即

$$\left.\begin{array}{l}\circ\circ\bullet\bullet \quad p\,p\,q\,q = p^2 q^{4-2} \\ \bullet\bullet\circ\circ \quad q\,q\,p\,p = p^2 q^{4-2} \\ \circ\bullet\bullet\circ \quad p\,q\,q\,p = p^2 q^{4-2} \\ \bullet\circ\circ\bullet \quad q\,p\,p\,q = p^2 q^{4-2} \\ \circ\bullet\circ\bullet \quad p\,q\,p\,q = p^2 q^{4-2} \\ \bullet\circ\bullet\circ \quad q\,p\,q\,p = p^2 q^{4-2}\end{array}\right\} = C_4^2 p^2 q^{4-2}$$

第四章 二项分布及其他离散型随机变量的分布

在 6 种情况中,由于每 1 种情况都是由 4 次独立试验所构成,其概率为 p^2q^{4-2},而 6 种情况均为互不相容事件,因此总概率为 6 种情况概率之和,写成 $C_4^2 p^2 q^{4-2}$。

(4) 正面出现 3 次的概率

正面出现 3 次可能发生的情况有 4 种,即

$$\left.\begin{array}{l} \circ\circ\circ\bullet \quad p\,p\,p\,q = p^3 q^{4-3} \\ \circ\circ\bullet\circ \quad p\,p\,q\,p = p^3 q^{4-3} \\ \circ\bullet\circ\circ \quad p\,q\,p\,p = p^3 q^{4-3} \\ \bullet\circ\circ\circ \quad q\,p\,p\,p = p^3 q^{4-3} \end{array}\right\} = C_4^3 p^3 q^{4-3}$$

总概率为 4 种情况概率之和,写成 $C_4^3 p^3 q^{4-3}$。

(5) 正面出现 4 次的概率

正面出现 4 次可能发生的情况只有 1 种,即

$$\circ\circ\circ\circ \quad p\,p\,p\,p = C_4^4 p^4 q^{4-4}$$

综合以上 5 种情况,设 $\xi=4$ 次独立试验中正面出现的次数,那么,

$\xi = 0$,表示正面出现 0 次

$\xi = 1$,表示正面出现 1 次

$\xi = 2$,表示正面出现 2 次

$\xi = 3$,表示正面出现 3 次

$\xi = 4$,表示正面出现 4 次

于是有

$$P(\xi = 0) = C_4^0 p^0 q^{4-0}$$
$$P(\xi = 1) = C_4^1 p^1 q^{4-1}$$
$$P(\xi = 2) = C_4^2 p^2 q^{4-2}$$
$$P(\xi = 3) = C_4^3 p^3 q^{4-3}$$
$$P(\xi = 4) = C_4^4 p^4 q^{4-4}$$

写成分布律的形式见表 4-2。

表 4-2 1 枚硬币连掷 4 次,正面次数的概率分布

ξ	0	1	2	3	4
P	$C_4^0 p^0 q^{4-0}$	$C_4^1 p^1 q^{4-1}$	$C_4^2 p^2 q^{4-2}$	$C_4^3 p^3 q^{4-3}$	$C_4^4 p^4 q^{4-4}$

如果把独立试验次数推广到 n 次,那么概率公式将有 $n+1$ 个。当 n 很大时,不论用概率公式或用分布律来表达都将变得很长。但如果注意到概率公式

之间的内在联系,我们可采用如下的形式：
$$P(\xi=x)=C_n^x p^x q^{n-x} \quad (x=0,1,2,\cdots,n)$$
它是 $n+1$ 个概率公式的压缩写法。

总结以上讨论,下面给出二项分布的公式及其性质。

如果在相同条件下进行 n 次相互独立的试验,每次试验只有两种可能结果,事件 A 出现的概率 $P(A)=p$,事件 A 不出现的概率 $P(\overline{A})=1-p=q$。那么,n 次试验中事件 A 出现次数 ξ 的概率分布为
$$P(\xi=x)=C_n^x p^x q^{n-x} \quad (x=0,1,2,\cdots,n) \tag{4-1}$$

二项分布可简写作
$$B(n,p)$$

B 表示二项分布,括号内 n 为独立试验的次数,p 为所研究事件 A 在每次试验中所出现的概率。n 和 p 是二项分布的两个参数。当 n 和 p 确定之后,二项分布就唯一地确定了。

根据二项分布公式(4-1),我们不仅可以知道随机变量整个概率分布的全貌,而且还可推算出变量取值在某一区间内的概率。

(1) 事件 A 至多出现 m 次的概率为
$$P(0\leqslant \xi \leqslant m)=\sum_{x=0}^{m}C_n^x p^x q^{n-x}$$

(2) 事件 A 至少出现 m 次的概率为
$$P(m\leqslant \xi \leqslant n)=\sum_{x=m}^{n}C_n^x p^x q^{n-x}$$

(3) 事件 A 出现次数不少于 a,不大于 b 的概率为
$$P(a\leqslant \xi \leqslant b)=\sum_{x=a}^{b}C_n^x p^x q^{n-x}$$

(4) 根据事件的完备性,必然有
$$\sum_{x=0}^{n}C_n^x p^x q^{n-x}=1 \text{①}$$

---

① 实际上,二项分布的每一项 $C_n^x p^x q^{n-x}$,正好对应二项式 $(q+p)^n$ 展开的每一项。二项式展开有
$$(q+p)^n=C_n^0 p^0 q^n + C_n^1 p^1 q^{n-1} + \cdots + C_n^{n-1}p^{n-1}q + C_n^n p^n q^{n-n}=\sum_{x=0}^{n}C_n^x p^x q^{n-x}$$
根据二项分布有 $q+p=1$,
所以必然有 $\sum_{x=0}^{n}C_n^x p^x q^{n-x}=1$。

二、二项分布的讨论

(1) 二项分布为离散型分布。当独立试验次数为 n 时,二项分布共有 $n+1$ 个取值。除了用分布律表示二项分布外,还可用折线图来表示(图 4-3)。

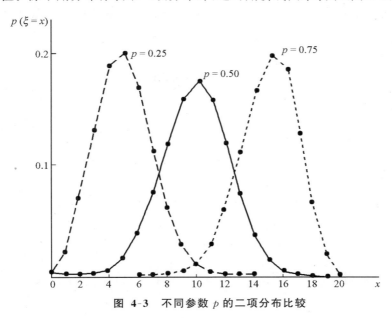

图 4-3 不同参数 p 的二项分布比较

(2) n 和 p 是二项分布的两个参数。q 值永远等于 $1-p$。因此二项分布三个参数 n,p,q,实际只要知道 n 和 p 两个参数就够了。

二项分布写作

$$P(\xi = x) = C_n^x p^x (1-p)^{n-x} \qquad (x = 0, 1, \cdots, n) \qquad (4\text{-}2)$$

(3) 二项分布的图形当 $p=0.5$ 时是对称的。当 $p\neq 0.5$ 时是非对称的(图 4-3,$n=20$),而当 n 愈大时非对称性愈不明显。

(4) 二项分布的数学期望 $E(\xi)$ 等于 np。

根据数学期望 $E(\xi)$ 的公式(3-23),二项分布的数学期望为

$$E(\xi) = \sum_{x=0}^{n} x P(\xi = x) = \sum_{x=0}^{n} x C_n^x p^x q^{n-x} = np$$

(5) 二项分布的方差等于 npq。

根据方差 $D(\xi)$ 的公式(3-37),二项分布的方差为

$$D(\xi) = E(\xi^2) - [E(\xi)]^2 = npq$$

(6) 二项分布的概率值,除了根据公式直接进行计算外,还可利用查表求得(附表2)。下面结合实例介绍查表方法。

[例]6. 求 $B(10,0.5)$ 的中位值。

[解]:根据附表2纵列 $n=10$ 和横行 $p=0.5$ 所对应的 x 值,可查得二项分布 $B(10,0.5)$ 的概率值。但为了计算中位值,现在每个概率值的后面增加一项累计概率 $\sum_{i=0}^{x_i} p_i$(表4-3)。

表 4-3　$B(10,0.5)$ 的概率及累计概率分布

n	x	p 0.5	$\sum_{i=0}^{x_i} p_i$
10	0	0.001	0.001
	1	0.010	0.011
	2	0.044	0.055
	3	0.117	0.172
	4	0.205	0.377
	5	0.246	0.623
	6	0.205	0.828
	7	0.117	0.945
	8	0.044	0.989
	9	0.010	0.999
	10	0.001	1

根据式(2-1),

$$中位值 = 4.0 + \frac{0.5 - 0.377}{0.623 - 0.377} = 4.5$$

[例]7. 试述二项分布概率值的实际意义。

二项分布所计算的概率值是理论值,具有先验的性质。但在实践中,如果大量重复二项分布中的独立试验,则频率分布将趋向于二项分布。

以下是5枚质地均匀的硬币(相当于5次独立试验)重复扔掷100次、1000次和2000次所得正面朝上频次、频率分布和理论 $B(5,0.5)$ 概率分布的比较(表4-4)。

第四章 二项分布及其他离散型随机变量的分布

表 4-4 二项分布的频次、频率分布和理论的概率分布比较

理论分布 $B(5,0.5)$		$N=100$		$N=1000$		$N=2000$	
ξ	$P(\xi=x_i)$	频次	频率	频次	频率	频次	频率
0	0.031	3	0.030	35	0.035	71	0.036
1	0.156	19	0.190	168	0.168	332	0.166
2	0.312	31	0.310	342	0.342	641	0.321
3	0.312	33	0.330	287	0.287	600	0.300
4	0.156	10	0.100	135	0.135	293	0.147
5	0.031	4	0.040	33	0.033	63	0.032

可见，随着试验总数 N 的增加，频率分布将越来越接近理论的概率分布。

[例]8. 根据生命表，年龄为 60 岁的人，可望活到下年的概率为 $p=0.95$。设某单位年龄为 60 岁的人共有 10 人。问：(1) 其中有 9 人活到下年的概率为多少？(2) 至少有 9 人活到下年的概率是多少？

[解]：

(1) 根据二项分布，其中有 9 人活到下年的概率为
$$P(\xi=9)=C_{10}^9(0.95)^9(0.05)^1=0.315$$

(2) 至少有 9 人活到下年的概率为
$$P(9\leqslant\xi\leqslant10)=C_{10}^9(0.95)^9(0.05)^1+C_{10}^{10}(0.95)^{10}$$
$$=0.315+0.599=0.914$$

[例]9. 某中学平均升学率为 70%，设随机抽查 6 名学生。问：(1) 其中有 4 名升学的概率是多少？(2) 至少有 4 名升学的概率是多少？

[解]：

(1) 其中有 4 人升学的概率为
$$P(\xi=4)=C_6^4(0.70)^4(0.30)^2=0.324$$

(2) 至少有 4 人升学的概率为
$$P(4\leqslant\xi\leqslant6)=\sum_{x=4}^{6}C_6^x(0.70)^x(0.30)^{6-x}$$
$$=0.324+0.303+0.118=0.745$$

第四节 多项分布[①]

一、多项分布(Multinomial distribution)

前面谈了二项分布,但实际社会调查中问题的回答往往不止两类,例如赞成的程度分作5类:很赞成、赞成、无所谓、不赞成、很不赞成。这时如果只进行一次观察,已不再是二点分布,而是多点分布。如果观察是独立的重复多次,则其分布也不再是二项分布,而是多项分布。下面在讨论多项分布之前,先看一个三项分布的实例。

设某社区的职业结构为工人占70%,技术人员占15%,干部占15%。问:任抽4名,其中工人2名、技术人员1名、干部1名的概率是多少?

首先我们认为社区的总人数很多,以至抽取干部、技术人员、工人的概率是不变的:因此抽取4名可看作是4次独立的试验。而4次抽取中含有2名工人、1名技术人员、1名干部,其概率必包含如下的形式:

$$0.7^2 \times 0.15 \times 0.15$$

但是根据各类人员出现的顺序不同,还可有各种不同的形式:先以工人作起点来看,它有 $C_4^2 = 6$ 种不同的出现次序。而对应每一种工人出现的次序,技术人员还有 $C_2^1 = 2$ 种方式。最后干部出现的次序只有一种选择 $C_1^1 = 1$。因此总共有 $C_4^2 \cdot C_2^1 \cdot C_1^1 = 12$ 种可能出现的不同次序(图4-4)。

其中,W——工人;

T——技术人员;

C——干部;

□——可供选择的位置。

由于以上各种可能出现的情况都是互不相容的随机事件,因此抽查4名中有2名工人、1名技术人员、1名干部的概率

$$P(2,1,1) = C_4^2 C_2^1 C_1^1 (0.7)^2 (0.15)^1 (0.15)^1 = 0.1323$$

以上是针对随机抽查4名而言的。现如果抽查 n 名,仍然认为总数 N 比之抽查数 n 大很多 $N \gg n$,那么 n 中含工人 x_1 名、技术人员 x_2 名、干部 x_3 名的概率

[①] 可作选读用。

$$P(x_1,x_2,x_3)=C_n^{x_1}C_{n-x_1}^{x_2}C_{n-(x_1+x_2)}^{x_3}p_1^{x_1}p_2^{x_2}p_3^{x_3}$$

$$=\frac{n!}{x_1!\ (n-x_1)!}\frac{(n-x_1)!}{x_2!\ [n-(x_1+x_2)]!}\frac{[n-(x_1+x_2)]!}{x_3!\ [n-(x_1+x_2+x_3)]!}\times p_1^{x_1}p_2^{x_2}p_3^{x_3}$$

$$=\frac{n!}{x_1!\ x_2!\ x_3!}p_1^{x_1}p_2^{x_2}p_3^{x_3} \tag{4-3}$$

式(4-3)中,p_1 为总体中工人所占比例;

p_2 为总体中技术人员所占比例;

p_3 为总体中干部所占比例。

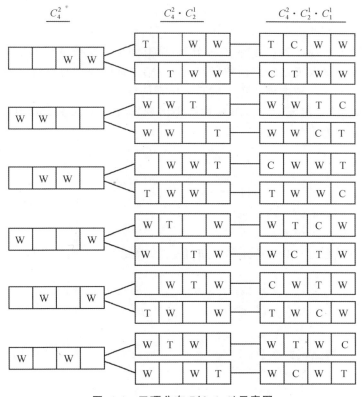

图 4-4 三项分布 $P(2,1,1)$ 示意图

现在把 x_1、x_2、x_3 看作泛指的变量,则三项分布式有式(4-4):

$$P(x_1,x_2,x_3)=\frac{n!}{x_1!\ x_2!\ x_3!}p_1^{x_1}p_2^{x_2}p_3^{x_3} \tag{4-4}$$

式中变量取值与概率有如下关系式:

$$x_1 + x_2 + x_3 = n$$
$$p_1 + p_2 + p_3 = 1$$

可见,三项分布中实际只有两个独立随机变量和概率,因此三项分布也可写成

$$P(x_1, x_2) = \frac{n!}{x_1! \; x_2! \; (n-x_1-x_2)!} p_1^{x_1} p_2^{x_2} (1-p_1-p_2)^{n-x_1-x_2} \quad (4\text{-}5)$$

$$x_1 = 0, 1, \cdots, n$$
$$x_2 = 0, 1, \cdots, n$$
$$x_1 + x_2 \leqslant n$$

三项分布有 3 个参数:n, p_1, p_2;
其中 n 是独立试验次数,$0 < p_1 < 1$,$0 < p_2 < 1$,$p_1 + p_2 < 1$。

把三项分布推广到任意的 K 种分布,则有如果试验或观察的结果有 K 种:第一种结果在每次观察中出现的概率为 p_1;第二种结果在每次观察中出现的概率为 p_2;……第 K 种结果在每次试验中出现的概率为 p_K。那么,在 n 次独立试验中,第一种结果出现 x_1 次,第二种结果出现 x_2 次,第 K 种结果出现结果 x_K 次的概率分布为式(4-6):

$$P(x_1, x_2, \cdots, x_K) = C_n^{x_1} C_{n-x_1}^{x_2} C_{n-x_1-x_2}^{x_3} \cdots C_{n-x_1-x_2-\cdots-x_{K-1}}^{x_K} \times p_1^{x_1} p_2^{x_2} \cdots p_K^{x_K}$$

$$= \frac{n!}{x_1! x_2! \cdots x_K!} p_1^{x_1} p_2^{x_2} \cdots p_K^{x_K} \quad (4\text{-}6)$$

其中 $\quad x_1 + x_2 + \cdots + x_K = n$
$\quad\quad\quad p_1 + p_2 + \cdots + p_K = 1$

根据分布中只有 $K-1$ 个是独立的随机变量,因此上式亦可写作式(4-7):

$$P(x_1, x_2, \cdots, x_{K-1}) = \frac{n!}{x_1! x_2! \cdots [n-(x_1+x_2+\cdots+x_{K-1})]!} \times$$
$$p_1^{x_1} p_2^{x_2} \cdots [1-(p_1+p_2+\cdots+p_{K-1})]^{n-(x_1+x_2\cdots+x_{K-1})}$$
$$(4\text{-}7)$$

其中 $\quad n$ 是独立试验次数
$\quad\quad\quad x_1 = 0, 1, 2, \cdots, n$
$\quad\quad\quad x_2 = 0, 1, 2, \cdots, n$
$\quad\quad\quad \vdots$
$\quad\quad\quad x_{K-1} = 0, 1, 2, \cdots, n$
$\quad\quad\quad x_1 + x_2 + \cdots + x_{K-1} \leqslant n$
$\quad\quad\quad 0 < p_1 < 1; \; 0 < p_2 < 1; \; \cdots; \; 0 < p_{K-1} < 1$
$\quad\quad\quad p_1 + p_2 + \cdots + p_{K-1} < 1$

第四章 二项分布及其他离散型随机变量的分布

[例]10. 设公司对某经理候选人进行民意调查,结果公司有三分之一员工表示赞成,三分之一员工表示反对,其余为不表态。问:如果任抽 3 名,其调查结果的概率分布如何?

[解]:由于抽查人数很少,满足 $N \gg n(n=3)$,因此可以用三项分布公式进行计算。设

$x_1 = $ 抽到员工表示赞成的人数

$x_2 = $ 抽到员工表示反对的人数

于是有

$x_1 = 0, 1, 2, 3$

$x_2 = 0, 1, 2, 3$

$x_1 + x_2 \leqslant 3$

$p_1 = $ 任抽 1 名员工表示赞成的概率

$p_2 = $ 任抽 1 名员工表示反对的概率

$p_1 = \dfrac{1}{3}, \quad p_2 = \dfrac{1}{3}$

根据三项分布公式(4-5),

$$P(x_1, x_2) = \frac{n!}{x_1! x_2! (n - x_1 - x_2)!} p_1^{x_1} p_2^{x_2} (1 - p_1 - p_2)^{n - x_1 - x_2} \quad (4\text{-}8)$$

将 x_1、x_2 的取值代入式(4-8)有

$P(0, 0) = \dfrac{3!}{0!\, 0!\, 3!} p_1^0 p_2^0 (1 - p_1 - p_2)^3 = \left(\dfrac{1}{3}\right)^3$

$P(1, 0) = \dfrac{3!}{1!\, 0!\, 2!} p_1^1 p_2^0 (1 - p_1 - p_2)^2 = 3 \left(\dfrac{1}{3}\right)^3$

$P(2, 0) = \dfrac{3!}{2!\, 0!\, 1!} p_1^2 p_2^0 (1 - p_1 - p_2)^1 = 3 \left(\dfrac{1}{3}\right)^3$

$P(3, 0) = \dfrac{3!}{3!\, 0!\, 0!} \left(\dfrac{1}{3}\right)^3 = \left(\dfrac{1}{3}\right)^3$

$P(0, 1) = \dfrac{3!}{0!\, 1!\, 2!} \left(\dfrac{1}{3}\right)^3 = 3 \left(\dfrac{1}{3}\right)^3$

$P(1, 1) = \dfrac{3!}{1!\, 1!\, 1!} \left(\dfrac{1}{3}\right)^3 = 6 \left(\dfrac{1}{3}\right)^3$

$P(2, 1) = \dfrac{3!}{2!\, 1!\, 0!} \left(\dfrac{1}{3}\right)^3 = 3 \left(\dfrac{1}{3}\right)^3$

$P(3, 1) = 0 (因为 3 + 1 > 3)$

$$P(0,2) = \frac{3!}{0!\,2!\,1!}\left(\frac{1}{3}\right)^3 = 3\left(\frac{1}{3}\right)^3$$

$$P(1,2) = \frac{3!}{1!\,2!\,0!}\left(\frac{1}{3}\right)^3 = 3\left(\frac{1}{3}\right)^3$$

$$P(2,2) = 0$$

$$P(3,2) = 0$$

$$P(0,3) = \frac{3!}{0!\,3!\,0!}\left(\frac{1}{3}\right)^3 = \left(\frac{1}{3}\right)^3$$

$$P(1,3) = 0$$

$$P(2,3) = 0$$

$$P(3,3) = 0$$

根据 x_1、x_2 取值的概率矩阵,做成如下三项分布的分布律(表 4-5)。

表 4-5 [例]10 中三项分布律的矩阵表示

x_2	x_1			
	0	1	2	3
0	$1\left(\frac{1}{3}\right)^3$	$3\left(\frac{1}{3}\right)^3$	$3\left(\frac{1}{3}\right)^3$	$1\left(\frac{1}{3}\right)^3$
1	$3\left(\frac{1}{3}\right)^3$	$6\left(\frac{1}{3}\right)^3$	$3\left(\frac{1}{3}\right)^3$	0
2	$3\left(\frac{1}{3}\right)^3$	$3\left(\frac{1}{3}\right)^3$	0	0
3	$1\left(\frac{1}{3}\right)^3$	0	0	0

如果把表 4-5 中各格概率加在一起,我们会发现,其概率总和为 1:

$$1\left(\frac{1}{3}\right)^3 + 3\left(\frac{1}{3}\right)^3 + 3\left(\frac{1}{3}\right)^3 + 1\left(\frac{1}{3}\right)^3 + 3\left(\frac{1}{3}\right)^3 + 6\left(\frac{1}{3}\right)^3 +$$
$$3\left(\frac{1}{3}\right)^3 + 3\left(\frac{1}{3}\right)^3 + 3\left(\frac{1}{3}\right)^3 + \left(\frac{1}{3}\right)^3 = 27\left(\frac{1}{3}\right)^3 = 1$$

实际上,这绝非巧合。由于表 4-5 已列举了三项分布的全部结果,因此它就是必然事件。而必然事件的概率是永远等于 1 的。

二、三项分布与二项分布的关系

前面曾经谈到,对于多分变量,如果仅突出其中的一类,并把该类以外的各类合并为一类,多分变量可以简化为二分变量。同样二项分布公式与多项分布公式之间也存在着一定的关系。下面用实例来说明。

第四章 二项分布及其他离散型随机变量的分布

[例]11. 接[例]10,如果仅研究任抽 3 名员工中表示赞成的人数,试求它的概率分布。

[解]:方法一:

利用[例]10 的结果,将表 4-5 按列累加的结果,就是"抽到员工表示赞成人数"的概率分布:

$$P(x_1 = 0) = 1\left(\frac{1}{3}\right)^3 + 3\left(\frac{1}{3}\right)^3 + 3\left(\frac{1}{3}\right)^3 + 1\left(\frac{1}{3}\right)^3$$

$$= 8\left(\frac{1}{3}\right)^3$$

$$P(x_1 = 1) = 3\left(\frac{1}{3}\right)^3 + 6\left(\frac{1}{3}\right)^3 + 3\left(\frac{1}{3}\right)^3 = 12\left(\frac{1}{3}\right)^3$$

$$P(x_1 = 2) = 3\left(\frac{1}{3}\right)^3 + 3\left(\frac{1}{3}\right)^3 = 6\left(\frac{1}{3}\right)^3$$

$$P(x_1 = 3) = \left(\frac{1}{3}\right)^3$$

方法二:

根据题意,公司员工表示赞成的概率为三分之一,把除赞成之外的情况全部合并,其概率必然为

$$1 - \frac{1}{3} = \frac{2}{3}$$

于是可以使用二项分布公式(4-2):

$$P(\xi = x) = C_n^x p^x (1-p)^{n-x}$$

来计算。

设 ξ=抽到员工表示赞成的人数

$$P(\xi=0)^{①} = C_3^0 p_1^0 (1-p_1)^3 = 1\left(\frac{1}{3}\right)^0 \left(\frac{2}{3}\right)^3 = 8\left(\frac{1}{3}\right)^3$$

$$P(\xi=1) = C_3^1 p_1^1 (1-p_1)^2 = 3\left(\frac{1}{3}\right)\left(\frac{2}{3}\right)^2 = 12\left(\frac{1}{3}\right)^3$$

$$P(\xi=2) = C_3^2 p_1^2 (1-p_1)^1 = 3\left(\frac{1}{3}\right)^2 \left(\frac{2}{3}\right) = 6\left(\frac{1}{3}\right)^3$$

$$P(\xi=3) = C_3^3 p_1^3 (1-p_1)^0 = \left(\frac{1}{3}\right)^3$$

---

① 此处用 ξ 是为了和前面介绍的二项分布公式相同。其意义与方法一中的 x_1 相同。p_1 与[例]10 中内容相同。

比较方法一和方法二,可见两者的分布是一致的。

归纳起来,对于三项分布:

$$p(x_1, x_2) = \frac{n!}{x_1! x_2! (n-x_1-x_2)!} p_1^{x_1} p_2^{x_2} \times (1-p_1-p_2)^{n-x_1-x_2}$$

$x_1 = 0, 1, \cdots, n$

$x_2 = 0, 1, \cdots, n$

$x_1 + x_2 \leqslant n$

如果仅研究其中某一类(例如 x_1)的概率分布,则可将所有 x_1 为定值的概率(不管 x_2 为何值)加在一起,就得到相应的二项分布:

$$\begin{aligned}
P(x_1)^{①} &= \sum_{x_2=0}^{n-x_1} P(x_1, x_2) \\
&= \sum_{x_2=0}^{n-x_1} \frac{n!}{x_1! x_2! (n-x_1-x_2)!} p_1^{x_1} p_2^{x_2} \times (1-p_1-p_2)^{n-x_1-x_2} \\
&= \sum_{x_2=0}^{n-x_1} \frac{n!(n-x_1)!}{x_1!(n-x_1)! x_2!(n-x_1-x_2)!} \times p_1^{x_1} p_2^{x_2} (1-p_1-p_2)^{n-x_1-x_2} \\
&= \frac{n!}{x_1!(n-x_1)!} p_1^{x_1} \sum_{x_2=0}^{n-x_1} \frac{(n-x_1)!}{x_2!(n-x_1-x_2)!} \times p_2^{x_2} (1-p_1-p_2)^{n-x_1-x_2} \\
&= C_n^{x_1} p_1^{x_1} \sum_{x_2=0}^{n-x_1} C_{n-x_1}^{x_2} p_2^{x_2} (1-p_1-p_2)^{n-x_1-x_2} \\
&= C_n^{x_1} p_1^{x_1} [p_2 + (1-p_1-p_2)]^{n-x_1} \\
&= C_n^{x_1} p_1^{x_1} (1-p_1)^{n-x_1}
\end{aligned}$$

$x_1 = 0, 1, \cdots, n$

多项分布简化为二项分布的过程与三项分布相同,只考虑一个变量,将其他变量不同的概率合并。由于二项分布可以作为多项分布的简化研究,所以二项分布在离散型随机变量的研究中占有特别重要的意义。

---

① $P(x_1)$ 与 $P(\xi = x_1)$ 意义相同。

第四章 二项分布及其他离散型随机变量的分布

三、三项分布的期望与方差

三项分布由于有两个独立的随机变量,因此三项分布可有两个数学期望和两个方差。由此类推,n 项分布则应有 $n-1$ 个数学期望和 $n-1$ 个方差。

三项分布的期望有二:

$$E(x_1) = \sum_{x_1=0}^{n} \sum_{x_2=0}^{n-x_1} x_1 \frac{n!}{x_1!x_2!(n-x_1-x_2)!} \times$$
$$p_1^{x_1} p_2^{x_2} (1-p_1-p_2)^{n-x_1-x_2}$$
$$= np_1 \tag{4-9}$$

$$E(x_2) = \sum_{x_2=0}^{n} \sum_{x_1=0}^{n-x_2} x_2 \frac{n!}{x_1!x_2!(n-x_1-x_2)!} \times$$
$$p_1^{x_1} p_2^{x_2} (1-p_1-p_2)^{n-x_1-x_2}$$
$$= np_2 \tag{4-10}$$

三项分布的方差也有二:

$$D(x_1) = E(x_1^2) - [E(x_1)]^2 = E(x_1^2) - E(x_1) + E(x_1) - [E(x_1)]^2$$
$$= E(x_1^2 - x_1) + E(x_1) - [E(x_1)]^2$$
$$= \sum_{x_1=0}^{n} \sum_{x_2=0}^{n-x_1} x_1(x_1-1) \frac{n!}{x_1!x_2!(n-x_1-x_2)!} \times$$
$$p_1^{x_1} p_2^{x_2} (1-p_1-p_2)^{n-x_1-x_2} + E(x_1) - [E(x_1)]^2$$
$$= n(n-1)p_1^2 + np_1 - (np_1)^2$$
$$= np_1(1-p_1) \tag{4-11}$$

$$D(x_2) = np_2(1-p_2) \tag{4-12}$$

四、二项分布、多项分布条件的讨论

以上讨论的二项分布和多项分布,都要求满足随机试验的条件,即各次的观察或试验都是独立的。也就是各次观察中每一类出现的概率都是不变的。但在社会现象的研究中,在有限总体的情况下,严格地说,除了重复抽样,是不能满足随机试验的条件的,但重复抽样在社会调查中是不采用的。因此只有在大群体情况下,由于满足了 $n \ll N$,因此可以近似地认为满足了二项分布和多项分布讨论的条件。使用二项分布和多项分布的优点在于无须知道总体 N 的确切数目。这一点给实际工作者带来了很大的方便。但如果 $n \ll N$ 的条件不能

满足,例如小群体的研究,则需转向下节超几何分布的讨论。

第五节 超几何分布

一、超几何分布(Hypergeometric distribution)

前面谈到,在社会抽样调查中,只有在大群体的情况下,二项分布和多项分布的独立试验要求才能够近似地得到满足。但如果研究对象不是社区、大群体,而是小群体研究,比如是一个班组或一个科室等,这时总体不大,一般只有几十名。假定总体分作两类 A 与 $\overline{A}$（非 A）。这时如果从总体中抽取 n 名,那么每个抽取对象出现 A 类的概率将不再恒定,也就是不满足二项分布所要求的独立试验的条件。而超几何分布将适合这类小群体研究。下面先看一个例子。

［例］12. 设小组共有成员 10 名,其中男性共 7 名。现从中任抽 3 名,问:其中男性人数的概率分布如何?

［解］:根据题意有:

$$总数\ N = 10\ 人$$
$$男性人数\ M = 7\ 人$$
$$女性人数\ F = 10 - 7 = 3\ 人$$

任抽 3 名中含男性人数 ξ 共有以下 4 种情况:

$$\xi = 0 \quad (0\ 男;3\ 女)$$
$$\xi = 1 \quad (1\ 男;2\ 女)$$
$$\xi = 2 \quad (2\ 男;1\ 女)$$
$$\xi = 3 \quad (3\ 男;0\ 女)$$

由于抽样人数 $n=3$,不满足 $n \ll N$ 的要求,因此以上各种情况的概率需根据第三章第一节古典法求得:

$$P(\xi = 0) = \frac{C_7^0 C_3^3}{C_{10}^3} = \frac{1}{120} = 0.008$$

$$P(\xi = 1) = \frac{C_7^1 C_3^2}{C_{10}^3} = \frac{21}{120} = 0.175$$

$$P(\xi = 2) = \frac{C_7^2 C_3^1}{C_{10}^3} = \frac{63}{120} = 0.525$$

$$P(\xi = 3) = \frac{C_7^3 C_3^0}{C_{10}^3} = \frac{35}{120} = 0.292$$

合并起来,可以写作

第四章 二项分布及其他离散型随机变量的分布

$$P(\xi = x) = \frac{C_7^x C_3^{3-x}}{C_{10}^3} \quad (x = 0,1,2,3)$$

超几何分布:

设总体性质共分两类:A 类与非 A 类。总体总数为 N,A 类共有 M 个。设从中任抽 n 个($n \leqslant N-M$),则 n 中含有 A 类个数 ξ 的概率分布为

$$P(\xi = x) = \frac{C_M^x C_{N-M}^{n-x}}{C_N^n} \quad (x = 0,1,2,\cdots,l) \tag{4-13}$$

$$l = \min(M, n)$$

[例]13. 某班共有学员 30 名,其中少数民族有 13 名。问任抽 5 名,其中少数民族人数的概率分布。

[解]:$\xi=$ 抽样中少数民族的人数

根据题意,代入超几何分布公式(4-13):

$$P(\xi = x) = \frac{C_{13}^x C_{30-13}^{5-x}}{C_{30}^5} \quad (x = 0,1,2,3,4,5)$$

二、超几何分布的数学期望与方差

超几何分布的期望

$$E(\xi) = \sum_{x=0}^{l} x \frac{C_M^x C_{N-M}^{n-x}}{C_N^n} = \frac{nM}{N} \tag{4-14}$$

$$D(\xi) = \frac{n(N-n)(N-M)M}{N^2(N-1)} \tag{4-15}$$

如果用 $p = \dfrac{M}{N}$,$q = 1-p$,则有

$$E(\xi) = np \tag{4-16}$$

$$D(\xi) = npq \frac{N-n}{N-1} \tag{4-17}$$

三、超几何分布与二项分布的关系

超几何分布适合小群体研究,但如果群体规模逐渐增大,以至抽样个体间概率的改变可以忽略不计,这时也可采用二项分布来讨论,且两种分布计算的结果应该是逐渐地接近。数学上也证明了当 N 很大($N \to \infty$)时超几何分布将趋向于二项分布。

$$\frac{C_M^x C_{N-M}^{n-x}}{C_N^n} \to C_n^x p^x (1-p)^{n-x} \quad (N \to \infty)$$

四、多项超几何分布[①]

现在研究小群体的性质不止两类而是分作 R 类的情况。其中总体总数为 N，第一类含 M_1 个，第二类含 M_2 个，……第 R 类含 M_R 个。如果从中抽取 n 个，那么含第一类 x_1 个，第二类 x_2 个，……第 R 类 x_R 个的概率，根据古典法的计算可有

$$P(x_1, x_2, \cdots, x_R) = \frac{C_{M_1}^{x_1} C_{M_2}^{x_2} \cdots C_{M_R}^{x_R}}{C_N^n} \qquad (4\text{-}18)$$

其中

$$x_1 + x_2 + \cdots + x_R = n$$
$$M_1 + M_2 + \cdots + M_R = N$$

可见 R 类中独立变量只有 $R-1$ 个。

[例]14. 某少数民族学习班共有成员 10 名，其中回族 3 名，维吾尔族 5 名，蒙古族 2 名。求任访 4 名，其各族人数的概率分布。

[解]：设

$$x_1 = \text{被访的回族人数}$$
$$x_2 = \text{被访的维吾尔族人数}$$

由于被访总人数中，减去回族 x_1 和维吾尔族 x_2 的，必然就是蒙古族人数 $x_3 = 4 - x_1 - x_2$，因此 x_3 可以略去不设。

根据多项超几何分布式(4-18)有

$$P(x_1, x_2) = \frac{C_3^{x_1} C_5^{x_2} C_2^{4-x_1-x_2}}{C_{10}^4} \qquad (4\text{-}19)$$

其中 x_1 的取值，由于回族最多只有 3 名，因此

$$x_1 = 0, 1, 2, 3$$

而 x_2 的取值，可有

$$x_2 = 0, 1, 2, 3, 4$$

蒙古族只有 2 名，因此 $x_1 + x_2$ 总数不能少于 2，同时也不能超过总抽样数 n：

$$2 \leqslant x_1 + x_2 \leqslant 4$$

根据以上条件，代入式(4-19)，得任访 4 人中，各民族人数的概率分布：

[①] 可作选读用。

第四章 二项分布及其他离散型随机变量的分布

$P(0,0) = 0$（因为 $x_1 + x_2 < 2$）

$P(0,1) = 0$（因为 $x_1 + x_2 < 2$）

$P(0,2) = \dfrac{C_3^0 C_5^2 C_2^2}{C_{10}^4} = 0.0476$

$P(0,3) = \dfrac{C_3^0 C_5^3 C_2^1}{C_{10}^4} = 0.0952$

$P(0,4) = \dfrac{C_3^0 C_5^4 C_2^0}{C_{10}^4} = 0.0238$

$P(1,0) = 0$（因为 $x_1 + x_2 < 2$）

$P(1,1) = \dfrac{C_3^1 C_5^1 C_2^2}{C_{10}^4} = 0.0714$

$P(1,2) = \dfrac{C_3^1 C_5^2 C_2^1}{C_{10}^4} = 0.2857$

$P(1,3) = \dfrac{C_3^1 C_5^3 C_2^0}{C_{10}^4} = 0.1429$

$P(1,4) = 0$（因为 $x_1 + x_2 > 4$）

$P(2,0) = \dfrac{C_3^2 C_5^0 C_2^2}{C_{10}^4} = 0.0143$

$P(2,1) = \dfrac{C_3^2 C_5^1 C_2^1}{C_{10}^4} = 0.1429$

$P(2,2) = \dfrac{C_3^2 C_5^2 C_2^0}{C_{10}^4} = 0.1429$

$P(2,3) = 0$（因为 $x_1 + x_2 > 4$）

$P(2,4) = 0$（因为 $x_1 + x_2 > 4$）

$P(3,0) = \dfrac{C_3^3 C_5^0 C_2^1}{C_{10}^4} = 0.0095$

$P(3,1) = \dfrac{C_3^3 C_5^1 C_2^0}{C_{10}^4} = 0.0238$

$P(3,2) = 0$（因为 $x_1 + x_2 > 4$）

$P(3,3) = 0$

$P(3,4) = 0$

根据 x_1、x_2 取值的概率矩阵，可做成如下的三项超几何分布（表 4-6）。

表 4-6　[例]14 中三项超几何分布矩阵表示

x_2	x_1			
	0	1	2	3
0	0	0	0.0143	0.0095
1	0	0.0714	0.1429	0.0238
2	0.0476	0.2857	0.1429	0
3	0.0952	0.1429	0	0
4	0.0238	0	0	0

如果把矩阵内各格所有的概率加在一起,其总和等于 1:

$$0.0476+0.0952+0.0238+\cdots+0.0095+0.0238=1$$

这正说明表 4-6 是代表了所求的超几何分布。

第六节　泊松分布[①]

一、泊松分布(Poisson distribution)公式

对于二项分布,我们曾给出它的公式(4-1)为

$$P(\xi=x)=C_n^x p^x q^{n-x} \qquad (x=0,1,2,\cdots,n)$$

如果 n 值很大,且 p 又很小,利用二项分布进行计算将十分麻烦。举例说,如果 $n=100, p=0.1$,那么就必须计算 $(0.1)^{100}$ 和 $(0.9)^{100}$,而如果 n 更大,等于 $1000,10000,\cdots$,那计算就更困难了。因此有必要研究当 n 很大时,二项分布的极限分布是什么。

当 n 很大,且 p 又极小,$np=\lambda, p=\dfrac{\lambda}{n}$($\lambda$ 为大于 0 的常数),这时有

$$\lim_{n\to\infty} C_n^x p^x (1-p)^{n-x} = \lim_{n\to\infty} \frac{n(n-1)\cdots(n-x+1)}{x!} \times \left(\frac{\lambda}{n}\right)^x \left(1-\frac{\lambda}{n}\right)^{n-x}$$

$$= \frac{\lambda^x}{x!} \underbrace{\left(1-\frac{1}{n}\right)\cdots\left(1-\frac{x-1}{n}\right)}_{=1} \underbrace{\left(1-\frac{\lambda}{n}\right)^{n-x}}_{=e^{-\lambda}}$$

$$= \frac{\lambda^x}{x!} e^{-\lambda}$$

可见,当 n 很大时,可用 $\dfrac{\lambda^x}{x!} e^{-\lambda}$ 作为随机变量 $\xi=x$ 的概率值,即以 $\dfrac{\lambda^x}{x!} e^{-\lambda}$ 为概率

[①] 可作选读用。

值的分布,它的分布律如表 4-7 所示。

表 4-7 泊松分布律

ξ	0	1	2	$\cdots$	x	$\cdots$
$P(\xi=x_i)$	$e^{-\lambda}$	$\lambda e^{-\lambda}$	$\dfrac{\lambda^2}{2!}e^{-\lambda}$	$\cdots$	$\dfrac{\lambda^x}{x!}e^{-\lambda}$	$\cdots$

简写作

$$P(\xi=x)=\frac{\lambda^x}{x!}e^{-\lambda} \quad (x=0,1,2,\cdots) \qquad (4\text{-}20)$$

称作泊松分布。它是二项分布 $B(n,p)$ 的极限分布。但它只有一个参数 λ。只要知道了 λ 值,泊松分布就被确定了。泊松分布记作 $P(\lambda)$。

二、泊松分布的性质

（一）泊松分布为离散型随机变量的分布

它的取值 x 为零和一切正整数值：

$$x=0,1,2,\cdots$$

（二）泊松分布的数学期望和方差

$$E(\xi)=\sum_{x=0}^{\infty}x\frac{\lambda^x}{x!}e^{-\lambda}=\lambda \qquad (4\text{-}21)$$

$$D(\xi)=E(\xi^2)-[E(\xi)]^2$$
$$=\sum_{x=0}^{\infty}x^2\frac{\lambda^x}{x!}e^{-\lambda}-\lambda^2=\lambda \qquad (4\text{-}22)$$

可见,泊松分布的参数 λ,实际就是它分布的数学期望或方差。特别是参数 λ 就是数学期望这一点,常作为经验性地确定泊松分布参数 λ 的方法。下面通过实例来说明。

[例]15. 设在填写 1000 张居民证卡片中共发现错字 300 个。问：每张居民证出现错字数的概率分布如何?

[解]：设 $\xi=$ 每张居民证错字数目

根据 1000 张卡片统计结果,可以认为参数 λ 可近似地算为每张平均的错字数：

$$\lambda=\frac{300}{1000}=0.3$$

有了 λ 值,代入泊松公式(4-20)：

$$P(\xi=x)=\frac{\lambda^x}{x!}e^{-\lambda}$$

就可算出 $\xi=0,1,2,\cdots$ 的概率分布。

除了用公式(4-20)进行计算外,还可利用计算好了的泊松分布表(附表3),直接找概率值。这两种方法所得结果是一样的。例如本题 $\lambda=0.3$ 的情况下,查附表3有

$$P(\xi=0)=0.7408$$
$$P(\xi=1)=0.2222$$
$$P(\xi=2)=0.0333$$
$$P(\xi=3)=0.0033$$
$$P(\xi=4)=0.0002$$
$$P(\xi=5)=0.0000$$

下面给出泊松分布不同 λ 值图形的变化(图 4-5)。

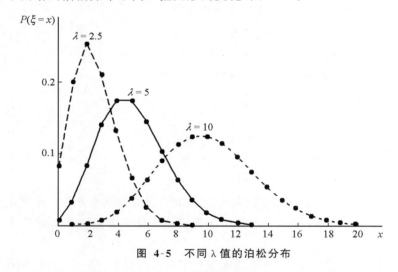

图 4-5　不同 λ 值的泊松分布

可见,泊松分布的图形是非对称的,但随着 λ 的增加,非对称性将逐渐减少。

(三)泊松分布 $P(\lambda)$ 是二项分布 $B(n,p)$ 的极限分布

实际表明,当 $p\leqslant 0.1$,甚至在 n 不必很大的情况下,这种近似也存在。当 $n\geqslant 10$ 时,这种近似程度就很好了。表 4-8 给出 $np=1$ 时,两种分布计算结果的比较,可以看出两种计算结果是十分接近的。

第四章 二项分布及其他离散型随机变量的分布

表 4-8 不同 n 值的二次分布和泊松分布比较

	按二项分布直接计算				按泊松公式计算
	$n=10$ $p=0.1$	$n=20$ $p=0.05$	$n=40$ $p=0.025$	$n=100$ $p=0.01$	$\lambda=np=1$
0	0.349	0.358	0.369	0.366	0.368
1	0.385	0.377	0.372	0.370	0.368
2	0.194	0.189	0.186	0.185	0.184
3	0.057	0.060	0.060	0.061	0.061
4	0.011	0.013	0.014	0.015	0.015
>4	0.004	0.003	0.005	0.003	0.004

（四）泊松分布适合稀少事件的研究，也就是 p 值都是很小的情况

下面将进一步讨论稀少事件的研究是符合泊松分布的。

为此，我们先介绍事件流的概念。所谓事件流是指在时间长河中一连串随机时刻发生的同类事件，它可用一连串点的序列来表示：

······● ● ···● ● ······ ● ······ ● ● ●······

例如，在社会现象的纵向研究中，可以指的是某地的交通事故流、人员死亡流、公共电话的呼唤流、天空中的流星流等。对于这样的事件流，如果满足以下三个条件：

(1) 稳定性：它表示概率规律在时间上是不变的。

(2) 独立性：它表示在不相交的时间间隔内，事件流的进行是相互独立的。

(3) 普遍性：它表示在同一瞬间内，发生两个以上事件是不可能的。

则在时间间隔 L 内，随机事件 A 发生的次数分布将满足泊松分布。

实际上，当满足上述三条件的情况下，在时间间隔 L 内，A 发生次数的分布将满足二项分布。例如，我们把 L 分成 n 等分：

$$\Delta L = \frac{L}{n}$$

当 n 充分大时，根据条件(3)，可以认为在 ΔL 时间间隔内，A 事件出现与否只有两种结果：

A 事件发生一次

$\overline{A}$ 事件未发生

同时根据条件(1)，可以认为在 ΔL 时间间隔内，事件 A 发生的概率 p_n 是相同的：

$$p(A) = p_n$$
$$p(\overline{A}) = 1 - p_n$$

而根据条件(2),可以认为在每一个 ΔL 间隔内,事件 A 发生与否是相互独立的。因此在 L 时间间隔内,可以看作 n 次独立试验,于是 A 发生次数 ξ 可以近似地满足二项分布:

$$\xi \sim B(n, p_n)$$

而当 n 很大的情况下,二项分布 $B(n, p_n)$ 将趋向它的极限分布泊松分布。可见,对于稀有事件如果满足上述三条件,则将满足泊松分布。

以下是服从泊松分布的实例。

[例]16. 根据普鲁士陆军 20 年间对 10 个师团被马踏死士兵数的统计资料(表 4-9),试与泊松理论分布比较之。

表 4-9 [例]16 实测数据

死亡人数	0	1	2	3	4
实测次数	109	65	22	3	1

[解]:设 ξ = 每团每年死亡人数

根据实测结果,λ 可近似地为

$$\lambda = \frac{0 \times 109 + 1 \times 65 + 2 \times 22 + 3 \times 3 + 4 \times 1}{109 + 65 + 22 + 3 + 1} \approx 0.6$$

查附表 3,$\lambda = 0.6$,有表 4-10:

表 4-10 $\lambda = 0.6$ 时,泊松分布的理论次数

ξ	0	1	2	3	4
p_i	0.5488	0.3293	0.0988	0.0198	0.0030
理论次数 ($200 \times p_i$)	109.8	65.9	19.8	4.0	0.6

与实测结果比较有表 4-11:

表 4-11 表 4-9 与表 4-10 的比较

死亡人数	0	1	2	3	4
实测次数	109	65	22	3	1
理论次数	109.8	65.9	19.8	4.0	0.6

第四章 二项分布及其他离散型随机变量的分布

可见,实测次数与理论次数十分接近。它说明题中所述的稀有事件确是满足泊松分布的。

习 题

1. 某地区回族占全体居民人数的 6%,今随机抽取 10 名,问:其中恰有 2 名是回族的概率是多少?

(答案:0.099)

2. 在 100 箱出口商品中,有 10 箱为乡镇企业的产品,每次抽 1 箱,问:第 3 次才抽到箱中是乡镇企业产品的概率是多少?(假定是非重复抽样)

(答案:0.083)

3. 工人中吸烟的比例为 0.5%,某车间有工人 300 名,求以下概率:
(1) 全不吸烟;
(2) 1 人吸烟;
(3) 2 人吸烟;
(4) 3 人吸烟。

(答案:0.223;0.335;0.251;0.125)

4. 某民族地区,汉族占 50%,回族占 30%,蒙古族占 20%。求任抽 4 名中汉族、回族人数的概率分布。

(答案:0.0016;0.016;0.06;0.1;0.0625;
0.0096;0.072;0.18;0.15;0.0216;
0.108;0.135;0.0216;0.054;0.0081)

5. 某车间共有 40 名工人,其中妇女有 10 名。今任抽 5 名进行访问,问:被访中至少有 4 名妇女的概率是多少?

(答案:0.01)

6. 10 户人家中有 5 户参加了财产保险,3 户参加了人寿保险,其余未参加任何保险。求随机抽查 4 户中参加财产保险户数、人寿保险户数的概率分布。

(答案:0.0476;0.0952;0.0238;
0.0714;0.2857;0.1429;
0.0143;0.1429;0.1429;
0.0095;0.0238)

第五章

正态分布、常用统计分布和极限定理

第一节 什么是正态分布

第二章谈到,为了全面了解变量,必须研究它的分布。前面介绍了若干分布的图形,其中有单峰、双峰、对称、非对称、偏态、U形、J形等。但在自然、经济、社会等领域内,如人的身高、体重、一片森林的高度、学生成绩、人的智商、测量的误差,甚至公共入口门槛的磨损、海浪的高度等随机变量,都服从一类确定的分布规律,这类分布规律称作正态分布(Normal distribution)。这种分布除了在自然界、社会经济生活中大量存在外,还由于任何变量,不管其原有分布如何,如果把它们 n 个加在一起,当 n 大于一定数之后,例如大于 $30(n>30)$,那么,其和的分布必然接近正态分布。这就是有名的中心极限定理。它在抽样、统计推论中都占有很重要的位置。因此,可以说在各种分布中,正态分布居于首要的地位。

正态分布(常态分布或高斯分布),最初是由德国数学家高斯在研究误差理论时发现的,现在通过实例来阐述导出正态分布的思想和方法,这是很有启发性的。

[例]**1.** 以下是100人初婚年龄的统计。根据统计分为7个区间,如表5-1所示。根据表中数据,它的频率直方图,如图5-1所示。

现在想象,如果我们把区间越分越细,不是用两岁作为一个区间,而是用一岁,半岁……甚至更小作为一个区间,而纵轴不是用频率,而是用频率密度=

第五章 正态分布、常用统计分布和极限定理

$\dfrac{\text{频率}}{\text{组距}}$，于是频率直方图就转化为分布密度曲线或概率密度曲线 $\varphi(x)$（图5-1）。

表 5-1　100人初婚年龄的统计

区间（岁）	频次	频率（相对频次）
18.5—20.5	5	0.05
20.5—22.5	10	0.10
22.5—24.5	20	0.20
24.5—26.5	30	0.30
26.5—28.5	20	0.20
28.5—30.5	10	0.10
30.5—32.5	5	0.05

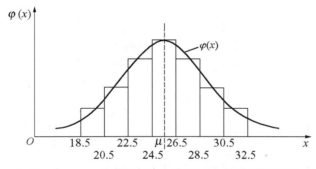

图 5-1　100人初婚年龄的频率直方图与概率密度曲线

分布密度曲线 $\varphi(x)$ 实际上就是频率直方图的极限分布或理论分布。分布密度曲线中以正态分布的密度曲线最为常见，简称正态分布。下面介绍它的特征和数学表达式。

一、正态分布 $\varphi(x)$（图5-2）具有对称起伏的形状，形成"钟形"曲线。它具有如下三个特征：

1. 一个高峰

曲线是单峰，有一个最高点。当 x 向左或向右远离时，曲线不断地降低。"中间高，两边低"与一个尖塔或古钟相似。

2. 一个对称轴

曲线在高峰处有一个对称轴，轴的左右两边是对称的。对称轴是直线 $x=\mu$。

3. 一个渐近线

曲线无论向左或向右延伸,都愈来愈接近横轴,但不会和横轴相交,以横轴为渐近线。

由于正态分布曲线是单峰、对称的,因此具有这种分布的变量,它的众值、中位值和均值三者必然是重叠的。

二、正态分布的概率密度表达式

$$\varphi(x)=\frac{1}{\sqrt{2\pi}\sigma}e^{-\frac{(x-\mu)^2}{2\sigma^2}} \qquad (5-1)$$

其中, $\pi=3.14$

$e=2.72$

从正态分布的数学表达式可以看出,当 μ 和 σ 确定后,正态曲线的图形也就唯一地确定了。μ 和 σ 称作正态分布曲线的两个参数。

下面分别讨论这两个参数对曲线形状的影响。

(1) $\varphi(x)$ 在 $x=\mu$ 处达到峰值,在 $x=\mu\pm\sigma$ 处有拐点,且以直线 $x=\mu$ 为对称(图 5-2)。

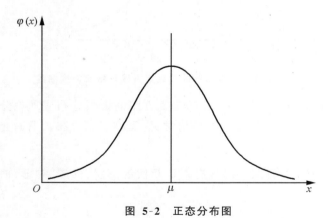

图 5-2 正态分布图

因此,在 σ^2 一定的情况下,若 μ 增大则图形右移,μ 减小则图形左移,但整个图形形状不变。图 5-3 给出了 σ^2 不变情况下,$\mu_3>\mu_2>\mu_1$ 三种正态分布曲线。

(2) 改变 σ^2 值:当 μ 不变的情况下,σ 越小,则对应的图形越尖瘦。图 5-4 给出了 $\sigma=2,\sigma=1,\sigma=0.5$ 三种正态分布曲线。

综合图 5-3 和图 5-4,说明正态分布曲线的位置是由 μ 决定的。而正态分布曲线的形状"高、矮、胖、瘦"的特点,则是由 σ 所决定。

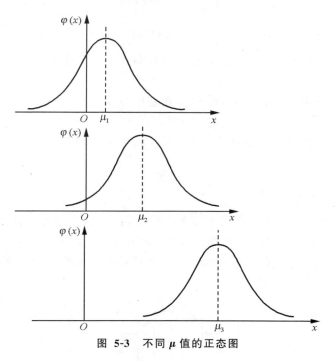

图 5-3　不同 μ 值的正态图

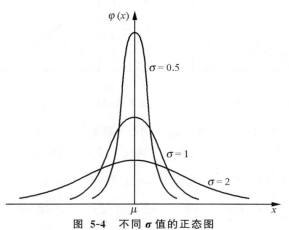

图 5-4　不同 σ 值的正态图

那么,参数 μ 和 σ 代表的意义是什么呢?实际上,如果将正态分布曲线的概率密度式(5-1)代入第三章数学期望式(3-24)和方差式(3-34),得

$$E(\xi) = \int_{-\infty}^{+\infty} x\varphi(x)\,\mathrm{d}x = \mu$$

$$D(\xi) = \int_{-\infty}^{+\infty} (x-\mu)^2 \varphi(x)\,\mathrm{d}x = \sigma^2$$

可以发现,μ 和 σ 不是别的,μ 正是正态分布曲线的数学期望或总体均值:

$$E(\xi) = \mu$$

σ 正是正态分布曲线的标准差,或 σ^2 正是它的方差:

$$D(\xi) = \sigma^2$$

而以上 μ 和 σ 对图形影响的讨论,也正好反映了期望和方差对分布影响的一般特征。

三、正态曲线下的面积

为了形象地理解正态曲线下面积所代表的含义,正如前面谈到,我们把正态曲线看作是一种极限的直方图。它的组距甚小,以至中心值顶点的连线是一条平滑的曲线。而正态曲线下的面积,实际就是由这无数个小直方形拼接而成的(图 5-5)。

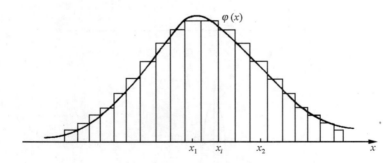

图 5-5　正态曲线下的面积是由无数小直方形拼接而成的

每一小块面积根据直方图的定义,代表的是随机变量 ξ 在该小块取值 Δx_i 所出现的概率,或者说代表了总体中随机变量 ξ 在该小块取值 Δx_i 的概率。

$$\text{每小块面积} = \text{长} \times \text{宽} = \varphi(x_i)\Delta x_i = P\left(x_i - \frac{\Delta x_i}{2} \leqslant \xi \leqslant x_i + \frac{\Delta x_i}{2}\right)$$

因此任意两点 $x_1 - x_2$ 曲线下的概率,就是把从 x_1 到 x_2 点所有这些小块面积加起来:

$$P(x_1 \leqslant \xi \leqslant x_2) = \sum_{i=x_1}^{x_2} \varphi(x_i)\Delta x_i$$

第五章 正态分布、常用统计分布和极限定理

当 $\Delta x_i \to 0$，任意两点 $x_1 - x_2$ 间的概率为

$$P(x_1 \leqslant \xi \leqslant x_2) = \int_{x_1}^{x_2} \varphi(x) \mathrm{d}x$$

根据正态分布概率密度的表达式

$$\varphi(x) = \frac{1}{\sqrt{2\pi}\sigma} \mathrm{e}^{-\frac{(x-\mu)^2}{2\sigma^2}}$$

经过计算，正态分布可以有以下几个典型取值区间的概率值。

（1）变量取值在区间 $[\mu-\sigma, \mu+\sigma]$ 的概率（图 5-6）

$$P(\mu-\sigma \leqslant \xi \leqslant \mu+\sigma) = \int_{\mu-\sigma}^{\mu+\sigma} \varphi(x) \mathrm{d}x = 0.6827$$

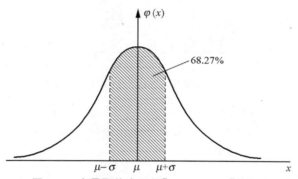

图 5-6　变量取值在区间 $[\mu-\sigma, \mu+\sigma]$ 的概率

图 5-6 表明，变量取值在区间 $[\mu-\sigma, \mu+\sigma]$ 的概率为 0.6827，其中 μ, σ 正如正态曲线的数学式(5-1)所表达的：μ 代表总体的均值；σ 代表总体的标准差。

（2）变量取值在区间 $[\mu-2\sigma, \mu+2\sigma]$ 的概率（图 5-7）

$$P(\mu-2\sigma \leqslant \xi \leqslant \mu+2\sigma) = \int_{\mu-2\sigma}^{\mu+2\sigma} \varphi(x) \mathrm{d}x = 0.9545$$

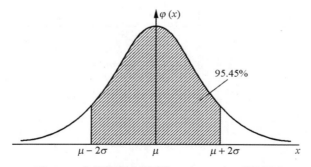

图 5-7　变量取值在区间 $[\mu-2\sigma, \mu+2\sigma]$ 的概率

图 5-7 表明,变量取值在区间$[\mu-2\sigma, \mu+2\sigma]$的概率为 0.9545。

(3) 变量取值在区间$[\mu-3\sigma, \mu+3\sigma]$的概率(图 5-8)

$$P(\mu-3\sigma \leqslant \xi \leqslant \mu+3\sigma) = \int_{\mu-3\sigma}^{\mu+3\sigma} \varphi(x)\,\mathrm{d}x = 0.9973$$

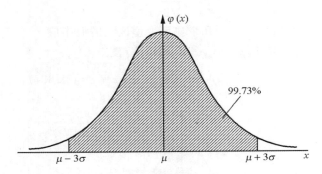

图 5-8 变量取值在区间$[\mu-3\sigma, \mu+3\sigma]$的概率

图 5-8 表明,变量取值在区间$[\mu-3\sigma, \mu+3\sigma]$的概率为 0.9973。

根据正态分布图形的对称性,如果用 σ 作为取值的组距,那么,围绕着 μ,各 σ 所代表的概率将如图 5-9 所示①。

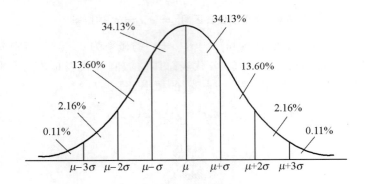

图 5-9 正态分布中,$\Delta x = \sigma$ 的概率

---

① 图 5-6 至图 5-9 所示面积百分比的最后一位为近似值。

第五章 正态分布、常用统计分布和极限定理

第二节 标准正态分布

一、标准分（Standard scores）

上节谈到知道了正态分布中的两个参数，任意两点间的概率可以通过式(5-1)积分得出。但积分计算毕竟太麻烦了，更何况还可能有人对积分运算并不熟悉。为此需要计算出现成的表供使用者查找。但由于正态分布随参数 μ 和 σ 之不同而变化，为此，要先将变量值标准化：

$$Z = \frac{x-\mu}{\sigma} \tag{5-2}$$

Z 值称作 x 的标准分。

根据 Z 值所得的分布称为标准正态分布，它的概率密度为

$$\varphi(Z) = \frac{1}{\sqrt{2\pi}} e^{-\frac{Z^2}{2}} \tag{5-3}$$

比较式(5-1)和式(5-3)，可以发现，如果用

$$\mu = 0$$
$$\sigma = 1$$

代入式(5-1)：

$$\varphi(x) = \frac{1}{\sqrt{2\pi}\sigma} e^{-\frac{(x-\mu)^2}{2\sigma^2}}$$

$\varphi(x)$ 将变成

$$\varphi(x) = \frac{1}{\sqrt{2\pi}} e^{-\frac{x^2}{2}}$$

可见它与标准正态分布的概率密度式(5-3)：

$$\varphi(Z) = \frac{1}{\sqrt{2\pi}} e^{-\frac{Z^2}{2}}$$

除了 x 和 z 在变量名称上不同外，实质是一样的了。所以标准正态分布 $\varphi(Z)$ 可看作一般正态分布的一个特例。即 $\mu=0, \sigma=1$ 的正态分布，记作 $N(0,1)$。其中 N 表示正态分布。括号内第一个数是参数 μ 的数值，第二个数表示参数 σ^2 的数值。对于一般正态分布记作 $N(\mu, \sigma^2)$。

为了说明 $N(\mu, \sigma^2)$ 中不同的 μ 和 σ^2，经过标准分转变：

$$Z = \frac{x-\mu}{\sigma}$$

都将成为唯一的图形 $N(0,1)$。下面用不同的 μ 值和 σ 值图形以及经过标准分转换后的图形加以比较(图 5-10)。图 5-10 左侧为三个原始正态分布图形：$N(\mu_1,\sigma_1^2)$；$N(\mu_2,\sigma_2^2)$；$N(\mu_3,\sigma_3^2)$。其中，$\mu_1 \neq \mu_2 \neq \mu_3$，$\sigma_1=1.5$，$\sigma_2=3$，$\sigma_3=7.5$。但当我们对于 $N(\mu_1,\sigma_1^2)$ 用标准分 $Z=\dfrac{x-\mu_1}{\sigma_1}$，$N(\mu_2,\sigma_2)$ 用标准分 $Z=\dfrac{x-\mu_2}{\sigma_2}$，$N(\mu_3,\sigma_3)$ 用标准分 $Z=\dfrac{x-\mu_3}{\sigma_3}$ 转换后，它们都得到了相同的图形 $N(0,1)$，即图 5-10 中的右侧图形。

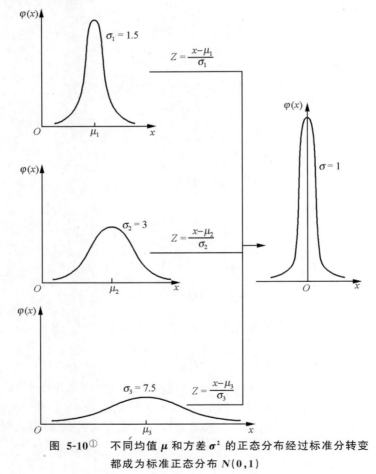

图 5-10① 不同均值 μ 和方差 σ^2 的正态分布经过标准分转变都成为标准正态分布 $N(0,1)$

---

① 由于图 5-10 中 x 和 y 坐标比例不是 1∶1，所以各图形都较陡。

第五章 正态分布、常用统计分布和极限定理

二、正态分布 $N(\mu,\sigma^2)$ 和标准正态分布 $N(0,1)$ 面积之间的对应关系

根据式(5-2)有

当 $x=\mu+\sigma$ 时，$Z=\dfrac{x-\mu}{\sigma}=\dfrac{\mu+\sigma-\mu}{\sigma}=1$

当 $x=\mu-\sigma$ 时，$Z=\dfrac{x-\mu}{\sigma}=\dfrac{\mu-\sigma-\mu}{\sigma}=-1$

当 $x=\mu+2\sigma$ 时，$Z=\dfrac{x-\mu}{\sigma}=\dfrac{\mu+2\sigma-\mu}{\sigma}=2$

当 $x=\mu-2\sigma$ 时，$Z=\dfrac{x-\mu}{\sigma}=\dfrac{\mu-2\sigma-\mu}{\sigma}=-2$

余类推。

标准正态图形有如下几个典型取值区间的概率值：

$$P(-1\leqslant Z\leqslant 1)=\int_{-1}^{1}\varphi(Z)\mathrm{d}Z=\int_{-1}^{1}\frac{1}{\sqrt{2\pi}}\mathrm{e}^{-\frac{Z^2}{2}}\mathrm{d}Z=0.6827$$

$$P(-2\leqslant Z\leqslant 2)=\int_{-2}^{2}\varphi(Z)\mathrm{d}Z=0.9545$$

$$P(-3\leqslant Z\leqslant 3)=\int_{-3}^{3}\varphi(Z)\mathrm{d}Z=0.9973$$

根据正态图形的对称性质，也可分解为如下几部分概率值(图5-11)。

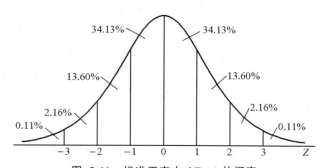

图 5-11　标准正态中 $\Delta Z=1$ 的概率

比较图 5-9 与图 5-11，可以看出：

(1) 图 5-9 是以 $x=\mu$ 为对称，而图 5-11 是以 $Z=0$ 为对称。

(2) 图 5-9 中组距 $[\mu,\mu+\sigma]$ 的面积与图 5-11 中组距 $[0,1]$ 的面积相同。

图 5-9 中组距 $[\mu+\sigma,\mu+2\sigma]$ 的面积与图 5-11 中组距 $[1,2]$ 的面积相同。

余类推。

(3) 由于标准正态分布 $N(0,1)$ 的图形是唯一的,因此,使用标准正态分布已无须使用者自己进行计算,而是只要学会查表就可以了(见附表4)。

三、标准分的实际意义

为了说明标准分的实际意义,举例说有甲乙两个班,甲班的成绩如图 5-12(A)所示。乙班的成绩如图 5-12(B)所示。

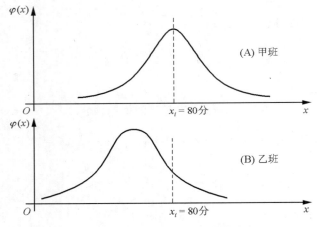

图 5-12 甲、乙两班成绩分布

现在有两名学生 A 和 B,分别来自甲、乙两班,他们的成绩都是 80 分。那么,能说这两名学生在班上的成绩是一样的吗?显然是不行的。对甲班来说,80 分正好处在均值的位置,因此,对 A 生来说,在班上的成绩只能算中等,因为有 50% 的同学比他好。而对乙班来说,大多数同学的成绩远远没有达到 80 分,因此 B 生在班上的成绩属于优良。所以,为了使两班同学成绩能够比较,至少应该减去各班的平均分数:

$$x_i - \bar{x}$$

但仅此一点还不够。对于均值相同、标准差不同的总体,他们在班上的相对成绩仍然是不等的。试比较图 5-13(A)与图 5-13(B),它们虽然均值相等,但标准差不等 $\sigma_1 < \sigma_2$,图 5-13(A)中成绩高于 80 分的人数,远比图 5-13(B)中人数为少。

综合以上两点考虑,标准分

$$Z = \frac{x - \mu}{\sigma}$$

的意义在于它是以均值为基点,以标准差 σ 为量度单位,因此各总体之间可以通过标准分进行合理的比较和相加。

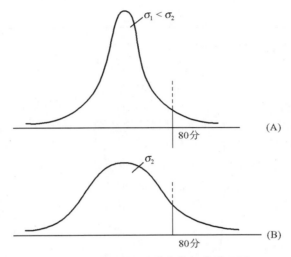

图 5-13 甲、乙两班分布的标准差不同

[例]2. 根据图 5-12(A)和图 5-12(B),设甲班均值 $\mu_1 = 80$ 分,乙班均值 $\mu_2 = 60$ 分,标准差 $\sigma_1 = \sigma_2 = 10$ 分。试比较 A、B 两学生在班上的成绩。

[解]:
$$Z(A) = \frac{80-80}{10} = 0$$
$$Z(B) = \frac{80-60}{10} = 2$$
$$Z(B) > Z(A)$$

所以,B 在乙班的成绩比 A 在甲班的成绩好。

[例]3. 根据图 5-13(A)和图 5-13(B),设 $\mu_1 = \mu_2 = 60$ 分,$\sigma_1 = 10$ 分,$\sigma_2 = 20$ 分。试比较 A、B 两学生在班上的成绩。

[解]:
$$Z(A) = \frac{80-60}{10} = 2$$
$$Z(B) = \frac{80-60}{20} = 1$$
$$Z(A) > Z(B)$$

所以,A 在甲班的成绩比 B 在乙班的成绩为好。

标准分除了用于不同总体间取值的比较外,还用于不同总体间综合指标的比较。现以甲、乙两考生成绩为例(表 5-2)。

表 5-2 甲、乙两科成绩　　　　　　　　　　　　　　　　单位:分

	政治	物理
甲	70	60
乙	60	70

从总分来看,两生成绩是相等的:

$$甲：70+60=130 \text{ 分}$$
$$乙：60+70=130 \text{ 分}$$

但如果把成绩看作是个体在总体中的相对位置,那么,不同科目中同样的得分所代表的相对成绩就未必相同了。因此,甲生政治成绩 70 分与乙生物理成绩 70 分,在班级的实际名次很可能并不相同。这方面可用高考成绩的统计来说明。以下是某地高考政治与物理两科的分布图(图 5-14、图 5-15)。

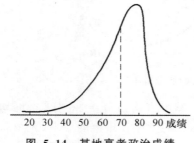

图 5-14 某地高考政治成绩

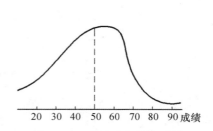

图 5-15 某地高考物理成绩

比较两科的分布可以发现,政治的平均分数 $\bar{X}=70$ 分,而物理平均分数只有 $\bar{X}=50$ 分。因此乙考生物理成绩为 70 分,在总考生中的相对水平已遥遥领先;而甲考生,虽然政治成绩为 70 分,但在总考生中只是中等水平。可见,若直接以原始分数相加,则考生成绩在总体中的相对水平反映不出来。比较合理的方法应是将原始分数先换算为标准分数

$$Z=\frac{x-\mu}{\sigma}$$

再相加:

$$总成绩=\sum Z_i = \sum \frac{x_i-\mu_i}{\sigma_i} \tag{5-4}$$

其中 μ_i 和 σ_i 是第 i 科目的平均值和标准差,x_i 是个体第 i 科目的原始得分。

用 Z 分数加总式(5-4)作为多指标现象的评价,由于它比绝对分加总合理,在社会学中有着广泛的应用。例如在社会生态学中,城市之间的比较就是这样

第五章 正态分布、常用统计分布和极限定理

处理的。[①]

首先确定评价城市的有关指标：

(1) 工业企业单位数；   (5) 社会零售商品总产值；
(2) 轻工业工业总产值；   (6) 零售点总数；
(3) 重工业工业总产值；   (7) 服务点总数；
(4) 科技人员总数；   (8) 工资总额。

然后根据统计资料，计算(1)—(8)项指标的均值和标准差：

μ_1, σ_1;
μ_2, σ_2;
μ_3, σ_3;
$\vdots$ $\vdots$
μ_8, σ_8。

于是每个城市的总得分为

$$T = 2\sum_{i=1}^{4} \frac{x_i - \mu_i}{\sigma_i} + \sum_{i=5}^{8} \frac{x_i - \mu_i}{\sigma_i}\text{[②]}$$

x_i 为城市第 i 项指标的得分，最后各城市将根据 T 值排序，并进行比较。

第三节 标准正态分布表的使用

附表 4 为标准正态分布表。其中 1、3、5、7 列给出的是 Z 的不同取值(0—4)。而 2、4、6、8 列给出的是 Z 对应式

$$\Phi(Z) = \int_{-\infty}^{Z} \frac{1}{\sqrt{2\pi}} e^{-\frac{t^2}{2}} dt \tag{5-5}$$

的面积(图 5-16)。

根据附表 4，当 $Z=0$ 时，$\Phi(Z)=0.5$。说明 $Z=0$ 左边阴影的面积正好是全部面积的 50%。

当 $Z=1$ 时，$\Phi(Z)=0.8413$。说明 $Z=1$ 左边阴影的面积是全部面积的 84.13%。

[①] Dudley L. Poston Jr., "The Urban Hierarchy of Dongbei," Texas Population Research Center Papers, 1986.

[②] $\sum_{i=1}^{4} \frac{x_i - \mu_i}{\sigma_i}$ 的权重取 2，是根据评价城市的重要性主观决定的。

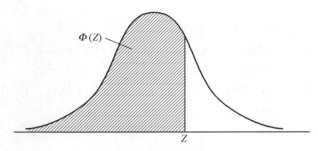

图 5-16 阴影的面积为 $\Phi(Z)$

当 $Z=2$ 时，$\Phi(Z)=0.9772$。说明 $Z=2$ 左边阴影的面积是全部面积的 97.72%。

任意两点 $[Z_1,Z_2]$ 之间的面积为 $\Phi(Z_2)$ 的面积[图 5-17(B)]减去 $\Phi(Z_1)$ 的面积[图 5-17(A)]：$\Phi(Z_2)-\Phi(Z_1)$，就是 $[Z_1,Z_2]$ 之间的面积[图 5-17(C)]。

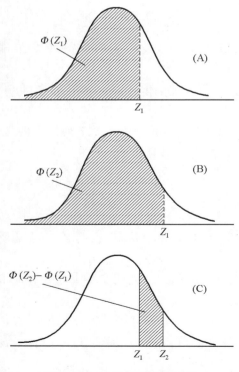

图 5-17 $\Phi(Z)$ 与 Z 的关系图

第五章 正态分布、常用统计分布和极限定理

下面举例说明它的使用方法。

[例]4. 如果 Z 值为无限大,求:$\Phi(Z)=?$

[解]:根据频率或概率的概念,以及严格的数学计算,都可以证明
$$\Phi(\infty)=1$$
它表示正态曲线下的总面积为 1。因此,附表 4 中 $\Phi(4)=1$ 只是近似值。

[例]5. 已知 ξ 服从标准正态分布 $N(0,1)$,求:$P(\xi \leqslant 1.3)=?$

[解]:因为 $\xi \sim N(0,1)$,可直接查附表 4,根据 $Z=1.3$,有
$$P(\xi \leqslant 1.3)=\Phi(1.3)=0.9032$$

[例]6. 已知 $\xi \sim N(0,1)$,求:$P(\xi \geqslant 1.3)=?$

[解]:因为 $\Phi(\infty)=1$,

而 $\Phi(\infty)=P(\xi<1.3)+P(\xi \geqslant 1.3)=1$

因此有 $P(\xi \geqslant 1.3)=1-P(\xi<1.3)=1-\Phi(1.3)=0.0968$

[例]7. 已知 $\xi \sim N(0,1)$,求:$P(\xi \leqslant -1.3)=?$

[解]:附表 4 中没有给出 $Z<0$ 的 $\Phi(Z)$ 值。但根据标准正态图形是以 $Z=0$ 为对称的原理(图 5-18):

面积 A=面积 B

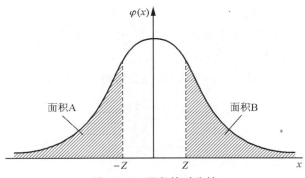

图 5-18 面积的对称性

而 面积 B=$1-\Phi(Z)$

所以 面积 A=$1-\Phi(Z)$

而我们知道,$\Phi(Z)$ 是可以查表的。

根据本题,面积 A 为 $P(\xi \leqslant -1.3)$,

所以 $P(\xi \leqslant -1.3)=1-\Phi(1.3)=0.0968$

[例]8. 已知 $\xi \sim N(0,1)$，求：$P(1.3 \leqslant \xi \leqslant 2.3) = ?$

[解]：$\xi \sim N(0,1)$，

所以 $P(1.3 \leqslant \xi \leqslant 2.3) = \Phi(2.3) - \Phi(1.3)$
$$= 0.9893 - 0.9032 = 0.0861$$

[例]9. 已知 $\xi \sim N(0,1)$，求：$P(-1.3 \leqslant \xi \leqslant 2.3) = ?$

[解]：$P(-1.3 \leqslant \xi \leqslant 2.3) = \Phi(2.3) - \Phi(-1.3) = 0.8925$

[例]10. 已知 $\xi \sim N(0,1)$，求：$P(-2.3 \leqslant \xi \leqslant -1.3) = ?$

[解]：$P(-2.3 \leqslant \xi \leqslant -1.3) = \Phi(-1.3) - \Phi(-2.3)$
$$= [1 - \Phi(1.3)] - [1 - \Phi(2.3)] = \Phi(2.3) - \Phi(1.3)$$
$$= 0.9893 - 0.9032 = 0.0861$$

[例]11. 已知 $\xi \sim N(0,1)$，求满足 $P(|\xi| \geqslant \lambda) = 0.05$ 中之 λ 值。

[解]：$P(|\xi| \geqslant \lambda) = P(\xi \geqslant \lambda) + P(\xi \leqslant -\lambda) = 2P(\xi \geqslant \lambda)$
$$= 2[1 - \Phi(\lambda)] = 0.05$$

$$1 - \Phi(\lambda) = \frac{0.05}{2}$$

$$\Phi(\lambda) = 1 - \frac{0.05}{2} = 0.975$$

所以 $\lambda = 1.96$（查附表 4）

[例]12. 根据统计，北京市初婚年龄服从正态分布。其均值为 25 岁，标准差为 5 岁，问：25 岁到 30 岁之间结婚的人，其百分比是多少？

[解]：(1) 为了使用正态分布表，首先必须将年龄换算为标准分

$$Z_1 = \frac{25 - 25}{5} = 0$$

$$Z_2 = \frac{30 - 25}{5} = 1$$

(2) 查附表 4，

$$\Phi(Z_1) = 0.50$$

$$\Phi(Z_2) = 0.8413$$

$$\Phi(Z_2) - \Phi(Z_1) = 0.3413$$

所以，25 岁到 30 岁之间结婚的人，其百分比是 34.13%。

第五章 正态分布、常用统计分布和极限定理

第四节 常用统计分布[①]

为了便于今后统计推论的学习,有必要对数理统计中常用分布做一简单介绍。

一、χ^2 分布(Chi-square distribution)

设随机变量 $\xi_1,\xi_2,\cdots,\xi_k$ 相互独立,且都服从 $N(0,1)$ 分布:

$$\xi_1 \sim N(0,1)$$
$$\xi_2 \sim N(0,1)$$
$$\vdots \qquad \vdots$$
$$\xi_k \sim N(0,1)$$

则它们的平方和

$$\chi^2 = \xi_1^2 + \xi_2^2 + \cdots + \xi_k^2$$

的分布密度为

$$\varphi_{\chi^2}(x) = \begin{cases} \dfrac{1}{2^{\frac{k}{2}} \Gamma^{②}\left(\dfrac{k}{2}\right)} x^{\frac{k}{2}-1} e^{-\frac{x}{2}} & \text{当 } x > 0 \\ 0 & \text{当 } x \leqslant 0 \end{cases} \quad (5\text{-}6)$$

通常把这个分布称作自由度[③]为 k 的 χ^2 分布,并记作 $\chi^2(k)$。如果随机变量 $\xi_1,\xi_2,\cdots,\xi_k$ 相互独立,且服从同一正态分布 $N(\mu,\sigma^2)$。那么,我们可以先将随机变量标准化,而随机变量

$$\chi^2 = \left(\frac{\xi_1 - \mu}{\sigma}\right)^2 + \left(\frac{\xi_2 - \mu}{\sigma}\right)^2 + \cdots + \left(\frac{\xi_k - \mu}{\sigma}\right)^2$$
$$= \frac{1}{\sigma^2} \sum_{i=1}^{k} (\xi_i - \mu)^2$$

[①] 可作选读用。
[②] Γ 分布见陈家鼎、刘婉如、汪仁官编:《概率统计讲义(第二版)》,人民教育出版社 1982 年版,第 58 页。
[③] 所谓自由度,可以理解为自由取值的随机变量数目;例如有 n 个数 $x_1,x_2,\cdots,x_n$,当它的平均值 $\dfrac{\sum_{i=1}^{n} x_i}{n}$ 为一定的情况下,实际只有 $n-1$ 个 x_i 可以自由取值,故称有 $n-1$ 个自由度。

将仍然服从自由度为 k 的 χ^2 分布。

(1) χ^2 分布的图形如图 5-19 所示。

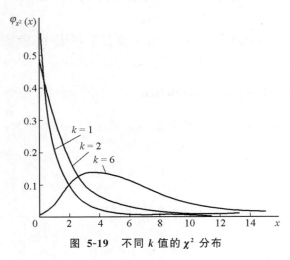

图 5-19　不同 k 值的 χ^2 分布

图 5-19 中,画出自由度 $k=1, k=2$,及 $k=6$ 时的 χ^2 分布的曲线。可以看出,随着自由度 k 的增加,图形渐趋对称。

(2) χ^2 分布具有下述性质:如果随机变量 ξ 与 η 独立,并且分别服从自由度为 k_1 与 k_2 的 χ^2 分布:

$$\xi \sim \chi^2(k_1), \eta \sim \chi^2(k_2)$$

则它们的和 $\xi+\eta$ 服从自由度为 k_1+k_2 的 χ^2 分布:

$$\xi+\eta \sim \chi^2(k_1+k_2)$$

本书附表 6 中,对不同的自由度 k 及不同的数 $\alpha(0<\alpha<1)$,给出了满足等式

$$P(\chi^2 \geqslant \chi_\alpha^2) = \int_{\chi_\alpha^2}^{+\infty} \varphi_{\chi^2}(x)\mathrm{d}x = \alpha \tag{5-7}$$

的 χ_α^2 值(图 5-20)。例如,当 $k=10, \alpha=0.05$ 时,可以查得 $\chi_{0.05}^2(10)=18.3$。

[例]13.　已知 $k=9, \alpha=0.025$,求满足下式

$$P(\chi^2 < \chi_{1-\alpha}^2) = \alpha \tag{5-8}$$

的 $\chi_{1-\alpha}^2$ 值(图 5-21)。

[解]:由于式(5-8)中 $\chi_{1-\alpha}^2$ 不能直接查表,因此需用下式:

$$P(\chi^2 \geqslant \chi_{1-\alpha}^2) + P(\chi^2 < \chi_{1-\alpha}^2) = 1$$

第五章　正态分布、常用统计分布和极限定理

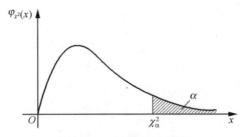

图 5-20　右端阴影面积为 α

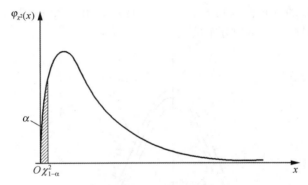

图 5-21　左端阴影面积为 α

根据题意　　　　　　$P(\chi^2 < \chi^2_{1-\alpha}) = 0.025$

所以　　　　　　　　$P(\chi^2 \geqslant \chi^2_{1-\alpha}) = 1 - 0.025 = 0.975$　　　　(5-9)

根据式(5-9),查附表 6 得

$$\chi^2_{1-0.025}(9) = 2.70$$

二、t 分布(T-distribution)("学生"分布)

设随机变量 ξ 和 η 独立,且 ξ 服从标准正态分布,η 服从自由度为 k 的 χ^2 分布:

$$\xi \sim N(0,1)$$
$$\eta \sim \chi^2(k)$$

则随机变量

$$t = \frac{\xi}{\sqrt{\frac{\eta}{k}}}$$

的分布密度为

$$\varphi_t(x) = \frac{\Gamma\left(\frac{k+1}{2}\right)}{\sqrt{k\pi}\,\Gamma\left(\frac{k}{2}\right)} \left(1 + \frac{x^2}{k}\right)^{-\frac{k+1}{2}} \tag{5-10}$$

通常把这种分布称作自由度为 k 的 t 分布（或"学生"分布），并记作 $t(k)$。

显然，t 分布的分布曲线是关于 $x=0$ 对称的。图 5-22 中画出自由度 $k=2$，$k=6$ 及 $k=\infty$ 时的 t 分布的分布曲线。

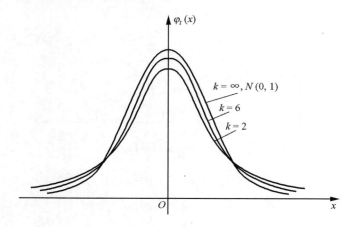

图 5-22 不同 k 值的 t 分布

可以证明，当自由度 k 无限增大时，t 分布将趋近于标准正态分布 $N(0,1)$。事实上，当 $k>30$ 时，它们的分布曲线就差不多是相同的了。

本书附表 5 中，对不同的自由度 k 及不同的数 $\alpha(0<\alpha<1)$，给出了满足等式

$$P(t \geqslant t_\alpha) = \int_{t_\alpha}^{+\infty} \varphi_t(x)\mathrm{d}x = \alpha$$

的 t_α 的值（图 5-23）。例如，当 $k=10$，$\alpha=0.05$ 时，可以查得 $t_{0.05}(10)=1.8125$。

第五章 正态分布、常用统计分布和极限定理

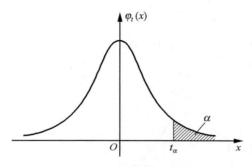

图 5-23 阴影面积为 α

三、F 分布（F-distribution）

设随机变量 ξ 与 η 独立，并且都服从 χ^2 分布，自由度分别为 k_1 及 k_2：

$$\xi \sim \chi^2(k_1)$$
$$\eta \sim \chi^2(k_2)$$

则随机变量

$$F = \frac{\xi/k_1}{\eta/k_2}$$

的分布密度为

$$\varphi_F(x) = \begin{cases} \dfrac{\Gamma\left(\dfrac{k_1+k_2}{2}\right)}{\Gamma\left(\dfrac{k_1}{2}\right)\Gamma\left(\dfrac{k_2}{2}\right)} k_1^{\frac{k_1}{2}} k_2^{\frac{k_2}{2}} \dfrac{x^{\frac{k_1}{2}-1}}{(k_1 x + k_2)^{\frac{k_1+k_2}{2}}} & \text{当 } x > 0 \\ 0 & \text{当 } x \leqslant 0 \end{cases}$$

通常把这种分布称作自由度为 (k_1, k_2) 的 F 分布，并记作 $F(k_1, k_2)$，其中 k_1 是分子的自由度，称作第一自由度；k_2 是分母的自由度，称作第二自由度。

F 分布为非对称分布。图 5-24 中画出自由度为 $(1,10)$，$(5,10)$，$(10,10)$ 及 $(\infty, 10)$ 时 F 分布的分布曲线。

附表 7 中，对于不同的自由度 (k_1, k_2) 及不同的数 $\alpha(0 < \alpha < 1)$，给出了满足等式

$$P(F \geqslant F_\alpha) = \int_{F_\alpha}^{+\infty} \varphi_F(x) \mathrm{d}x = \alpha$$

的 F_α 的值（图 5-25）。例如，当 $k_1 = 10$，$k_2 = 15$，$\alpha = 0.05$ 时，可以查得 $F_{0.05}(10, 15) = 2.54$。

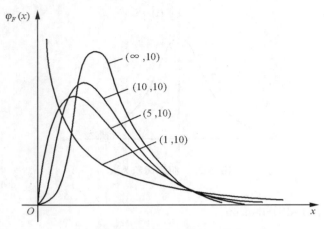

图 5-24　不同 k 值的 F 分布

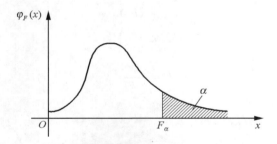

图 5-25　阴影面积为 α

不难证明，F 分布具有下述性质：

$$F_{1-\alpha}(k_1,k_2)=\frac{1}{F_\alpha(k_2,k_1)} \tag{5-11}$$

利用上式，查附表 7，可以计算当 $\alpha=0.95,0.975,0.99,0.995$ 时的 F_α 的值。例如，我们有

$$F_{0.95}(15,10)=\frac{1}{F_{0.05}(10,15)}=\frac{1}{2.54}=0.394$$

第五节　大数定理与中心极限定理

我们知道，从随机现象中去寻找必然规律，必须做大量的观察或试验。例如，一家一户，在自然生育的情况下，子女的性别纯属偶然。但成千上万户的观

第五章 正态分布、常用统计分布和极限定理

察,其性别比约为 $\frac{1}{2}$,将十分稳定。这种统计规律性的出现,是由于在大量随机现象中,各自偶然性在一定程度上可以相互抵消、相互补偿,从而使大量随机现象所构成的总体,呈现的规律具有稳定性,它几乎不再是随机的了。

所谓大量观察,实际就是观察次数 n 趋向无限时的极限行为。凡采用极限的方法所得出的一系列定理,统称极限定理。极限定理可分两类。一类是研究在什么条件下,随机事件可以转化为不可能事件或必然事件,即有关阐明大量随机现象平均结果的稳定性的一系列定理,称大数定理(Law of large numbers)。另一类是研究在什么条件下,随机变量之和的分布可以近似为正态分布,称中心极限定理(Central limit theorem)。

大数定理以及中心极限定理,除了用作数学定理外,还可以从逻辑、哲学意义来探讨。所谓偶然性与必然性的辩证关系以及偶然性乃是必然性的表现形式。从唯物辩证法的因果关系来分析,所谓大数定理就是把局部原因或偶然性因素的影响消除掉,从而使共同原因的影响表现出来。具体地讲,大数定理是在一般条件下,包括偶然性因素在内的大量个别原因和个别条件所共同作用的结果,而这种最后结果,使得最终摆脱了偶然性的影响。

极限定理是我们做大量社会调查具有科学价值之所在。它从理论上和应用上表明了抽样调查的科学性,同时也为抽样调查的定量分析奠定了数学基础。

下面就几个有名的大数定理,做一些简单的介绍。在介绍大数定理之前,先介绍切贝谢夫不等式,它是随机变量 ξ 在区间 $[E(\xi)-\varepsilon, E(\xi)+\varepsilon]$ 内概率的估算公式,也是伯努利大数定理和切贝谢夫定理推导的理论依据。

一、切贝谢夫不等式(Chebyshev's inequality)[①]

第三章第二节曾谈到用特征值对变量分布的特征做概括、简化的研究。那么,反过来,如果变量的特征值(例如均值、方差)已经知道,对分布能否做出一个粗略的估计呢? 从道理上来说,应该是可以的。因为均值和方差已经凝聚了变量分布的基本特征和主要信息了。切贝谢夫不等式正是通过随机变量的数学期望 $E(\xi)$ 和方差 $D(\xi)$ 对变量在区间 $[E(\xi)-\varepsilon, E(\xi)+\varepsilon]$ 的概率所做最保守的估计。

切贝谢夫不等式有如下叙述:

如果随机变量 ξ,有数学期望 $E(\xi)$ 和方差 $D(\xi)$,则不论 ξ 的分布如何,对于

---

① 可作选读用。

任何正数 ε，都可以断言，ξ 和 $E(\xi)$ 的绝对离差 $|\xi-E(\xi)|$ 大于等于 ε 的概率，不超过 $\frac{D(\xi)}{\varepsilon^2}$，即

$$P[|\xi-E(\xi)|\geqslant\varepsilon]\leqslant\frac{D(\xi)}{\varepsilon^2} \qquad (5-12)$$

或

$$P[|\xi-E(\xi)|<\varepsilon]>1-\frac{D(\xi)}{\varepsilon^2} \qquad (5-13)$$

[例]14. 某地进行了电话费用的调查。电话费用的分布不清楚。但知道平均电话费用为 80 元，标准差为 10 元。求：60—100 元之间的概率是多少？

[解]：由于切贝谢夫不等式是不受分布限制的，因此本题在分布不清楚的情况下，可由式(5-12)进行估算，根据题意，$E(\xi)=80$ 元，ε 取 20 元，则

$$P(|\xi-80|\leqslant 20)>1-\frac{D(\xi)}{\varepsilon^2}=1-\frac{10^2}{20^2}=0.75$$

即电话费用在 60—100 元之间的概率将大于 0.75。

为了比较，不妨设本题的电话费用情况满足正态分布，那么，根据正态分布可以计算：

$$\begin{aligned}P(|\xi-80|\leqslant 20)&=P(60\leqslant\xi\leqslant 100) \qquad (5-14)\\&=P\left(\frac{60-80}{10}\leqslant Z\leqslant\frac{100-80}{10}\right)\\&=P(-2\leqslant Z\leqslant 2)\\&=\Phi(2)-\Phi(-2)=0.9544\end{aligned}$$

比较本题当不知分布情况下用切贝谢夫不等式(5-13)估算结果：

$$P(|\xi-80|\leqslant 20)>0.75$$

和知道分布情况下，用式(5-14)计算结果：

$$P(|\xi-80|\leqslant 20)=0.9544$$

可以看出，前者虽与后者并不矛盾，但前者根据切贝谢夫不等式估算结果是最保守的。因此，当变量分布已知的情况下，还是根据变量所具有的分布来计算概率是最合理的，也是最精确的。根据切贝谢夫不等式，可以推导出以下两个有名的大数定理：伯努利大数定理和切贝谢夫大数定理。它们的推导见下文。

二、伯努利大数定理

设 m 是 n 次独立观察中事件 A 出现的次数，而 p 是事件 A 在每次观察中出现的概率。那么，对于任何一个正数 ε，有

第五章　正态分布、常用统计分布和极限定理

$$\lim_{n\to\infty} P\left(\left|\frac{m}{n}-p\right|<\varepsilon\right)=1 \text{①} \tag{5-15}$$

伯努利大数定理从数量上说明了在相同条件下进行多次观察时,随机事件的频率 $\frac{m}{n}$ 有接近于它概率的趋势。因为根据式(5-15),当 n 足够大时,频率 $\frac{m}{n}$ 与概率 p 之差的绝对值 $\left|\frac{m}{n}-p\right|$ 小于任意给定正数 ε 的概率接近于 1,即频率在概率上收敛于 p。伯努利大数定理为用抽样成数 $\left(\frac{m}{n}\right)$ 来估计总体成数 p 奠定了理论基础。

三、切贝谢夫大数定理

设随机变量 $\xi_1,\xi_2,\cdots,\xi_n$ 是相互独立、服从同一分布的,并且有数学期望 $E(\xi_i)=\mu$ 及方差 $D(\xi_i)=\sigma^2$, $\overline{\xi_n}$ 为 $\xi_1,\xi_2,\cdots,\xi_n,n$ 个随机变量的算术平均值,即 $\overline{\xi_n}=\frac{1}{n}(\xi_1+\xi_2+\cdots+\xi_n)$。那么,对于任何一个正数 ε,有

$$\lim_{n\to\infty} P(|\overline{\xi_n}-\mu|<\varepsilon)=1 \text{②} \tag{5-16}$$

---

① 可设 ξ_i 表示 A 在第 i 次的试验,ξ_i 有两个取值,$\xi_i=1$ 表示出现一次,$\xi_i=0$ 表示没出现。
$$P(\xi_i=1)=p$$
$$P(\xi_i=0)=1-p=q \quad (i=1,2,\cdots)$$
$$E(\xi_i)=1\cdot p+0\cdot(1-p)=p$$
$$D(\xi_i)=E(\xi_i)^2-[E(\xi_i)]^2=pq$$

令随机变量 $\xi=\frac{1}{n}\sum_{i=1}^{n}\xi_i=\frac{m}{n}$。

对于 ξ,有 $E(\xi)=E\left(\frac{1}{n}\sum_{i=1}^{n}\xi_i\right)=p$, $D(\xi)=D\left(\frac{1}{n}\sum_{i=1}^{n}\xi_i\right)=\frac{1}{n^2}npq=\frac{pq}{n}$。

将 $\xi,E(\xi),D(\xi)$ 代入切贝谢夫不等式(5-13)有 $P\left(\left|\frac{m}{n}-p\right|<\varepsilon\right)\geqslant 1-\frac{pq}{n\varepsilon^2}$。

当 $n\to\infty$ 时,有式(5-15):$\lim_{n\to\infty} P\left(\left|\frac{m}{n}-p\right|<\varepsilon\right)=1$(概率值最大为 1,因此略去符号">")。

② 设 $\xi_1,\xi_2,\cdots,\xi_n$ 相互独立、服从同一分布,并且有数学期望 $E(\xi)=\mu$ 及方差 $D(\xi_i)=\sigma^2$。令随机变量
$$\overline{\xi_n}=\frac{1}{n}(\xi_1+\xi_2+\cdots+\xi_n)$$
则
$$E(\overline{\xi_n})=E\left[\frac{1}{n}(\xi_1+\xi_2+\cdots+\xi_n)\right]=\mu$$
$$D(\overline{\xi_n})=D\left[\frac{1}{n}(\xi_1+\xi_2+\cdots+\xi_n)\right]=\frac{1}{n^2}n\sigma^2=\frac{\sigma^2}{n}$$

将 $\overline{\xi_n},E(\overline{\xi_n}),D(\overline{\xi_n})$ 代入切贝谢夫不等式(5-13),有 $P(|\overline{\xi_n}-\mu|<\varepsilon)\geqslant 1-\frac{\sigma^2}{n\varepsilon^2}$。

当 $n\to\infty$ 时,有式(5-16):$\lim_{n\to\infty} P(|\overline{\xi_n}-\mu|<\varepsilon)=1$(概率值最大为 1,因此略去符号">")。

切贝谢夫大数定理从数量关系的角度阐明了随机变量的平均值与数学期望二者之间的关系。它表示:当试验次数 n 足够大时,n 个随机变量的平均值 $\overline{\xi_n}$ 与单个随机变量的数学期望 μ 的差可以任意地小,这个事实以接近于 1 的很大概率来说是正确的,即 $\overline{\xi_n}$ 趋近于数学期望 μ。因此在实际抽样调查中,可以用抽样的均值 $\overline{\xi_n}$ 作为总体均值 μ 的近似值。

四、中心极限定理

大数定理说明了大量现象的稳定性:频率值稳定于概率值,平均值稳定于期望值。但大量现象的稳定性不仅表现在这些特征值方面,同时也表现在分布上,这就是中心极限定理所要阐述的内容。

设 $\xi_1,\xi_2,\cdots,\xi_n$ 为独立同分布的随机变量,不管其分布如何,只要 $E(\xi_i)=\mu,D(\xi_i)=\sigma^2(i=1,2,\cdots)$ 存在,则对一切 x 有

$$\lim_{n\to\infty}P\left(\frac{\xi-n\mu}{\sqrt{n}\sigma}\leqslant x\right)=\frac{1}{\sqrt{2\pi}}\int_{-\infty}^{x}e^{-\frac{t^2}{2}}dt \tag{5-17}$$

式中,$\xi=\xi_1+\xi_2+\cdots+\xi_n$。

中心极限定理,还可有如下几种等效的表达方法:

(1) 对于上述的随机变量 $\xi_1,\xi_2,\cdots,\xi_n$,只要 n 足够大,$\frac{\xi-n\mu}{\sqrt{n}\sigma}$ 近似地服从标准正态分布

$$\frac{\xi-n\mu}{\sqrt{n}\sigma}\sim N(0,1) \tag{5-18}$$

(2) 对于上述的随机变量 $\xi_1,\xi_2,\cdots,\xi_n$,只要 n 足够大,有

$$\xi\sim N(n\mu,n\sigma^2) \tag{5-19}$$

(3) 对于上述的随机变量 $\xi_1,\xi_2,\cdots,\xi_n$,只要 n 足够大,有

$$\overline{\xi}=\frac{1}{n}\sum_{i=1}^{n}\xi_i\sim N\left(\mu,\frac{\sigma^2}{n}\right) \tag{5-20}$$

(4) 对于上述的随机变量 $\xi_1,\xi_2,\cdots,\xi_n$,只要 n 足够大,有

$$\frac{\overline{\xi}-\mu}{\frac{\sigma}{\sqrt{n}}}\sim N(0,1) \tag{5-21}$$

由于中心极限定理对随机变量 ξ 的原有分布不做要求,因此从理论上说明了正态分布的重要性。它为样本容量的确定和在大样本($n\geqslant 50$)情况下的统计推论提供了理论依据。而大样本在社会调查中有着重要的实用价值。

极限定理不仅在数学上有着严格的证明,同时从哲学的观点来看,它反映

第五章 正态分布、常用统计分布和极限定理

了偶然性与必然性之间的关系。所谓偶然性是必然性的表现形式,而必然性又是寓于偶然性之中。

中心极限定理表明,如果一个现实的量是由大量独立偶然因素的影响叠加而得,且其中每一个偶然因素的影响又是均匀地微小的话,则可以断定这个量将近似地服从正态分布。这就解释了为什么在自然、社会、经济领域里大量存在服从正态分布的随机变量。例如,身高、体重、智商、婚龄等,因为影响它们的因素都是大量的。

下面举一实例,说明中心极限定理中正态分布形成的过程。

[例]15. 设某单位奖金 ξ_i 共分两类:4 万元和 8 万元。每种奖金发放的概率相等 $p=0.5$(表 5-3),求 $\xi_1, \xi_1+\xi_2, \xi_1+\xi_2+\xi_3, \cdots$ 的概率分布。

表 5-3 某单位奖金 ξ_i 的概率分布

ξ_i	4 万元	8 万元
P	0.5	0.5

[解]:(1) ξ_1 的分布(表 5-4)

表 5-4 单个 ξ_1 的分布

ξ_1	4 万元	8 万元
P	0.5	0.5

(2) $\xi_1+\xi_2$

由于 ξ_1 和 ξ_2 都有 2 种取值,因此 $\xi_1+\xi_2$ 共有 4 种排列方法(表 5-5)。

表 5-5 $\xi_1+\xi_2$ 的排列

ξ_1	ξ_2	$\xi_1+\xi_2$
4	4	4+4=8
4	8	4+8=12
8	4	8+4=12
8	8	8+8=16

又由于 ξ_1 与 ξ_2 是相互独立,因此有如下的概率值:

$$P(\xi_1=4,\xi_2=4)=P(\xi_1=4)P(\xi_2=4)=0.5\times0.5=0.25$$
$$P(\xi_1=4,\xi_2=8)=P(\xi_1=4)P(\xi_2=8)=0.5\times0.5=0.25$$
$$P(\xi_1=8,\xi_2=4)=P(\xi_1=8)P(\xi_2=4)=0.5\times0.5=0.25$$
$$P(\xi_1=8,\xi_2=8)=P(\xi_1=8)P(\xi_2=8)=0.5\times0.5=0.25$$

上述的概率值又称 ξ_1 与 ξ_2 的联合分布,也可采用矩阵的方法来表示(表 5-6)。

表 5-6　ξ_1 和 ξ_2 联合分布的矩阵表示

ξ_1	ξ_2	
	4	8
4	0.5×0.5=0.25	0.5×0.5=0.25
8	0.5×0.5=0.25	0.5×0.5=0.25

写成了分布律有表 5-7。

表 5-7　$\xi_1+\xi_2$ 联合分布的概率

$\sum_{i=1}^{2}\xi_i=\xi_1+\xi_2$	4+4=8	4+8=12	8+4=12	8+8=16
P	0.25	0.25	0.25	0.25

合并相同的取值得 $\xi_1+\xi_2$ 的概率分布(表 5-8)。

表 5-8　$\xi_1+\xi_2$ 的概率分布

$\xi_1+\xi_2$	8	12	16
$P(\xi_1+\xi_2)$	0.25	0.25+0.25=0.5	0.25

(3) $\xi_1+\xi_2+\xi_3$

我们把 $\xi_1+\xi_2$ 看作一个变量 η,η 的分布在表 5-8 中已经给出。而 $\xi_1+\xi_2+\xi_3=\eta+\xi_3$,由于 η 和 ξ_3 的分布都是已知的,因此又可再次使用上页"$\xi_1+\xi_2$"的方法,求 η 和 ξ_i 联合分布(表 5-9)并整理为表 5-10。

表 5-9　$\xi_1+\xi_2$ 和 ξ_3 联合分布的矩阵表示

$\xi_1+\xi_2$	ξ_3	
	4	8
8	0.5×0.25=0.125	0.5×0.25=0.125
12	0.5×0.5=0.25	0.5×0.5=0.25
16	0.5×0.25=0.125	0.5×0.25=0.125

表 5-10　$\xi_1+\xi_2$ 和 ξ_3 联合分布的概率

$\xi_1+\xi_2+\xi_3$	4+8=12	4+12=16	4+16=20	8+8=16	8+12=20	8+16=24
P	0.125	0.25	0.125	0.125	0.25	0.125

第五章 正态分布、常用统计分布和极限定理

合并相同的取值得 $\xi_1+\xi_2+\xi_3$ 的概率分布(表 5-11)。

表 5-11 $\xi_1+\xi_2+\xi_3$ 的概率分布

$\sum_{i=1}^{3}\xi_i = \xi_1+\xi_2+\xi_3$	12	16	20	24
P	0.125	0.25+0.125=0.375	0.125+0.25=0.375	0.125

(4) $\xi_1+\xi_2+\xi_3+\xi_4$

利用 $\xi_1+\xi_2+\xi_3$ 计算结果，可以求出 $\xi_1+\xi_2+\xi_3$ 和 ξ_4 的联合分布(表 5-12)。

表 5-12 $\xi_1+\xi_2+\xi_3$ 和 ξ_4 联合分布的矩阵表示

$\xi_1+\xi_2+\xi_3$	ξ_4	
	4	8
12	0.5×0.125=0.0625	0.5×0.125=0.0625
16	0.5×0.375=0.1875	0.5×0.375=0.1875
20	0.5×0.375=0.1875	0.5×0.375=0.1875
24	0.5×0.125=0.0625	0.5×0.125=0.0625

经整理后有表 5-13。

表 5-13 $\xi_1+\xi_2+\xi_3+\xi_4$ 的概率分布

$\sum_{i=1}^{4}\xi_i = \xi_1+\xi_2+\xi_3+\xi_4$	16	20	24	28	32
P	0.0625	0.25	0.375	0.25	0.0625

(5) 根据同样的方法，通过 $\sum_{i=1}^{4}\xi_i$ 可进一步计算出 $\sum_{i=1}^{5}\xi_i$ 的概率分布，进一步 $\sum_{i=1}^{6}\xi_i, \sum_{i=1}^{7}\xi_i, \cdots$ 都可以求出，下面给出 $\sum_{i=1}^{8}\xi_i$ 的概率分布(表 5-14)。

表 5-14 $\sum_{i=1}^{8}\xi_i$ 的概率分布

$\sum_{i=1}^{8}\xi_i = \xi_1+\xi_2+\xi_3+\xi_4+\xi_5+\xi_6+\xi_7+\xi_8$	32	36	40	44	48	52	56	60	64
P	0.004	0.031	0.109	0.219	0.274	0.219	0.109	0.031	0.004

根据 ξ_1 分布(表 5-4),$\sum_{i=1}^{2}\xi_i$ 分布(表 5-7),$\sum_{i=1}^{3}\xi_i$ 分布(表 5-11),$\sum_{i=1}^{4}\xi_i$ 分布(表 5-13) 和 $\sum_{i=1}^{8}\xi_i$ 分布(表 5-14),作图 5-26 的 A、B、C、D、E 5 种图形。

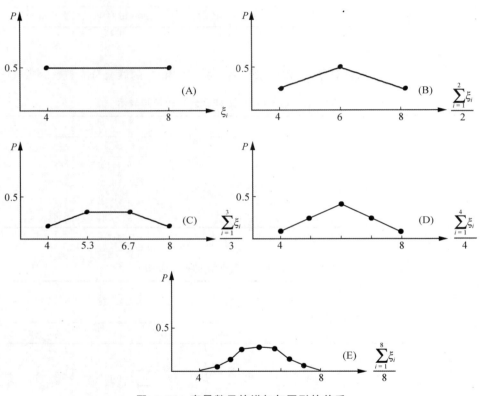

图 5-26 变量数目的增加与图形的关系

比较以上图形,可以清楚地看出,随着随机变量数目的增多,$\sum \xi_i$ 或 $\dfrac{\sum \xi_i}{n}$ 的分布逐渐趋向正态分布。

下面再给出 4 种不同的总体分布:正态分布(图 5-27)、均匀分布(图 5-28)、负指数分布(图 5-29)、锯齿分布(图 5-30)。用图形比较它们,随着样本容量的增加 $n=2,5,30$,其样本均值 $\bar{X}$ 逐渐向正态分布的接近情况,这就是中心极限定理所要阐明的统计规律。

第五章 正态分布、常用统计分布和极限定理

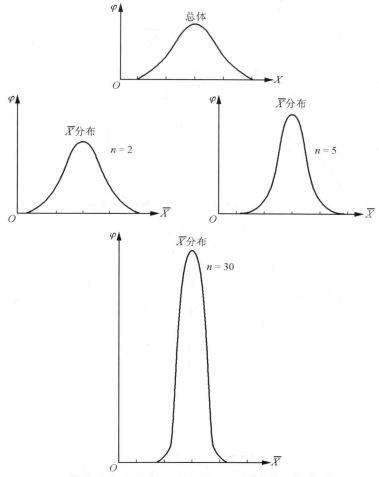

图 5-27 总体正态分布情况下，n 增至 30 时图形的变化

中心极限定理在抽样调查中有着重要的意义，因为被研究的现象，它的总体分布往往是未知的。在这种情况下，中心极限定理告诉我们，只要样本容量足够大，样本均值 $\overline{X}$（或 $\sum X_i$）的分布都将是已知的，都接近正态分布。这样就给未知分布总体的研究奠定了理论基础。

最后谈一下二项分布 $B(n, p)$ 和泊松分布 $P(\lambda)$ 的极限行为。[①]

---

① 可作选读用。

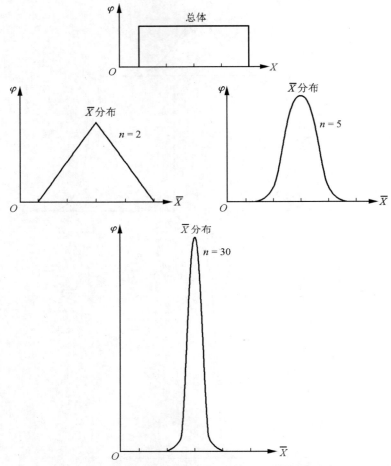

图 5-28 总体均匀分布情况下，n 增至 30 时图形的变化

我们把二项分布中 n 次独立试验看作是 n 个独立同分布的 $(0-1)$ 随机变量 ξ_i：

$$\xi_i = \begin{cases} 0 & \text{不出现} \\ 1 & \text{出现} \end{cases}$$

二项分布

$$P(\xi = x) = C_n^x p^x (1-p)^{n-x} \tag{5-22}$$

中的 x，则是 n 次实验中 n 个 ξ_i 之和

$$\sum \xi_i$$

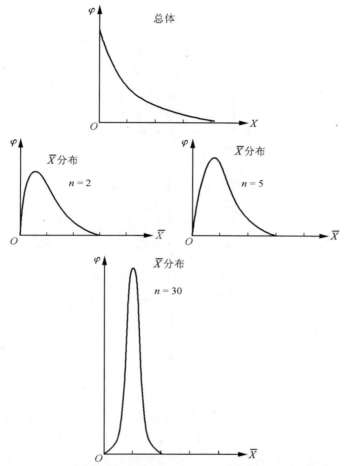

图 5-29 总体负指数分布情况下，n 增至 30 时图形的变化

因此，根据中心极限定理，二项分布必然以正态分布为极限分布。由于二项分布的均值

$$\mu = np \tag{5-23}$$

方差

$$\sigma^2 = npq \tag{5-24}$$

所以有

$$\lim_{n \to \infty} B(n, p) \longrightarrow N(np, npq) \tag{5-25}$$

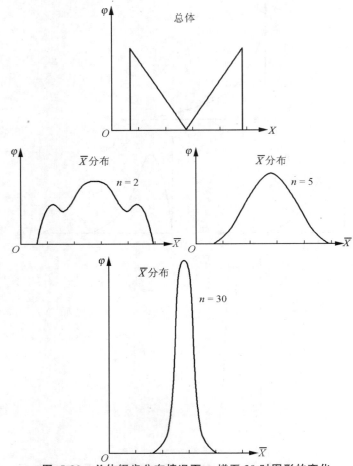

图 5-30　总体锯齿分布情况下，n 增至 30 时图形的变化

但在实际工作中，n 应该取多少呢？一般说 $n \geq 30$ 就可以了，但 n 的大小还应考虑到 p 值的影响。举例说，如果

$$n=30, \quad p=0.01$$

它的均值

$$\mu = np = 30 \times 0.01 = 0.3$$

非常接近 $x \approx 0$，由于二项分布仅在 x 轴正向取值，而正态分布的取值分布在 x 轴的双侧 $(-\infty, \infty)$，因此二者的误差是显见的。

图 5-31 给出了二项分布 $B(10, 0.1)$ 和以 $\mu = 10 \times 0.1 = 1$，$\sigma^2 = npq = 10 \times 0.1 \times 0.9 = 0.9$ 为参数的正态分布 $N(1, 0.9)$ 图形的比较。可以看出，如果二项分布的 μ 值不够大，则以 μ 为均值的正态分布将有一部分面积

第五章 正态分布、常用统计分布和极限定理

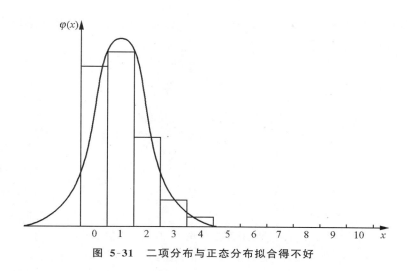

图 5-31 二项分布与正态分布拟合得不好

位于 $x<0$ 的部分,而二项分布的取值仅位于 $x>0$ 的部分,因此 $x<0$ 部分必将成为近似计算中的误差。为了使二项分布更好地接近正态分布,要求以均值 $\mu=np$,方差 $\sigma^2=npq$ 的二项分布 $N(\mu,\sigma^2)$,至少应有 $\mu\pm 2\sigma$ 的面积与正态分布是重叠的。这样的拟合准则,也适用于 $n<30$ 的二项分布,例如当

$$n=10, \quad p=0.5$$

则有

$$\mu=np=10\times 0.5=5$$

$$\sigma=\sqrt{npq}=\sqrt{10\times 0.5\times 0.5}=1.58$$

由于在区间 $[\mu-2\sigma,\mu+2\sigma]=[5-2\times 1.58,5+2\times 1.58]$ 内二项分布与正态分布有很好的拟合(图 5-32),因此用正态分布 $N(5,2.5)$ 可以得到很好的近似。

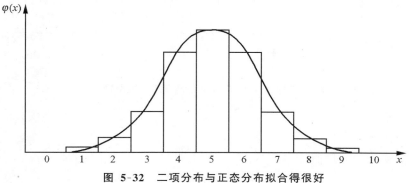

图 5-32 二项分布与正态分布拟合得很好

但在一般情况下($p \neq 0.5$),仍然要求 n 比较大($n \geq 30$),以保证图形的对称性,同时还要求 μ 满足

$$\mu > 2\sigma \tag{5-26}$$

将式(5-23)代入式(5-26)

$$np > 2\sqrt{npq} \quad (p < q)$$

平方后有
$$np > 4q \tag{5-27}$$

$$q_{max} \approx 1 \tag{5-28}$$

将式(5-28)代入式(5-27)有 $np > 4$

一般情况下,取保守的估计 $np > 5$ \tag{5-29}

作为用正态分布 $N(np, npq)$ 来计算二项分布 $B(n, p)$ 的条件。反之,如果不满足 $np > 5$,且 n 又比较大,则应以泊松分布 $P(np = \lambda)$ 为极限分布。

对于泊松分布,当 λ 过小时,出于同样的原因,用正态分布近似时,也会出现明显的误差(图 5-33)。

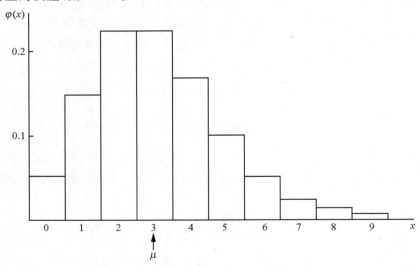

图 5-33 泊松分布与正态分布拟合得不好

因此也要求
$$\mu > 2\sigma \tag{5-30}$$

作为近似的条件。

将泊松分布的均值
$$\mu = \lambda \tag{5-31}$$

第五章 正态分布、常用统计分布和极限定理

和方差 $\sigma^2 = \lambda$ (5-32)

代入式(5-30) $\lambda > 2\sqrt{\lambda}$

即 $\lambda > 4$

取保守值有 $\lambda > 5$ (5-33)

即当 $\lambda > 5$ 时,泊松分布可用正态分布 $N(\lambda,\lambda)$ 来近似。

总结二项分布 $B(n,p)$ 和泊松分布 $P(\lambda)$ 的极限行为,可做如图 5-34 和图 5-35 的归纳。

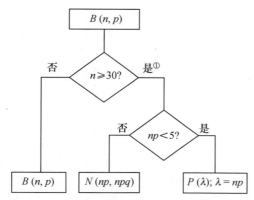

图 5-34 二项分布 $B(n,p)$ 与正态分布 $N(np,npq)$ 和泊松分布 $P(\lambda)$ 的关系

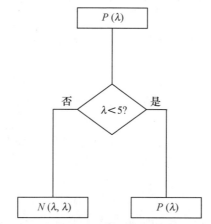

图 5-35 泊松分布 $P(\lambda)$ 与正态分布 $N(\lambda,\lambda)$ 的关系

---

① 这里要求 $n \geqslant 30$ 不是很严格的。正如第四章第六节所指出,只要 p 很小(例如 $p=0.1$),甚至 $n=10$ 的情况下,$B(10,0.1)$ 和 $P(1)$ 的分布都是很接近的。

[例]16. 某地区少数民族占 0.5%。今做 10^4 人的随机抽查,求少数民族不多于 70 人的概率。

[解]:设 $\xi=$ "抽查 10^4 人中少数民族的人数",根据问题的性质,它属二项分布。

$$P(\xi \leqslant 70) = \sum_{x=0}^{70} C_{10^4}^x (0.005)^x (0.995)^{10^4-x}$$

但由于 n 很大, p 又很小,似乎可用泊松分布来近似,但又考虑到 $np = 10^4 \times 0.005 = 50 > 5$,因此可进一步用正态分布来计算:

$$\mu = np = 10^4 \times 0.005 = 50$$
$$\sigma^2 = npq = 10^4 \times 0.005 \times 0.995 = 49.75$$

标准化
$$Z = \frac{70-\mu}{\sigma} = \frac{70-50}{\sqrt{49.75}} \approx 2.84$$

所以
$$P(\xi \leqslant 70) = \Phi(2.84) = 0.9977$$

习　　题

1. 已知随机变量 ξ 满足正态分布 $\xi \sim N(50, 5^2)$,求:$P(\xi > 61) = ?$

(答案:0.0139)

2. 接上题,求:$P(44 \leqslant \xi \leqslant 55) = ?$

(答案:0.7262)

3. 已知 Z 满足标准正态分布 $N(0,1)$,求以下各 α 值情况下,$P(|Z|>\lambda) = \alpha$ 中的 λ 值。

(1) 当 $\alpha = 0.1$;

(2) 当 $\alpha = 0.05$;

(3) 当 $\alpha = 0.01$。

(答案:1.65;1.96;2.58)

4. 根据调查,儿童智商分布为 $N(100, 10^2)$,某幼儿园共有儿童 100 人,问:智商在 110—120 之间的儿童共有多少人?

(答案:14 人)

5. 共有 5000 个同龄人参加人寿保险,设年死亡率为 0.1%。参加保险的人在年初应交纳保险费 1000 元,死亡时家属可领 10 万元。求保险公司一年内从这些保险的人中,获利不少于 400 万元的概率。

(答案:0.9873)

第六章

参 数 估 计

第一节 统 计 推 论

统计推论适用于抽样调查资料的处理。所谓统计推论就是根据局部资料（样本资料）对总体的特征进行推断。它属于归纳推理的范畴。统计推论具有两方面的特点。一方面由于局部资料来源于总体，因此局部资料的特性在某种程度上能反映总体的特性。例如，总体中女性所占比例高，那么样本中女性比例高的可能性也大些。但另一方面由于社会资料的随机性，即抽样的结果不是唯一的，又使得一次抽样结果不能恰好就等于总体的结果。更何况当总体参数不知道的情况下，即便碰上了我们也未必知道。这种"抽样结果与总体参数不一致"是随机现象在推论中所特有的，也是进行推论的难点所在。

为了形象地对上述特点有所认识，我们不妨做一次实验。

某工厂共有 100 名工人,其中男性占 50%,女性占 50%。为了模拟这样的总体,我们做成 100 个阄,其中 50 个阄写上"女性",另外 50 个阄写上"男性"。采用回置抽样,从中抽取 10 个阄作为 1 次抽样。表 6-1 是 10 次抽样（10 个样本）的结果。

表 6-1　按性别统计的 10 个样本

样本	男性人数	女性人数
1	6	4
2	6	4
3	5	5
4	4	6
5	4	6
6	4	6
7	5	5
8	6	4
9	6	4
10	4	6

可见,在 10 次抽样中,真正出现 5/5 的只有 2 次,其他 8 次不是男多于女,就是女多于男,实际上,不仅会出现 4/6 或 6/4 的情况,还可能出现 3/7、2/8、1/9、0/10 或 7/3、8/2、9/1、10/0 等。读者有兴趣的话,可以按上述方法继续实验下去,看看结果如何。现在回到我们的抽样调查来看,由于在实际工作中抽样调查仅进行一次而已,因此很难说正好碰上抽样结果就是总体的情况。对大多数情况来说,两者间都是存在差异的。更何况正如前面提到的,在总体参数不知道的情况下,即便抽样结果正好等于总体参数,我们也是不知道的。而正确地处理局部(抽样)及总体之间的数量关系和正确地从抽样推论到总体,就是统计推论所要介绍的内容。统计推论的理论基础是概率论。这也正是在统计推论之前,必须学习概率论的缘故。统计推论的内容大体可分两部分:一是通过样本对总体的未知参数进行估计,简称参数估计(Parameter estimation);二是通过样本对总体的某种假设(例如参数或分布情况)进行检验,简称假设检验(Hypothesis test)。假设检验对于学习过社会调查方法的人来说是并不陌生的,实际上,社会调查的全过程就是贯穿了假设检验的步骤与方法。它归结为对于社会的某特定现象经过抽象层次的观察与研究,建立起一定的看法,进而概括为概念、命题或理论。为了验证这些看法,必须通过实际调查予以证明。为此必须建立起相应的操作化测量方法,这样就从概念变成了一系列量化了的假设。例如,根据市场消费情况来看,市民的购买力是很强的,从而推测人均实际收入也是很高的,不妨假设它会在千元以上。从而形成了以下的假设:

$$H: \mu \geqslant 1000$$

其中 μ 为假设的人均收入。

那么,这样的看法或估计是否真正符合实际情况呢?为此必须进行实地调查。而当总体很大时一般都采用抽样调查来检验上述的假设。这时抽样的全过程包括正确的抽样和合理的推论。在抽样所得数据的基础上,根据概率对原有假设 H 做出合理的接受或拒绝,并指出做出这种判断可能发生错误或风险的概率是多少。

第二节 名词解释

一、总体(Population)

所谓总体,简单地讲就是研究对象的全体。对社会学的研究对象来说,更多的是指与社会、人际关系中有关的事实、信息、感情、行为趋向、理由等操作化之后的数量指标,它包括变量的所有层次。作为总体,可以看作是所研究数量指标的一个分布。通过概率论的学习,我们知道从总体中任抽一个个体,它的数量指标具有随机性,其数量指标的概率分布与总体的分布相同。因此,总体所研究的这一数量指标可看作是一个随机变量。在实际情况下,还可以把若干指标的综合看作一个随机变量。例如根据企业的资金、人员数、面积、产品等多方面指标来综合评定企业的规模。这时是把总体的综合指标理解为随机变量。

二、样本(Sample)与简单随机样本(Simple random sample)

正如前面所指出的,总体是由个体构成的。例如我们所要研究的问题是某企业的年龄结构,那么企业中每一个人的年龄就是个体,又称调查单位。调查单位的全体构成了总体。而从总体中按一定方式抽出的一部分称作样本。样本也是由个体组成的,其中包含的个体数目 n 称为样本大小或样本容量。从样本中所抽取的个体,可以看作是个体数目为 n 的一组数据。它们在未抽出之前都可看作是一个随机变量。如果要求抽样的这些数据,不但是随机变量,而且相互独立,遵从同一分布(同总体所遵从的分布),那么这样的样本就称作简单随机样本。一般在无限总体(总体中个体数是无限的)中的随机抽样或在有限总体(总体中个体数是有限的)中的重复随机抽样(每次抽样经观测后将抽到的个体放回,允许再次被抽到,又称回置抽取)所得的样本都是简单随机样本。

在社会抽样调查中,由于个体绝不会像产品那样源源不断地产生,因此其个数总是有限的,而抽样也不采用回置抽样。因此严格说这样的抽样并不满足简单随机抽样调查。但在研究的规模较大,例如企业、学校、城市乃至全国的情况下,样本容量 n 比起总体 N 是很小的($n \ll N$),这时各次抽取的概率几乎不变,因此可以近似地看作简单随机样本。

除了简单随机抽样,其他概率抽样在社会抽样调查中应用也很多。例如分层抽样,在大型的抽样调查中是经常采用的。但今后讨论的推论公式都是就简单随机抽样而言的。同时须要指出的是概率抽样虽然在社会调查中占有重要的地位,但也并不是说对所有证实性研究都是最佳研究方式。例如对于社会互动模式或社区权力结构,如果采用随机抽样,只能获得若干孤立的调查点,这样反会影响个体间内在联系的研究。因此这时采用社会网络的研究方法会更适合。

此外,在有些情况下,采用抽样调查还是有困难的。例如说,为了做好随机抽样,首先必须有一份完备的总体清单。但在社会学研究的领域里,有时总体并不清楚,例如全国有多少书法爱好者、有多少吸烟者等,都没有完整的清单。另一种情况是总体的形成是暂时的,例如围观的群众、参加某次集会的人群,参加者只在某一时间、某一空间出现,完了就解散。这些都给抽样调查带来一定的困难。为此,社会学家想出了很多灵活处理的方法,有兴趣的读者可参考有关的社会调查方法。作为统计学,这里介绍的统计推论都是就简单随机抽样而言的。

或许有人会问:当进行一次抽样调查时,其所得结果都是一些确定的数据,那如何来理解容量为 n 的样本是 n 个独立同分布(同总体分布)的随机变量呢?这里确实反映了随机样本的两重性,关键要看是在抽样调查之前还是调查之后了。对于调查之前,各个调查尚未进行,因此将要获得的数据 $\xi_1, \xi_2, \cdots, \xi_n$ 具有不确定性,也就是随机性,即 $\xi_1, \xi_2, \cdots, \xi_n$ 都是随机变量,对于简单随机抽样,它们不仅是随机变量,而且它们相互独立,并且与总体 ξ 服从相同的分布。但在调查进行之后,所得结果是一组具体、确定的数值 $X_1, X_2, \cdots, X_n$,就不再是随机的了,它称作 $\xi_1, \xi_2, \cdots, \xi_n$ 的观测(或观察)值,即样本观测值,一般用 $X_1, X_2, \cdots, X_n$ 表示。但今后为了讨论的方便,在不会引起混淆的情况下,有时把 $X_1, X_2, \cdots, X_n$ 也看作泛指的一次抽样结果,即看作 n 个随机变量 $\xi_1, \xi_2, \cdots, \xi_n$ 本身。读者只要注意到随机样本的两重性以及它们在不同场合下的含义就不难区分了。

三、统计量(Statistics)

如上所述,从总体中抽取容量为 n 的样本,可以看作 n 个独立同总体分布的随机变量

$$\xi_1, \xi_2, \cdots, \xi_n$$

那么,随机变量 $\xi_1, \xi_2, \cdots, \xi_n$ 的任何函数 $f(\xi_1, \xi_2, \cdots, \xi_n)$ 也是随机变量。我们把

函数 $f(\xi_1,\xi_2,\cdots,\xi_n)$ 叫作统计量。根据随机变量 $\xi_1,\xi_2,\cdots,\xi_n$ 的观测值 X_1，$X_2,\cdots,X_n$ 计算得到的一切统计数字特征（例如均值、方差），可以看作是相应统计量的观测值。例如：

样本平均值

$$\bar{X} = \frac{1}{n}\sum_{i=1}^{n}X_i$$

是统计量 $\bar{\xi} = \frac{1}{n}\sum_{i=1}^{n}\xi_i$ 的观测值；

样本方差

$$S^2 = \frac{1}{n-1}\sum_{i=1}^{n}(X_i - \bar{X})^2$$

是统计量 $\frac{1}{n-1}\sum_{i=1}^{n}(\xi_i - \mu)^2$ 的观测值；等等。

对于统计量观测值，正如样本观测值一样，今后为了讨论的方便，有时也把它们看作是这些统计量本身。统计量的分布又称抽样分布。

第三节 参数的点估计

参数估计，用通俗的话来说，就是根据抽样结果来合理地、科学地猜一猜总体的参数大概是什么或者在什么范围。参数估计问题是随时都可见到的。从日常生活直到自然科学、社会科学的研究中都会找到。例如，为了远出春游，需要对天气有一个估计；一种新药是否投产，取决于通过抽样试验对有效率的估计；商店进货的档次取决于对当地附近居民购买力的估计；同样，社会学家、人口学家需要对家庭平均人口有所估计。

参数估计细分起来又可分作两类：点估计和区间估计。所谓点估计就是用样本计算出来的一个数来估计未知参数。由于它只是一个点值，所以称参数的点估计。而区间估计则是通过样本计算出一个范围来对未知参数进行估计。因此点估计是根据样本，合理地猜一猜总体的参数大概是什么；而区间估计则是根据样本，合理地猜一猜总体的参数在什么范围。本节讨论参数的点估计。

一、总体参数（均值与方差）的点估计（Point estimation）公式

前面我们谈到统计推论的核心是调动样本的数据对总体做出合理的判断。对于参数的点估计来说，则是对于分布或参数未知的总体，用其样本 $\xi_1,\xi_2,\cdots$,

ξ_n 的一次观测值或称一次实现 $X_1, X_2, \cdots, X_n$ 计算出的统计量,来对总体 ξ 的参数做出点估计。具体说,我们用样本均值

$$\overline{X} = \frac{1}{n}\sum_{i=1}^{n} X_i \qquad (6\text{-}1)$$

作为总体均值的点估计值。

我们用样本方差

$$S^2 = \frac{1}{n-1}\sum_{i=1}^{n}(X_i - \overline{X})^2 \qquad (6\text{-}2)$$

作为总体方差的点估计值。

其中 $X_1, X_2, \cdots, X_i, \cdots, X_n$ 是样本 $\xi_1, \xi_2, \cdots, \xi_i, \cdots, \xi_n$ 的一次观测值。

样本方差 S^2 的平方根,称作样本标准差 S:

$$S = +\sqrt{S^2} \qquad (6\text{-}3)$$

样本标准差 S 可作为总体标准差 σ 的点估计值。

样本方差式(6-2)还可写作

$$S^2 = \frac{1}{n-1}\left[\sum X_i^2 - \frac{(\sum X_i)^2}{n}\right]^{①} \qquad (6\text{-}4)$$

在实际运算中式(6-4)比式(6-2)更为常用。特别在 $\overline{X}$ 取近似值时,式(6-4)的计算精度比式(6-2)要高。

当 X_i 表示的是定类变量,其取值有

$$X_i = \begin{cases} 1 & \text{当观测值为所研究的 } A \text{ 类} \\ 0 & \text{其他} \end{cases}$$

$\sum_{i=1}^{n} X_i = m$ 表示在样本 n 次观测中,A 类共出现 m 次。我们用样本成数

$$P = \frac{1}{n}\sum_{i=1}^{n} X_i = \frac{m}{n} \qquad (6\text{-}5)$$

作为总体成数估计值。

[例]1. 根据抽样调查,以下是 8 名同学"社会统计学"考试得分(表 6-2)。

---

① 这是因为

$$\sum(X_i - \overline{X})^2 = \sum(X_i^2 - 2X_i\overline{X} + \overline{X}^2) = \sum X_i^2 - 2\sum X_i\overline{X} + n\left(\frac{\sum X_i}{n}\right)^2$$

$$= \sum X_i^2 - \frac{(\sum X_i)^2}{n}$$

表 6-2　8 名同学"社会统计学"考试得分

学生	得分
A	70
B	71
C	72
D	74
E	74
F	76
G	77
H	78

求总体的均值、方差、标准差的点估计值。

[解]:根据抽样调查,求出样本均值 $\bar{X}$,样本方差 S^2 和样本标准差 S（表 6-3）。

表 6-3　变量值及其离均平方值

X_i	$X_i - \bar{X}$	$(X_i - \bar{X})^2$
70	−4	16
71	−3	9
72	−2	4
74	0	0
74	0	0
76	+2	4
77	+3	9
78	+4	16
$\sum X_i = 592$		$\sum (X_i - \bar{X})^2 = 58$

$$\bar{X} = \frac{1}{n} \sum X_i = \frac{1}{8} \times 592 = 74$$

$$S^2 = \frac{1}{n-1} \sum (X_i - \bar{X})^2 = \frac{1}{7} \times 58 = 8.29$$

$$S = +\sqrt{S^2} = \sqrt{8.29} = 2.88$$

因此,总体均值的点估计值为 74 分,方差的点估计值为 8.29,标准差的点估计值为 2.88 分。

[例]2. 工会为了解春游期间需租用几辆公共汽车,在公司 10 000 名员工中进行了共 100 人的简单随机抽样调查。统计结果,其中有 20 名愿意外出春

游。设每辆车可载乘客 50 名,问:估计要租多少辆公共汽车?

[解]:根据抽样调查,愿意外出春游的样本成数

$$P = \frac{20}{100} = 0.2$$

我们可以用 P 作为愿意外出春游总体成数的点估计,因此公司估计将有

$$10000 \times 0.2 = 2000 \text{ 人}$$

参加春游。又因每辆公共汽车可容乘客 50 人,因此有

$$\frac{2000}{50} = 40 \text{ 辆}$$

即估计要租 40 辆公共汽车,可满足公司春游的需要。

二、评价估计值的标准[①]

以上谈到总体参数的点估计式,但我们并没有谈这些公式为什么是这样的。例如,为什么总体均值的估计式分母为 n,而总体方差估计式中分母却为 $n-1$? 又如,为什么不取更复杂一些的函数式来估计总体的参数呢? 等等。显然,用不同的函数式作为估计式有一个相互比较、孰优孰劣的问题。所谓总体参数 Q 的最佳估计值 $\hat{Q}(X_1, X_2, \cdots, X_n)$(它是样本值的函数)应当是在某种意义下最近似 Q 的。衡量估计值好坏有如下几个标准。

(一) 无偏性

首先从实例来说明:

当我们用样本均值

$$\bar{X} = \frac{1}{n} \sum_{i=1}^{n} X_i$$

作为母体均值 μ 的点估计值时,如果我们想象它不止是做一次抽样,而是做了 m 次抽样。

我们将得到 m 个样本容量为 n 的样本。由这 m 个样本所计算的 m 个样本均值,是不会完全相同的(图 6-1),也就是说 $\bar{X}$ 是随机变量,对于随机变量 $\bar{X}$ 可以画出它的抽样分布(图 6-2)。

对于一个好的估计值,$\bar{X}$ 的分布应该是围绕着总体参数 μ 周围,确切地说,$\bar{X}$ 分布的均值应该恰好就是总体参数 μ,这时我们称估计值为无偏估计(Unbi-

---

① 可作选读用。

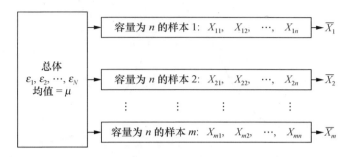

图 6-1　总体 N 个中抽取容量为 n 的 m 个样本

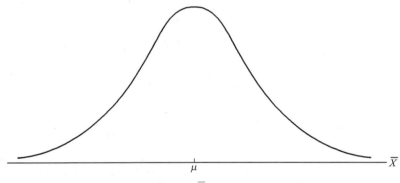

图 6-2　$\overline{X}$ 的分布图

ased estimation)值。因为只有这样,对一次样本来说,估计值可能比真值(总体均值 μ)大,也可能小,但对多个样本来说,就不会存在平均偏差了,即这样的估值不存在系统偏差。因此好的估值应该是: $\overline{X}$ 的均值等于待估参数 μ。

对于估值的无偏性,可做如下一般性的描述:

如果 $\hat{Q}$ 是总体参数 Q 的估计值,且 $\hat{Q}$ 分布的均值有

$$E(\hat{Q}) = Q$$

则称 $\hat{Q}$ 是 Q 的无偏估计。反之, $\hat{Q}$ 将是有偏的。图 6-3 中(A)图 $\hat{Q}$ 将是 Q 的无偏估值,图 6-3 中(B)图 $\hat{Q}$ 将是 Q 的有偏估计值,因为 $\hat{Q}$ 的均值 $E(\hat{Q})$ 不等于 Q: $E(\hat{Q}) \neq Q$。

下面来讨论用样本均值

$$\overline{X} = \frac{1}{n} \sum_{i=1}^{n} X_i$$

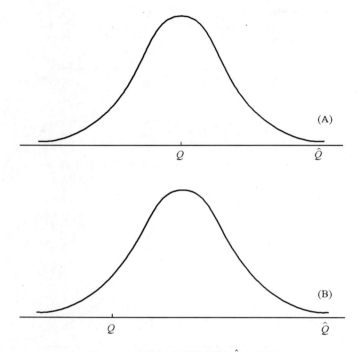

图 6-3 有偏和无偏估计值 $\hat{Q}$ 示意图

作为总体均值 μ 的估计,是否满足了无偏性。

为此,计算样本均值 $\overline{X}$ 的数学期望:

$$E(\overline{X}) = E\left(\frac{X_1 + X_2 + \cdots + X_n}{n}\right)$$
$$= \frac{1}{n}[E(X_1) + E(X_2) + \cdots + E(X_n)]$$
$$= E(X) = \mu$$

最后一个等号因为对于简单随机样本 $X_1, X_2, \cdots, X_n$ 具有与总体 X 相同的概率分布,因此它们的数学期望也是相等的。从而证明了用样本均值作为总体均值的估计值是满足无偏性的。

根据无偏性,我们可以来解释为什么样本方差式(6-2)中的分母项为 $n-1$ 而不是 n。实际上,只有样本方差

$$S^2 = \frac{1}{n-1}\sum_{i=1}^{n}(X_i - \overline{X})^2$$

S^2 分布的均值才能等于总体方差 σ^2:

第六章 参数估计

$$E(S^2) = \sigma^2 \text{①}$$

而如果样本方差采用 $S^{*2} = \frac{1}{n}\sum_{i=1}^{n}(X_i - \overline{X})^2$,则 S^{*2} 分布的均值并不等于总体方差 σ^2,而是

$$E(S^{*2}) = \frac{n-1}{n}\sigma^2$$

可见 S^{*2} 作为总体方差的估计值不及 S^2 好,因为它是有偏的。但在 n 很大的情况下,$n \approx n-1$,这时 S^2 与 S^{*2} 值相差很小,于是两者都可作为总体方差的估计值。但公式 S^{*2} 与总体方差公式 $\sigma^2 = \frac{1}{N}\sum(X_i - \overline{X})^2$,分母都是观察总数 n 或 N,从形式上看比较一致,因此在 n 很大的情况下,一般也用 S^{*2} 公式。

---

① $\sum_{i=1}^{n}(X_i - \overline{X})^2 = \sum_{i=1}^{n}[X_i^2 - 2X_i\overline{X} + (\overline{X})^2]$

$\qquad\qquad\qquad = \sum_{i=1}^{n}X_i^2 - 2\overline{X}\sum_{i=1}^{n}X_i + n(\overline{X})^2$

$\qquad\qquad\qquad = \sum_{i=1}^{n}X_i^2 - n(\overline{X})^2$

于是

$\qquad E(S^2) = E\left[\frac{1}{n-1}\sum_{i=1}^{n}(X_i-\overline{X})^2\right]$

$\qquad\qquad = \frac{1}{n-1}\sum E(X_i^2) - \frac{n}{n-1}E(\overline{X})^2$

$\qquad\qquad = \frac{n}{n-1}[E(X^2) - E(\overline{X})^2]$

根据 $\qquad E(\eta^2) = D(\eta) + (E\eta)^2$

有 $\qquad E(S^2) = \frac{n}{n-1}\{D(X) + (EX)^2 - [D(\overline{X}) + (E\overline{X})^2]\}$

$\qquad\qquad = \frac{n}{n-1}\{D(X) + (EX)^2 - \frac{D(X)}{n} - (EX)^2\}$

$\qquad\qquad = D(X)$

除了从数学上证明样本方差 S^2 是无偏的外,还可用"自由度"的概念加以解释:

自由度表示可以自由变动的变量数目,它是从理论力学借用来的。当 n 个数 $X_1, X_2, \cdots, X_n$ 的平均数 $\overline{X}$ 已知时,因为 n 个离差 $X_i - \overline{X}$ 的总和一定等于 0:

$$\sum_{i=1}^{n}(X_i - \overline{X}) = \sum_{i=1}^{n}X_i - n\overline{X} = 0$$

因此,n 个离差 $X_i - \overline{X}$ 之间有一个限制,它们不是相互独立的。如果我们已知 $n-1$ 个离差的值,则第 n 个值即可完全确定,从而这 n 个离差(或离差的平方)中相互独立的个数只有 $n-1$ 个。在样本方差和标准差的定义中,我们用 $n-1$ 而不是 n 来作除数。$n-1$ 通常称作样本方差(或标准差)的自由度。

(二) 有效性

如果根据无偏性来选择总体参数的估计值,往往可以找到不止一个满足要求的。例如也可用随机抽取一个个体 X_i 作为总体均值的估计值,因为它也满足

$$E(X_i)=\mu$$

的无偏性要求。可见除了无偏性外,还可使用其他的标准,以便从中选出更好的估计值。下面介绍有效性的标准。有效性标准要求估计值的抽样分布,应该具有较小的分散性。因为只有这样,才能保证一次抽样的结果就能以较高的概率接近待估的总体参数。因此,如果有两个估计值 $\hat{Q}_1(X_1, X_2, \cdots, X_n)$ 及 $\hat{Q}_2(X_1, X_2, \cdots, X_n)$ 都满足无偏性的话,但 $\hat{Q}_1$ 的方差比 $\hat{Q}_2$ 的方差小:

$$D(\hat{Q}_1) \leqslant D(\hat{Q}_2)$$

则称 $\hat{Q}_1$ 较 $\hat{Q}_2$ 有效。如果对于给定的 n,有多个估计值满足无偏要求,其中以 $\hat{Q}$ 的方差最小(Minimum variance),则称 $\hat{Q}$ 是 Q 的有效估计值。

图 6-4(A) 与 (B) 都是参数 Q 的无偏估计,但 (A) 比 (B) 方差小,因此 (A) 的估计值 $\hat{Q}$ 比 (B) 的估计值 $\hat{Q}$ 更为有效。

举例说,对于正态分布,其均值、中位值都是相等的。那我们是否可用样本中位值作为总体均值 μ 的估计值呢? 实际上,由于样本中位值的抽样分布比样本均值要分散,样本均值的标准差为 $\frac{\sigma}{\sqrt{n}}$,而样本中位值的标准差为 $1.253\frac{\sigma}{\sqrt{n}}$,因此选用样本均值作为母体均值 μ 的估计值更为有效。

为了说明样本均值 $\bar{X}$ 和样本方差 S^2 分散的程度,下面给出它们抽样分布的方差值。

1. 样本均值 $\bar{X}$ 的方差

对于简单随机抽样,因为 X_i 相互独立,且具有与总体 ξ 相同的分布,因此有

$$D(\bar{X}) = D\left(\frac{X_1+X_2+\cdots+X_n}{n}\right)$$

$$= \frac{1}{n^2}[D(X_1)+D(X_2)+\cdots+D(X_n)]$$

$$= \frac{1}{n^2}nD(X) = \frac{D(X)}{n} = \frac{\sigma^2}{n} \tag{6-6}$$

第六章 参数估计

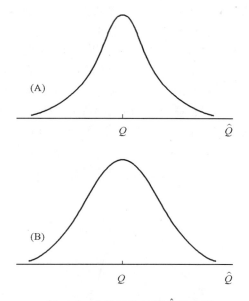

图 6-4 方差与估计值 $\hat{Q}$ 示意图

2. 样本方差 S^2 的方差

S^2 的方差公式比较复杂。当总体为正态时，其公式为

$$D(S^2)=\frac{2}{n-1}\sigma^4 \tag{6-7}$$

可见，无论样本均值或是样本方差，它们的方差都随着样本容量 n 的增大而减小。因此增加样本容量可以有效地增加一次抽样接近待估参数的概率，这也是为什么在抽样调查中，一般样本容量都要取比较大的缘故。

（三）一致性

对于估计值，除了要求无偏性和有效性外，一个好的估计值还应当要求随着样本容量 n 的增大以更大的概率去接近被估计参数的值。这也是很自然的要求。

我们把样本容量为 n 时的估计值记作 $\hat{Q}_n$。如果 $n\to\infty$ 时，$\hat{Q}_n$ 按概率收敛于总体参数 Q，即对于任何正数 ε，有

$$\lim_{n\to\infty}P(|\hat{Q}_n-Q|<\varepsilon)=1$$

则称 $\hat{Q}_n$ 是 Q 的一致估计值。

根据样本均值 $\bar{X}$ 和样本方差 S^2 所计算的方差 $D(\bar{X})$ 和 $D(S^2)$，由于都和 n

成反比[式(6-6)和式(6-7)]，因此随着 n 增大，$\bar{X}$ 和 S^2 都以更大的概率接近待估的参数。也就是说，它们都是满足一致性要求的。

以上简单介绍了衡量估计值的标准。可以看出，无偏性对估计值的要求比较直观，因为当偏估过大时，就意味着估计值的分布几乎不包含总体的待估参数，因此这样的估计值是没有用的。但有时存在这样的情况，对于某个参数，不能找到各种要求都很好满足的估计值，而是存在着略有偏估但有效性好和无偏估但有效性差两种估计值。如果出现这种情况，那又该如何选择估计值呢？举例说，前面谈到对于正态分布，用样本均值作为总体均值的估计值比样本中位值好。但对一个非正态总体，如果它的样本均值和样本中位值 M 呈现如下的分布(图6-5)：

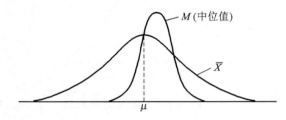

$E(\bar{X})=\mu$，$E(M)\neq\mu$，但 $D(\bar{X})>D(M)$

图 6-5 无偏性与有效性的综合考虑

那么又将如何选择总体均值的估计值呢？根据无偏性来说，$\bar{X}$ 比 M 好，因为

$$E(\bar{X}) = \mu$$
$$E(M) \neq \mu$$

但根据有效性来说，则 M 比 $\bar{X}$ 好，因为

$$D(\bar{X}) > D(M)$$

它表示对多次抽样来说，$\bar{X}$ 是无偏的，而 M 则是有偏的。但对一次抽样来说，由于 $\bar{X}$ 的分散性大，因此 $\bar{X}$ 偏离 μ 较大的可能性会比用 M 大。在这种情况下，似乎用略有偏估而方差较小的 M 更好些。

对于估计值的评价标准有很多理论上的讨论，有兴趣可以进一步参考有关的统计书籍，这里不多介绍了。最后需要指出的是，虽然 S^2 是总体方差 σ^2 的无偏估计，但 S 并不是 σ 的无偏估计，因为 S^2 和 S 是两个不同的随机变量。

第四节 抽样分布

上节谈到样本均值和样本方差都是统计量,统计量是随机变量。对于随机变量,我们要研究它的数字特征及其分布。上节的无偏性和有效性,实际就是研究了这些统计量的数字特征:均值和方差。这一节我们讨论统计量的分布,又称抽样分布(Sampling distribution)。学习抽样分布是为今后参数估计和统计推论打好理论基础。

我们知道,抽样来自总体,但抽样分布的形状却可以与总体分布的形状很不相同。这一点中心极限定理已做了理论解释。下面让我们回忆一下第五章中心极限定理所举过类似的例子,说明抽样分布是如何形成的,以及抽样分布的形状与总体分布之不同。

[例]3. 设某村有 5 户人家,表 6-4 是总体家庭人口的统计表。试求总体均值 μ 和方差 σ^2,并比较总体人口数与抽样 $n=2$ 的平均家庭人口数的概率分布。

表 6-4 某村家庭人口统计

人口数	户数
4	1
5	1
6	1
7	1
8	1

[解]:设 $\xi=$ "家庭人口数", ξ 的概率分布如图 6-6 所示。

总体均值 $\quad \mu = \frac{1}{N}\sum x_i = \frac{1}{5}(4+5+6+7+8) = 6$ 人

总体方差 $\quad \sigma^2 = \frac{1}{N}\sum(x_i-\mu)^2 = 2$

总体标准差 $\quad \sigma=1.4$

现在从总体($N=5$)中,做样本容量 $n=2$ 的简单随机抽样,它可能选出的样本共有

$$5\times 5 = 25 \text{ 种}$$

其结果如表 6-5 所示。

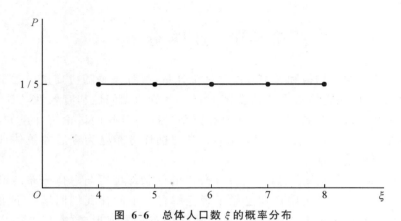

图 6-6 总体人口数 ξ 的概率分布

表 6-5 可能选出的全部简单随机样本

第一次	第二次	平均家庭人口数
4	4	4.0
4	5	4.5
4	6	5.0
4	7	5.5
4	8	6.0
5	4	4.5
5	5	5.0
5	6	5.5
5	7	6.0
5	8	6.5
6	4	5.0
6	5	5.5
6	6	6.0
6	7	6.5
6	8	7.0
7	4	5.5
7	5	6.0
7	6	6.5
7	7	7.0
7	8	7.5
8	4	6.0
8	5	6.5
8	6	7.0
8	7	7.5
8	8	8.0

经过整理,得出样本平均家庭人口数的抽样分布(表 6-6)。

表 6-6 样本平均家庭人口数的抽样分布

平均家庭人口数	频次	概率
4.0	1	1/25
4.5	2	2/25
5.0	3	3/25
5.5	4	4/25
6.0	5	5/25
6.5	4	4/25
7.0	3	3/25
7.5	2	2/25
8.0	1	1/25

根据平均家庭人口数 $\bar{X}$(表 6-6),做出概率分布图 6-7。比较图 6-6 和图 6-7,可知 $\bar{X}$ 的分布与总体分布有很大不同:总体分布是等概的(图 6-6),而 $\bar{X}$ 分布已呈现出对称的、接近正态的非等概分布(图 6-7)。另外可以看出,总体的均值 $\mu=6$,但对于每一次抽样所计算的样本均值 $\bar{X}$,它既可以等于,也可以不等于总体均值 6,极端情况下,可以是 4 人或 8 人(表 6-6)。但是虽然 $\bar{X}$ 呈现多值性,样本均值 $\bar{X}$ 的平均值却仍然等于总体的均值 μ(图 6-7)。

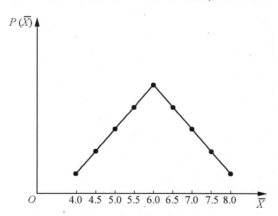

图 6-7 样本平均家庭人口数的抽样分布图

下面就样本均值 $\bar{X}$ 和方差 S^2 的分布做一些讨论。

一、样本均值 $\bar{X}$ 的分布

根据总体和样本的不同,我们分三种情况来讨论样本均值 $\bar{X}$ 的分布。

(一)总体分布为正态分布 $N(\mu,\sigma^2)$,且方差 σ^2 为已知

根据正态分布的性质,任意有限个服从正态分布的独立随机变量之线性函数仍然服从正态分布。因此,若

$$\xi_1,\xi_2,\cdots,\xi_n$$

是从总体分布为 $N(\mu,\sigma^2)$ 中抽出的一个样本,则 $\xi_1,\xi_2,\cdots,\xi_n$ 是 n 个相互独立、分布为 $N(\mu,\sigma^2)$ 的随机变量。那么,样本均值 $\bar{X}$ 仍然服从正态分布:

$$\bar{X} = \frac{1}{n}\sum_{i=1}^{n}\xi_i \sim N\left(\mu,\frac{\sigma^2}{n}\right) \tag{6-8}$$

比较总体分布 $\qquad\qquad\xi \sim N(\mu,\sigma^2)$

和抽样分布 $\qquad\qquad\bar{X} \sim N\left(\mu,\frac{\sigma^2}{n}\right)$

可以发现,两者分布形式和 μ 都是一样的。不同的是,$\bar{X}$ 分布的方差 $\sigma_{\bar{X}}^2 = \frac{\sigma^2}{n}$ 比 ξ 分布方差 σ^2 小了 n 倍: $\frac{\sigma_{\bar{X}}^2}{\sigma^2} = \frac{1}{n}$。可见,随着样本容量 n 的增加,可以有效地减少抽样分布的分散程度(图6-8)。

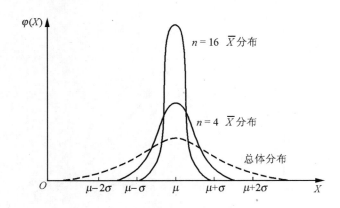

图 6-8 样本容量与抽样分布

正如 σ 反映了总体随机变量 ξ 围绕 μ 值的平均分散程度一样,$\sigma_{\bar{X}}$ 反映了统

计量 $\bar{X}$ 围绕 μ 的分散程度，或者说反映了抽样均值 $\bar{X}$ 与 μ 的平均误差水平，$\sigma_{\bar{X}}$ 称作抽样均值的平均误差或标准误差。$\sigma_{\bar{X}}$ 与 σ 不同之处在于 σ 是总体的参数，是唯一不变的数，而 $\sigma_{\bar{X}}$ 值则除了与总体 σ 有关外，它还随着样本容量 n 而变化：

$$\sigma_{\bar{X}} = \frac{\sigma}{\sqrt{n}} \tag{6-9}$$

由于 $\sigma_{\bar{X}}$ 是抽样引起的，$\sigma_{\bar{X}}$ 的大小可以反映统计量的可靠性程度。如果将 $\bar{X}$ 标准化：

$$\frac{\bar{X}-\mu}{\frac{\sigma}{\sqrt{n}}} \sim N(0,1) \tag{6-10}$$

就可得到标准正态分布 $N(0,1)$。式(6-9)在今后参数的区间估计和假设检验中都会用到。

（二）总体分布为正态分布 $N(\mu,\sigma^2)$，但方差 σ^2 为未知

这种情况更为普遍，即分布是正态形的，但其参数却不知道。这时我们用样本方差 S^2 作为总体方差 σ^2 的估计值。根据数学的推算，统计量

$$\frac{\bar{X}-\mu}{\frac{S}{\sqrt{n}}}$$

已不再服从正态分布，而是服从自由度 k 为 $n-1$ 的 t 分布（$k=n-1$）：

$$\frac{\bar{X}-\mu}{\frac{S}{\sqrt{n}}} \sim t(n-1) \tag{6-11}$$

统计量 $\dfrac{\bar{X}-\mu}{\frac{S}{\sqrt{n}}}$ 也是以后在推论中常要用到的。t 分布的图形为图 6-9。t 分布的图形是对称的，这一点与正态分布图形相同，但它的离散程度比标准正态分布要大。可以证明，t 分布的方差为

$$\sigma_t^2 = \frac{k}{k-2} \qquad (当 k>2) \tag{6-12}$$

当 k 很大时，t 分布图形与标准正态分布差别很小：

$$\lim_{n \to \infty} \frac{k}{k-2} = 1$$

因此当 k 很大时（$n>30$），就可用标准正态分布 $N(0,1)$ 来近似 t 分布。

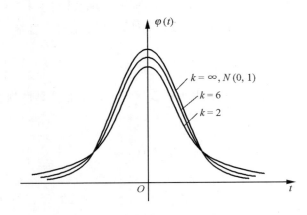

图 6-9　不同自由度 k 的 t 分布

（三）任意总体，大样本情况

前面两种情况都是针对总体为正态分布进行讨论的。但如果对总体知之甚少，甚至对它是什么类型也不知道，这在社会现象的探索研究中也是常见的，这时前面两种讨论将不适用。但根据中心极限定理，只要样本容量足够大，即在大样本情况下，$\bar{X}$ 的分布将接近正态分布（中心极限定理）。

若总体的均值为 μ，方差为 σ^2，$\bar{X}$ 是取自该总体的大小为 n 的样本的平均值，S 是样本的标准差，则当 $n\to\infty$ 时，

$$\frac{\bar{X}-\mu}{\frac{\sigma}{\sqrt{n}}}$$

以及

$$\frac{\bar{X}-\mu}{\frac{S}{\sqrt{n}}}$$

的极限分布均为 $N(0,1)$。

由于上述极限分布的存在，使我们在社会现象的研究中，可以不考虑总体的原分布如何，只要 n 足够大（在社会现象中，指 $n\geqslant 50$），$\bar{X}$ 的分布将确定为一个近似的正态分布。这正是正态分布在统计中处于特殊重要地位的原因。

二、样本方差 S^2 的分布[①]

样本方差 $S^2 = \dfrac{1}{n-1}\sum_{i=1}^{n}(X_i - \bar{X})^2$ 是随机变量,上节研究了 S^2 的均值和方差:

$$E(S^2) = \sigma^2 \qquad (6\text{-}13)$$

$$D(S^2) = \dfrac{2}{n-1}\sigma^4 \qquad (6\text{-}14)$$

一般情况下 S^2 的分布很复杂,它的精确分布不一定能求出来。但如果想知道它的大致形状,可以通过计算机模拟的方法,从总体中随机抽取相当数目的样本,并做出样本方差的频率直方图,这样所求总体样本方差 S^2 的分布就可大致知道了。

下面讨论一种特殊的情况,即仅在总体为正态分布时,S^2 的分布与另一种重要的统计分布——χ^2 相联系。这时,可以证明,样本方差乘以 $\dfrac{n-1}{\sigma^2}$ 满足自由度 $k = n-1$ 的 χ^2 分布:

$$\dfrac{n-1}{\sigma^2} S^2 \sim \chi^2(n-1)\,[②] \qquad (6\text{-}15)$$

该式中包含了与总体有关的参数 σ^2,从而有关 S^2 的分布和 σ^2 的推论可借助 χ^2 分布来讨论。

χ^2 分布的均值、方差与自由度 k 有如下关系式:

$$E[\chi^2(k)] = k \qquad (6\text{-}16)$$

[①] 可作选读用。

[②] 根据第五章,χ^2 分布为若干相互独立、满足标准正态分布的随机变量平方和的分布。因此,若 $x_1, x_2, \cdots, x_n$ 是从总体分布为 $N(\mu, \sigma^2)$ 抽取出的一个样本,则 $\dfrac{x_i - \mu}{\sigma}(i=1,2,\cdots,n)$ 是 n 个相互独立的 $N(0,1)$,从而有

$$\sum_{i=1}^{n}\left(\dfrac{x_i - \mu}{\sigma}\right)^2 \sim \chi^2(n)$$

但当 μ 未知,用 $\bar{x}$ 代替 μ 的情况下,可以证明

$$\sum_{i=1}^{n}\dfrac{(x_i - \bar{x})^2}{\sigma^2} = \dfrac{1}{\sigma^2}\sum_{i=1}^{n}(x_i - \bar{x})^2 = \dfrac{1}{\sigma^2}(n-1)S^2 \sim \chi^2(n-1)$$

$$D[\chi^2(k)]=2k^{①} \qquad (6\text{-}17)$$

第五节 正态总体的区间估计

一、有关区间估计(Interval estimation)的几个概念

(一) 名词解释

本章第三节,介绍了参数的点估计。但是由于真正的参数我们并不知道,因此我们无法知道由样本所计算的点估计值到底距离真值是多少,也就是我们无法知道点估计值的精度如何。为此我们想到改用一个范围或一个区间来对未知参数进行估计,例如我们说某村的月平均收入在 800—1000 元之间。显然这样的估计方法比之说某村的月平均收入是多少元,猜中的可能性要大得多了,这就是参数的区间估计。对于参数的区间估计,在给出区间估计的同时,还必须指出所给区间包含未知参数的概率是多少。

例如,我们用 $\hat{Q}(x_1, x_2, \cdots, x_n)$ 作为未知参数 Q 的估计值,那么,区间 $[\hat{Q}-\varepsilon, \hat{Q}+\varepsilon]$ 包含参数 Q 之概率为 $1-\alpha$ 的关系表达式为

$$P(\hat{Q}-\varepsilon \leqslant Q \leqslant \hat{Q}+\varepsilon)=1-\alpha \qquad (6\text{-}18)$$

其中区间 $[\hat{Q}-\varepsilon, \hat{Q}+\varepsilon]$ 称作置信区间。区间的大小,反映了估计的准确性或精确性。

$1-\alpha$ 称作置信概率、置信度或置信系数。它表示用置信区间估计的可靠性。

α 称显著性水平(Significance level)。它表示用置信区间估计不可靠的概

---

① 事实上,根据式(6-16)和式(6-17)可以推算出式(6-13)和式(6-14):

设 $k=n-1$

将式(6-15): $\dfrac{n-1}{\sigma^2}S^2 \sim \chi^2(n-1)$

中左式求其均值和方差,右式代入式(6-16)和式(6-17)有

$$E[\chi^2(n-1)]=E\left(\frac{n-1}{\sigma^2}S^2\right)=\frac{n-1}{\sigma^2}E(S^2)=n-1$$

所以 $E(S^2)=\sigma^2$

同理 $D[\chi^2(n-1)]=D\left(\dfrac{n-1}{\sigma^2}S^2\right)=\dfrac{(n-1)^2}{\sigma^4}D(S^2)=2(n-1)$

所以 $D(S^2)=\dfrac{2\sigma^4}{n-1}$

第六章 参数估计

率。显然,置信度与显著性水平之和为 1。对一个具体问题,如果提出的置信度要求为 0.95,那就意味着显著性水平为 0.05。

(二) 置信区间(Confidence interval)与置信度(Confidence coefficient)之间的关系

为什么置信区间会与置信度之间产生联系呢？我们知道,$\hat{Q}$ 是由样本值确定的统计量,如果把区间写作一般的形式：

$$P(\hat{Q}_1 \leqslant Q \leqslant \hat{Q}_2) = 1 - \alpha \tag{6-19}$$

$$\hat{Q}_1 = \hat{Q}_1(x_1, x_2, \cdots, x_n)$$

$$\hat{Q}_2 = \hat{Q}_2(x_1, x_2, \cdots, x_n)$$

式(6-19)中 Q 是未知参数,对于确定总体,它是唯一的。但 $\hat{Q}_1$ 和 $\hat{Q}_2$ 却是统计量,它是随着样本而变的随机变量。因此,对于不同的样本,区间是会变化的。这样的区间,确切地说是一个随机区间。对于一次抽样所形成的样本,它的区间估计 $[\hat{Q}_1, \hat{Q}_2]$ 可能包含待估参数 Q,也可能不包含待估的参数 Q,包含与否是一个随机事件。而 $1-\alpha$ 正是指出"包含待估参数"这样随机事件的概率是多少,或者等价的是 α 指出了"不包含待估参数"这样随机事件的概率是多少。

置信区间除了双侧区间

$$[\hat{Q}_1, \hat{Q}_2]$$

之外,还是单侧区间

$$Q < \hat{Q}_2 \quad \text{或} \quad Q > \hat{Q}_1$$

举例说,要估计的问题是某地区平均收入低于 1000 元的概率是多少,或高于 2000 元的概率是多少等,都属于单侧区间估计。单侧区间与置信度之间的关系,可写作

$$P(Q < \hat{Q}_2) = 1 - \alpha$$

或

$$P(Q > \hat{Q}_1) = 1 - \alpha$$

由于单侧区间和双侧区间所反映的内容是相同的,因此下面仅就双侧区间进行讨论。

置信区间与置信度的关系表达式

$$P(\hat{Q}_1 < Q < \hat{Q}_2) = 1 - \alpha$$

反映了区间估计精度和置信度之间的关系。

对于置信度,一般是根据实际情况预先给定的。通常置信度的标准有

$$1-\alpha = 0.90$$
$$1-\alpha = 0.95$$
$$1-\alpha = 0.99$$

当置信度 $1-\alpha$ 取 0.90 时,它表示如果独立重复地抽取很多样本,每次样本容量 n 保持不变的话,那么,平均而言,每 100 个样本,其中有 90 个样本算出的区间估计是包含待估参数 Q 的。置信度为 0.95、0.99 其解释与 0.90 相同,只是每 100 个样本中,包含待估参数的样本将增加到 95 个或 99 个。

在样本容量一定的情况下,置信区间和置信度是相互制约的。置信度愈大(估计的可靠性愈大),则相应的置信区间也愈宽(估计的愈不精确)。举例说,某班的考试成绩,如果估计区间为 0—100 分,显然,这样的估计永远可靠。因为任何考试的结果,平均成绩都不会超出估计的范围。但从另一方面来说,这样估计也是毫无价值的。因为它的精度几乎为 0,因此,必须把区间估计得小一些,这样做的结果,估计的精确程度是提高了,但代价将是估错的可能性增加了,也就是可靠性或置信度 $1-\alpha$ 下降了。

(三) 区间估计与抽样分布

在本节式(6-18)中谈到区间估计与置信度之间的关系是用概率公式表达的:

$$P(\hat{Q}-\varepsilon \leqslant Q \leqslant \hat{Q}+\varepsilon)=1-\alpha$$

其中置信度 $1-\alpha$ 是预先给定的。但知道了 $1-\alpha$, $\hat{Q}$ 和 ε 又该是什么呢?显然只有知道了 $\hat{Q}$ 或和其有关统计量的抽样分布,才能把概率 $1-\alpha$ 的大小和区间估计 $[\hat{Q}-\varepsilon, \hat{Q}+\varepsilon]$ 的大小联系起来,下面通过一个实际的例子来解释。

[例] 4. 对某企业职工闲暇时间进行研究。根据一次样本($n=33$)的调查,职工平均每天看电视时间 $\bar{X}=0.96$ 小时,$S=0.47$ 小时。试求企业职工平均每天看电视时间的区间估计(置信度取 95%)。假定看电视时间 ξ 满足正态分布 $N(\mu, \sigma^2)$,其中 σ^2 未知。

[解]:为了求得企业职工平均看电视时间的区间估计,现在假想对企业职工做无数次的抽样调查,每次样本(简单随机抽样)容量都是 33 人,这样可以得到无数个平均每天看电视时间:

第六章　参数估计

$$\bar{X}_1$$
$$\bar{X}_2$$
$$\vdots$$
$$\bar{X}_\infty$$

根据本章式(6-11),以下统计量将服从 t 分布(图 6-10 是图 6-9 中 $k=33-1$ 的 t 分布图):

$$\frac{\bar{X}-\mu}{\frac{S}{\sqrt{n}}} \sim t(33-1) \tag{6-20}$$

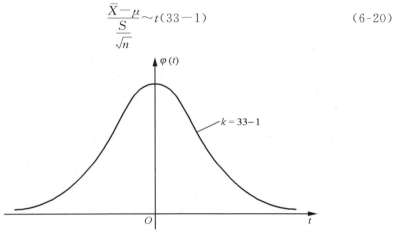

图 6-10　自由度 $k=33-1$ 的 t 分布

根据图 6-10,可以求出围绕 $t=0$(实际就是 $\bar{X}=\mu$)的面积。面积大小反映了统计量 t 在该区间出现的概率。因此,如果置信度为 95%,就选择围绕 $t=0$(或 $\bar{X}=\mu$)的面积为 95%。根据面积 95% 可以进一步确定区间所对应 t 的临界值。为此查附表 5,$\alpha=1-0.95=0.05$。根据题意,α 为双侧。所以查表时要根据 $\alpha/2=0.025$ 查 t 值,当自由度为 32 时,t 值见表 6-7。

表 6-7　$\alpha/2=0.025,k=32$ 时的 t 值

n	$\alpha=0.25$	......	0.025	......
1	:	:	:	:
2	:	:	:	:
:	:	:	:	:
32	:	:	2.0369	:
:	:	:	:	:

(摘自附表 5)

t 近似地取

$$t_{\alpha/2} = 2.0369 \approx 2.04$$

将 $t_{\alpha/2} = -2.04$ 和 $t_{\alpha/2} = 2.04$ 代入式(6-20)：

$$t = \frac{\bar{X} - \mu}{\frac{S}{\sqrt{n}}} = \frac{\bar{X} - \mu}{S_{\bar{X}}}$$

$\bar{X}$ 的临界值

$$\mu - 2.04 \frac{S}{\sqrt{n}} \text{ 和 } \mu + 2.04 \frac{S}{\sqrt{n}}$$

它表示对于 $\bar{X}$ 的抽样分布，将有 95% 的 $\bar{X}$ 围绕 μ，包含在

$$[\mu - 2.04 S_{\bar{X}}, \mu + 2.04 S_{\bar{X}}] \tag{6-21}$$

的区间之内。

至此问题还没有解决，因为式(6-21)区间内的 μ 是未知的。为此我们用样本均值 $\bar{X}$ 代替式(6-21)中的总体均值 μ。即将题中以下值：

$$\bar{X} = 0.96$$
$$S = 0.47$$

代入式(6-20)：

$$\bar{X} - 2.04 S_{\bar{X}} = 0.96 - 2.04 \frac{0.47}{\sqrt{33}} = 0.79$$

$$\bar{X} + 2.04 S_{\bar{X}} = 0.96 + 2.04 \frac{0.47}{\sqrt{33}} = 1.13$$

于是区间估计为 $[0.79, 1.13]$。

根据计算结果，可能会产生这样的问题：既然 μ 是未知的、待估的，那么在计算中用样本均值 $\bar{X}$ 代替 μ 是否合理呢？

实际上，我们确实不知道 μ 值，也不知道一次抽样计算所得 $\bar{X}$ 到底在 t 分布（根据题意 t 分布是已知的）的何端。但是我们可以假定，如果样本均值 $\bar{X} = 0.96$ 是落在 t 分布面积为 0.95 的区间之内的话，那么根据 $\bar{X}$ 值，两端各延长 $2.04 S_{\bar{X}} = 0.17$，其区间 $[\bar{X} - 0.17, \bar{X} + 0.17]$ 必然会包含住总体的 μ 值（图 6-11 中之右侧 $\bar{X}$ 值）。反之，如果样本均值 $\bar{X} = 0.96$ 并未落在 t 分布面积为 0.95 的区间之内，那么，即便两端再延长 $2.04 S_{\bar{X}}$，也不能包含住总体的 μ 值（图 6-11

中左侧 $\bar{X}$ 值)。但由于我们事先并不知道 μ 值,因此无法知道 $\bar{X}$ 是图中的左侧 $\bar{X}$,亦是右侧 $\bar{X}$。但是对任一次抽样而言,总是存在 0.95 的概率,其值是落入 t 临界值区间之内的,其中只有 5% 的概率,其值即便加上了两端的延长 $2.04 S_{\bar{X}}$,也没有能包含住总体的 μ 值。对于置信度为 95% 而言,可以认为,如果做多次抽样的话,那么平均而言,每 20 次抽样,就会出现一次估计区间未能包含住总体 μ 的情况。下面是假想 μ 已知情况下,20 次抽样结果的区间估计。并以第 11 次抽样,表示它没有包含住真正的 μ 值(图 6-12)。需要再次强调的是,由于

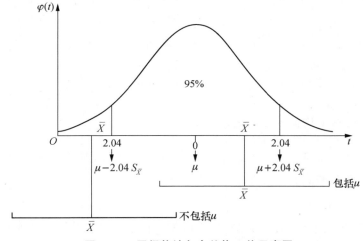

图 6-11 区间估计包含总体 μ 值示意图

图 6-12 置信度的示意图

μ 是未知或待估的,因此实际的情况是,只能说每一次抽样都存在 95% 估计正确的可能性,而不能具体指出哪一次是估错的。

以上是根据置信度取 95% 进行讨论的,如果把置信度改作 99%($\alpha = 0.01$),查附表 5,$t_{\alpha/2}$ 的临界值将增至 $2.7385 \approx 2.74$。代入区间估计公式(6-20):

$$\bar{X} - 2.74 S_{\bar{X}} = 0.96 - 2.74 \frac{0.47}{\sqrt{33}} = 0.96 - 0.22 = 0.74$$

$$\bar{X} + 2.74 S_{\bar{X}} = 0.96 + 2.74 \frac{0.47}{\sqrt{33}} = 0.96 + 0.22 = 1.18$$

区间 [0.74, 1.18] 比置信度 95% 的区间估计 [0.79, 1.13] 为宽。同理,如果置信度减小,估计的区间就会变窄,也就是精确度增加。可见,在样本容量一定的情况下,置信度与精度是相互制约的。

以上介绍了区间估计的概念。下面讨论参数区间估计的一般公式。

二、正态总体均值的区间估计

如果总体分布满足 $\xi \sim N(\mu, \sigma^2)$,$\mu$ 的区间估计,根据 σ^2 是否为已知,分以下两种统计量进行讨论。

(一) σ^2 为已知

根据本章第四节抽样分布的讨论,以下统计量满足标准正态分布

$$Z = \frac{\bar{X} - \mu}{\frac{\sigma}{\sqrt{n}}} \sim N(0, 1)$$

对于 μ 的双侧置信区间有

$$P(|Z| < Z_{\alpha/2}) = 1 - \alpha$$

或

$$P(-Z_{\alpha/2} < Z < Z_{\alpha/2}) = 1 - \alpha$$

将统计量 Z 代入上式有

$$P\left(-Z_{\alpha/2} < \frac{\bar{X} - \mu}{\frac{\sigma}{\sqrt{n}}} < Z_{\alpha/2}\right) = 1 - \alpha \tag{6-22}$$

经整理有

$$P\left(\bar{X} - Z_{\alpha/2} \frac{\sigma}{\sqrt{n}} < \mu < \bar{X} + Z_{\alpha/2} \frac{\sigma}{\sqrt{n}}\right) = 1 - \alpha \tag{6-23}$$

第六章 参数估计

区间 $\left[\bar{X}-Z_{\alpha/2}\dfrac{\sigma}{\sqrt{n}}, \bar{X}+Z_{\alpha/2}\dfrac{\sigma}{\sqrt{n}}\right]$ 为待估参数 μ、置信度为 $1-\alpha$ 的双侧置信区间（图 6-13）。其中置信区间下限

$$\mu_L = \bar{X} - Z_{\alpha/2}\dfrac{\sigma}{\sqrt{n}}$$

置信区间上限

$$\mu_U = \bar{X} + Z_{\alpha/2}\dfrac{\sigma}{\sqrt{n}}$$

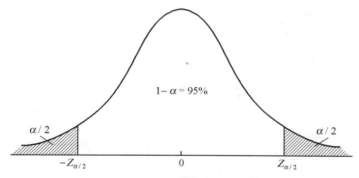

图 6-13 正态分布的双侧置信区间

当置信度 $1-\alpha=0.95$ 时，查附表 4，阴影面积等于 0.975 时，$Z_{\alpha/2}=1.96$，置信区间为

$$\left[\bar{X}-1.96\dfrac{\sigma}{\sqrt{n}}, \bar{X}+1.96\dfrac{\sigma}{\sqrt{n}}\right]$$

当置信度 $1-\alpha=0.99$ 时，查附表 4，$Z_{\alpha/2}=2.58$，置信区间为

$$\left[\bar{X}-2.58\dfrac{\sigma}{\sqrt{n}}, \bar{X}+2.58\dfrac{\sigma}{\sqrt{n}}\right]$$

［例］5. 设某企业女员工从事家务劳动时间服从正态分布 $N(\mu, 0.66^2)$。根据 36 人的随机抽样调查，每天平均从事家务劳动时间 $\bar{X}=2.65$ 小时。求 μ 的双侧置信区间（置信度取 0.95 和 0.99 两种）。

［解］：

(1) $1-\alpha=0.95$，$\alpha/2=0.025$（图 6-13）。根据正态表（附表 4）：

$$\Phi(Z_{\alpha/2})=1-0.025=0.975$$

所以

$$Z_{\alpha/2}=1.96$$

代入式(6-23)置信区间为

$$\left[2.65-1.96\frac{0.66}{\sqrt{36}}, 2.65+1.96\frac{0.66}{\sqrt{36}}\right]=[2.44, 2.87]$$

(2) $1-\alpha=0.99, \alpha/2=0.005$:

$$\Phi(Z_{\alpha/2}) = 1 - 0.005 = 0.995$$
$$Z_{\alpha/2} = 2.58$$

置信区间为

$$\left[2.65-2.58\frac{0.66}{\sqrt{36}}, 2.65+2.58\frac{0.66}{\sqrt{36}}\right]=[2.37, 2.93]$$

（二）σ^2 为未知

当总体满足正态分布，但 σ^2 未知的情况，以下统计量满足自由度 $k=n-1$ 的 t 分布：

$$t=\frac{\bar{X}-\mu}{\frac{S}{\sqrt{n}}} \sim t(n-1) \tag{6-24}$$

μ 的双侧置信区间有图 6-14：

$$P(|t|<t_{\alpha/2})=1-\alpha \tag{6-25}$$

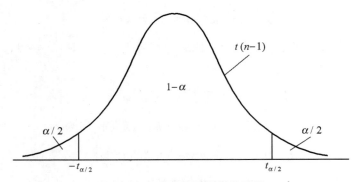

图 6-14 t 分布的双侧置信区间

将式(6-24)代入式(6-25)，整理后有

$$P\left(\bar{X}-t_{\alpha/2}\frac{S}{\sqrt{n}}<\mu<\bar{X}+t_{\alpha/2}\frac{S}{\sqrt{n}}\right)=1-\alpha \tag{6-26}$$

μ 的置信区间为

$$\left[\bar{X}-t_{\alpha/2}\frac{S}{\sqrt{n}}, \bar{X}+t_{\alpha/2}\frac{S}{\sqrt{n}}\right] \tag{6-27}$$

置信区间下限

第六章 参数估计

$$\mu_L = \bar{X} - t_{\alpha/2} \frac{S}{\sqrt{n}}$$

置信区间上限

$$\mu_U = \bar{X} + t_{\alpha/2} \frac{S}{\sqrt{n}}$$

[例]6. 设某社区受教育程度服从正态分布 $N(\mu,\sigma^2)$，σ^2 未知。根据 25 人的随机抽样调查，平均受教育年限 $\bar{X}=11.5$ 年，标准差 $S=3.6$ 年。求 μ 的双侧置信区间（$1-\alpha=0.99$）。

[解]：$1-\alpha=0.99$，$k=25-1=24$，根据附表 5 查得
$$t_{\alpha/2}=2.7969\approx 2.80$$
代入置信区间公式(6-27)，有

$$\left[\bar{X}-2.80\frac{S}{\sqrt{n}},\ \bar{X}+2.80\frac{S}{\sqrt{n}}\right]$$

$$=\left[11.5-2.80\frac{3.6}{\sqrt{25}},\ 11.5+2.80\frac{3.6}{\sqrt{25}}\right]=[9.48,\ 13.52]$$

即置信度为 0.99 时的置信区间为 [9.48, 13.52]。

三、正态总体方差的区间估计[①]

根据本章第四节抽样分布的讨论，对于正态总体 $N(\mu,\sigma^2)$，以下统计量满足自由度 $k=n-1$ 的 χ^2 分布：

$$\frac{(n-1)}{\sigma^2}S^2 \sim \chi^2(n-1) \qquad (6-28)$$

对于给定置信度 $1-\alpha$，双侧区间 χ^2 的临界值应满足图 6-15：

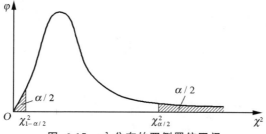

图 6-15 χ^2 分布的双侧置信区间

---

① 可作选读用。

$$P(\chi^2 \geqslant \chi^2_{\alpha/2}) = \alpha/2$$
$$P(\chi^2 \leqslant \chi^2_{1-\alpha/2}) = \alpha/2 [\text{或 } P(\chi^2 \geqslant \chi^2_{1-\alpha/2}) = 1-\alpha/2]$$
$$P(\chi^2_{1-\alpha/2} < \chi^2 < \chi^2_{\alpha/2}) = 1-\alpha \tag{6-29}$$

将式(6-28)代入式(6-29),整理后有

$$P\left(\frac{(n-1)S^2}{\chi^2_{\alpha/2}} < \sigma^2 < \frac{(n-1)S^2}{\chi^2_{1-\alpha/2}}\right) = 1-\alpha \tag{6-30}$$

其中区间 $\left[\dfrac{(n-1)S^2}{\chi^2_{\alpha/2}}, \dfrac{(n-1)S^2}{\chi^2_{1-\alpha/2}}\right]$ 为待估参数 σ^2、置信度为 $1-\alpha$ 的双侧置信区间。

置信区间下限
$$\sigma^2_L = \frac{(n-1)S^2}{\chi^2_{\alpha/2}}$$

置信区间上限
$$\sigma^2_U = \frac{(n-1)S^2}{\chi^2_{1-\alpha/2}}$$

[例] 7. 设某村平均家庭购买化肥的支出服从正态分布。根据 10 户支出的抽样调查,得出数据:578、572、570、568、572、570、570、596、584、572。求方差 σ^2 和标准差 σ 的置信区间 $(1-\alpha=0.95)$。

[解]:

(1) 计算 $\bar{X}$ 和 S^2。

$$\bar{X} = \frac{1}{n}\sum_{i=1}^{n} x_i = \frac{1}{10}(578+572+\cdots+572) = 575.2$$

$$S^2 = \frac{1}{n-1}\sum(x_i-\bar{X})^2 = \frac{1}{9}(681.6)$$

(2) 置信度 $1-\alpha=0.95$,自由度 $k=n-1=9$,查附表 6,有

$$P(\chi^2 \geqslant \chi^2_{\alpha/2}) = \frac{0.05}{2}$$

$$\chi^2_{\alpha/2} = 19.023 \approx 19$$

$$P(\chi^2 \geqslant \chi^2_{1-\alpha/2}) = 1-\frac{0.05}{2} = 0.975$$

$$\chi^2_{1-\alpha/2} = 2.7$$

(3) 将 $\chi^2_{\alpha/2}$ 和 $\chi^2_{1-\alpha/2}$ 值代入方差区间估计公式(6-30):

$$P\left(\frac{(n-1)S^2}{\chi^2_{\alpha/2}} < \sigma^2 < \frac{(n-1)S^2}{\chi^2_{1-\alpha/2}}\right) = 0.95$$

$$\frac{(n-1)S^2}{\chi^2_{\alpha/2}} = \frac{681.6}{19} = 35.87$$

$$\frac{(n-1)S^2}{\chi^2_{1-\alpha/2}} = \frac{681.6}{2.7} = 252.44$$

（4）根据以上计算结果,置信度为 0.95 的方差 σ^2 置信区间为 [35.87, 252.44],或置信度为 0.95 的标准差 σ 置信区间为

$$[\sqrt{35.87}, \sqrt{252.44}] = [5.99, 15.89]$$

第六节 大样本区间估计

通过上章中心极限定理的学习,我们知道,对于随机变量分布的任何形式,只要 n 足够大,n 个相互独立同分布的随机变量之和或均值的分布都将近似地服从正态分布。由于有了中心极限定理,使我们在不知总体分布的情况下,可以通过增加样本容量的方法,对总体均值进行区间估计,实际上它也是后面大样本假设检验的理论基础。大样本一般指样本容量 $n \geqslant 30$,而在社会科学中可取 $n \geqslant 50$。下面我们分别讨论在大样本情况下,总体均值 μ、总体成数 p 以及二总体均值差 $\mu_1 - \mu_2$ 的区间估计。

一、大样本总体均值 μ 的区间估计

大样本均值区间估计公式为

$$P\left(\bar{X} - Z_{\alpha/2}\frac{\sigma}{\sqrt{n}} < \mu < \bar{X} + Z_{\alpha/2}\frac{\sigma}{\sqrt{n}}\right) = 1 - \alpha \quad (6\text{-}31)$$

或置信度为 $1-\alpha$ 的区间估计为

$$\left[\bar{X} - Z_{\alpha/2}\frac{\sigma}{\sqrt{n}}, \ \bar{X} + Z_{\alpha/2}\frac{\sigma}{\sqrt{n}}\right] \quad (6\text{-}32)$$

式中:$\bar{X}$ 为总体均值 μ 的点估计值;

$1-\alpha$ 为置信度;

σ 为总体标准差,当 σ 未知情况下,可用样本标准差代替总体标准差 $\sigma \approx S$;

n 为样本容量,$n \geqslant 50$;

$Z_{\alpha/2}$ 为正态分布双侧区间的分位点(图 6-16)。

可见,从公式的形式上看,大样本的均值区间估计,似乎与正态总体均值区间公式(6-23)没有区别,但实际上是有所不同的。首先这里的大样本区间估计公式并不要求总体为正态分布,其次也不要求总体方差 σ^2(或 σ)为已知量,由于

样本容量 $n \geqslant 50$，无论用 σ 或 S，其分布都将是正态分布。

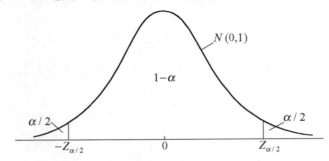

图 6-16 大样本均值双侧区间估计

[例] 8. 设某区受教育程度的总体分布、方差都不知道，根据 50 人的抽样调查结果，平均受教育年限 $\bar{X}=11.5$ 年，标准差 $S=3.6$ 年。求置信度为 0.99 的 μ 双侧置信区间。

[解]：根据题意，虽然总体分布形式未知，但由于样本容量 $n \geqslant 50$，所以可采用大样本区间估计公式(6-32)：

$$\left[\bar{X}-Z_{\alpha/2}\frac{\sigma}{\sqrt{n}}, \bar{X}+Z_{\alpha/2}\frac{\sigma}{\sqrt{n}}\right]$$

置信度 $1-\alpha=0.99$，查附表 4，有

$$Z_{\alpha/2}=2.58$$
$$\sigma \approx S=3.6$$
$$n=50$$
$$\bar{X}=11.5$$

代入区间估计公式(6-32)：

$$\left[11.5-2.58\frac{3.6}{\sqrt{50}}, 11.5+2.58\frac{3.6}{\sqrt{50}}\right]=[10.19, 12.81]$$

因此，置信度为 0.99 的 μ 置信区间为 $[10.19, 12.81]$。

二、总体成数（二项总体参数）p 的估计

在社会学研究中，我们常常会遇到很多定类变量。它的估计不再是均值而是比率、成数问题。例如，根据抽样，需要估计某地区是否已属于老年型人口结构，或需要估计哪些电视节目收看的比例是多少。对于这类问题，在第四章指出属于二项总体，其概率分布为二项分布 $B(n, p)$。

$$P(\xi=x)=C_n^x p^x (1-p)^{n-x} \quad (x=1, 2, \cdots, n)$$

第六章 参数估计

其中 p 为随机事件 A 发生的概率,又称总体成数。

对于二项总体,如同总体均值 μ 的估计一样,可以通过抽样,对总体成数 p 进行点估计和区间估计。

(一) 总体成数 p 的点估计

如果在样本容量为 n 的简单随机抽样中,研究的 A 共出现 m 次,则样本成数

$$\hat{P} = \frac{m}{n}$$

为总体中 A 成数 p 的点估计值。可以证明 $\hat{P}$ 是 p 的无偏估计:

$$E(\hat{P}) = p \text{①}$$

$\hat{P}$ 的方差

$$D(\hat{P}) = \frac{pq}{n} \qquad q = 1 - p$$

---

① 为了求出 $\hat{P}$ 的均值与方差,我们把容量为 n 的样本看作 n 个独立同分布的随机变量 $\xi_i (i=1, 2, \cdots, n)$,其中,

$$\xi_i = \begin{cases} 1 & \text{第 } i \text{ 次观测中出现 } A \\ 0 & \text{其他} \end{cases}$$

且有

$$P(\xi_i = 1) = p$$
$$P(\xi_i = 0) = 1 - p = q$$

ξ_i 的数字特征有

$$E(\xi_i) = 1 \cdot p + 0 \cdot (1-p) = p$$
$$D(\xi_i) = E(\xi_i^2) - (E\xi_i)^2 = p - p^2 = pq$$

而样本成数 $\hat{P}$ 就是统计量

$$\frac{\sum_{i=1}^{n} \xi_i}{n}$$

的一次观测值:

$$\hat{P} = \frac{\sum_{i=1}^{n} \xi_i}{n} = \frac{m}{n}$$

当 $\hat{P}$ 看作是其统计量本身时,它的数字特征为

$$E(\hat{P}) = E\left(\frac{1}{n}\sum_{i=1}^{n} \xi_i\right) = \frac{1}{n}\sum_{i=1}^{n} E(\xi_i) = \frac{1}{n} np = p$$

$$D(\hat{P}) = \sigma_{\hat{P}}^2 = D\left(\frac{1}{n}\sum_{i=1}^{n} \xi_i\right) = \frac{1}{n^2}\sum_{i=1}^{n} D(\xi_i) = \frac{1}{n^2} npq = \frac{pq}{n}$$

$$\sigma_{\hat{P}} = \sqrt{D(\hat{P})} = \sqrt{\frac{pq}{n}}$$

(二) 大样本总体成数 p 的区间估计

样本成数 $\hat{P}$ 可以看作是 n 个满足二点分布 $(0,1)\xi_i$ 的均值：

$$\hat{P} = \frac{\sum_{i=1}^{n} \xi_i}{n}$$

根据中心极限定理,在大样本情况下且满足 $np \geq 5, n(1-p) \geq 5, \hat{P}$ 的分布可近似看作正态分布,因此大样本总体成数 p 的区间估计公式有

$$P(\hat{P} - Z_{\alpha/2}\sigma_{\hat{P}} < p < \hat{P} + Z_{\alpha/2}\sigma_{\hat{P}}) = 1 - \alpha \tag{6-33}$$

或置信度为 $1-\alpha$ 的区间估计为

$$[\hat{P} - Z_{\alpha/2}\sigma_{\hat{P}}, \hat{P} + Z_{\alpha/2}\sigma_{\hat{P}}] \tag{6-34}$$

其中 $\hat{P}$ 为总体成数 p 的点估计值，$1-\alpha$ 为置信度。

$$\sigma_{\hat{P}} = \sqrt{\frac{p(1-p)}{n}} \quad \text{(见第 217 页注 ①)} \tag{6-35}$$

当 p 未知情况下,可用 $\hat{P}$ 代替：$p \approx \hat{P}$。

$Z_{\alpha/2}$ 为正态分布双侧区间的分位点,图形如图 6-17 所示。

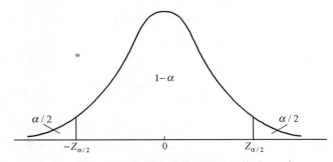

图 6-17 大样本成数双侧区间估计

[例]9. 设根据某地 100 户的随机抽查,其中有 60 户拥有手机,求该地拥有手机成数 p 的置信区间(置信度为 0.95)。

[解]：已知 $n=100, m=60$。

$$\hat{P} = \frac{60}{100} = 0.6, \quad \hat{q} = 1 - \hat{P} = 0.4$$

又因 $1-\alpha = 0.95, \alpha = 0.05$,查附表 4,得

$$Z_{0.05/2} = 1.96$$

代入置信度为 0.95 的 P 值区间估计公式(6-34)：

得
$$\left[\hat{P} - Z_{\alpha/2}\sqrt{\frac{\hat{P}\hat{q}}{n}}, \ \hat{P} + Z_{\alpha/2}\sqrt{\frac{\hat{P}\hat{q}}{n}}\right]$$

$$\left[0.6 - 1.96\sqrt{\frac{0.6 \times 0.4}{100}}, \ 0.6 + 1.96\sqrt{\frac{0.6 \times 0.4}{100}}\right]$$

$$= [0.6 - 0.096, \ 0.6 + 0.096]$$

所以置信度为 0.95 时,该地拥有手机成数 p 的置信区间为 $[0.504, 0.696]$。

三、大样本二总体均值差的区间估计

除了前面介绍的参数估计外,有时我们还要对两个总体均值差或两个总体成数差进行估计。例如根据样本估计两地平均收入的差值有多大(并不需要估计两地各自的平均收入),或者两种教学方法效果的差值等。

设:第一个总体的参数为 μ_1, σ_1^2;

第二个总体的参数为 μ_2, σ_2^2。

现从两总体中独立地各抽取一个随机样本:

来自第一总体的样本:$\bar{X}_1, S_1^2$;

来自第二总体的样本:$\bar{X}_2, S_2^2$。

于是样本均值差

$$\bar{X}_1 - \bar{X}_2$$

可以作为总体均值差 $\mu_1 - \mu_2$ 的点估计值。

显然样本均值差 $\bar{X}_1 - \bar{X}_2$ 也是随机变量,它随着各次样本对的数值变化。如果来自第一总体的样本容量 $n_1 \geqslant 50$,来自第二总体的样本容量 $n_2 \geqslant 50$,则不论第一个总体和第二个总体的原分布如何,其样本均值 $\bar{X}_1$ 和 $\bar{X}_2$ 的分布都将趋向正态分布。而根据正态随机变量线性组合的随机变量仍然服从正态分布的原理,$\bar{X}_1 - \bar{X}_2$ 的分布也将趋向正态分布。它的数字特征为

$$E(\bar{X}_1 - \bar{X}_2) = \mu_1 - \mu_2 \ ①$$

---

① $E(\bar{X}_1 - \bar{X}_2) = E(\bar{X}_1) - E(\bar{X}_2) = \mu_1 - \mu_2$

$D(\bar{X}_1 - \bar{X}_2) = D(\bar{X}_1) + D(\bar{X}_2) = \frac{1}{n_1}D(X_1) + \frac{1}{n_2}D(X_2)$

$= \frac{1}{n_1}\sigma_1^2 + \frac{1}{n_2}\sigma_2^2$

$$\sigma_{(\overline{X}_1-\overline{X}_2)} = \sqrt{\frac{\sigma_1^2}{n_1} + \frac{\sigma_2^2}{n_2}}$$

因此大样本二总体均值差 $\mu_1-\mu_2$ 的区间估计公式为

$$P\left((\overline{X}_1-\overline{X}_2) - Z_{\alpha/2}\sigma_{(\overline{X}_1-\overline{X}_2)} < \mu_1-\mu_2 < (\overline{X}_1-\overline{X}_2) + Z_{\alpha/2}\sigma_{(\overline{X}_1-\overline{X}_2)}\right)$$
$$= 1-\alpha \tag{6-36}$$

或置信度为 $1-\alpha$ 的区间估计为

$$\left[(\overline{X}_1-\overline{X}_2) - Z_{\alpha/2}\sigma_{(\overline{X}_1-\overline{X}_2)},\ (\overline{X}_1-\overline{X}_2) + Z_{\alpha/2}\sigma_{(\overline{X}_1-\overline{X}_2)}\right] \tag{6-37}$$

其中 $(\overline{X}_1-\overline{X}_2)$ 为二总体均值差 $\mu_1-\mu_2$ 的点估计值，$1-\alpha$ 为置信度。

$$\sigma_{(\overline{X}_1-\overline{X}_2)} = \sqrt{\frac{\sigma_1^2}{n_1} + \frac{\sigma_2^2}{n_2}} \tag{6-38}$$

当 σ_1^2 和 σ_2^2 未知情况下，可用样本方差 S_1^2 和 S_2^2 代替：

$$\sigma_1^2 \approx S_1^2 ; \quad \sigma_2^2 \approx S_2^2$$

$Z_{\alpha/2}$ 为正态分布双侧区间的分位点。其图 6-18 与图 6-16 或图 6-17 相同。

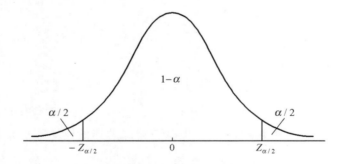

图 6-18 大样本二总体均值双侧区间估计

[例]10. 为了解甲、乙两地中学毕业生成绩的差别，两地做了抽样调查，结果有

甲地：$\overline{X}_1 = 520$ 分，$S_1 = 40$ 分，$n_1 = 800$ 名

乙地：$\overline{X}_2 = 505$ 分，$S_2 = 50$ 分，$n_2 = 1000$ 名

求置信度为 0.95 两地平均成绩差的区间估计。

[解]：根据题意，式(6-38)有

第六章 参数估计

$$\sigma_{(\bar{X}_1-\bar{X}_2)} = \sqrt{\frac{\sigma_1^2}{n_1}+\frac{\sigma_2^2}{n_2}} = \sqrt{\frac{S_1^2}{n_1}+\frac{S_2^2}{n_2}} = \sqrt{\frac{40^2}{800}+\frac{50^2}{1000}} = 2.12$$

$1-\alpha=0.95$,查附表 4,得

$$Z_{\alpha/2}=1.96$$

代入置信区间公式(6-37):

$$\left[(\bar{X}_1-\bar{X}_2)-Z_{\alpha/2}\sqrt{\frac{\sigma_1^2}{n_1}+\frac{\sigma_2^2}{n_2}},\ (\bar{X}_1-\bar{X}_2)+Z_{\alpha/2}\sqrt{\frac{\sigma_1^2}{n_1}+\frac{\sigma_2^2}{n_2}}\right]$$

得 $[(520-505)-1.96\times 2.12,\ (520-505)+1.96\times 2.12]$

即置信度为 0.95 时,两地平均成绩差的区间估计为 $[10.84, 19.16]$。

四、大样本二总体成数差的区间估计

如果有两个总体,它们都属于定类变量,则通过样本可以对总体间成数差进行点估计和区间估计。

设:第一个总体的成数为 p_1,

　　第二个总体的成数为 p_2。

现从两个总体中独立地各抽取一个随机样本:

　第一总体的样本容量为 n_1,样本成数为 $\hat{P}_1$;

　第二总体的样本容量为 n_2,样本成数为 $\hat{P}_2$。

于是样本成数差

$$\hat{P}_1-\hat{P}_2$$

可以作为总体间成数差 p_1-p_2 的点估计值。

显然,样本成数差 $\hat{P}_1-\hat{P}_2$ 也是随机变量,当样本分别满足 $n_1 p_1 \geq 5$、$n_1(1-p_1)\geq 5$ 和 $n_2 p_2 \geq 5$、$n_2(1-p_2)\geq 5$ 时,$\hat{P}_1$ 和 $\hat{P}_2$ 都将趋向正态分布。因此 $\hat{P}_1-\hat{P}_2$ 的分布也将趋向正态分布。它的数字特征为

$$E(\hat{P}_1-\hat{P}_2)=p_1-p_2 \tag{6-39}$$

$$\sigma_{(\hat{P}_1-\hat{P}_2)}=\sqrt{\frac{p_1(1-p_1)}{n_1}+\frac{p_2(1-p_2)}{n_2}} \tag{6-40}$$

因此,大样本二总体成数差 p_1-p_2 的区间估计公式为

$$P\Big((\hat{P}_1-\hat{P}_2)-Z_{\alpha/2}\sigma_{(\hat{P}_1-\hat{P}_2)}<p_1-p_2<(\hat{P}_1-\hat{P}_2)+Z_{\alpha/2}\sigma_{(\hat{P}_1-\hat{P}_2)}\Big)$$

$$=1-\alpha \tag{6-41}$$

或置信度为 $1-\alpha$ 的区间估计为

$$[(\hat{P}_1-\hat{P}_2)-Z_{\alpha/2}\sigma_{(\hat{P}_1-\hat{P}_2)},(\hat{P}_1-\hat{P}_2)+Z_{\alpha/2}\sigma_{(\hat{P}_1-\hat{P}_2)}] \quad (6-42)$$

其中 $(\hat{P}_1-\hat{P}_2)$ 为二总体成数差 p_1-p_2 的点估计值，$1-\alpha$ 为置信度。

$$\sigma_{(\hat{P}_1-\hat{P}_2)}=\sqrt{\frac{p_1(1-p_1)}{n_1}+\frac{p_2(1-p_2)}{n_2}}$$

当 p_1 和 p_2 为未知情况下，可用样本成数 $\hat{P}_1$ 和 $\hat{P}_2$ 代替：

$$p_1 \approx \hat{P}_1; \quad p_2 \approx \hat{P}_2$$

$Z_{\alpha/2}$ 为正态分布双侧区间的分位点。图 6-19 与图 6-18 相同。

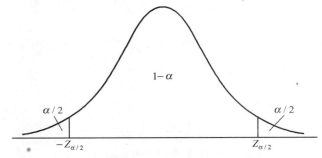

图 6-19　大样本二总体成数双侧区间估计

[例]11．甲、乙两地各做 1000 户抽样调查。其中甲地拥有汽车为 825 户，乙地拥有汽车为 760 户。求置信度为 0.95 两地汽车拥有成数差的置信区间。

[解]：$\hat{P}_1=\dfrac{825}{1000}=0.825$

$\hat{P}_2=\dfrac{760}{1000}=0.760$

因为

$$n_1 p_1 \approx n_1 \hat{P}_1 \geqslant 5, \quad n_1(1-p_1) \approx n_1(1-\hat{P}_1) \geqslant 5$$
$$n_2 p_2 \approx n_2 \hat{P}_2 \geqslant 5, \quad n_2(1-p_2) \approx n_2(1-\hat{P}_2) \geqslant 5$$

所以 P_1-P_2 可根据大样本置信区间公式(6-42)：

$$\left[(\hat{P}_1-\hat{P}_2)-Z_{\alpha/2}\sqrt{\frac{p_1(1-p_1)}{n_1}+\frac{p_2(1-p_2)}{n_2}},\right.$$
$$\left.(\hat{P}_1-\hat{P}_2)+Z_{\alpha/2}\sqrt{\frac{p_1(1-p_1)}{n_1}+\frac{p_2(1-p_2)}{n_2}}\right]$$

求出。

又因 $1-\alpha=0.95$,查附表 4：

$$Z_{\alpha/2} = 1.96$$

$$Z_{\alpha/2}\sqrt{\frac{p_1(1-p_1)}{n_1}+\frac{p_2(1-p_2)}{n_2}}$$

$$\approx Z_{\alpha/2}\sqrt{\frac{\hat{P}_1(1-\hat{P}_1)}{n_1}+\frac{\hat{P}_2(1-\hat{P}_2)}{n_2}}$$

$$=1.96\sqrt{\frac{0.825(1-0.825)}{1000}+\frac{0.76(1-0.76)}{1000}}$$

$$=0.035$$

代入公式(6-42),得

$$[(\hat{P}_1-\hat{P}_2)-0.035,(\hat{P}_1-\hat{P}_2)+0.035]$$
$$=[(0.825-0.760)-0.035,(0.825-0.760)+0.035]$$
$$=[0.03,0.1]$$

所以,置信度为 0.95 的两地拥有汽车成数差区间估计为[0.03,0.1]。

五、小结

本节介绍了大样本的区间估计,总体均值 μ 的区间估计,总体成数 p 的区间估计,二总体均值差 $\mu_1-\mu_2$ 的区间估计和二总体成数差 p_1-p_2 的区间估计。我们会发现,由于在大样本情况下,它们相应的统计量都趋向正态分布,因此这些区间估计公式都十分相似,可以归纳为如下的通式：

$$P(\hat{Q}-Z_{\alpha/2}\sigma_{\hat{Q}}\leqslant Q\leqslant \hat{Q}+Z_{\alpha/2}\sigma_{\hat{Q}})=1-\alpha \tag{6-43}$$

或区间为

$$[\hat{Q}-Z_{\alpha/2}\sigma_{\hat{Q}},\hat{Q}+Z_{\alpha/2}\sigma_{\hat{Q}}] \tag{6-44}$$

其中,

$Z_{\alpha/2}$ 是正态分布双侧区间的分位点,它对于所有公式都是一样的,由置信度 $1-\alpha$ 的大小决定。

$\hat{Q}$ 是待估参数 Q 的无偏点估计值,由待估参数的性质所决定。

$\sigma_{\hat{Q}}$ 是 $\hat{Q}$ 抽样分布的标准差。对于不同的待估参数 Q,$\sigma_{\hat{Q}}$ 取不同的形式,见表 6-8。

表 6-8 参数估计一览表

参数估计	$\hat{Q}$	$\sigma_{\hat{Q}}$		$\hat{Q} \pm Z_{\alpha/2}\sigma_{\hat{Q}}$
均值估计	$\overline{X}$	$\dfrac{\sigma}{\sqrt{n}}$	(6-9)	$\overline{X} \pm Z_{\alpha/2}\dfrac{\sigma}{\sqrt{n}}$
成数估计	$\hat{P}$	$\sqrt{\dfrac{p(1-p)}{n}}$	(6-35)	$\hat{P} \pm Z_{\alpha/2}\sqrt{\dfrac{p(1-p)}{n}}$
均值差估计	$\overline{X}_1 - \overline{X}_2$	$\sqrt{\dfrac{\sigma_1^2}{n_1} + \dfrac{\sigma_2^2}{n_2}}$	(6-38)	$(\overline{X}_1 - \overline{X}_2) \pm Z_{\alpha/2}\sqrt{\dfrac{\sigma_1^2}{n_1} + \dfrac{\sigma_2^2}{n_2}}$
成数差估计	$\hat{P}_1 - \hat{P}_2$	$\sqrt{\dfrac{p_1(1-p_1)}{n_1} + \dfrac{p_2(1-p_2)}{n_2}}$	(6-40)	$(\hat{P}_1 - \hat{P}_2) \pm Z_{\alpha/2}\sqrt{\dfrac{p_1(1-p_1)}{n_1} + \dfrac{p_2(1-p_2)}{n_2}}$

可见，区间估计公式之不同，主要是 $\sigma_{\hat{Q}}$ 的公式不同。当知道了 $\hat{Q}$ 抽样分布的标准差 $\sigma_{\hat{Q}}$，又知道 $\hat{Q}$ 的分布为正态分布，那么，根据通式(6-43)就可写出待估参数 $\hat{Q}$ 的区间估计公式了。

最后小结本章的内容。本章介绍了通过样本数据对总体参数进行点估计和区间估计的原理以及有关的公式。那么，面对实际问题，例如问卷调查，如何正确选择这些公式呢？

首先要问一问："数据属于什么类型？"如果问卷中问题的回答为"是"或"非"，那么它大概就是属于二项分布的参数估计问题。例如要估计的是总体的成数、比率或百分比等。而如果问卷中问题的回答是定距变量，则要估计的大概属于总体的均值问题。

其次需要问一问："是单样本，还是双样本？"如果样本只有一个，那么要估计的则可能是总体均值或总体成数问题，而如果不止一个样本，而是来自两个总体的样本，则可能需要估计的是总体间的均值差或成数差。

有了以上两点就可以正确选择参数估计的公式了。此外，为了求出具体的区间估计数值，除了样本的观测值外，还必须同时知道它的置信度 $1-\alpha$ 是多少。

下面用流图 6-20 来表示上述的分析。

第六章 参数估计

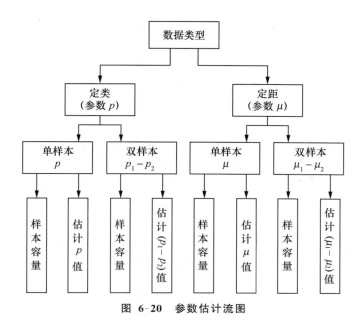

图 6-20 参数估计流图

习 题

1. 设 X_1, X_2, X_3 为简单随机抽样的 3 个观测值。如果采用如下不等权的平均值

$$\overline{X}' = \frac{2}{5}X_1 + \frac{2}{5}X_2 + \frac{1}{5}X_3$$

作为总体均值的点估计值,试说明它将比采用等权的平均值

$$\overline{X} = \frac{1}{3}X_1 + \frac{1}{3}X_2 + \frac{1}{3}X_3$$

作为总体均值的点估计值要差。

（提示:用点估计值衡量标准来讨论）

2. 根据居民区 100 户闲暇时间的抽样调查,居民用于看电视时间占总闲暇时间的比例平均为 75%,比例的标准差为 20%。求看电视时间占居民总闲暇时间比例的区间估计（置信度为 95%）。

(答案:0.71,0.79)

3. 接上题,如果置信度改为99%,求区间估计值,并与上题结果比较之。

(答案:0.70,0.80)

4. 根据某大学100名学生的抽样调查,每月平均用于购买书籍的费用为45元,标准差为50元,求大学生每月用于购买书籍费用的区间估计(置信度为95%)。

(答案:35.2,54.8)

5. 某企业根据200名青年职工的抽样调查,其中60%参加各种形式的业余学习。求青年职工参加业余学习比例的区间估计(置信度为90%)。

(答案:0.54,0.66)

第七章

假设检验的基本概念

第一节 统计假设

一、什么是统计假设

假设在社会科学中可以用于不同的层次。最高的层次要算是理论假设。它是由若干抽象概念所组成的命题。而其中的抽象概念又往往是用其他有关的抽象概念加以定义的。这种理论层次的假设一般是无法加以直接验证的。为了能从理论上证实这些假设,在第一章中曾讲到必须将概念操作化,以便将概念和命题变为可以测量的指标、变量以及变量与变量间的关系。而为了证实这些指标、变量以及变量之间的关系,又必须通过经验层次的调查和实验。一般来说,在社会研究中就是通过社会调查收集资料来加以验证的,这就是所谓实证主义的社会研究方法。收集资料的方法是很多的,如果收集资料的范围遍及整个研究的全体,那么,根据资料计算的结果就能证明原有的假设是否合理。但如果收集资料的范围仅是全体(或总体)的一部分,是一个样本(指随机样本),那么这种和抽样手段联系在一起,并且依靠抽样数据进行验证的假设,就称作统计假设。也就是说,如果不采用抽样技术的话,也就不存在统计假设了。今后书中讨论的假设,都是经验层次的假设,都是通过抽样途径予以验证的,因此都是统计假设,或简称假设。除了上章所讨论的参数估计外,假设检验问题是统计推论中的另一大类。

假设检验的例子,在社会现象的研究中是常见的:

例如根据以往资料,某地女青年的平均初婚年龄 $\mu=25$ 岁,但今年根据 100 名女青年的随机抽样调查,$\bar{X}=26$ 岁。问能否认为该地女青年的初婚年龄比以往已有所推迟。

又如根据随机抽样调查,文化程度高的家庭,平均子女数也要少些,两者呈负相关 $r=-0.3$。问这样的结论是否具有普遍意义。

通过这些简单例子可以看出,假设的内容,都是数量化了的内容($\mu=25$ 岁?;$r=-0.3$?)。而验证的依据,都是凭借抽样调查所得的结果。因此资料获取方法和资料本身的可靠性都是十分重要的。对于资料获取方法,在统计推论中最重要的一点,则是资料必须通过随机抽样。试想,如果抽样调查的对象不是从总体中随机抽取的,而是凭借主观意志或只从某一局部(例如一条街、一个工厂)抽取,那就很难保证样本具有很好的代表性。此外资料本身的可靠性也十分重要,否则根据错误或虚报的资料进行处理,其结果也一定是错误的,而且可以说,虚假的资料甚至比没有资料更坏。这一点在社会调查中是十分重要的。

二、原假设(Hull hypothesis)和备择假设(Alternative hypothesis)

假设一般包括两部分:原假设 H_0 和备择假设 H_1。

原假设 H_0:原假设又称虚无假设或解消假设,一般用 H_0 表示。它常常是根据已有的资料,或周密考虑后确定的。例如前面所举女青年的初婚年龄 $\mu=25$ 岁,文化程度与家庭子女数的负相关 $r=-0.3$ 等,都是已有的、具有稳定性的经验看法,没有充分根据,是不会被轻易否定的。

备择假设 H_1:备择假设又称研究假设。上面谈到,原假设在研究中是稳定、保守、受到保护的。但也并不表示永远不会被否定,否则也就失去研究的意义了。当经过抽样调查,有充分根据否定原有假设 H_0 时,就需要接受其逻辑对立面的假设,又称备择假设,一般用 H_1 表示。备择假设可以有 3 种形式。以原假设 H_0 为 $\mu=25$ 为例,当 $\mu=25$ 被否定后,可能被采用的备择假设有

$\mu>25$

$\mu<25$

或 $\mu\neq25$ 3 种。

一个完整的假设应该包括两部分:原假设 H_0 和备择假设 H_1。仍以 H_0 为 $\mu=25$ 为例,它可能的 3 种假设有:

(1) $H_0: \mu = 25$
          $H_1: \mu > 25$
(2) $H_0: \mu = 25$
          $H_1: \mu < 25$
(3) $H_0: \mu = 25$
          $H_1: \mu \neq 25$

其中(1)和(2)称作单边检验(One-tailed test),(3)称作双边检验(Two-tailed test)。对于双边检验,由于其统计检验的目的,仅仅是判别原假设 H_0 是否成立,而并不同时研究其他假设。因此,对于双边检验,有时将 H_1 略去不写,仅写成 $H_0: \mu = 25$。

三、假设检验的基本原理

根据前面所谈,假设检验实际就是先写出假设,然后通过抽样调查进行检验。由于社会现象的随机性或非确定性,检验的进行绝不像医生化验一滴耳血就能判断被试者是否有病那样简单。这一点在参数估计一章中已经谈过。这是一切具有随机性质的社会现象在进行局部(样本)推论总体的难点所在。但大数定理告诉我们,就大量观察而言,事件的发生仍是具有规律性的。这种规律性的数量表示称作概率。在大量观察中频频出现的事件具有较大的概率,出现次数较少的事件具有较小的概率。根据概率的大小,人们对它的态度和处理是很不一样的。在日常生活中,人们习惯于把概率很小的事件,当作在一次观察中是不可能出现的事件,这个原理称作小概率原理。举例说,我们几乎每天从电视、报纸甚至街头的广告牌上都能看到交通事故的统计,但人们绝不会因此而放弃交通工具的使用。同样"套中人"的主人翁,由于出门总要带上雨伞、雨鞋,而被视作怪人,虽然并不排斥有瞬时变天的可能。可见,在日常生活中,人们是在不自觉地运用小概率原理。而统计假设检验作依据的基本原理,实际就是人们赖以常识性地进行判断和决策的小概率原理,只是把小概率的标准,定得更为具体和数量化而已。

小概率原理告诉我们,对于小概率事件,在一次观察中可以认为是不可能发生的。但如果现实的情况,恰恰是小概率事件发生了!那又该如何判断呢?是坚持认为事件的概率仍然是很小,只是不巧被碰上了呢?还是反过来怀疑事件的概率未必很小呢?显然做后种判断更为合理,这也是人们常识性判断的方法。举例说,如果相传某市社会治安很好,可某人刚踏进这个城市,就遇到了小偷,那么,显然他会怀疑这个城市社会治安是否良好,而不会坚持去想,这仅仅是发生了小概率事件。因为一个社会治安不好的城市,碰到小偷的机会要远比社会治安良好的多。同样,如果有一批货物,根据厂方介绍,次品率不大于 1%,可连续抽查 10 个都是次品,那买主一定会要求退货。这是因为抽样 10 个全是次品,这一事实来自次品率大于 1% 总体的可能性,要远比来自次品率小于 1% 总体的大得多。因此,判断次品率大于 1% 要比判断次品率小于 1% 所犯的错误为少。

总起来说,小概率原理可以归纳为两个方面:一是可以认为小概率事件在一次观察中是不可能出现的;二是如果在一次观察中出现了小概率事件,那么,合理的想法是否定原有事件具有小概率的说法(或称假设)。

知道了小概率原理,假设检验的基本思想就很容易理解了,它实际只是小概率原理的具体运用。

假设检验的思想,在统计学中可以这样来进行描述:

经过抽样获得一组数据,即一个来自总体的(随机)样本,如果根据样本计算的某个统计量(或几个统计量)表明在原假设 H_0 成立的条件下几乎是不可能发生的,就拒绝或否定这个原假设,并继而接受它的对立面——备择假设。反之,如果在原假设 H_0 成立的条件下,根据样本所计算的某个统计量发生的可能性不是很小的话,那么就接受原假设。

[例] 1. 某农贸市场共有摊贩 100 名。根据以往统计,其中非本地居民占 10%(10 名)。现抽样调查 10 名,发现全是非本地居民,问原有统计结果是否成立。

[解]:根据题意,可以选择如下的统计量和原假设 H_0:

统计量 ξ=抽查 10 名中非本地居民人数

原假设 H_0:100 名摊贩中仅有 10 名非本地人。于是,根据这样的原假设 H_0,来计算一下抽查 10 名都是非本地人的概率。

$$P(\xi=10)=\frac{C_{10}^{10}}{C_{100}^{10}}<10^{-7}$$

可见,在 H_0 成立的条件下,出现这样的结果,其概率十分之小。每一千万次抽样中,不足一次。因此,可以认为几乎是不会遇上的。然而,实际却出现了这样罕见的结果,这是不合理的。那么,进而得出原假设 H_0 中,认为非本地人仅有 10 名是不合理的,也就是拒绝原假设 H_0。

第二节 统计检验中的名词

一、统计检验中的假定(Assumptions)

假定在本章第一节中已经谈到,它是被确认和接受的事实,是进行检验的前提或要求。在今后运用各种统计技术时,一定不要忘记所用方法的假定,否则会导致错误的结论。例如常见的假定有,总体是否要求满足正态分布或其他形式的分布,总体间的方差是否要求相等,或抽样是否要求独立等。除了这些假定外,对于统计推论,还有一个基本的同时又是不言而喻的假定,那就是抽样必须是随机抽样。这一点在自然科学中实现起来一般不困难,而在社会调查中,或由于总体清单找不全或被访人难以找到,从而变通成碰到谁就调查谁的偶遇调查以及由熟人再找熟人的滚雪球式的调查。应该指出,这些捷径的调查方法,都会失去进行推论的基本要求,根据这些方法收集到的数据,推论的结果是不可靠的。

二、统计检验中的统计量

本章上节曾谈到假设检验是通过样本计算的某个统计量进行的。而所谓小概率事件,就是指的所用统计量在原假设情况下,是否是小概率事件。因此,确定统计量是很重要的。在参数估计一章里,我们谈过,统计量是样本$(\xi_1, \xi_2, \cdots, \xi_n)$的函数$f(\xi_1, \xi_2, \cdots, \xi_n)$。因此,对于样本的观察值,统计量的值应该是确定的。那么,作为统计检验中的统计量,在原假设H_0成立的条件下,也应该是确定的。

例如,原假设
$$H_0: \mu = \mu_0$$
当总体方差σ^2未知的情况下,应该选择统计量

$$T = \frac{\bar{X} - \mu}{\frac{S}{\sqrt{n}}} \qquad (7-1)$$

而不能选择统计量

$$Z = \frac{\bar{X} - \mu}{\frac{\sigma}{\sqrt{n}}} \qquad (7-2)$$

因为在原假设 H_0 成立的条件下，将 μ_0 代入 μ，式(7-1)中统计量 T 根据样本值 $X_1, X_2, \cdots, X_n$ 是确定的值。而式(7-2)中统计量 Z，由于 σ 是未知数，因此即便根据原假设 $H_0: \mu = \mu_0$ 和样本值，它也仍然是不确定的。

其次，所选用统计量的分布，应该是已知的，其值是有表可查的。一般选择 Z(正态)分布、t 分布、F 分布以及 χ^2 分布等。

三、显著性水平 α

显著性水平 α，一般是指在原假设成立条件下，统计检验中所规定的小概率的标准，即规定小概率的数量界线。常用的标准有 $\alpha=0.10, \alpha=0.05$ 或 $\alpha=0.01$。

四、临界值(Critical value)、接受域(Acceptance regions)和拒绝域(Rejection regions)

当统计量确定后，根据原假设 H_0 成立的条件，可以画出统计量的分布。不妨设被确定的统计量 Z 满足标准正态分布(图 7-1)，以此来研究如何确定临界值、接受域和拒绝域。

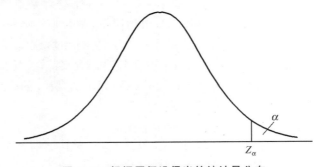

图 7-1　根据原假设得出的统计量分布

如果根据实际问题的需要，把拒绝原假设的小概率事件定在分布的右尾，则右尾面积总和所代表的概率即为显著性水平 α(图 7-1)。查附表 4：

$$\Phi(Z_\alpha) = 1 - \alpha$$

Z_α 称作临界值。$Z > Z_\alpha$ 的概率为小概率 α：

$$P(Z > Z_\alpha) = \alpha$$

根据统计检验的小概率原理，如果抽样所获数据(样本)计算的统计量 Z 大

于 Z_α：

$$Z > Z_\alpha$$

则应拒绝原假设 H_0。反之，如果抽样所获数据（样本）计算的统计量 Z 小于 Z_α：

$$Z < Z_\alpha$$

则应接受原假设 H_0。因此，以 Z_α 为临界值，左边称作接受域，右边称作拒绝域（图 7-2）。

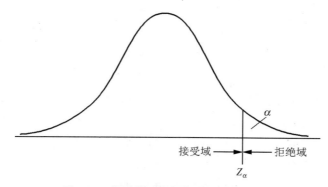

图 7-2　临界值、接受域和拒绝域的确定

五、双边检验和单边检验

上面谈到了临界值 Z_α、接受域和拒绝域之间的关系。实际根据拒绝域（或接受域）位置的不同，检验可分作以下两类：

（一）双边检验

如果拒绝域选择为统计量分布的两侧，那么，当显著性水平为 α 时，每侧拒绝域的概率应各为 $\alpha/2$。现在假定所用统计量分布以 0 点为对称，则临界值 $Z_{\alpha/2}$ 和显著性水平 α 有如下的关系式（图 7-3）：

$$P(|Z| > Z_{\alpha/2}) = \alpha$$

双边检验的假设有如下形式：

$$H_0: \mu = \mu_0$$
$$H_1: \mu \neq \mu_0$$

它表示根据原假设 H_0 所确立的统计量 Z 分布，将依 α 值大小，将分布划成接受域和拒绝域两种区域，其临界值为 $\pm Z_{\alpha/2}$。倘若根据样本计算的统计量 $|Z| > Z_{\alpha/2}$，则应拒绝 H_0；反之，若统计量 $|Z| < Z_{\alpha/2}$，则我们没有理由拒绝原假设

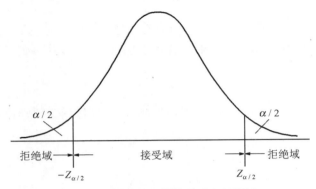

图 7-3 双边检验的接受域和拒绝域

H_0,也就是接受原假设。接受原假设,实际就是不拒绝的意思。对于双侧检验,由于备择假设仅仅是判别原假设 H_0 是否成立,并没有同时研究其他假设,所以双边检验的假设可简写作

$$H_0: \mu = \mu_0$$

(二) 单边检验

在实际问题中,如果研究的假设,不仅要回答有无变化,而且要回答变化是朝向哪个方面,例如,根据抽样调查,不仅要研究当年的人均收入比之往年是否有变化,而且要研究是增加了还是减少了,这时拒绝域不再分散在统计量分布的两侧,而是只集中在其中的一侧,所以又称单边检验。根据拒绝域选择在左侧还是右侧,单边检验又可分作右侧单边检验和左侧单边检验。

1. 右侧单边检验

如果拒绝域选择为统计量分布的右侧,则临界值 Z_α 和显著性水平 α 有如下的关系式(图 7-4):

$$P(Z > Z_\alpha) = \alpha$$

右侧单边检验有如下的第一种写法:

$$H_0: \mu = \mu_0$$
$$H_1: \mu > \mu_0$$

根据图 7-4,可以看出,只有当样本计算的统计量 $Z > Z_\alpha$,才会落入拒绝域。相反,如果统计量 $Z < Z_\alpha$,并不导致原假设的拒绝。因此右侧单边检验有第二种写法:

$$H_0: \mu \leq \mu_0$$
$$H_1: \mu > \mu_0$$

第七章 假设检验的基本概念

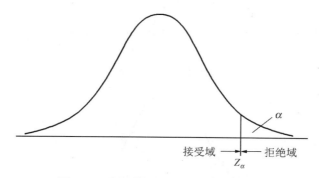

图 7-4 右侧单边检验的接受域和拒绝域

由于这种写法,实际备择假设 H_1 只是简单地判别 $H_0:\mu\leqslant\mu_0$ 是否成立,所以,可进一步简化作以下第三种写法:

$$H_0:\mu\leqslant\mu_0$$

应当指出,虽然这三种写法都是等效的,但对于第二种和第三种写法,由于原假设 H_0 为不等式 $\mu\leqslant\mu_0$,因此当把原假设 H_0 成立的条件代入统计量后,统计量的分布仍然画不出来。但考虑到 $\mu_i<\mu_0$ 的统计分布,其图形只会比 $\mu=\mu_0$ 的分布向左平移(图 7-5)。

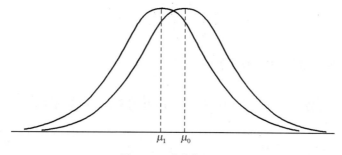

图 7-5 均值与图形

因此,如果抽样结果对于 $\mu=\mu_0$ 的总体,统计量已落入拒绝域,则对于所有 $\mu<\mu_0$ 的总体,也一定落入拒绝域。因此并不影响对 $\mu_i<\mu_0$ 情况拒绝域的判断。总之,对于写作 $\mu\leqslant\mu_0$ 的原假设,实际分布、临界值、拒绝域仍然是根据 $\mu=\mu_0$ 的情况确定的。今后对于右侧单边检验将采用第一种写法。

2. 左侧单边检验

如果拒绝域选择为统计量分布的左侧(图 7-6),则临界值 Z_α 和显著性水平 α 有如下的关系式:

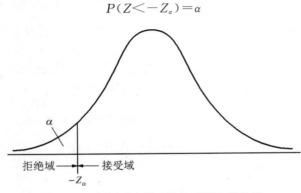

图 7-6　左侧单边检验的接受域和拒绝域

根据和右侧单边检验类似的讨论,左侧单边检验的假设也可有三种写法:

$$\begin{cases} H_0: \mu = \mu_0 \\ H_1: \mu < \mu_0 \end{cases}$$

或

$$\begin{cases} H_0: \mu \geqslant \mu_0 \\ H_1: \mu < \mu_0 \end{cases}$$

以及

$$H_0: \mu \geqslant \mu_0$$

今后左侧单边检验将采用第一种写法。

第三节　假设检验的步骤和两类错误

一、假设检验的步骤

通过以上假设检验的基本思想和有关名词的解释,可以归纳出以下的假设检验步骤:

(1) 根据实际问题做出假设。假设包括原假设 H_0 和备择假设 H_1 两部分。原假设是必须写出的,备择假设在双边检验的情况下可以略去不写。

(2) 根据样本构建合适的、能反映 H_0 的统计量,并在 H_0 成立的条件下确立统计量的分布。

(3) 根据问题的需要,给出小概率 α(显著性水平)的大小,并根据(2)(3)两点求出拒绝域和临界值。

（4）根据以上三步骤建立起来的具体检验标准,用样本统计量的观测值进行判断。若样本统计量的值落入拒绝域,则拒绝 H_0,接受备择假设 H_1；否则,接受 H_0。

［例］2. 试根据大样本, $H_0:\mu=\mu_0$,写出它可能的假设形式、统计量以及拒绝域（显著性水平为 α）。

［解］：由于本题为大样本,原假设为总体均值 $\mu=\mu_0$,因此根据中心极限定理,选择统计量

$$Z = \frac{\overline{X} - \mu_0}{\frac{S}{\sqrt{n}}}$$

是合适的。Z 服从标准正态分布 $N(0,1)$。根据统计量 Z,可以写出以下几种假设检验形式：

(1) 双边检验

$H_0:\mu=\mu_0$

统计量：$Z = \dfrac{\overline{X} - \mu_0}{\frac{S}{\sqrt{n}}}$

拒绝域：根据 $P(|Z|>Z_{\alpha/2})=\alpha$,查附表 4 确定临界值 $Z_{\alpha/2}$（图 7-7）。

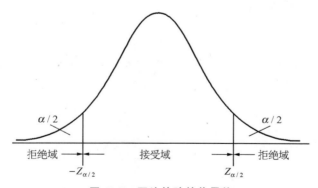

图 7-7 双边检验的临界值

(2) 单边检验

单边检验分右侧单边检验和左侧单边检验两种。

① 右侧单边检验

$H_0:\mu=\mu_0$

$H_1: \mu > \mu_0$

统计量：$Z = \dfrac{\overline{X} - \mu_0}{\dfrac{S}{\sqrt{n}}}$

拒绝域：根据 $P(Z > Z_\alpha) = \alpha$，查附表 4 确定临界值 Z_α（图 7-8）。

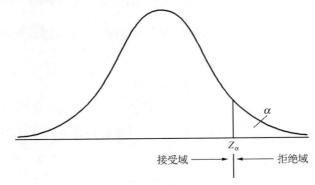

图 7-8　右侧单边检验的临界值

② 左侧单边检验

$H_0: \mu = \mu_0$

$H_1: \mu < \mu_0$

统计量：$Z = \dfrac{\overline{X} - \mu_0}{\dfrac{S}{\sqrt{n}}}$

拒绝域：根据 $P(Z < -Z_\alpha) = \alpha$，查附表 4 确定临界值 Z_α（图 7-9）。

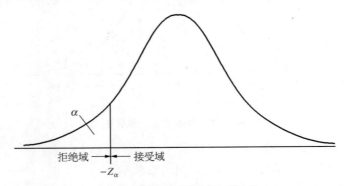

图 7-9　左侧单边检验的临界值

二、两类错误(Two types of error)

上面讨论了假设检验思想及其具体检验步骤。可以看出,无论在做接受假设或拒绝假设时,都不可能做到100%的正确,都会伴有一定的错误。下面将讨论错误的种类及其大小。

(一) 弃真的错误

弃真就是否定了未知的真实状态,把真当成了假。它是在拒绝原假设时出现的错误。通过统计分析可以看出,当原假设 H_0 为真时,大量重复抽样,其统计量的值正如分布所示的那样,是会出现在尾端拒绝域的。但根据小概率原理,却把一次观测中出现在拒绝域的小概率事件,当作是对原假设的拒绝。而由于无法知道,这仅有的一次观测是否就是原假设为真、不该拒绝的小概率事件,因此当做出拒绝原假设判断时是要冒一定风险的,要冒把正确的假设当作假的而拒绝的风险。这种以真当假或弃真的错误,在统计中称第一类错误(Type 1 error)。犯第一类错误的大小就是显著性水平 α。

(二) 纳伪的错误

纳伪就是接受了未知的不真实状态,把假当成了真。它是在接受原假设时出现的错误,称作第二类错误(Type 2 error)。犯第二类错误的概率以 β 表示。由于 H_0 非真的状态不唯一,因此纳伪的概率 β,其数值也是不确定的。β 的数值随着真实 μ 和原假设中 μ_0 的偏离程度而变化,$\Delta\mu = \mu - \mu_0$ 越小,β 的数值就越大。

举例说,设有如下的双边检验:

$$H_0: \mu = \mu_0$$

统计量:$\bar{X} \sim N(\mu_0, \sigma_{\bar{X}}^2)$

显著性水平:α

现在如果真实的 μ 并不等于 μ_0,而是 $\mu = \mu_1$,那么根据真实的 $\mu = \mu_1$,也可画出统计量 $\bar{X}$ 的分布图 7-10B。比较以 $\mu = \mu_0$ 的分布图 7-10A 和以 $\mu = \mu_1$ 的分布图 7-10B 可以看出,只要样本观测值落在假设的接受域,就可能把真实 $\mu = \mu_1$ 误认为总体 $\mu = \mu_0$ 而接受,也就是犯了纳伪的错误。特别是当 $\mu_1 \approx \mu_0$ 时,其纳伪概率 β 是很大的(如图中阴影部分所示)。研究 β 与 $\Delta\mu$ 关系的曲线,称作运算特性曲线。而研究不犯第二类错误 $1-\beta$ 与 $\Delta\mu$ 关系的曲线,称作功效曲线。显然,只要知道了其中一种曲线,另一种曲线也就知道了。

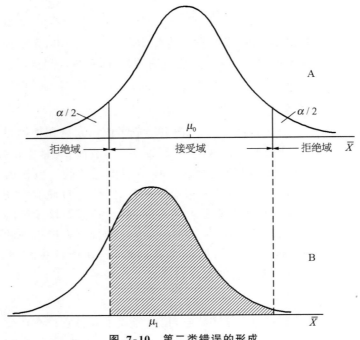

图 7-10 第二类错误的形成

总的说来,当我们做出接受原假设结论时,有两种可能。一种是真实状况确如原假设所示的那样,从而判断正确;另一种是真实状况并非如原假设所示的那样,但我们接受了原假设,因此犯了纳伪的错误。同样,当我们做出拒绝原假设结论时,也有两种可能。一种是真实状况确非原假设所示,因此做出拒绝的判断是正确的;另一种是真实状况实为原假设所示,但被我们拒绝了,因此犯了弃真的错误。

当显著性水平 α 减小时,由于拒绝域的减小,弃真的错误会减小,但由此而来的是接受域增大了,因而纳伪的概率 β 要增大,反之亦然。因此在样本容量 n 固定情况下,如果要同时减小两类错误,也是不可能的。一般采用增加样本容量的办法来解决。

最后小结一下本章的内容。假设检验是社会学进行实证研究的基本方法。因此必须正确地理解与掌握,同时它也是理解后面内容的基础。

由于社会现象的随机性,假设的判断或检验,不是采用纯数学的反证法,而是用了概率的反证法,即前面所介绍的小概率原理。而由此产生的是无论做何种结论,都会伴随一定判错的可能性,也就是两类错误。但是当拒绝 H_0 接受

H_1 时,所犯弃真的第一类错误 α 是很小的。而当接受 H_0 时,所犯纳伪的第二类错误 β 则有可能很大。接受原假设并不意味着证明原假设。所以 H_0 和 H_1 在假设检验中所发挥的作用是不对称的。H_0 是受到保护的假设,没有充分依据是否定不了的。或者说,没有充分根据是不会接受备择假设 H_1 的。也正因为如此,研究者通常把常规的、已存的现象,写在受到保护的原假设 H_0 之中,而把要研究的看法或猜想写成备择假设 H_1。这样一旦接受了备择假设 H_1,那么其被否定的概率是很小的,这也是为什么把备择假设称作研究假设的缘故。

此外,在实际工作中,如果根据样本计算的统计量,对取不同的显著性可作不同的判断(图 7-11A 和 B),这时为了进一步做出判断,应采用增加样本容量的办法。

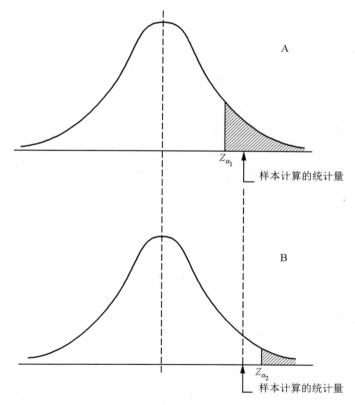

图 7-11 显著性水平影响统计的判断

第八章

单总体假设检验

第一节 大样本假设检验

上章谈了假设检验的基本步骤,它适用于所有的情况。对于具体问题的检验,只是具体的假定、假设和所选择的统计量有所不同而已。本节讨论大样本的总体检验问题。

一、大样本(Large-sample)总体均值检验

根据大样本的假定($n \geqslant 50$)(这在社会调查中都是满足的),样本均值$\bar{X}$趋向于正态分布:

$$\bar{X} \sim N\left(\mu, \frac{\sigma^2}{n}\right)$$

其中,μ:总体均值

σ^2:总体方差;当σ^2未知时,可用样本方差S^2来代替:$\sigma^2 \approx S^2$

n:样本容量

标准化有

$$Z = \frac{\bar{X} - \mu}{\frac{\sigma}{\sqrt{n}}} \sim N(0,1)$$

该值在原假设$H_0:\mu = \mu_0$成立的条件下,可以唯一地为样本值所确定。因此,大样本总体均值检验所用的统计量为

第八章 单总体假设检验

$$Z=\frac{\overline{X}-\mu_0}{\frac{\sigma}{\sqrt{n}}}=\frac{\overline{X}-\mu_0}{\sigma_{\overline{X}}}$$

有了统计量 Z,再根据显著性水平 α,就可以对大样本均值检验做如下的归纳:

(1) 原假设

$$H_0:\mu=\mu_0$$

(2) 备择假设 H_1

    单边   双边

    $H_1:\mu>\mu_0$ $H_1:\mu\neq\mu_0$

    或 $H_1:\mu<\mu_0$ (可省略)

(3) 统计量

$$Z=\frac{\overline{X}-\mu_0}{\sigma_{\overline{X}}}=\frac{\overline{X}-\mu_0}{\frac{\sigma}{\sqrt{n}}}\sim N(0,1) \qquad (8\text{-}1)$$

如果 σ 未知,可用 $S\approx\sigma$。

(4) 拒绝域(图 8-1)

单边   双边

$Z>Z_\alpha(H_1:\mu>\mu_0)$ $Z>Z_{\alpha/2}$ 或 $Z<-Z_{\alpha/2}$

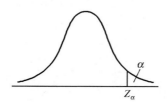
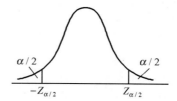

或 $Z<-Z_\alpha(H_1:\mu<\mu_0)$

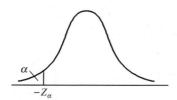

图 8-1 拒绝域示意图(大样本总体均值检验)

常用的 α 与对应的 Z_α 值如表 8-1 所示。

表 8-1 显著性水平与临界值

α	单边 $|Z_\alpha|$	双边 $|Z_{\alpha/2}|$
0.05	1.65	1.96
0.01	2.33	2.58
0.001	3.09	3.30

[例]1. 为了验证统计报表的正确性,共做 50 位老人的抽样调查,人均年医疗费用为 $\bar{X}=871$ 元,$S=21$ 元。问:能否证明统计报表中老人年人均医疗费用 $\mu=880$ 元是正确的(显著性水平 $\alpha=0.05$)?

[解]:根据题意,可做如下的假设:
$$H_0:\mu=880 \text{ 元}$$
$$H_1:\mu\neq 880 \text{ 元}$$

根据式(8-1)统计量有

$$Z=\frac{\bar{X}-880}{\frac{\sigma}{\sqrt{n}}}\approx\frac{\bar{X}-880}{\frac{S}{\sqrt{n}}} \tag{8-2}$$

拒绝域:因为 $\alpha=0.05$,查附表 4 或表 8-1 得拒绝域的临界值 $Z_{\alpha/2}=1.96$(图 8-2)。

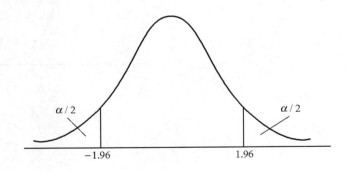

图 8-2 $\alpha=0.05$ 的临界值 $Z_{\alpha/2}$

根据样本值,代入式(8-2):

第八章 单总体假设检验

$$Z = \frac{\bar{X} - 880}{\frac{S}{\sqrt{n}}} = \frac{871 - 880}{\frac{21}{\sqrt{50}}} = -3.03$$

因为 $|Z| = 3.03 > 1.96$,

所以拒绝原假设,即根据抽样调查不能认为老人年人均医疗费用为 880 元,因此可以认为统计报表是有误的。

[例]2. 接上题,如果根据以上的样本资料,但采用区间估计的方法。试问:是否也能做出对原有假设 $H_0: \mu = 880$ 元的判断?

[解]:可以。根据样本值:

$$\bar{X} = 871 \text{ 元}$$

$$S = 21 \text{ 元}$$

$$1 - \alpha = 1 - 0.05 = 95\%$$

根据公式(6-32),可以计算出置信度为 95% 的区间估计值

$$Z_{\alpha/2} = 1.96$$

所以

$$\left[\bar{X} - Z_{\alpha/2} \frac{\sigma}{\sqrt{n}}, \bar{X} + Z_{\alpha/2} \frac{\sigma}{\sqrt{n}}\right] = \left[871 - 1.96 \frac{21}{\sqrt{50}}, 871 + 1.96 \frac{21}{\sqrt{50}}\right]$$

$$\approx [871 - 5.82, 871 + 5.82] = [865.18, 876.82]$$

现在根据小概率原理来推论总体 $\mu = 880$ 元是否成立,首先假设总体均值确为 $\mu = 880$ 元的话,那么 95% 样本计算出来的区间估计都应该包含 $\mu = 880$ 元。而现在一次样本的调查结果,区间 [865.18, 876.82] 并没有包含 $\mu = 880$ 元,也就是出现了小概率事件。从而也就推翻了原假设:$\mu = 880$ 元。

通过本例可以看出,区间估计与假设检验的统计处理是相通的。实际上假设检验的接受域也正是区间估计的置信区间。

[例]3. 接上题,如果真实总体的 $\mu = 870$ 元,求接受原假设 $H_0: \mu = 880$ 元时所犯第二类(纳伪)错误的 β 值[①]。

[解]:根据原假设 $H_0: \mu = 880$ 元

$$S = 21 \text{ 元}$$

---

① 详见〔美〕罗伯特·D. 梅森:《工商业和经济学中应用的统计方法》,中国人民大学出版社 1984 年版,第 270 页,"第二类错误运算特性曲线和功效曲线"。

$$1-\alpha=0.95$$
$$n=50$$

作 $\bar{X}$ 的分布图,并求出接受域的临界值(图 8-3A)。

$$\bar{X}'_{\alpha/2}=880-1.96\frac{21}{\sqrt{50}}=874.18$$

$$\bar{X}''_{\alpha/2}=880+1.96\frac{21}{\sqrt{50}}=885.82$$

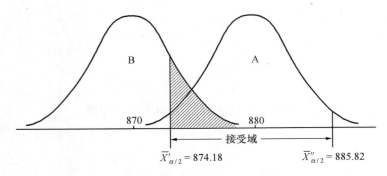

图 8-3 阴影是图 B 落在图 A 接受域的区间值

同理,根据真实总体 $\mu=870$ 元,作 $\bar{X}$ 的分布图(同图 8-3B)。于是对于真实总体 $\mu=870$ 元来说,样本均值 $\bar{X}$ 落在 $[874.18,885.82]$ 之间的值(图 8-3B 的阴影部分)都将误认为 $\mu=880$ 元而被接受。这部分面积就是犯第二类错误 β 的数值。

$$Z_1=\frac{874.18-870}{\frac{21}{\sqrt{50}}}=1.41$$

$$Z_2=\frac{885.82-870}{\frac{21}{\sqrt{50}}}=5.59$$

查附表 4 有

$$\beta=\Phi(Z_2)-\Phi(Z_1)\approx 1-\Phi(1.41)=1-0.9207=0.0793$$

它表示,如果真实总体 $\mu=870$ 元,而原假设却为 $H_0:\mu=880$ 元的话,那么,平均而言,每 100 次抽样中,将约有 8 次当作 $\mu=880$ 元而被接受。

[例]4. 接上题,如果真实总体的 μ 仍为 870 元,其他 H_0, S, α 值不变,但样本容量增加为 $n=100$,那么,纳伪错误 β 值将如何变化?

[解]:根据 $H_0: \mu = 880$ 元

$$1 - \alpha = 0.05$$

但 $n = 100$

求得 $\bar{X}$ 分布图中接受域的临界值为

$$\bar{X}'_{\alpha/2} = 880 - 1.96 \frac{21}{\sqrt{100}} = 875.88$$

$$\bar{X}''_{\alpha/2} = 880 + 1.96 \frac{21}{\sqrt{100}} = 884.12$$

根据 $\bar{X}'_{\alpha/2}$ 和 $\bar{X}''_{\alpha/2}$,求出对应在真实总体 $\mu = 870$ 中的 Z_1 和 Z_2 值:

$$Z_1 = \frac{875.88 - 870}{\frac{21}{\sqrt{100}}} = 2.8$$

$$Z_2 = \frac{884.12 - 870}{\frac{21}{\sqrt{100}}} = 6.72$$

查附表 4 有

$$\beta = \Phi(Z_2) - \Phi(Z_1) \approx 1 - \Phi(2.8) = 1 - 0.9974 = 0.003$$

可见,增加样本容量 n,可在弃真概率不变的情况下,减少纳伪的概率,但增加样本容量,意味着增加研究经费和工作量。因此,不应无谓地增加 n,而是应根据研究对象所能容忍的纳伪程度来确定 n 值。

二、大样本总体成数检验

第六章第六节中曾谈到,定类的二分变量,当赋予以下的数值:

$$\xi_i = \begin{cases} 1 \\ 0 \end{cases}$$

成数实际可以看作是一种特殊的均值。

总体成数 p,就是二分变量的总体均值:

$$p = \mu$$

样本成数 $\hat{P}$,就是二分变量的样本均值:

$$\hat{P} = \bar{X} = \frac{\sum_{i=1}^{n} \xi_i}{n}$$

在大样本情况下,且 $np \geqslant 5$ 和 $n(1-p) \geqslant 5$,样本成数 $\hat{P}$ 趋向正态分布:

$$\hat{P} \sim N(p, \sigma_{\hat{P}}^2)$$

其中,

总体成数: p

样本容量: n

$$\sigma_{\hat{P}}^2 = \frac{pq}{n} = \frac{p(1-p)}{n}$$

标准化有

$$Z = \frac{\hat{P} - p}{\sigma_{\hat{P}}} = \frac{\hat{P} - p}{\sqrt{\frac{pq}{n}}} \sim N(0,1)$$

该值在原假设 $H_0: p = p_0$ 成立的条件下,可以唯一地为样本值所确定。因此,大样本总体成数检验所用的统计量为

$$Z = \frac{\hat{P} - p_0}{\sqrt{\frac{p_0(1-p_0)}{n}}}$$

有了统计量 Z 和显著性水平 α,可以类比总体均值的讨论,做如下的归纳:

(1) 原假设

$$H_0: p = p_0$$

(2) 备择假设 H_1

单边	双边
$H_1: p > p_0$	$H_1: p \neq p_0$
或 $H_1: p < p_0$	(可省略)

(3) 统计量

$$Z = \frac{\hat{P} - p_0}{\sqrt{\frac{p_0(1-p_0)}{n}}} \tag{8-3}$$

第八章　单总体假设检验

(4) 拒绝域(图8-4)

单边　　　　　　　　　　　　　　双边
$Z>Z_\alpha(H_1:p>p_0)$　　　　　$Z>Z_{\alpha/2}$ 或 $Z<-Z_{\alpha/2}$

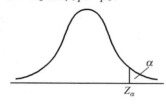

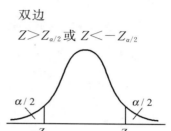

或 $Z<-Z_\alpha(H_1:p<p_0)$

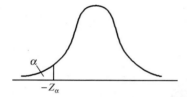

图 8-4　拒绝域示意图(大样本总体成数检验)

[例]5. 某地区成年人中吸烟者占 75%。经过戒烟宣传之后,进行了抽样调查,发现 100 名被调查的成年人中,有 63 人是吸烟者。问:戒烟宣传是否收到了成效？($\alpha=0.05$)

[解]: $H_0:p=0.75$
　　　$H_1:p<0.75$

代入式(8-3),得统计量 $Z=\dfrac{\dfrac{63}{100}-0.75}{\sqrt{\dfrac{0.75(1-0.75)}{100}}}=\dfrac{-0.12}{0.0433}=-2.77$

查附表 4,有　　　　$\alpha=0.05,\ -Z_{0.05}=-1.65$
因为　　　　　　　　$Z=-2.77<-Z_{0.05}=-1.65$
所以,否定原假设 $p=0.75$,即可以认为戒烟宣传收到了成效,吸烟比例有所下降: $p<0.75(\alpha=0.05)$。

第二节　小样本假设检验

在小样本(Small-sample)情况下,由于假设检验中所用统计量的分布与总体分布有密切关系,因此以下仅就正态总体进行讨论。

一、单正态总体的均值检验

根据总体方差 σ^2 是否已知,可分为:

（一）已知方差 σ^2

检验的统计量与步骤有:

(1) 原假设
$$H_0: \mu = \mu_0$$

(2) 备择假设 H_1

　　单边　　　　　　　双边

　　$H_1: \mu > \mu_0$　　　　$H_1: \mu \neq \mu_0$

　　或 $H_1: \mu < \mu_0$　　　（可省略）

(3) 统计量

$$Z = \frac{\bar{X} - \mu_0}{\sigma_{\bar{X}}} = \frac{\bar{X} - \mu_0}{\frac{\sigma}{\sqrt{n}}} \sim N(0,1) \tag{8-4}$$

(4) 拒绝域（图 8-5）

　　单边　　　　　　　　　　　　双边

　　$Z > Z_\alpha (H_1: \mu > \mu_0)$　　　　$Z > Z_{\alpha/2}$ 或 $Z < -Z_{\alpha/2}$

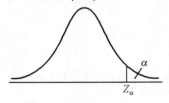
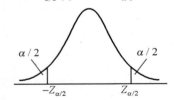

或 $Z < -Z_\alpha (H_1: \mu < \mu_0)$

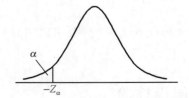

图 8-5　拒绝域示意图（小样本单正态总体已知方差的均值检验）

第八章 单总体假设检验

(二) 未知方差 σ^2

检验的统计量与步骤有:

(1) 原假设

$$H_0: \mu = \mu_0$$

(2) 备择假设 H_1

   单边   双边

  $H_1: \mu > \mu_0$ $H_1: \mu \neq \mu_0$

  或 $H_1: \mu < \mu_0$ (可省略)

(3) 统计量

$$t = \frac{\bar{X} - \mu_0}{\sigma_{\bar{X}}} = \frac{\bar{X} - \mu_0}{\frac{S}{\sqrt{n}}} \sim t(n-1) \tag{8-5}$$

(4) 拒绝域 (图 8-6)

单边   双边

$t > t_\alpha (H_1: \mu > \mu_0)$ $t > t_{\alpha/2}$ 或 $t < -t_{\alpha/2}$

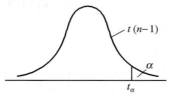 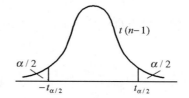

或 $t < -t_\alpha (H_1: \mu < \mu_0)$

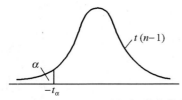

图 8-6 拒绝域示意图(小样本单正态总体未知方差的均值检验)

[例]6. 已知初婚年龄服从正态分布。根据 9 个人的抽样调查有

$$\bar{X} = 23.5 \text{ 岁}$$
$$S = 3 \text{ 岁}$$

问:是否可以认为该地区平均初婚年龄已超过20岁($\alpha=0.05$)?

[解]:$H_0:\mu=20$ 岁

$H_1:\mu>20$ 岁

统计量:由于初婚年龄服从正态分布 $N(\mu,\sigma^2)$,其中 σ^2 为未知,所以选用 t 分布。

代入式(8-5):

$$t=\frac{\bar{X}-20}{\frac{S}{\sqrt{9}}}=\frac{23.5-20}{\frac{3}{\sqrt{9}}}=3.5$$

根据自由度 $k=9-1=8$,$\alpha=0.05$,因此有 t 临界值

$$t_{0.05}(9-1)=1.86$$

因为

$$t=3.5>t_{0.05}(9-1)=1.86$$

所以拒绝原假设,即可以认为该地区的平均初婚年龄已超过 20 岁($\alpha=0.05$)。

二、单正态总体方差检验[①]

在实际工作中,有时需要检验总体的方差 σ^2。对于单正态总体,检验方差所用的统计量为自由度 $k=n-1$ 的 χ^2 分布:

$$\frac{n-1}{\sigma^2}S^2\sim\chi^2(n-1) \tag{8-6}$$

其中

S^2:样本方差

n:样本容量

检验步骤有:

(1) 原假设

$$H_0:\sigma^2=\sigma_0^2$$

(2) 备择假设 H_1

单边   双边

$H_1:\sigma^2>\sigma_0^2$ $H_1:\sigma^2\neq\sigma_0^2$(可省略)

或 $H_1:\sigma^2<\sigma_0^2$

---

① 可作选读用。

(3) 统计量

$$\chi^2 = \frac{(n-1)S^2}{\sigma_0^2} \sim \chi^2(n-1) \qquad (8-7)$$

(4) 拒绝域(图 8-7)

单边

$\chi^2 > \chi_\alpha^2 \ (H_1 : \sigma^2 > \sigma_0^2)$

双边

$\chi^2 > \chi_{\alpha/2}^2$ 或 $\chi^2 < \chi_{1-\alpha/2}^2$

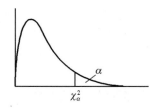
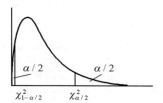

或 $\chi^2 < \chi_{1-\alpha}^2 \ (H_1 : \sigma^2 < \sigma_0^2)$

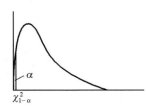

图 8-7 拒绝域示意图(单正态总体方差检验)

[例]7. 某研究人员为了证实六年级小学生智商(IQ)的标准差是小于 15 的($\sigma = 15$),从总体中随机抽查了 30 名学生。其结果有

平均智商:$\bar{X} = 105$

样本方差:$S^2 = 196$

问:该研究人员的看法能否被证实($\alpha = 0.01$)?

[解]:$H_0 : \sigma = 15$

$H_1 : \sigma < 15$

代入式(8-7),得 统计量:$\chi^2 = \frac{(n-1)S^2}{\sigma^2} = \frac{(30-1)196}{15^2} = 25.27$

临界值:$\alpha = 0.01$, $k = 30 - 1 = 29$

查附表 6 $\chi_{1-0.01}^2(29) = 14.275 \approx 14.3$ (图 8-8)

因为 $\chi^2 = 25.27 > \chi^2_{1-0.01} = 14.3$

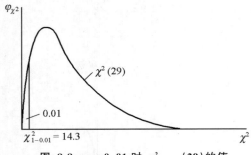

图 8-8　$\alpha = 0.01$ 时,$\chi^2_{1-0.01}(29)$ 的值

所以该研究人员的看法不能被证实($\alpha = 0.01$)。

在实际工作中,当研究假设被拒绝时,有时可以根据调查结果做进一步的分析。例如本题否定了备择假设 $\sigma < 15$,但接受的原假设却包括两种情况 $\sigma = 15$ 和 $\sigma > 15$。为了进一步研究,调查结果支持这两种情况中的哪一种,不妨再做一次相反的假设:

$$H_0 : \sigma = 15$$
$$H_1 : \sigma > 15$$

这时计算的 χ^2 值不变:

$$\chi^2 = 25.27$$

而临界值 $\alpha = 0.01$, $k = 30 - 1 = 29$

查附表 6　$\chi^2_{0.01}(29) = 49.588 \approx 49.6$　(图 8-9)

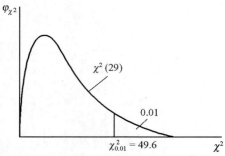

图 8-9　$\alpha = 0.01$ 时,$\chi^2_{0.01}(29)$ 的值

因为　$\chi^2 = 25.27$　$\chi^2_{0.01}(29) = 49.6$

所以 $\sigma>15$ 的假设也不能被证实。接受的只能是原假设 $\sigma=15$。

以上的做法不是唯一的,还可以做双边检验,以排除 $\sigma\neq15$ 的情况。

习　题

1. 某研究人员为证实知识分子家庭的平均子女数少于工人家庭的平均子女数(后者平均子女数为 2.5 人),做了共 100 名知识分子的抽样调查。其结果为

$$\bar{X}(平均子女数)=2.1 人$$
$$S(标准差)=1.1 人$$

问:上述看法是否得以证实($\alpha=0.05$)?

(答案:得以证实,$-3.6<-1.65$)

2. 根据原有资料,某城市居民手机的拥有率为 60%。现根据最新 100 户的抽样调查,手机的拥有率为 62%。问:能否认为手机的拥有率有所增长($\alpha=0.05$)?

(答案:不能认为,$0.4<1.65$)

3. 根据居民楼 100 户的抽样调查,居民用于购房的费用平均占总收入的比例为 80%,标准差 20%。问:

(1) 有关购房费用占总收入的比例,平均为 75% 的说法是否成立($\alpha=0.05$)?

(答案:不能成立,$2.5>1.96$)

(2) 如果拒绝了购房费用占总收入比例为 75% 的说法,则可能犯错误的概率是多少?

4. 根据某公司的上报,每天平均营业额为 55 万元。经过 6 天的抽查,其营业额为(设营业额满足正态分布)

$$59.2 万元;68.3 万元;57.8 万元;$$
$$56.5 万元;63.7 万元;57.3 万元。$$

问:原公司上报的数字是否可信($\alpha=0.05$)?

(答案:否,$2.91>2.57$)

第九章

二总体假设检验(二分变量-二分变量；二分变量-定距变量)

第一节 引 言

到目前为止,我们研究的统计方法都属于单变量的统计方法,即把总体看作是一维的随机变量。在统计描述的分析中,我们研究了总体的分布,百分比、集中和离散趋势的各种参数,在统计推论中,我们研究通过样本对总体进行参数估计或假设检验。

但是构成社会现象的研究更多的是指命题。它是两个或两个以上概念间关系的研究,也就是变量 x 和变量 y 之间关系的研究。例如研究职业代际流动中父辈职业与子辈职业的关系,性别与人际交往的关系,文化程度与生育意愿的关系,年龄与人们爱好的关系,家庭破损与子女越轨行为的关系,人格与个人事业成就的关系等,不胜枚举,这些都属于二变量问题。

二变量研究,根据变量不同的层次,可有不同的研究方法。但因定类变量中,若变量取值只分作两类,其统计分析方法与变量取值分作多类的分析方法有所不同,因此把定类变量又细分作二分变量和多分变量。二分(Dichotomy)变量表示定类变量的取值只有两类,多分变量表示变量的取值在两类以上。习惯上把多分变量称作定类变量,其中并不包括二分变量。此外,社会学的研究

第九章 二总体假设检验(二分变量-二分变量;二分变量-定距变量)

中很少能找到只满足定距而不满足定比要求的(除了智商 IQ 是仅满足定距要求的)变量,因此把定距和定比两类合并为一类。这样根据统计方法的不同,变量可划分为 4 种:二分变量、定类、定序、定距(或定比)。于是二变量就可写作如下的二维矩阵(表 9-1):

表 9-1 二变量的矩阵表

y	x			
	二分变量	定类	定序	定距或定比
二分变量				
定类				
定序				
定距或定比				

其中每一种 $(x_i, y_j)(i=1,2,3,4; j=1,2,3,4)$ 的组合,都构成了二变量的一种特定的统计方法。本书从第九章开始介绍的二变量统计分析方法,就是根据表 9-1 中的组合展开的。本章研究的内容:

(二分变量-二分变量)

(二分变量-定距或定比变量)

二总体的研究,除了有大样本、小样本之分外,根据抽样方式之不同,还可分作独立样本与配对样本。

一、独立样本(Independent sample)

从二总体中,分别独立地抽取一个随机样本进行比较和研究(图 9-1)。

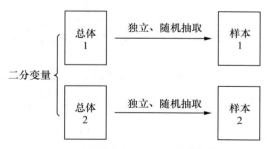

图 9-1 二总体独立样本抽取示意图

二、配对样本(Paired sample)

它只有一个样本,但样本中每个个体要先后观测两次,这样所有个体先观测的值看作是来自第一个总体的样本值,所有个体后观测的值看作是来自另一个总体的样本值,以此来比较研究两个总体之不同。配对样本仅限于(二分变量-定距变量)的研究。本章第二节、第三节介绍独立样本的统计分析方法,第四节介绍配对样本的统计分析方法。

第二节 大样本二总体假设检验

一、大样本总体均值差检验

设有总体 A 与 B,它们的参数为 $\mu_A, \sigma_A^2; \mu_B, \sigma_B^2$:

总体 $A: \mu_A, \sigma_A^2$

总体 $B: \mu_B, \sigma_B^2$

现从两总体中分别独立地各抽取一个随机样本,并具有如下的样本均值、方差与样本容量:

来自总体 A 的样本:$\bar{X}_A, S_A^2, n_A$

来自总体 B 的样本:$\bar{X}_B, S_B^2, n_B$

当样本容量足够大($n_A \geqslant 50, n_B \geqslant 50$),根据中心极限定理,$\bar{X}_A$ 和 $\bar{X}_B$ 都将趋向正态分布:

$$\bar{X}_A \sim N\left(\mu_A, \frac{\sigma_A^2}{n_A}\right)$$

$$\bar{X}_B \sim N\left(\mu_B, \frac{\sigma_B^2}{n_B}\right)$$

(当 σ_A^2, σ_B^2 未知时,可用 $S_A^2 \approx \sigma_A^2, S_B^2 \approx \sigma_B^2$)

根据正态分布随机变量的线性组合仍然满足正态分布的性质有

$$\bar{X}_A - \bar{X}_B \sim N\left(\mu_A - \mu_B, \frac{\sigma_A^2}{n_A} + \frac{\sigma_B^2}{n_B}\right)^{①}$$

---

① $E(\bar{X}_A - \bar{X}_B) = E(\bar{X}_A) - E(\bar{X}_B) = \mu_A - \mu_B$

$D(\bar{X}_A - \bar{X}_B) = D(\bar{X}_A) + D(\bar{X}_B) = \dfrac{\sigma_A^2}{n_A} + \dfrac{\sigma_B^2}{n_B}$

第九章 二总体假设检验(二分变量-二分变量;二分变量-定距变量)

标准化有

$$Z = \frac{(\bar{X}_A - \bar{X}_B) - (\mu_A - \mu_B)}{\sqrt{\frac{\sigma_A^2}{n_A} + \frac{\sigma_B^2}{n_B}}} \sim N(0,1) \quad (9\text{-}1)$$

于是,大样本均值差的检验步骤有:

(1) 原假设

$$H_0 : \mu_A - \mu_B = D_0$$

(2) 备择假设 H_1

单边 双边

$H_1 : (\mu_A - \mu_B) > D_0$ $H_1 : (\mu_A - \mu_B) \neq D_0$(可省略)

或 $H_1 : (\mu_A - \mu_B) < D_0$

(3) 统计量

$$Z = \frac{(\bar{X}_A - \bar{X}_B) - D_0}{\sigma_{(\bar{X}_A - \bar{X}_B)}} = \frac{(\bar{X}_A - \bar{X}_B) - D_0}{\sqrt{\frac{\sigma_A^2}{n_A} + \frac{\sigma_B^2}{n_B}}} \quad (9\text{-}2)$$

如果 σ_A^2, σ_B^2 未知,可用 S_A^2, S_B^2 代替。

(4) 拒绝域(图 9-2)

单边 双边

$Z > Z_\alpha [H_1 : (\mu_A - \mu_B) > D_0]$ $Z > Z_{\alpha/2}$ 或 $Z < -Z_{\alpha/2}$

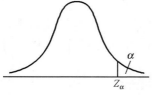

或 $Z < -Z_\alpha [H_1 : (\mu_A - \mu_B) < D_0]$

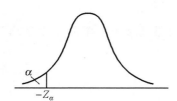

图 9-2 拒绝域示意图(大样本二总体均值差检验)

[例] 1. 为了比较就近上学和因家远而乘车上学的小学生学习成绩是否有差别,某校从就近上学的小学生中随机抽查 800 名,平均学习总成绩为 $\bar{X}_A = 520$ 分,$S_A = 40$ 分;从乘车上学的小学生中抽查 1000 名,其平均总成绩为 $\bar{X}_B = 505$ 分,$S_B = 50$ 分。问:二者学习成绩是否有差别($\alpha = 0.05$)?如果有差别,哪种方式更好些($\alpha = 0.05$)?

[解]:根据题意,就近上学的抽样结果为

$$\bar{X}_A = 520 \text{ 分}, \quad S_A = 40 \text{ 分}$$

乘车上学的抽样结果为

$$\bar{X}_B = 505 \text{ 分}, \quad S_B = 50 \text{ 分}$$

$$H_0: \mu_A - \mu_B = 0$$

$$H_1: \mu_A - \mu_B \neq 0$$

统计量:根据(式 9-2),

$$Z = \frac{(\bar{X}_A - \bar{X}_B) - D_0}{\sqrt{\frac{\sigma_A^2}{n_A} + \frac{\sigma_B^2}{n_B}}} = \frac{(520 - 505) - 0}{\sqrt{\frac{40^2}{800} + \frac{50^2}{1000}}} = \frac{15}{2.12} = 7.07$$

拒绝域:

$$\alpha = 0.05$$

$$Z_{\alpha/2} = Z_{0.025} = 1.96$$

因为 $Z = 7.07 > Z_{\alpha/2} = 1.96$
所以拒绝原假设,即可以认为就近上学学生的学习成绩与因路远乘车上学学生的平均成绩是有差别的($\alpha = 0.05$)。同时我们可以看到,由于样本计算值 $Z = 7.07$ 远大于单边 Z 的临界值:

$$Z = 7.07 > Z_\alpha = 1.65$$

因此本题接受的备择假设可改为

$$H_1: \mu_A - \mu_B > 0$$

即可以认为就近上学的平均学习成绩比因路远乘车上学的学生平均学习成绩要好。

二、大样本总体成数差检验

在大样本总体成数检验中,曾谈到样本成数 $\hat{P}$ 近似服从正态分布($np \geq 5$,

第九章 二总体假设检验(二分变量-二分变量;二分变量-定距变量)

$n(1-p) \geqslant 5)$:

$$\hat{P} = \frac{\sum_{i=1}^{n}\xi_i}{n} \sim N\left(p, \frac{pq}{n}\right)$$

其中 p 为总体成数,$q=1-p$。

设有二项总体 A 与 B,它们的总体成数分别为:

二项总体 A:p_A

二项总体 B:p_B

现从两总体中分别独立地抽取一个随机样本,并且有如下的样本成数和样本容量:

来自二项总体 A 的样本:$\hat{P}_A, n_A$

来自二项总体 B 的样本:$\hat{P}_B, n_B$

当样本容量 n_A 和 n_B 足够大,根据中心极限定理,$\hat{P}_A$ 和 $\hat{P}_B$ 都将趋向正态分布:

$$\hat{P}_A \sim N\left(p_A, \frac{p_A q_A}{n_A}\right)$$

$$\hat{P}_B \sim N\left(p_B, \frac{p_B q_B}{n_B}\right)$$

根据正态分布随机变量的线性组合仍然满足正态分布的性质有

$$\hat{P}_A - \hat{P}_B \sim N\left(p_A - p_B, \frac{p_A q_A}{n_A} + \frac{p_B q_B}{n_B}\right)$$

标准化有

$$Z = \frac{(\hat{P}_A - \hat{P}_B) - (p_A - p_B)}{\sqrt{\frac{p_A q_A}{n_A} + \frac{p_B q_B}{n_B}}} \sim N(0,1)$$

于是,大样本成数差的检验步骤有:

(1) 原假设

$$H_0 : p_A - p_B = D_0$$

(2) 备择假设 H_1

    单边   双边

  $H_1 : p_A - p_B > D_0$ $H_1 : p_A - p_B \neq D_0$(可省略)

或 $H_1 : p_A - p_B < D_0$

(3) 统计量

$$Z = \frac{(\hat{P}_A - \hat{P}_B) - D_0}{\sigma_{(\hat{p}_A - \hat{p}_B)}} = \frac{(\hat{P}_A - \hat{P}_B) - D_0}{\sqrt{\dfrac{p_A q_A}{n_A} + \dfrac{p_B q_B}{n_B}}} \tag{9-3}$$

其中,

$$\text{总体 } A \text{ 的样本成数}: \hat{P}_A = \frac{m_A}{n_A}$$

$$\text{总体 } B \text{ 的样本成数}: \hat{P}_B = \frac{m_B}{n_B}$$

当 p_A, p_B 为未知,须用样本成数进行估算时,分以下两种情况:

① 若原假设中两总体成数的关系为 $p_A = p_B$

$$H_0: p_A = p_B$$

或 $\quad H_0: p_A - p_B = D_0 = 0$

这时两总体可看作参数 p 相同的总体。它们的点估计值为

$$\hat{P} = \frac{m_A + m_B}{n_A + n_B}, \hat{q} = 1 - \hat{P}$$

式(9-3)中统计量 Z 可简化为

$$Z = \frac{(\hat{P}_A - \hat{P}_B) - 0}{\sqrt{\dfrac{\hat{P}\hat{q}}{n_A} + \dfrac{\hat{P}\hat{q}}{n_B}}} = \frac{\hat{P}_A - \hat{P}_B}{\sqrt{\hat{P}\hat{q}\left(\dfrac{1}{n_A} + \dfrac{1}{n_B}\right)}} \tag{9-4}$$

② 若原假设中两总体成数不等: $p_A \neq p_B$

$$H_0: p_A \neq p_B$$

或 $\quad H_0: p_A - p_B = D_0 \neq 0$

那么,它们的点估计值有

$$\hat{P}_A \approx p_A, \quad \hat{P}_B \approx p_B; \quad \hat{q}_A = 1 - \hat{p}_A, \quad \hat{q}_B = 1 - \hat{p}_B$$

式(9-3)中统计量

$$Z = \frac{(\hat{P}_A - \hat{P}_B) - D_0}{\sqrt{\dfrac{\hat{P}_A \hat{q}_A}{n_A} + \dfrac{\hat{P}_B \hat{q}_B}{n_B}}} \tag{9-5}$$

(4) 拒绝域(图 9-3)

单边
$Z>Z_\alpha[H_1:(p_A-p_B)>D_0]$

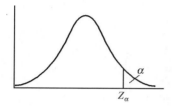

双边
$Z>Z_{\alpha/2}$ 或 $Z<-Z_{\alpha/2}$

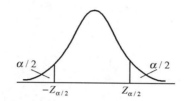

或 $Z<-Z_\alpha[H_1:(p_A-p_B)<D_0]$

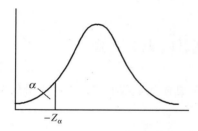

图 9-3 拒绝域示意图(大样本二总体成数差检验)

[例]2. 为了解职工对企业的认同感,根据1000名男性的抽样调查,其中有52人希望调换工作单位,而1000名女性的抽样调查,其中有23人希望调换工作单位。能否说明男性比女性更期望职业流动($\alpha=0.05$)?

[解]: 设 p_A:男性总体希望调换工作的成数

p_B:女性总体希望调换工作的成数

$H_0:p_A-p_B=0$

$H_1:p_A-p_B>0$

统计量:根据式(9-4),

$$Z=\frac{\hat{P}_A-\hat{P}_B}{\sqrt{\hat{P}\hat{q}\left(\frac{1}{n_A}+\frac{1}{n_B}\right)}}$$

根据题意:

$$\hat{P}_A=\frac{52}{1000} \qquad \hat{P}_B=\frac{23}{1000}$$

$$\hat{P} = \frac{52+23}{1000+1000} = 0.0375 \qquad \hat{q} = 1 - \hat{P} = 0.9625$$

$$n_A = 1000 \qquad n_B = 1000$$

$$Z_\alpha = Z_{0.05} = 1.65$$

$$Z = \frac{\frac{52}{1000} - \frac{23}{1000}}{\sqrt{0.0375 \times 0.9625 \times \left(\frac{1}{1000} + \frac{1}{1000}\right)}} = 3.41$$

所以有 $\qquad\qquad Z = 3.41 > Z_\alpha = 1.65$

因此拒绝原假设，接受备择假设 H_1，即可以认为男性比女性更期望职业流动（$\alpha = 0.05$）。

第三节 小样本二总体假设检验[①]

小样本二总体假设检验，正如小样本单总体的假设检验一样，这里仅介绍原总体满足正态分布的讨论。

一、小样本总体均值差检验

设两总体 A 与 B，它们分别满足正态分布

$$总体\ A: \xi_A \sim N(\mu_A, \sigma_A^2)$$
$$总体\ B: \xi_B \sim N(\mu_B, \sigma_B^2)$$

与单总体小样本情况相似，总体均值差的检验，根据 σ_A^2, σ_B^2 是否为已知，也需采用不同的统计量。

(一) σ_A^2, σ_B^2 为已知

根据正态总体的性质，从两总体中分别独立抽取的随机样本，将仍然满足正态分布，并具有如下的参数：

来自总体 A 的样本：$\bar{X}_A \sim N\left(\mu_A, \frac{\sigma_A^2}{n_A}\right)$

来自总体 B 的样本：$\bar{X}_B \sim N\left(\mu_B, \frac{\sigma_B^2}{n_B}\right)$

[①] 可作选读用。

第九章 二总体假设检验(二分变量-二分变量;二分变量-定距变量)

根据正态分布随机变量的线性组合仍然满足正态分布的性质,有

$$\bar{X}_A - \bar{X}_B \sim N\left(\mu_A - \mu_B, \frac{\sigma_A^2}{n_A} + \frac{\sigma_B^2}{n_B}\right)$$

标准化有

$$Z = \frac{(\bar{X}_A - \bar{X}_B) - (\mu_A - \mu_B)}{\sqrt{\frac{\sigma_A^2}{n_A} + \frac{\sigma_B^2}{n_B}}} \sim N(0,1) \tag{9-6}$$

小样本均值差检验步骤,与本章第二节大样本总体均值差检验步骤完全相同,这里不再赘述。

(二) σ_A^2, σ_B^2 为未知,但要求相等: $\sigma_A^2 = \sigma_B^2$

设从两总体中分别独立地抽取随机样本,且具有如下的统计量:

来自总体 A 的样本: $\bar{X}_A, S_A^2$

来自总体 B 的样本: $\bar{X}_B, S_B^2$

由于假定 $\sigma_A^2 = \sigma_B^2$,因此总体方差 $\sigma^2 = \sigma_A^2 = \sigma_B^2$,可用两样本方差的加权平均值 S^2 来代替:

$$\sigma^2 \approx S^2 = \frac{n_A - 1}{(n_A - 1) + (n_B - 1)} S_A^2 + \frac{n_B - 1}{(n_A - 1) + (n_B - 1)} S_B^2$$

$$= \frac{\sum_{i=1}^{n_A}(X_{A_i} - \bar{X}_A)^2 + \sum_{j=1}^{n_B}(X_{B_j} - \bar{X}_B)^2}{n_A + n_B - 2} \tag{9-7}$$

与单总体讨论相似,这时式(9-8)趋向其自由度为 $k = n_A + n_B - 2$ 的 t 分布。

$$t = \frac{(\bar{X}_A - \bar{X}_B) - (\mu_A - \mu_B)}{S\sqrt{\frac{1}{n_A} + \frac{1}{n_B}}} \sim t(n_A + n_B - 2) \tag{9-8}$$

小样本正态总体, σ_A^2, σ_B^2 未知,但 $\sigma_A^2 = \sigma_B^2$ [①]的均值差检验步骤有:
(1) 原假设

$H_0: \mu_A - \mu_B = D_0$, D_0 为假设的总体均值差,是一常数。如果要检验的假设为两总体均值无差异时,可设 $D_0 = 0$。

---

① 如果这些条件不满足,可改用非参数检验法(第十四章)。

(2) 备择假设 H_1

单边   双边

$\quad H_1:\mu_A-\mu_B>D_0$ $H_1:\mu_A-\mu_B\neq D_0$(可省略)

或 $\quad H_1:\mu_A-\mu_B<D_0$

(3) 统计量:根据式(9-8)

$$t=\frac{(\bar{X}_A-\bar{X}_B)-D_0}{S\sqrt{\dfrac{1}{n_A}+\dfrac{1}{n_B}}}\sim t(n_A+n_B-2)$$

$$S^2=\frac{\sum\limits_{i=1}^{n_A}(X_{A_i}-\bar{X}_A)^2+\sum\limits_{j=1}^{n_B}(X_{B_j}-\bar{X}_B)^2}{n_A+n_B-2}$$

(4) 拒绝域(图 9-4)

单边   双边

$t>t_\alpha[H_1:(\mu_A-\mu_B)>D_0]$ $t>t_{\alpha/2}$ 或 $t<-t_{\alpha/2}$

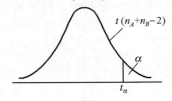 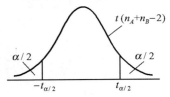

或 $t<-t_\alpha[H_1:(\mu_A-\mu_B)<D_0]$

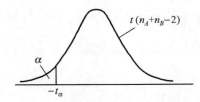

图 9-4   拒绝域示意图(小样本二总体均值差检验)

[例]3. 为研究某地两民族的家庭规模是否有所不同,各做了如下的独立随机抽样:

民族 A: $\bar{X}_A$(平均家庭人口) = 6.8 人

$\quad\quad\quad S_A$(家庭人口标准差) = 1.5 人

$\quad\quad\quad n_A$(调查户数) = 12 户

第九章 二总体假设检验(二分变量-二分变量;二分变量-定距变量)

民族 B：$\overline{X}_B$（家庭平均人口）$=5.3$ 人

　　　　S_B（家庭人口标准差）$=0.9$ 人

　　　　n_B（调查户数）$=12$ 户

问：能否认为民族 A 的平均家庭人口多于民族 B 的平均家庭人口($\alpha=0.05$)？（假定家庭人口满足正态分布且方差相等）

[解]：$H_0: \mu_A - \mu_B = 0$

　　　$H_1: \mu_A - \mu_B > 0$

根据题意，本题属小样本、正态总体，方差未知但 $\sigma_A^2 = \sigma_B^2$，因此根据式(9-7)：

$$S^2 = \frac{(n_A-1)S_A^2 + (n_B-1)S_B^2}{n_A + n_B - 2} = \frac{11 \times 1.5^2 + 11 \times 0.9^2}{12 + 12 - 2} = 1.53$$

$$S = \sqrt{S^2} = 1.237$$

$\alpha = 0.05$　　自由度 $k = 12 + 12 - 2 = 22$

$t_{0.05}(22) = 1.717$

统计量：代入式(9-8)，

$$t = \frac{(\overline{X}_A - \overline{X}_B)}{S\sqrt{\frac{1}{n_A} + \frac{1}{n_B}}} = \frac{6.8 - 5.3}{1.237\sqrt{\frac{1}{12} + \frac{1}{12}}} = 2.97$$

所以　　　　　　　　$t = 2.97 > t_{0.05} = 1.717$

故拒绝原假设，接受备择假设，即认为民族 A 的平均家庭人口多于民族 B($\alpha = 0.05$)。

二、小样本二总体方差比的检验

在实际研究中，除了要比较二总体的均值外，有时还需要比较二总体的方差。例如，为了对两个班级进行比较，除了平均分外，还要用方差比较成绩的分散情况。此外，前面在小样本均值差的检验中，曾谈到当方差未知时，首先要求方差相等。因此，在方差未知的情况下，首先必须进行方差比的检验。

设有两总体 A 与 B，它们都满足正态分布：

　　　　　　　　总体 A　　$N(\mu_A, \sigma_A^2)$

　　　　　　　　总体 B　　$N(\mu_B, \sigma_B^2)$

现从两总体中分别独立地抽取一个随机样本，并具有如下的样本方差和

容量:

来自总体 A 的样本: S_A^2, n_A

来自总体 B 的样本: S_B^2, n_B

根据第六章第四节抽样分布的讨论有

$$\frac{n_A-1}{\sigma_A^2}S_A^2 \sim \chi^2(n_A-1) \tag{9-9}$$

$$\frac{n_B-1}{\sigma_B^2}S_B^2 \sim \chi^2(n_B-1) \tag{9-10}$$

根据第五章第四节 F 分布的讨论有

$$\frac{\frac{n_A-1}{\sigma_A^2}S_A^2/(n_A-1)}{\frac{n_B-1}{\sigma_B^2}S_B^2/(n_B-1)} \sim F(n_A-1, n_B-1) \tag{9-11}$$

简化式(9-11)后,检验方差比所用统计量为

$$\frac{\frac{S_A^2}{\sigma_A^2}}{\frac{S_B^2}{\sigma_B^2}} \sim F(n_A-1, n_B-1) \tag{9-12}$$

当原假设 H_0 为 $\sigma_A^2 = \sigma_B^2$ 时,式(9-12)中统计量简化为

$$F = \frac{S_A^2}{S_B^2} \sim F(n_A-1, n_B-1) \tag{9-13}$$

小样本正态总体方差比检验步骤有:

(1) 原假设

$$H_0 : \sigma_A^2 = \sigma_B^2$$

(2) 备择假设 H_1

单边 双边

$H_1 : \sigma_A^2 > \sigma_B^2$ $H_1 : \sigma_A^2 \neq \sigma_B^2$

或 $H_1 : \sigma_A^2 < \sigma_B^2$

(3) 统计量

单边 双边

$F = \dfrac{S_A^2}{S_B^2}(S_A^2 > S_B^2)$ $F = \dfrac{S_A^2}{S_B^2}(S_A^2 > S_B^2)$

或 $F = \dfrac{S_B^2}{S_A^2}(S_B^2 > S_A^2)$

第九章 二总体假设检验(二分变量－二分变量;二分变量－定距变量)

（4）拒绝域(图 9-5)

单边　　　　　　　　　　双边
$F > F_\alpha$　　　　　　　　$F > F_{\alpha/2}$

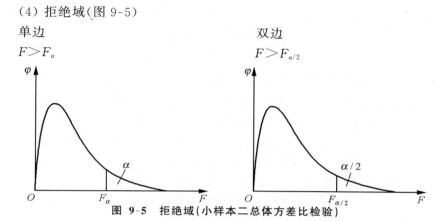

图 9-5　拒绝域(小样本二总体方差比检验)

临界值中 F_α 和 $F_{\alpha/2}$ 的分子自由度 $k_1 = n_A - 1$,分母自由度 $k_2 = n_B - 1$。

方差比检验,比起前面所介绍的检验有一个不同点,那就是无论是单边或双边检验,F 的临界值都只在右侧。其原因在于我们永远把 S_A^2 和 S_B^2 中较大者放在分子,因此有

$$F = \frac{S_A^2}{S_B^2} \geqslant 1$$

这样可以便于使用者掌握。

[例] 4. 为了研究 A、B 两正态总体的方差是否相等,分别做了独立随机抽样:

　　A 总体抽样:$S_A^2 = 7.14, n_A = 10$
　　B 总体抽样:$S_B^2 = 3.21, n_B = 8$
问:两总体方差有无区别($\alpha = 0.10$)?

[解]:$H_0 : \sigma_A^2 = \sigma_B^2$
　　　$H_1 : \sigma_B^2 \neq \sigma_B^2$

统计量:根据式(9-13),

$$F = S_A^2 / S_B^2 = \frac{7.14}{3.21} = 2.22$$

临界值:$F_{0.10/2}(10-1, 8-1) = 3.68$　（附表 7）

因为　　　$F < F_{0.10/2} = 3.68$

所以不能否认总体方差相等 $\sigma_A^2 = \sigma_B^2$ 的假设($\alpha = 0.10$)。

第四节 配对样本的比较

到目前为止,我们介绍的都是二总体独立样本的讨论。配对样本或称非独立样本,它实际上只有一个样本,但样本中的每一个个体都研究两次。例如对于同一个农村社员或城市居民,调查他改革开放前后生活水平的变化;同样,调查单位也可以是一个车间、一个工厂,研究它改制前后生产效率、竞争性方面的变化。配对的目的在于,使研究者除了研究的因素外,做到其他条件大体一致。相当于对影响现象的其他因素(或称其他独立变量)进行了有效控制。但在某些情况下,有时无法做到对一个被访者做到两种不同情况的观察。例如,研究性别与个人成就之间的关系,显然无法做到改变个体的性别。又如两种教学方法的研究,也无法做到同一学生在试验了一种教学方法后,仍处于初始的教育背景。在这种情况下,只能采用两个样本。但对其样本中的个体,应做到文化程度、工作年限、性别等尽可能大体一致,以达到配对的目的。

设每个个体两次观测值为 X_A 和 X_B,其观测值之差记作 D:

$$D = X_A - X_B$$

假定 X_A 和 X_B 满足正态分布,但并不要求方差 σ_A^2 和 σ_B^2 相等。如果假设先后两次观察无显著性差别,即 $\mu_A = \mu_B$,则配对数据可以看作来自均值为 0 的总体 $D:N(0,\sigma^2)$。若 $d_1, d_2, \cdots, d_n$ 是来自 $N(0,\sigma^2)$ 的样本,则有

$$\bar{d} = \frac{\sum_{i=1}^{n} d_i}{n} \sim N\left(0, \frac{\sigma^2}{n}\right)$$

$$d_i = X_{A_i} - X_{B_i}$$

若 σ^2 未知,可用 S_d^2 来代替:

$$S_d^2 = \frac{1}{n-1} \sum_{i=1}^{n} (d_i - \bar{d})^2$$

这时配对样本的平均值 $\bar{d}$ 的统计量将满足自由度 $k = n-1$ 的 t 分布:

$$t = \frac{\bar{d} - 0}{\frac{S_d}{\sqrt{n}}} \sim t(n-1)$$

配对样本的检验步骤有:

第九章 二总体假设检验(二分变量-二分变量;二分变量-定距变量)

(1) 原假设
$$H_0: \mu_A = \mu_B$$

(2) 备择假设 H_1

单边　　　　　　　　　　双边

　$H_1: \mu_A > \mu_B$　　　　　$H_1: \mu_A \neq \mu_B$

　或 $H_1: \mu_A < \mu_B$

(3) 统计量

$$t = \frac{\bar{d} - 0}{\frac{S_d}{\sqrt{n}}} = \frac{\bar{d}}{\frac{S_d}{\sqrt{n}}} \qquad (9\text{-}14)$$

$$S_d = \sqrt{\frac{\sum_{i=1}^{n}(d_i - \bar{d})^2}{n-1}}$$

$n=$ 配对数目

(4) 拒绝域(图 9-6)

单边　　　　　　　　　　双边

$t > t_\alpha (H_1: \mu_A > \mu_B)$　　　$t > t_{\alpha/2}$ 或 $t < -t_{\alpha/2}$

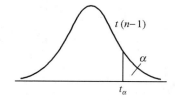

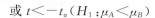

或 $t < -t_\alpha (H_1: \mu_A < \mu_B)$

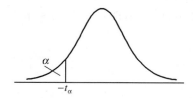

图 9-6　拒绝域(配对样本均值差检验)

[例]5. 以下是改制前后,某企业 8 个车间竞争性测量的比较(表 9-2)。

表 9-2 某企业改制前后竞争性统计

改制前后	车间代号							
	1	2	3	4	5	6	7	8
改制后 (A)	86	87	56	93	84	93	75	79
改制前 (B)	80	79	58	91	77	82	74	66
$d_i = X_{A_i} - X_{B_i}$	6	8	-2	2	7	11	1	13

问：改制后,竞争性有无增加($\alpha=0.05$)?

[解]: $H_0: \mu_A = \mu_B$

$H_1: \mu_A > \mu_B$

$$\bar{d} = \frac{\sum d_i}{n} = 5.75$$

$$S_d = \sqrt{\frac{\sum(d_i - \bar{d})^2}{8-1}} = 5.12$$

代入式(9-14),统计量 $t = \dfrac{5.75}{\dfrac{5.12}{\sqrt{8}}} = 3.176$

$$\alpha = 0.05$$

查附表 5　　　　　　　　$t_{0.05}(8-1) = 1.895$

因为　　　　　　　　　　$t = 3.176 > t_{0.05} = 1.895$

故拒绝原假设,即认为改制后竞争性有明显增高($\alpha=0.05$)。

[例] 6. 如果上述数据不是来自配对样本,而是来自实行改制前和后两个独立的随机样本,问：能否认为改制前后竞争性有显著性增加($\alpha=0.05$)?

[解]: 由于两总体的样本是独立的小样本,因此需改用本章第三节方差未知情况下的均值差公式。于是有

$H_0: \mu_A = \mu_B$

$H_1: \mu_A > \mu_B$

$\bar{X}_A - \bar{X}_B = 81.625 - 75.875 = 5.75$

代入式(9-7)和式(9-8),

$$S = \sqrt{\frac{\sum_{i=1}^{n_A}(X_{A_i} - \bar{X}_A)^2 + \sum_{j=1}^{n_B}(X_{B_j} - \bar{X}_B)^2}{n_A + n_B - 2}} = 11.132$$

第九章 二总体假设检验(二分变量-二分变量;二分变量-定距变量)

统计量

$$t = \frac{\overline{X}_A - \overline{X}_B}{S\sqrt{\frac{1}{n_A} + \frac{1}{n_B}}} = \frac{5.75}{11.132\sqrt{\frac{1}{8} + \frac{1}{8}}} = 1.03$$

$$\alpha = 0.05$$

查附表5,

$$t_{0.05}(n_A + n_B - 2) = t_{0.05}(8 + 8 - 2) = t_{0.05}(14)$$
$$= 1.761$$

因为 $t = 1.03 < t_{0.05} = 1.761$

故接受原假设,不能认为改制前后竞争性测量有显著差异。

通过以上两个例子的比较,可以看出,对于同样的数据,如果是来自配对样本的,则使用配对数据的检验公式。因为配对数据表示除所研究的因素外,其他因素已得到了控制,因此在样本容量一定的情况下(例如,上例中样本总容量 $n_A + n_B = 16$ 不变),相对于独立抽样,检验的灵敏度要高。但是应该看到,配对样本在社会研究中并不是总能实现的。例如,当配对样本是通过控制其他的混杂因素得以完成时,我们有可能疏忽掉或还没有认识到某些因素的影响,这时最终的结果,很难说清是真正研究的因素造成的,还是混杂的其他因素造成的,或者兼而有之。一个通常解决的方法是,通过随机化把实验对象随机地分配到两个样本,从而达到混杂因素的平衡,但这时应改用独立样本分析之。

习 题

1. 为了对甲、乙两校学习成绩进行比较,对甲、乙两校进行了抽样调查。甲校抽查50名,平均成绩 $\overline{X}_1 = 69.2$, $S_1^2 = 49.3$;乙校抽查80名,平均成绩 $\overline{X}_2 = 67.5$, $S_2^2 = 64.5$。问:甲校成绩是否优于乙校成绩($\alpha = 0.05$)?

(答案:不能认为甲校优于乙校,$1.27 < 1.65$)

2. 为了解大学生对人才招聘市场的看法:对100名文科学生的抽样调查中,有45人表示满意;对100名理科学生的抽样调查中,有63人表示满意。问:文、理科学生满意的比例是否有显著差异($\alpha = 0.05$)?

(答案:有显著差异,$-2.55 < -1.96$)

3. 试述小样本总体均值差检验有哪些假定。

4. 为研究距离城市远近对农村现代化观念的影响,对近郊农村12名居民进行了抽样调查,其现代化观念平均得分 $\bar{X}_1=6.8, S_1=1.5$;对远郊农村 12 名居民进行了抽样调查,其现代化观念平均得分 $\bar{X}_2=5.3, S_2=0.9$。问:近郊农村的现代化观念是否强于远郊农村($\alpha=0.05$)?设本题满足小样本检验假定。

(答案:是,2.97>1.72)

5. 为了研究两种教学方法的效果。选择了 6 对智商、年龄、阅读能力、家庭条件都相同的儿童进行了实验,结果见下表:

配本号	新教学法	原教学法
1	83	78
2	69	65
3	87	88
4	93	91
5	78	72
6	59	59

问:能否认为新教学法优于原教学法($\alpha=0.05$)?

(答案:可以认为,2.32>2.02)

第十章

列联表（定类变量－定类变量）

第一节 什么是列联表

一、本章讨论两个定类变量的一般情况

设定类变量 x 可以分作 c 类，定类变量 y 可以分为 r 类：

定类变量 $x: x_1, x_2, \cdots, x_c$

定类变量 $y: y_1, y_2, \cdots, y_r$

为了研究 y 之分类是否与 x 之分类有关，我们可以将数据先按 x 分类，然后分别统计当 $x = x_1, x = x_2, \cdots, x = x_c$ 情况下 y 的分类。这样就得到了数据按两个定类变量进行交叉分类的频次分配表，即二维的列联表[①]，简称列联表（Contingency table）。

以下是 $r \times c$ 列联表的一般形式（表 10-1）。

表 10-1 列联表的频次分布

y	x				
	x_1	x_2	x_3	$\cdots$	x_c
y_1	N_{11}	N_{21}	N_{31}	$\cdots$	N_{c1}
y_2	N_{12}	N_{22}	N_{32}	$\cdots$	N_{c2}
$\vdots$	$\vdots$	$\vdots$	$\vdots$		$\vdots$
y_r	N_{1r}	N_{2r}	N_{3r}	$\cdots$	N_{cr}

---

① 如果数据的分类不止两个变量，那还可以得到更多变量的交叉分类表，又称多维的列联表。

其中 N_{ij} 是 $x=x_i(i=1,2,\cdots,c),y=y_j(j=1,2,\cdots,r)$ 时所具有的频次。

例如,某单位对闲暇时间进行了全面调查,根据不同年龄档和喜爱收看电视节目的类型进行了如下的统计分类(表 10-2):

表 10-2 某单位员工闲暇时间分类统计

	老年	中年	青年
戏曲	20	10	2
歌舞	5	20	35
球赛	2	10	20

可见,每一个被调查者,都是根据他们的代际和喜爱收看节目的类型两种特征,或称两种属性,分别统计到列联表的一个间格内,而且每个人也只能从属于其中的一个间格。

列联表通过各间格的频次或相对频次,研究变量之间是否存在关系,也就是说变量 x 的分类是否与变量 y 的分类有关。例如从上面闲暇时间的列联表中可以看出,老年人爱看戏曲的比例 $\left(\frac{20}{20+5+2}=74\%\right)$ 明显高于青年人的 $\left(\frac{2}{2+35+20}=3.5\%\right)$,从而可以做出收看电视节目的类型与年龄有关的论断。

但是,以上仅仅根据戏曲的比例来讨论是很不全面的,因为还有球赛、歌舞没有考虑。同时年龄档中的中年人又如何?因此就产生了如何正确度量两变量关系强度的问题。此外,如果调查资料来自抽样的话,还必须通过检验,以排除随机误差的干扰。

本章第一节将介绍列联表中有关分布和独立性的讨论,第二节介绍列联表的检验,第三节将介绍列联强度的测量。

二、列联表中变量的分布

(一)联合分布(Joint distribution)

第二章第一节在谈到分布时,曾说过所谓频次分布,就是变量值、频数对的集合:

$$(x_1, N_1)$$
$$(x_2, N_2)$$
$$\vdots \quad \vdots$$
$$(x_n, N_n)$$

第十章 列联表(定类变量-定类变量)

这是对单变量而言的。对于二变量来说,为了知道分布,集合中的变量值,必须同时具有 x 和 y 两个变量的取值:

$$(x_1, y_1, N_{11})$$
$$(x_1, y_2, N_{12})$$
$$\vdots \quad \vdots \quad \vdots$$
$$(x_1, y_r, N_{1r})$$
$$\vdots \quad \vdots \quad \vdots$$
$$(x_i, y_j, N_{ij})$$
$$\vdots \quad \vdots \quad \vdots$$
$$(x_c, y_r, N_{cr})$$

所以称作联合分布。

当集合对中的最后一项 N_{ij} 表示的是频次时,列联表就是联合频次分布表。当集合对中最后一项表示的是概率 p_{ij},则列联表就是联合概率分布表。显然,当联合频次分布表示的是总体调查时,联合概率分布表可以通过联合频次分布表求得

$$p_{ij} = \frac{N_{ij}}{N}, \quad N = \sum_{i=1}^{c}\sum_{j=1}^{r} N_{ij}$$

联合概率分布有如下一般形式[①](表 10-3)。

表 10-3 列联表的联合概率分布

y	x					$\sum_{i}$
	x_1	x_2	x_3	$\cdots$	x_c	
y_1	p_{11}	p_{21}	p_{31}	$\cdots$	p_{c1}	p_{*1}
y_2	p_{12}	p_{22}	p_{32}	$\cdots$	p_{c2}	p_{*2}
$\vdots$	$\vdots$	$\vdots$	$\vdots$		$\vdots$	$\vdots$
y_r	p_{1r}	p_{2r}	p_{3r}	$\cdots$	p_{cr}	p_{*r}
$\sum_{j}$	p_{1*}	p_{2*}	p_{3*}	$\cdots$	p_{c*}	1

列联表中每一个格值,表示变量 x 和变量 y 各取某一定值时,事件积的概率

$$P(x=x_i, \ y=y_j) = p_{ij} \tag{10-1}$$

根据概率分布的性质,显然有

$$\sum_{i=1}^{c}\sum_{j=1}^{r} p_{ij} = 1 \tag{10-2}$$

---

① 此处 x, y 排列方向,根据一般约定,横轴为自变量 x,纵轴为因变量 y。

（二）边缘分布（Marginal distribution）

如果对联合分布进行简化研究，只研究其中某一变量的分布，而不管另一变量的取值，这样就得到边缘分布。边缘分布共有两个：

1. 关于 y 的边缘分布

把联合分布中的概率按行加总起来，就得到关于 y 的边缘分布：

$$P(y=y_1) = p_{11} + p_{21} + \cdots + p_{c1} = p_{*1}$$
$$P(y=y_2) = p_{12} + p_{22} + \cdots + p_{c2} = p_{*2}$$
$$\vdots$$
$$P(y=y_r) = p_{1r} + p_{2r} + \cdots + p_{cr} = p_{*r}$$

2. 关于 x 的边缘分布

把联合分布中的概率按列加总起来，就得到关于 x 的边缘分布：

$$P(x=x_1) = p_{11} + p_{12} + \cdots + p_{1r} = p_{1*}$$
$$P(x=x_2) = p_{21} + p_{22} + \cdots + p_{2r} = p_{2*}$$
$$\vdots$$
$$P(x=x_c) = p_{c1} + p_{c2} + \cdots + p_{cr} = p_{c*}$$

对于总体调查，二变量的频次、概率、联合分布和边缘分布有如下关系（表10-4）：

表 10-4 列联表的频次、概率、联合分布和边缘分布

y	x				$\dfrac{\sum_{i=1}^{c} N_{ij}}{N} = p_{*j}$
	x_1	x_2	$\cdots$	x_c	
y_1	$\dfrac{N_{11}}{N}=p_{11}$	$\dfrac{N_{21}}{N}=p_{21}$	$\cdots$	$\dfrac{N_{c1}}{N}=p_{c1}$	$\dfrac{\sum_{i=1}^{c} N_{i1}}{N} = \dfrac{N_{*1}}{N} = p_{*1}$
y_2	$\dfrac{N_{12}}{N}=p_{12}$	$\dfrac{N_{22}}{N}=p_{22}$	$\cdots$	$\dfrac{N_{c2}}{N}=p_{c2}$	$\dfrac{\sum_{i=1}^{c} N_{i2}}{N} = \dfrac{N_{*2}}{N} = p_{*2}$
$\vdots$	$\vdots$	$\vdots$		$\vdots$	$\vdots$
y_r	$\dfrac{N_{1r}}{N}=p_{1r}$	$\dfrac{N_{2r}}{N}=p_{2r}$	$\cdots$	$\dfrac{N_{cr}}{N}=p_{cr}$	$\dfrac{\sum_{i=1}^{c} N_{ir}}{N} = \dfrac{N_{*r}}{N} = p_{*r}$
$\dfrac{\sum_{j=1}^{r} N_{ij}}{N} = p_{i*}$	$\dfrac{\sum_{j=1}^{r} N_{1j}}{N} = \dfrac{N_{1*}}{N} = p_{1*}$	$\dfrac{\sum_{j=1}^{r} N_{2j}}{N} = \dfrac{N_{2*}}{N} = p_{2*}$	$\cdots$	$\dfrac{\sum_{j=1}^{r} N_{cj}}{N} = \dfrac{N_{c*}}{N} = p_{c*}$	$\dfrac{\sum_{i=1}^{c}\sum_{j=1}^{r} N_{ij}}{N} = 1$

第十章 列联表(定类变量-定类变量)

(三) 条件分布(Conditional distribution)

除了边缘分布,我们还可以将其中一个变量控制起来取固定值,再看另一变量的分布,这样就得到一个条件分布。

1. y 的条件分布

当 x 值控制后,再看 y 的分布,就得到 y 的条件分布。如果 x 有 c 个取值,则有 c 个 y 条件分布(表 10-5)。

表 10-5 y 的条件分布

$x=x_1$:				
y	y_1	y_2	$\cdots$	y_r
$p(y)$	$\dfrac{N_{11}}{N_{1*}}$	$\dfrac{N_{12}}{N_{1*}}$	$\cdots$	$\dfrac{N_{1r}}{N_{1*}}$
$x=x_2$:				
y	y_1	y_2	$\cdots$	y_r
$p(y)$	$\dfrac{N_{21}}{N_{2*}}$	$\dfrac{N_{22}}{N_{2*}}$	$\cdots$	$\dfrac{N_{2r}}{N_{2*}}$
$\vdots$	$\vdots$	$\vdots$		$\vdots$
$x=x_c$:				
y	y_1	y_2	$\cdots$	y_r
$p(y)$	$\dfrac{N_{c1}}{N_{c*}}$	$\dfrac{N_{c2}}{N_{c*}}$	$\cdots$	$\dfrac{N_{cr}}{N_{c*}}$

2. x 的条件分布

当 y 值控制后,再看 x 的分布,就得到 x 的条件分布。如果 y 有 r 个取值,则有 r 个 x 的条件分布(表 10-6)。

表 10-6 x 的条件分布

$y=y_1$:				
x	x_1	x_2	$\cdots$	x_c
$p(x)$	$\dfrac{N_{11}}{N_{*1}}$	$\dfrac{N_{21}}{N_{*1}}$	$\cdots$	$\dfrac{N_{c1}}{N_{*1}}$
$y=y_2$:				
x	x_1	x_2	$\cdots$	x_c
$p(x)$	$\dfrac{N_{12}}{N_{*2}}$	$\dfrac{N_{22}}{N_{*2}}$	$\cdots$	$\dfrac{N_{c2}}{N_{*2}}$
$\vdots$	$\vdots$	$\vdots$		$\vdots$
$y=y_r$:				
x	x_1	x_2	$\cdots$	x_c
$p(x)$	$\dfrac{N_{1r}}{N_{*r}}$	$\dfrac{N_{2r}}{N_{*r}}$	$\cdots$	$\dfrac{N_{cr}}{N_{*r}}$

如果变量 x 共有 c 个取值，变量 y 共有 r 个取值，那么从理论上说，就可以有 $c+r$ 个条件分布（表 10-5、表 10-6）。

比较联合分布和条件分布可以发现，条件分布中的每一项都是以边缘分布的 N_{i*} 或 N_{*j} 为分母，而联合分布中各项，则都是以 N 为分母的。

[例] 1. 试就下列频次的联合分布（表 10-7），求概率的联合分布、边缘分布和条件分布。

表 10-7　某单位员工闲暇时间的频次联合分布

	老年	中年	青年
戏曲	20	10	2
歌舞	5	20	35
球赛	2	10	20

[解]：为了求得分布，必须求出总数：

$$N = \sum_{i=1}^{c} \sum_{j=1}^{r} N_{ij}$$

以及边缘和：

$$N_{i*} = \sum_{j=1}^{r} N_{ij} \qquad i=1,2,\cdots,c$$

$$N_{*j} = \sum_{i=1}^{c} N_{ij} \qquad j=1,2,\cdots,r$$

于是有表 10-8：

表 10-8　频次联合分布和边缘分布

	老年	中年	青年	边缘和（N_{*j}）
戏曲	20	10	2	32
歌舞	5	20	35	60
球赛	2	10	20	32
边缘和（N_{i*}）	27	40	57	$N=124$

概率联合分布为表 10-9：

表 10-9　概率联合分布

	老年	中年	青年
戏曲	20/124	10/124	2/124
歌舞	5/124	20/124	35/124
球赛	2/124	10/124	20/124

关于 y（节目分类）的概率边缘分布为表 10-10：

表 10-10　关于 y 的概率边缘分布

y	戏曲	歌舞	球赛
$p(y)$	32/124	60/124	32/124

关于 x（年龄档）的概率边缘分布为表 10-11：

表 10-11　关于 x 的概率边缘分布

x	老年	中年	青年
$p(x)$	27/124	40/124	57/124

关于 y 的概率条件分布，共有 3 个：

$x=x_1$（老年）　（表 10-12）

表 10-12　老年组的概率条件分布

y	戏曲	歌舞	球赛
$p(y)$	20/27	5/27	2/27

$x=x_2$（中年）　（表 10-13）

表 10-13　中年组的概率条件分布

y	戏曲	歌舞	球赛
$p(y)$	10/40	20/40	10/40

$x=x_3$（青年）　（表 10-14）

表 10-14　青年组的概率条件分布

y	戏曲	歌舞	球赛
$p(y)$	2/57	35/57	20/57

从理论上来说，我们还应该列出 3 个关于 x 的条件分布。但从实际的角度来看，控制因变量是没有实际意义的。因此一般只研究控制自变量 x 之后，因变量 y 的条件分布。

三、列联表中变量的相互独立性

前面谈过，通过列联表可以研究定类变量之间的关系。这实际就是通过条件分布的比较进行的。现在，仍以上面例子来说明，首先我们把关于 y 的条件分布(表 10-12、表 10-13、表 10-14)和边缘分布(表 10-10),合写在一张表上(表 10-15)。

表 10-15　不同年龄的条件分布和边缘分布

	老年	中年	青年	边缘和
戏曲	20/27=0.74	10/40=0.25	2/57=0.04	32/124=0.26
歌舞	5/27=0.19	20/40=0.50	35/57=0.61	60/124=0.48
球赛	2/27=0.07	10/40=0.25	20/57=0.35	32/124=0.26

根据表 10-15 中的每一行,可以比较出三代人的喜爱是否有所不同,三代人的百分比依次是:

戏曲　0.74→0.25→0.04
歌舞　0.19→0.50→0.61
球赛　0.07→0.25→0.35

可见,随着代际的年轻化,喜爱戏曲的比例逐渐下降,而歌舞和球赛却越来越受到欢迎,从而得出节目的喜爱与代际有关的结论,也就是变量 y(对节目的喜爱)与变量 x(代际)是有关的。

现在设想,如果统计的结果三代人的百分比是不变的:

戏曲　0.74→0.74→0.74
歌舞　0.19→0.19→0.19
球赛　0.07→0.07→0.07

那又该得出什么结论呢?

显然,如果选择喜爱节目的比例,对于三代人都是一样的话,那就表示变量"对节目的喜爱"与变量"代际"之间是没有关系的,这种情况称作变量之间是相互独立的。如果变量间是相互独立的话,通过上例可以看出,必然存在变量的条件分布和它的边缘分布相同。

$$\frac{N_{11}}{N_{1*}} = \frac{N_{21}}{N_{2*}} = \cdots = \frac{N_{c1}}{N_{c*}} = \frac{N_{*1}}{N}$$

$$\frac{N_{12}}{N_{1*}} = \frac{N_{22}}{N_{2*}} = \cdots = \frac{N_{c2}}{N_{c*}} = \frac{N_{*2}}{N}$$

$$\frac{N_{1r}}{N_{1*}} = \frac{N_{2r}}{N_{2*}} = \cdots = \frac{N_{cr}}{N_{c*}} = \frac{N_{*r}}{N}$$

把以上所有的式子用一个通式来表示,那就是

$$\frac{N_{ij}}{N_{i*}} = \frac{N_{*j}}{N} \quad \begin{pmatrix} i=1,2,\cdots,c \\ j=1,2,\cdots,r \end{pmatrix} \tag{10-3}$$

第十章 列联表(定类变量-定类变量)

式(10-3)的分子和分母都乘以 N 得

$$\frac{N_{ij}}{N}\frac{N}{N_{i*}}=\frac{N_{*j}}{N} \tag{10-4}$$

式(10-4)中的比例,代表了以下的概率:

$$\frac{N_{ij}}{N}=p_{ij} \tag{10-5}$$

$$\frac{N}{N_{i*}}=\frac{1}{p_{i*}} \tag{10-6}$$

$$\frac{N_{*j}}{N}=p_{*j} \tag{10-7}$$

可见,如果列联表的变量是相互独立的话,根据式(10-4)—式(10-7),边缘分布和联合分布存在以下关系式:

$$p_{ij}=p_{i*}\,p_{*j} \tag{10-8}$$

表 10-16 是二变量相互独立时的列联表,它的每一个格值,都满足式(10-8)。

表 10-16 变量相互独立的列联表

y	x				p_{*j}
	x_1	x_2	$\cdots$	x_c	
y_1	$p_{11}=p_{1*}\,p_{*1}$	$p_{21}=p_{2*}\,p_{*1}$	$\cdots$	$p_{c1}=p_{c*}\,p_{*1}$	p_{*1}
y_2	$p_{12}=p_{1*}\,p_{*2}$	$p_{22}=p_{2*}\,p_{*2}$	$\cdots$	$p_{c2}=p_{c*}\,p_{*2}$	p_{*2}
$\vdots$	$\vdots$	$\vdots$	$\cdots$	$\vdots$	$\vdots$
y_r	$p_{1r}=p_{1*}\,p_{*r}$	$p_{2r}=p_{2*}\,p_{*r}$	$\cdots$	$p_{cr}=p_{c*}\,p_{*r}$	p_{*r}
p_{i*}	p_{1*}	p_{2*}		p_{c*}	$\sum_{j=1}^{r}\sum_{i=1}^{c}p_{ij}=1$

第二节 列联表的检验

一、列联表检验的原假设

社会现象的研究,旨在发现现象与现象间存在的关系。而第七章告诉我们,由于备择假设 H_1 具有确定的 α 值,因此总是将研究的假设作为备择假设。同样,列联表也是将总体中变量间无关系或相互独立作为检验的原假设:

$$H_0:p_{ij}=p_{i*}\,p_{*j} \quad i=1,2,\cdots,c \quad j=1,2,\cdots,r$$

由于 p_{i*} 和 p_{*j} 是总体的边缘分布,一般都是未知的,因此可以用样本中的边缘

频率分布作为它的点估计值:

$$p_{i*} \approx \hat{P}_{i*} = \frac{n_{i*}}{n} \quad i=1,2,\cdots,c \qquad (10\text{-}9)$$

$$p_{*j} \approx \hat{P}_{*j} = \frac{n_{*j}}{n} \quad j=1,2,\cdots,r \qquad (10\text{-}10)$$

这里用小写字母 n_{i*},n_{*j},n 表示样本的频次,$\hat{P}_{i*}$,$\hat{P}_{*j}$ 表示样本的频率分布。

二、列联表检验的统计量——χ^2

列联表检验的程序和单变量检验是相同的:确定原假设;选择适当的统计量;定出显著性水平然后根据样本值进行判断。

列联表中的原假设 H_0 前面已经谈过,而列联表中统计量的选择,由于列联表是二维的定类变量,因此统计量的确定比单变量的情况要复杂些。它是通过在原假设成立条件下,用总体和样本一系列格值的比较来进行的。具体步骤是:

首先根据列联表的原假设

$$H_0: p_{ij} = p_{i*}\,p_{*j}$$

用样本的边缘和,根据式(10-9)、式(10-10),求出 p_{i*} 和 p_{*j}:

$$p_{i*} \approx \hat{P}_{i*} = \frac{n_{i*}}{n} \quad i=1,2,\cdots,c$$

$$p_{*j} \approx \hat{P}_{*j} = \frac{n_{*j}}{n} \quad j=1,2,\cdots,r$$

求出列联表中各格的期望频次(Expected frequencies):

$$E_{ij} = np_{ij} = np_{i*}\,p_{*j} \approx \frac{n_{i*}\,n_{*j}}{n}$$

式中第二个等号是根据原假设 H_0,第三个近似号是根据式(10-9)、式(10-10)得来的。于是在原假设 H_0 成立条件下期望频次列联表有表 10-17:

表 10-17 期望频次列联表

y	x			
	x_1	x_2	$\cdots$	x_c
y_1	E_{11}	E_{21}	$\cdots$	E_{c1}
y_2	E_{12}	E_{22}	$\cdots$	E_{c2}
$\vdots$	$\vdots$	$\vdots$		$\vdots$
y_r	E_{1r}	E_{2r}	$\cdots$	E_{cr}

第十章 列联表(定类变量-定类变量)

不妨设想,在 H_0 成立的条件下做无数次抽样,每次抽样可得到一个实测的频次列联表(表 10-18)。

表 10-18 实测频次列联表

y	x			
	x_1	x_2	…	x_c
y_1	n_{11}	n_{21}	…	n_{c1}
y_2	n_{12}	n_{22}	…	n_{c2}
⋮	⋮	⋮		⋮
y_r	n_{1r}	n_{2r}	…	n_{cr}

现在来比较表 10-17 和表 10-18,可以想象,如果总体中 H_0 为真的话,那么实测频次列联表的格值和期望频次列联表中的格值相差不多的可能性较大。反之,如果两表的格值差距很大,则原假设 H_0 很可能不反映真实情况。

上述的讨论可用以下的统计量来表示:

$$\chi^2 = \sum_{i=1}^{c}\sum_{j=1}^{r} \frac{(n_{ij}-E_{ij})^2}{E_{ij}} \qquad (10\text{-}11)$$

分子取平方是为了取其绝对差值。而分母 E_{ij} 是为了平衡 E_{ij} 数值本身的大小。否则,如果 E_{ij} 本身数值很小的话,则即便 $(n_{ij}-E_{ij})^2$ 与 E_{ij} 相比已经很大,但在总平方和中仍然是微不足道的。

上述统计量,经过数学计算可知,当 n 很大,每格 E_{ij} 都不太小(具体见下面讨论),服从自由度 $k=(r-1)(c-1)$ 的 χ^2 分布:

$$\chi^2 = \sum_{i=1}^{c}\sum_{j=1}^{r} \frac{(n_{ij}-E_{ij})^2}{E_{ij}} \sim \chi^2[(r-1)(c-1)]^{①} \qquad (10\text{-}12)$$

[例]2. 某乡镇研究职业代际流动,调查了共 140 人。其结果如表 10-19:

---

① 自由度表示有多少个间格数 n_{ij} 可以自由取值。对于有 $r×c$ 个间格而言,最大间格数目为 $r×c$,但因总数 n 已定,因此自由度须减少一个,又因每行和每列的边缘和是已定的,它们共有 $r+c$ 个,以及行边缘和与列边缘和又存在约束条件 $\sum_{i=1}^{c} n_{i*} = n$ 及 $\sum_{j=1}^{r} n_{*j} = n$,因此独立变量的总间格数或自由度为 $r×c-1-[(r-1)+(c-1)]=(r-1)(c-1)$。

表 10-19 职业代际流动的频次列联表

子辈职业	父辈职业			边缘和
	脑力	体力	农业	
脑力	20	5	5	30
体力	10	30	10	50
农业	5	5	50	60
边缘和	35	40	65	$n=140$

问:父辈职业与子辈职业是否有关($\alpha=0.05$)?

[解]:H_0:子辈职业与父辈职业无关

　　　H_1:子辈职业与父辈职业有关

根据 H_0 以及样本的边缘和,计算期望频次的列联表(表 10-20)。

表 10-20 职业代际流动的期望频次列联表

子辈职业	父辈职业		
	脑力	体力	农业
脑力	$\frac{35\times 30}{140}=7.50$	$\frac{40\times 30}{140}=8.57$	$\frac{65\times 30}{140}=13.93$
体力	$\frac{35\times 50}{140}=12.50$	$\frac{40\times 50}{140}=14.29$	$\frac{65\times 50}{140}=23.21$
农业	$\frac{35\times 60}{140}=15.00$	$\frac{40\times 60}{140}=17.14$	$\frac{65\times 60}{140}=27.86$

计算 χ^2 值:

$$\chi^2 = \frac{(20-7.5)^2}{7.5}+\frac{(5-8.57)^2}{8.57}+\frac{(5-13.93)^2}{13.93}+$$

$$\frac{(10-12.5)^2}{12.5}+\frac{(30-14.29)^2}{14.29}+\frac{(10-23.21)^2}{23.21}+$$

$$\frac{(5-15.00)^2}{15.00}+\frac{(5-17.14)^2}{17.14}+\frac{(50-27.86)^2}{27.86}$$

$$=86.22$$

自由度　$k=(r-1)(c-1)=(3-1)(3-1)=4$

临界值　$\chi^2_{0.05}(k=4)=9.488\approx 9.49$,具体图形如图 10-1。

因为　　　　　　　$\chi^2=86.22>\chi^2_{0.05}=9.49$

所以可以认为子辈职业与父辈职业是有关系的($\alpha=0.05$)。

第十章 列联表(定类变量-定类变量)

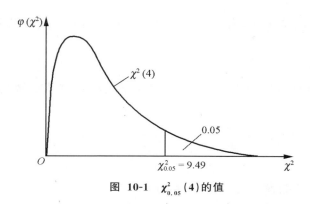

图 10-1　$\chi^2_{0.05}(4)$ 的值

下面就列联表的统计量进行讨论。

(一) 2×2 列联表

由于格数过少,为减少作为离散观测值与作为连续型变量 x 值之间的偏差,可做连续性修正:

$$\chi^2 = \sum_{i=1}^{2}\sum_{j=1}^{2}\frac{(|n_{ij}-E_{ij}|-0.5)^2}{E_{ij}} \tag{10-13}$$

(二) 列联表就其检验的内容来看是双边检验

这一点从上面所举例中的 H_0 和 H_1 就可以看出,它所判断的内容仅是变量间是否存在关系。至于关系的方向,由于列联表属定类变量,因此是不存在的。但从列联表 χ^2 统计量的公式来看,只有期望频次和实测频次间差距的绝对值愈大,才能愈否定变量间无关系的原假设,即

$$\chi^2 > \chi^2_\alpha$$

因此,列联表检验从形式来看,却又很像右侧单边检验(图 10-2),这一点是和前面检验形式所不同的。

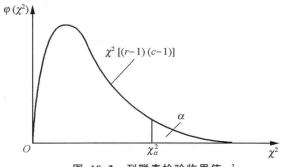

图 10-2　列联表检验临界值 χ^2_α

(三) 以上 χ^2 检验的讨论,也适用于单变量二项总体或多项总体的假设检验

1. 二项总体

在第八章单总体假设检验中,曾谈到对于大样本总体成数的假设检验,可用

$$Z = \frac{\hat{P} - p_0}{\sqrt{\frac{p_0(1-p_0)}{n}}} \quad (10\text{-}14)$$

作为总体成数的原假设 $H_0: p = p_0$ 的统计量。

但是通过列联表的讨论,我们可引出与式(10-14)等价的另一种 χ^2 检验方式:

$$H_0: p = p_0 \quad (p_0 \text{ 为总体成数})$$

于是对于样本容量为 n 的抽样,其理论上期望频次为

$$E_1 = np_0 \quad (10\text{-}15)$$

而理论上非期望出现的频次为

$$E_2 = n(1 - p_0) \quad (10\text{-}16)$$

与此同时,相对应的实际观测值为 n_1 和 n_2,$n_1 + n_2 = n$,引用式(10-12) χ^2 检验有

$$\chi^2 = \frac{(n_1 - E_1)^2}{E_1} + \frac{(n_2 - E_2)^2}{E_2} \quad (10\text{-}17)$$

可以证明,当 n 较大时,χ^2 分布近似于自由度 $k=1$ 的 χ^2 分布[①]。根据连续性修正,式(10-17)的修正值为

$$\chi^2 = \frac{(|n_1 - E_1| - 0.5)^2}{E_1} + \frac{(|n_2 - E_2| - 0.5)^2}{E_2} \quad (10\text{-}18)$$

---

① 事实上,将式(10-15)和式(10-16)代入式(10-17),有

$$\chi^2 = \frac{(n_1 - np_0)^2}{np_0} + \frac{[(n - n_1) - n(1 - p_0)]^2}{n(1 - p_0)}$$

$$= \frac{(n_1 - np_0)^2}{np_0(1 - p_0)}$$

而当 n 很大 $[np \geqslant 5, n(1-p) \geqslant 5]$ 时,根据中心极限定理有

$$Z = \frac{n_1 - np_0}{\sqrt{np_0(1 - p_0)}} \sim N(0, 1)$$

而根据第五章第四节 χ^2 分布的定义有 $Z \sim \chi^2(1)$。

2. 多项总体

多项分布是单变量二项分布的自然推广。如果变量 A 共有 r 类：

$$A_1, A_2, \cdots, A_r$$

设总体中各类的概率为

$$p_1, p_2, \cdots, p_r$$

于是总体的原假设

$$H_0: p_i = p_{i0} \qquad i = 1, 2, \cdots, r$$

对于样本容量为 n 的抽样，其理论上期望频次分布为

$$E_i = n p_{i0}$$

与此同时，相对应的各类实际观测值为

$$n_1, n_2, \cdots, n_r$$

代入式(10-12)有

$$\chi^2 = \sum_{i=1}^{r} \frac{(n_i - E_i)^2}{E_i} \sim \chi^2(r-1) \qquad (10\text{-}19)$$

可以证明，χ^2 近似地满足自由度 $k = r - 1$ 的 χ^2 分布。

（四）使用统计量 χ^2 对列联表进行检验，每一格值的 E_{ij} 要保持在一定数目之上

如果其中有的格值 E_{ij} 过小，那么在计算 χ^2 值时，$\frac{(n_{ij} - E_{ij})^2}{E_{ij}}$ 值的波动就会扩大。E_{ij} 应该取多大，根据问题要求的精确程度不同，不同作者给出的限制不同。对于二项总体，根据本章二项总体向正态分布近似的讨论，要求 $np \geqslant 5$，$n(1-p) \geqslant 5$，也就是如果只有两个格值的话，则必须要求所有 $E_{ij} \geqslant 5$。对于 $r \times c$ 列联表，有的作者认为也应该满足 $E_{ij} \geqslant 5$ 的要求，但也有的认为对于 $r \times c$ 列联表，$E_{ij} \geqslant 3$ 就可以了，另外也有人提出 E_{ij} 小于 5 的格数不应超过总格数的 20%。显然条件越宽，判断的失误会越大。下面举例说明，当小于 5 的格值过多所引起判断的失误。

设实测值和期望值共有 7 个格值（表 10-21）：

表 10-21 实测值和期望值

E_{ji}	32	113	87	24	2	4	1
n_{ij}	30	110	86	23	5	5	4

从直观来判断，实测值和期望值相差不大：

$$32 \sim 30$$
$$113 \sim 110$$
$$87 \sim 86$$
$$24 \sim 23$$
$$2 \sim 5$$
$$4 \sim 5$$
$$1 \sim 4$$

因此可以接受原有假设。但如果用 χ^2 值进行显著性检验($\alpha=0.05$),代入式(10-19):

$$\chi^2 = \frac{(30-32)^2}{32} + \frac{(110-113)^2}{113} + \frac{(86-87)^2}{87} +$$
$$\frac{(23-24)^2}{24} + \frac{(5-2)^2}{2} + \frac{(5-4)^2}{4} + \frac{(4-1)^2}{1}$$
$$= 14.01$$

查附表 6,χ^2 的临界值有 $\chi^2_{0.05}(k=7-1)=12.592$。根据 $\chi^2=14.02 > \chi^2_{0.05}(k=7-1)=12.592$,应判断为有显著性差异。

那么,为什么会出现直观感觉和 χ^2 检验不符的情况呢?主要因为在 7 个格值中就有 3 个期望值小于 5,占总数的 43%,因此 χ^2 计算值偏大。当出现上述情况时,解决的办法是可将期望值偏小的格值合并(表 10-22):

表 10-22　表 10-21 E_{ij} 偏小格值合并后的实测值和期望值

E_{ij}	32	113	87	24	7
n_{ij}	30	110	86	23	14

再计算 χ^2 值有

$$\chi^2 = \frac{(30-32)^2}{32} + \frac{(110-113)^2}{113} + \frac{(86-87)^2}{87} +$$
$$\frac{(23-24)^2}{24} + \frac{(14-7)^2}{7} = 7.26$$

临界值有 $\chi^2_{0.05}(k=5-1)=9.49$

$$\chi^2 = 7.26 < \chi^2_{0.05}(5-1) = 9.49$$

因此接受原假设,从而做出直观感觉和 χ^2 检验相符的结论。

第十章 列联表(定类变量-定类变量)

(五)最后须要指出的是,列联表的检验是通过频次而不是通过相对频次的比较进行的

例如有以下3个频次不同的列联表(表10-23—表10-25):

表 10-23	A		表 10-24	B		表 10-25	C	
15	10	25	30	20	50	60	40	100
10	15	25	20	30	50	40	60	100
25	25	50	50	50	100	100	100	200

如果写成相对频次的列联表,A、B、C三个表都是一样的(表10-26):

表 10-26 A、B、C 是具有相同相对频次的列联表

0.6	0.4
0.4	0.6
1.00	1.00

但它们的 χ^2 值却并不相同。

表 10-23 的 χ^2 值为

$$\chi^2 = \frac{\left(15 - \frac{25 \times 25}{50}\right)^2}{\frac{25 \times 25}{50}} + \frac{\left(10 - \frac{25 \times 25}{50}\right)^2}{\frac{25 \times 25}{50}} +$$

$$\frac{\left(10 - \frac{25 \times 25}{50}\right)^2}{\frac{25 \times 25}{50}} + \frac{\left(15 - \frac{25 \times 25}{50}\right)^2}{\frac{25 \times 25}{50}} = 2$$

表 10-24 的 χ^2 值为

$$\chi^2 = \frac{\left(30 - \frac{50 \times 50}{100}\right)^2}{\frac{50 \times 50}{100}} + \frac{\left(20 - \frac{50 \times 50}{100}\right)^2}{\frac{50 \times 50}{100}} +$$

$$\frac{\left(20 - \frac{50 \times 50}{100}\right)^2}{\frac{50 \times 50}{100}} + \frac{\left(30 - \frac{50 \times 50}{100}\right)^2}{\frac{50 \times 50}{100}} = 4$$

表 10-25 的 χ^2 值为

$$\chi^2 = \frac{\left(60 - \frac{100 \times 100}{200}\right)^2}{\frac{100 \times 100}{200}} + \frac{\left(40 - \frac{100 \times 100}{200}\right)^2}{\frac{100 \times 100}{200}} +$$

$$\frac{\left(40-\frac{100\times100}{200}\right)^2}{\frac{100\times100}{200}}+\frac{\left(60-\frac{100\times100}{200}\right)^2}{\frac{100\times100}{200}}=8$$

如果选择 $\alpha=0.05$,查附表 6 有

$$\chi^2_{0.05}(1)=3.841\approx3.84$$

则列联表 10-23 判断为无显著性差异,而列联表 10-24 和表 10-25 则判断为有显著性差异。

可见,相对频次相同的列联表,在统计检验中其显著性并不相同。特别是当总体中两变量相关并不很大时,如果样本容量较小,很可能呈现无显著性差异,但当样本容量增大时,χ^2 将增大,这时虽然列联表的相对频次没有改变,但很可能呈现有显著性差异,这是因为 χ^2 的临界值并不变化。通过上例可以看出,当样本容量增加 K 倍时,如果相对频次不变的话,χ^2 值将也增加 K 倍:

$$(\chi^2)'=\sum\sum\frac{(Kn_{ij}-KE_{ij})^2}{KE_{ij}}=K\sum\sum\frac{(n_{ij}-E_{ij})^2}{E_{ij}}=K\chi^2$$

实际上,这也是容易理解的。因为当样本容量增加之后,如果仍然保持原有比例的关系,则说明它出于随机误差的可能性减少,也就是确认其比例关系的把握增大,这也是相对频次的统计表必须注明调查总数的缘故。

第三节 列 联 强 度

一、变量间的相关(Association)

本章上节谈到通过统计量 χ^2 值检验列联表变量间是否存在关系。在确定了存在关系之后,进一步要问的问题是关系的程度如何。相关程度的度量方法根据变量层次的不同而有所不同。具体来说,由于列联表研究对象仅是定类变量,因此列联表中的频次分布情况,不仅是检验是否存在关系的依据,同时也是度量变量间关系强弱的依据。相关程度越高,说明社会现象与社会现象间的关系越密切。

为了研究列联表中变量间关系的强度,一个很自然的想法是将频次转化为条件分布,然后比较自变量取不同值时,因变量的条件分布之不同。

例如,已知按性别统计的列联表(表 10-27):

表 10-27　按性别统计的赞成人数

	男	女
赞成	20	70
不赞成	30	30
边缘和	50	100

首先进行 χ^2 检验，当根据式(10-12)计算之 χ^2 值，满足 $\chi^2 > \chi^2_{0.05}(1) = 3.84$ 时，可进一步讨论变量间关系的程度，为此将频次分布转化作条件分布(表 10-28)：

表 10-28　按性别统计的条件分布

	男	女
赞成	$\frac{20}{50}=40\%$	$\frac{70}{100}=70\%$
不赞成	$\frac{30}{50}=60\%$	$\frac{30}{100}=30\%$

这样就可以看出，女性比男性赞成的比例高 30%，而男性比女性不赞成的比例高 30%。显然，百分比的差值愈大，表示变量间的关系愈强。这种百分比的比较法比较直观，但却有它一定的局限性。例如，当自变量的取值超过两类时，就存在以哪个取值作基准的问题，而不同的基准所得的百分比差值又是不同的。因此，列联表之间的比较就会产生困难了。所以百分比差值比较法，仅适合于简单的讨论。下面介绍列联强度的各种讨论方法。

二、2×2 表——ϕ 系数和 Q 系数[①]

当列联表中的两个变量都只有两种取值时就称作 2×2 表(表 10-29)。

表 10-29　2×2 列联表

y	x		$\sum$
	x_1	x_2	
y_1	a	b	$a+b$
y_2	c	d	$c+d$
$\sum$	$a+c$	$b+d$	$n=a+b+c+d$

首先我们来分析当变量间无相关，即相互独立时频次间的关系。根据变量

[①] Q 系数为英国统计学家尤德尼·尤尔(G. Udny Yule)所创，又称 Yule's Q，它是后面所介绍 r 系数的一个特例。2×2 表中系数也是 $r \times c$ 表系数的特例。

独立的要求有

$$\frac{a}{a+c}=\frac{b}{b+d}$$

即
$$ad=bc$$

可见,差值 $ad-bc$ 的大小,反映了变量关系的强弱。因此,对于 2×2 表,无论 ϕ 系数或 Q 系数都是以差值 $ad-bc$ 为基础进行讨论的。同时也都是把关系强度的取值范围定义在

$$[-1,+1]$$

但什么情况定义为关系最强,ϕ 系数和 Q 系数的定法有所不同。

(一) ϕ 系数

$$\phi=\frac{ad-bc}{\sqrt{(a+b)(c+d)(a+c)(b+d)}} \quad (10\text{-}20)$$

当表 10-29 中 b 和 c 同时为 0,有表 10-30 的形式,ϕ 达最大值。

表 10-30 b 和 c 同时为 0 的 2×2 列联表

y	x	
	x_1	x_2
y_1	a	0
y_2	0	d

$$\phi=\frac{ad-0}{\sqrt{(a+0)(0+d)(a+0)(0+d)}}=+1$$

当表 10-29 中 a 和 d 同时为 0,有表 10-31 的形式,ϕ 达最小值。

表 10-31 a 和 d 同时为 0 的 2×2 列联表

y	x	
	x_1	x_2
y_1	0	b
y_2	c	0

$$\phi=\frac{0-bc}{\sqrt{(0+b)(c+0)(0+c)(b+0)}}=-1$$

列联表中变量的排列是任意的,因此 ϕ 的符号并无实际意义,只要 $|\phi|=1$,就称作完全相关(有时取 ϕ^2 进行讨论)。也就是说,为了达到完全相关,必须有一组对角线上的值都为 0。例如其中一类全部赞成而余下另一类全部反对就是全相关。总结起来有

$\phi = 0$　当两变量相互独立

$|\phi| = 1$　b 和 c 同时为 0 或 a 和 d 同时为 0

$|\phi| < 1$　一般情况

(二) Q 系数

$$Q = \frac{ad - bc}{ad + bc} \quad (10\text{-}21)$$

对于 Q 系数，只要 a,b,c,d 中有一个是 0，则 $|Q|=1$。它所对应的实际情况，例如进行配对样本的研究，其中样本 1 为实验组，样本 2 为控制组，现在要研究某种新药能否预防感冒。这时我们关心的是，凡吃了新药的人，能否全部不患感冒；而对不吃新药只吃安慰药的人是否全部感冒并不关心。不妨设想它有如下的结果（表 10-32）：

表 10-32　a,b,c,d 中有 1 个为 0 的 2×2 列联表

	新药	安慰药
未感冒	50	28
患感冒	0	22

现在来对表 10-32 计算 ϕ 系数和 Q 系数：

$$\phi = \frac{50 \times 22}{\sqrt{(50+28)(0+22)(50+0)(28+22)}} = 0.53$$

$$Q = \frac{22 \times 50 - 0}{22 \times 50 + 0} = 1$$

显然，这时用 Q 系数反映新药与感冒的关系更为合理。

那么，在一般情况下，如何选择 ϕ 系数和 Q 系数呢？这取决于研究的对象。当自变量的不同取值都会影响因变量时，则应用 ϕ 系数。例如研究性别与报考大学类别之间的关系。这时我们既关心男生有多少报考理科，多少报考文科，同时也关心女生有多少报考理科或文科。因此，如果要说明这两者有完全的相关，除非男生全报考一类（例如理科），而女生全报考另一类。相反在上述新药的研究中，控制组服用安慰药的结果我们并不关心，类似这种实验性研究，应选择 Q 系数。

三、$r \times c$ 列联表

上述 ϕ 系数和 Q 系数，仅适用于 2×2 表。对于 $r \times c$ 列联表，有两类讨论方法。一类是以 χ^2 值为基础来讨论变量间的相关性。另一类是以减少误差比例

(PRE)为准则来讨论变量间的相关性。由于后者 PRE 的准则可以把各种层次的变量的相关统一起来进行研究,因此更具有普遍意义。实际上,PRE 的准则已逐渐取代以 χ^2 值为基础的讨论。但作为历史的回顾,下面分别介绍这两类方法。

(一) 以 χ^2 值为基础的(Chi-square based)相关性测量

列联表检验的统计量

$$\chi^2 = \sum\sum \frac{(n_{ij}-E_{ij})^2}{E_{ij}}$$

除了可作为显著性检验外,它的表达式还反映了实际频次 n_{ij} 与期望频次 E_{ij} 间差值的累计,而期望频次 E_{ij} 是基于无相关前提计算的。因此 χ^2 愈大,表示变量间距离无相关性愈远。χ^2 值的大小反映了变量间关系的程度,而单位频次的 χ^2 值就构成了 ϕ 系数。

$$\phi^2 = \frac{\chi^2}{n} = \frac{1}{n}\sum\sum \frac{(n_{ij}-E_{ij})^2}{E_{ij}} \tag{10-22}$$

$$\phi = \sqrt{\frac{\chi^2}{n}} \tag{10-23}$$

这里所介绍 ϕ 系数的公式和 2×2 表 ϕ 系数的公式是一致的。实际上,2×2 表中 ϕ 系数仅是 $r\times c$ 表 ϕ 系数的特例(表 10-33)。

表 10-33　2×2 列联表

y	x		$\sum$
	x_1	x_2	
y_1	a	b	$a+b$
y_2	c	d	$c+d$
$\sum$	$a+c$	$b+d$	$n=a+b+c+d$

$$\chi^2 = \frac{(a-E_{11})^2}{E_{11}} + \frac{(b-E_{21})^2}{E_{21}} + \frac{(c-E_{12})^2}{E_{12}} + \frac{(d-E_{22})^2}{E_{22}} \tag{10-24}$$

其中

$$E_{11} = \frac{(a+b)(a+c)}{n}$$

$$E_{12} = \frac{(a+b)(b+d)}{n}$$

$$E_{21} = \frac{(a+c)(c+d)}{n}$$

$$E_{22} = \frac{(b+d)(c+d)}{n}$$

代入式(10-24)有

$$\chi^2 = \frac{n(ad-bc)^2}{(a+b)(c+d)(a+c)(b+d)} \quad (10\text{-}25)$$

式(10-25)代入式(10-22)：

$$\phi^2 = \frac{\chi^2}{n} = \frac{(ad-bc)^2}{(a+b)(c+d)(a+c)(b+d)} \quad (10\text{-}26)$$

可见，式(10-26)开方后与式(10-20)是一致的。

ϕ 值除对于 2×2 表，可以控制在 $[-1,+1]$ 之间外，当 $r\times c$ 表的格数增多后，ϕ 值将增加。因此 ϕ 值是没有上限的。这样系数间就缺乏了比较，而以下的 C 系数[①]对此进行了改进。

$$C^2 = \frac{\chi^2}{\chi^2+n} \quad (10\text{-}27)$$

$$C = \sqrt{\frac{\chi^2}{\chi^2+n}} \quad (10\text{-}28)$$

这样 C 值将永远保持在 0 和 1 之间，且永远小于 1($0 \leqslant C < 1$)。

C 系数虽然克服了 ϕ 系数无上限的缺点，但在两变量全相关时，却永远不能达到 1。为此又出现了 V 系数[②]：

$$V = \sqrt{\frac{\phi^2}{\min[(r-1),(c-1)]}}$$

分母表示选择 $(r-1)$,$(c-1)$ 中较小者作为除数。可以证明，经过了这样的处理，V 的取值范围是：$0 \leqslant V \leqslant 1$。

实际上，对于 2×2 表有 $\min[(r-1),(c-1)]=1$，ϕ^2 的极大值为 1 已是证明的了。因此 V 值最大为 1 是十分明显的。

[例]3. 根据表 10-34 的抽样调查，求 ϕ 系数、C 系数和 V 系数。

[解]：本题为抽样调查，必须先进行显著性检验。

表 10-34 括号内的数值系根据边缘和所求得的期望频次 E_{ij}。

[①] C 系数为卡尔·皮尔逊(Karl Pearson)首创。

[②] V 系数称 Cramer's V。

表 10-34 婚姻状况与生活满意程度调查

生活满意程度	婚姻状况		边缘和
	已婚	丧偶	
很满意	22(12.8)	10(19.2)	32
较满意	19(16.4)	22(24.6)	41
一般	11(18.8)	36(28.2)	47
不满意	8(12.0)	22(18.0)	30
边缘和	60	90	150

$$\chi^2 = \frac{(22-12.8)^2}{12.8} + \frac{(19-16.4)^2}{16.4} + \frac{(11-18.8)^2}{18.8} +$$

$$\frac{(8-12.0)^2}{12.0} + \frac{(10-19.2)^2}{19.2} + \frac{(22-24.6)^2}{24.6} +$$

$$\frac{(36-28.2)^2}{28.2} + \frac{(22-18.0)^2}{18.0} = 19.32$$

查附表 6，$\chi^2_{0.05}(3) = 7.815 \approx 7.82$，具体图形如图 10-3。

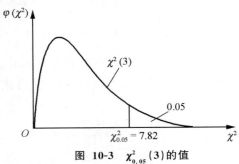

图 10-3 $\chi^2_{0.05}(3)$ 的值

因为 $\chi^2 = 19.32 > \chi^2_{0.05}(3) = 7.82$

所以可以认为生活满意程度与婚姻状况是有关的。下面计算不同的系数：

$$\phi^2 = \frac{\chi^2}{n} = \frac{19.32}{150} = 0.128, \quad \phi = \sqrt{0.128} = 0.358$$

$$C^2 = \frac{\chi^2}{\chi^2 + n} = \frac{19.32}{19.32 + 150} = 0.114$$

$$C = \sqrt{0.114} = 0.338$$

$$V^2 = \frac{\phi^2}{\min[(r-1),(c-1)]} = 0.128, \quad V = 0.358$$

可见，C 值小于 ϕ 值，本题由于 $\min[(r-1),(c-1)] = 1$，所以 V 值与 ϕ 值相同。

但由于 V 值最大为 1,因此可以说 $V=0.358$ 是不小的相关系数了。

(二) 以减少误差比例(Proportional Reduction in Error)为基础的相关性测量

上面讨论了以 χ^2 值为基础的相关性测定。可以看出,它们有一个共同的局限性,那就是只适用于定类变量。但相关性的含义,可以不受变量层次的限制而具有更为普遍的意义。PRE 对相关性的定义正是体现了这种性质。

我们知道社会现象的研究旨在探索现象与现象之间的联系或称关系。而现象间关系的研究,可以帮助我们以一个现象预测另一现象。其中关系密切者,在预测中通过某一现象预测另一现象时,其盲目性必较关系不密切者为少。因此,变量间的相关程度,可以通过不知 y 与 x 有关系时预测 y 的全部误差与知道 y 与 x 有关系后用 x 去预测 y 的误差的相对差值的大小度量之,这称为减少误差比例法(PRE)。

$$\text{PRE}=\frac{E_1-E_2}{E_1} \tag{10-29}$$

式中,E_1:不知 y 与 x 有关系时,预测 y 的全部误差

E_2:知道 y 与 x 有关系后,用 x 去预测 y 的全部误差

可见 E_1-E_2 表示知道 y 与 x 有关系后,预测 y 所减少的误差,而 $\frac{E_1-E_2}{E_1}$ 则表示所减少的相对误差。$\frac{E_1-E_2}{E_1}$ 越大,表示 y 和 x 的关系越密切,或者说相关程度越高。由于减少误差比例的概念不涉及变量的层次,因此,用它来定义相关程度适用于各种层次的变量。

下面来讨论 PRE 的取值范围。

首先当两变量无关时,由于知道 x 与否无助于 y 的预测,因此误差不变

$$E_1=E_2$$

即 $\quad\text{PRE}=\frac{E_1-E_2}{E_1}=0$(两变量无相关)

同理,如果知道 y 与 x 有关系后,可以全部消灭预测之误差,这时有

$$E_2=0$$

即 $\quad\text{PRE}=\frac{E_1-E_2}{E_1}=\frac{E_1}{E_1}=1$(两变量全相关)

可见,PRE 的取值范围有

PRE = 0 　　　(两变量无相关)

PRE = 1 　　　(两变量全相关)

0 < PRE < 1 　　其他

减少误差比例(PRE)准则的优点是对各种层次的变量都是通用的。但公式中 E_1，E_2 的具体定义，不仅在不同层次的变量有所不同，而且对于同一层次的变量，也可以有所不同。下面我们介绍列联表中根据两种 E_1 和 E_2 的定义方法所形成的两种系数——λ 系数和 τ 系数。

1. λ 系数(Coefficient)

设有 $r \times c$ 列联表（表 10-35），下面讨论 λ 系数中 E_1 和 E_2 的定义方法。

表 10-35 $r \times c$ 列联表

y	x				n_{*j}
	x_1	x_2	$\cdots$	x_c	
y_1	n_{11}	n_{21}		n_{c1}	n_{*1}
y_2	n_{12}	n_{22}		n_{c2}	n_{*2}
$\vdots$	$\vdots$	$\vdots$		$\vdots$	$\vdots$
y_r	n_{1r}	n_{2r}		n_{cr}	n_{*r}
n_{i*}	n_{1*}	n_{2*}		n_{c*}	n

E_1 的定义。

未知 y 与 x 有关系之前，如果要我们去预测 y 值，唯一可以参考的是 y 本身的分布，即关于 y 的边缘分布（表 10-36）。

表 10-36 y 的边缘分布

y	y_1	y_2	$\cdots$	y_r
n_{*j}	n_{*1}	n_{*2}	$\cdots$	n_{*r}

当预测每一个观察者的 y 值时，我们用边缘分布中的众值去猜测它，显然这样做的结果，猜中的频次会比用其他变量值去猜为多。众值所对应的频次为 $\max(n_{*j})$，那么这时预测的误差

$$E_1 = n - \max(n_{*j}) \tag{10-30}$$

E_2 的定义。

当知道 y 与 x 有关系之后，如果再去预测每一个观察者的 y 值，显然，先要看它属于 x 的哪一类，然后根据这一类中 y 的众值去猜测它，也就是用条件分布中的众值去预测 y，这样猜中的频次最多，误差最小。

设 $x = x_1$ 时，条件分布中众值的频次为 $\max(n_{1j})$

$x = x_2$ 时，条件分布中众值的频次为 $\max(n_{2j})$

$\vdots$

第十章 列联表(定类变量-定类变量)

$x = x_i$ 时,条件分布中众值的频次为 $\max(n_{ij})$

$\vdots$

$x = x_c$ 时,条件分布中众值的频次为 $\max(n_{cj})$

这时预测的误差

$$E_2 = n - \sum_{i=1}^{c} \max(n_{ij}) \tag{10-31}$$

将式(10-30)和式(10-31)代入式(10-29)就得到了 λ 系数:

$$\lambda = \frac{E_1 - E_2}{E_1} = \frac{\sum_{i=1}^{c} \max(n_{ij}) - \max(n_{*j})}{n - \max(n_{*j})}$$

$$= \frac{\text{每列最高频次之和} - y \text{ 边缘和中最高频次}}{\text{观察总数} - y \text{ 边缘和中最高频次}} \tag{10-32}$$

下面就 λ 系数进行讨论。

(1) λ 的取值范围

① x 与 y 无相关: $\lambda = 0$

当 x 与 y 无相关时,边缘分布等于条件分布。所有众值同行,因此有

$$\sum_{i=1}^{c} \max(n_{ij}) = \max(n_{*j})$$

代入式(10-32)有

$$\lambda = \frac{\sum_{i=1}^{c} \max(n_{ij}) - \max(n_{*j})}{n - \max(n_{*j})} = \frac{\max(n_{*j}) - \max(n_{*j})}{n - \max(n_{*j})} = 0$$

② x 与 y 全相关: $\lambda = 1$

当 x 与 y 全相关时,各列及各行都只有一个不为 0 的频次值,例如有以下的形式(表 10-37):

表 10-37 各列和各行都只有一个不为 0 的列联表

y	x						n_{*j}
	x_1	x_2	$\cdots$	x_i	$\cdots$	x_c	
y_1	n_{11}						n_{11}
y_2				n_{i2}			n_{i2}
$\vdots$							$\vdots$
y_j						n_{cj}	n_{cj}
$\vdots$							$\vdots$
y_r		n_{2r}					n_{2r}
n_{i*}	n_{11}	n_{2r}	$\cdots$	n_{i2}	$\cdots$	n_{cj}	n

这时总数 n 与各列（或各行）众值和有如下关系：
$$n = \sum_{i=1}^{c} \max(n_{ij})$$

代入式（10-32）：
$$\lambda = \frac{\sum_{i=1}^{c} \max(n_{ij}) - \max(n_{*j})}{n - \max(n_{*j})}$$

$$= \frac{\sum_{i=1}^{c} \max(n_{ij}) - \max(n_{*j})}{\sum_{i=1}^{c} \max(n_{ij}) - \max(n_{*j})} = 1$$

[例] 4. 为了研究饮食习惯与地区之关系，做了共 100 人的抽样调查（表 10-38）。

表 10-38 饮食习惯与地区关系调查

饮食习惯	地区		边缘和
	南方	北方	
面食为主	10	30	40
米食为主	40	20	60
边缘和	50	50	$n=100$

问：饮食习惯是否与地区有关（$\alpha = 0.05$）？关系程度如何？

[解]：为了检验饮食习惯是否确与地区有关，先做 χ^2 检验（式 10-11）。

$$\chi^2 = \frac{\left(\left|10 - \frac{40 \times 50}{100}\right| - 0.5\right)^2}{\frac{40 \times 50}{100}} + \frac{\left(\left|30 - \frac{40 \times 50}{100}\right| - 0.5\right)^2}{\frac{40 \times 50}{100}} +$$

$$\frac{\left(\left|40 - \frac{60 \times 50}{100}\right| - 0.5\right)^2}{\frac{60 \times 50}{100}} + \frac{\left(\left|20 - \frac{60 \times 50}{100}\right| - 0.5\right)^2}{\frac{60 \times 50}{100}}$$

$$= 15.27$$

$$\chi^2_{0.05}(1) = 3.841$$
$$\chi^2 > \chi^2_{0.05} = 3.841$$

所以可以认为饮食习惯与地区是有关系的。以下用 λ 系数表示两者之间关系

第十章 列联表(定类变量-定类变量)

的程度(式 10-32)。

$$\lambda = \frac{\sum_{i=1}^{2}\max(n_{ij}) - \max(n_{*j})}{n - \max(n_{*j})} = \frac{(40+30)-60}{100-60} = \frac{10}{40} = 0.25$$

$\lambda = 0.25$,表示用地区去解释饮食习惯之不同,可以减少预测误差的 25%。

[例]5. 试求以下列联表之 λ 值(表 10-39)。

表 10-39 各行、各列都只有一个频次的 3×3 列联表

y	x		
	x_1	x_2	x_3
y_1	50	0	0
y_2	0	0	20
y_3	0	30	0

[解]:由于该列联表每行及每列都只有一个频次,x 与 y 为全相关,所以必然有 $\lambda = 1$。

(2) λ 值的非对称性

以上所谈都是以 x 为自变量,用对 y 的预测来定义 PRE,所得 λ 值称作 λ_y。

$$\lambda_y = \frac{\sum_{i=1}^{c}\max(n_{ij}) - \max(n_{*j})}{n - \max(n_{*j})} = \frac{N_y}{D_y} \quad (10\text{-}33)$$

同样,如果 y 为自变量,用对 x 的预测来定义 PRE,所得 λ 值称作 λ_x。

$$\lambda_x = \frac{\sum_{j=1}^{r}\max(n_{ij}) - \max(n_{i*})}{n - \max(n_{i*})} = \frac{N_x}{D_x}$$

$$\lambda_x = \frac{每行最高频次之和 - x \text{ 边缘和中最高频次}}{观察总数 - x \text{ 边缘和中最高频次}} \quad (10\text{-}34)$$

一般说来,如果 x 和 y 孰因孰果不明确,这时可同时计算 λ_y 和 λ_x,并取其平均 λ 值,作为 x 和 y 间的相关程度。

$$\lambda = \left(\frac{D_y}{D_y + D_x}\right)\lambda_y + \left(\frac{D_x}{D_y + D_x}\right)\lambda_x$$

$$= \frac{N_y + N_x}{D_y + D_x} \quad (10\text{-}35)$$

2. τ 系数[①]

τ 系数在运用 PRE 准则时,对 E_1 和 E_2 的定义比 λ 系数又有所修正。

首先,当不知 x 与 y 有关系预测 y 时,充分考虑到 y 值边缘分布所提供的信息。因此不再用众值来对 y 进行预测,而是用边缘分布所提供的比例来进行预测。仍以[例]4 为例(表 10-40)。

表 10-40 某校生源的饮食习惯调查

y	x		边缘和
	南方	北方	
面食为主	10	30	40
米食为主	40	20	60
边缘和	50	50	100

首先在不知 x 与 y 有关系时,我们不再把 100 个人都猜成以米食为主,而是按边缘和的比例,猜测其中有 40 名以面食为主,60 名以米食为主。因为具体人不知道,所以虽然比例是确定的,但其中可能有人猜对,有人猜错了。那么,平均而言,按这样的比例进行猜测,其中能有多少人猜对,多少人猜错呢? 首先任抽一名以面食为主的概率,用边缘分布进行估计,将是 $\frac{40}{100}$,即 $P(y=$ 面食为主$)=\frac{40}{100}$。同样,任抽一名以米食为主的概率,用边缘分布进行估计,将是 $\frac{60}{100}$,即 $P(y=$ 米食为主$)=\frac{60}{100}$。那么在随机指派以面食为主的 40 人中,平均而言,真正以面食为主的人数,将是

$$40 \times \frac{40}{100} = 16 \text{ 人}$$

猜错的人数将是

$$40\left(1-\frac{40}{100}\right) = 24 \text{ 人}$$

同理,在随机指派以米食为主的 60 人中,平均而言,真正以米食为主的人数,将是

$$60 \times \frac{60}{100} = 36 \text{ 人}$$

[①] τ 系数由古德曼(Goodman)和克鲁斯卡尔(Kruskal)所创。

猜错的人数将是

$$60\left(1-\frac{60}{100}\right)=24 \text{ 人}$$

因此,当不知 x 与 y 有关系时,预测 y 的总误差

$$E_1 = 40\left(1-\frac{40}{100}\right)+60\left(1-\frac{60}{100}\right)=48 \text{ 人} \qquad (10\text{-}36)$$

当知道 x 与 y 有关系后,对于南方人,就按"$x=$南方"的情况下,y 条件分布的比例来猜测 y 值,即猜测其中有 10 人以面食为主,40 人以米食为主。由于这样的指派是随机的,因此,平均而言,对于南方人,预测 y 的误差为

$$10\left(1-\frac{10}{50}\right)+40\left(1-\frac{40}{50}\right)$$

同理,平均而言,"$x=$北方"情况下,预测 y 的误差为

$$30\left(1-\frac{30}{50}\right)+20\left(1-\frac{20}{50}\right)$$

两者之和,就构成了知道 x 与 y 有关系后,预测 y 的总误差

$$\begin{aligned}E_2 &= 10\left(1-\frac{10}{50}\right)+40\left(1-\frac{40}{50}\right)+30\left(1-\frac{30}{50}\right)+20\left(1-\frac{20}{50}\right)\\ &=40\end{aligned} \qquad (10\text{-}37)$$

最后,将式(10-36)和式(10-37)代入式(10-29),就得到表示 x 和 y 相关程度的 τ 系数:

$$\tau = \frac{E_1-E_2}{E_1}=\frac{48-40}{48}=\frac{8}{48}=0.17$$

下面我们来讨论 τ 系数的一般式(表 10-41)。

表 10-41　$r \times c$ 列联表

y	x				n_{*j}
	x_1	x_2	$\cdots$	x_c	
y_1	n_{11}	n_{21}	$\cdots$	n_{c1}	n_{*1}
y_2	n_{12}	n_{22}	$\cdots$	n_{c2}	n_{*2}
$\vdots$	$\vdots$	$\vdots$	$\vdots$	$\vdots$	$\vdots$
y_r	n_{1r}	n_{2r}	$\cdots$	n_{cr}	n_{*r}
n_{i*}	n_{1*}	n_{2*}	$\cdots$	n_{c*}	n

$$E_1 = n_{*1}\left(1-\frac{n_{*1}}{n}\right)+n_{*2}\left(1-\frac{n_{*2}}{n}\right)+\cdots+n_{*r}\left(1-\frac{n_{*r}}{n}\right)$$

$$= n - \frac{n_{*1}^2 + n_{*2}^2 + \cdots + n_{*r}^2}{n} = n - \frac{1}{n}\sum_{j=1}^{r} n_{*j}^2 \qquad (10\text{-}38)$$

$$E_2 = \left(n_{1*} - \frac{1}{n_{1*}}\sum_{j=1}^{r} n_{1j}^2\right) + \left(n_{2*} - \frac{1}{n_{2*}}\sum_{j=1}^{r} n_{2j}^2\right) + \cdots + \left(n_{c*} - \frac{1}{n_{c*}}\sum_{j=1}^{r} n_{cj}^2\right)$$

$$= n - \sum_{i=1}^{c}\sum_{j=1}^{r} \frac{n_{ij}^2}{n_{i*}} \qquad (10\text{-}39)$$

将式(10-38)和式(10-39)代入式(10-29)有

$$\tau = \frac{E_1 - E_2}{E_1} = \frac{\sum_{i=1}^{c}\sum_{j=1}^{r}\frac{n_{ij}^2}{n_{i*}} - \frac{1}{n}\sum_{j=1}^{r}n_{*j}^2}{n - \frac{1}{n}\sum_{j=1}^{r}n_{*j}^2} \qquad (10\text{-}40)$$

[例]6. 求列联表 10-42 的 τ 值与 λ 值（$\alpha = 0.05$）。

表 10-42　2×2 列联表

y	x		边缘和
	x_1	x_2	
y_1	30	120	150
y_2	30	20	50
边缘和	60	140	200

[解]：先做 χ^2 检验

$$\chi^2 = \frac{\left(\left|30 - \frac{60 \times 150}{200}\right| - 0.5\right)^2}{\frac{60 \times 150}{200}} +$$

$$\frac{\left(\left|30 - \frac{60 \times 50}{200}\right| - 0.5\right)^2}{\frac{60 \times 50}{200}} +$$

$$\frac{\left(\left|120 - \frac{140 \times 150}{200}\right| - 0.5\right)^2}{\frac{140 \times 150}{200}} +$$

$$\frac{\left(\left|20 - \frac{140 \times 50}{200}\right| - 0.5\right)^2}{\frac{140 \times 50}{200}} \approx 28$$

第十章 列联表(定类变量-定类变量)

$$\chi^2_{0.05}(1) = 3.841$$

$$\chi^2 > \chi^2_{0.05} = 3.841$$

可见,列联表中 x 和 y 的相关是显著的。下面计算 τ 值和 λ 值。

(1) 求 τ 值

$$\sum_{i=1}^{c}\sum_{j=1}^{r}\frac{n_{ij}^2}{n_{i*}} = \frac{30^2}{60} + \frac{30^2}{60} + \frac{120^2}{140} + \frac{20^2}{140} = 135.7$$

$$\frac{1}{n}\sum_{j=1}^{r}n_{*j}^2 = \frac{1}{200}(150^2 + 50^2) = 125$$

代入式(10-40)有

$$\tau = \frac{135.7 - 125}{200 - 125} = \frac{10.7}{75} = 0.14$$

(2) 求 λ 值

$$\sum_{i=1}^{c}\max(n_{ij}) = 30 + 120 = 150$$

$$\max(n_{*j}) = 150$$

代入式(10-32)有

$$\lambda = \frac{150 - 150}{200 - 150} = 0$$

可见,τ 值和 λ 值是有区别的。而 λ 值由于只使用了众值的频次,资料信息使用不充分,因此出现了实际有显著性差别的列联表,而 λ 值却等于 0。

下面就 τ 系数进行讨论。

(1) τ 值的取值范围

① x 与 y 无相关:$\tau = 0$

当 x 与 y 无相关时,边缘分布与条件分布相同:

$$\frac{n_{11}}{n_{1*}} = \frac{n_{21}}{n_{2*}} = \cdots = \frac{n_{*1}}{n}$$

$$\frac{n_{12}}{n_{1*}} = \frac{n_{22}}{n_{2*}} = \cdots = \frac{n_{*2}}{n}$$

$$\vdots \quad \vdots \quad \vdots \quad \vdots$$

$$\frac{n_{1r}}{n_{1*}} = \frac{n_{2r}}{n_{2*}} = \cdots = \frac{n_{*r}}{n}$$

因此下列各式,可用边缘分布来表示:

$$\sum_{i=1}^{c}\frac{n_{i1}^2}{n_{i*}} = \frac{n_{11}^2}{n_{1*}} + \frac{n_{21}^2}{n_{2*}} + \cdots + \frac{n_{c1}^2}{n_{c*}} = (n_{11} + n_{21} + \cdots + n_{c1}) \times \left(\frac{n_{*1}}{n}\right)$$

$$= \frac{n_{*1}^2}{n}$$

$$\sum_{i=1}^{c} \frac{n_{i2}^2}{n_{i*}} = \frac{n_{12}^2}{n_{1*}} + \frac{n_{22}^2}{n_{2*}} + \cdots + \frac{n_{c2}^2}{n_{c*}} = (n_{12} + n_{22} + \cdots + n_{c2}) \times \left(\frac{n_{*2}}{n}\right)$$

$$= \frac{n_{*2}^2}{n}$$

$$\vdots$$

$$\sum_{i=1}^{c} \frac{n_{ir}^2}{n_{i*}} = \frac{n_{1r}^2}{n_{1*}} + \frac{n_{2r}^2}{n_{2*}} + \cdots + \frac{n_{cr}^2}{n_{c*}} = (n_{1r} + n_{2r} + \cdots + n_{cr}) \times \left(\frac{n_{*r}}{n}\right)$$

$$= \frac{n_{*r}^2}{n}$$

把以上 r 个式子加总起来,则有

$$\sum_{j=1}^{r}\sum_{i=1}^{c} \frac{n_{ij}^2}{n_{i*}} = \frac{1}{n}\sum_{j=1}^{r} n_{*j}^2 \tag{10-41}$$

将式(10-41)代入式(10-40),由于分子为 0,所以有

$$\tau = 0$$

② x 与 y 全相关: $\tau = 1$

当 x 与 y 全相关时,各列及各行都只有一个不为 0 的频次值,例如有以下的形式(表 10-43):

表 10-43　各列和各行都只有一个频次值不为 0 的列联表

y	x					n_{*j}
	x_1	x_2	…	x_i	…	x_c
y_1	n_{11}					
y_2				n_{i2}		
⋮						
y_j						n_{cj}
⋮						
y_r		n_{2r}				
n_{i*}	n_{11}	n_{2r}	…	n_{i2}	…	n_{cj}	n

因此边缘分布的值与各列的 n_{ij} 值相等,这样

$$\sum_{i=1}^{c}\sum_{j=1}^{r} \frac{n_{ij}^2}{n_{i*}} = n \tag{10-42}$$

将式(10-42)代入式(10-40),分子与分母值相等,因此

第十章　列联表(定类变量-定类变量)

$$\tau=1$$

可见，τ 值的取值范围在 0—1 之间。

(2) τ 值的非对称性

以上讨论和 λ 值一样，都是以 x 为自变量，用对 y 的预测来定义 PRE，所得 τ 值称作 τ_y。

$$\tau_y = \frac{\sum_{i=1}^{c}\sum_{j=1}^{r}\frac{n_{ij}^2}{n_{i*}} - \frac{1}{n}\sum_{j=1}^{r}n_{*j}^2}{n - \frac{1}{n}\sum_{j=1}^{r}n_{*j}^2}$$

同样，如果 y 为自变量，用对 x 的预测来定义 PRE，所得 τ 值称作 τ_x。

$$\tau_x = \frac{\sum_{j=1}^{r}\sum_{i=1}^{c}\frac{n_{ij}^2}{n_{*j}} - \frac{1}{n}\sum_{i=1}^{c}n_{i*}^2}{n - \frac{1}{n}\sum_{i=1}^{c}n_{i*}^2}$$

一般说来，τ_y 和 τ_x 是不相等的，因此是非对称的。

3. 小结和讨论

本章介绍了定类-定类的研究方法。由于变量只有类别之分，因此只能通过交叉分类表进行研究。对于交叉分类表(又称列联表)首先要进行统计检验，只有通过了显著性检验，才有必要进一步研究变量间的相关度。对于 2×2 列联表，相关度可用 Q 系数和 ϕ 系数进行讨论。对于 $r\times c$ 列联表，可用两类方法讨论相关性。一类是以 χ^2 值为基础，另一类是以减少误差比例(PRE)为基础。但对同一系数，有时两类讨论方法都能满足。例如对 2×2 表的 ϕ 系数，前面已经证明，它可以是 $r\times c$ 列联表 ϕ 系数的特例($r=2, c=2$)，同时也具有 PRE 性质。可以证明

$$\tau_x = \tau_y = \phi^2 \quad (2\times 2 \text{ 表})$$

λ 系数和 τ 系数，由于不受列联表大小的限制，PRE 性质又具有通用性，因此为度量 $r\times c$ 列联表所采用。

但是无论 λ 系数或 τ 系数都远非完美。首先对 λ 系数，除了表 10-42 所举的例子，实际上只要列联表各列的众值处于同一行，λ 系数永远是 0。这点与相关性检验是有矛盾的。因为一旦检验确认了相关性，相关系数就不应再为 0 了。其次 λ 系数和 τ 系数都存在着列联表间条件分布相同，但由于绝对频次不同，而计算的相关系数各不相同的情况。但如果两个列联表具有完全相同的条件分布，直观告诉我们，它们应该具有相同的相关系数才对。表 10-44 和

表 10-45 是两个条件分布完全相同的列联表。所不同的是表 10-45 女性调查人数是表 10-44 的 5 倍。但赞成与否的比例关系与表 10-44 是相同的,都是 0.1∶0.9。

表 10-44 按性别统计赞成与否的人数

	男	女	边缘和
赞成	490(0.54)	10(0.1)	500(0.5)
不赞成	410(0.45)	90(0.9)	500(0.5)
边缘和	900	100	1000

表 10-45 女性人数是表 10-44 中的 5 倍

	男	女	边缘和
赞成	490(0.54)	50(0.1)	$540\left(\frac{540}{1400}\right)$
不赞成	410(0.45)	450(0.9)	$860\left(\frac{860}{1400}\right)$
边缘和	900	500	1400

现在来计算两表的 τ 系数,根据表 10-44:

$$E_1 = 500 \times 0.5 + 500 \times 0.5 = 500$$

$$E_2 = 490(1-0.54) + 410(1-0.45) + 10(1-0.1) + 90(1-0.9) = 459.9$$

所以

$$\tau_1 = \frac{500 - 459.9}{500} = 0.08$$

根据表 10-45:

$$E_1 = 540\left(1 - \frac{540}{1400}\right) + 860\left(1 - \frac{860}{1400}\right) = 663.43$$

$$E_2 = 490(1-0.54) + 410(1-0.45) + 50(1-0.1) + 450(1-0.9) = 531.9$$

所以

$$\tau_2 = \frac{663.43 - 531.9}{663.43} = 0.198$$

那么,τ_1 和 τ_2 哪个更合理呢?为此,我们不妨设计另一个列联表(表 10-46),并计算它的 τ 系数。

第十章 列联表(定类变量-定类变量)

表 10-46 按性别统计赞成与否的人数和百分比

	男	女	边缘和
赞成	350(0.7)	150(0.3)	500(0.5)
不赞成	150(0.3)	350(0.7)	500(0.5)
边缘和	500	500	1000

根据表 10-46：

$E_1 = 500 \times 0.5 + 500 \times 0.5 = 500$

$E_2 = 350(1-0.7) + 150(1-0.3) + 150(1-0.3) + 350(1-0.7)$

$\quad = 420$

$\tau_3 = \dfrac{500-420}{500} = 0.16$

现在对照条件分布，可以发现，无论用表 10-44 或表 10-45 来与表 10-46 进行比较，由于前者不同的性别、赞成与否的比例变化大，分别为 0.54→0.1，0.45→0.9；而表 10-46，对于不同性别赞成与否的比例变化相对要小一些，分别是 0.7→0.3，0.3→0.7。因此合理的结果应该是表 10-44 和表 10-45 比表 10-46 具有更大的相关系数。也就是说，表 10-45 计算的 τ_2 值更符合实际，因为满足 $\tau_2 > \tau_3$。那么，表 10-44 为什么会出现过小的 τ_1 值，以致反直观($\tau_1 < \tau_3$)呢？原因就在于表 10-44 中两性调查人数相差太多，这时调查人数少的一列，实际对计算 E_1 和 E_2 不起太大作用，因此 E_1 和 E_2 比较接近，τ 值偏小，进而出现 τ 值与直观不符是完全可能的。

由于 λ 系数和 τ 系数存在了以上种种不足，这里简要地介绍一种新的测定方法，称作几率比(Odds ratio)。以表 10-44 为例，我们发现男性中赞成人数是不赞成人数的 490/410＝1.195 倍，而女性中赞成人数是不赞成人数的 10/90＝0.111 倍。两个倍数之比，就反映了性别对赞成与否的影响，即两者相关的程度，该值称几率比。通过计算，表 10-44 的几率比为

$$\dfrac{490/410}{10/90} = 10.76$$

如果用几率比来讨论，表 10-44 和表 10-45 都是相同的，且比表 10-46 的几率比要大，与直观是吻合的。但几率比也有不足之处，对 $r \times c$ 列联表，将形成若干个几率比值，于是又出现了与用百分比讨论相关性同样的问题，直观性强而概括性不足。但在多元定类变量讨论中，如对数线性法(Log-linear models)[①]，几

[①] 除在本书第十六章第四节有简单介绍外，详见卢淑华编著：《多元社会统计分析基础》，北京大学出版社 2017 年版，第十章第二节。

率比仍不失为讨论变量间相关、有效的测量方法。

习 题

1. 以下是老、中、青三代对某影片评价的抽样调查。

	老	中	青
评价很高	45	39	21
评价一般	47	26	22

问：能否认为三代人对该影片的评价是有显著差异的（$\alpha=0.05$）？

（答案：不能，2.17＜5.99）

2. 以下是某高校对高、低年级学生求职意愿的抽样调查。

问：(1) 能否认为高、低年级学生求职意愿有显著差异（$\alpha=0.05$）？

(2) 如果有，计算 τ 系数。

	高年级	低年级
学校	10	10
企业	20	10
机关	10	20

（答案：0.05）

3. 某企业为了解员工对企业内福利是否满意，做如下抽样调查：

	男	女
满意	19	7
不满意	7	17

问：(1) 男、女员工对企业内福利的满意与否是否有显著的差异（$\alpha=0.05$）？

(2) 如果有，求 ϕ 值，并做条件分布表。

（答案：0.44）

4. 以下是6个部门对经理的满意度调查。

部门	A	B	C	D	E	F
很满意	19	31	25	17	26	40
一般	12	5	15	6	18	30
不满意	19	21	30	20	30	46

问:(1) 各车间对厂长的满意程度是否有显著差异?

(2) 如果没有,对上述统计结果应如何处理($\alpha=0.05$)?

5. 以下是男、女青年对古典音乐是否喜爱的抽样调查。

	男	女
喜爱	46	20
无所谓	10	18
不喜爱	30	50

问:(1) 对古典音乐的喜爱,男、女青年是否有显著差异($\alpha=0.05$)?

(2) 如果有,求 λ 系数。

(答案:0.17)

第十一章

等级相关(定序变量-定序变量)

第一节 斯皮尔曼等级相关系数

前面介绍了列联表的相关分析方法,它适用于定类-定类变量的研究。本章介绍的是定序-定序变量,是研究变量之间的等级是否存在着联系。例如择偶中的"门当户对",就是婚姻双方家庭社会经济地位等级相关的表现。本章讨论两种等级相关(Rank correlation)的分析方法:斯皮尔曼等级相关(Spearman's rank order correlation)和 Gamma 系数的等级相关。本节介绍第一种方法。

一、斯皮尔曼等级相关系数 r_s

首先从一个实例出发,设调查了 5 对夫妇,他们双方的家庭社会经济地位如表 11-1。

表 11-1 夫妇双方家庭地位等级列联表

丈夫的家庭地位	妻子的家庭地位				
	1. 很低	2. 较低	3. 一般	4. 较高	5. 很高
1. 很低					1
2. 较低	1				
3. 一般		1			
4. 较高			1		
5. 很高				1	

第十一章 等级相关(定序变量-定序变量)

我们把 1 对夫妇称作上述配对样本中的 1 个单元,于是这 5 对夫妇可写作 5 个单元:

(1, 2)
(2, 3)
(3, 4)
(4, 5)
(5, 1)

现在来计算每 1 对夫妇家庭社会经济地位的等级差的平方:

$(1-2)^2$
$(2-3)^2$
$(3-4)^2$
$(4-5)^2$
$(5-1)^2$

可以想象,等级差的平方和极小值是零,它表示双方家庭都是严格按照高配高,低配低的:

$(1-1)^2$
$(2-2)^2$
$(3-3)^2$
$(4-4)^2$
$(5-5)^2$

则称作完全的正等级相关。相反,如果双方家庭严格按照高配低,低配高:

$(1-5)^2$
$(2-4)^2$
$(3-3)^2$
$(4-2)^2$
$(5-1)^2$

则称作完全的负等级相关,这时等级差的平方和达极大值。可见,等级相关的大小是和等级差平方和的值有关。而斯皮尔曼等级相关系数就是以上述讨论的等级差的平方和为基础来讨论等级相关的。

设样本共有 n 对单元,其中 x 共有 n 个等级,y 也有 n 个等级。

x 等级:$1, 2, 3, \cdots, n$

y 等级:$1, 2, 3, \cdots, n$

设每一个单元 x 和 y 的观察值为

(x_1, y_1)

(x_2, y_2)

$\vdots \quad \vdots$

(x_n, y_n)

其中 x_i 的取值为 $1, 2, \cdots, n$

y_i 的取值为 $1, 2, \cdots, n$

它们等级差的平方为

$(x_1 - y_1)^2 = d_1^2$

$(x_2 - y_2)^2 = d_2^2$

$\vdots \quad \vdots \quad \vdots$

$(x_n - y_n)^2 = d_n^2$

斯皮尔曼等级相关系数

$$r_s = 1 - \frac{6 \sum_{i=1}^{n} d_i^2}{n(n^2 - 1)} \qquad (11-1)$$

现在讨论 r_s 的取值范围。

(一) 完全正等级相关

根据前面的讨论,这时应有

$x_1 = y_1$

$x_2 = y_2$

$\vdots \quad \vdots$

$x_n = y_n$

为了便于讨论,设观察的序号也就是其等级的序号,有如下的统计(表11-2)。

表 11-2 完全正等级相关

y	x				
	1	2	3	⋯	n
1	1				
2		1			
3			1		
⋮				⋯	
n					1

第十一章 等级相关(定序变量-定序变量)

因为,
$$x_1 = y_1$$
$$x_2 = y_2$$
$$\vdots \quad \vdots$$
$$x_n = y_n$$

所以,
$$r_s = 1 - \frac{6 \times 0}{n(n^2-1)} = 1$$

即对于完全正等级相关,斯皮尔曼等级相关系数 $r_s = 1$。

(二)完全负等级相关

对于完全的负等级相关有表 11-3。

表 11-3 完全负等级相关

y	x					
	1	2	3	…	$n-1$	n
1						1
2					1	
3				…		
⋮			…			
$n-1$		1				
n	1					

$$(x_1, y_1) = (1, n)$$
$$(x_2, y_2) = (2, n-1)$$
$$\vdots$$
$$(x_n, y_n) = (n, 1)$$

因此有
$$x_1 - y_1 = 1 - n$$
$$x_2 - y_2 = 2 - (n-1)$$
$$\vdots \quad \vdots$$
$$x_n - y_n = n - 1$$

表 11-3 中 x 和 y 等级差的平方和,根据前面讨论,$\sum d_i^2$ 这时将达最大值 $\left(\sum d_i^2\right)_{\max}$:

$$\left(\sum d_i^2\right)_{max} = (x_1-y_1)^2+(x_2-y_2)^2+\cdots+(x_n-y_n)^2$$
$$= (1-n)^2+[2-(n-1)]^2+[3-(n-2)]^2+\cdots+(n-1)^2$$
$$= \sum_{i=1}^{n}[i-(n-i+1)]^2$$
$$= \sum_{i=1}^{n}[2i-n-1]^2$$
$$= 4\sum_{i=1}^{n}i^2-4(n+1)\sum_{i=1}^{n}i+(n+1)^2 n$$
$$= \frac{4}{6}n(n+1)(2n+1)-4(n+1)(n+1)\frac{n}{2}+(n+1)^2 n$$
$$= \frac{1}{3}n(n^2-1)$$

代入斯皮尔曼等级相关系数式(11-1),得

$$r_s = 1-\frac{6}{n(n^2-1)}\cdot\frac{1}{3}n(n^2-1) = 1-2 = -1$$

可见,在完全相关的情况下,$r_s=\pm 1$;一般情况下,r_s 的取值在$[-1,+1]$之间。

[例]1. 用斯皮尔曼等级相关系数 r_s,计算本节所举 5 对夫妇的家庭社会经济地位的等级相关(表 11-4)。

表 11-4 夫妻家庭地位调查

户号	丈夫的家庭地位	妻子的家庭地位	d	d^2
1	1	5	4	16
2	2	1	1	1
3	3	2	1	1
4	4	3	1	1
5	5	4	1	1

$$\sum d^2 = 16+1+1+1+1 = 20$$

代入式(11-1)有

$$r_s = 1-\frac{6\times 20}{5(5^2-1)} = 1-\frac{6\times 20}{5\times 24} = 0$$

可见,根据 5 户的资料,并不存在等级相关。

从这里可以看出等级相关和列联表相关的含义是不同的。事实上,如果把家庭社会经济地位只看作 5 个分类,x_1,x_2,x_3,x_4,x_5 和 y_1,y_2,y_3,y_4,y_5,而不

第十一章 等级相关(定序变量-定序变量)

计及类别所含的等级(表 11-5):

表 11-5 5×5 列联表

y	x				
	x_1	x_2	x_3	x_4	x_5
y_1					1
y_2	1				
y_3			1		
y_4			1		
y_5				1	

可见,由于每列和每行都只有一个不为零的频次,代入式(10-32)或式(10-40)有

$$\lambda = 1$$
$$\tau = 1$$

但我们知道它的等级相关系数 $r_s = 0$。可见,研究不同层次的变量应采用不同的相关系数,列联相关强并不表示等级相关也强。

此外,斯皮尔曼等级相关系数的平方 r_s^2,具有减少误差比例(PRE)的性质,实际上,它是相关系数 r(第十二章)的一个特例[①]。

---

① 当变量 x 与变量 y 的项数相等,且各项数值大小相同,仅次序不同时有

$$\sum x_i = \sum y_i = \frac{(n+1)}{2} n$$

$$\sum x_i^2 = \sum y_i^2 = \frac{n}{6}(n+1)(2n+1)$$

$\bar{x} = \bar{y}$(因为 n 相等)

$$\sum (x_i - \bar{x})^2 = \sum (y_i - \bar{y})^2 = \frac{n}{12}(n^2 - 1) \tag{11-2}$$

$$\sum d^2 = \sum (x_i - y_i)^2 = \sum [(x_i - \bar{x}) - (y_i - \bar{y})]^2$$
$$= \sum (x_i - \bar{x})^2 + \sum (y_i - \bar{y})^2 - 2\sum (x_i - \bar{x})(y_i - \bar{y})$$

所以
$$\sum (x_i - \bar{x})(y_i - \bar{y}) = -\frac{1}{2}\sum d^2 + \frac{n}{12}(n^2 - 1) \tag{11-3}$$

将式(11-2)和式(11-3)代入式(12-30),相关系数

$$r = \frac{\sum (x_i - \bar{x})(y_i - \bar{y})}{\sqrt{\sum (x_i - \bar{x})^2 \sum (y_i - \bar{y})^2}} = \frac{\frac{n}{12}(n^2-1) - \frac{1}{2}\sum d^2}{\frac{n}{12}(n^2-1)} = 1 - \frac{6\sum d^2}{n(n^2-1)}$$

r^2 具有 PRE 性质,将在第十二章讨论。

二、r_s 的统计检验

当 r_s 是根据抽样数据计算得来时,必须进行统计检验,以便确认总体中也存在等级相关。斯皮尔曼等级相关检验的原假设 H_0:总体中变量 x 与变量 y 等级相关 $\rho_s=0$,或称变量是相互独立的。

根据在 H_0 成立的条件下,不妨设想从总体中抽取无数个样本容量为 n 的样本。根据每一个样本,都可以计算出一个样本等级相关系数 r_s。由于抽样误差的存在,各次样本的 r_s 是不等的,r_s 是随机变量。可以证明,当 $n \geqslant 10$ 时,统计量

$$r_s \sqrt{\frac{n-2}{1-r_s^2}} \tag{11-4}$$

满足自由度 $df=n-2$ 的 t 分布:

$$t = r_s \sqrt{\frac{n-2}{1-r_s^2}} \sim t(n-2) \tag{11-5}$$

正如一般 t 分布所具有的性质,当 $n \geqslant 30$,r_s 也可使用统计量 Z 进行检验(在要求不十分严格的情况下,$n \geqslant 10$ 亦可使用 z 值)。

$$Z = \frac{r_s - 0}{\frac{1}{\sqrt{n-1}}}$$

等级相关适用于定序变量,它研究的是变量间的等级是否存在着相互的关系。但对于定距变量,在计算相关系数时,如果某些基本假定不能满足(例如要求变量分布满足正态性),这时可以降低变量层次,作为定序变量来处理,因为等级相关系数对总体变量分布是不做要求的。另外,有些定距变量间的关系,实际看作定序变量更为合理些,例如生命过程的研究,把年龄按代别划分比按实际年龄来划分更为反映事物本质,这时可采用定序变量来讨论。

斯皮尔曼等级相关是以变量没有相同等级为前提的。但如果相同等级不太多的话,可采用平均等级的方法来讨论斯皮尔曼等级相关。

[例] 2. 为研究考试中学生交卷的名次是否与成绩有关,进行了以下 12 名学生的抽样调查(表 11-6)。

表 11-6　成绩与交卷名次调查

交卷名次	1	2	3	4	5	6	7	8	9	10	11	12
考试成绩	90	74	74	60	68	86	92	60	78	74	78	64

问:是否可以认为先交卷的学生成绩较优($\alpha=0.05$)?

第十一章 等级相关（定序变量-定序变量）

[解]：由于交卷名次是定序变量，因此考试成绩也应转换为定序变量，以求其等级相关。为此以考试成绩排名次，但在78分、74分和60分都出现同分对，这时应取其平均名次。

92	90	86	78	78	74	74	74	68	64	60	60
1	2	3	4	5	6	7	8	9	10	11	12

$$\frac{4+5}{2}=4.5 \qquad \frac{6+7+8}{3}=7 \qquad \frac{11+12}{2}=11.5$$

下面将表11-6按等级排列，并求其等级差（表11-7）。

表 11-7 成绩名次和交卷名次的等级差

成绩名次	交卷名次	等级差 d_i	d_i^2
1	7	−6	36.00
2	1	1	1.00
3	6	−3	9.00
4.5	9	−4.5	20.25
4.5	11	−6.5	42.25
7	2	5	25.00
7	3	4	16.00
7	10	−3	9.00
9	5	4	16.00
10	12	−2	4.00
11.5	4	7.5	56.25
11.5	8	3.5	12.25
			$\sum d_i^2 = 247.00$

代入式(11-1)：

$$r_s = 1 - \frac{6\sum d^2}{n(n^2-1)} = 1 - \frac{6 \times 247}{12(12^2-1)} = 1 - \frac{1482}{1716}$$
$$= 1 - 0.864 = 0.136 \tag{11-6}$$

下面进行统计检验。

$H_0: \rho_s = 0$（总体中考试成绩的名次与交卷名次无关）

$H_1: \rho_s > 0$（总体中先交卷的成绩名次也高）

统计量：查附表5，$t_{0.05}(12-2) = 1.8125$

将式(11-6)代入式(11-5)：

$$t=r_s\sqrt{\frac{n-2}{1-r_s^2}}=0.136\sqrt{\frac{12-2}{1-0.136^2}}=0.43$$

因为
$$t<t_{0.05}=1.8125$$

所以接受原假设,即不能否认考试成绩名次与交卷名次无关的假设。

[例]3. 为了研究生育率与平均收入之间的关系,随机抽查了共10个县。以下是按等级统计的结果(表11-8):

表 11-8 生育率与收入等级调查

县号	生育率等级	收入等级	等级差 d_i	d_i^2
1	6	3	3	9
2	4	1	3	9
3	9	7.5	1.5	2.25
4	8	7.5	0.5	0.25
5	1	5	−4	16
6	2.5	2	0.5	0.25
7	2.5	6	−3.5	12.25
8	7	10	−3	9
9	10	9	1	1
10	5	4	1	1
				$\sum d_i^2 = 60$

[解]:将表11-8中 $\sum d_i^2$ 值代入式(11-1)：

$$r_s=1-\frac{6\sum d_i^2}{n(n^2-1)}=1-\frac{6\times 60}{10(10^2-1)}=1-\frac{360}{990}$$
$$=1-0.364=0.636 \qquad (11\text{-}7)$$

统计检验

$$H_0:\rho_s=0(\text{总体中生育率等级与平均收入无关})$$

$$H_1:\rho_s\neq 0$$

统计量 $t_{0.05/2}(10-2)=2.306$

将式(11-7)代入式(11-5)：

$$t=r_s\sqrt{\frac{n-2}{1-r_s^2}}=0.636\sqrt{\frac{10-2}{1-0.636^2}}=2.331$$

因为
$$t=2.331>t_{0.05/2}=2.306$$

所以拒绝原假设,即可以认为生育率与平均收入是有等级相关的。注意:本题研究单位和前面的例题有所不同,这里是以县为研究单位的。因此,它的结论是以县为单位而言的,如果推广到个体,我们不能认为,个人收入越高,生的孩子就越多。因为我们缺少资料表明,孩子多的人都是收入高的人,或许正是富县里的穷人生的孩子比富人多。这就是说,群体研究推论到个体单位,要犯分析单位中的群体谬误(生态学谬误)。

那么,是否意味着宏观与微观层次之间,就无法推论了呢?或者说,层次间推论的条件是什么?为了回答此问题,可以从迪尔凯姆关于自杀的研究中得到启发。该研究表明,人的自杀行为,并不简单地取决于宗教信仰,而与周围环境有关。当天主教徒生活在以基督教徒为主的地区时,自杀率就高。而生活在以天主教徒为主的地区,天主教徒并没有更多的自杀倾向。也就是说,个体行为不仅与个人因素有关,而且与个人所处的环境因素有关。因此,如果要把结论从宏观层次推论到微观层次,必须满足个体行为与其所处环境因素无关的条件,而这样的条件,往往是很难满足的,因此层次之间的推论,容易出现宏观谬误,或相反方向的微观谬误。

第二节 Gamma 等级相关

上节我们介绍了斯皮尔曼等级相关。通过例子可以看出,r_s 等级相关仅适用于变量没有相同的等级或只有少量的相同等级,但如果调查单元很多,那么要划分很多的等级将是困难的,而减少等级又会出现很多数据具有相同的等级,这时 r_s 就不能有效地测量定序变量间的等级相关[1]。以下介绍的 Gamma 等级相关系数,则允许数据具有相同的等级。因此 Gamma 系数的使用是不受样本容量的限制的。在给出 Gamma 等级相关系数之前,先介绍几个有关的名词。

一、名词

(一) 同序对(Same ordered pair)

设单元 A 变量 x 和 y 具有等级 (x_i, y_i),单元 B 变量 x 和 y 具有等级 (x_j, y_j):

---

[1] 因为不满足推导 r_s 公式的条件,见式(11-2),$\sum x_i = \sum y_i$ 以及 $\sum x_i^2 = \sum y_i^2$。

如果　　$x_i > x_j$

则　　　$y_i > y_j$

称 A 和 B 是同序对。可见同序对只要求 x 变化方向与 y 变化方向相同,但并不要求 A 与 B 中 x 的变化量 $x_i - x_j$ 与 y 的变化量 $y_i - y_j$ 相等。以下各种情况(图 11-1—图 11-4),A 单元与 B 单元都属于同序对。

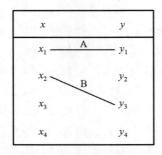

图 11-1　同序对之一

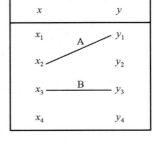

图 11-2　同序对之二

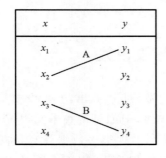

图 11-3　同序对之三

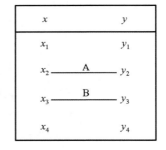

图 11-4　同序对之四

(二) 异序对(Different ordered pair)

设单元 A 变量 x 和 y 具有等级 (x_i, y_i),单元 B 变量 x 和 y 具有等级 (x_j, y_j):

如果　　$x_i > x_j$

则　　　$y_i < y_j$

称 A 和 B 是异序对。可见异序对只要求 x 变化方向与 y 变化方向相反,但并不要求 A 与 B 中 x 变化量 $|x_i - x_j|$ 与 y 的变化量 $|y_i - y_j|$ 相等。

以下各种情况(图 11-5—图 11-8)A 单元和 B 单元都属于异序对。

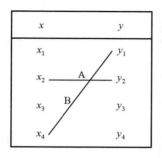
图 11-5　异序对之一

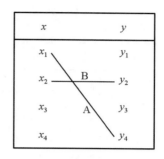
图 11-6　异序对之二

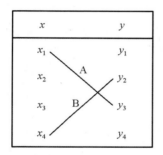
图 11-7　异序对之三

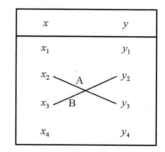
图 11-8　异序对之四

(三) 同分对 (Tied pairs)

如果单元 A 与单元 B 中,变量 x 具有相同的等级,则称 x 同分对(图 11-9)。

如果单元 A 与单元 B 中,变量 y 具有相同的等级,则称 y 同分对(图 11-10)。

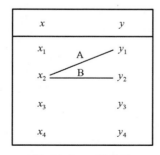
图 11-9　x 同分对

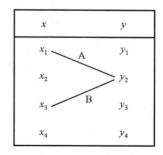
图 11-10　y 同分对

如果单元 A 与单元 B 中,变量 x 与变量 y 等级都相同,则称 x,y 的同分对(图 11-11)。

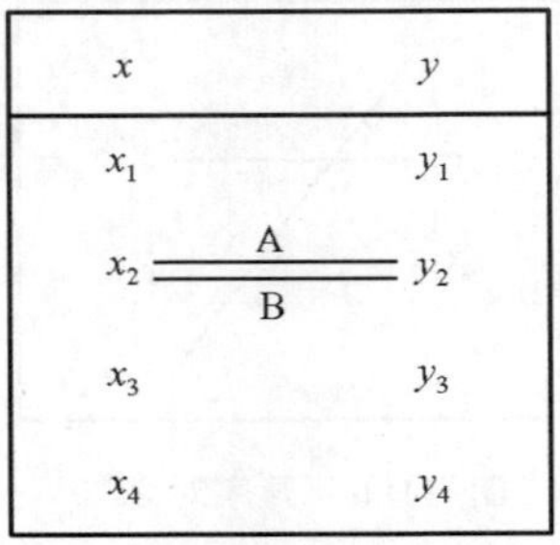

x	y
x_1	y_1
x_2 —A— y_2	
B	
x_3	y_3
x_4	y_4

图 11-11　x,y 同分对

单元	x	y
A	3	2
B	3	1
C	3	1
D	1	1
E	2	3

图 11-12　单元数据

[例]4. 试就图 11-12 中的单元数据,列举其中的同序对、异序对和同分对。

[解]:单元对数共有

$$C_5^2 = 10$$

先以 A 为基础来讨论:

　　AB——x 同分对

　　AC——x 同分对

　　AD——同序对

　　AE——异序对

再依次以 B,C,D 为基础讨论:

　　BC——x,y 同分对

　　BD——y 同分对

　　BE——异序对

　　CD——y 同分对

　　CE——异序对

　　DE——同序对

二、Gamma 系数

通过以上同序对、异序对的分析,可以看出,如果在单元对中是以同序对为主,则表示变量 x 和变量 y 呈正相关;反之,如果是以异序对为主,则变量 x 和变量 y 呈负相关。而同序对和异序对数量之差,则反映了等级相关的程度。因

第十一章 等级相关(定序变量-定序变量)

此 Gamma 系数有如下表达式：

$$G(\text{Gamma}) = \frac{n_s - n_d}{n_s + n_d} \qquad (11-8)$$

n_s：同序对的数目

n_d：异序对的数目

(一) G 系数的取值范围

当不考虑同分对时,如果数据都是同序对,因为 $n_d = 0$,代入式(11-8)有
$$G = 1$$
反之,如果数据都是异序对,因为 $n_s = 0$,代入式(11-8)有
$$G = -1$$
一般情况下,G 的取值在 $[-1, +1]$ 之间。

(二) 根据列联表中频次计算 n_s 和 n_d

当调查总数很大的情况下,如果仍采用本章[例]4 中的方法计算 n_s 和 n_d,则变得十分烦琐,为此可将数据先统计出按等级排列的列联表(表 11-9)。

表 11-9 3×3 等级列联表

y	x		
	高	中	低
高	n_1	n_4	n_7
中	n_2	n_5	n_8
低	n_3	n_6	n_9

(1) 根据表 11-9,先以第一行中 n_1 为基础进行分析,由于 n_4, n_7, n_2, n_3 都有一个变量与 n_1 同序,因此是 x 或 y 的同分对。同理,n_1 之间的单元是 x, y 的同分对。所以,n_1 的同序对为 $n_1(n_5 + n_6 + n_8 + n_9)$,如图 11-13 所示。

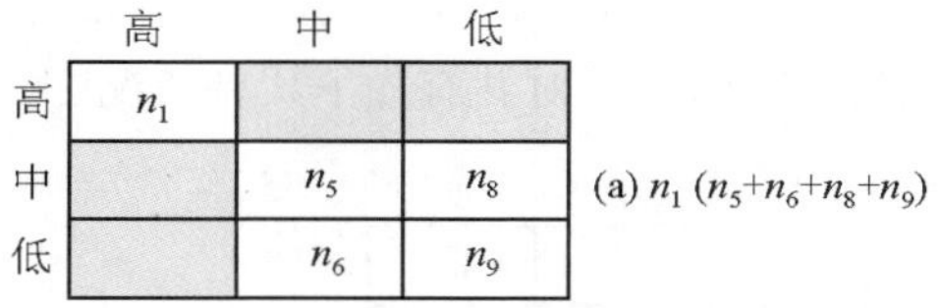

图 11-13 n_1 的同序对

(2) 以 n_4 为基础进行分析,由于凡与 n_4 同行或同列者必形成同分对,而 n_4 左侧各频次都不能形成同序对,因此只有 n_4 右侧非同行同列者可形成同序对

(图 11-14),计有 $n_4(n_8+n_9)$ 个。

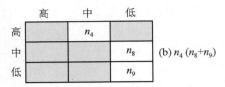

图 11-14 n_4 的同序对

(3) 由于第一行 n_7 不可能与其他频次形成同序对,再看第二行中以 n_2 为基础进行分析,出于同样的理由,它只有与 n_6,n_9 形成同序对(图 11-15),计有 $n_2(n_6+n_9)$ 个。

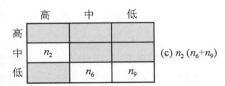

图 11-15 n_2 的同序对

(4) 再看 n_5,它只有与 n_9 形成同序对(图 11-16),计有 $n_5(n_9)$ 个。

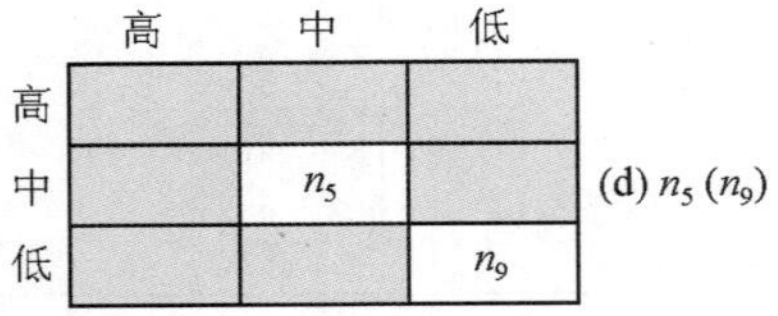

图 11-16 n_5 的同序对

(5) 由于第三行不可能与任何一个频次形成同序对,因此同序对的总数为以上(a)(b)(c)(d)四类之总和。

$$n_s = n_1(n_5+n_6+n_8+n_9)+n_4(n_8+n_9)+n_2(n_6+n_9)+n_5(n_9)$$

(6) 采用同样的讨论方法,异序对共有如下 4 种情况(图 11-17—图 11-20)。

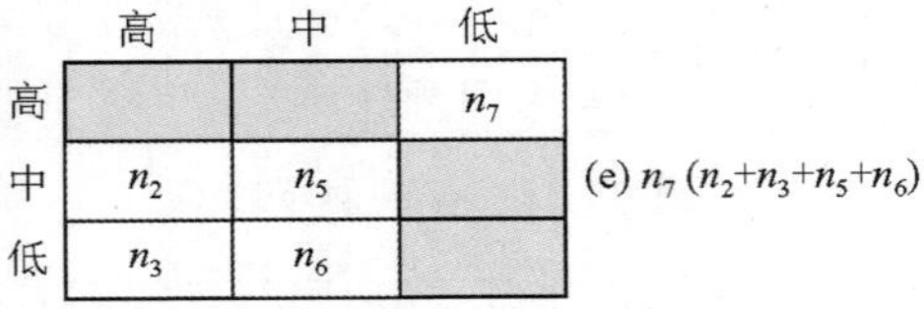

图 11-17 n_7 的异序对

第十一章 等级相关(定序变量-定序变量)

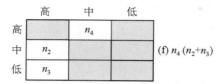

图 11-18 n_4 的异序对

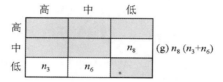

图 11-19 n_8 的异序对

图 11-20 n_5 的异序对

异序对的总数为(e)(f)(g)(h)四类之总和:
$$n_d = n_7(n_2+n_3+n_5+n_6) + n_4(n_2+n_3) + \\ n_8(n_3+n_6) + n_5(n_3)$$

(三) Gamma 系数具有 PRE 性质

G 系数具有减少误差比例(PRE)的性质:
$$\text{PRE} = \frac{E_1 - E_2}{E_1}$$

1. 首先定义 E_1

设有单元 $A(x_i, y_i)$ 和单元 $B(x_j, y_j)$,当不知 x 与 y 之间存在等级关系时,x_i 和 x_j 等级的比较,无助于从 x_j 预测 y_j 的等级。因此预测 y 的等级将纯属随机,无任何倾向性。也就是猜对与否的概率将各占 1/2。这样,当总对数为 $n_s + n_d$(不计及同分对)时,预测 y 的总误差

$$E_1 = \frac{1}{2}(n_s + n_d) \qquad (11-9)$$

2. 当知道 x 与 y 之间存在等级相关

如果 $x_i > x_j$,则预测
$$y_i > y_j$$

如果 $x_i < x_j$,则预测
$$y_i < y_j$$

这样的结果,凡真实情况的同序对都猜对了,异序对都猜错了(不计及同分对),即有

$$E_2 = n_d \tag{11-10}$$

将式(11-9)和式(11-10)代入 PRE 公式:

$$\text{PRE} = \frac{E_1 - E_2}{E_1} = \frac{\frac{1}{2}(n_s + n_d) - n_d}{\frac{1}{2}(n_s + n_d)} = \frac{\frac{1}{2}(n_s - n_d)}{\frac{1}{2}(n_s + n_d)}$$

$$= \frac{n_s - n_d}{n_s + n_d} \tag{11-11}$$

所以,式(11-11)即为 G 系数之计算式(11-8)。

(四)当定序变量只有两种等级,则 G 系数有图 11-21

n_1	n_2
n_3	n_4

图 11-21　2×2 等级列联表

$$G = \frac{n_1 n_4 - n_3 n_2}{n_1 n_4 + n_3 n_2} \tag{11-12}$$

可见,当 G 系数不计及符号(或方向)时,式(11-12)与 2×2 列联表中的 Q 系数式(10-21)相同,所以 Q 系数可看作 G 系数的特例。

三、Gamma 系数的检验

为了能够把样本计算所得之 G 值推论到总体,必须进行统计检验。

$H_0: \gamma = 0$(总体等级相关为 0)

$H_1: \gamma \neq 0$

统计量

$$Z = \frac{G}{\sqrt{1-G^2}} \sqrt{\frac{n_s + n_d}{n}} \sim N(0,1) \tag{11-13}$$

[$n \geq 10$,n 越大,Z 越趋近于 $N(0,1)$]

第十一章 等级相关(定序变量-定序变量)

[例]5. 以下是500名文化程度代际流动的抽样调查(表11-10),试求G值($\alpha=0.05$)。

表 11-10 文化程度的代际流动调查

子辈文化	父辈文化		
	大学	中学	小学
大学	118	37	15
中学	18	130	32
小学	9	43	98

[解]:
$$n_s = 118(130+32+43+98)+37(32+98)+18(43+98)+130\times98$$
$$= 55842 \quad\quad\quad (11\text{-}14)$$
$$n_d = 15(18+130+9+43)+37(18+9)+32(9+43)+130\times9$$
$$= 6833 \quad\quad\quad (11\text{-}15)$$

将式(11-14)和式(11-15)代入式(11-8):
$$G = \frac{n_s - n_d}{n_s + n_d} = \frac{55842 - 6833}{55842 + 6833} = 0.78$$

为了确认G值具有推论价值,进行统计检验,将G, n_s, n_d, n代入式(11-13):
$$Z = \frac{G}{\sqrt{1-G^2}}\sqrt{\frac{n_s+n_d}{n}} = \frac{0.78}{\sqrt{1-0.78^2}}\sqrt{\frac{55842+6833}{500}}^{[①]}$$
$$= 14.05$$

$$Z_{0.05/2} = 1.96$$

所以
$$Z > Z_{0.05/2}$$
即G值具有推论总体的价值。

第三节 其他等级相关系数

G系数由于不考虑同分对,因此同分对在相关中的影响没有计及。下面介绍几种考虑了同分对影响的等级相关系数。

一、肯氏 τ 系数(Kendall's Tau)系列

肯氏把等级相关系数分以下三种情况来讨论。

[①] Gudmund R. Iversen, *Statistics for Sociology*, W. C. Brown Co., 1979, p. 141.

(一) τ_a (一般式)

τ_a 系数仍以同序对 n_s 与异序对 n_d 之差为分子,但以样本容量 n 所形成的总对数 $C_n^2 = \frac{1}{2}n(n-1)$ 为分母,因此

$$\tau_a = \frac{n_s - n_d}{\frac{1}{2}n(n-1)} \tag{11-16}$$

显见,当数据中全是同序对时,$\tau_a = 1$。如全是异序对时,$\tau_a = -1$。因此 τ_a 的取值范围为 $[-1, +1]$。

(二) τ_b (修正式)

当出现同分对时,分母做如下的修正:

$$\tau_b = \frac{n_s - n_d}{\sqrt{\frac{1}{2}n(n-1) - T_x}\sqrt{\frac{1}{2}n(n-1) - T_y}} \tag{11-17}$$

T_x:变量 x 方向的全部同分对数

T_y:变量 y 方向的全部同分对数

当出现 x 和 y 方向都同分时,在两个方向都要计算进去。同时当某个等级 i 出现不止 1 个同分对时,还要计算两两同分对所形成的数据对,因此 T_x 和 T_y 有如下的计算:

$$T_x = \sum C_{ti}^2 = \frac{1}{2}\sum t_i(t_i - 1)$$

$$t_i = T_{x_i} + T_{x_i y_j}$$

t_i 等于在 i 等级上,仅 x 同分的对数 T_{x_i} 和 x,y 都同分的对数 $T_{x_i y_j}$ 之和。

$$T_y = \sum C_{tj}^2 = \frac{1}{2}\sum t_j(t_j - 1)$$

$$t_j = T_{y_j} + T_{x_i y_j}$$

t_j 等于在 j 等级上,仅 y 同分的对数 T_{y_j} 和 x,y 都同分的对数 $T_{x_i y_j}$ 之和。

[例] 6. 设以下是 16 名演员在两年大赛中的名次(表 11-11),试求两年名次的相关系数 $\tau_b (\alpha = 0.05)$。

[解]:令 +1 = "同序对"

−1 = "异序对"

第十一章 等级相关(定序变量-定序变量)

表 11-11 两年大赛中 16 名演员名次调查

演员	不同年的名次	
	第一年	第二年
a	1	5.5
b	2.5	5.5
c	2.5	1
d	4	2
e	5	3
f	6	9.5
g	7	5.5
h	8	13.5
i	9	9.5
j	10	16
k	11.5	5.5
l	11.5	11.5
m	13.5	8
n	13.5	15
o	15	11.5
p	16	13.5

(1) 列出同序对和异序对之差$(n_s - n_d)$

$(a,c)-1$	$(b,d)-1$	$(c,d)+1$	…	$(o,p)+1$
$(a,d)-1$	$(b,e)-1$	$(c,e)+1$		
$(a,e)-1$	$(b,f)+1$	$(c,f)+1$		
$(a,f)+1$	$(b,h)+1$	$(c,g)+1$		
$(a,h)+1$	$(b,i)+1$	$(c,h)+1$		
$(a,i)+1$	$(b,j)+1$	$(c,i)+1$		
$(a,j)+1$	$(b,l)+1$	$(c,j)+1$		
$(a,l)+1$	$(b,m)+1$	$(c,k)+1$		
$(a,m)+1$	$(b,n)+1$	$(c,l)+1$		
$(a,n)+1$	$(b,o)+1$	$(c,m)+1$		
$(a,o)+1$	$(b,p)+1$	$(c,n)+1$		
$(a,p)+1$		$(c,o)+1$		
		$(c,p)+1$		

$$\sum\nolimits_1 = 9-3 \quad \sum\nolimits_2 = 9-2 \quad \sum\nolimits_3 = 13-0 \quad \cdots \quad \sum\nolimits_{15} = 1-0$$
$$= 6 \qquad\quad = 7 \qquad\quad = 13 \qquad\qquad\quad = 1$$

$$\begin{aligned} n_s - n_d &= \sum\nolimits_1 + \sum\nolimits_2 + \sum\nolimits_3 + \sum\nolimits_4 + \cdots + \sum\nolimits_{15} = (9-3) + (9-2) + \\ &\quad (13-0) + (12-0) + (11-0) + (6-3) + (8-0) + \\ &\quad (2-5) + (5-2) + (0-6) + (4-0) + (2-1) + \\ &\quad (2-0) + (0-2) + (1-0) = 60 \end{aligned} \qquad (11\text{-}18)$$

(2) x(第一年)方向的同分对 T_x

x 方向的同分对出现在 2.5、11.5 和 13.5 三个等级上,所以

$$T_x = \frac{1}{2}(2\times 1 + 2\times 1 + 2\times 1) = 3 \qquad (11\text{-}19)$$

(3) y(第二年)方向的同分对 T_y

y 方向的同分对出现在 5.5、9.5、11.5 和 13.5 四个等级上,所以

$$T_y = \frac{1}{2}(4\times 3 + 2\times 1 + 2\times 1 + 2\times 1) = 9 \qquad (11\text{-}20)$$

(4) 把式(11-18)、式(11-19)、式(11-20)代入式(11-17)得

$$\begin{aligned} \tau_b &= \frac{n_s - n_d}{\sqrt{\frac{1}{2}n(n-1) - T_x}\sqrt{\frac{1}{2}n(n-1) - T_y}} \\ &= \frac{60}{\sqrt{\left(\frac{1}{2}16\times 15 - 3\right)\left(\frac{1}{2}16\times 15 - 9\right)}} \\ &= \frac{60}{\sqrt{(8\times 15 - 3)(8\times 15 - 9)}} = \frac{60}{\sqrt{117\times 111}} \\ &= \frac{60}{114} = 0.526 \end{aligned}$$

(5) τ_b 的检验

肯氏计算出,当样本容量 $n \geqslant 10$,在原假设

$$H_0: \tau = 0 (\text{总体 } \tau \text{ 为零})$$

成立的条件下,$\Delta n = n_s - n_d$ 近似地满足标准正态分布 $N(0, \sigma^2_{\Delta n})$:

$$\Delta n \sim N(0, \sigma^2_{\Delta n})$$

其中方差

$$\sigma^2_{\Delta n} = \frac{1}{18} n(n-1)(2n+5) \qquad (11\text{-}21)$$

当 $\alpha = 0.05$,$Z_{0.05/2} = 1.96$

根据样本容量 $n=16$，代入式(11-21)有

$$\sigma_{\Delta n}^2 = \frac{1}{18}n(n-1)(2n+5) = \frac{1}{18}16 \times 15(2 \times 16 + 5)$$
$$= 493.3$$

$$\sigma_{\Delta n} = \sqrt{\sigma_{\Delta n}^2} = 22.21$$

$$Z = \frac{\Delta n - 0}{\sigma_{\Delta n}} = \frac{60 - 0}{22.21} = 2.70$$

因为 $Z=2.7>Z_{0.05/2}=1.96$

所以，可以认为上述计算的 τ_b 是有意义的（$\alpha=0.05$）。

（三）τ_c

当同分对很多的情况下，先做成等级的列联表，肯氏 τ_c 公式为

$$\tau_c = \frac{n_s - n_d}{\frac{1}{2}n^2[(m-1)/m]} \tag{11-22}$$

$m=\min(r,c)$（m 为 $r \times c$ 等级列联表中 r 和 c 值中较小者）。

二、d 系数（Somers' d）

d 系数对等级相关系数的分母做了两个方向的修正，并分别给出了 d_{yx} 和 d_{xy} 两个系数：

$$d_{yx} = \frac{n_s - n_d}{n_s + n_d + n_y} \tag{11-23}$$

$$d_{xy} = \frac{n_s - n_d}{n_s + n_d + n_x} \tag{11-24}$$

其中，n_y 表示仅在 y 方向的同分对；

n_x 表示仅在 x 方向的同分对。

n_y 和 n_x 都不包括 x 和 y 方向同时同分的对数。

以上介绍的 G 系数、τ 系数以及 d 系数，虽然计算公式各不相同，但它们的分子部分都是相同的，都是同序对 n_s 和异序对 n_d 的差值。

$$s = n_s - n_d$$

因此，s 是总体是否存在等级相关的标志。对于总体是否存在等级相关，也可以通过 s 值进行检验。

$$H_0: s = 0（总体）$$
$$H_1: s \neq 0（总体）$$

统计量

$$Z = \frac{s'}{s_e} \sim N(0,1) \qquad (11\text{-}25)$$

式中，

$$s' = |s| - \frac{n}{2(r-1)(c-1)}$$

$$s_e = \sqrt{\frac{A_2 B_2}{n-1} - \frac{A_2 B_3 + A_3 B_2}{n(n-1)} + \frac{A_3 B_3}{n(n-1)(n-2)}}$$

其中，n：样本容量；

r 和 c：行数和列数；

A_2：x 边缘分布中，每 2 个频次乘积之和；

B_2：y 边缘分布中，每 2 个频次乘积之和；

A_3：x 边缘分布中，每 3 个频次乘积之和；

B_3：y 边缘分布中，每 3 个频次乘积之和。

[例]7. 试就以下样本等级列联表(表 11-12)进行统计检验($\alpha=0.001$)。

表 11-12　2×4 等级列联表

y	x				总数
	1	2	3	4	
1	8	10	0	2	20
2	0	4	12	8	24
	8	14	12	10	44

[解]：$n=44$

$r=2$

$c=4$

$A_2 = 8\times14 + 8\times12 + 8\times10 + 14\times12 + 14\times10 + 12\times10 = 716$

$B_2 = 20\times24 = 480$

$A_3 = 8\times14\times12 + 8\times14\times10 + 8\times12\times10 + 14\times12\times10 = 5104$

$B_3 = 0$（因为只有 2 个边缘频次）

$n_s = 8(4+12+8) + 10(12+8) + 0\times8 = 392$

$n_d = 2(12+4+0) + 0(4+0) + 10\times0 = 32$

$s = n_s - n_d = 392 - 32 = 360$

$$s' = |360| - \frac{44}{2(2-1)(4-1)} = 352.67$$

第十一章 等级相关（定序变量-定序变量）

$$s_e = \sqrt{\frac{716 \times 480}{44-1} - \frac{716 \times 0 + 480 \times 5104}{44(44-1)} + \frac{5104 \times 0}{44(44-1)(44-2)}}$$
$$= 81.84$$

把以上各值代入式(11-25)：

$$Z = \frac{s'}{s_e} = \frac{352.67}{81.84} = 4.31$$

设 $\alpha = 0.001$ $Z_{0.001/2} = 3.30$

因为 $Z > Z_{0.001/2}$

所以拒绝原假设，接受备择假设，即认为 $s \neq 0$。

习　题

1. 以下是两位评判员对10名参赛人名次的打分。

参赛人	A	B	C	D	E	F	G	H	I	J
评判员1	1	2	4	3	5	8	7	6	9	10
评判员2	1	2	3	4	5	6	8	7	9	10

试用一系数值来描述两位评判员打分相近的程度。

（答案：$r_s = 0.95$）

2. 为了解学生活动能力与智商间是否有关，做了共10名同学的抽样调查：

学生	活动能力名次	智商
A	1	110
B	2	110
C	3	105
D	4	95
E	5	120
F	6	94
G	7	100
H	8	105
I	9	105
J	10	110

问：学生活动能力与智商是否相关（$\alpha = 0.05$）？

（答案：无显著差异，$0.54 < 2.30$）

3. 以下是婚姻美满与文化程度的抽样调查。

婚姻美满程度	文化程度		
	大学	中学	小学
美满	9	16	5
一般	8	30	18
不美满	3	4	7

(1) 计算 G 值。

(2) G 值是否具有推论到总体的意义($\alpha=0.05$)？

(答案：0.33；不具有，1.53＜1.96)

4. 以下是用主观指标和客观指标来度量生活质量的抽样调查。

主观	客观				
	很高	较高	一般	较低	很低
很不满意	0	0	0	1	0
较不满意	0	4	35	30	1
一般	10	50	50	25	0
较满意	76	100	34	4	0
很满意	14	46	20	0	0

(1) 求主观和客观指标的等级相关系数 G 值。

(2) G 值是否具有推论到总体的性质($\alpha=0.05$)？

(答案：0.58；具有，8.01＞1.96)

第十二章

回归与相关（定距变量－定距变量）

第一节 回归研究的对象

一、回归是研究定距变量与定距变量之间的非确定关系的

提到变量之间的关系，很容易想到变量间的函数关系，那就是由一个变量可以完全地确定另一个变量。但回归（Regression）所研究变量之间的关系，却不是确定的函数关系。例如受教育年限越长，其初婚年龄也越晚；中学成绩好的学生，大学学习成绩也好。这些规律都是指宏观而言或平均而言，因为并不存在受教育多少年，就必须在多少岁结婚的问题，也不存在中学的成绩就能完全地确定大学成绩的问题。这种变量既存在着关系，但又不能完全确定的关系称作相关关系。而回归则是研究这类相关中的因果关系的。

实际上，非确定性的关系在自然、社会中是广泛存在着的。这是由于任何一个现象的产生，究其原因都是多方面的。当我们只研究其中的某一个原因或几个原因，而对其他因素未予控制时，变量间的因果关系就表现为未确定的相关关系，而不是函数关系。例如我们研究消费（y）与收入（x_1）之间的关系：从宏观来看，存在着收入多、消费也高的客观规律，但消费现象除了受到收入这一因素制约外，还和消费者所处的生命过程（x_2）、消费心理（x_3）、生活习惯（x_4）、地理因素（x_5）、消费环境（x_6）、消费时尚（x_7）、商品性能（x_8）等有关。因此它是多元的关系：

$$y \sim f(x_1, x_2, x_3, x_4, x_5, x_6, x_7, x_8)$$

在所有因素中,当我们仅研究其中一种因素,例如 x_1 和 y 之间的关系时,其他因素 $x_2, x_3, \cdots, x_8$ 就成了未被控制的随机误差。从而 y 和 x_1 之间的关系就会呈现出相关关系,而不是函数关系。

相关关系可以归结为两点:一是变量间存在着关系;二是这种关系又是非确定的,或者说只存在统计规律性。统计规律性的研究是和分布相联系的。因此相关关系可以这样来描述:

设有两个变量 x 和 y。当 x 变化时会引起 y 相应的变化,但它们之间的变化关系是不确定的。如果当 x 取得任一可能值 x_i 时,y 相应地服从一定的概率分布,则称随机变量 y 和变量 x 之间存在着相关。回归[①]分析是研究相关关系的一种有效方法。

二、散布图(Scattergram)

散布图是相关关系的图形表示。例如,当我们进行了 n 次独立观测,得到了如下的 x 和 y 的数据对(表 12-1)。

表 12-1 x 和 y 的数据对

x	x_1	x_2	x_3	$\cdots$	x_n
y	y_1	y_2	y_3	$\cdots$	y_n

其中 x_i 表示变量 x 在第 i 次观测中的测量值,与之相对的 y_i 是变量 y 在第 i 次观测中的测量值。x_i 和 y_i 是共生的。通常把数据对 $(x_i, y_i)(i=1,2,\cdots,n)$ 用平面上直角坐标的点(图 12-1)表示。这样在 x 和 y 的平面上就呈现了 n 个散布点,又称散布图。例如,我们统计了 n 名妇女的受教育年限 x_i 和初婚年龄 y_i,于是就可画出如图 12-1 所示的散布图。散布图的特点是,对于一个确定的 x_i 值,y_i 的值不是唯一的,y_i 是随机变量,因为受教育年限相同的人,其初婚年龄未必都是相同的。

---

① "回归"一词,最早来源于生物学。英国生物统计学家高尔顿,根据 1078 对父子身高的散布图发现,虽然身材高的父母比身材矮的父母倾向于有高的孩子,但平均而言,身材高大的其子要矮些,而身材矮小的其子要高些。或者说,无论高个子或矮个子的后代,都有向均值方向拉回的倾向。这种遗传上身高趋于一般、"退化到平庸"的现象,高尔顿称作回归。后来,这个词被广泛用于非确定性相互依赖关系——统计相关关系。

第十二章 回归与相关(定距变量-定距变量)

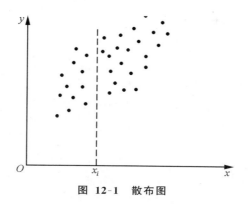

图 12-1 散布图

三、回归方程与线性回归方程

根据散布图(图 12-1)可以看出,当自变量取某一值 x_i 时,因变量 y 对应为一概率分布,又称条件分布。如果对于所有的 $x_i(i=1,2,\cdots,n)$ 其条件分布都相同,说明初婚年龄(y)与受教育程度(x)是没有关系的。反之,如果不同的 x 值,其初婚年龄的分布是不同的,则说明初婚年龄(y)与受教育程度(x)是有关系的。但分布的比较是比较复杂的,为此,我们简化为在 x 不同取值下,分布数字特征的比较,其中最简单的就是均值的比较。如图 12-1 可以简化为在不同的受教育程度下,研究其平均初婚年龄是否有所不同。由于确定的 $x=x_i$,y 的均值也是确定的,因此 x 和均值 y 之间就形成了确定的函数关系。

我们把 $x=x_i$ 条件下,y_i 的均值记作

$$E(y_i)^{①}$$

如果它是 x 的函数

$$E(y_i)=f(x_i) \qquad (12-1)$$

则表示变量 y 和变量 x 之间存在着相关关系。式(12-1)称作 y 对 x 的回归方程。可见,回归方程是研究自变量 x 不同取值时,因变量 y 平均值的变化(图 12-2)。

当因变量 y 的平均值与自变量 x 呈现线性规律时(图 12-3),称作线性回归方程,这里因为只有一个自变量,又称一元线性回归方程。它的表达式为

$$E(y)=\alpha+\beta x \qquad (12-2)$$

---

① $E(y_i)$ 不是 $E \times y_i$ 的意思,而是随机变量 y_i 的均值。

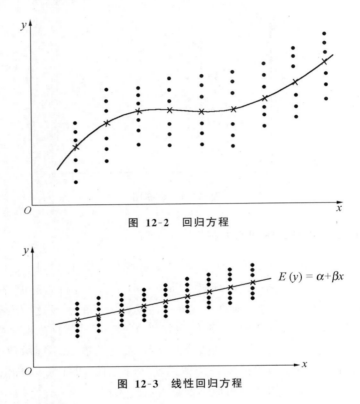

图 12-2　回归方程

图 12-3　线性回归方程

其中 α 称作回归常数，β 称作回归系数。

图 12-3 中，每一散布点都是真实 (x_i, y_i) 的观测值。对应 $x=x_i$，y 均值用"×"点表示，"×"点的连线为一直线，它是 x 的函数，称作回归直线。每一个真实 y_i 与回归直线的关系是

$$y_i = \alpha + \beta x_i + e_i \tag{12-3}$$

式(12-3)中 y_i 是随机变量，e_i 是随机误差，由于 e_i 的值是非固定的，从而使 x 和 y 呈现非确定性的关系。

第二节　回归直线方程的建立与最小二乘法

上面所谈变量 x 和变量 y 之间存在线性回归，是指总体而言。但如果对总体并不知道，那也就无法知道回归直线中的 α 和 β。因此我们的任务是从总体中抽取一个样本，通过样本值

第十二章 回归与相关(定距变量-定距变量)

$$(x_1, y_1)$$
$$(x_2, y_2)$$
$$\vdots \quad \vdots$$
$$(x_n, y_n)$$

作样本的散布图(图 12-4),再由样本散布图估计出总体回归直线的系数 α 和 β 值,即建立直线回归方程。但正如一切随机现象所共有的特性,由于抽样误差的存在,样本的均值并不总等于总体的均值,总体 y 均值点的连线为直线,并不表示样本 y 均值点的连线就能成为直线。那么如何根据样本散布图上散乱的点,做出一条最佳的估计直线呢?下面介绍最小二乘法(Least-squares criterion)的方法,可以证明它是通过样本对总体线性回归最好的估计方法。

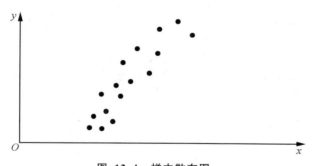

图 12-4 样本散布图

设从总体中抽取一个样本,其观测值为

$$(x_1, y_1)$$
$$(x_2, y_2)$$
$$\vdots \quad \vdots$$
$$(x_n, y_n)$$

现在围绕这 n 个观测点,画一条直线(图 12-5)。

$$y' = a + bx \qquad (12\text{-}4)$$

可以想象,当 a、b 取不同值时,可以得到无数条直线。那么,在这无数条直线中,哪一条是这 n 个样本点的最佳拟合直线呢?一个很自然的想法,应该是到各点都比较接近的那条直线为最佳。数学上把这样的想法表示为:各点到待估直线铅直距离之和为最小。这就是求回归直线的最小二乘法原理。

设点 i 的观测值为 (x_i, y_i),把 x_i 代入待估的直线方程式(12-4)有

$$y'_i = a + bx_i \qquad (12\text{-}5)$$

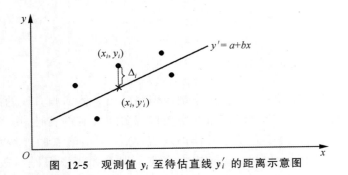

图 12-5 观测值 y_i 至待估直线 y_i' 的距离示意图

y_i 到待估直线的铅直距离为 y_i 减去 y_i'：

$$\Delta_i = y_i - y_i' = y_i - (a + bx_i)$$

n 点铅直距离平方和

$$Q(a,b) = \sum \Delta_i^2 = \sum_{i=1}^{n}[y_i - (a+bx_i)]^2 \qquad (12\text{-}6)$$

显然，Q 值是 a、b 的函数。根据最小二乘法的原理，就是从不同的 a、b 中求得 $\hat{a}$、$\hat{b}$，使 $Q(a,b)$ 达最小值

$$\begin{cases} \dfrac{\partial Q}{\partial a} = 0 \\ \dfrac{\partial Q}{\partial b} = 0 \end{cases} \qquad (12\text{-}7)$$

将式(12-6)代入式(12-7)有

$$\begin{cases} \sum_{i=1}^{n}[y_i - (a+bx_i)] = 0 \\ \sum_{i=1}^{n}[y_i - (a+bx_i)]x_i = 0 \end{cases} \qquad (12\text{-}8)$$

根据式(12-8)，解二元一次联立方程得

$$a = \bar{y} - b\bar{x} \qquad (12\text{-}9)$$

$$b = \frac{L_{xy}}{L_{xx}} \qquad (12\text{-}10)$$

其中

$$\bar{x} = \frac{1}{n}\sum_{i=1}^{n} x_i \qquad (12\text{-}11)$$

$$\bar{y} = \frac{1}{n}\sum_{i=1}^{n} y_i \qquad (12\text{-}12)$$

$$L_{xx} = \sum_{i=1}^{n}(x_i - \bar{x})^2 = \sum_{i=1}^{n} x_i^2 - \frac{1}{n}\left(\sum_{i=1}^{n} x_i\right)^2 \qquad (12\text{-}13)$$

第十二章 回归与相关(定距变量-定距变量)

$$L_{xy} = \sum_{i=1}^{n}(x_i - \bar{x})(y_i - \bar{y})$$

$$= \sum_{i=1}^{n} x_i y_i - \frac{1}{n}\sum_{i=1}^{n} x_i \sum_{i=1}^{n} y_i \qquad (12\text{-}14)$$

为了今后进一步分析的需要,再引入

$$L_{yy} = \sum_{i=1}^{n}(y_i - \bar{y})^2 = \sum_{i=1}^{n} y_i^2 - \frac{1}{n}\Big(\sum_{i=1}^{n} y_i\Big)^2 \qquad (12\text{-}15)$$

这样通过最小二乘法所确定的 a、b,代入待估的直线方程式(12-4)得

$$\hat{y} = a + bx \qquad (12\text{-}16)$$

它将是总体线性回归方程

$$y = \alpha + \beta x$$

的最佳估计方程。

[例]1. 为了研究受教育年限和职业声望之间的关系,设以下是 8 名抽样调查的结果(表 12-2)。

表 12-2 职业声望与受教育年限统计表

调查对象	受教育年限 x	职业声望得分 y
1	12	70
2	16	80
3	9	50
4	19	86
5	21	90
6	10	65
7	5	44
8	12	75

试求职业声望与受教育年限的回归方程。

[解]:首先根据调查结果作散布图(图 12-6)。
根据样本值,代入式(12-11)至式(12-14):

$$\bar{x} = \frac{104}{8} = 13$$

$$\bar{y} = \frac{560}{8} = 70$$

$$L_{xx} = \sum_{i=1}^{n} x_i^2 - \frac{1}{n}\Big(\sum_{i=1}^{n} x_i\Big)^2 = 200$$

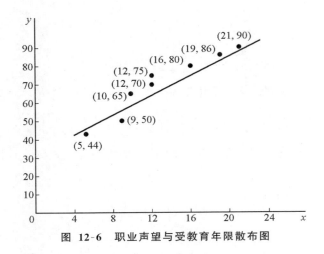

图 12-6　职业声望与受教育年限散布图

$$L_{xy} = \sum_{i=1}^{n} x_i y_i - \frac{1}{n}\left(\sum_{i=1}^{n} x_i\right)\left(\sum_{i=1}^{n} y_i\right) = 584$$

再将 $\bar{x}$、$\bar{y}$、L_{xx}、L_{xy} 的计算结果，代入式（12-10）和式（12-9），得

$$b = \frac{L_{xy}}{L_{xx}} = \frac{584}{200} = 2.92$$

$$a = \bar{y} - b\bar{x} = 70 - 2.92 \times 13 = 32.04$$

最后将 a、b 的计算结果，代入式（12-16），得回归方程

$$\hat{y} = 32.04 + 2.92x$$

第三节　回归方程的假定与检验

本章第二节介绍了根据样本数据，使用最小二乘法求得回归直线方程。但细心的读者可能会发现，在求解过程中并未涉及总体是否确有线性关系。它只是根据样本点挑选一条比其他直线拟合得更好的直线，这只是相对而言，或者说只是"矮子里面拔将军"而已。事实上，即使从样本散布图上看不出 x 和 y 存在线性关系，也可用最小二乘法计算出一条回归直线。同时还可能总体变量中并不存在线性关系，但由于抽样的随机误差，形成样本点呈现具有线性关系的图形。凡此种种，我们都必须经过检验来确认。为了介绍回归直线中的检验问题，首先还要界定线性回归模型中的基本假定是什么。

第十二章 回归与相关(定距变量-定距变量)

一、线性回归模型的基本假定

在第一节中谈到总体的线性回归指的是,当 $x=x_i$ 时,y 的均值 $E(y_i)$ 是 x 的线性函数:$E(y_i)=\alpha+\beta x_i$。

下面就变量及其相互关系给出一些基本假定。

(1) 自变量 x 可以是随机变量,也可以是非随机变量。x 值的测量可以认为是没有误差的,或者说误差是可以忽略不计的。

(2) 由于 x 和 y 之间存在的是非确定性的相关关系,因此,对于 x 的每一个值 $x=x_i$,y_i 是随机变量,或称作是 y 的子总体。要求 y 的所有子总体 y_1, $y_2,\cdots,y_i,\cdots,y_n$,其方差都相等,称等方差(Equal variance)。

$$D(y_1)=D(y_2)=\cdots=D(y_i)=\cdots=D(y_n)$$

(3) 如果 y 的所有子总体,其均值 $E(y_1),E(y_2),\cdots,E(y_i),\cdots,E(y_n)$ 都在一条直线上,则称作线性假定,其数学表达式为

$$E(y_i)=\alpha+\beta x_i$$

由于 α 和 β 对所有子总体都一样,所以 α 和 β 是总体参数。

(4) 要求随机变量 y_i 是统计独立的,即 y_1 的数值不影响 y_2 的数值,各 y 值之间都没有关系。

以上称作对总体有关线性、等方差和独立的假定。也可用如下两种数据结构来表达。

第一,随机变量 y_i 是统计独立的,且有

均值:$E(y_i)=\alpha+\beta x_i$

方差:$D(y_i)=\sigma^2$

第二,y_i 与 x_i 有如下关系式

$$y_1=\alpha+\beta x_1+\varepsilon_1$$
$$y_2=\alpha+\beta x_2+\varepsilon_2$$
$$\vdots$$
$$y_n=\alpha+\beta x_n+\varepsilon_n$$

其中 $\varepsilon_1,\varepsilon_2,\cdots,\varepsilon_n$ 是随机变量,它们相互独立,且有

$$E(\varepsilon_i)=0$$
$$D(\varepsilon_i)=\sigma^2$$

当总体具有上述假定时,那么根据样本运用最小二乘法所求得的方程

$$\hat{y}=a+bx \qquad (12\text{-}17)$$

将是总体线性回归方程

$$E(y)=\alpha+\beta x \qquad (12\text{-}18)$$

的最佳线性无偏估计方程。式(12-17)中的 a 和 b 将是式(12-18)中 α 和 β 的最佳无偏估计量。

（5）出于检验的需要，除了上述假定或要求外，还要求 y 值的每一个子总体都满足正态分布（图 12-7）。于是综合回归分析中估计和检验两方面的需要，对总体的数据结构有如下的假定：

$$y_1 = \alpha + \beta x_1 + \varepsilon_1$$
$$y_2 = \alpha + \beta x_2 + \varepsilon_2$$
$$\vdots \quad \vdots \quad \vdots \quad \vdots$$
$$y_n = \alpha + \beta x_n + \varepsilon_n$$

其中 $\varepsilon_1, \varepsilon_2, \cdots, \varepsilon_n$ 是随机变量，它们相互独立，且都服从相同的正态分布 $N(0, \sigma^2)$ （σ^2 未知）。

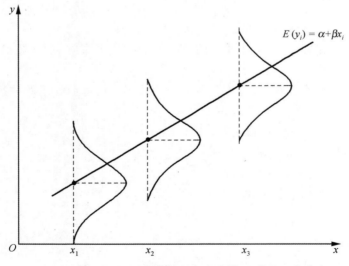

图 12-7　总体线性回归方程的 y_i 满足正态分布

[例]2. 设总体变量间呈以下图形（图 12-8），问：是否满足线性回归模型的假定？

第十二章 回归与相关(定距变量-定距变量)

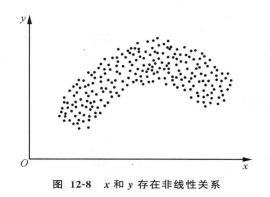

图 12-8　x 和 y 存在非线性关系

[解]：上述图形由于 x 和 y 之间存在的关系是非线性的，因此不满足线性回归模型的假定。

[**例**]**3.** 设总体变量间呈以下图形(图 12-9)，问：是否满足线性回归模型的假定？

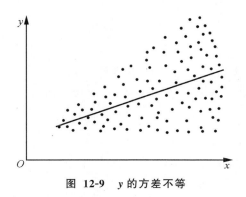

图 12-9　y 的方差不等

[解]：上述图形，由于不同 x 值的 y 方差不等，因此不满足线性回归模型等方差的假定。

二、回归方程的检验

前面介绍了用最小二乘法求直线回归的方法，它是基于线性回归模型的基本假定进行的。因此在配置回归直线之前，必须对总体变量间是否存在线性相关关系进行检验。否则，对于不存在线性关系的总体，配置回归直线毫无意义。为此，下面要讨论回归方程的检验。

(一) 检验的原假设

根据本节有关"线性回归模型的基本假定"的讨论,所谓总体变量 x 和变量 y 存在线性关系,指的是存在关系式:

$$E(y_i) = \alpha + \beta x_i \tag{12-19}$$

因此,对于总体线性检验的假设可写成如下的形式:

$$H_0: \beta = 0$$
$$H_1: \beta \neq 0$$

有了假设,下面将根据平方和分解求出检验所需的统计量。

(二) 线性回归的平方和分解

1. 总离差平方和

$$\text{TSS} = \sum_{i=1}^{n}(y_i - \bar{y})^2 \tag{12-20}$$

TSS 反映了观测值 y_i 围绕均值

$$\bar{y} = \frac{1}{n}\sum_{i=1}^{n} y_i$$

总的分散程度。

TSS 同时还是 PRE[式(10-29)]中的 E_1,因为当不知 y 和 x 有关系时,对 y 的最佳估计值只能是 $\bar{y}$,而每一个真实的 y_i 值和估计值 $\bar{y}$ 之差,就构成了每次估计的误差。

$$(y_1 - \bar{y})$$
$$(y_2 - \bar{y})$$
$$\vdots \quad \vdots$$
$$(y_i - \bar{y})$$
$$\vdots \quad \vdots$$
$$(y_n - \bar{y})$$

各次误差平方之总和,正是不知 x 与 y 有关系时,估计 y 之总误差 E_1,从数量上与式(12-20)相等:

$$E_1 = \text{TSS} = \sum_{i=1}^{n}(y_i - \bar{y})^2$$

2. 剩余平方和

$$\text{RSS} = \sum_{i=1}^{n}(y_i - \hat{y}_i)^2 \tag{12-21}$$

其中 $\hat{y}_i$ 由回归直线式(12-16):
$$\hat{y}=a+bx$$
所确定。

RSS 反映了观测值 y_i 偏离回归直线 $\hat{y}_i$ 的程度(图 12-10)。它是根据最小二乘法求回归直线时,$Q(a,b)$ 的最小值,也就是 PRE 定义中的 E_2。RSS 反映了知道 y 与 x 有关系后,估计 y 值时所产生的总误差。例如,当我们知道 y 与 x 间存在如下回归方程:
$$\hat{y}=a+bx=0.27+0.21x$$

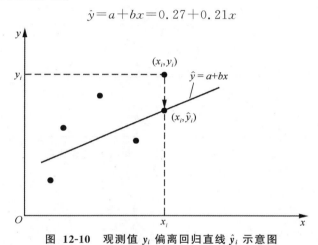

图 12-10 观测值 y_i 偏离回归直线 $\hat{y}_i$ 示意图

那么,当 $x=x_i$ 时,我们一定用
$$\hat{y}_i=0.27+0.21x_i$$
来估计 y_i 值,而不会仍采用 y 的均值 $\bar{y}$ 来估计。所以真实值 y_i 和估计值 $\hat{y}_i$ 之差
$$y_i-\hat{y}_i$$
就构成了通过回归直线估计的误差:
$$y_1-\hat{y}_1$$
$$y_2-\hat{y}_2$$
$$\vdots \quad \vdots$$
$$y_i-\hat{y}_i$$
$$\vdots \quad \vdots$$
$$y_n-\hat{y}_n$$

各次误差平方之总和为
$$\text{RSS}=\sum(y_i-\hat{y})^2$$

RSS 为通过回归直线进行估计之后，仍然未能消除或未被解释的误差，又称残差平方和。它的存在，说明了除 x 对 y 的线性影响外，还存在其他未被考虑的因素，这些因素往往是十分复杂的，例如社会调查中问卷的信度、效度、模型的误差，以及许多无法控制的心理、感情、思维、行动等方面的因素。

3. 回归平方和 RSSR

为了说明 RSSR 的意义，我们把总离差平方和 TSS 进行分解（图 12-11）。

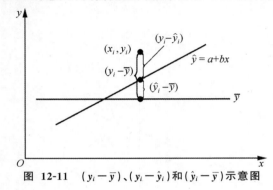

图 12-11 $(y_i-\bar{y})$、$(y_i-\hat{y}_i)$ 和 $(\hat{y}_i-\bar{y})$ 示意图

$$\text{TSS} = \sum_{i=1}^{n}(y_i-\bar{y})^2 = \sum_{i=1}^{n}(y_i-\hat{y}_i+\hat{y}_i-\bar{y})^2$$
$$= \sum_{i=1}^{n}(y_i-\hat{y}_i)^2 + 2\sum_{i=1}^{n}(y_i-\hat{y}_i)(\hat{y}_i-\bar{y}) + \sum_{i=1}^{n}(\hat{y}_i-\bar{y})^2$$

数学上可以证明

$$\sum_{i=1}^{n}(y_i-\hat{y}_i)(\hat{y}_i-\bar{y}) = 0$$

因此得

$$\sum_{i=1}^{n}(y_i-\bar{y})^2 = \sum_{i=1}^{n}(y_i-\hat{y}_i)^2 + \sum_{i=1}^{n}(\hat{y}_i-\bar{y})^2 \tag{12-22}$$

可见，式（12-22）左端就是 TSS，而右端第一项为 RSS，第二项就是 RSSR：

$$\text{RSSR} = \sum_{i=1}^{n}(\hat{y}_i-\bar{y})^2 \tag{12-23}$$

即有
$$\text{TSS} = \text{RSS} + \text{RSSR} \tag{12-24}$$
$$\text{RSSR} = \text{TSS} - \text{RSS}$$

TSS 表示的是原有的估计误差，RSS 是通过回归直线进行估计的误差，因此两者之差 TSS－RSS 表示通过回归直线被解释掉的误差 RSSR。

如果用 L_{xx}, L_{xy}, L_{yy} 来表示平方和,则有

$$\text{TSS} = \sum_{i=1}^{n}(y_i - \bar{y})^2 = L_{yy} \tag{12-25}$$

$$\text{RSSR} = \sum_{i=1}^{n}(\hat{y}_i - \bar{y})^2 = \sum_{i=1}^{n}(a + bx_i - a - b\bar{x})^2$$

$$= b^2 \sum_{i=1}^{n}(x_i - \bar{x})^2 = \left(\frac{L_{xy}}{L_{xx}}\right)^2 L_{xx} = \frac{L_{xy}^2}{L_{xx}} \tag{12-26}$$

$$\text{RSS} = \text{TSS} - \text{RSSR} = L_{yy} - \frac{L_{xy}^2}{L_{xx}} \tag{12-27}$$

(三) 统计量

设总体满足原假设 $H_0: \beta = 0$,那么从 $\beta = 0$ 的总体中,如果做无数次样本容量为 n 的抽样,可以证明:

统计量 $\dfrac{\text{TSS}}{\sigma^2}$ 满足自由度为 $n-1$ 的 χ^2 分布:

$$\frac{\text{TSS}}{\sigma^2} \sim \chi^2(n-1)$$

统计量 $\dfrac{\text{RSSR}}{\sigma^2}$ 满足自由度为 1 的 χ^2 分布:

$$\frac{\text{RSSR}}{\sigma^2} \sim \chi^2(1)$$

统计量 $\dfrac{\text{RSS}}{\sigma^2}$ 满足自由度为 $n-2$ 的 χ^2 分布:

$$\frac{\text{RSS}}{\sigma^2} \sim \chi^2(n-2)$$

由于 RSSR 和 RSS 是独立的,根据第五章第四节可知,统计量 $\dfrac{\text{RSSR}}{\frac{\text{RSS}}{n-2}}$ 将服从自由度为 $(1, n-2)$ 的 F 分布:

$$F = \frac{\text{RSSR}}{\frac{\text{RSS}}{n-2}} \sim F(1, n-2) \tag{12-28}$$

因此,根据样本 $(x_1, y_1), (x_2, y_2), \cdots, (x_n, y_n)$ 计算的 F 值,如果

$$F > F_\alpha$$

则可在显著性水平 α 的情况下,拒绝原假设,即认为总体中是存在线性相关的。反之,如果根据样本计算 F 值,有

$$F<F_\alpha$$

则接受原假设 H_0,即不能拒绝总体中 $\beta=0$ 的原假设(图12-12),因此在这种情况下,就没有必要配置回归直线了。

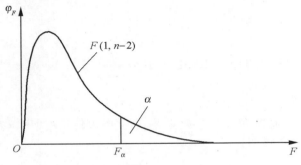

图12-12　$F(1,n-2)$ 的 α 和 F_α

下面我们对统计量 F[式(12-28)]:

$$F=\frac{\text{RSSR}}{\dfrac{\text{RSS}}{(n-2)}}$$

做定性的解释。根据式(12-24):

$$\text{TSS}=\text{RSS}+\text{RSSR}$$

可知,当样本 n 个观测点 (x_i,y_i) 确定后,TSS 则为定值。因此若剩余平方和 RSS 大,则回归平方和 RSSR 必小。反之,若剩余平方和 RSS 小,则回归平方和 RSSR 必大。而 RSSR 大,则说明引入回归直线后,所能解释掉的误差大。因此引入回归直线后,所被解释掉的误差与剩余误差的比值

$$F=\frac{\text{RSSR}}{\dfrac{\text{RSS}}{n-2}}$$

反映了配置回归直线的意义。同样,对于 $\beta=0$ 的总体,抽样随机误差造成很大的 F 值可能性是很小的。具体说就是

$$F>F_\alpha$$

的可能性仅为显著性水平 α。

[例]4. 对本章[例]1进行回归直线的检验($\alpha=0.05$)。

[解]:根据例中计算有

第十二章 回归与相关(定距变量-定距变量)

$$L_{xx} = 200$$
$$L_{xy} = 584$$
$$L_{yy} = 1882$$

将 L_{xx}, L_{xy}, L_{yy} 值代入式(12-26)和式(12-27)有

$$\text{RSSR} = \frac{L_{xy}^2}{L_{xx}} = 1705.28$$

$$\text{RSS} = L_{yy} - \text{RSSR} = 1882 - 1705.28 = 176.72$$

将 RSSR 和 RSS 值代入式(12-28)有

$$F = \frac{\text{RSSR}}{\frac{\text{RSS}}{n-2}} = \frac{1705.28 \times (8-2)}{176.72} = 57.8$$

查附表 7
$$F_{0.05}(1, 8-2) = 5.99$$

因为
$$F = 57.8 \gg F_{0.05} = 5.99$$

所以拒绝总体为 $\beta=0$ 的原假设,接受备择假设 $\beta \neq 0$,即可以认为配置回归直线是有意义的。

第四节 相 关

一、相关(Correlation)系数

本章第一节谈到相关关系是研究变量间的非确定性关系的。由于变量的层次为定距以上,因此,我们不仅可以研究是否存在关系,而且应该可以研究相关关系的形式(线性或是非线性关系)。对于非线性的相关关系,由于比较复杂,因此从略,这里仅介绍线性的相关关系。线性相关关系的强度是通过线性相关系数来度量的,简称相关系数 r。相关系数指的是线性相关系数,不是泛指的一切相关关系的系数。

(一) 协方差(Co-variance)

图 12-13 表示变量 x 和变量 y 之间存在相关关系的散布图,它共有 n 对数据:

$$(x_1, y_1)$$
$$(x_2, y_2)$$
$$\vdots \quad \vdots$$
$$(x_n, y_n)$$

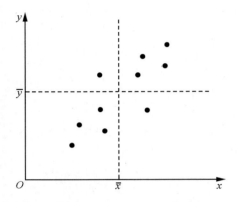

图 12-13 坐标轴移至 $\bar{x}$ 和 $\bar{y}$ 时,分布在四个象限的散布图

x 和 y 的均值为

$$\bar{x} = \frac{1}{n}(x_1 + x_2 + \cdots + x_n) = \frac{1}{n}\sum x_i$$

$$\bar{y} = \frac{1}{n}(y_1 + y_2 + \cdots + y_n) = \frac{1}{n}\sum y_i$$

把坐标轴移到 $\bar{x}$ 和 $\bar{y}$,于是对于新的坐标,其观测值为

$$(x_1 - \bar{x}), (x_2 - \bar{x}), \cdots, (x_n - \bar{x})$$
$$(y_1 - \bar{y}), (y_2 - \bar{y}), \cdots, (y_n - \bar{y})$$

现在来研究 x 和 y 每对数据的乘积:

$$(x_1 - \bar{x})(y_1 - \bar{y})$$
$$(x_2 - \bar{x})(y_2 - \bar{y})$$
$$\vdots \qquad \vdots$$
$$(x_n - \bar{x})(y_n - \bar{y})$$

显然,如果观测值落在新坐标的第一或第三象限,则乘积

$$(x_i - \bar{x})(y_i - \bar{y}) > 0$$

反之,如果观测值落在新坐标的第二或第四象限,则乘积

$$(x_i - \bar{x})(y_i - \bar{y}) < 0$$

可以想象,如果变量间存在线性相关关系的话,其观测点不会平均地分散在四个象限,只会集中在一、三象限或二、四象限,且线性相关程度愈强,其集中的程度愈明显。从数量上来考虑,就是上述乘积的总和:

$$\sum_{i=1}^{n}(x_i - \bar{x})(y_i - \bar{y})$$

第十二章　回归与相关(定距变量-定距变量)

可以作为线性相关程度的标志。当

$$\sum_{i=1}^{n}(x_i-\bar{x})(y_i-\bar{y})=0$$

表示观测点均匀地分散在四个象限,即变量 x 和变量 y 之间不存在线性相关关系。反之,当

$$\sum_{i=1}^{n}(x_i-\bar{x})(y_i-\bar{y})\neq 0$$

表示变量间存在线性相关关系。且数值(绝对值)越大,表示线性相关关系越明显。其乘积对样本容量的平均值,就称作协方差

$$\text{Cov}(x,y)=\frac{\sum(x_i-\bar{x})(y_i-\bar{y})}{n-1} \qquad (12\text{-}29)$$

协方差的概念是不难理解的,我们知道变量的方差公式为

$$S^2=\frac{1}{n-1}\sum(x_i-\bar{x})^2$$

它表示变量观测值相对其均值的平均偏差,因此协方差

$$\text{Cov}(x,y)=\frac{1}{n-1}\sum(x_i-\bar{x})(y_i-\bar{y})$$

表示 x 和 y 两变量观测值相对其各自均值所造成的共同平均偏差。

(二) 相关系数(Coefficient of correlation)

协方差的数量可以作为变量线性相关程度的度量。但是由于它的数值与单位有关,因此不同单位的变量还无法进行比较。为此,我们将变量标准化,然后再求其乘积的平均。

$$\left(\frac{x_1-\bar{x}}{S_x}\right)\left(\frac{y_1-\bar{y}}{S_y}\right)$$

$$\left(\frac{x_2-\bar{x}}{S_x}\right)\left(\frac{y_2-\bar{y}}{S_y}\right)$$

$$\vdots \qquad \vdots$$

$$\left(\frac{x_n-\bar{x}}{S_x}\right)\left(\frac{y_n-\bar{y}}{S_y}\right)$$

取平均有

$$\frac{1}{n-1}\sum_i\left(\frac{x_i-\bar{x}}{S_x}\right)\left(\frac{y_i-\bar{y}}{S_y}\right)$$

这就是样本相关系数 r。对于总体的相关系数有

$$r=\frac{1}{n}\sum_i\left(\frac{x_i-\bar{x}}{\sigma_x}\right)\left(\frac{y_i-\bar{y}}{\sigma_y}\right)$$

但无论是样本数据或总体数据,相关系数 r 都可写作

$$r = \frac{\sum(x_i - \bar{x})(y_i - \bar{y})}{\sqrt{\sum(x_i - \bar{x})^2 \sum(y_i - \bar{y})^2}} \tag{12-30}$$

可见,相关系数就是标准化了的协方差。在数值上,它等于协方差除以各自标准差的乘积。相关系数正如协方差一样,都是度量变量间线性相关程度的。相关系数的取值范围是$[-1, +1]$。

下面给出了不同相关系数所对应的图形(图12-14)。

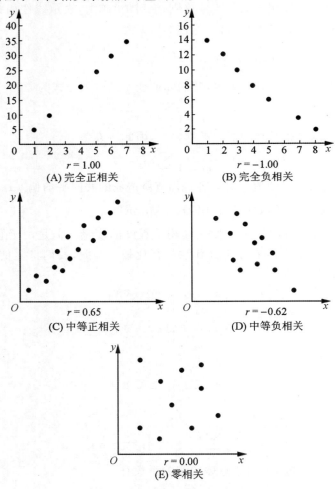

图 12-14　不同相关值示意图

（三）相关系数具有 PRE 性质

相关系数还可以通过减少误差比例公式[式(10-29)]：

$$\text{PRE} = \frac{E_1 - E_2}{E_1}$$

推导出来。E_1 为不知 x 与 y 有关系时，预测 y 的总误差。由于这时最佳的估计是均值 $\bar{y}$，因此

$$E_1 = \sum (y_i - \bar{y})^2 \qquad (12\text{-}31)$$

E_2 为知道 x 与 y 有线性相关时，预测 y 的总误差。显然，当知道 x 和 y 存在线性相关后，我们可以用线性回归直线来预测 y 的值。这时的误差

$$E_2 = \sum (y_i - \hat{y})^2 \qquad (12\text{-}32)$$

根据式(12-20)，E_1 与 TSS 相同：

$$E_1 = \sum (y_i - \bar{y})^2 = \text{TSS} \qquad (12\text{-}33)$$

同样，根据式(12-21)，E_2 与 RSS 相同：

$$E_2 = \sum (y_i - \hat{y})^2 = \text{RSS} \qquad (12\text{-}34)$$

而 $E_1 - E_2$ 根据式(12-24)，与 RSSR 相同：

$$E_1 - E_2 = \text{TSS} - \text{RSS} = \text{RSSR} \qquad (12\text{-}35)$$

它表示回归直线方程对预测的改善程度。将式(12-33)和式(12-34)代入式(10-29)有

$$\text{PRE} = \frac{E_1 - E_2}{E_1} = \frac{\text{TSS} - \text{RSS}}{\text{TSS}}$$

PRE 又称判定系数 r^2。

$$r^2 = \text{PRE} = \frac{\text{TSS} - \text{RSS}}{\text{TSS}} = \frac{\text{RSSR}}{\text{TSS}} \qquad (12\text{-}36)$$

将式(12-26)

$$\text{RSSR} = \frac{L_{xy}^2}{L_{xx}}$$

和式(12-25)

$$\text{TSS} = L_{yy}$$

代入式(12-36)，经过式(12-13)至式(12-15)的化简有

$$r^2 = \frac{[\sum(x_i-\bar{x})(y_i-\bar{y})]^2}{\sum(x_i-\bar{x})^2 \sum(y_i-\bar{y})^2}$$

开方后有

$$r = \pm\sqrt{r^2} = \pm \frac{\sum(x_i-\bar{x})(y_i-\bar{y})}{\sqrt{\sum(x_i-\bar{x})^2 \sum(y_i-\bar{y})^2}} \tag{12-37}$$

可见，判定系数 r^2 的开方，数值上与式(12-30)相同，其符号应取与式(12-30)相同。

判定系数 r^2 有着直观的解释意义。例如，当 $r^2=0.75$，表示当知道 x 和 y 有线性相关关系后，可以改善预测程度 75% 或可以用 x 解释掉 y 的 75% 的误差。

相关系数的计算公式，除了式(12-30)：

$$r = \frac{\sum(x_i-\bar{x})(y_i-\bar{y})}{\sqrt{\sum(x_i-\bar{x})^2 \sum(y_i-\bar{y})^2}}$$

外，根据式(12-13)至式(12-15)，还可写作

$$r = \frac{\sum x_i y_i - \frac{(\sum x_i)(\sum y_i)}{n}}{\sqrt{\left[\sum x_i^2 - \frac{(\sum x_i)^2}{n}\right]\left[\sum y_i^2 - \frac{(\sum y_i)^2}{n}\right]}} \tag{12-38}$$

根据式(12-10)和式(6-2)，r 还可写作

$$r = b\frac{S_x}{S_y} \tag{12-39}$$

式(12-30)、式(12-38)和式(12-39)都是等效的。

相关系数受变量取值范围的影响很大，图 12-15 表示了在左端小范围内，x 和 y 的相关系数几乎为零，但如果增加了右端若干极值点，可使 x 和 y 的相关系数增加很多。又如图 12-16，从大范围来看，受教育年限(x)和职业声望(y)之间有很强的相关系数，但如果仅考查变量取值的某一段，例如说大学本科(12年)以上，则相关系数将大大减少。

第十二章 回归与相关(定距变量-定距变量)

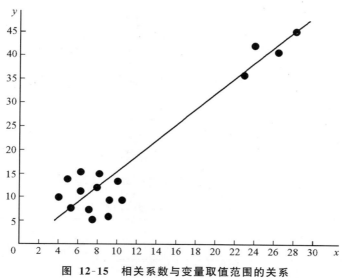

图 12-15 相关系数与变量取值范围的关系

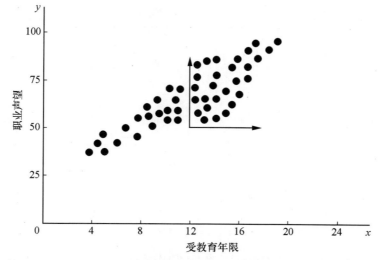

图 12-16 受教育年限和职业声望的相关系数与受教育年限取值范围的关系

下面再比较两个图形,图 12-17 中(A)和(B)的回归方程是一样的:
$$\hat{y} = 1.00 + 1.00x$$
两图中所有观测点到回归线的铅直距离都等于 ± 1 个单位。(A)和(B)所不同的只是变量 x 的取值范围不同。下面计算它们的相关系数。

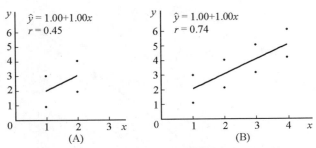

图 12-17　(B)图的 x 取值范围是(A)图的 2 倍

图 12-17 中(A)图有如下 4 对数据(表 12-3)。

表 12-3　图 12-17(A)数据表

x	1	1	2	2
y	1	3	2	4

现在计算它的相关系数(表 12-4)。

表 12-4　计算图 12-17(A)相关系数的有关数据

x	y	x^2	xy	y^2
1	1	1	1	1
1	3	1	3	9
2	2	4	4	4
2	4	4	8	16
$\sum x = 6$	$\sum y = 10$	$\sum x^2 = 10$	$\sum xy = 16$	$\sum y^2 = 30$

将表 12-4 计算结果,代入式(12-38),得

$$r = \frac{16 - (6 \times 10)/4}{\sqrt{[10 - (6 \times 6)/4][30 - (10 \times 10)/4]}} = 0.45 \qquad (12\text{-}40)$$

图 12-17 中(B)图有如下 8 对数据(表 12-5)。

表 12-5　图 12-17(B)数据表

x	1	1	2	2	3	3	4	4
y	1	3	2	4	3	5	4	6

现在计算它的相关系数(表 12-6)。

第十二章　回归与相关(定距变量-定距变量)

表 12-6　计算图 12-17(B)相关系数的有关数据

x	y	x^2	xy	y^2
1	1	1	1	1
1	3	1	3	9
2	2	4	4	4
2	4	4	8	16
3	3	9	9	9
3	5	9	15	25
4	4	16	16	16
4	6	16	24	36
$\sum x = 20$	$\sum y = 28$	$\sum x^2 = 60$	$\sum xy = 80$	$\sum y^2 = 116$

将表 12-6 计算结果，代入式(12-38)，得

$$r = \frac{80 - (20 \times 28)/8}{\sqrt{[60 - (20 \times 20)/8][116 - (28 \times 28)/8]}} = 0.75 \quad (12\text{-}41)$$

式(12-40)和式(12-41)计算的相关系数值是不同的。可见，为了使读者正确理解所计算相关系数的大小，在给出相关系数的同时，还应给出变量的取值范围。

相关系数还有另外一个性质，即相关系数不因坐标原点的改变或单位的变化而变化。因此如果数据值过大，可以减去一个常数。同样如果数据值过小，也可扩大一个倍数，其相关系数是不变的。

(四) 相关系数的检验

正如一切抽样结果为了具有推论性质，必须进行检验。相关系数检验的假设为

$H_0: \rho = 0$（总体相关系数为零）

$H_1: \rho \neq 0$

如果从满足 H_0 的总体中，做无数次容量为 n 的抽样，并计算出样本的相关系数 r。可以证明以下统计量满足自由度 $k = n - 2$ 的 t 分布：

$$t = r\sqrt{\frac{n-2}{1-r^2}} \sim t(n-2) \quad (12\text{-}42)$$

但是，为着使用者的方便，上述检验已简化为使用相关系数 r 进行直接检验(附表 8)。具体步骤为：

(1) 根据 r 公式计算样本的 r 值。

(2) 给出显著性水平 α 和 $k=n-2$，按附表 8 查出相应的临界相关系数 r_α。

(3) 比较 $|r|$ 与 r_α 的大小。

如果 $|r| \geq r_\alpha$，则 x 与 y 之间存在线性相关关系，r 在显著性水平 α 下显著。

如果 $|r| < r_\alpha$，则 x 与 y 之间不存在线性相关关系，r 在显著性水平 α 下不显著。

[例]5. 对本章[例]1 求相关系数 r 值，并检验之（$\alpha=0.05$）。

[解]：$\bar{x}=13, \bar{y}=70$

代入式(12-30)得

$$r = \frac{\sum(x_i-\bar{x})(y_i-\bar{y})}{\sqrt{\sum(x_i-\bar{x})^2 \sum(y_i-\bar{y})^2}} = 0.95$$

检验：根据 $\alpha=0.05, k=8-2=6$，查附表 8 得

$$r_\alpha = 0.707$$

因为

$$r > r_\alpha$$

所以，可以认为总体中，x 和 y 之间存在线性相关（$\alpha=0.05$）。

(五) 相关系数 r 的检验与回归系数 β 的检验的关系

本章第三节"二"曾谈到回归方程的检验，实际它只是对线性回归方程的检验。而确认总体线性相关的存在，也就是确认配置线性回归方程是有意义的。因此原假设 $H_0: \rho=0$ 和原假设 $H_0: \beta=0$ 是等价的。也就是说，如果 r 通过了检验，也必然会导致 β(F 检验)检验的通过。实际上 F 公式是可以通过 r 表达的[见式(12-46)]。

根据式(12-28)有

$$F = \frac{\text{RSSR}}{\frac{\text{RSS}}{n-2}} = \frac{\text{TSS}-\text{RSS}}{\frac{\text{RSS}}{n-2}} \sim F(1, n-2) \qquad (12\text{-}43)$$

根据式(12-36)有

$$r^2 = \frac{\text{TSS}-\text{RSS}}{\text{TSS}} = \frac{\text{RSSR}}{\text{TSS}}$$

$$\text{RSSR} = r^2 \text{TSS} \qquad (12\text{-}44)$$

所以

$$\text{RSS} = \text{TSS}-\text{RSSR} = \text{TSS}-r^2\text{TSS} = (1-r^2)\text{TSS} \qquad (12\text{-}45)$$

将式(12-44)、式(12-45)代入式(12-43),得

$$F = \frac{TSS - RSS}{\dfrac{RSS}{n-2}} = \frac{r^2 TSS}{\dfrac{(1-r^2)TSS}{n-2}}$$

$$= \frac{r^2}{1-r^2}(n-2) \sim F(1, n-2) \qquad (12\text{-}46)$$

可见确定的 r 值,对应有确定的 F 值。实际上只要有 r 检验表,就可不必计算 F 值进行 F 检验了。

二、相关与回归的比较

相关和回归都是研究变量间的非确定性关系的,而且都是研究其中的线性关系的,但是两者研究的角度是有所不同的。首先,回归是研究变量间的因果关系的。从人类对社会的探索来看,就是要找出影响人类行为的因果关系。而回归则是这种因果关系探索的模型,如回归方程式(12-16):

$$\hat{y} = a + bx$$

中的变量 x 就是"因",变量 $\hat{y}$ 则是"果"。利用回归方程,可以通过自变量 x 的已知值去预测因变量 y 的未知值。比如子代和父代身高之间的关系,就有着明显的因果关系。作为因果关系的标志是"因"必先于"果","果"相对于"因"有着时间上的滞后。但相关关系则并不一定具有因果关系,例如同班同学 A 与 B 行为有着很高的相关关系,但 A 和 B 之间的行为未必存在因果关系。它们往往是伴随、共存的关系,当然也不排斥一方为主的情况,但作为相关关系,一般不再追究孰因孰果。下列几种情况都可以作为相关研究的对象:

$x \rightarrow y$(x 引起 y 的变化)

$y \rightarrow x$(y 引起 x 的变化)

$x \rightleftharpoons y$(x、y 互为因果)

$\overset{w}{\underset{x \quad y}{\swarrow \searrow}}$ (x、y 间的关系,是由于共同的因素 w 所造成的)[①]

那么是否可以说,如果明确了变量间的因果关系,就只需要回归分析了呢?或是说,这时只需要回归系数 b 就能反映两个变量之间的关系了呢?答案是否定的。实际上,回归直线式(12-16):

$$\hat{y} = a + bx$$

---

① 这时 x 和 y 称伪相关。

中回归系数 b,仅反映了增量 Δx 和 y 均值增量 $\Delta \hat{y}$ 之间的关系:
$$\Delta \hat{y} = b \Delta x$$
即 x 增加一个单位 $\Delta x=1$ 时,$\hat{y}$ 将增加 b 个单位 $\Delta \hat{y}=b$。b 说明了回归直线的陡度,b 值的大小与变量所取的单位是有关系的。回归直线中 $\hat{y}$ 的变化,反映的是真实 y 值平均值的变化(图 12-3),而真实数据与回归直线分散的情况在式(12-16)是不反映的。相关系数 r 则正是表现了真实数据与回归直线靠拢的程度。试比较图 12-18 和图 12-19。

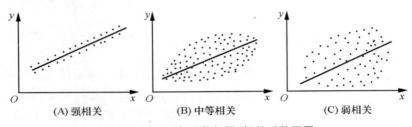

图 12-18　回归系数相同,相关系数不同

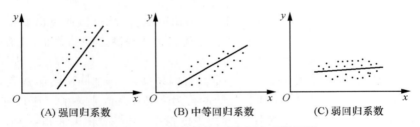

图 12-19　相关系数相同,回归系数不同

图 12-18 中(A)(B)(C)是回归系数 b 相同而相关系数 r 不同的图形。而图 12-19 中(A)(B)(C)则是相关系数 r 相同而回归系数 b 不同的图形。可见,通过回归直线,x 可以预测 y 的平均值 $\hat{y}$,但无法区分是图 12-18 的哪一种情况。而相关系数 r 反映了预测效果的好坏,或者说,相关系数反映了回归线拟合的好坏,但又无法区分是图 12-19 的哪一种情况。因此在探索变量间回归直线的同时,还应该研究相关系数。

此外,相关系数是双向对称的。也就是说 x 对 y 的相关和 y 对 x 的相关系数是一样的,但回归系数则不一样。当把 x 作为自变量,y 作为因变量时,其回归方程为
$$\hat{y} = a + bx$$
反之,如果把 y 当作自变量,x 当作因变量,其回归方程为

第十二章 回归与相关(定距变量-定距变量)

$$\hat{x} = a' + b'y \tag{12-47}$$

上述两式中的系数 a, b, a', b' 一般并不相等,因此回归直线是非对称的。为了从数量上加以说明,下面用协方差 $\mathrm{Cov}(x, y)$ 来表示相关系数和回归系数。

将式(12-29)、式(6-2)代入式(12-30),有

$$r = \frac{\mathrm{Cov}(x, y)}{S_x S_y} \tag{12-48}$$

将式(12-14)、式(12-13)、式(12-29)、式(6-2)代入式(12-10),有

$$b = \frac{\mathrm{Cov}(x, y)}{S_x^2} \tag{12-49}$$

把式(12-49)中的 x 换作 y,有

$$b' = \frac{\mathrm{Cov}(x, y)}{S_y^2} \tag{12-50}$$

比较式(12-48)、式(12-49)、式(12-5),可见,一般情况下

$$r \neq b \neq b' \neq \mathrm{Cov}(x, y)$$

仅在 x 和 y 为标准变量的情况下,由于

$$S_x = S_y = 1 \tag{12-51}$$

这时存有

$$r = b = b' = \mathrm{Cov}(x, y)$$

因此,对于原始数据,如果先进行标准化

$$\left(\frac{x_1 - \bar{x}}{S_x}, \frac{y_1 - \bar{y}}{S_y} \right)$$

$$\left(\frac{x_2 - \bar{x}}{S_x}, \frac{y_2 - \bar{y}}{S_y} \right)$$

$$\vdots \quad \vdots$$

$$\left(\frac{x_n - \bar{x}}{S_x}, \frac{y_n - \bar{y}}{S_y} \right)$$

这时坐标原点移至 $(\bar{x}, \bar{y})$:$a = 0$,回归直线为

$$\hat{Z}_y = r Z_x \tag{12-52}$$

式(12-52)称标准化回归直线方程。相关系数 r 又称标准化回归系数。标准化回归方程特别适用于 x 和 y 都是随机变量的情况。它表示平均而言,自变量 x 增加一个标准差 S_x,因变量 y 将增加 r 个标准差 S_y。

可见,如果知道了自变量 x 的均值 $\bar{x}$ 和标准差 S_x,y 值的均值 $\bar{y}$ 和标准差

S_y，以及它们的相关系数，则可以直接用标准回归直线

$$\hat{Z}_y = rZ_x$$

进行预测，而不必使用最小二乘法求直线回归方程了。

[例] 6. 某大学对学生的高考入学成绩和入学后第一年的成绩做了分析，结果表明，它们都服从正态分布，有如下数据：

$$\bar{x}(入学平均成绩) = 487.5 \text{ 分}$$
$$S_x = 60 \text{ 分}$$
$$\bar{y}(第一年平均成绩) = 65 \text{ 分}$$
$$S_y = 8 \text{ 分}$$
$$r = 0.4$$

若某生入学成绩为 562.5 分，预测他入学后的第一年成绩。

[解]：首先计算入学成绩的标准分

$$Z_x = \frac{562.5 - 487.5}{60} = 1.25$$

代入标准回归方程式(12-52)：

$$\hat{Z}_y = rZ_x = 0.4 \times 1.25 = 0.5$$

由 y 的标准分再转化作原始分

$$\hat{Z}_y = \frac{\hat{y} - \bar{y}}{S_y}$$

$$\hat{y} = \bar{y} + \hat{Z}S_y = 65 + 0.5 \times 8 = 69 \text{ 分}$$

即该生入大学后成绩的点估计值为 69 分。

第五节 用回归方程进行预测

本章第二节曾给出利用回归方程式(12-16)：

$$\hat{y} = a + bx$$

对 y 进行估计或预测(Prediction)，但回归方程给出的 $\hat{y}$ 只是所预测的 y 均值，是 y 的点估计值。为了求出 y 的区间估计，还必须知道 y 的分布。

根据数学的推导，只要

$$y_1 = \alpha + \beta x_1 + e_1$$
$$y_2 = \alpha + \beta x_2 + e_2$$
$$\vdots \quad \vdots \quad \vdots \quad \vdots$$

$$y_n = \alpha + \beta x_n + e_n$$

中的 $e_1, e_2, \cdots, e_n$ 相互独立,都服从相同的正态分布 $N(0, \sigma^2)$,则随机变量 y 的标准化服从自由度为 $n-2$ 的 t 分布:

$$\frac{y-\hat{y}}{S_{\hat{y}}} \sim t(n-2) \tag{12-53}$$

$S_{\hat{y}}$ 为 $x = x_0$ 时,预测随机变量 y 的标准差

$$S_{\hat{y}_0} = S\sqrt{1 + \frac{1}{n} + \frac{(x_0 - \bar{x})^2}{L_{xx}}} \tag{12-54}$$

其中

$$S = \sqrt{\frac{\text{RSS}}{n-2}} = \sqrt{\frac{\sum(y-\hat{y})^2}{n-2}}$$

$$L_{xx} = \sum(x_i - \bar{x})^2 \tag{12-55}$$

$S_{\hat{y}_0}$ 是 x_0 的函数,x 取不同值时,随机变量 y 的标准差是不相等的。
当 $x = x_0$ 时,置信度为 $1-\alpha$ 的 y 区间估计为

$$[\hat{y}_0 - t_{\alpha/2}(n-2)S_{\hat{y}_0}, \hat{y}_0 + t_{\alpha/2}(n-2)S_{\hat{y}_0}] \tag{12-56}$$

对于相同的置信度,当 $x_0 = \bar{x}$ 时,$S_{\hat{y}_0}$ 为最短,x_0 离 $\bar{x}$ 越远,$S_{\hat{y}_0}$ 也越大,因此置信区间的上限

$$\hat{y}_0 + t_{\alpha/2}(n-2)S_{\hat{y}_0}$$

和下限

$$\hat{y}_0 - t_{\alpha/2}(n-2)S_{\hat{y}_0}$$

对称地位于回归直线

$$\hat{y} = a + bx$$

两侧,呈喇叭形(图 12-20)。

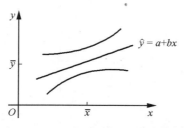

图 12-20 y 的区间估计呈喇叭形

[例]7. 已知回归方程为

$$\hat{y} = 5.05 + 0.75x$$
$$S = 2.446$$
$$\bar{x} = 3.00$$
$$L_{xx} = 40$$
$$n = 20$$

试求 $x=1,2,3$ 时，y 的区间估计 $(1-\alpha=0.95)$。

[解]：根据题意，查附表5，有

$$t_{\alpha/2}(20-2) = 2.1009 \approx 2.101$$

$$x = 1$$
$$\hat{y} = 5.05 + 0.75 \times 1 = 5.8$$

将数据代入式(12-54)，有

$$S_{\hat{y}} = 2.446\sqrt{1 + \frac{1}{20} + \frac{(1-3)^2}{40}} = 2.446\sqrt{1.15} = 2.623$$

将数据代入式(12-56)，得置信度为95%的区间估计为

$$[5.8 - 2.101 \times 2.623,\ 5.8 + 2.101 \times 2.263] = [0.29, 11.31]$$

同理，

$$x = 2$$
$$\hat{y} = 5.05 + 0.75 \times 2 = 6.55$$
$$S_{\hat{y}} = 2.446\sqrt{1 + \frac{1}{20} + \frac{(2-3)^2}{40}} = 2.446\sqrt{1.075} = 2.536$$

置信度为95%的区间估计为

$$[6.55 - 2.101 \times 2.536,\ 6.55 + 2.101 \times 2.536] = [1.22, 11.88]$$

最后，

$$x = 3$$
$$\hat{y} = 5.05 + 0.75 \times 3 = 7.3$$
$$S_{\hat{y}} = 2.446\sqrt{1 + \frac{1}{20} + \frac{(3-3)^2}{40}} = 2.446\sqrt{1.05} = 2.506$$

置信度为95%的区间估计为

$$[7.3 - 2.101 \times 2.506,\ 7.3 + 2.101 \times 2.506] = [2.03, 12.57]$$

根据计算结果，区间估计的宽度是很大的。这是因为数据本身 S 值大。此外，

样本容量过小,也是造成 S_y 增大的缘故。事实上,如果增加样本容量,则有

$$\sqrt{1+\frac{1}{n}+\frac{(x_0-\bar{x})^2}{L_{xx}}} \approx 1$$

和

$$\frac{y-\hat{y}}{S_{\hat{y}}} \sim N(0,1)$$

这时区间估计将为

$$[\hat{y}_0 - Z_{\alpha/2}S,\ \hat{y}_0 + Z_{\alpha/2}S]$$

在这种情况下,置信区间上限 L_2:

$$\hat{y}_0 + Z_{\alpha/2}S$$

和置信区间下限 L_1:

$$\hat{y}_0 - Z_{\alpha/2}S$$

将平行于回归直线

$$\hat{y}_0 = a + bx$$

的两侧(图 12-21)。

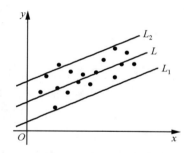

图 12-21 忽略了 $S_{\hat{y}}$ 变化后 $\hat{y}$ 的区间估计

通过以上分析,可以看出,无论是大样本或是小样本,置信区间的宽度都主要是由 S 决定的。因此在预测中 S 是一个基本而重要的量。

最后谈一点回归分析在非实验性设计中运用的问题。

回归分析无论在自然科学中还是在社会科学中都得到了广泛的运用。但应该看到在非实验性设计中,例如社会调查,它的变量在测量中是无法控制的。所谓控制只是用纸和笔进行分类。而在自然科学中,由于变量可以通过实验条件的控制和反复测量,因此变量测量的精度是比较高的。但在社会调查中,由于变量本身的概念,以及社会、心理等因素的影响,根据国外介绍,其可靠性只能达到真值的 0.5—0.8 之间。那么这些变量测量中的误差是怎样影响回归分析的呢?

首先因变量的测量误差,可以导致估计中标准差的增加,其结果是减少显著性差异,但不会导致回归系数的偏估。

对于自变量的测量,根据回归假定是要求没有测量误差的。而实际自变量测量误差的存在,可以导致回归系数的低估。这对单总体来说,问题还不大,因为至多只是估计得保守一些而已。但问题如果是回归系数的比较,那么由于变量测量误差的不同,会导致回归系数比较的错误结论。同样,如果自变量不止一个,而每个自变量的测量误差又不同的话,其结果也会变得十分复杂。

同时在回归假定中,要求误差项 e 与自变量是相互无关的。这一点在实验性设计中也比较容易满足,但对社会调查收集的资料来说,必须慎重考虑其独立性是否得到了满足。特别是那些判定系数 R^2 很小的情况,例如只有 10%,那就很难保证剩下的 90% 误差确与自变量是无关的。正如国外社会学家所指出的[1],应该清醒地看到,目前很多基于回归的因果分析,其结论很可能是歪曲了实际情况的。这向人们敲起了警钟,在运用回归分析的同时,必须注意自己的假定和测量。

以上是从使用回归方法本身来看,另外还可以从更广泛的非实验性研究的角度来看,社会调查属非实验性设计,其特点是研究现象的形成过程是研究者无法干预的,这点与自然科学中的实验性设计有很大不同。社会科学中的实验性研究是除了要研究的因素外,把其他干扰因素统统控制掉或随机化掉,然后干预所要研究的因素,看它对因变量的影响。例如我们要研究不同教学方法的效果,但认为不同的年龄、性别、智商、家庭背景也会影响或干扰教学效果,那我们可以选择相同的年龄、性别、智商、家庭背景,或者采用随机抽取的方法确定每组的人选,以期使干扰因素随机化掉。最后让各组采用不同的教学方法,观察教学效果是否有所不同。但遗憾的是,在社会研究中,这样的实验设计往往也是不可行的。例如我们不能像实施不同教学方法那样,指定一部分人吸烟、另一部分人不吸烟,以便进行吸烟对健康危害的研究。研究者只能从既成的、不同健康水平的人群中了解他们是否抽烟。类似的非实验性设计在社会研究中比比皆是。例如研究婚姻问题,我们只能在已经是婚姻美满或不美满的人群中寻找哪些因素影响婚姻的美满。同样我们也只能在长寿老人中探索长寿的奥秘。由于这是回溯性的探讨,不免见仁见智,从而出现同样的资料会有不同的模型和不同的解释。而各种模型的解释力(判定系数 R^2)又都不很高,一般都

---

[1] Elazar J. Pedhazur, *Multiple Regression in Behavioral Research*: *Explanation and Prediction*, 2nd ed., Holt, Rinehart and Winston, Inc., 1982, p. 36.

第十二章 回归与相关(定距变量-定距变量)

在 30%。难怪有社会学者感叹社会研究要找到真正的因果关系是很难的。或许有人说,这都是搞定量的人搞出来的。这种看法是不对的。应该看到这是研究中的一大进步,正如某些社会学家所指出的,定性研究实际也同样存在这类问题,只是还没有意识到罢了。

习 题

1. 设研究的两相关变量,有如下的抽样观测值:

x	1	2	3	4
y	11	15	17	20
	10	16	19	22
	12	16	18	
		14		

(1) 作散布图。
(2) 将根据什么准则或方法作回归线?
(3) 计算回归直线的 a 和 b,并在图上画出回归线。

(答案:8.16,3.29)

(4) 计算 $x=1, x=2, x=3, x=4$ 时 y 的各估计值 $\hat{y}$。

(答案:11.45,14.74,18.03,21.32)

(5) 计算 TSS 和 RSS。

(答案:147.67,10.61)

(6) 根据 TSS 和 RSS 计算 r^2,并解释 r^2 的意义。

(答案:0.93)

(7) 检验 r 值是否具有推论意义($\alpha=0.05$)。

(答案:有,0.96>0.576)

2. 以下是子代和父代受教育年限的抽样调查。

父代	2	4	6	8	10
子代	4	5	8	7	9

求:(1) 回归直线。

(答案:3,0.6)

(2) 相关系数和判定系数,并解释其意义。

(3) 是否具有推论意义($\alpha=0.05$)?

(答案:有,0.915>0.878)

3. 以下是生活期望值与个人成就的抽样调查。

生活期望值	10	8	7	6	4	3	2	1
个人成就	7	9	10	4	2	1	3	2

求:(1) 回归直线。

(答案:0.27,0.875)

(2) 相关系数和判定系数,并解释其意义。

(3) 是否具有推论意义($\alpha=0.05$)?

(答案:有,0.794>0.707)

4. 以下是某企业用于广告费与销售额间的抽样数据。

广告费	销售额
1000	101 000
1250	116 000
1500	165 000
2000	209 000
2500	264 000

求:(1) 广告费与销售额间的回归方程。

(答案:-11 922.4,110.9)

(2) 相关系数和判定系数。

(3) 是否具有推论意义($\alpha=0.05$)?

(答案:有,0.994>0.878)

第十三章

方差分析（定类变量－定距变量）

第一节 引　　言

前面三章我们分别介绍了三种不同层次的二变量研究方法，它们的特点是变量 x 和变量 y 具有相同的层次。本章开始介绍变量 x 和变量 y 具有不同层次的研究方法。本章将讨论定类－定距的研究方法，其中定类变量将看作"因"，是自变量，而定距变量则看作"果"，是因变量。定类－定距变量间关系的研究在社会学中是常见的。例如性别（定类）与生育意愿（定距）之间，地区（定类）与平均寿命（定距）之间，民族（定类）与离婚率（定距）之间，职业（定类）与人际交往频次（定距）之间的关系，都属于定类－定距变量关系的研究。同时对那些变量虽然都属于定距层次，但却无法预言两者间是否存在线性关系的情况，例如离婚率与婚龄两者都是定距变量，但我们很难判断两者是否存在线性相关关系，这时，我们也可将其中作为"因"的变量——婚龄，划分为若干婚龄段，考察它和离婚率之间的关系，这时就是把婚龄当作定类变量，研究定类变量－定距变量之间的关系了。

定类－定距变量的研究，采用方差分析（Analysis of variance）。方差分析从名称上来看，似乎应该是对方差进行分析，正如第八章所谈的"均值检验""方差检验"那样，检验的内容正是名称所说明的那样。但方差分析与这些却有所不同。所谓方差分析就其内容来说，是分析或检验总体间的均值是否有所不同，而不是方差是否有所不同。但就其检验所用的方法或手段来说，则是通过方差来进行的,这点是首先要明确的。为此,有人建议把方差分析改为"均值分析",以求内容与名称上的一致,但由于最初已经使用了"方差分析"这个名称,因此也就沿用下来了。

方差分析分一元方差分析、二元方差分析以及多元方差分析。一元方差分析是指方差分析中的自变量只有一个定类变量。二元或多元方差分析是指方差分析中的自变量不止一个定类变量。因此只有一元方差分析是属于定类-定距的二变量分析,二元以上的方差分析属多变量分析。但由于多变量的方差分析与一元方差分析十分相似,所以它的内容也放在本章介绍。此外,当一元方差分析中的定类变量为二分变量时,其内容属第九章二总体假设检验问题。

第二节 一元方差分析

一元方差分析(One-way analysis of variance)就是自变量只有一个定类变量,因变量为定距变量。正如在第十二章回归与相关中所指出的那样,在现实社会中很少找到一种社会现象,它的起因只是由一种因素引起的,因此在对自变量的取值控制后,因变量往往是一串分散的值(图 13-1),或者说,当 $x=A_i$ 时,$y_i \sim y_i(A_i)$ 是随机变量。

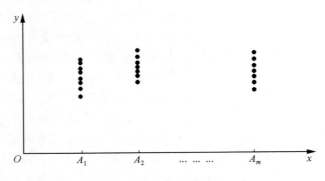

图 13-1 一元方差分析

[例] 1. 以下是某企业抽样 41 名员工中职工家庭赡养人数的统计。
管理人员:3,5,0,5,4,4,2,3,1,3,2,3,3,2,4,2,6,1
工人:1,3,4,4,6,2,3,4,3,5,2,4
技术员:6,4,2,2,3,0,5,3,1,2,1
根据统计作如下统计图(图 13-2)。

第十三章 方差分析(定类变量-定距变量)

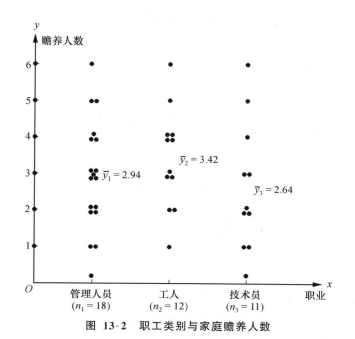

图 13-2 职工类别与家庭赡养人数

图 13-2 中每一点表示工厂中每一成员所具有的职业(x)及其家庭赡养人数(y)。可见，每一种职业所对应的家庭赡养人数都具有一定的分布，是一个随机变量。

一、方差分析的假定

由于 y_i 是随机变量，因此正如第十二章回归分析一样，我们只能研究 y_i 的均值 $\bar{y}_i$ 与自变量之间的关系。例如图 13-2 中给出了不同职业的平均家庭赡养人数：

管理人员：$\bar{y}_1 = 2.94$

工人：　　$\bar{y}_2 = 3.42$

技术员：　$\bar{y}_3 = 2.64$

由于方差分析中的自变量都是定类的，例如图 13-2 中的职业即管理人员、工人、技术员，它只有类别的属性而无数量的概念，我们不能像回归那样找出职业(自变量)和家庭赡养人数(因变量)之间的变化方向，我们只能研究自变量取不同类别时，因变量 y_i 的均值是否有所不同。同时，从因变量来看，由于它是定距变量，形成相对于均值相同的分布又不是唯一的，因此我们也要像回归一样，对因变量的分布给出一些必要的限制，只有在总体分布满足这些限制的条件下，方差分析的讨论才能是正确的。这些限制或条件就构成了方差分析的假定。

(一) 等方差性

等方差性要求总体中自变量的每一个取值 $A_1, A_2, \cdots, A_m$ 对应因变量 y_i 的分布都具有相同的方差：

$$\sigma_1^2 = \sigma_2^2 = \cdots = \sigma_m^2 \tag{13-1}$$

需要指出的是要求方差相等，是就总体而言。对于样本方差

$$S_1^2, S_2^2, \cdots, S_m^2$$

由于抽样中随机误差干扰，即便总体方差相等，样本方差也可能不相等。例如根据图 13-2 来计算自变量每种取值 A_i 的样本方差：

$A_1 =$ 管理人员

$$S_1^2 = \frac{\sum_j (y_{1j} - \bar{y}_1)^2}{n_1 - 1} = 2.408$$

$A_2 =$ 工人

$$S_2^2 = \frac{\sum_j (y_{2j} - \bar{y}_2)^2}{n_2 - 1} = 1.902$$

$A_3 =$ 技术员

$$S_3^2 = \frac{\sum_j (y_{3j} - \bar{y}_3)^2}{n_3 - 1} = 3.254$$

可见三者 S_1^2, S_2^2, S_3^2 是不相同的。但应该看到，来自方差相等 $\sigma_1^2 = \sigma_2^2 = \cdots = \sigma_m^2$ 的总体，其样本方差 $S_1^2, S_2^2, \cdots, S_m^2$ 相差甚远的可能性是不大的。一般地，S_i^2 的最大值不应超过 S_i^2 最小值的 2—3 倍，作为检验总体等方差性的标准。

在用计算机进行方差分析时，一般程序都会自动给出等方差的检验结果，读者只要看懂其处理结果就可以了。

此外，总体的等方差性并不要求总体的方差是已知的。但通过样本方差可以对总体方差进行点估计。其计算公式为样本容量的加权平均，例如[例]1 有

$$S^2 = \frac{(n_1 - 1)S_1^2 + (n_2 - 1)S_2^2 + (n_3 - 1)S_3^2}{(n_1 - 1) + (n_2 - 1) + (n_3 - 1)}$$

$$= \frac{17 \times 2.408 + 11 \times 1.902 + 10 \times 3.254}{17 + 11 + 10}$$

$$= 2.4843$$

(二) y_i 的分布为正态形

除了要求总体的等方差性外，还要求每一个 A_i 所对应 y_i 的分布都呈正态

性(图 13-3-1),这一点和回归分析的要求是一致的。

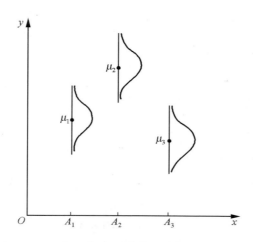

图 13-3-1 每一个 A_i 对应的因变量 y_i 呈正态分布

那么,如果总体分布不知道,如何根据样本值来估计总体分布呢?当样本容量足够大时,我们可以根据自变量的每一个 $A_i(i=1,\cdots,m)$ 作直方图,然后看它们是否满足正态分布。但当样本容量不够大时,例如图 13-2,其中只有 41 个观测点,这时如果再按 A_i 分作 3 组,每组的观测点就太少了。为此,可以把观测值 y_{ij} 减去各自所在组的均值 $\bar{y}_i$,然后将这些所有的剩余值 $\Delta_{ij} = y_{ij} - \bar{y}_i$ 作成一个直方图。如果图形是单峰,且偏态不十分严重,就是满足方差分析对分布的要求的。此外,SPSS 统计包还提供了 Normal P-P 图法,它可以粗略检查总体正态性是否满足,在统计学小样本的应用中,由于往往要求所研究的样本来自正态总体,因此这种粗略检查的方法,有广泛的应用。其做法是横轴表示样本观测值的累计频率,最大值为 1;纵轴表示正态分布计算的期望累计概率,最大值也为 1。理想情况下,如果观测的样本来自正态总体,那么,样本的观测值的累计频率,相对于按照正态分布计算的期望累计概率,所形成的散布图,基本上都是聚集于 45 度对角线周围的点。散布图的点偏离 45 度线越小,表示样本来自正态分布总体的可能性越大(图 13-3-2)。但在实际操作中,由于偏离正态总体对方差分析的影响并不太大,因此方差分析对分布正态性的要求不是十分严格的。

总结起来,进行方差分析,要求总体中每一个自变量的取值
$A_1, A_2, \cdots, A_m$

对应因变量 y_i 应满足正态分布 $N(\mu_i, \sigma^2)$（表 13-1）。

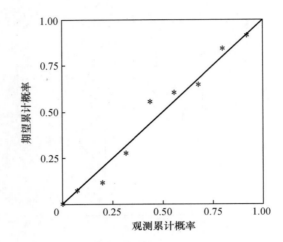

图 13-3-2 观测累计概率与期望累计概率

表 13-1 一元方差分析的自变量与因变量

自变量（x）	因变量（y）
A_1	$N(\mu_1, \sigma^2)$
A_2	$N(\mu_2, \sigma^2)$
⋮	⋮
A_m	$N(\mu_m, \sigma^2)$

而方差分析所研究的自变量与因变量是否有关，就是研究 $\mu_1, \mu_2, \cdots, \mu_m$ 是否相等。如果 $\mu_1, \mu_2, \cdots, \mu_m$ 相等，就表示自变量 x 与因变量 y 没有关系。否则，则表示 y 与 x 是有关系的。

二、方差分析的检验

设总体自变量 A 共分 m 类：
$$A_1, A_2, \cdots, A_m$$
现从 A_1 类中随机抽样 n_1 个；A_2 类中随机抽样 n_2 个；$\cdots$；A_m 类中随机抽样 n_m 个：

A_1 类：抽取 n_1 个

A_2 类：抽取 n_2 个

⋮　　　⋮

A_m 类：抽取 n_m 个

第十三章 方差分析(定类变量-定距变量)

根据抽样的观测值,做如下的统计表(表 13-2)。

表 13-2 一元方差分析

A_1	A_2	$\cdots$	A_m
y_{11}	y_{21}		y_{m1}
y_{12}	y_{22}		y_{m2}
$\vdots$	$\vdots$	$\vdots$	$\vdots$
y_{1n_1}	y_{2n_2}		y_{mn_m}
$\bar{y}_1 = \dfrac{\sum_{j=1}^{n_1} y_{1j}}{n_1}$	$\bar{y}_2 = \dfrac{\sum_{j=1}^{n_2} y_{2j}}{n_2}$		$\bar{y}_m = \dfrac{\sum_{j=1}^{n_m} y_{mj}}{n_m}$

我们的目的是通过对样本均值

$$\bar{y}_1, \bar{y}_2, \cdots, \bar{y}_m$$

的比较,推论总体变量间是否存在关系。但是,正如一切从样本推论到总体一样,都必须进行检验,以排除随机误差的干扰。方差检验的过程,如一切假设检验一样,首先假设总体各类间均值无差异,看看是否成立。如果不能成立,则接受其假设的反面,即认为总体至少有一类均值是不等的。因此,方差分析的原假设 H_0 和备择假设 H_1 为:

原假设 $H_0: \mu_1 = \mu_2 = \cdots = \mu_m$

备择假设 H_1:有一个以上的类别,其均值不等

有了假设,进一步则是要确定检验的统计量。为此,先介绍几个有关的名词。

(1) 观测总数

$$n = \sum_{i=1}^{m} n_i \tag{13-2}$$

(2) 第 i 类样本的组平均值

$$\bar{y}_i = \frac{1}{n_i} \sum_{j=1}^{n_i} y_{ij} \tag{13-3}$$

(3) 总平均值

$$\bar{y} = \frac{1}{n} \sum_{i=1}^{m} \sum_{j=1}^{n_i} y_{ij} = \frac{1}{n} \sum_{i=1}^{m} n_i \bar{y}_i \tag{13-4}$$

(4) 总平方和 TSS——全体观测值 y_{ij} 对总平均值 $\bar{y}$ 的离差平方和

$$\text{TSS} = \sum_{i=1}^{m}\sum_{j=1}^{n_i}(y_{ij}-\bar{y})^2 \tag{13-5}$$

（5）组内平方和（剩余平方和）RSS——各观测值 y_{ij} 对本组平均值 $\bar{y}_i$ 离差平方和的总和

$$\text{RSS} = \sum_{i=1}^{m}\sum_{j=1}^{n_i}(y_{ij}-\bar{y}_i)^2 \tag{13-6}$$

（6）组间平方和 BSS——观测值的组平均值 $\bar{y}_i$ 对总平均值 $\bar{y}$ 的离差平方和

$$\text{BSS} = \sum_{i=1}^{m}\sum_{j=1}^{n_i}(\bar{y}_i-\bar{y})^2 = \sum_{i=1}^{m}n_i(\bar{y}_i-\bar{y})^2 \tag{13-7}$$

（7）三个平方和之间有如下的关系式

$$\text{TSS}=\text{BSS}+\text{RSS}^{①} \tag{13-8}$$

式(13-8)表示总离差平方和 TSS 是由 BSS 和 RSS 两部分平方和所组成。其中 BSS[式(13-7)]反映了各组或各类样本之间的差异程度，它是由自变量 A_i 之不同所引起的，因此又称已被自变量解释掉的误差，而 RSS[式(13-6)]则是由其他未知因素所引起的误差，又称未被自变量解释的误差。

如果总体中各类 μ_i 无差别：

$$\mu_1=\mu_2=\cdots=\mu_i$$

那么从这样的总体中所抽取的样本，其各类均值 $\bar{y}_i$ 距离总均值 $\bar{y}$ 出现偏差很大的可能性是很小的，同时还应该考虑到剩余平方和 RSS 的大小。经过数学的计算，在原假设

$$H_0:\mu_1=\mu_2=\cdots=\mu_m$$

成立的条件下，以下统计量将满足分子自由度 $k_1=m-1$，分母自由度 $k_2=n-m$

---

① $\text{TSS} = \sum_{i=1}^{m}\sum_{j=1}^{n_i}(y_{ij}-\bar{y})^2 = \sum_{i=1}^{m}\sum_{j=1}^{n_i}[(y_{ij}-\bar{y}_i)+(\bar{y}_i-\bar{y})]^2$

$= \sum_{i=1}^{m}\sum_{j=1}^{n_i}(y_{ij}-\bar{y}_i)^2 + \sum_{i=1}^{m}\sum_{j=1}^{n_i}(\bar{y}_i-\bar{y})^2 + 2\sum_{i=1}^{m}\sum_{j=1}^{n_i}(y_{ij}-\bar{y}_i)(\bar{y}_i-\bar{y})$

$= \text{RSS}+\text{BSS}+0$

因为 $\sum_{i=1}^{m}\sum_{j=1}^{n_i}(y_{ij}-\bar{y}_i)(\bar{y}_i-\bar{y}) = \sum_{i=1}^{m}(\bar{y}_i-\bar{y})\sum_{j=1}^{n_i}(y_{ij}-\bar{y}_i)$

$= \sum_{i=1}^{m}(\bar{y}_i-\bar{y})(n_i\bar{y}_i-n_i\bar{y}_i) = 0$

第十三章 方差分析(定类变量-定距变量)

的 F 分布：

$$F=\frac{\text{BSS}/(m-1)}{\text{RSS}/(n-m)} \sim F(m-1, n-m) \qquad (13-9)$$

当根据样本计算的 F 值大于临界值 F_α：

$$F > F_\alpha$$

则在 α 显著性水平下，拒绝原假设 H_0，即认为总体中自变量 A 对因变量 y 是有影响的。

反之，当 F 值小于 F_α：

$$F < F_\alpha$$

则在 α 显著性水平下，接受原假设 H_0，即认为总体中自变量 A 对因变量 y 没有显著影响。

[例]2. 根据[例]1(图 13-2)中的数据，计算 TSS,RSS,BSS,并检验之($\alpha=0.05$)。

[解]：根据式(13-8)，三个平方和中只要计算两个就可以了。

(1) 根据式(13-6)：

$$\text{RSS} = \sum_{i=1}^{m}\sum_{j=1}^{n_i}(y_{ij}-\bar{y}_i)^2$$

代入[例]1 中数据，并列出计算过程(表 13-3)。

表 13-3 三类职工赡养人数的离均差

A_1="管理人员"		A_2="工人"		A_3="技术员"	
赡养人数 (y_{1j})	($y_{1j}-\bar{y}_1$)	赡养人数 (y_{2j})	($y_{2j}-\bar{y}_2$)	赡养人数 (y_{3j})	($y_{3j}-\bar{y}_3$)
3	0.06	1	−2.42	6	3.36
5	2.06	3	−0.42	4	1.36
0	−2.94	4	0.58	2	−0.64
5	2.06	4	0.58	2	−0.64
4	1.06	6	2.58	3	0.36
4	1.06	2	−1.42	0	−2.64
2	−0.94	3	−0.42	5	2.36
3	0.06	4	0.58	3	0.36
1	−1.94	3	−0.42	1	−1.64
3	0.06	5	1.58	2	−0.64
2	−0.94	2	−1.42	1	−1.64

(续表)

A_1="管理人员"		A_2="工人"		A_3="技术员"	
赡养人数 (y_{1j})	$(y_{1j}-\bar{y}_1)$	赡养人数 (y_{2j})	$(y_{2j}-\bar{y}_2)$	赡养人数 (y_{3j})	$(y_{3j}-\bar{y}_3)$
3	0.06	4	0.58		
3	0.06				
2	−0.94				
4	1.06				
2	−0.94				
6	3.06				
1	−1.94				
$\bar{y}_1=2.94$ $n_1=18$	$\sum(y_{1j}-\bar{y}_1)^{2①}$ $=40.9444$	$\bar{y}_2=3.42$ $n_2=12$	$\sum(y_{2j}-\bar{y}_2)^{2②}$ $=20.9167$	$\bar{y}_3=2.64$ $n_3=11$	$\sum(y_{3j}-\bar{y}_3)^{2③}$ $=32.5454$

$$RSS = \sum_{i=1}^{3}\sum_{j=1}^{n_i}(y_{ij}-\bar{y}_i)^2 = 40.9444+20.9167+32.5454$$
$$= 94.4065$$

(2) 计算 BSS[式(13-7)]:

$$BSS = \sum_{i=1}^{m}\sum_{j=1}^{n_i}(\bar{y}_i-\bar{y})^2 = \sum_{i=1}^{m}n_i(\bar{y}_i-\bar{y})^2$$

为此，必须先计算 $\bar{y}$:

$$\bar{y} = \frac{1}{n}\sum_{i=1}^{m}\sum_{j=1}^{n_i}y_{ij} = \frac{1}{n}\sum_{i=1}^{3}n_i\bar{y}_i$$
$$= \frac{1}{(18+12+11)}(18\times2.94+12\times3.42+11\times2.64)$$
$$= 3.0000$$

---

① $\sum_{j=1}^{n_i}(y_{ij}-\bar{y}_i)^2$ 根据式(12-15)，还可写作

$$\sum_{j=1}^{n_i}(y_{ij}-\bar{y}_i)^2 = \sum_{j=1}^{n_i}y_{ij}^2 - \left(\sum_{j=1}^{n_i}y_{ij}\right)^2 \Big/ n_i$$

其结果将与表 13-3 结果是一致的。

② 同上。

③ 同上。

第十三章 方差分析(定类变量-定距变量)

$$\bar{y}_1 - \bar{y} = 2.9444 - 3.0000 = -0.0556$$
$$\bar{y}_2 - \bar{y} = 3.4166 - 3.0000 = 0.4166$$
$$\bar{y}_3 - \bar{y} = 2.6363 - 3.0000 = -0.3637$$

$$\mathrm{BSS} = \sum_{i=1}^{m} n_i (\bar{y}_i - \bar{y})^2 = n_1(\bar{y}_1 - \bar{y})^2 + n_2(\bar{y}_2 - \bar{y})^2 + n_3(\bar{y}_3 - \bar{y})^2$$
$$= 18 \times (-0.0556)^2 + 12 \times (0.4166)^2 + 11 \times (-0.3637)^2 = 3.5934$$

(3) 将 RSS, BSS 计算结果，代入式(13-8)：
$$\mathrm{TSS} = \mathrm{RSS} + \mathrm{BSS} = 94.4065 + 3.5934 = 97.9999①$$

如果运用式(13-5)，计算 TSS 与式(13-8)所得结果将是相同的。

$$\mathrm{TSS} = \sum_{i=1}^{m} \sum_{j=1}^{n_i} (y_{ij} - \bar{y})^2 = \sum_i \sum_j y_{ij}^2 - \left(\sum_i \sum_j y_{ij}\right)^2 / n$$
$$= 467 - 123^2/41 = 98.0000②$$

(4) 求 F 值：

将 $m=3, n=18+12+11=41$ 代入式(13-9)：
$$F = \frac{\mathrm{BSS}/(m-1)}{\mathrm{RSS}/(n-m)} = \frac{3.5934/(3-1)}{94.4065/(41-3)} = \frac{1.7967}{2.4843} = 0.72$$

(5) 根据 $\alpha = 0.05$，查附表 7，有
$$F_{0.05}(3-1, 41-3) = 3.24$$

因为 $F < F_{0.05}$，所以接受原假设(图 13-4)，即认为总体中各类的均值是相等的($\alpha = 0.05$)。

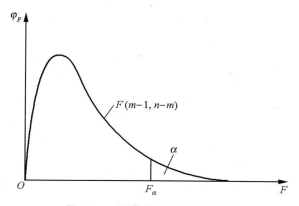

图 13-4 显著性为 α 的临界值 F_α

---

①② 两者最后一位不尽相同的原因，是由于 $\bar{y}$ 为近似值的缘故。

总结起来,方差分析有如下分析表(表 13-4)。

表 13-4　一元方差分析一览表

方差来源	平方和	自由度①	平均平方和	F 值	临界值	显著性
组间	BSS	$m-1$	$\overline{\text{BSS}}=\dfrac{\text{BSS}}{m-1}$	$F=\dfrac{\overline{\text{BSS}}}{\overline{\text{RSS}}}$	$F_{0.05}$	
组内	RSS	$n-m$	$\overline{\text{RSS}}=\dfrac{\text{RSS}}{n-m}$		或	
总和	TSS	$n-1$			$F_{0.01}$	

通过式(13-5)—式(13-7),可以发现计算平方和时,都离不开与均值进行运算,因此一旦均值是近似值时,平方和的误差就会累积,这一点在[例]2 计算 TSS 时,两种计算方法的差别已表现出来。下面给出计算平方和其他公式,它们和式(13-5)—式(13-7)是完全等效的。

设
$$P = \frac{1}{n}\left(\sum_{i=1}^{m}\sum_{j=1}^{n_i} y_{ij}\right)^2 = \frac{1}{n}T_{..}^2 \tag{13-10}$$

$$Q = \sum_{i=1}^{m} \frac{1}{n_i}\left(\sum_{j=1}^{n_i} y_{ij}\right)^2 = \sum_{i=1}^{m} \frac{1}{n_i}T_{i.}^2 \tag{13-11}$$

$$R = \sum_{i=1}^{m}\sum_{j=1}^{n_i} y_{ij}^2 \tag{13-12}$$

可以证明

$$\text{TSS} = R - P = \sum_{i=1}^{m}\sum_{j=1}^{n_i} y_{ij}^2 - \frac{1}{n}T_{..}^2 \tag{13-13}$$

$$\text{BSS} = Q - P = \sum_{i=1}^{m} \frac{1}{n_i}T_{i.}^2 - \frac{1}{n}T_{..}^2 \tag{13-14}$$

---

① 各平方和所具有的自由度,可做如下的解释:首先 TSS 是围绕均值计算的:
$$\text{TSS} = \sum\sum(y_{ij}-\overline{y})^2$$
因此 y_{ij} 自由取值的个数为 $n-1$,即自由度为 $n-1$。同理 RSS 是围绕每组自己的均值进行的,因此每组自由取值的个数为 n_i-1,其自由取值总共的个数为
$$(n_1-1)+(n_2-1)+\cdots+(n_m-1)=n-m$$
由于在总自由度 $n-1$ 中,已有 $n-m$ 个属于 RSS 了,因此剩下的:
$$(n-1)-(n-m)=m-1$$
即为 BSS 的自由度。

第十三章 方差分析(定类变量-定距变量)

$$\text{RSS} = R - Q = \sum_{i=1}^{m}\sum_{j=1}^{n_i} y_{ij}^2 - \sum_{i=1}^{m}\frac{1}{n_i}T_{i\cdot}^2 \tag{13-15}$$

下面给出一个形象的数字例子,说明如何利用 P,Q,R 计算平方和(表 13-5)。

表 13-5　一元方差的数字例子

	A_1	A_2	A_3
观测值	1 2 3 4	5 6 7 8	9 10 11 12

代入式(13-12)、式(13-10)、式(13-13)有

$$\text{TSS} = R - P = \sum_{i=1}^{3}\sum_{j=1}^{4} y_{ij}^2 - \frac{1}{n}\left(\sum_{i=1}^{3}\sum_{j=1}^{4} y_{ij}\right)^2$$

$$= \sum_{i=1}^{3}\sum_{j=1}^{4} y_{ij}^2 - \frac{1}{n}T_{\cdot\cdot}^2$$

$$= 1^2 + 2^2 + 3^2 + 4^2 + 5^2 + 6^2 + 7^2 + 8^2 + 9^2 + 10^2 + 11^2 + 12^2 -$$
$$\frac{1}{12}(1+2+3+4+5+6+7+8+9+10+11+12)^2$$

$$= 650 - \frac{78^2}{12} = 650 - 507 = 143$$

代入式(13-11)、式(13-10)和式(13-14)有

$$\text{BSS} = Q - P = \sum_{i=1}^{3}\frac{1}{n_i}\left(\sum_{j=1}^{4} y_{ij}\right)^2 - \frac{1}{n}\left(\sum_{i=1}^{3}\sum_{j=1}^{4} y_{ij}\right)^2$$

$$= \sum_{i=1}^{3}\frac{1}{n_i}T_{i\cdot}^2 - \frac{1}{n}T_{\cdot\cdot}^2$$

$$= \frac{1}{4}(1+2+3+4)^2 + \frac{1}{4}(5+6+7+8)^2 + \frac{1}{4}(9+10+11+12)^2 -$$
$$\frac{1}{12}(1+2+3+4+5+6+7+8+9+10+11+12)^2$$

$$= \frac{10^2}{4} + \frac{26^2}{4} + \frac{42^2}{4} - \frac{78^2}{12} = 635 - 507 = 128$$

RSS $= 143 - 128 = 15$

可见,R 值就是把所有观测值先平方再相加,P 值就是把所有观测值加总后平方再用总数去除,而 Q 值则是先按 P 值的办法求各组的 P_i,然后加总起来。表 13-5 中的数字更好地帮助我们了解了其实质。

须要指出的,当方差分析拒绝了原假设,接受备择假设时,它表明有一个以上的类别,其均值不等,但它并没有告诉我们是哪一对,或哪几对均值不等。为此,统计学家提出了一系列的解决方法,例如 LSD 法、Bonferroni 法、Tukey 法、Scheffe 法、S-N-K 法等,这些都可在统计包中找到。

方差分析中的自变量 A,如果是二分变量,根据第九章二总体假设检验,这时还可以采用 t 值的均值检验。实际上,当定类变量简化为二分变量时,用方差分析中的 F 检验和用二总体的 t 检验其结果是等效的。所以,可以说二总体均值的 t 检验是方差分析中的一个特例。

三、相关比率(Correlation ratio)(η^2)

当方差分析的检验呈显著性后,进一步要讨论的是两变量间的相关程度如何。方差分析中相关程度的测定仍采用减少误差比例 PRE 法[式(10-29)]。

$$\text{PRE} = \frac{E_1 - E_2}{E_1}$$

E_1 为不知因变量 y 与自变量取值 $A_1, A_2, \cdots, A_m$ 有关时,预测 y 时所犯的误差。它是用样本的总平均值 $\bar{y}$ 来进行估计的:

$$\bar{y} = \frac{1}{n} \sum_{i=1}^{m} \sum_{j=1}^{n_i} y_{ij}$$

估计所犯的误差,其值将等于 TSS:

$$E_1 = \text{TSS} = \sum_{i=1}^{m} \sum_{j=1}^{n_i} (y_{ij} - \bar{y})^2$$

E_2 为知道因变量 y 与自变量取值 $A_1, A_2, \cdots, A_m$ 有关后,预测 y 时所犯的误差。这时样本是用各组的均值来进行估计的:

$$\bar{y}_i = \frac{1}{n_i} \sum_{j=1}^{n_i} y_{ij}$$

估计所犯的误差,其值将等于 RSS:

$$E_2 = \text{RSS} = \sum_{i=1}^{m} \sum_{j=1}^{n_i} (y_{ij} - \bar{y}_i)^2$$

$E_1 - E_2$ 反映了知道自变量取值 $A_1, A_2, \cdots, A_m$ 与 y 有关后预测的改善。根据式(13-8)有

$$E_1 - E_2 = \text{TSS} - \text{RSS} = \text{BSS} \tag{13-16}$$

BSS 又称已被自变量解释掉的误差。显然,解释掉的误差越大,变量之间的关系越密切。根据 PRE 定义,方差分析中把被解释掉的误差 BSS 在总误差 TSS

中所占的比率称相关比率 η^2：

$$\eta^2 = \frac{\text{BSS}}{\text{TSS}} \tag{13-17}$$

［例］3. 用地区不同来解释生育意愿。经调查，
$$\text{BSS} = 3.5934$$
$$\text{RSS} = 94.4065$$

求 η^2 值。

［解］： $\text{TSS} = \text{BSS} + \text{RSS} = 3.5934 + 94.4065 = 98.0000$

$$\eta^2 = \frac{\text{BSS}}{\text{TSS}} = \frac{3.5934}{98.0000} = 0.037$$

可见，用地区不同只能解释生育意愿误差的 3.7%，显然，这是十分小的比例。

最后谈一下相关比率 η^2 与第十二章相关系数 r 有何异同。首先它们都具有 PRE 性质，这点是相同的。但相关系数研究的是定距-定距变量间的线性相关程度，也就是不仅要求变量都具有定距层次，而且还要求是线性的相关。如果其中之一不能满足，则都不能用 r 系数进行讨论。例如图 13-5 由于变量虽都是定距变量，但关系却是非线性的，因此也不能用 r 系数进行讨论[①]。

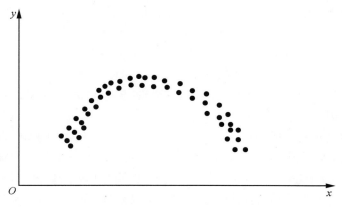

图 13-5 非线性关系图

相关比率 η^2 研究的是定类-定距变量之间的相关程度。由于定类变量不具有数量大小的概念，不存在关系是否线性的问题，因此图 13-5 可以采用相关比率来讨论。

---

① 如果用 r 系数进行讨论，则 $r = 0$。

第三节 二元方差分析

一、二元方差分析(Two-way analysis of variance)的数学模型

二元方差分析,由于自变量已经增加到 2 个[①],因此在讨论自变量对因变量的影响时,可以有两种数学模型。第一种是只讨论自变量 A 和 B 独立地对因变量的影响(图 13-6)。

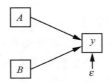

图 13-6 A 和 B 独立地对因变量作用

这里 A 和 B 是要研究的自变量。ε 是未知的和未被控制的外界干扰,又称误差。每一个观测值 y_{ij} 都是以上 3 种因素作用的结果。

$$y_{ij} = \bar{y} + A_i \text{ 的效果} + B_j \text{ 的效果} + \varepsilon_{ij} \tag{13-18}$$

$$i = 1, 2, \cdots, a (a \text{ 为变量 } A \text{ 的分类数})$$

$$j = 1, 2, \cdots, b (b \text{ 为变量 } B \text{ 的分类数})$$

这种模型称作线性可加性模型,又称独立模型,因为变量 A 和变量 B 对 y 的影响是独立作用的。

另一种是我们不仅要研究自变量 A 和自变量 B 独立的影响,同时还要考虑两个变量的交互作用。这在社会现象的研究中也是常见的。例如我们研究不同教学方法(变量 A)和教员性格(变量 B)对教学效果的影响。那么,除了不同的教学方法和教员不同的性格会影响教学效果外,还可能出现某种教学方法特别适合于某种性格的教员,或某种教学方法又特别不适合某种性格的教员,这些就称作自变量间的交互作用。这时对于 y 的影响,除自变量 A 和 B 的独自作用外,还要考虑 A 和 B 的交互作用(图 13-7)。这种模型称作具有交互作用的模型,这时每一个观测值可表示为

---

① 包括因变量在内,二元方差分析已是三变量的多元分析了。但由于这部分内容放在这里比较方便,所以保留在本章。

第十三章 方差分析(定类变量-定距变量)

$$y_{ij} = \bar{y} + A_i \text{ 的效果} + B_j \text{ 的效果} + (AB)_{ij} \text{ 交互作用} + \varepsilon_{ij} \quad (13-19)$$

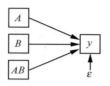

图 13-7 除了 A 和 B,还有 AB 对因变量作用

这两种模型由于要研究的内容不尽相同,因此要求观测值的数目也不相同。例如对于具有交互作用的模型,由于不仅要研究变量的独立作用,而且要研究变量的交互作用,因此它要求测量值的数目就要比独立模型为多。具体说来,对于独立模型,由于不考虑 A 和 B 间的交互作用,因此如果 A 共有 a 种取值:

$$A_1, A_2, \cdots, A_a$$

B 共有 b 种取值:

$$B_1, B_2, \cdots, B_b$$

那么,对于可能取值 $a \times b$ 种搭配,每种情况只要随机抽取一次,组成 $a \times b$ 个观测值就可以进行研究了。而对于具有交互作用的模型,由于不仅要考虑 A 和 B 的独立影响,还要考虑 A 和 B 之间的交互作用,因此如果 $a \times b$ 种搭配都只进行一次观测的话,是无法区别数据的变化是由于自变量的交互作用,还是外界未知因素干扰的结果。

为此,对于 $a \times b$ 种搭配,每种情况至少要观测 2 次。也就是说,总观测数为 $a \times b \times r (r \geq 2)$。只有这样,才可以把外界随机作用的干扰因素从 A、B 交互作用的系统因素中分离出来。下面我们来解释它的原因。

首先,我们来研究忽略了外界干扰因素后,理想的独立模型和理想的交互模型在图形上的区别。

(一) 理想的独立模型

在忽略了外界干扰因素

$$\varepsilon = 0$$

之后,由于变量 A 与变量 B 之间不存在交互作用,式(13-18)可写作

$$y_{ij} = \bar{y} + A_i \text{ 的效果} + B_j \text{ 的效果} \quad (13-20)$$

为了便于理解,不妨把变量 A 想作是两种教学方法:

$$A_1 = \text{"传统式教学方法"}$$

$$A_2 = \text{"启发式教学方法"}$$

把变量 B 想作是两种不同性格的教员：

$$B_1 = \text{"内向型性格"}$$
$$B_2 = \text{"外向型性格"}$$

现在要研究教学方法与教员性格对教学效果的影响，并假定教学效果仅受这两种因素的影响，为此可以找两名性格不同的教员 B_1 和 B_2，并让每个教员各按不同的教学方法做一次试验，也就是共有 4 种情况的搭配：

$$A_1 B_1$$
$$A_2 B_1$$
$$A_1 B_2$$
$$A_2 B_2$$

如果试验的结果是无论教员 B_1 或教员 B_2 用启发式教学方法(A_2)，其教学效果都优于传统式教学方法(A_1)，则说明教学方法的效果不因教员之不同而有所不同。同样，如果无论用启发式教学方法(A_2)或传统式教学方法(A_1)，教员 B_2 的教学效果总是优于教员 B_1 的效果，则说明教员的效果不因教学方法之不同而有所不同。因此，可以说教学方法和教员的性格对教学效果的影响都是独立的。设：

$y_{11} = $ "$A_1 B_1$ 情况下，教学效果的观测值"

$y_{21} = $ "$A_2 B_1$ 情况下，教学效果的观测值"

$y_{12} = $ "$A_1 B_2$ 情况下，教学效果的观测值"

$y_{22} = $ "$A_2 B_2$ 情况下，教学效果的观测值"

则对于理想的独立模型，$y_{11}, y_{21}, y_{12}, y_{22}$ 必有以下的图形（图 13-8 和图 13-9）。

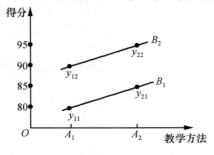
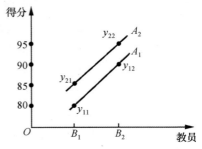

图 13-8　B 的效果与 A 的取值无关　　图 13-9　A 的效果与 B 的取值无关

可见，理想的独立模型 B 的效果不因 A 的取值有所不同。同样 A 的效果不因 B 的取值有所不同。即

$$(y_{11} - y_{12}) = (y_{21} - y_{22}) \tag{13-21}$$

第十三章 方差分析(定类变量-定距变量)

$$(y_{11} - y_{21}) = (y_{12} - y_{22}) \tag{13-22}$$

因此,从图形上来看,因变量的观测值必然是平行线。如果推广到变量 A 的取值有 a 个($a>2$),变量 B 的取值有 b 个($b>2$),则将是一组平行线。因此观测值如果是平行线的话,就可以推断变量 A 和变量 B 是相互独立的。

以下是根据理想独立模型所设计的教学效果的观测值(表13-6)。图 13-8 和图 13-9 中 y 轴的数值就是根据表 13-6 得出的。

表 13-6 **A** 和 **B** 的观测值

B	A	
	A_1	A_2
B_1	80	85
B_2	90	95

对于理想的独立模型,通过表 13-6 的数值可以计算出变量 A 与变量 B 效果的大小。

首先根据表 13-6 求边缘和,并对行和列的边缘和求平均,就得到了教员和教学方法的平均分(表 13-7)。

表 13-7 **A** 和 **B** 的边缘和

B	A		$\sum$(行边缘和)
	A_1	A_2	
B_1	80	85	165
B_2	90	95	185
$\sum$(列边缘和)	170	180	

$$\bar{y}_{B_1} = \frac{165}{2} = 82.5$$

$$\bar{y}_{B_2} = \frac{185}{2} = 92.5$$

$$\bar{y}_{A_1} = \frac{170}{2} = 85$$

$$\bar{y}_{A_2} = \frac{180}{2} = 90$$

$\bar{y}_{B_1}, \bar{y}_{B_2}$ 的意义在于都是根据 A_1, A_2 各做一次试验的边缘和求平均的,因此可以说不同教学方法的效果已经抵消,只反映了不同教员的教学效果。同理 $\bar{y}_{A_1}$, $\bar{y}_{A_2}$ 都是根据 B_1, B_2 各做一次试验的边缘和求平均的,因此可以说不同教员的效果已经抵消，只反映了不同教学方法的效果。

为了求出教学方法（A）和教员（B）的分别效果，可以和 y 的总平均值 $\bar{y}$ 做比较

$$\bar{y} = \frac{1}{4}(80+90+85+95) = 87.5$$

于是有　　B_1 效果：$\bar{y}_{B_1} - \bar{y} = -5 = \beta_1$

B_2 效果：$\bar{y}_{B_2} - \bar{y} = 5 = \beta_2$

A_1 效果：$\bar{y}_{A_1} - \bar{y} = -2.5 = \alpha_1$

A_2 效果：$\bar{y}_{A_2} - \bar{y} = 2.5 = \alpha_2$

比较 B_1 效果与 B_2 效果有　　$\beta_1 + \beta_2 = 0$[①]；$|\beta_i| = \beta = 5$

比较 A_1 效果与 A_2 效果有　　$\alpha_1 + \alpha_2 = 0$[②]；$|\alpha_i| = \alpha = 2.5$

将所得结果代入式（13-20），得理想独立模型的数据值：

$$y_{11} = \bar{y} + A_1 \text{ 的效果} + B_1 \text{ 的效果} = \bar{y} - \alpha - \beta$$

$$y_{12} = \bar{y} + A_1 \text{ 的效果} + B_2 \text{ 的效果} = \bar{y} - \alpha + \beta$$

$$y_{21} = \bar{y} + A_2 \text{ 的效果} + B_1 \text{ 的效果} = \bar{y} + \alpha - \beta$$

$$y_{22} = \bar{y} + A_2 \text{ 的效果} + B_2 \text{ 的效果} = \bar{y} + \alpha + \beta$$

其中

$$\bar{y} = 87.5$$
$$\alpha = 2.5$$
$$\beta = 5$$

（二）理想的交互作用模型

在忽略了外界干扰因素

$$\varepsilon = 0$$

情况下，仅讨论变量 A 和变量 B 之间存在交互作用的情形，称作理想的交互作用模型。这时式（13-19）可写作

$$y_{ij} = \bar{y} + A_i \text{ 的效果} + B_j \text{ 的效果} + (AB)_{ij} \text{ 的交互作用}$$

为了理解，不妨继续上面的例子。设教员 B_1 特别适合注入式教学方法

[①]　推广之，当变量 A 和变量 B 所分类别不止两类时有

$$\sum_{i=1}^{a} \alpha_i = 0 \ (a \text{ 为变量 } A \text{ 的分类数}); \quad \sum_{j=1}^{b} \beta_j = 0 \ (b \text{ 为变量 } B \text{ 的分类数})$$

[②]　同上。

第十三章 方差分析(定类变量-定距变量)

(A_1),从而使 y_{11} 的得分从 80 分增加到 85 分。相反,教员 B_2 又特别不适合注入式教学方法(A_1),从而使 y_{12} 的得分从 90 分下降到 80 分(表 13-8)。

表 13-8　A 和 B 的观测值

B	A	
	A_1	A_2
B_1	85	85
B_2	80	95

根据表 13-8 作图(图 13-10)。

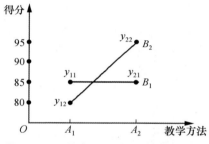

图 13-10　具有 A、B 交互作用的图形

可见,观测值 y_{ij} 的线段失去平行性将是变量间存在交互作用的标志。这时必然有

$$(y_{11} - y_{12}) \neq (y_{21} - y_{22})$$

以及

$$(y_{11} - y_{21}) \neq (y_{12} - y_{22})$$

而差值 $(y_{11} - y_{12}) - (y_{21} - y_{22})$ 的大小就反映了交互作用的大小。

对于独立模型,因为

$$(y_{11} - y_{12}) = (y_{21} - y_{22})$$

所以差值 $(y_{11} - y_{12}) - (y_{21} - y_{22})$ 将为 0。

(三) 实际的模型

以上讨论的两种模型,都是理想的情况,即不存在外界干扰因素的情况。对于实际存在干扰的情况,独立模型式(13-18)为

$$y_{ij} = \bar{y} + A_i \text{ 的效果} + B_j \text{ 的效果} + \varepsilon_{ij}$$

由于 ε_{ij} 是随机干扰,因此它将使图 13-8 或图 13-9 的线段平行性发生偏离,即无论是线段 $(y_{12} - y_{22})$ 和线段 $(y_{11} - y_{21})$ 或线段 $(y_{21} - y_{22})$ 和线段 $(y_{11} - y_{12})$ 都不再是平行线了。从而出现了对于实测的非平行线如何做出正确判断的问题。

一种情况可以判断为是独立模型，其图形的非平行性是由于外界随机因素的干扰，即

$$y_{ij} = \bar{y} + A_i \text{ 的效果} + B_j \text{ 的效果} + \varepsilon_{ij}$$

另一种情况可以判断为理想的具有交互作用的模型，即

$$y_{ij} = \bar{y} + A_i \text{ 的效果} + B_j \text{ 的效果} + (AB)_{ij} \text{ 交互作用}$$

最后一种情况，还可判断作既存在交互作用又存在外界随机因素干扰的情况：

$$y_{ij} = \bar{y} + A_i \text{ 的效果} + B_j \text{ 的效果} + (AB)_{ij} \text{ 交互作用} + \varepsilon_{ij}$$

显然根据一次测试数据的差值

$$(y_{11} - y_{12}) - (y_{21} - y_{22})$$

是无法区别的。

但 $(AB)_{ij}$ 交互作用与干扰 ε_{ij} 的性质是不同的。前者是常驻的效果或系统的效果，而 ε_{ij} 是随机的。因此增加每种 (A_iB_j) 情况的测量值，就能排除随机误差 ε_{ij} 的干扰，从而使交互作用表现出来，这就是为了求出交互作用必须使每种搭配 A_iB_j 至少测量两次($r \geq 2$)的原因。

二、无重复情况下的二元方差分析[①]

(一) 无重复情况下二元方差分析的假定和假设

设有两个自变量 A 和 B 作用于总体，其中自变量 A 共有 a 种取值：

$$A_1, A_2, \cdots, A_a$$

自变量 B 共有 b 种取值：

$$B_1, B_2, \cdots, B_b$$

两种变量的搭配共有 $a \times b$ 种情况，设变量 A 之取值为 A_i、变量 B 之取值为 B_j 的因变量为 y_{ij}，它有如下的数学模型：

$$y_{ij} = \mu + \alpha_i + \beta_j + \varepsilon_{ij} \quad (13\text{-}23)$$

ε_{ij} 相互独立，并且

$$\varepsilon_{ij} \sim N(0, \sigma^2) \quad \begin{matrix} i=1,\cdots,a \\ j=1,\cdots,b \end{matrix} \quad (13\text{-}24)$$

μ, α_i, β_j 及 σ^2 都是未知参数，且有

$$\sum_{i=1}^{a} \alpha_i = 0, \quad \sum_{j=1}^{b} \beta_j = 0 \quad (13\text{-}25)$$

我们要检验的零假设 H_0 有二：

---

① 可作选读用。

(1) $\alpha_i = 0$, $i = 1, 2, \cdots, a$

(2) $\beta_j = 0$, $j = 1, 2, \cdots, b$

它们的备择假设是对应的参数不全为 0。

(二) 方差分析的检验

设从满足以上假定的总体中,对每一种配合(A_i, B_j)各进行一次独立的观测,得以下的样本观测值(表 13-9)。

表 13-9 二元方差分析(无重复情况)

B	A					
	A_1	A_2	$\cdots$	A_i	$\cdots$	A_a
B_1	y_{11}	y_{21}	$\cdots$	y_{i1}	$\cdots$	y_{a1}
B_2	y_{12}	y_{22}		y_{i2}		y_{a2}
$\vdots$	$\vdots$	$\vdots$		$\vdots$		$\vdots$
B_j	y_{1j}	y_{2j}		y_{ij}		y_{aj}
$\vdots$	$\vdots$	$\vdots$		$\vdots$		$\vdots$
B_b	y_{1b}	y_{2b}		y_{ib}		y_{ab}

现在来研究根据这些观测值,能否推论到总体自变量 A 或自变量 B 对 y 的影响是显著的。为了检验总体的原假设是否成立,方差分析采用了平方和的分析法。下面通过检验中所要用到的量,介绍无重复情况下的二元方差分析。

1. 行平均值 $\bar{y}_{\cdot j}$:行平均值是按行把观测值加总求平均

$$\bar{y}_{\cdot j} = \frac{1}{a} \sum_{i=1}^{a} y_{ij} = \frac{1}{a} T_{\cdot j} \qquad (13\text{-}26)$$

由于行平均值 $\bar{y}_{ij}$ 是把自变量 A 各种取值

$$y_{1j}, y_{2j}, \cdots, y_{aj}$$

观测一次取平均的,因此可以认为变量 A 的影响已被抵消。因此行平均值 $\bar{y}_{\cdot j}$ 反映了变量 B 对 y 的影响。

2. 列平均值 $\bar{y}_{i\cdot}$:列平均值是按列把观测值加总求平均

$$\bar{y}_{i\cdot} = \frac{1}{b} \sum_{j=1}^{b} y_{ij} = \frac{1}{b} T_{i\cdot} \qquad (13\text{-}27)$$

由于列平均值 $\bar{y}_{i\cdot}$ 是把自变量 B 各种取值

$$y_{i1}, y_{i2}, \cdots, y_{ib}$$

观测一次取平均的，因此可以认为变量 B 的影响已被抵消。因此列平均值 $\bar{y}_i.$ 反映了变量 A 对 y 的影响。

3. 总平均值

$$\bar{y} = \frac{1}{ab}\sum_{i=1}^{a}\sum_{j=1}^{b}y_{ij} = \frac{1}{ab}T.. = \frac{1}{a}\sum_{i=1}^{a}\bar{y}_i.$$

$$= \frac{1}{b}\sum_{j}^{b}\bar{y}._j \tag{13-28}$$

4. 总离差平方和

$$\text{TSS} = \sum_{i=1}^{a}\sum_{j=1}^{b}(y_{ij} - \bar{y})^2 = \sum_{i=1}^{a}\sum_{j=1}^{b}y_{ij}^2 - \frac{1}{ab}T_{..}^2 \tag{13-29}$$

TSS 分解为几个部分：

$$\text{TSS} = \sum_{i=1}^{a}\sum_{j=1}^{b}[(\bar{y}_i. - \bar{y}) + (\bar{y}._j - \bar{y}) + (y_{ij} - \bar{y}_i. - \bar{y}._j + \bar{y})]^2$$

$$= \sum_{i=1}^{a}\sum_{j=1}^{b}(\bar{y}_i. - \bar{y})^2 + \sum_{i=1}^{a}\sum_{j=1}^{b}(\bar{y}._j - \bar{y})^2 + \sum_{i=1}^{a}\sum_{j=1}^{b}(y_{ij} - \bar{y}_i. - \bar{y}._j + \bar{y})^2 +$$

$$2\sum_{i=1}^{a}\sum_{j=1}^{b}(\bar{y}_i. - \bar{y})(\bar{y}._j - \bar{y}) + 2\sum_{i=1}^{a}\sum_{j=1}^{b}(\bar{y}_i. - \bar{y})(y_{ij} - \bar{y}_i. - \bar{y}._j + \bar{y}) +$$

$$2\sum_{i=1}^{a}\sum_{j=1}^{b}(\bar{y}._j - \bar{y})(y_{ij} - \bar{y}_i. - \bar{y}._j + \bar{y}) \tag{13-30}$$

可以证明式(13-30)的最后 3 项为 0，因此总离差平方和

$$\text{TSS} = \sum_{i=1}^{a}\sum_{j=1}^{b}(\bar{y}_i. - \bar{y})^2 + \sum_{i=1}^{a}\sum_{j=1}^{b}(\bar{y}._j - \bar{y})^2 + \sum_{i=1}^{a}\sum_{j=1}^{b}(y_{ij} - \bar{y}_i. - \bar{y}._j + \bar{y})^2$$

$$= \text{BSS}_A + \text{BSS}_B + \text{RSS} \tag{13-31}$$

5. 变量 A 的离差平方和

$$\text{BSS}_A = \sum_{i=1}^{a}\sum_{j=1}^{b}(\bar{y}_i. - \bar{y})^2 = b\sum_{i=1}^{a}(\bar{y}_i. - \bar{y})^2$$

$$= \frac{1}{b}\sum_{i=1}^{a}T_{i.}^2 - \frac{T_{..}^2}{ab} \tag{13-32}$$

第十三章 方差分析(定类变量-定距变量)

由于列平均值 $\bar{y}_{i\cdot}$ 反映了变量 A 对 y 的影响,因此

$$\bar{y}_{1\cdot},\bar{y}_{2\cdot},\cdots,\bar{y}_{a\cdot}$$

值之不同,就反映了变量 A 取不同值对 y 的影响。BSS_A 称作已被变量 A 解释掉的误差。

6. 变量 B 的离差平方和

$$BSS_B = \sum_{i=1}^{a}\sum_{j=1}^{b}(\bar{y}_{\cdot j}-\bar{y})^2 = a\sum_{j=1}^{b}(\bar{y}_{\cdot j}-\bar{y})^2 = \frac{1}{a}\sum_{j=1}^{b}T_{\cdot j}^2 - \frac{T_{\cdot\cdot}^2}{ab} \quad (13\text{-}33)$$

由于行平均值 $\bar{y}_{\cdot j}$ 反映了变量 B 对 y 的影响,因此

$$\bar{y}_{\cdot 1},\bar{y}_{\cdot 2},\cdots,\bar{y}_{\cdot b}$$

值之不同,就反映了变量 B 取不同值对 y 的影响。BSS_B 称作已被变量 B 解释掉的误差。

7. 剩余平方和

$$RSS = \sum_{i=1}^{a}\sum_{j=1}^{b}(y_{ij}-\bar{y}_{i\cdot}-\bar{y}_{\cdot j}+\bar{y})^2 \quad (13\text{-}34)$$

从平方和的关系来看,因为存在式(13-31):

$$TSS = RSS + BSS_A + BSS_B$$

所以 RSS 就是变量 A 和变量 B 未被解释掉的误差。

实际上,如果把 RSS 式(13-34)改写为式(13-35),就可以把它的内容解释清楚:

$$\begin{aligned} RSS &= \sum_{i=1}^{a}\sum_{j=1}^{b}(y_{ij}-\bar{y}_{i\cdot}-\bar{y}_{\cdot j}+\bar{y})^2 \\ &= \sum_{i=1}^{a}\sum_{j=1}^{b}[(y_{ij}-\bar{y})-(\bar{y}_{i\cdot}-\bar{y})-(\bar{y}_{\cdot j}-\bar{y})]^2 \end{aligned} \quad (13\text{-}35)$$

其中 $(y_{ij}-\bar{y})$ 为观测值 y_{ij} 的总误差,$(\bar{y}_{i\cdot}-\bar{y})$ 为变量 A 解释掉的误差,$(\bar{y}_{\cdot j}-\bar{y})$ 为变量 B 解释掉的误差。

右式平方后,可以得出

$$RSS = TSS - BSS_A - BSS_B \quad (13\text{-}36)$$

可见,RSS 正是变量 A 和变量 B 未被解释掉的误差。

8. 变量 A 的平均离差平方和 $\overline{BSS_A}$

由于变量 A 的离差平方和是围绕均值计算的,自由度为 $a-1$,所以变量 A

的平均离差平方和

$$\overline{BSS_A} = \frac{BSS_A}{a-1} \tag{13-37}$$

9. 变量 B 的平均离差平方和 $\overline{BSS_B}$

出于同样的考虑,变量 B 离差平方和的自由度为 $b-1$。所以有

$$\overline{BSS_B} = \frac{BSS_B}{b-1} \tag{13-38}$$

10. 平均剩余平方和 $\overline{RSS}$

剩余平方和的自由度为 $(a-1)(b-1)$[①],所以

$$\overline{RSS} = \frac{RSS}{(a-1)(b-1)} \tag{13-39}$$

与一元方差分析相类似,对于满足 H_0 的总体,以下统计量满足分子自由度为 $a-1$,分母自由度为 $(a-1)(b-1)$ 的 F 分布:

$$F_A = \frac{\overline{BSS_A}}{\overline{RSS}} \sim F[(a-1),(a-1)(b-1)] \tag{13-40}$$

以及以下统计量满足分子自由度为 $b-1$,分母自由度为 $(a-1)(b-1)$ 的 F 分布:

$$F_B = \frac{\overline{BSS_B}}{\overline{RSS}} \sim F[(b-1),(a-1)(b-1)] \tag{13-41}$$

对于给定的显著性水平 α,查附表 7,得临界值 λ_A 与 λ_B,使

$$P\{F[(a-1),(a-1)(b-1)] > \lambda_A\} = \alpha$$
$$P\{F[(b-1),(a-1)(b-1)] > \lambda_B\} = \alpha$$

根据样本计算的 F_A,若 $F_A > \lambda_A$,则变量 A 的作用是显著的(图 13-11);若 $F_A \leqslant \lambda_A$,则变量 A 的作用是不显著的(图 13-12)。

同理,对于变量 B,根据样本计算的 F_B,若 $F_B > \lambda_B$,则变量 B 的作用是显著的(图 13-13);若 $F_B \leqslant \lambda_B$,则变量 B 的作用是不显著的(图 13-14)。

---

① TSS 存在着均值的约束条件,所以自由度为 $ab-1$。由于平方和的自由度之间存在着与平方和相同的关系

$$TSS = BSS_A + BSS_B + RSS$$
$$\downarrow \quad \downarrow \quad \downarrow \quad \downarrow$$
$$ab-1 \quad a-1 \quad b-1 \quad x=?$$

所以 RSS 的自由度为 $(ab-1)-(a-1)-(b-1)=(a-1)(b-1)$。

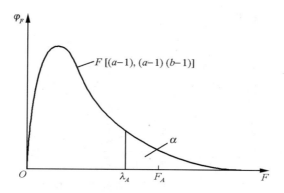

图 13-11　$F_A > \lambda_A$，变量 A 的作用显著

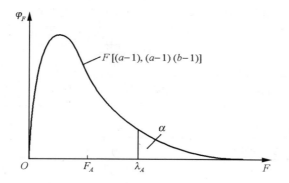

图 13-12　$F_A \leqslant \lambda_A$，变量 A 的作用不显著

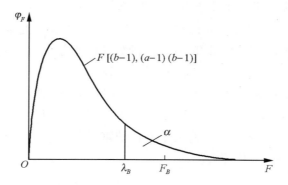

图 13-13　$F_B > \lambda_B$，变量 B 的作用显著

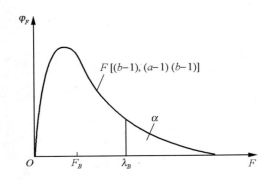

图 13-14 $F_B \leqslant \lambda_B$，变量 B 的作用不显著

总结起来，二元无重复情况下方差分析有如下分析表（表 13-10）。

表 13-10 二元方差分析一览表（无重复情况）

方差来源	变量 A	变量 B	剩余	总和
平方和	BSS_A	BSS_B	RSS	TSS
自由度	$a-1$	$b-1$	$(a-1)(b-1)$	
平均平方和	$\overline{BSS}_A = \dfrac{BSS_A}{a-1}$	$\overline{BSS}_B = \dfrac{BSS_B}{b-1}$	$\overline{RSS} = \dfrac{RSS}{(a-1)(b-1)}$	
F 值	$F_A = \dfrac{\overline{BSS}_A}{\overline{RSS}}$	$F_B = \dfrac{\overline{BSS}_B}{\overline{RSS}}$		
临界值，显著性	$F_{A,0.05}$ 或 $F_{A,0.01}$	$F_{B,0.05}$ 或 $F_{B,0.01}$		

三、重复情况下的二元方差分析[①]

（一）重复情况下二元方差分析的假定和假设

重复情况下的二元方差分析，除了考虑自变量 A 和自变量 B 的独立作用外，还要考虑 A 和 B 的交互作用，因此它的数学模型为

$$y_{ijk} = \mu + \alpha_i + \beta_j + (\alpha\beta)_{ij} + \varepsilon_{ijk}$$

其中　　$i = 1, 2, \cdots, a$（a 为变量 A 的分类数：$A_1, A_2, \cdots, A_a$）

　　　　$j = 1, 2, \cdots, b$（b 为变量 B 的分类数：$B_1, B_2, \cdots, B_b$）

　　　　$k = 1, 2, \cdots, r$（r 为 $A_i B_j$ 每种搭配的重复数）

　　　　ε_{ijk} 相互独立，并且

[①] 可作选读用。

第十三章　方差分析(定类变量-定距变量)

$\varepsilon_{ijk} \sim N(0, \sigma^2)$

$$\sum_{i=1}^{a}\alpha_i = 0, \quad \sum_{j=1}^{b}\beta_j = 0, \quad \sum_{i=1}^{a}(\alpha\beta)_{ij} = 0, \quad \sum_{j=1}^{b}(\alpha\beta)_{ij} = 0$$

且 μ，α_i，β_j，$(\alpha\beta)_{ij}$，σ^2 都是未知参数。

我们要检验的零假设 H_0 有 3 个：

(1) $\alpha_i = 0$ ($i = 1, 2, \cdots, a$)

(2) $\beta_j = 0$ ($j = 1, 2, \cdots, b$)

(3) $(\alpha\beta)_{ij} = 0$ ($i = 1, 2, \cdots, a; j = 1, 2, \cdots, b$)

它们的备择假设是对应的参数不全为 0。

(二) 重复情况下二元方差分析的检验

设从满足上述假定的总体中，对每一种搭配 $(A_i B_j)$ 各进行 r 次重复的独立观测，于是得 abr 个样本观测值（表 13-11）。

表 13-11　二元方差分析（重复情况）

B	A				
	A_1	A_2	$\cdots$	A_i	$\cdots$	A_a
B_1	y_{111} $\vdots$ y_{11r}	y_{211} $\vdots$ y_{21r}		y_{i11} $\vdots$ y_{i1r}		y_{a11} $\vdots$ y_{a1r}
B_2	y_{121} $\vdots$ y_{12r}	y_{221} $\vdots$ y_{22r}		y_{i21} $\vdots$ y_{i2r}		y_{a21} $\vdots$ y_{a2r}
$\vdots$	$\vdots$	$\vdots$		$\vdots$		$\vdots$
B_j	y_{1j1} $\vdots$ y_{1jr}	y_{2j1} $\vdots$ y_{2jr}		y_{ij1} $\vdots$ y_{ijr}		y_{aj1} $\vdots$ y_{ajr}
$\vdots$	$\vdots$	$\vdots$		$\vdots$		$\vdots$
B_b	y_{1b1} $\vdots$ y_{1br}	y_{2b1} $\vdots$ y_{2br}		y_{ib1} $\vdots$ y_{ibr}		y_{ab1} $\vdots$ y_{abr}

现在的任务是根据这些观测值进行检验，研究变量 A、变量 B 以及 A 和 B 交互作用是否是显著的。

1. 总平均值 $\bar{y}_{\cdots}$：总平均值是对全部观测值求平均

$$\bar{y}_{\cdots} = \frac{1}{abr}\sum_i\sum_j\sum_k y_{ijk} = \frac{T_{\cdots}}{abr} \tag{13-42}$$

2. 行平均值 $\bar{y}_{\cdot j \cdot}$：行平均值是对行号相同全部观测值求平均

$$\bar{y}_{\cdot j\cdot} = \frac{1}{ar}\sum_i\sum_k y_{ijk} = \frac{T_{\cdot j\cdot}}{ar} \tag{13-43}$$

3. 列平均值 $\bar{y}_{i\cdot\cdot}$：列平均值是对列号相同全部观测值求平均

$$\bar{y}_{i\cdot\cdot} = \frac{1}{br}\sum_j\sum_k y_{ijk} = \frac{T_{i\cdot\cdot}}{br} \tag{13-44}$$

4. 格平均值 $\bar{y}_{ij\cdot}$：格平均值是对行号和列号相同的全部观测值求平均

$$\bar{y}_{ij\cdot} = \frac{1}{r}\sum_k y_{ijk} = \frac{T_{ij\cdot}}{r} \tag{13-45}$$

5. 总离差平方和

$$\text{TSS} = \sum_i\sum_j\sum_k (y_{ijk} - \bar{y}_{\cdots})^2$$

$$= \sum_i\sum_j\sum_k y_{ijk}^2 - \frac{T_{\cdots}^2}{abr} \tag{13-46}$$

TSS 正如式(13-30)所示，可以分解为以下几部分：

$$\text{TSS} = \sum_i\sum_j\sum_k (y_{ijk} - \bar{y}_{\cdots})^2$$
$$= \sum_i\sum_j\sum_k (\bar{y}_{i\cdot\cdot} - \bar{y}_{\cdots})^2 + \sum_i\sum_j\sum_k (\bar{y}_{\cdot j\cdot} - \bar{y}_{\cdots})^2 +$$
$$\sum_i\sum_j\sum_k (\bar{y}_{ij\cdot} - \bar{y}_{i\cdot\cdot} - \bar{y}_{\cdot j\cdot} + \bar{y}_{\cdots})^2 + \sum_i\sum_j\sum_k (y_{ijk} - \bar{y}_{ij\cdot})^2$$
$$= \text{BSS}_A + \text{BSS}_B + \text{I}_{A\times B} + \text{RSS} \tag{13-47}$$

6. 列间平方和 BSS_A：列间平方和 BSS_A 反映了由变量 A 解释掉的误差

$$\text{BSS}_A = \sum_i\sum_j\sum_k (\bar{y}_{i\cdot\cdot} - \bar{y}_{\cdots})^2 = br\sum_i \bar{y}_{i\cdot\cdot}^2 - \frac{T_{\cdots}^2}{abr}$$

$$= \sum_i \frac{T_{i\cdot\cdot}^2}{br} - \frac{T_{\cdots}^2}{abr} \tag{13-48}$$

7. 行间平方和 BSS_B：行间平方和 BSS_B 反映了由变量 B 解释掉的误差

$$\text{BSS}_B = \sum_i\sum_j\sum_k (\bar{y}_{\cdot j\cdot} - \bar{y}_{\cdots})^2 = ar\sum_j \bar{y}_{\cdot j\cdot}^2 - \frac{T_{\cdots}^2}{abr}$$

$$= \sum_j \frac{T_{\cdot j\cdot}^2}{ar} - \frac{T_{\cdots}^2}{abr} \tag{13-49}$$

8. 交互作用

$$\text{I}_{A\times B} = \sum_i\sum_j\sum_k (\bar{y}_{ij\cdot} - \bar{y}_{i\cdot\cdot} - \bar{y}_{\cdot j\cdot} + \bar{y}_{\cdots})^2 \tag{13-50}$$

为了解释交互作用 $\text{I}_{A\times B}$，可将 $\text{I}_{A\times B}$ 进一步分解为

第十三章　方差分析(定类变量-定距变量)

$$I_{A\times B}=\sum_i\sum_j\sum_k[(\bar y_{ij.}-\bar y_{...})-(\bar y_{i..}-\bar y_{...})-(\bar y_{.j.}-\bar y_{...})]^2$$

根据式(13-30)所示的理由,可进一步简化为

$$I_{A\times B}=\sum_i\sum_j\sum_k(\bar y_{ij.}-\bar y_{...})^2-\sum_i\sum_j\sum_k(\bar y_{i..}-\bar y_{...})^2-\sum_i\sum_j\sum_k(\bar y_{.j.}-\bar y_{...})^2$$

$$=BSS-BSS_A-BSS_B \qquad(13\text{-}51)$$

式(13-51)中 BSS_A 和 BSS_B 在式(13-48)和式(13-49)中已有解释,它们分别表示变量 A 和变量 B 所解释掉的误差,而根据式(13-51):

$$BSS=\sum\sum\sum(\bar y_{ij.}-\bar y_{...})^2$$

$$=r\sum\sum\bar y_{ij.}^2-\frac{T_{...}^2}{abr}$$

$$=\sum\sum\frac{T_{ij.}^2}{r}-\frac{T_{...}^2}{abr} \qquad(13\text{-}52)$$

可见,BSS 是把每一间格当作一类所能解释掉的全部误差,而从 BSS 减去变量 A 和变量 B 所解释掉的误差:

$$BSS-BSS_A-BSS_B$$

反映了变量 A 和变量 B 交互作用所解释掉的误差。通过式(13-51)也可以看出如果变量 A 和变量 B 每种搭配只进行一次观测的话,则有

$$\bar y_{ij.}=y_{ij} \qquad(13\text{-}53)$$

这时式(13-52)与式(13-29)同,式(13-51)与式(13-31)同,从而也就无法区别 $I_{A\times B}$ 与 RSS 了。

9. 剩余平方和

$$RSS=\sum\sum\sum(y_{ijk}-\bar y_{ij.})^2 \qquad(13\text{-}54)$$

剩余平方和 RSS 反映了由变量 A、变量 B 以及交互作用 $I_{A\times B}$ 所不能解释掉的误差,它是由其他未知变量所引起的。根据式(13-47)有

$$RSS=TSS-BSS_A-BSS_B-I_{A\times B}$$

下面来讨论上述平方和的自由度。

首先,总平方和 TSS 是围绕均值计算的。因此独立变化的取值只有 $abr-1$。BSS_A 同样是围绕均值进行的,存在着约束条件 $\sum\alpha_i=0$,所以自由度为 $a-1$。出于同样的考虑,BSS_B 的自由度为 $b-1$。而 RSS 是围绕各格 A_iB_j 的均值进行的,因此自由度为 $abr-ab=ab(r-1)$。同样由于自由度之间存在着与平方和之间同样的关系式:

$$\text{TSS} = \text{BSS}_A + \text{BSS}_B + \text{I}_{A\times B} + \text{RSS}$$
$$\downarrow \quad \downarrow \quad \downarrow \quad \downarrow \quad \downarrow$$
$$abr-1 \quad a-1 \quad b-1 \quad ? \quad abr-ab$$

所以 $\text{I}_{A\times B}$ 的自由度为

$$(abr-1)-(a-1)-(b-1)-(abr-ab)=(a-1)(b-1)$$

总结起来，平方和与自由度的关系为表 13-12。

表 13-12 二元方差分析中的平方和与自由度(重复情况)

平方和	自由度
TSS	$abr-1$
BSS_A	$a-1$
BSS_B	$b-1$
$\text{I}_{A\times B}$	$(a-1)(b-1)$
RSS	$ab(r-1)$

[例] 4. 计算下列观测值的各平方和值(表 13-13)。

表 13-13 二元方差分析数字例

B	A		
	A_1	A_2	A_3
B_1	1	7	9
	2	8	10
B_2	3	5	11
	4	6	12

[解]：根据式(13-46)、式(13-48)、式(13-49)、式(13-51)、式(13-52)，它们依次是

$$\text{TSS} = \sum\sum\sum y_{ijk}^2 - \frac{T_{...}^2}{abr}$$
$$= 1^2 + 2^2 + 3^2 + 4^2 + 7^2 + 8^2 + 5^2 + 6^2 + 9^2 + 10^2 + 11^2 + 12^2 - \frac{(1+2+3+4+5+6+7+8+9+10+11+12)^2}{12}$$
$$= 650 - 507 = 143$$

$$\text{BSS}_A = \sum_i \frac{T_{i..}^2}{br} - \frac{T_{...}^2}{abr}$$

$$= \frac{(1+2+3+4)^2}{4} + \frac{(7+8+5+6)^2}{4} + \frac{(9+10+11+12)^2}{4} -$$

$$\frac{(1+2+3+4+5+6+7+8+9+10+11+12)^2}{12}$$

$$= \frac{10^2}{4} + \frac{26^2}{4} + \frac{42^2}{4} - 507 = 128$$

$$\text{BSS}_B = \sum_j \frac{T_{.j.}^2}{ar} - \frac{T_{...}^2}{abr}$$

$$= \frac{(1+2+7+8+9+10)^2}{6} + \frac{(3+4+5+6+11+12)^2}{6} -$$

$$\frac{(1+2+3+4+5+6+7+8+9+10+11+12)^2}{12}$$

$$= \frac{37^2}{6} + \frac{41^2}{6} - 507 = 1.3$$

$$\text{I}_{A\times B} = \sum\sum \frac{T_{ij.}^2}{r} - \frac{T_{...}^2}{abr} - \text{BSS}_A - \text{BSS}_B$$

$$= \text{BSS} - \text{BSS}_A - \text{BSS}_B$$

$$= \frac{(1+2)^2}{2} + \frac{(3+4)^2}{2} + \frac{(5+6)^2}{2} + \frac{(7+8)^2}{2} +$$

$$\frac{(9+10)^2}{2} + \frac{(11+12)^2}{2} - 507 - 128 - 1.3$$

$$= 140 - 128 - 1.3 = 10.7$$

$$\text{RSS} = \text{TSS} - \text{BSS}_A - \text{BSS}_B - \text{I}_{A\times B} = \text{TSS} - \text{BSS}$$

$$= 143 - 140 = 3$$

通过上述数字例子,可以发现,TSS,BSS_A,BSS_B 和 $\text{I}_{A\times B}$ 计算是很有规律的。TSS 是把所有观测值平方后相加减去 $\frac{T_{...}^2}{abr}$,BSS_A 和 BSS_B 都是分别把列和行看作一个整体,求其列或行的总和再平方,同时由于这样的总和是由 br 和 ar 值所提供的,因此要用 br 或 ar 来除,最后和 TSS 计算一样,再减去 $\frac{T_{...}^2}{abr}$。而 $\text{I}_{A\times B}$ 是先把 A_iB_j 的格值看作一类,求 ab 类的一元方差分析 BSS 值,其计算方法和 BSS_A 或 BSS_B 相同,把求出的 BSS 值减去 BSS_A 和 BSS_B,就是 $\text{I}_{A\times B}$ 之值。

[例] 5. 接上例,如果 A_2 列数据交换,上述平方和中有哪些有变化,哪些无

变化(表 13-14)?

表 13-14　表 13-13 中 A_2 列数据交换

B	A		
	A_1	A_2	A_3
B_1	1	5	9
	2	6	10
B_2	3	7	11
	4	8	12

[解]：首先由于观测值只是所在位置变化，而数值本身不变，因此 TSS 不变：

$$\text{TSS}=143（不变）$$

同时，由于每列的总和也不变，因此 BSS_A 也不变：

$$\text{BSS}_A=128（不变）$$

再看 BSS，它是把所有 A_iB_j 看作一类，由于每类中数值不变，因此 BSS 也不变：

$$\text{BSS}=140（不变）$$

而 BSS_B，由于行的总和发生变化，因此 BSS_B 将有变化[式(13-49)]：

$$\text{BSS}_B=\sum_j \frac{T_{\cdot j\cdot}^2}{ar}-\frac{T_{\cdots}^2}{abr}$$

$$=\frac{(1+2+5+6+9+10)^2}{6}+\frac{(3+4+7+8+11+12)^2}{6}-507$$

$$=12（有变化）$$

最后来计算 $I_{A\times B}$：

$$I_{A\times B}=\text{BSS}-\text{BSS}_A-\text{BSS}_B=140-128-12=0$$

$I_{A\times B}=0$ 正反映了数据可加性的特点，实际上，如果求出每格 A_iB_j 的平均值，它们将如本节"一"中所指出是一组平行线。

为了进行检验，将分别求出平均平方和，它们都是用平方和除以相应的自由度而得的(表 13-15)。

表 13-15　二元方差分析中的平均平方和计算(重复情况)

平方和	自由度	平均平方和
BSS_A	$a-1$	$\overline{\text{BSS}_A}=\dfrac{\text{BSS}_A}{a-1}$
BSS_B	$b-1$	$\overline{\text{BSS}_B}=\dfrac{\text{BSS}_B}{b-1}$

第十三章 方差分析(定类变量-定距变量)

(续表)

平方和	自由度	平均平方和
$I_{A\times B}$	$(a-1)(b-1)$	$\overline{I_{A\times B}}=\dfrac{I_{A\times B}}{(a-1)(b-1)}$
RSS	$ab(r-1)$	$\overline{RSS}=\dfrac{RSS}{ab(r-1)}$

下面将讨论对 $A,B,I_{A\times B}$ 的检验。首先我们应该先从哪个变量开始检验呢？

这里先回顾一下在进行假设时，我们总是本着考虑得越周全越好的原则，因此不仅要考虑到变量本身的作用，还要考虑变量间的交互作用。但对处理的结果来说，则是希望把结果阐明得越简练越好，因此在检验的顺序中，总是先对复杂的作用 $I_{A\times B}$ 进行检验，如果检验的结果不显著，那么我们就把它归入误差项，这样进一步处理就简单了。而一旦交互作用 $I_{A\times B}$ 是显著的，这对数学结果来说，并没有什么困难，但对它的解释则需要进行一番考虑，以求得其合理性。

例如前面我们列举了教学方法(A)和教员(B)对教学效果的方差分析。如果教学方法的评价不因教员的不同而有所不同，或对教员的评价也不因教学方法的不同而有所不同，则我们称教学方法(A)和教员(B)之间是不存在交互作用的。反之，如果对教学方法的评价将因人(因教员)而异或对教员的评价将因不同的教学方法而不同，这时，A 和 B 之间就存在着交互作用。而交互作用分析的结果，将指出哪种搭配将是最佳的，并将根据结果启发我们进一步研究它又为什么是这样的。

$I_{A\times B}$ 检验的假设为

$$H_0:(\alpha\beta)_{ij}=0\ (i=1,\cdots,a;j=1,2,\cdots,b)$$
$$H_1:(\alpha\beta)_{ij}\ \text{不全为}\ 0$$

检验的统计量为

$$F_{A\times B}=\dfrac{\overline{I_{A\times B}}}{\overline{RSS}}=\dfrac{I_{A\times B}}{RSS}\cdot\dfrac{ab(r-1)}{(a-1)(b-1)}$$
$$\sim F[(a-1)(b-1),ab(r-1)] \tag{13-55}$$

对于给定的显著性水平 α，查附表 7，得临界值 $\lambda_{A\times B}$，使

$$P(F_{A\times B}>\lambda_{A\times B})=\alpha$$

根据样本计算 $F_{A\times B}$，若

$$F_{A\times B}\leqslant\lambda_{A\times B}$$

则接受原假设，即 $I_{A\times B}$ 作用不显著(图 13-15)。在这种情况下，将 $I_{A\times B}$ 与误差项

RSS 合并,作为总的误差 TRSS：

$$\text{TRSS} = I_{A \times B} + \text{RSS}$$

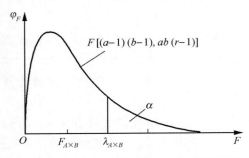

图 13-15 $F_{A \times B} \leqslant \lambda_{A \times B}$，$I_{A \times B}$ 作用不显著

其自由度亦合并：$(a-1)(b-1) + ab(r-1) = abr - a - b + 1$

平均总误差

$$\overline{\text{TRSS}} = \frac{I_{A \times B} + \text{RSS}}{abr - a - b + 1} \tag{13-56}$$

检验 A 的假设为

$$H_0: \alpha_i = 0 \quad (i = 1, 2, \cdots, a)$$

$$H_1: \alpha_i \text{ 不全为 } 0$$

统计量为

$$\widetilde{F}_A = \frac{\overline{\text{BSS}_A}}{\overline{\text{TRSS}}} = \frac{\text{BSS}_A}{\text{TRSS}} \cdot \frac{(abr - a - b + 1)}{(a-1)}$$

$$\sim F[(a-1), (abr - a - b + 1)] \tag{13-57}$$

对于给定的显著性水平 α，查附表 7，得临界值 λ_A，使

$$P(\widetilde{F}_A > \lambda_A) = \alpha$$

根据样本计算 $\widetilde{F}_A$，若

$$\widetilde{F}_A > \lambda_A$$

则认为变量 A 的作用是显著的（图 13-16）。

根据样本计算 $\widetilde{F}_A$，若

$$\widetilde{F}_A < \lambda_A$$

则认为变量 A 的作用是不显著的（图 13-17）。

第十三章 方差分析(定类变量-定距变量)

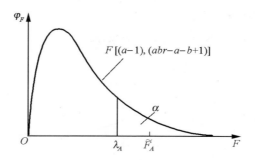

图 13-16　$\widetilde{F}_A > \lambda_A$，变量 A 作用显著

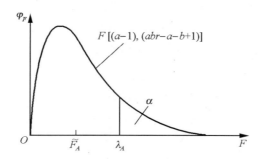

图 13-17　$\widetilde{F}_A < \lambda_A$，变量 A 作用不显著

检验 B 的假设为

$$H_0 : \beta_j = 0 \quad (j = 1, 2, \cdots, b)$$
$$H_1 : \beta_j \text{ 不全为 } 0$$

统计量为

$$\widetilde{F}_B = \frac{\overline{\mathrm{BSS}_B}}{\overline{\mathrm{TRSS}}} = \frac{\mathrm{BSS}_B}{\mathrm{TRSS}} \cdot \frac{(abr - a - b + 1)}{(b - 1)}$$
$$\sim F[(b-1), (abr - a - b + 1)] \tag{13-58}$$

对于给定的显著性水平 α，查附表 7，得临界值 λ_B，使

$$P(\widetilde{F}_B > \lambda_B) = \alpha$$

根据样本计算 $\widetilde{F}_B$，若

$$\widetilde{F}_B > \lambda_B$$

则认为变量 B 的作用是显著的(图 13-18)。

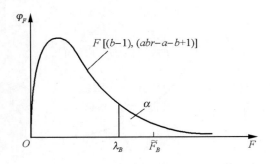

图 13-18　$\widetilde{F}_B > \lambda_B$，变量 B 作用显著

根据样本计算 $\widetilde{F}_B$，若

$$\widetilde{F}_B < \lambda_B$$

则认为变量 B 的作用是不显著的（图 13-19）。

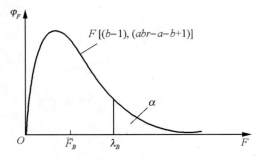

图 13-19　$\widetilde{F}_B < \lambda_B$，变量 B 作用不显著

以上讨论了 $I_{A \times B}$ 不显著的情况，在 $I_{A \times B}$ 不显著情况下有表 13-16。

下面讨论当 $I_{A \times B}$ 是显著的情况，即根据样本计算的 $F_{A \times B}$（图 13-20）有

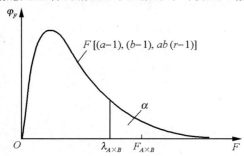

图 13-20　$F_{A \times B} > \lambda_{A \times B}$，交互作用 $I_{A \times B}$ 显著

$$F_{A\times B} > \lambda_{A\times B}$$

这时变量 A 和 B 的 F 检验的方法要根据变量 A 和 B 的性质来分。

固定变量：当变量的取值是固定指派的，例如前面所指的两种教学方法，就是固定变量。

随机变量：当测试的个体是随机选择的，例如前面所指的两种性格的教员，如果是从同类性格中随机抽取的，那么就是随机变量。反之，如果是人为指定的某教员，则为固定变量。

根据 A、B 变量的性质，可以产生三种模型：固定模型（A、B 都是固定变量）、随机模型（A、B 都是随机变量）和混合模型（A、B 中有一个是随机变量，另一个是固定变量）。对于固定模型，F 检验分母的误差项就用 $\overline{RSS}$。对于混合模型，设 A 为固定变量（例如指的是三种教学方法），B 为随机变量（例如指的是随机抽取的两名教员），这时当检验 A 变量的作用时，由于教员是随机抽取的，因此不能排除随机误差的干扰，所以当检验 A 变量时，F 检验的分母以取交互作用的 $\overline{I_{A\times B}}$ 为宜。反之，当检验变量 B 时，由于 B_1 教员无论采用何种固定的教学方式都不及 B_2，可以认为 B_1 的教学效果不及 B_2，这时 F 检验的分母仍应以 $\overline{RSS}$ 为准。对于随机模型，由于两种变量 A 和 B 都不能排除抽样误差，因此 F 检验的分母应都以 $\overline{I_{A\times B}}$ 为宜。

总结起来，当 $I_{A\times B}$ 呈显著性时，根据 A、B 变量的性质，分别有表 13-17—表 13-19。①

以上三种模型中的平方和和平均平方和计算方法与前面所讲是相同的。归纳起来有

$$BSS_A = \sum_i \frac{T_{i\cdot\cdot}^2}{br} - \frac{T_{\cdots}^2}{abr}$$

$$BSS_B = \sum_j \frac{T_{\cdot j\cdot}^2}{ar} - \frac{T_{\cdots}^2}{abr}$$

$$BSS = \sum\sum \frac{T_{ij\cdot}^2}{r} - \frac{T_{\cdots}^2}{abr}$$

$$I_{A\times B} = BSS - BSS_A - BSS_B$$

$$RSS = TSS - BSS$$

$$= \sum\sum\sum y_{ijk}^2 - \sum\sum \frac{T_{ij\cdot}^2}{r}$$

---

① 中国科学院数学研究所统计组编：《方差分析》，科学出版社 1977 年版，第 47 页。

表 13-16　交互作用不显著模型

方差来源	平方和	自由度	平均平方和	F 值	临界值、显著性
变量 A	BSS_A	$a-1$	$\overline{BSS_A}=\dfrac{BSS_A}{a-1}$	$F_A=\dfrac{\overline{BSS_A}}{\overline{TRSS}}$	$F_{A,0.05}$ 或 $F_{A,0.01}$
变量 B	BSS_B	$b-1$	$\overline{BSS_B}=\dfrac{BSS_B}{b-1}$	$F_B=\dfrac{\overline{BSS_B}}{\overline{TRSS}}$	$F_{B,0.05}$ 或 $F_{B,0.01}$
总剩余	$TRSS=RSS+I_{A\times B}$	$abr-a-b+1$	$\overline{TRSS}=\dfrac{TRSS}{abr-a-b+1}$		

表 13-17　固定模型

方差来源	平方和	自由度	平均平方和	F 值	临界值、显著性
变量 A	BSS_A	$a-1$	$\overline{BSS_A}=\dfrac{BSS_A}{a-1}$	$F_A=\dfrac{\overline{BSS_A}}{\overline{RSS}}$	$F_{A,0.05}$ 或 $F_{A,0.01}$
变量 B	BSS_B	$b-1$	$\overline{BSS_B}=\dfrac{BSS_B}{b-1}$	$F_B=\dfrac{\overline{BSS_B}}{\overline{RSS}}$	$F_{B,0.05}$ 或 $F_{B,0.01}$
$A\times B$	$I_{A\times B}=BSS-BSS_A-BSS_B$	$(a-1)(b-1)$	$\overline{I_{A\times B}}=\dfrac{I_{A\times B}}{(a-1)(b-1)}$	$F_{A\times B}=\dfrac{\overline{I_{A\times B}}}{\overline{RSS}}$	$F_{A\times B,0.05}$ 或 $F_{A\times B,0.01}$
剩余	RSS	$ab(r-1)$	$\overline{RSS}=\dfrac{RSS}{ab(r-1)}$		

表 13-18 随机模型

方差来源	平方和	自由度	平均平方和	F 值	临界值,显著性
变量 A	BSS_A	$a-1$	$\overline{BSS_A}=\dfrac{BSS_A}{a-1}$	$F_A=\dfrac{\overline{BSS_A}}{\overline{I_{A\times B}}}$	$F_{A,0.05}$ 或 $F_{A,0.01}$
变量 B	BSS_B	$b-1$	$\overline{BSS_B}=\dfrac{BSS_B}{b-1}$	$F_B=\dfrac{\overline{BSS_B}}{\overline{I_{A\times B}}}$	$F_{B,0.05}$ 或 $F_{B,0.01}$
$A\times B$	$I_{A\times B}=BSS-BSS_A-BSS_B$	$(a-1)(b-1)$	$\overline{I_{A\times B}}=\dfrac{I_{A\times B}}{(a-1)(b-1)}$	$F_{A\times B}=\dfrac{\overline{I_{A\times B}}}{\overline{RSS}}$	$F_{A\times B,0.05}$ 或 $F_{A\times B,0.01}$
剩余	RSS	$ab(a-1)$	$\overline{RSS}=\dfrac{RSS}{ab(a-1)}$		

表 13-19 混合模型(设 A 为固定变量,B 为随机变量)

方差来源	平方和	自由度	平均平方和	F 值	临界值,显著性
变量 A	BSS_A	$a-1$	$\overline{BSS_A}=\dfrac{BSS_A}{a-1}$	$F_A=\dfrac{\overline{BSS_A}}{\overline{I_{A\times B}}}$	$F_{A,0.05}$ 或 $F_{A,0.01}$
变量 B	BSS_B	$b-1$	$\overline{BSS_B}=\dfrac{BSS_B}{b-1}$	$F_B=\dfrac{\overline{BSS_B}}{\overline{I_{A\times B}}}$	$F_{B,0.05}$ 或 $F_{B,0.01}$
$A\times B$	$I_{A\times B}=BSS-BSS_A-BSS_B$	$(a-1)(b-1)$	$\overline{I_{A\times B}}=\dfrac{I_{A\times B}}{(a-1)(b-1)}$	$F_{A\times B}=\dfrac{\overline{I_{A\times B}}}{\overline{RSS}}$	$F_{A\times B,0.05}$ 或 $F_{A\times B,0.01}$
剩余	RSS	$ab(r-1)$	$\overline{RSS}=\dfrac{RSS}{ab(r-1)}$		

第四节 多元方差分析[①]

多元方差分析(Multiple-way analysis of variance)与二元方差分析方法相同,只是更复杂些而已。以下以三个自变量为例,说明多元方差分析的方法。设自变量 A 表示性别,B 表示地区,C 表示文化程度,y 表示收入。设收入 y 不仅分别与 A,B,C 有关,还因不同的性别与受教育程度增长的比例而不同,此外这些比例又因地区差异而有所不同。总的说来,y 不仅与 A,B,C 有关,还与两个变量的交互作用有关:

$$A \times B$$
$$A \times C$$
$$B \times C$$

此外,还与三个变量的交互作用有关:

$$A \times B \times C$$

根据以上讨论,可有以下的假想图形(图 13-21)。

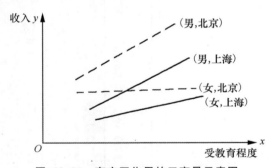

图 13-21 有交互作用的三变量示意图

对于三变量,可以有如下的立体模型(图 13-22)。

为了求得上述的交互作用,要求 $A_i B_j C_k$ 的每一种搭配,或空间每一个三维坐标点至少要重复观测 r 次($r \geqslant 2$)。

多元方差分析是二元方差分析的自然推广,下面直接给出分析的结论。

三元方差分析有如下的数学模型[式(13-59)]:

$$y_{ijkl} = \mu + \alpha_i + \beta_j + \gamma_k + (\alpha\beta)_{ij} + (\beta\gamma)_{jk} + (\alpha\gamma)_{ik} + (\alpha\beta\gamma)_{ijk} + \varepsilon_{ijkl} \quad (13\text{-}59)$$

---

① 可作选读用。

第十三章 方差分析(定类变量-定距变量)

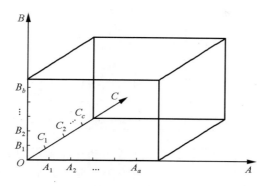

图 13-22 三变量立体模型

其中,μ 为总均值;$\alpha_i, \beta_j, \gamma_k$ 为 A, B, C 变量的独立作用;$(\alpha\beta)_{ij}, (\beta\gamma)_{jk}, (\alpha\gamma)_{ik}$ 为 $A \times B, B \times C, A \times C$ 的交互作用;$(\alpha\beta\gamma)_{ijk}$ 为 $A \times B \times C$ 的交互作用;ε_{ijkl} 为误差。假定它们满足

(1) $\sum\limits_{i}^{a} \alpha_i = 0,\ \sum\limits_{j}^{b} \beta_j = 0,\ \sum\limits_{k}^{c} \gamma_k = 0$

其中 a, b, c 分别为变量 A, B, C 的取值数。

(2) $\sum\limits_{i}(\alpha\beta)_{ij} = \sum\limits_{j}(\alpha\beta)_{ij} = \sum\limits_{i}(\alpha\gamma)_{ik} = \sum\limits_{k}(\alpha\gamma)_{ik}$
$= \sum\limits_{j}(\beta\gamma)_{jk} = \sum\limits_{k}(\beta\gamma)_{jk} = 0$

(3) $\sum\limits_{i}(\alpha\beta\gamma)_{ijk} = \sum\limits_{j}(\alpha\beta\gamma)_{ijk} = \sum\limits_{k}(\alpha\beta\gamma)_{ijk} = 0$

(4) ε_{ijkl} 独立同分布,遵从分布 $N(0, \sigma^2)$

平方和之间存在如下关系式:

$$\text{TSS} = \text{BSS}_A + \text{BSS}_B + \text{BSS}_C + I_{A \times B} + I_{B \times C} + I_{C \times A} + I_{A \times B \times C} + \text{RSS} \quad (13\text{-}60)$$

对应的自由度有表 13-20。

表 13-20 三元方差分析中的平方和与自由度(重复情况)

平方和	自由度
TSS	$n-1=abcr-1$
BSS_A	$a-1$
BSS_B	$b-1$
BSS_C	$c-1$

(续表)

平方和	自由度
$I_{A\times B}$	$(a-1)(b-1)$
$I_{A\times C}$	$(a-1)(c-1)$
$I_{B\times C}$	$(b-1)(c-1)$
$I_{A\times B\times C}$	$(a-1)(b-1)(c-1)$
RSS	$n-abc=abcr-abc$

对于以上各方差的计算,根据二元方差分析可做如下的推理。

首先 BSS_A、BSS_B 和 BSS_C 实际都相当于一元方差分析,因此从立体图(图 13-22)来看,就是把所有数据,分别压缩到 A 方向、B 方向和 C 方向做一元的方差分析:

$$BSS_A = \sum_i\sum_j\sum_k\sum_l (\bar{y}_{i\cdots}-\bar{y}_{\cdots})^2$$

$$= bcr\sum_i \bar{y}_{i\cdots}^2 - \frac{T_{\cdots}^2}{abcr}$$

$$= \frac{1}{bcr}\sum_i T_{i\cdots}^2 - \frac{T_{\cdots}^2}{abcr} \tag{13-61}$$

$$BSS_B = \sum_i\sum_j\sum_k\sum_l (\bar{y}_{\cdot j\cdot\cdot}-\bar{y}_{\cdots})^2$$

$$= acr\sum_j \bar{y}_{\cdot j\cdot\cdot}^2 - \frac{T_{\cdots}^2}{abcr}$$

$$= \frac{1}{acr}\sum_j T_{\cdot j\cdot\cdot}^2 - \frac{T_{\cdots}^2}{abcr} \tag{13-62}$$

$$BSS_C = \sum_i\sum_j\sum_k\sum_l (\bar{y}_{\cdot\cdot k\cdot}-\bar{y}_{\cdots})^2$$

$$= abr\sum_k \bar{y}_{\cdot\cdot k\cdot}^2 - \frac{T_{\cdots}^2}{abcr}$$

$$= \frac{1}{abr}\sum_k T_{\cdot\cdot k\cdot}^2 - \frac{T_{\cdots}^2}{abcr} \tag{13-63}$$

$$TSS = \sum_i\sum_j\sum_k\sum_l (y_{ijkl}-\bar{y})^2$$

$$= \sum_i\sum_j\sum_k\sum_l y_{ijkl}^2 - \frac{1}{abcr}T_{\cdots}^2 \tag{13-64}$$

为了求得 $A\times C$,$A\times B$,$B\times C$ 的交互作用,先把数据按 A_iC_k,A_iB_j,B_jC_k 两

第十三章 方差分析(定类变量-定距变量)

类合并,并求其平方和,这是数据按两类合并后所能解释的总误差,然后从中减去 A 和 C、A 和 B 以及 B 和 C 独自所能解释的误差,剩下就是 $I_{A\times C}$,$I_{A\times B}$ 或 $I_{B\times C}$ 所能解释的误差。

$$I_{A\times C} = \sum\sum\sum\sum(\bar{y}_{i\cdot k\cdot} - \bar{y}_{\cdots})^2 - BSS_A - BSS_C$$

$$= \frac{\sum_i\sum_k T_{i\cdot k\cdot}^2}{br} - \frac{T_{\cdots}^2}{abcr} - BSS_A - BSS_C \qquad (13-65)$$

$$I_{A\times B} = \sum\sum\sum\sum(\bar{y}_{ij\cdot\cdot} - \bar{y}_{\cdots})^2 - BSS_A - BSS_B$$

$$= \frac{\sum_i\sum_j T_{ij\cdot\cdot}}{cr} - \frac{T_{\cdots}^2}{abcr} - BSS_A - BSS_B \qquad (13-66)$$

$$I_{B\times C} = \sum\sum\sum\sum(\bar{y}_{\cdot jk\cdot} - \bar{y}_{\cdots})^2 - BSS_B - BSS_C$$

$$= \frac{\sum_j\sum_k T_{\cdot jk\cdot}^2}{ar} - \frac{T_{\cdots}^2}{abcr} - BSS_B - BSS_C \qquad (13-67)$$

同理,为了求得 $A\times B\times C$,将数据按 $A_iB_jC_k$ 分类,并计算其平方和,这是数据按 $a\times b\times c$ 种分类所能解释的总误差,如果从中减去 A、B、C 独自所能解释的误差,以及两两交互作用所解释的误差,剩下就是 $I_{A\times B\times C}$:

$$I_{A\times B\times C} = \sum\sum\sum\sum(\bar{y}_{ijk\cdot} - \bar{y}_{\cdots})^2 - BSS_A - BSS_B -$$
$$BSS_C - I_{A\times B} - I_{A\times C} - I_{B\times C}$$
$$= \frac{\sum\sum\sum T_{ijk\cdot}^2}{r} - \frac{T_{\cdots}^2}{abcr} - BSS_A - BSS_B - BSS_C -$$
$$I_{A\times B} - I_{A\times C} - I_{B\times C} \qquad (13-68)$$

方差的检验,正如二元方差分析一样,同样遵循由繁到简的过程,也就是先从 $I_{A\times B\times C}$ 着手检验。

$$F_{A\times B\times C} = \frac{\overline{I_{A\times B\times C}}}{\overline{RSS}} = \frac{I_{A\times B\times C}}{RSS} \times \frac{(abcr-abc)}{(a-1)(b-1)(c-1)}$$
$$\sim F[(a-1)(b-1)(c-1),(abcr-abc)] \qquad (13-69)$$

对于给定的显著性水平 α,查附表 7,得临界值 $\lambda_{A\times B\times C}$,使

$$P(F_{A\times B\times C} > \lambda_{A\times B\times C}) = \alpha$$

然后根据样本计算 $F_{A\times B\times C}$(图 13-23),若

$$F_{A\times B\times C} < \lambda_{A\times B\times C}$$

这时可将 $I_{A\times B\times C}$ 合并入误差,得 TRSS:

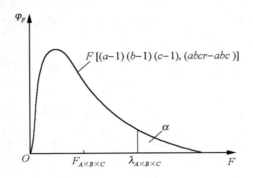

图 13-23 $F_{A\times B\times C} < \lambda_{A\times B\times C}$，$I_{A\times B\times C}$ 作用不显著

$$\text{TRSS} = I_{A\times B\times C} + \text{RSS} \tag{13-70}$$

自由度合并得 $\quad (a-1)(b-1)(c-1)+(abcr-abc) \tag{13-71}$

再进一步做 $I_{A\times B}$，$I_{A\times C}$ 和 $I_{B\times C}$ 检验，其方法与二元方差分析相同。

反之，如果 $F_{A\times B\times C} > \lambda_{A+B+C}$，则如同二元方差分析一样，要根据变量 A，B，C 的性质(固定变量或随机变量)选择不同的检验公式。[1]

最后需要指出的，方差分析是基于每一种搭配的观测个案数是相等的情况下进行的，如果每格的个案数不等的话，将采用其他的分析方法。例如采用虚拟变量的多元回归分析，这些可参考其他有关书籍[2]。

习　题

1. 以下是 3 个地区家庭人口数的抽样调查。

甲地　2，6，4，13，5，8，4，6
乙地　6，4，4，1，8，2，12，1，5，2
丙地　2，1，3，3，1，7，1，4，2

问：3 个地区的平均家庭人口是否有显著差异($\alpha=0.05$)？

(答案：无，2.63＜3.4)

2. 以下是 3 个城市科研机构拥有高级技术人才的抽样调查。

---

[1] 例如中国科学院数学研究所统计组编：《方差分析》，科学出版社 1977 年版。
[2] 例如卢淑华编著：《多元社会统计分析基础》，北京大学出版社 2017 年版，第六章。

第十三章 方差分析(定类变量-定距变量)

科研机构	甲(每千人拥有人数)	乙(每千人拥有人数)	丙(每千人拥有人数)
1	6.5	4.5	3.5
2	7.3	4.4	3.6
3	7.3	5.9	3.7
4	3.0	3.6	2.6
5	7.3	5.5	4.3
6	5.6	4.5	3.7
7	7.3	5.2	5.0

问:(1)3个城市中科研机构高级技术人才的拥有人数是否有显著差异($\alpha=0.05$)?

(答案:有,9.34>3.55)

(2)如果有显著差异,求 η^2 值。

(答案:0.51)

3. 以下是4种不同改革试点方案在4种不同规模企业中,工人收入增长的抽样调查。

企业规模	方案1	方案2	方案3	方案4
企业1	146	200	148	151
企业2	258	303	282	290
企业3	415	461	431	413
企业4	454	452	453	415

问:(1)不同改革方案间收入增长是否有显著差异($\alpha=0.05$)?

(答案:有,4.92>3.86)

(2)不同规模企业间收入增长是否有显著差异($\alpha=0.05$)?

(答案:有,63.98>3.86)

4. 以下是两种改革方案在4个不同地区经济效益的抽样调查。

改革方案	地区1	地区2	地区3	地区4
方案1	336	354	367	352
	342	350	330	340
方案2	375	385	390	377
	388	370	392	380

问:经济效益与地区、方案以及两者的交互作用中哪些因素有显著影响($\alpha=0.05$)?

(答案:与方案有显著影响,47.17>4.84)

第十四章

非参数检验(定类变量-定序变量)

第一节 非参数检验

前面我们分别介绍了定类-定类、定序-定序、定距-定距以及定类-定距的二变量研究方法。本章讨论定类-定序的研究方法。例如我们研究性别(定类)与收看球赛喜爱程度(定序)的关系;民族(定类)对妇女平等权利的态度(定序)之不同,地区(定类)与对贪污、特权容忍程度(定序)之不同等都属定类-定序变量的研究。

对于二变量的研究,正如前面几章所讨论的那样,一是要确认变量间存在关系,即检验问题;二是要在确认变量间存在关系的条件下,讨论变量间关系的密切程度。对于本章定类-定序变量来说,变量间关系的密切程度,反映了当知道个案所属的类别,能够预言所在等级的程度。

定类-定序变量关系密切程度即相关程度的讨论,一般采用与定类-定类相同的 τ 系数法和 λ 系数法,因此本章不再重复。对于检验问题,由于定类和定序变量都不具有完备的运算性能,因此无法对总体分布做出假定或检验总体的某种参数,而是采用非参数检验(Nonparametric test)法。

所谓非参数检验方法,是指这类方法的使用不需要对总体分布做任何事先的假定,例如正态分布等。同时从检验内容来说,也不是检验总体分布的某些参数,例如均值、方差等,而是检验总体某些有关的性质。例如第十章中列联表的 χ^2 检验,实际就属于非参数检验,因为它检验的内容是有关总体变量间是否

第十四章 非参数检验(定类变量-定序变量)

独立这一性质,而不是参数。可以说非参数检验方法就是指"对分布类型已知总体进行参数检验"之外,所有检验方法的总称。由于定类-定序变量所用到的非参数检验方法不止一种,同时为了突出这类研究的特点,本章统称非参数检验。实际上,非参数检验方法不仅适用于定类-定序变量的研究,上面提到的定类-定类列联表中的 χ^2 检验以及定序-定序的等级相关,也属于非参数检验。此外,当样本很小,对定距变量的总体,无法断言是否满足假定所要求的某种分布(例如正态分布)时,也可使用非参数检验法。例如上章谈到的定类-定距变量的方差分析,它要求各类子总体满足正态分布,当这些假定不被满足时,定类-定距变量就可使用非参数检验法。

非参数检验方法的优点是对总体分布无须加以限制,计算量也比较少,简单易行;但其缺点是检验的效率较差。举例说,如果相同的问题,当参数和非参数检验两种方法都能使用时,为了获得正确的结论(拒绝原假设),用非参数检验法一般要比用相应的参数检验需要较大的样本。

以下根据定类-定序变量中的定类变量是否是二分变量,以及是否是配对样本介绍各种非参数检验法。

第二节 符 号 检 验

符号检验法要求对每一个观测单元(个案)做两次观测。例如对同一被访人或被访户,了解其在经济体制改革前后的经济变化;对同一车间、同一工厂了解其引入竞争机制前后产值和服务质量的变化;对同一类型的人,了解其改革开放前后职业声望的变化。这种对同一人、同一户、同一车间/工厂、同一群人所做两次观测的样本,称作配对样本。配对样本的目的,在于除研究的变量外,对其他的变量可以做到很好的控制。因此,在某些情况下,如果不能做到同一单元进行两次观测,例如不同性别对某种事物的评价,这时应选择除性别不同外,其他条件(如文化、年龄、民族等)基本相同。关于配对样本,我们曾在第九章第四节中谈过。但如果观测数据虽然是定距变量,却不能满足正态分布时,也可用本章所介绍的符号检验(Sign test)法。

设观测单元 i,其"前"的观测值为 x_i,"后"的观测值为 y_i,则 n 个观测单元所组成的二总体为非独立的,其值为表 14-1。

表 14-1 每个观测单元做两次观测

观测单元	"前"(x)	"后"(y)	$d = x - y$	d 的符号
1	x_1	y_1	$x_1 - y_1$	
2	x_2	y_2	$x_2 - y_2$	
⋮	⋮	⋮	⋮	
n	x_n	y_n	$x_n - y_n$	

符号检验的方法是我们并不关心 $x-y$ 的具体数值,而只关心是增大了或是减少了,具体说就是只研究差值 d 的符号。

若 $x_i > y_i$,记作"+";

若 $x_i < y_i$,记作"-";

若 $x_i = y_i$,忽略不计。

不妨设想如果从这样的总体中,进行无数次配对样本的抽样,则其符号将形成"+"和"-"两种情况的二项分布。

可以想象,如果"前"和"后"两个总体的分布是一样的,那么,对于均值相同的总体,任抽一个观察单元,其差值 d 出现正号和负号的概率是相等的。这样就构成了符号检验法的原假设

$$H_0: P(+) = P(-) = 0.5$$

及备择假设 H_1,分为单边和双边两种。

单边检验,备择假设

$$H_1: P(+) > P(-)$$
$$或 P(+) < P(-)$$

双边检验,备择假设

$$H_1: P(+) \neq P(-)$$

符号检验,就是根据原假设 $H_0: P(+) = P(-) = 0.5$ 的总体,按二项分布计算出现"+"或"-"数目的概率分布。然后看样本中出现"+"数目或"-"数目。如果它是总体 $H_0: P(+) = P(-) = 0.5$ 分布下的小概率事件,则否认"前""后"具有相同分布的假设,即两总体存在平均水平的差别。可见,符号检验就是利用二项分布进行检验的实际运用。下面通过实例来解释。

[例] 1. 从总体中抽取了 8 个组的"前"和"后"两次观测数据(表 14-2),现在要研究"前"和"后"的变化是否显著。

第十四章 非参数检验(定类变量-定序变量)

表 14-2 8个组前、后两次观测值

组号	"前"(x)	"后"(y)	$d=x-y$	d 的符号
1	37	40	−3	−
2	72	73	−1	−
3	57	59	−2	−
4	44	43	1	+
5	43	51	−8	−
6	64	67	−3	−
7	55	61	−6	−
8	65	74	−9	−

首先,如果"前"和"后"无变化的话,那么总体中有

$$P(+)=P(-)=0.5$$

但由于该数据为样本数据,因此不免存在抽样误差,以致不能准确地出现"+"的数目 $n_+=4$ 或"−"的数目 $n_-=4$。为了排除随机误差的干扰,现在来计算在总体 $P(+)=P(-)=0.5$ 情况下,出现 7 个"−"值($n_-=7$)和 1 个"+"值($n_+=1$)的概率以及 8 个"−"值($n_-=8$)的概率。

$$P(7 \text{个"}-\text{"},1 \text{个"}+\text{"}) = C_8^7 (0.5)^7 (0.5)^1 = 0.031$$

$$P(8 \text{个"}-\text{"},0 \text{个"}+\text{"}) = C_8^8 (0.5)^8 = 0.004$$

$$P(7 \text{个"}-\text{"},1 \text{个"}+\text{"}) + P(8 \text{个"}-\text{"},0 \text{个"}+\text{"}) = 0.031+0.004=0.035$$

设显著性水平 $\alpha=0.05$,因为

$$0.035 < 0.05$$

所以,拒绝原假设:$P(+)=P(-)=0.5$,认为"后"比"前"的增加是显著的,即 $P(-) > P(+)$($\alpha=0.05$)。

下面给出符号检验的一般步骤。

1. 根据差值 $d=x-y$,给出 d 的符号,若 $d=0$,则略去不计。
2. 计算"+"的总数 n_+ 和"−"的总数 n_-,$n=n_+ + n_-$。
3. 根据备择假设的不同,分以下 3 种情况讨论:

(1) 若备择假设 $H_1: P(+) > P(-)$

计算 $P(n_+) = C_n^{n_+} (0.5)^{n_+} (0.5)^{n_-} = C_n^{n_+} (0.5)^n$

$P(n_+ + 1) = C_n^{n_+ + 1} (0.5)^n$

$$P(n_+ + 2) = C_n^{n_+ + 2}(0.5)^n$$

$$\vdots$$

$$P(n) = (0.5)^n$$

$$P_+ = \sum_{i=0}^{n_-} P(n_+ + i)$$

若 $P_+ > \alpha$,则接受原假设:$P(+) = P(-) = 0.5$;

若 $P_+ < \alpha$,则拒绝原假设,接受备择假设:$P(+) > P(-)$。

(2) 若备择假设 $H_1:P(-) > P(+)$

计算 $P(n_-) = C_n^{n_-}(0.5)^n$

$$P(n_- + 1) = C_n^{n_- + 1}(0.5)^n$$

$$P(n_- + 2) = C_n^{n_- + 2}(0.5)^n$$

$$\vdots$$

$$P(n) = (0.5)^n$$

$$P_- = \sum_{i=0}^{n_+} P(n_- + i)$$

若 $P_- > \alpha$,则接受原假设:$P(+) = P(-) = 0.5$;

若 $P_- < \alpha$,则拒绝原假设,接受备择假设:$P(-) > P(+)$。

(3) 若备择假设 $H_1:P(-) \neq P(+)$

则无论 n_+ 或 n_-,只要有一个足够大就会导致对 H_0 的否定。这时检验可用 n_+ 或 n_- 较大的进行。同时由于属双边检验,所得 P_+ 或 P_- 应与 $\frac{\alpha}{2}$ 进行比较。

[例] 2. 根据抽样调查,"前"和"后"比较后有

$$n_+ + n_- = 15$$

为了说明"前"和"后"是有显著差异($\alpha = 0.05$)的,问:n_+ 和 n_- 中较小者最多是多少?

[解]:根据题意

$$H_0:P(+) = P(-)$$

$$H_1:P(+) \neq P(-)$$

设 $n_+ > n_-$,计算

$$P(n_+ = 15) = C_{15}^{15}(0.5)^{15} \approx 0.000$$

第十四章 非参数检验(定类变量-定序变量)

$$P(n_+ = 14) = C_{15}^{14}(0.5)^{15} \approx 0.000$$

$$P(n_+ = 13) = C_{15}^{13}(0.5)^{15} \approx 0.003$$

$$P(n_+ = 12) = C_{15}^{12}(0.5)^{15} \approx 0.014$$

$$P(n_+ = 11) = C_{15}^{11}(0.5)^{15} \approx 0.042$$

由于 $P(n_+ = 15) + P(n_+ = 14) + P(n_+ = 13) + P(n_+ = 12)$

$$\approx 0.017 < \frac{\alpha}{2} = 0.025$$

$P(n_+ = 15) + P(n_+ = 14) + P(n_+ = 13) + P(n_+ = 12) + P(n_+ = 11)$

$$\approx 0.059 > \frac{\alpha}{2} = 0.025$$

因此,当 $n_+ \geqslant 12$ 时,可以拒绝原假设 $H_0 : P(+) = P(-)$。当 $n_+ = 12$ 时,即 $n_- = 15 - 12 = 3$。可见 n_+ 和 n_- 中较小者,最多等于 3,方能保证呈显著性差异。根据本例的原理,还可以做成以下符号检验的临界值表(表 14-3)。

表 14-3 符号检验临界值

n	α		n	α	
	0.05	0.01		0.05	0.01
6	0	—①	11	1	0
7	0	—	12	2	1
8	0	0	13	2	1
9	1	0	14	2	1
10	1	0	15	3	2

表中 $n = n_+ + n_-$,α 为显著性水平,表中格值 γ_α 为 n_+ 和 n_- 中较小者的临界值:

$$\gamma_\alpha = \min(n_+, n_-)$$

[例]3. 以下是配对样本中不同性别对 10 种职业声望的评分(表 14-4)。

表 14-4 职业声望评分

性别	职业									
	1	2	3	4	5	6	7	8	9	10
男	63	74	77	85	69	75	92	55	68	43
女	63	71	73	80	76	74	90	61	65	40
d 的符号	0	+	+	+	−	+	+	−	+	+

---

① "—"表示即使当 $\gamma = 0$,亦不能做出拒绝的结论。

问:性别与职业声望之间是否有显著差异($\alpha=0.05$)?

[解]:根据表14-4,计算得
$$n_+ = 7, \quad n_- = 2, \quad n = 7+2 = 9$$
$$\gamma = \min(n_+, n_-) = \min(7,2) = 2$$

根据 $\alpha=0.05$,查表14-3,$\gamma_\alpha=1$。

因为 $\gamma_\alpha = 1 < \gamma = 2$,

所以根据符号检验不能拒绝男、女具有相同职业声望的假设。

当 $n>10$ 时,可用正态分布近似二项分布。
$$\mu = np = \frac{n}{2}$$
$$\sigma^2 = npq = \frac{n}{4}$$

统计量
$$Z = \frac{x'-\mu}{\sigma} = \frac{x'-\frac{n}{2}}{\frac{1}{2}\sqrt{n}} \sim N(0,1) \tag{14-1}$$

$$x' = \begin{cases} x + 0.5, & \text{当 } x < \frac{n}{2} \\ x - 0.5, & \text{当 } x > \frac{n}{2} \end{cases} \tag{14-2}$$
$$\tag{14-3}$$

x 为 n_+ 或 n_-,右端 ± 0.5 是为了把离散变量 x 变作连续变量 Z 的修正,称作连续性修正值。

[例]4. 试就 $n=8$,用正态分布计算 $P(n_- \geq 7)$,并与[例]1中用二项分布所计算 $P(n_- \geq 7)$ 的结果比较之。

[解]:设 $x = n_-$

因为 $n_- \geq 7 \geq \frac{n}{2} = 4$

所以取式(14-3),代入式(14-1),有
$$Z = \frac{7 - 0.5 - \frac{n}{2}}{\frac{1}{2}\sqrt{n}} = \frac{6.5-4}{\sqrt{2}} = 1.77$$

查附表4,有
$$P(n_- \geq 7) = P(Z \geq 1.77) = 0.038$$

比较[例]1中用二项分布计算得
$$P(n_-\geqslant 7)=0.035$$
可见,在n不足10情况下,两者亦比较接近。如果进一步增大样本容量$n>10$,则两者接近的程度还会增加。

最后需要指出的是,正如本节开始所提到的,符号检验法不仅适用于定类-定序变量的研究,而且还适用于不满足分布要求的定类-定距变量的研究。那么,对于满足分布要求的定类-定距变量是否也可使用符号检验法呢?答案是可以的,但这样做的结果是检验的效率降低了。现仍以[例]1为例。

假设[例]1所提供的数据,不仅满足配对样本的要求,而且总体是符合正态分布的。那么我们用第九章第四节配对样本的检验进行计算,为此先求出d的均值$\bar{d}$和标准差S_d(表14-2)。

$$\bar{d}=\frac{\sum d_i}{n}=\frac{1}{8}(-3-1-2+1-8-3-6-9)$$
$$=-3.875$$
$$S_d=\sqrt{\frac{1}{n-1}\sum(d_i-\bar{d})^2}=3.482$$
$$t=\frac{\bar{d}}{\frac{S_d}{\sqrt{n}}}=\frac{-3.875}{\frac{3.482}{\sqrt{8}}}=-3.15$$

现在来计算图14-1中$P(t<-3.15)=?$

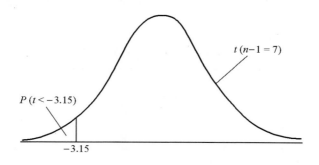

图 14-1 $t(7)$分布

查附表5,有
$$P(t<-3.15)<0.01$$
对比[例]1中,如果只计及差值d的符号,则

$$P(n_- \geq 7) = 0.035$$

可见，如果 α 选择为 α=0.01 的话，那么用 t 检验可以得出拒绝原假设的结论，而用符号检验法则不能。因此说，t 检验比符号检验法有更高的效率。根据计算，符号检验法的效率是配对样本 t 检验的 63%，即如果符号检验法需要样本容量为 100 的话，那 t 检验只需 63 个，就可得出相同的结论。但这只是对满足正态分布而言的；如果数据不满足正态分布，或只是定序变量，则仍是采用符号检验法为宜。

第三节 符号秩检验

上节所谈的符号检验法，由于它只研究配对数据 $x_i - y_i$ 的符号，因此计算简单，但缺点是没有计及 $x_i - y_i$ 差值的大小，因此对资料的利用不够充分。而符号秩就是对符号检验法的改进。具体说，为了把差值 $x_i - y_i = d$ 的大小也考虑进去，可先将差值 $|x_i - y_i|$ 的大小排队，然后按大小给予一个顺序号，称作秩，并赋予其原有差值的符号。可以想象，如果原总体相同的话，那么不仅 d 出现"+"号和"−"号的次数相等，而且序号也是均匀的，或者说正秩和与负秩和也应该相等。对于抽样数据，由于随机误差的干扰，正秩和与负秩和，可能不相等，但出现正秩和与负秩和相差甚远的可能性毕竟是很小的，根据这一点，可以对总体分布是否相同做出判断。

［例］5. 设有 8 组"前"和"后"两次观测的数据，试用符号秩检验（Signed-rank test）(α=0.05)（表 14-5）。

表 14-5 8 个组的前后两次数据

组	"前"(x)	"后"(y)	$d=x-y$	符号秩
1	209	151	58	8
2	200	168	32	7
3	177	147	30	6
4	169	164	5	1
5	159	166	−7	−3
6	169	163	6	2
7	187	176	11	5
8	198	188	10	4

［解］：根据题意，其差值 d 为负数的只有一个，其符号秩为 −3。

现在假设如果"前"和"后"两总体无差别的话，则每一组出现"正"号和"负"

第十四章 非参数检验(定类变量-定序变量)

号的概率各为 $\frac{1}{2}$。因此,对于这 8 个差值,得到任何一种符号排列(例如排列为 ＋＋－＋－－－＋)的概率都是相同的,为 $\left(\frac{1}{2}\right)^8 = \frac{1}{256}$,而符号排列数为 $2^8 = 256$。

现在计算如果总体无差别的话,负符号秩和小于或等于 -3 的概率是多少。
负符号秩和小于或等于 -3 包括以下几种:

d 值全为正,	负秩和为 0
d 值在秩 1 为负、其余为正,	负秩和为 -1
d 值在秩 2 为负、其余为正,	负秩和为 -2
d 值在秩 3 为负、其余为正,	负秩和为 -3
d 值在秩 1 和秩 2 为负、其余为正,	负秩和为 -3

以上 5 种排列在可能出现的排列总数中所占比例

$$P = \frac{5}{256} = 0.0195$$

考虑到双侧,秩和数 $\leqslant 3$ 的概率为

$$2 \times P = 0.0390$$

由于

$$0.039 < \alpha = 0.05$$

因此"前"和"后"两组数据有显著差异。

根据上述原理,做成附表 9 符号秩检验的临界值表。下面结合符号秩方法,介绍附表 9 的使用。

(1) 将 $|x_i - y_i|$ 按从小到大次序排列(等于 0 的不列入),并给以顺序号,这个顺序号又称秩。如果有两组或两组以上的差值,其绝对值相等,则将它们应得的秩均分之。

(2) 根据 $x_i - y_i$ 的符号,赋予它的秩:
  当 $x_i > y_i$ 时,秩取"＋"号;
  当 $x_i < y_i$ 时,秩取"－"号。

(3) 分别计算正秩和 T_+ 和负秩和 T_-。

(4) 比较 T_+ 和 T_-:
  若 $T_+ > |T_-|$,则取 $T = |T_-|$;
  若 $T_+ < |T_-|$,则取 $T = T_+$,
  即 $T = \min(T_+, |T_-|)$。

(5) 给出显著性水平 α,查符号秩检验表(附表 9),表中数值给出了 T 的临

界值 T_α。

(6) 若 $T \leqslant T_\alpha$，则拒绝原假设，认为总体间有显著差异（$\alpha=0.05$）。

[例] 6. 以下是某企业引入竞争机制后，生产效率的比较，试用符号秩检验（$\alpha=0.05$）（表 14-6）。

表 14-6 8 个车间的前后两次数据

车间	"前"(x)	"后"(y)	$d=x-y$	符号秩
1	47.6	56.9	−9.3	−3
2	47.2	46.4	0.8	+1
3	44.1	54.8	−10.7	−4
4	45.9	56.7	−10.8	−5
5	47.7	58.6	−10.9	−6
6	42.9	49.8	−6.9	−2
7	33.6	50.3	−16.7	−7.5
8	41.7	58.4	−16.7	−7.5

[解]：由于第 7 和第 8 车间 d 值相同，因此它们的秩相同：

$$\frac{7+8}{2}=7.5$$

$$T_+ = +1$$

$$T_- = (-3-4-5-6-2-7.5-7.5) = -35$$

$$T = \min(T_+, |T_-|) = 1$$

根据题意：$n=8$，查附表 9，$T_\alpha=3$。

因为 $T=1 < T_\alpha=3$

所以可以认为"前"和"后"是有变化的（$\alpha=0.05$）。如果用单边检验，$\alpha=0.05$，则 $T_\alpha=5$。

$$T=1 < T_\alpha=5$$

因此可以认为引入竞争机制后，生产效率不但有变化，而且是增加的（$\alpha=0.05$）。

当 $n>25$ 时，T 近似服从以下的正态分布

$$Z=\frac{T-\mu_T}{\sigma_T} \sim N(0,1) \tag{14-4}$$

其中，

$$\mu_T=\frac{n(n+1)}{4} \tag{14-5}$$

$$\sigma_T^2 = \frac{n(n+1)(2n+1)}{24} \qquad (14\text{-}6)$$

对于服从正态分布的检验,读者已经很熟悉了,这里不再举例。

第四节 秩 和 检 验

第二节和第三节所介绍的符号检验和符号秩检验,都只适用于配对样本。当样本为独立样本时,将采用本节所讨论的秩和检验(Rank sum test)法。其具体步骤为:

(1) 设从两个未知的总体 1 和总体 2 中分别独立、随机地各抽取 1 个样本(图 14-2)

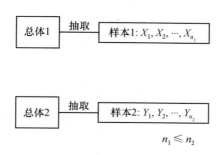

图 14-2 两个总体中各独立抽取一个样本

(2) 把样本 1 和样本 2 混合起来:

$$X_1, X_2, \cdots, X_{n_1}, Y_1, Y_2, \cdots, Y_{n_2}$$

按数值从小到大顺序编号,每个数据的编号就是它的秩。如果混合样本中有 i 个具有相同的数值,则就其所在的位置,将 i 个秩求平均,作为 i 个具有相同数值的秩。

(3) 计算样本 1 中所有 $X_1, \cdots, X_{n_1}$ 的秩和,记作 T。

(4) 可以想象,如果两总体具有相同分布的话,那么混合样本中,在 n_1, n_2 一定的条件下,来自总体 1 的秩和 T,其值很大或很小的可能性都是很小的。根据这样的原则,附表 10 列出了在 n_1, n_2 一定条件下,T 的上限临界值 T_2 和下限临界值 T_1。

(5) 根据样本计算 T 值,若 $T \leqslant T_1$ 或 $T \geqslant T_2$,则拒绝两总体具有分布相同的假设 H_0。

[例]7. 为了比较企业规模与信息传递之间的关系,以下是9个企业的抽样结果(表14-7)。

表 14-7 企业规模与信息传递

大企业	11	13	10	16	
小企业	17	17	8	17	14

试用秩和检验法,检验企业规模与信息传递是否有关($\alpha=0.05$)。

[解]:H_0:企业规模与信息传递无关

按秩和检验法,首先计算混合样本的秩,其中[ ]表示大企业。

混合样本:8 10 11 13 14 16 17 17 17
秩: 1 [2] [3] [4] 5 [6] 8   8   8

$$T=2+3+4+6=15$$

查秩和检验表(附表10),$n_1=4, n_2=5$
临界值有 $T_1=13, T_2=27$
因为 $13<T<27$
故不能拒绝企业规模与信息传递无关的假设。

当$n_1>10$时,可利用正态分布做近似检验,可以证明T的均值与方差分别为

$$\mu_T=n_1(n_1+n_2+1)/2 \quad (14\text{-}7)$$

$$\sigma_T^2=n_1 n_2(n_1+n_2+1)/12 \quad (14\text{-}8)$$

$$Z=\frac{T-\mu_T}{\sigma_T}\sim N(0,1) \quad (14\text{-}9)$$

[例]8. 以下是33个不同规模的企业,由于生产任务不饱满所损失工时的比较(表14-8)。

表 14-8 企业规模

小企业		大企业		
0.81	0.56	2.04	0.79	1.27
0.35	1.02	0.93	0.69	1.56
0.00	0.48	1.73	1.61	1.47
1.09	0.28	0.57	0.86	1.37
1.41	0.30	0.62	0.41	0.61
1.44	1.29	1.15	0.80	0.91
1.17	1.04	0.94		

问:损失工时与企业规模是否有关($\alpha=0.05$)?

[解]：先将33个企业改作混合样本，并赋予其秩（表14-9）。

表 14-9　企业秩统计

小企业		大企业		
14	7	33	12	24
4	19	17	11	30
1	6	32	31	29
21	2	8	15	26
27	3	10	5	9
28	25	22	13	16
23	20	18		

小企业数 $n_1=14$ 小于大企业数 $n_2=19$，小企业的秩和

$$T=14+4+1+21+\cdots+25+20=200$$

代入式(14-7)-式(14-9)

$$\mu_T = 14(14+19+1)/2 = 238$$
$$\sigma_T^2 = 14 \times 19(14+19+1)/12 = 753.6667$$
$$\sigma_T = 27.453$$
$$Z = \frac{200-238}{27.453} = -1.38$$
$$\alpha = 0.05, Z_{\alpha/2} = 1.96 （附表 4）$$
$$|Z| < Z_{\alpha/2} = 1.96$$

因此，不能判断企业规模对两组数据有差异（$\alpha=0.05$）。

需要指出的是，对于不能做出有显著差异的情况，并不表示总体中不存在差异，这一点比之其他参数检验法尤为突出，因为我们曾指出，非参数检验方法的效率是不高的。如果使用更灵敏的有效方法，被非参数检验判断为无显著差异的情况，可能会呈现有显著性差异。反之，如果非参数检验已确认其存在显著性差异的话，那我们就没有必要再用其他的检验方法了。

第五节　游　程　检　验

除了秩和检验法外，对于独立样本还可以采用游程检验（Run test）。它的思路是这样的：如果把两个样本混合起来，按大小排列，并赋予其秩，那么，当样本所属的总体是同分布的话，是不大可能出现来自总体1的样本全是高秩，而

来自总体 2 的样本全是低秩的情况,反之亦然。可能性最多的情况是,来自总体 1 和总体 2 的样本,其秩是交错的,根据其交错的次数来判断总体分布是否一致的方法,就是游程检验。其具体步骤为:

(1) 设从两个未知的总体 1 和总体 2 中,分别独立、随机地各抽取 1 个样本(图 14-3),样本容量都不大,$n_1 \leqslant 20, n_2 \leqslant 20$。

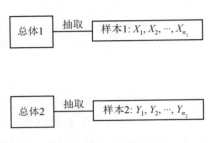

图 14-3 两个总体中各独立抽取一个样本

(2) 把样本 1 和样本 2 混合起来:

$$X_1, X_2, \cdots, X_{n_1}, Y_1, Y_2, \cdots, Y_{n_2}$$

并按数值从小到大顺序编号,每个数据的编号就是它的秩。

(3) 如果秩来自总体 1,则在秩的下端写 0;如果秩来自总体 2,则在秩的下端写 1,例如有表 14-10。

表 14-10 按秩排列

秩	1	2	3	4	5	6	7	8	9	10	11
(0—1)	0	0	1	1	0	1	1	1	0	0	0

根据表 14-10 作图 14-4。

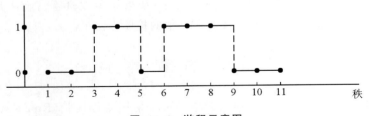

图 14-4 游程示意图

第十四章 非参数检验(定类变量-定序变量)

它表示总体 1 的数据共有 6 个:$n_1=6$,总体 2 的数据共有 5 个:$n_2=5$。在序列中凡连 0 或连 1 构成 1 个线段,称 1 个游程。

从图 14-4 来看,$y=0$ 的直线上,共有 3 个线段,即 0 游程共有 3 个:

0→0　　　(2 个连 0 组成 1 个线段)

0　　　　(1 个 0 组成 1 个线段)

0→0→0　(3 个连 0 组成 1 个线段)

同理,$y=1$ 的直线上,共有 2 个线段,即 1 游程共有 2 个:

1→1　　　(2 个连 1 组成 1 个线段)

1→1→1　(3 个连 1 组成 1 个线段)

(4)游程总数 r 为 0 和 1 游程之总数,例如图 14-4 的游程总数 r 为 3+2=5。

游程总数 r 是统计量,其最小值 $r_{min}=2$,表示来自总体 1 和总体 2 的数据都各偏一方,每个总体只有 1 个游程。但在原假设为总体 1 和总体 2 分布相同的情况下,出现 $r=2$ 或虽然 $r\neq 2$,但也偏小的可能性是很小的。因此,根据概率

$$P(r \leqslant c) = \alpha$$

当 $r \leqslant c$ 时,则拒绝总体分布相同的原假设 H_0。c 值见附表 11。

[例] 9. 以下是两地对某职业声望的抽样调查(表 14-11)。

表 14-11　两地对某职业声望的抽样调查

甲地	9	22	64	34	17	4	31	28	($n_1=8$)
乙地	58	53	26	11	52	51	8		($n_2=7$)

问:两地对该职业的评价是否有显著差异($\alpha=0.05$)?

[解]:首先将两样本混合排序,并计算游程数(图 14-5):

4,　8,　9,　11,　17,　22,　26,　28,　31,　34,　51,　52,　53,　58,　64

0,　1,　0,　1,　0,　0,　1,　0,　0,　0,　1,　1,　1,　1,　0

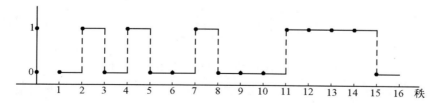

图 14-5　游程

游程数 $r=9$

查附表 11，$n_1=8, n_2=7, r$ 的临界值

$$c_{0.05}=4$$

因为

$$r=9>c_{0.05}=4$$

所以不能否定甲、乙两地具有相同职业声望的假设。

以上讨论适用于 n_1 和 n_2 都小于 20 的情况，当 $n_1>20, n_2>20$ 时，对于总体同分布的情况，游程数 r 近似地服从正态分布 $N(\mu_r, \sigma_r^2)$。

$$\mu_r = \frac{2n_1 n_2}{n_1 + n_2} + 1 \tag{14-10}$$

$$\sigma_r^2 = \frac{2n_1 n_2 (2n_1 n_2 - n_1 - n_2)}{(n_1 + n_2)^2 (n_1 + n_2 - 1)} \tag{14-11}$$

$$Z = \frac{r - \mu_r}{\sigma_r} \sim N(0, 1) \tag{14-12}$$

第六节 累计频次检验

以上各种非参数检验方法，对于定序变量，都要求等级分得较多。但对社会学研究，等级划分太细是不实际的，例如对"满意程度"的调查，一般也只能分作 5 等。因此在样本容量较大，而等级划分又很有限的情况下，累计频次检验 (Cumulative frequency test) 就显得十分有用。

(1) 设从两个未知的总体 1 和总体 2 中，分别独立、随机地各抽取一个样本（图 14-6）。

图 14-6 两个总体中各独立抽取一个样本

样本 1 的数据 $X_1, X_2, \cdots, X_{n_1}$，根据优、良、中、下、劣 5 个等级进行频次统计（表 14-12）。

第十四章 非参数检验(定类变量-定序变量)

表 14-12 样本 1 累计频率统计

等级	频次	频率	累计频率 cf_{1j}
劣(1)	n_{11}	$\dfrac{n_{11}}{n_1}$	$\dfrac{n_{11}}{n_1}$
下(2)	n_{12}	$\dfrac{n_{12}}{n_1}$	$\dfrac{n_{11}+n_{12}}{n_1}$
中(3)	n_{13}	$\dfrac{n_{13}}{n_1}$	$\dfrac{n_{11}+n_{12}+n_{13}}{n_1}$
良(4)	n_{14}	$\dfrac{n_{14}}{n_1}$	$\dfrac{n_{11}+n_{12}+n_{13}+n_{14}}{n_1}$
优(5)	n_{15}	$\dfrac{n_{15}}{n_1}$	1
$\sum$	$\sum_{j=1}^{5} n_{1j} = n_1$		

同样,对于样本 2 的数据 $Y_1, Y_2, \cdots, Y_{n_2}$,也根据优、良、中、下、劣 5 个等级,进行频次统计(表 14-13)。

表 14-13 样本 2 累计频率统计

等级	频次	频率	累计频率 cf_{2j}
劣(1)	n_{21}	$\dfrac{n_{21}}{n_2}$	$\dfrac{n_{21}}{n_2}$
下(2)	n_{22}	$\dfrac{n_{22}}{n_2}$	$\dfrac{n_{21}+n_{22}}{n_2}$
中(3)	n_{23}	$\dfrac{n_{23}}{n_2}$	$\dfrac{n_{21}+n_{22}+n_{23}}{n_2}$
良(4)	n_{24}	$\dfrac{n_{24}}{n_2}$	$\dfrac{n_{21}+n_{22}+n_{23}+n_{24}}{n_2}$
优(5)	n_{25}	$\dfrac{n_{25}}{n_2}$	1
$\sum$	$\sum_{j=1}^{5} n_{2j} = n_2$		

其中 n_{ij} 的 i 表示所属样本号,j 表示等级号。

(2) 作样本 1 和样本 2 的累计频率图(图 14-7)。

(3) 可以想象,如果总体 1 和总体 2 具有相同的分布,那么样本间的累计频率差 $D_1, D_2, \cdots$ 是不会太大的。根据计算,其最大绝对差值

$$D = \max(D_1, D_2, \cdots) \tag{14-13}$$

不应大于 D_α:

$$D_\alpha = 1.36 \sqrt{\frac{n_1+n_2}{n_1 n_2}} \quad (\alpha=0.05, n_1>40, n_2>40) \quad (14-14)$$

否则的话，将拒绝具有相同分布的原假设(图 14-8)。

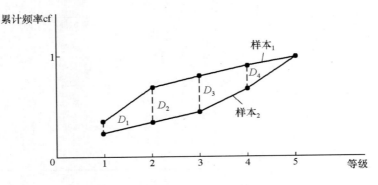

图 14-7　累计频率差示意图

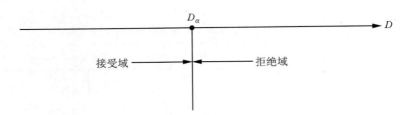

图 14-8　D_α 的接受域和拒绝域

D_α 值随着不同的显著性水平做修正(表 14-14)。

表 14-14　累计频率差 D_α 临界值

α	D_α
0.10	$1.22\sqrt{\dfrac{n_1+n_2}{n_1 n_2}}$
0.05	$1.36\sqrt{\dfrac{n_1+n_2}{n_1 n_2}}$
0.01	$1.63\sqrt{\dfrac{n_1+n_2}{n_1 n_2}}$
0.001	$1.95\sqrt{\dfrac{n_1+n_2}{n_1 n_2}}$

第十四章 非参数检验(定类变量-定序变量)

(4) 对于单边检验,当 $n_1 > 40, n_2 > 40$ 时,统计量

$$\chi^2 = 4D^2\left(\frac{n_1 n_2}{n_1 + n_2}\right) \tag{14-15}$$

满足自由度为 2 的 χ^2 分布:

$$\chi^2 = 4D^2\left(\frac{n_1 n_2}{n_1 + n_2}\right) \sim \chi^2(2) \tag{14-16}$$

[例]10. 以下是对与子女同住与独自生活两类老人生活方式与满意度的抽样调查(表 14-15)。

表 14-15　老人生活方式与满意度调查

满意度	老人生活方式	
	独自生活(A)	与子女同住(B)
很不满意(1)	109	77
较不满意(2)	47	53
一般(3)	44	73
较满意(4)	22	51
很满意(5)	14	20

问:哪类老人生活的满意度更高些($\alpha = 0.01$)?

[解]:为了求得 D 值,先求出上述统计表的累计频率,然后根据累计频率差找出 D 值(表 14-16)。

表 14-16　累计频率差值

满意度	老人生活方式						$cf_{1j} - cf_{2j} = D_j$
	独自生活(A)			与子女同住(B)			
	n_{1j}	$\sum n_{1j}$	cf_{1j}	n_{2j}	$\sum n_{2j}$	cf_{2j}	
很不满意(1)	109	109	0.462	77	77	0.281	0.181
较不满意(2)	47	156	0.661	53	130	0.474	0.187←D
一般(3)	44	200	0.847	73	203	0.741	0.106
较满意(4)	22	222	0.941	51	254	0.927	0.014
很满意(5)	14	236	1.000	20	274	1.000	0.000

表 14-16 中 $\sum n_{1j}$ 和 $\sum n_{2j}$ 是向上累计的频次,cf_{1j} 和 cf_{2j} 是第 j 行向上累计的频率。以第三行为例:

$$\sum_{j=1}^{3} n_{1j} = 109 + 47 + 44 = 200$$

$$\sum_{j=1}^{3} n_{2j} = 77 + 53 + 73 = 203$$

$$\text{cf}_{13} = \frac{200}{109 + 47 + 44 + 22 + 14} = 0.847$$

$$\text{cf}_{23} = \frac{203}{77 + 53 + 73 + 51 + 20} = 0.741$$

其余类推。

根据表中最后一列 $\text{cf}_{1j} - \text{cf}_{2j}$ 的比较,其中最大者 $D = 0.187$。根据 $D = 0.187$,计算 χ^2 值:

$$n_1 = \sum_{j=1}^{5} n_{1j} = 109 + 47 + 44 + 22 + 14 = 236$$

$$n_2 = \sum_{j=1}^{5} n_{2j} = 77 + 53 + 73 + 51 + 20 = 274$$

代入式(14-16)做单边检验:

$$\chi^2 = 4D^2 \frac{n_1 n_2}{n_1 + n_2} = 4(0.187)^2 \frac{236 \times 274}{236 + 274} = 17.74$$

$$\alpha = 0.01, \chi^2_{0.01}(2) = 9.210$$

因为

$$\chi^2 = 17.74 > \chi^2_{0.01}(2) = 9.210$$

所以拒绝 A、B 具有相同分布的原假设,同时由于 $D = \text{cf}_1 - \text{cf}_2 > 0$,它表示独自生活($A$)的老人,更多地集中在满意度低的层次。因此可以说与子女同住(B)的老人,满意度高于独自生活(A)的老人。

对于单边检验至此已经完成了,但为了比较,我们不妨计算一下双边检验 D 的临界值(表 14-14)。

$$D_\alpha = 1.63 \sqrt{\frac{n_1 + n_2}{n_1 n_2}} = 1.63 \sqrt{\frac{236 + 274}{236 \times 274}}$$

$$= 1.63 \times 0.0888 = 0.145$$

由于 $D > D_\alpha$,因此,我们更有信心拒绝原假设了。这是因为对于拒绝原假设,在相同的显著性水平 α 情况下,双边检验对 D 值要求更为严格。为了说明这一点,我们可以用 $\alpha = 0.01$ 情况下,单边检验 χ^2 的临界值:

$$\chi^2_{0.01}(2) = 9.210$$

计算 D 的临界值 D',根据式(14-15),得

$$\chi^2_{0.01}(2) = 4D'^2 \frac{n_1 n_2}{n_1 + n_2}$$

第十四章 非参数检验(定类变量-定序变量)

$$D' = \sqrt{\frac{n_1+n_2}{n_1 n_2}} \times \sqrt{\frac{9.21}{4}} = 1.52\sqrt{\frac{n_1+n_2}{n_1 n_2}}$$

可见 $D' = 1.52\sqrt{\frac{n_1+n_2}{n_1 n_2}} < D_\alpha = 1.63\sqrt{\frac{n_1+n_2}{n_1 n_2}}$ （$\alpha = 0.01$）

第七节 两个以上样本的非参数检验

以上介绍的非参数检验法,都属于定类变量只有两类即二分变量的非参数检验方法。现在介绍定类变量不止两类的非参数检验法。它除了适用于定类-定序变量的研究外,也适用于不满足方差分析要求的定类-定距变量的研究,这时要把观测值本身改作观测值的秩,然后按定类-定序变量进行非参数检验。

一、单向方差秩(One-way analysis of variance-rank)分析

设定类变量共分 k 类,我们把它看作 k 个总体。现从 k 个总体中相互独立地抽取 k 个样本(图 14-9)。这里并不要求总体服从某种分布规律,检验的目的是判断总体 1,总体 2,…,总体 k 是否具有相同的分布。

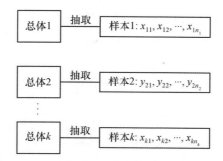

图 14-9　k 个总体中各自独立地抽取一个样本

单向方差秩分析步骤有:

(1) 把 k 个样本观测值混合起来,按从小到大排列,统一编号,这个顺序号又称秩。如果有若干观测值相等,则用其平均秩来代替。举例说,如果第 4、第 5 两个观测值相等,则这两个观测值的秩平均取作 $\frac{5+4}{2} = 4.5$。

(2) 设共有 k 个样本,每个样本的容量为 $n_1, n_2, \cdots, n_k (n_i \geqslant 5)$,总容量为 $n = n_1 + n_2 + \cdots + n_k$。计算各个样本的秩和 $R_1, R_2, \cdots, R_k$(表 14-17)。

表 14-17 样本秩和

样本	样本的秩和
1	R_1
2	R_2
⋮	⋮
k	R_k

(3) 计算统计量：

$$H = \frac{12}{n(n+1)} \sum_{i=1}^{k} \frac{R_i^2}{n_i} - 3(n+1) \text{①} \quad (14\text{-}17)$$

(4) 根据显著性水平 α，查 χ^2 的临界值(附表6)：

$$\chi_\alpha^2(k-1)$$

(5) 若 $H < \chi_\alpha^2(k-1)$，接受原假设；

若 $H > \chi_\alpha^2(k-1)$，拒绝 k 个总体同分布的原假设。

[例]11. 表 14-18 是 A、B、C、D 4 个地区对某电视剧的评分。试用单向方差秩分析之($\alpha = 0.05$)。

表 14-18 4 个地区的秩和值

A		B		C		D	
得分	等级	得分	等级	得分	等级	得分	等级
80	10.5	99	32.5	89	24	76	6.5
88	22.5	91	26	82	14	72	2
87	21	98	30	81	13	75	4.5
86	18.5	98	30	80	10.5	78	8
90	25	99	32.5	86	18.5	76	6.5
88	22.5	96	28	86	18.5	73	3
85	16	92	27	86	18.5	71	1
		98	30	84	15	80	10.5
						75	4.5
						80	10.5
$n_1 = 7$	$R_1 = \sum = 136$	$n_2 = 8$	$R_2 = \sum = 236$	$n_3 = 8$	$R_3 = \sum = 132$	$n_4 = 10$	$R_4 = \sum = 57$

代入 H 值式(14-17)得

$$H = \frac{12}{33(33+1)} \left(\frac{136^2}{7} + \frac{236^2}{8} + \frac{132^2}{8} + \frac{57^2}{10} \right) - 3(33+1)$$

$$= 27.49$$

---

① 当分等级很多时，H 值需乘以修正因子 $\left(1 - \frac{\sum t_i}{n^3 - n}\right)^{-1}$，$t_i = t^3 - t$，$t$ 为某一秩上具有相同秩的个数。

根据 $\alpha=0.05$,查附表 6,$\chi^2_{0.05}(4-1)=7.815$
$$H=27.37>\chi^2_{0.05}(4-1)=7.815$$
所以检验结果是显著的,即 4 地区对该电视剧的评价是不一样的。

二、双向方差秩(Two-way analysis of variance-rank)分析

前面谈到用符号检验和符号秩检验对配对样本进行研究,配对样本又称相关样本,它是相对于独立样本而言的。现在如果有更多的相关样本即配组样本,例如让同一专家同时评定若干书籍或科研成果,这就是形成多个相关样本的情况。又如我们要研究 k 种教学方法的效果,为此把条件相同的学生组成一组,设每组包括 k 个学生,每个学生可随机地分派到一种教学方式中去,共有 n 个组,于是根据成绩有如下统计表(表 14-19)。

表 14-19　n 组 k 种教学效果统计

组号	教学法			
	A_1	A_2	$\cdots$	A_k
1	x_{11}	x_{12}	$\cdots$	x_{1k}
2	x_{21}	x_{22}	$\cdots$	x_{2k}
$\vdots$	$\vdots$	$\vdots$		$\vdots$
n	x_{n1}	x_{n2}	$\cdots$	x_{nk}

双向方差秩分析的步骤有:

首先将观测值按组由小到大顺序赋秩,因此每一行为一个组,它共有 1,2,$\cdots$,k 个秩,然后按列计算秩和 R_i。统计量

$$\chi^2=\frac{12}{nk(k+1)}\sum_{i=1}^{k}R_i^2-3n(k+1) \qquad (14-18)$$

式(14-18)在满足总体 k 个分类具有相同分布的原假设条件下,且 $n\geqslant 10$ 时,将服从自由度为 $k-1$ 的 χ^2 分布:

$$\chi^2\sim\chi^2(k-1)$$

根据显著性水平 α,查附表 6,得 χ^2 的临界值

$$\chi^2_\alpha(k-1)$$

若 $\chi^2>\chi^2_\alpha(k-1)$,则拒绝原假设;

$\chi^2<\chi^2_\alpha(k-1)$,则接受原假设。

[例] 12. 以下是 10 组条件相同的儿童,按 4 种教学方式教学的结果(表 14-20),成绩按等级计分。能否认为 4 种教学效果是不同的($\alpha=0.05$)?

表 14-20　10 个组 4 种教学方式的教学效果统计

组别	教学方式			
	甲	乙	丙	丁
1	1	2	4	3
2	1	2	4	3
3	2	1	3	4
4	3	1	4	2
5	1	2	4	3
6	1	3	4	2
7	3	4	2	1
8	1	2	4	3
9	1	2	3	4
10	1	2	4	3
$n=10$	$R_1=15$	$R_2=21$	$R_3=36$	$R_4=28$

[解]：代入式(14-18)，得

$$\chi^2 = \frac{12}{10 \times 4 \times (4+1)}(15^2 + 21^2 + 36^2 + 28^2) - 3 \times 10 \times (4+1)$$
$$= 14.76$$

$$\chi^2_{0.05}(4-1) = 7.81$$
$$\chi^2 > \chi^2_{0.05}(3) = 7.81$$

所以，可以认为 4 种教学方式的效果是不同的（$\alpha = 0.05$）。

习　题

1. 以下是某村增加农业投入前后每亩增值的抽样调查。

| 前 | 170 | 164 | 140 | 184 | 174 | 142 | 191 | 169 | 161 | 200 |
| 后 | 201 | 179 | 159 | 195 | 177 | 170 | 183 | 179 | 170 | 212 |

（1）试用符号检验法，检验增加农业投入前后每亩增值是否有显著变化（$\alpha = 0.05$）；变化方向如何（$\alpha = 0.05$）。

(答案：显著；增加)

（2）试用符号秩检验法，检验增加农业投入前后产值是否有显著变化（$\alpha = 0.05$）；变化方向如何（$\alpha = 0.05$）。

(答案：显著；增加)

第十四章 非参数检验(定类变量-定序变量)

2. 以下是对具有相同教育背景的儿童,用两种教学方法所得教学效果的抽样比较。

方法一: 68　68　59　72　64　67　70　74

方法二: 60　67　61　62　67　63　56　58

试用秩和法进行检验($\alpha=0.05$)。

(答案:显著)

3. 设对某一总体进行了观测,所得数据按观测顺序的先后排列如下:

1,58,37,18,14,21,48,43,22,53,36,38,9,15,63,56,64,26,30,33,50,3,60,41

在显著性水平 $\alpha=0.05$ 下,用游程检验法检验假设"这组观测值是随机的"。

(提示:如果数据是随机的,应该时而比平均值大,时而比平均值小。)

4. 以下是某大学各年级同学参加政治性社团与娱乐性社团人数的抽样调查。

	娱乐性社团人数	政治性社团人数
一年级	46	97
二年级	81	143
三年级	93	88
四年级	241	136
五年级	131	38

试用累计频次法检验参加两种社团与年级高低是否有显著差异($\alpha=0.05$)。

(答案:有显著差异)

5. 以下是某企业不同年龄档每月用于文化娱乐消费的抽样调查。

老(元)	中(元)	青(元)
96	82	115
128	124	149
83	132	166
61	135	147
101	109	

试用单向方差秩法检验收入与年龄是否有显著差异($\alpha=0.05$)。

(答案:有显著差异)

6. 以下是18位专家对3名参赛者打分的名次。其中若评分相同,则以等级和平分之。

参赛1	参赛2	参赛3
1	3	2
2	3	1
1	3	2
1	2	3
3	1	2
2	3	1
3	2	1
1	3	2
3	1	2
3	1	2
2	3	1
2	3	1
3	2	1
2	3	1
2.5	2.5	1
3	2	1
3	2	1
2	3	1

试用双向方差秩法,检验3位参赛者成绩是否有显著差异($\alpha=0.05$)。

(答案：有显著差异)

第十五章

抽 样

第一节 引 言

社会调查可分总体调查和部分调查。由于总体调查是对研究对象做全体的普查,因此除非所界定的总体范围比较小,易于实施外,就全国范围来说,除了重大的调查如人口普查、资源普查等,一般都只进行局部调查,即从总体中抽取一部分进行调查,但其目的仍然是为了达到对总体的了解。局部调查根据其抽取局部调查单位的准则不同,又可分作非概率抽样和概率抽样。

非概率抽样,其抽取调查单位的原则是根据主观判断或其他操作上的方便。例如重点调查、典型调查都属于非概率抽样。在抽样中主观因素的介入,有时未必是坏事,例如典型调查:如果典型选择得当,是可以获得比较全面、正确的结果的。例如,毛泽东主席对于湖南农民运动的调查、费孝通教授对江苏吴江县的社会调查都属这一类。非概率抽样的优点是成本低、花时间短、回答率高。所以,如果各种抽样都能满足调查要求的话,应该首先考虑采用非概率抽样。但是,也应该看到,非概率抽样能否很好地满足要求与主观本身的水平有很大的关系。但是,一切非概率抽样都有一个共同的缺点,那就是,即使主观因素发挥了积极作用,也无法对这种抽样结果的精确程度做出定量的估计。

概率抽样抽取调查单位的原则是随机原则[①]。所谓随机原则就是在抽选调查对象时，规定了一定的程序，以保证每一个单位都有同等入选的机会，从而避免了主观因素的影响。所以概率抽样又称随机抽样。随机抽样的结果，正如前面所介绍的统计推论那样，其抽样结果推及全体的精确程度，是可以做出定量、正确的表述的。这是概率抽样与非概率抽样的根本区别，下面介绍概率抽样的各种实施方法。

第二节 抽样调查方法

一、简单随机抽样（Simple random sampling）

所谓简单随机抽样，就是按照随机原则，直接从总体 N 个单位中，抽取 n 个单位作为样本，保证总体中每个单位在抽选时都有同等的机会被选中。

对于样本中 n 个单位的确定，又可根据同一单位是否允许重复抽取，分作重复抽样（回置抽样）和不重复抽样（非回置抽样）。

（一）简单重复抽样（Simple sampling with replacement）

这种抽样方法是把已经抽取出来的单位观察记录其结果后，仍放回原有的总体，参加下一次抽取，从而保证了样本中 n 个单位：

$$x_1, x_2, \cdots, x_n$$

独立、同分布简单重复随机样本的要求。前面介绍的统计推论都是基于这种抽样方式讨论的。但在社会调查中，由于总体都很大，因此在实际中很少单独使用，一般都和其他抽样方式混合使用。简单重复随机抽样的理论是进一步研究其他抽样技术的理论基础。

（二）简单不重复抽样（Simple sampling without replacement）

这种抽样方法是把总体抽取出来的单位不再放回原有的总体，是连续进行 n 次抽取构成的一个样本。这样的样本，由于第一次抽选结果影响下一次抽选，因此每个单位中选的概率各次是不同的。它不满足独立、同分布简单重复随机样本的要求。但不重复随机抽样仍然是满足抽样的随机原则的。举例说，总体包含 $N=4$ 个单位：

[①] 概率抽样包括等概抽样和不等概抽样。随机原则一般解释为等概抽样的原则，但为了便于对初学者的叙述，对概率抽样中的等概与不等概不做严格区分。

第十五章 抽 样

$$A, B, C, D$$

设用不重复抽样从中抽出两个单位（$n=2$）构成一个样本。那么，全部可能的样本为 $C_4^2=6$：

$$AB, AC, AD, BC, BD, CD$$

可见，在所有可能的样本中，A, B, C, D 出现的次数都是 3 次。因此，每个单位被抽到的机会是相等的。不仅如此，上述 6 个样本出现的概率也是相等的。当总体很大 $N \gg 1$ 时，这种连续进行 n 次抽取可近似地看作简单重复抽样。

简单随机抽样实施的方法是：当总体单位 N 不太大时，可采用抽签的方式。先将总体中每个单位给予一个编号，写成签或阄，均匀混合后，随机抽取 n 个，形成一个样本。当 N 很大时，可利用随机数表。随机数表是事先按随机原则抽取的数字写成的表（附表 1）。其中不仅 0—9 出现的概率相等，而且由这 10 个数码组成的两位数、三位数⋯⋯出现的概率也是相等的。应用随机数表，可以从任一行、任一列、任一数字、任一方向开始，位数也可任意组合，甚至还可缩去其中一行或一列不用。

例如总体共有 50 个单位，从中抽取 10 个单位组成一个样本。为此，先将总体编成 1—50 号，这样，附表 1 中的 2 列或 2 行就够用了。假定我们选用了第 16 列和第 17 列，从第 1 行往下数（附表 1）：

$$43, 44, 74, 87, 24, 76, 04, \cdots$$

其中 74, 87, 76 由于大于 50，弃去不要，而 43, 44, 24, 04, ⋯则被入样，直到抽足 10 个单位为止。如果采用不重复抽样，则遇有相同的数，也要弃去，直至抽足 n 个不同的单位为止。

二、等距抽样（Systematic sampling）（机械抽样、系统抽样）

先将总体按某一因素排列，然后依固定的间隔，每隔若干单位抽出一个，构成等距抽样的样本。

例如总体单位为 N，样本容量为 n，则样本间隔

$$k = \frac{N}{n}$$

抽样时，先在第一个间隔中随机抽查一个单位，假定为 a，然后从 a 单位开始，每隔 k 单位都将是入选的单位：$a, a+k, a+2k, \cdots, a+(n-1)k$，总数正好是样本容量 n。

总体用以排序的因素，可以是与调查内容无关的，如户籍簿；也可是与所调查内容有关的，如收入与家计调查就有密切的关系。

等距抽样的好处是简化了抽取过程,但要注意的是总体名册的排列不能有周期性,否则代表性要降低。举例说,假定军队的花名册都是按班长、副班长、战士排列的,每班都是 10 个人,那么,当抽样间距正好是 10 的倍数时,则可能抽到的将全是班长、副班长或全是战士。又如居民楼的排号,也有周期性的向阳、背阴、临街、高层、低层等现象,这些都会影响居民对居住的满意程度。为了防止这种周期性的偏差,可在抽取一定数量后,打乱原有的秩序再继续挑选。

等距抽样仍不失抽样的随机原则,因为总体中每个单位被抽中的概率可看作都是 $1/k$。

三、分层抽样(Stratified sampling)(类型抽样、分类抽样)

先将总体按与研究内容密切相关的主要因素分类或分层,然后在各层中按随机原则抽选一定单位构成样本。分层的目的,在于充分利用对总体已知的信息,把总体划成若干同质层,减少层内差异,增加抽样调查样本的代表性。试想一个极端的例子:某企业有 20 名员工,他们的工资为

4000,8000,7000,4000,5000,5000,8000,7000,5000,4000
7000,4000,7000,5000,4000,8000,4000,8000,5000,5000

粗看起来,工资水平似乎很分散。但细分起来,实际只有 4 档:

4000,5000,7000,8000

因此,如果事先把每一个员工的工资归入这 4 类,那么,每一类只要抽出一名,总共只需抽出 4 名,对于研究总体的工资就足够有代表性了。可见,如果分类得当,分层抽样会使样本的代表性大大提高。

分层抽样根据各层抽取比例是否相等,可分作分层定比抽样和分层异比抽样。

(一)分层定比抽样

样本中各层抽取比例是相同的。例如,总体单位 $N=20\,000$ 人,样本容量 $n=500$,则抽样比例

$$p=\frac{500}{20\,000}=2.5\%$$

设总体按老、中、青三代分层。于是根据总体中三代人的总人数,就可确定三代人的抽样人数(表 15-1)。

表 15-1　三代中抽样人数的分配

代别	总人数	抽样人数
青年	11 200	11 200×2.5%＝280
中年	6600	6600×2.5%＝165
老年	2200	2200×2.5%＝55
总数	20 000	500

（二）分层异比抽样

当总体中某一层人数过少，但又具有较高的研究价值，这时可增大这一层的抽样比例。但这样做的结果，统计分析时要做适当修正。

四、整群抽样（Cluster sampling）（集团抽样）

在整群抽样中，总体被分为很多"群"，这些群是抽样的单位。一旦某些群被选入样本后，群中的每一个单位都要调查。例如，当以"户"作为调查单位时，则入样的每一户、其家庭的每一成员都属调查对象。除了"户"之外，还可有更大的群体单位，例如整条街、整个村、整个企业等。

整群抽样适用于群间差异小而群内差异大的总体，这点正好和分类抽样相反。试想如果所有企业的工资结构、人员结构、生活条件都差不多，那么调查一两个完整企业的情况就足以代表所有企业生活的面貌了，这样做的结果岂不比分散到每个企业调查一部分职工更省力、省时间吗？当然能否这样做，取决于对总体原有情况的了解与判断。反之，如果群间差异大而群内差异小，采用整群抽样就会失去其应有的代表性，统计推论时也会产生较大的误差。此外，如果群规模是不等的话，那么，抽到大群比抽到小群的工作量就会大得多，且样本容量也不固定，从而给推论带来困难。

五、阶段抽样（Multistage sampling）[①]和 PPS 抽样

当总体很大时，直接从总体中抽取单位，在技术上就会产生困难，因此一般采用多阶段抽样，又称多级抽样。在多级抽样中，每一级都可看作是一次整群抽样，每一个抽中的整群，又可看作是由若干子群所组成，从入样的整群中，再随机抽取若干子群组成子子群，然后依法继续往下抽取，直至抽中的单位满足了抽样者的要求，成为基本的调查单位。

---

① 阶段抽样又称多级抽样或多阶段抽样。

下面简单介绍一下目前常用的一种多级抽样方法,称作 PPS(Sampling with probabilities proportional to size),即抽样的概率与群规模成比例。它的优点是不要求各阶段的群规模大小相同,只通过多级不等的抽样概率,最终实现总体中的个体具有相同的抽样概率,从而保证了估计的无偏性。下面用实例来解释:

设某校总人数 $N=1000$ 人,共 5 个班,各班人数不等(表 15-2),现用 PPS 法进行二级抽样。第一级是先从 5 个班中按不等概抽取 2 个班,$R=2$。第二级是从抽中的班级,不论它人数多少,都抽 50 名,$n=50$。两级抽样总人数 $R\times n=100$。总抽样比 $f=100/1000=10/100=0.1$。每个学生被抽中的概率是 0.1。

PPS 具体实施的方法是这样的,对于一级抽样,我们不妨想象为各班排队入场,A 班入完,B 班再入,直至 E 班入场完毕。我们在每班入场的同时赋予每个学生一个入场的序号,这样对应 1000 个学生就有了 000—999 共 1000 个序号,同时也就有了各班对应的序号范围(表 15-2),然后利用随机数表或等距抽样的方法,从中抽出 2 个序号,例如 185 和 732,它们属于相应的 B 班和 E 班的序号范围,从而 B 班和 E 班被抽中。显然班级的人数越多,也就是群规模越大,对应的序号范围也越大,抽中的概率也越大,也就是抽样的概率与群规模成比例(PPS)。对于第二级抽样,由于是直接对个体进行操作,只要实施简单随机抽样或等距抽样即可。

表 15-2　5 个班对应的序号范围

班级	人数	序号范围
A	100	000—099
B	150	100—249
C	180	250—429
D	250	430—679
E	320	680—999

那么,为什么这样二级抽样就能保持个体(每个学生)最终的抽样概率相等($f=0.1$)呢?首先第一级是对班级抽样,抽中的概率 f 为某班级总人数除以全校总人数($N=1000$),再乘以抽取班级的数目($R=2$):

$f_1=$ 某班级总人数$\times 2/$全校总人数

第二级是从抽中的班级抽取 50 名学生,每名学生在班内抽中的概率是

$f_2=50/$某班级总人数

因此,每名学生在总抽样中入样的概率都是

$$f = f_1 \times f_2 = (某班级总人数 \times 2/全校总人数) \times (50/某班级总人数)$$
$$= 100/1000 = 0.1$$

以上介绍了二级抽样，如果是更多级的抽样，如从省抽到县再到乡，最后到村进行入户调查，那么前三级——省、县、乡都按本例的第一级抽样法进行，第四级村级抽样按本例第二级抽样即可。

第三节 抽样误差

严格地说，样本估计值与总体参数之间的差异，就构成了抽样误差（Sampling error）。例如样本均值 $\bar{X}$ 与总体均值 μ 之差：

$$\delta = \bar{X} - \mu \qquad (15-1)$$

就构成了抽样均值所产生的误差①。但由于 $\bar{X}$ 是随机变量，因此 δ 也是随机变量。对于随机变量 δ，为了讨论它的数量，一般采用抽样平均误差的概念，以反映抽样误差的一般水平：

$$\sqrt{\frac{\sum(\bar{X}_i - \mu)^2}{M}} = \sigma_{\bar{X}} \qquad (15-2)$$

M 为可能的样本数目。

可见抽样平均误差，实际就是随机变量 $\bar{X}$ 分布的标准差 $\sigma_{\bar{X}}$。而一般所说的抽样误差，实际指的就是抽样的平均误差，也就是抽样标准差，简称标准误，以便与通常的标准差相区别。

一、简单随机抽样

简单随机抽样，根据被抽单元是否回置又可分作简单重复抽样与简单非重复抽样。以下分别计算两种情况下的抽样误差。

（一）简单重复抽样②

对于简单重复抽样，由于样本满足独立、同分布的条件，因此对于样本均值 $\bar{X}$ 和样本成数 P 的抽样误差有：

---

① 抽样调查中除了随机误差外，还存在登录错误、计算错误、虚报、漏报等，这些人为的错误是属于经过人的努力可以克服的，是另一类性质的误差，它不属于抽样误差讨论范围。

② 此处 $\sigma_{\bar{X}}$ 与 σ_P 公式见第六章。

1. 样本均值 $\bar{X}$ 的平均抽样误差

$$\sigma_{\bar{X}} = \sqrt{\sigma_{\bar{X}}^2} = \sqrt{D(\bar{X})} = \sqrt{D\left(\frac{\sum X_i}{n}\right)} = \sqrt{\frac{1}{n^2}\sum_{i=1}^{n}D(X_i)}$$

$$= \sqrt{\frac{n\sigma^2}{n^2}} = \sqrt{\frac{\sigma^2}{n}} = \frac{\sigma}{\sqrt{n}} \tag{15-3}$$

其中 σ^2 为总体方差，n 为样本容量。

2. 抽样成数 P 的平均抽样误差

根据二项总体的方差，有如下关系式：

$$\sigma^2 = p(1-p)$$

其中 p 为总体成数。

代入式(15-3)，有

$$\sigma_P = \sqrt{\frac{\sigma^2}{n}} = \sqrt{\frac{p(1-p)}{n}} \tag{15-4}$$

(二) 简单不重复抽样

为了说明简单不重复抽样平均抽样误差公式的来历，我们先从一个简单的例子入手。

[例] 1. 设总体共有 4 个数，它们是 1,2,3,4，现从中做 $n=2$ 的简单非重复随机抽样，并求抽样的平均抽样误差。

[解]：根据式(15-2)平均抽样误差的定义，在数值上，它等于 $\bar{X}$ 的标准差 $\sigma_{\bar{X}}$：

$$\sigma_{\bar{X}} = \sqrt{\frac{\sum_{i=1}^{M}(\bar{X}_i - \mu)^2}{M}} \tag{15-5}$$

其中 μ 是总体的均值：

$$\mu = \frac{\sum X_i}{N} = \frac{1+2+3+4}{4} = 2.5 \tag{15-6}$$

同时也是 $\bar{X}$ 的均值：

$$\bar{\bar{X}} = \frac{\sum_{i=1}^{M}\bar{X}_i}{M} = \mu \tag{15-7}$$

现在关键是要确定可能的样本数 M 是多少，每一个样本均值又是多少。

首先，因为总体 $N=4$，$n=2$，因此可能的样本数 $M = C_4^2 = 6$。

这 6 种可能的样本均值 $\bar{X}_i$ 为

$$\bar{X}_1 = \frac{1+2}{2} = 1.5$$

$$\bar{X}_2 = \frac{1+3}{2} = 2$$

$$\bar{X}_3 = \frac{1+4}{2} = 2.5$$

$$\bar{X}_4 = \frac{2+3}{2} = 2.5$$

$$\bar{X}_5 = \frac{2+4}{2} = 3$$

$$\bar{X}_6 = \frac{3+4}{2} = 3.5$$

根据样本均值 $\bar{X}_1, \bar{X}_2, \cdots, \bar{X}_6$，可求出这些均值的均值

$$\bar{\bar{X}} = \frac{1.5+2+2.5+2.5+3+3.5}{6} = 2.5 \qquad (15\text{-}8)$$

式（15-8）与式（15-6）数值上是相等的，从而说明了式（15-7）的正确性。下面来计算平均抽样误差 $\sigma_{\bar{X}}$：

$$\sigma_{\bar{X}} = \sqrt{\frac{\sum_{i=1}^{M}(\bar{X}_i - \mu)^2}{M}}$$

$$= \sqrt{\frac{(1.5-2.5)^2 + (2-2.5)^2 + \cdots + (3.5-2.5)^2}{6}} = \sqrt{\frac{1.25}{3}} \qquad (15\text{-}9)$$

通过以上例子，可以推广到如果总体含有 N 个单位，从中连续抽取 n 个单位，构成一个样本，那么可能构成的样本总数

$$M = C_N^n$$

所有可能的样本均值 $\bar{X}_i$ 有

$$\bar{X}_1 = \frac{1}{n}(X_1 + X_2 + \cdots + X_n)$$

$$\bar{X}_2 = \frac{1}{n}(X_2 + X_3 + \cdots + X_{n+1})$$

$$\vdots$$

$$\bar{X}_M = \frac{1}{n}(X_{N-n+1} + X_{N-n+2} + \cdots + X_N)$$

将这些均值代入式(15-5)：

$$\sigma_{\bar{X}} = \sqrt{\frac{\sum_{i=1}^{M}(\bar{X}_i - \mu)^2}{M}}$$

其中，

$$\mu = \frac{\sum_{i=1}^{N} X_i}{N}$$

经整理后有简单不重复抽样的平均抽样误差

$$\sigma_{\bar{X}} = \frac{\sigma}{\sqrt{n}}\sqrt{\frac{N-n}{N-1}} \tag{15-10}$$

其中，σ 为总体标准差：

$$\sigma = \sqrt{\frac{\sum_{i=1}^{N}(X_i - \mu)^2}{N}} \tag{15-11}$$

现在用式(15-10)计算[例]1的平均抽样误差。

为此要计算总体方差 σ^2。根据

$$\mu = \frac{\sum X}{4} = \frac{1+2+3+4}{4} = 2.5 \tag{15-12}$$

将式(15-12)代入式(15-11)：

$$\sigma^2 = \frac{\sum(X_i - \mu)^2}{N}$$

$$= \frac{(1-2.5)^2 + (2-2.5)^2 + (3-2.5)^2 + (4-2.5)^2}{4}$$

$$= 1.25 \tag{15-13}$$

将式(15-13)代入式(15-10)：

$$\sigma_{\bar{X}} = \frac{\sqrt{1.25}}{\sqrt{2}}\sqrt{\frac{4-2}{4-1}} = \sqrt{\frac{1.25}{3}} \tag{15-14}$$

可见计算结果式(15-9)与式(15-14)是一样的。但利用 $\sigma_{\bar{X}}$ 公式(15-10)，可以免去计算各种可能的样本均值 $\bar{X}_i$，这在总体 N 和 n 都很大的情况下，其优越性就显示出来了。总体方差 σ^2 一般利用已往资料来确定。当 σ^2 未知时，可用本次抽样的样本方差 S^2 来代替：

$$\sigma^2 \approx S^2 = \frac{1}{n-1}\sum_{i=1}^{n}(X_i - \bar{X})^2 \qquad (15\text{-}15)$$

比较式(15-3)和式(15-10)，系数 $\sqrt{\frac{N-n}{N-1}}$ 称作有限总体的修正系数。如果 $N \gg 1$，则

$$\sqrt{\frac{N-n}{N-1}} \approx \sqrt{1-\frac{n}{N}} \qquad (15\text{-}16)$$

其中 $\frac{n}{N}$ 是抽样比例。当 $N \gg n$ 时：

$$\sqrt{1-\frac{n}{N}} \approx \sqrt{1-0} \approx 1$$

这时简单非重复抽样的标准差，近似地等于式(15-3)给出的简单重复抽样的标准差：

$$\sigma_{\bar{X}} = \frac{\sigma}{\sqrt{n}}$$

一般情况下，由于 $\frac{n}{N} < 1$，因此简单不重复抽样的标准差小于简单重复抽样的标准差，这一点也是显见的。因为对于简单不重复抽样，避免了样本全部由最大值或最小值（例如[例]1 中全等于 1 或全等于 4）所组成的情况，因此分散性减小，从而抽样的标准差也就减小了。

同理，对于二项总体在不重复抽样下，抽样成数 P 的平均抽样误差为

$$\sigma_P = \sqrt{\frac{p(1-p)}{n}\left(\frac{N-n}{N-1}\right)} \underset{(\text{当}N \gg 1)}{\approx} \sqrt{\frac{p(1-p)}{n}\left(1-\frac{n}{N}\right)} \qquad (15\text{-}17)$$

二、分层抽样

(一) 什么是分层抽样

分层抽样是将一个不均匀的总体，先按大小划分为若干层，使每一层的内部趋于均匀、同质，而总体的不均匀性主要集中在层间的不均匀性上。然后在每一层中抽取一个简单随机样本，称作层样本。而各层样本均值的加权平均值就是总体均值的估计值了。由于分层抽样是遍及所有各层的，因此层间不存在抽样误差。只有每一层的内部，由于是随机抽样，才出现了抽样误差。当分层是按照同质层划分时，分层抽样误差可由于良好的分层而减少。这一点可用方差分析说得更清楚。首先总体的不均匀性是客观存在的，它可由总离差平方和

来描述：

$$\text{TSS} = \sum_{i=1}^{K} \sum_{j=1}^{N_i} (X_{ij} - \mu)^2 \tag{15-18}$$

其中，

K：分层数

N_i：第 i 层的总数

X_{ij}：总体中第 i 层第 j 个单位值

$$N = \sum_{i=1}^{K} N_i$$

$$\mu = \frac{1}{N} \sum_{i=1}^{K} \sum_{j=1}^{N_i} X_{ij}$$

总离差平方和 TSS 根据式(13-8)可以分解为层间平方和 BSS 与层内平方和 RSS：

$$\text{TSS} = \text{BSS} + \text{RSS} \tag{15-19}$$

$$\text{BSS} = \sum_{i=1}^{K} \sum_{j=1}^{N_i} (\mu_i - \mu)^2 = \sum_{i=1}^{K} N_i (\mu_i - \mu)^2 \tag{15-20}$$

$$\text{RSS} = \sum_{i=1}^{K} \sum_{j=1}^{N_i} (X_{ij} - \mu_i)^2 \tag{15-21}$$

其中，

$$\mu_i = \frac{1}{N_i} \sum_{j=1}^{N_i} X_{ij}$$

将式(15-19)除以总数 N 得

$$\frac{\text{TSS}}{N} = \frac{\text{BSS}}{N} + \frac{\text{RSS}}{N} \tag{15-22}$$

式(15-22)中的各分量有如下的含义：

(1) $\dfrac{\text{TSS}}{N}$ 根据式(15-18)，是总体方差

$$\sigma^2 = \frac{\text{TSS}}{N} = \frac{1}{N} \sum_{i=1}^{K} \sum_{j=1}^{N_i} (X_{ij} - \mu)^2 \tag{15-23}$$

它是由总体的不均匀性决定的，它不因内部的分层而改变。

(2) $\dfrac{\text{BSS}}{N}$ 根据式(15-20)，是层间方差

$$\sigma_B^2 = \frac{\text{BSS}}{N} = \sum_{i=1}^{K} \frac{N_i}{N} (\mu_i - \mu)^2 \tag{15-24}$$

它是各层均值 μ_i 与总体均值 μ 离差平方和的加权 $\frac{N_i}{N}$ 平均值,其值 σ_B^2 取决于分类后 μ_i 的数值。

(3) $\frac{\text{RSS}}{N}$ 根据式(15-21),是层内方差

$$\sigma_R^2 = \frac{\text{RSS}}{N} = \sum_{i=1}^{K} \sum_{j=1}^{N_i} \frac{1}{N}(X_{ij}-\mu_i)^2 = \sum_{i=1}^{K} \frac{N_i}{N}\sigma_i^2 \qquad (15\text{-}25)$$

$$\sigma_i^2 = \sum_{j=1}^{N_i} \frac{(X_{ij}-\mu_i)^2}{N_i}$$

σ_R^2 是各层内部方差 σ_i^2 的加权 $\frac{N_i}{N}$ 的平均值,式(15-25)与式(15-35)比较,σ_R^2 也可写作 $\overline{\sigma^2}$,即 $\sigma_R^2 = \overline{\sigma^2}$。

根据式(15-23)—式(15-25),式(15-22)可写作

$$\sigma^2 = \sigma_B^2 + \sigma_R^2 \qquad (15\text{-}26)$$

由于 σ_B^2 不进入分层抽样误差[见式(15-32)、式(15-33)],因此在总方差 σ^2 一定的情况下,采用分层技术,有效地增大 σ_B^2,就可减少 σ_R^2,从而达到减少抽样误差的目的。

(二) 分层抽样平均抽样误差的计算

当各层都随机抽取一个简单随机样本后,各层样本均值

$$\overline{X}_i = \sum_{j=1}^{n_i} \frac{X_{ij}}{n_i} \qquad (15\text{-}27)$$

的加权平均值

$$\overline{X} = \sum_{i=1}^{K} \frac{N_i}{N}\overline{X}_i \qquad (15\text{-}28)$$

将是总体均值 μ 的无偏估计值。

知道了样本 $\overline{X}$ 后,对于简单的总体,如果全部可能的样本计算方便的话,分层抽样平均抽样误差无须特殊的公式,实际就可以计算出来了。

[例]2. 设总体分作如下两层(表 15-3)。

表 15-3 分层的变量值

层别	第一层	第二层
变量 X 值	1,2,3	4,5,6,7

设从第一层 $N_1=3$ 中抽取样本容量为 $n_1=2$;从第二层 $N_2=4$ 中,抽取样本容

量为 $n_2=1$。求分层抽样的平均抽样误差 $\sigma_{\bar{X}}$。

[解]：将 $N_1=3, n_1=2, N_2=4, n_2=1, N=3+4=7$ 代入样本均值公式(15-28)有

$$\bar{X} = \sum_{i=1}^{K} \frac{N_i}{N}\bar{X}_i = \frac{3}{7}\bar{X}_1 + \frac{4}{7}\bar{X}_2 \qquad (15\text{-}29)$$

其中 $\bar{X}_1$ 和 $\bar{X}_2$ 表示第一层和第二层的样本均值。

可能的 $\bar{X}_1$ 共有 $C_3^2=3$ 种，它们是

$$\frac{1+2}{2} = 1.5$$

$$\frac{1+3}{2} = 2$$

$$\frac{2+3}{2} = 2.5$$

可能的 $\bar{X}_2$ 共有 $C_4^1=4$ 种，它们是 $4,5,6,7$。

而第一层中的每一个可能的 $\bar{X}_1$ 都可以和第二层中的每一个可能的 $\bar{X}_2$ 组成一种可能的分层抽样样本。其总数 $3\times 4=12$ 就组成了全部可能的样本均值，代入式(15-29)有

$$\frac{3}{7}\times 1.5 + \frac{4}{7}\times 4 = \frac{20.5}{7}$$

$$\frac{3}{7}\times 1.5 + \frac{4}{7}\times 5 = \frac{24.5}{7}$$

$$\frac{3}{7}\times 1.5 + \frac{4}{7}\times 6 = \frac{28.5}{7}$$

$$\frac{3}{7}\times 1.5 + \frac{4}{7}\times 7 = \frac{32.5}{7}$$

$$\frac{3}{7}\times 2 + \frac{4}{7}\times 4 = \frac{22}{7}$$

$$\frac{3}{7}\times 2 + \frac{4}{7}\times 5 = \frac{26}{7}$$

$$\frac{3}{7}\times 2 + \frac{4}{7}\times 6 = \frac{30}{7}$$

$$\frac{3}{7}\times 2 + \frac{4}{7}\times 7 = \frac{34}{7}$$

$$\frac{3}{7}\times 2.5 + \frac{4}{7}\times 4 = \frac{23.5}{7}$$

$$\frac{3}{7} \times 2.5 + \frac{4}{7} \times 5 = \frac{27.5}{7}$$

$$\frac{3}{7} \times 2.5 + \frac{4}{7} \times 6 = \frac{31.5}{7}$$

$$\frac{3}{7} \times 2.5 + \frac{4}{7} \times 7 = \frac{35.5}{7}$$

根据这 12 个可能的样本均值求 $\overline{\overline{X}}$：

$$\overline{\overline{X}} = \frac{\frac{20.5}{7} + \frac{24.5}{7} + \cdots + \frac{35.5}{7}}{12} = 4$$

可以发现，$\overline{\overline{X}}$ 与总体均值 μ 是相等的：

$$\mu = \frac{1+2+3+4+5+6+7}{7} = 4$$

有了全部可能的样本均值 $\overline{X}$，就可以计算分层抽样的平均抽样误差 $\sigma_{\overline{X}}$，根据式(15-2)有

$$\sigma_{\overline{X}} = \sqrt{\frac{\left(\frac{20.5}{7}-4\right)^2 + \left(\frac{24.5}{7}-4\right)^2 + \cdots + \left(\frac{31.5}{7}-4\right)^2 + \left(\frac{35.5}{7}-4\right)^2}{12}}$$

$$= \sqrt{\frac{21.5}{7^2}} \tag{15-30}$$

(三) 分层异比抽样平均抽样误差公式

根据式(15-28)：
$$\overline{X} = \sum_{i=1}^{K} \frac{N_i}{N} \overline{X}_i$$

$\overline{X}$ 的方差

$$\sigma_{\overline{X}}^2 = D(\overline{X}) = D\left(\sum_{i=1}^{K} \frac{N_i}{N} \overline{X}_i\right) = \sum \frac{N_i^2}{N^2} D(\overline{X}_i) \tag{15-31}$$

1. 简单重复抽样

将式(15-3)：
$$D(\overline{X}_i) = \frac{\sigma_i^2}{n_i}$$

代入式(15-31)，得层内用简单重复抽样的分层抽样平均抽样误差公式：

$$\sigma_{\overline{X}} = \sqrt{\sum_{i=1}^{K} \frac{N_i^2}{N^2} D(\overline{X}_i)} = \sqrt{\sum_{i=1}^{K} \frac{N_i^2}{N^2} \frac{\sigma_i^2}{n_i}} \tag{15-32}$$

2. 简单不重复抽样

将式(15-10)：
$$D(\overline{X}_i) = \frac{N_i - n_i}{N_i - 1} \frac{\sigma_i^2}{n_i}$$

代入式(15-31),得层内用简单不重复抽样的分层抽样平均抽样误差公式:

$$\sigma_{\overline{X}} = \sqrt{\sum_{i=1}^{K} \frac{N_i^2}{N^2} D(\overline{X}_i)} = \sqrt{\sum_{i=1}^{K} \frac{N_i^2}{N^2} \frac{N_i - n_i}{N_i - 1} \frac{\sigma_i^2}{n_i}} \quad (15-33)$$

式(15-32)和式(15-33)都是分层抽样平均抽样误差的一般公式。

(四) 分层定比平均抽样误差公式

当各层按相同比例抽样时:

$$\frac{n_1}{N_1} = \frac{n_2}{N_2} = \frac{n_3}{N_3} = \cdots = \frac{n}{N}$$

即

$$n_i = \frac{N_i}{N} n \quad (15-34)$$

称作分层定比抽样。

1. 简单重复抽样

将式(15-34)代入式(15-32),得层内用简单重复抽样的分层定比抽样的平均抽样误差公式

$$\sigma_{\overline{X}} = \sqrt{\sum_{i=1}^{K} \frac{N_i^2}{N^2} \frac{\sigma_i^2}{n_i}} = \sqrt{\frac{1}{n} \sum_{i=1}^{K} \frac{N_i^2}{N^2} \frac{N}{N_i} \sigma_i^2} = \sqrt{\frac{1}{n} \sum_{i=1}^{K} \frac{N_i}{N} \sigma_i^2} = \sqrt{\frac{\overline{\sigma^2}}{n}} \quad (15-35)$$

$$\overline{\sigma^2} = \sum_{i=1}^{K} \frac{N_i}{N} \sigma_i^2 = \sum_{i=1}^{K} \frac{n_i}{n} \sigma_i^2$$

2. 简单不重复抽样

将式(15-34)代入式(15-33),得层内用简单不重复抽样的分层定比抽样的平均抽样误差公式

$$\sigma_{\overline{X}} = \sqrt{\sum_{i=1}^{K} \frac{N_i^2}{N^2} \frac{N_i - n_i}{N_i - 1} \frac{\sigma_i^2}{n_i}} = \sqrt{\frac{1}{n} \sum_{i=1}^{K} \frac{N_i - n_i}{N_i - 1} \frac{N_i \sigma_i^2}{N}} \quad (15-36)$$

当 $N_i \gg 1$,可简化为

$$\sigma_{\overline{X}} = \sqrt{\frac{1}{n} \sum_{i=1}^{K} \left(1 - \frac{n_i}{N_i}\right) \frac{N_i}{N} \sigma_i^2} = \sqrt{\frac{1}{n} \sum_{i=1}^{K} \left(1 - \frac{n}{N}\right) \frac{N_i}{N} \sigma_i^2} = \sqrt{\frac{\left(1 - \frac{n}{N}\right) \overline{\sigma^2}}{n}}$$

$$(15-37)$$

$$\overline{\sigma^2} = \sum_{i=1}^{K} \frac{N_i}{N} \sigma_i^2 = \sum_{i=1}^{K} \frac{n_i}{n} \sigma_i^2$$

$\overline{\sigma^2}$ 称作平均方差。式(15-35)和式(15-37)都说明,减少层内方差 σ_i^2 可以有效地降低分层抽样的平均抽样误差 $\sigma_{\overline{X}}$。

下面分析[例]2,它属于层内用简单不重复抽样的分层抽样。因此它的平

均抽样误差公式应采用式(15-33),为此要先求出各层内的方差(表 15-3)。
第一层方差
$$\bar{X}_1 = \frac{1+2+3}{3} = 2$$
$$\sigma_1^2 = \frac{(1-2)^2+(2-2)^2+(3-2)^2}{3} = \frac{2}{3}$$
第二层方差
$$\bar{X}_2 = \frac{4+5+6+7}{4} = 5.5$$
$$\sigma_2^2 = \frac{(4-5.5)^2+(5-5.5)^2+(6-5.5)^2+(7-5.5)^2}{4} = \frac{5}{4}$$
第一层总数 N_1 和样本容量 n_1：
$$N_1 = 3, \quad n_1 = 2$$
第二层总数 N_2 和样本容量 n_2：
$$N_2 = 4, \quad n_2 = 1$$
将以上数据代入式(15-33),得
$$\sigma_{\bar{X}} = \sqrt{\sum_{i=1}^{K} \frac{N_i^2}{N^2} \frac{N_i - n_i}{N_i - 1} \frac{\sigma_i^2}{n_i}}$$
$$= \sqrt{\frac{3^2}{7^2} \times \left(\frac{3-2}{3-1}\right) \times \frac{2}{3} \times \frac{1}{2} + \frac{4^2}{7^2} \times \left(\frac{4-1}{4-1}\right) \times \frac{5}{4} \times \frac{1}{1}} = \sqrt{\frac{21.5}{7^2}}$$
(15-38)

式(15-38)计算结果与式(15-30)是一样的,从而说明本例题采用式(15-33)计算是正确的。

三、等距抽样(机械抽样、系统抽样)

等距抽样的误差,一般都是以简单随机抽样方式的误差公式来代替的。一般说来,如果等距抽样不存在周期性误差,这样做的结果,即用简单随机抽样来计算的误差,会比实际情况大些,也就是误差的估计更保守些而已。

四、整群抽样(集团抽样)

以上介绍各种抽样方式,其抽样单位就是总体的单位。但当总体单位数目很大时,可以根据总体自然形成的群,以群作为调查单位,例如省、县、企业、车间、学校、班级、街道都可以作为群的单位。这时总体可看作是以群为单位的简单随机抽样;而入样的群将全部进行观察,所以抽样误差仅包含群间误差 σ^2 这一部分。对于整群抽样的平均抽样误差公式有

$$\sigma_{\overline{X}}^2 = \frac{K-k}{K-1} \cdot \frac{\sigma^2}{k} \tag{15-39}$$

其中　　K：总体群数

　　　　k：样本群数

　　　　σ^2：群间方差

整群抽样适合于群间差异小而群内差异大的情况。极端的情况下，如果每个企业情况相同，那么调查一个完整的企业岂不比每个企业都进行抽样更具有代表性吗？这点是正好和分层抽样的要求相反。

五、阶段抽样[①]

现以二级抽样为例，说明多级抽样误差的形成。设总体第一级可分作 N 个大单位，第二级是每个大单位都包含等量的 M 个小单位。因此总体实际则是由 $N \times M$ 个小单位所组成。

对总体来说，大单位的平均值

$$\mu_i = \frac{\sum_{j=1}^{M} X_{ij}}{M} \quad (i=1,2,\cdots,N) \tag{15-40}$$

总体的平均值

$$\mu = \frac{\sum_{i=1}^{N} \mu_i}{N} \tag{15-41}$$

设从总体中随机抽查 n 个大单位，并对每个入样的大单位又随机抽查 m 个小单位，于是对样本来说，

大单位的平均值　　$$\overline{X}_i = \frac{\sum_{j=1}^{m} X_{ij}}{m} \quad (i=1,2,\cdots,n) \tag{15-42}$$

总体样本均值　　$$\overline{X} = \frac{\sum_{i=1}^{n} \overline{X}_i}{n} (n \leq N) \tag{15-43}$$

可以证明 $\overline{X}$ 就是总体 μ 的无偏估计。

知道了样本 $\overline{X}$ 后，如果总体比较小，全部可能的样本计算方便的话，正如分层抽样一样，也可以直接计算出二阶段的抽样平均误差 $\sigma_{\overline{X}}$。下面举一个简单的例子。

---

① 可作选读用。

第十五章 抽 样

[例]3. 设总体分作如下 3 个大单位,用方框表示。每个大单位包含 2 个小单位,其大小为方框内的数值所示(图 15-1)。

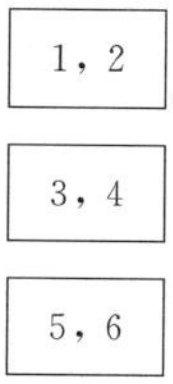

```
1, 2
3, 4
5, 6
```

图 15-1 总体有 3 个大单位,每个大单位有 2 个小单位

先从大单位 $N=3$ 中,做 $n=2$ 的随机抽样,然后再从入样的大单位 $M=2$ 中,做 $m=1$ 的随机抽样,求二级抽样的 $\sigma_{\overline{X}}$。

[解]:首先总体均值

$$\mu = \frac{1+2+3+4+5+6}{6} = 3.5 \quad (15\text{-}44)$$

为了计算全部可能的各种样本均值 $\overline{X_i}$,先看大单位的组合数有 $C_3^2=3$,然后每一种组合的大单位,又有 $C_2^1=2$ 种选择小单位的方法。因此共有 $3\times2\times2=12$ 种可能的样本均值(表 15-4)。全部可能样本均值的平均值

$$\overline{\overline{X}} = \frac{2+2.5+2.5+3+3+3.5+3.5+4+4+4.5+4.5+5}{12} = 3.5 \quad (15\text{-}45)$$

表 15-4 可能的样本组合

可能的大单位组合	可能的样本	可能的均值 $\overline{X_i}$

1,2
3,4
	1 — 3 (1,3)
	    — 4 (1,4)
	2 — 3 (2,3)
	    — 4 (2,4)
		2
		2.5
		2.5
		3

1,2
5,6
	1 — 5 (1,5)
	    — 6 (1,6)
	2 — 5 (2,5)
	    — 6 (2,6)
		3
		3.5
		3.5
		4

3,4
5,6
	3 — 5 (3,5)
	    — 6 (3,6)
	4 — 5 (4,5)
	    — 6 (4,6)
		4
		4.5
		4.5
		5

式(15-44)与式(15-45)相等,$\overline{\overline{X}}=\mu=3.5$,可见全部样本数已经齐全。将全部

可能的样本均值 $\bar{X}_i$ 代入式(15-2)有

$$\sigma_{\bar{X}} = \sqrt{\frac{\sum(\bar{X}-\mu)^2}{12}}$$

$$= \sqrt{\frac{(2-3.5)^2+(2.5-3.5)^2+\cdots+}{12}}$$

$$\cdots \frac{+(4.5-3.5)^2+(5-3.5)^2}{12} = \sqrt{\frac{9.5}{12}} \quad (15\text{-}46)$$

现在推广到总体中有大单位 N 个。从 N 个大单位中随机抽取 n 个。设每个大单位包含 M 个小单位,从每个入样的大单位中随机抽取 m 个。那么,这种二阶段抽样的样本 $\bar{X}$ 的抽样平均误差

$$\sigma_{\bar{X}} = \sqrt{\left(1-\frac{n}{N}\right)\frac{\sigma_b^2}{n} + \left(1-\frac{m}{M}\right)\frac{\sigma_\omega^2}{mn}} \quad (15\text{-}47)$$

公式中 σ_b^2 为总体大单位间均值的方差:

$$\sigma_b^2 = \frac{\sum_{i=1}^{N}(\mu_i-\mu)^2}{N-1} \quad (15\text{-}48)$$

σ_ω^2 为大单位内部方差

$$\sigma_i^2 = \frac{\sum_{j=1}^{M}(X_{ij}-\mu_i)^2}{M-1} \quad (15\text{-}49)$$

的平均值:

$$\sigma_\omega^2 = \frac{\sum_{i=1}^{N}\sigma_i^2}{N} = \frac{\sum_{i=1}^{N}\sum_{j=1}^{M}(X_{ij}-\mu_i)^2}{N(M-1)} \quad (15\text{-}50)$$

当 σ_b^2 和 σ_ω^2 未知时,可用样本的 S_b^2 和 S_ω^2 来代替:

$$S_b^2 = \frac{\sum_{i=1}^{n}(\bar{X}_i-\bar{X})^2}{n-1} \quad (15\text{-}51)$$

$$S_\omega^2 = \frac{\sum_{i=1}^{n}\sum_{j=1}^{m}(X_{ij}-\bar{X}_i)^2}{n(m-1)} \quad (15\text{-}52)$$

将式(15-51)和式(15-52)代入式(15-47),得二阶段抽样 $\bar{X}$ 平均抽样误差的无偏估计量

$$\sigma_{\bar{X}} = \sqrt{\left(1-\frac{n}{N}\right)\frac{S_b^2}{n} + \frac{n}{N}\left(1-\frac{m}{M}\right)\frac{S_\omega^2}{mn}} \text{①} \qquad (15\text{-}53)$$

现在我们来用公式(15-47)计算本节[例]3,为此,必须先根据式(15-48)和式(15-50):

$$\sigma_b^2 = \frac{\sum_{i=1}^{N}(\mu_i - \mu)^2}{N-1}$$

$$\sigma_\omega^2 = \frac{\sum_{i=1}^{N}\sum_{j=1}^{M}(X_{ij}-\mu_i)^2}{N(M-1)}$$

计算总体大单位间均值的方差 σ_b^2 和大单位内部方差的平均值 σ_ω^2。

根据图 15-1,大单位均值有

$$\mu_1 = \frac{1+2}{2} = 1.5$$

$$\mu_2 = \frac{3+4}{2} = 3.5$$

$$\mu_3 = \frac{5+6}{2} = 5.5$$

代入式(15-48)和式(15-50)得

$$\sigma_b^2 = \frac{(1.5-3.5)^2 + (3.5-3.5)^2 + (5.5-3.5)^2}{3-1} = 4 \qquad (15\text{-}54)$$

$$\sigma_\omega^2 = \frac{(1-1.5)^2 + (2-1.5)^2 + (3-3.5)^2 + (4-3.5)^2 + (5-5.5)^2 + (6-5.5)^2}{3 \times (2-1)}$$

$$= 0.5 \qquad (15\text{-}55)$$

将式(15-54)、式(15-55)的 σ_b^2 和 σ_ω^2 值代入式(15-47),得二阶段抽样 $\bar{X}$ 平均抽样误差为

$$\sigma_{\bar{X}} = \sqrt{\frac{N-n}{N}\frac{\sigma_b^2}{n} + \frac{M-m}{M}\frac{\sigma_\omega^2}{mn}}$$

$$= \sqrt{\frac{3-2}{3} \times \frac{4}{2} + \frac{2-1}{2} \times \frac{0.5}{2 \times 1}} = \sqrt{\frac{9.5}{12}} \qquad (15\text{-}56)$$

式(15-56)与式(15-46)计算结果是相同的。但运用的公式(15-47),可以免去计算全部可能的样本均值。

总结以上各种抽样方式,可以看出,抽样误差取决于总体的 σ^2(或 σ_i^2)、样本容量 n 以及抽样方式。其中除 σ^2 和 σ_i^2 取决于总体的性质外,可以通过选择不

---

① 黄良文、吴国培编著:《应用抽样方法》,中国统计出版社 1991 年版,第 244—248 页。

同的样本容量 n 和抽样方式使抽样误差减少到所需要的程度。

第四节 样本容量的确定

抽样数目即样本容量在抽样技术中是很重要的问题。抽样数目太多,会造成人力、物力上的浪费,而抽样数目太少,又会影响调查的精度,因此必须合理确定样本容量(Sample size)。

样本容量的确定,是与要通过样本进行估计的精度相联系的。因此可以用样本统计量 $\hat{Q}$ 与总体参数 Q 估计的通式(6-43)来讨论。

$$P(\hat{Q}-Z_{\alpha/2}\sigma_{\hat{Q}} \leqslant Q \leqslant \hat{Q}+Z_{\alpha/2}\sigma_{\hat{Q}})=1-\alpha \tag{15-57}$$

或

$$P(|\hat{Q}-Q| \leqslant Z_{\alpha/2}\sigma_{\hat{Q}})=1-\alpha$$

其中

$$|\hat{Q}-Q|=\Delta \tag{15-58}$$

称作允许的误差范围。

$\sigma_{\hat{Q}}$:抽样误差,上节讨论了统计量 $\hat{Q}$ 为样本均值 $\bar{X}$ 时的抽样误差 $\sigma_{\bar{X}}$,对于确定的抽样方式,抽样误差 $\sigma_{\bar{X}}$ 是总体方差 σ^2 和样本容量 n 的函数。

$1-\alpha$:估计的可靠程度或置信度,即允许误差范围 Δ 的概率保证程度。

$Z_{\alpha/2}$:概率度,简写作 t。t 值由"$1-\alpha$"查正态数值表(附表 4)求得。例如有

当 $t=1$ 时, $1-\alpha=0.6826$

当 $t=2$ 时, $1-\alpha=0.9545$

当 $t=3$ 时, $1-\alpha=0.9973$

误差范围 Δ、概率度 t、抽样误差 $\sigma_{\hat{Q}}$ 以及置信度 $1-\alpha$,根据式(15-57),有如下的关系式

$$\Delta=t\sigma_{\hat{Q}}(\sigma^2,n) \tag{15-59}$$

或图示(图 15-2)。

可见,对于一定的抽样方式,Δ、σ^2(或 σ_i^2)、n 和 t 4 个因子中,只要有 3 个因子已经知道,另一个因子就可确定。对于参数估计问题,实际就是 σ^2、n、t 已知情况下,求出 Δ 值;而样本容量问题,则是已知 Δ、σ^2、t 情况下,求出 n 值,因此样本容量的确定,可以说是参数估计的逆问题。下面介绍简单随机抽样(包含机械抽样)样本容量的确定。

一、重复抽样

样本均值的抽样误差[式(15-3)]有

$$\sigma_{\bar{X}}=\frac{\sigma}{\sqrt{n}}$$

第十五章 抽　样

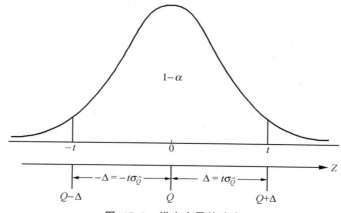

图 15-2　样本容量的确定

样本成数的抽样误差[式(15-4)]有

$$\sigma_P = \sqrt{\frac{p(1-p)}{n}}$$

将式(15-3)代入式(15-59),得有关均值的关系式

$$\Delta = t\frac{\sigma}{\sqrt{n}} \tag{15-60}$$

式(15-60)移项后得重复抽样下,有关均值必要样本单位数的公式

$$n = \frac{t^2\sigma^2}{\Delta^2} \tag{15-61}$$

同理,将式(15-4)代入式(15-59),得有关成数的关系式

$$\Delta = t\sqrt{\frac{p(1-p)}{n}} \tag{15-62}$$

式(15-62)移项后得重复抽样下,有关成数必要样本单位数的公式

$$n = \frac{t^2 p(1-p)}{\Delta^2} \tag{15-63}$$

二、非重复抽样

样本均值的抽样误差[式(15-10)]有

$$\sigma_{\bar{X}} \approx \frac{\sigma}{\sqrt{n}}\sqrt{1-\frac{n}{N}}$$

样本成数的抽样误差[式(15-17)]有

$$\sigma_P = \sqrt{\frac{p(1-p)}{n}} \sqrt{1-\frac{n}{N}}$$

将式(15-10)和式(15-17)分别代入式(15-59),得有关均值和成数的关系式

$$\Delta = t \frac{\sigma}{\sqrt{n}} \sqrt{1-\frac{n}{N}} \qquad (15\text{-}64)$$

$$\Delta = t \sqrt{\frac{p(1-p)}{n}} \sqrt{1-\frac{n}{N}} \qquad (15\text{-}65)$$

式(15-64)移项后得不重复抽样下,有关均值必要样本单位数的公式

$$n = \frac{Nt^2\sigma^2}{N\Delta^2 + t^2\sigma^2} \qquad (15\text{-}66)$$

式(15-65)移项后得不重复抽样下,有关成数必要样本单位数的公式

$$n = \frac{Nt^2 p(1-p)}{N\Delta^2 + t^2 p(1-p)} \qquad (15\text{-}67)$$

上述两种抽样,在 σ^2 未知情况下,可用样本方差 S^2 来代替,$\sigma^2 \approx S^2$。

[例]4. 某学校准备采用抽样调查了解学生平均每周用于文体活动的时间。置信度为 0.9,允许误差要求控制在±1 小时之内。求所需的样本容量(已知 $\sigma = 5$ 小时)。

[解]:根据题意,本题采用均值样本容量公式(15-61)。

$$n = \frac{t^2 \sigma^2}{\Delta^2}$$

因 $\qquad\qquad\qquad 1-\alpha = 0.9, \quad t = 1.65$

已知 $\qquad\qquad\qquad \sigma = 5 \text{ 小时}, \quad \Delta = \pm 1$

所以 $\qquad\qquad n = \frac{t^2 \sigma^2}{\Delta^2} = \frac{1.65^2 \times 5^2}{1} = 68 \text{ 人}$

[例]5. 电视台为了解戏曲节目的收看率,拟进行一次抽样调查。根据 50 户的试调查,收看率为 68%。现要求抽样调查的结果,误差不超过 5%,置信度为 0.95,求所需的样本容量。

[解]:根据题意,本题采用成数样本容量公式(15-63):

$$n = \frac{t^2 p(1-p)}{\Delta^2}$$

因 $\qquad\qquad\qquad 1-\alpha = 0.95, \quad t = 1.96$

已知 $\qquad\qquad p = 0.68 \text{(根据试调查)}, \quad \Delta = 0.05$

所以 $\qquad n = \frac{t^2 p(1-p)}{\Delta^2} = \frac{1.96^2 \times 0.68 \times (1-0.68)}{0.05^2} \approx 334 \text{ 户}$

第十五章 抽　样

[例]6. 某单位共有职工 4810 人。为了有 95% 的可靠性使非重复抽样的平均收入,其误差不超过 ±5 元,求样本容量(已知 $\sigma=18.7$ 元)。

[解]: $N=4810$, $\Delta=5$ 元
$$t=1.96(1-\alpha=0.95)$$

代入式(15-66)有
$$n=\frac{Nt^2\sigma^2}{N\Delta^2+t^2\sigma^2}=\frac{4810\times 1.96^2\times 18.7^2}{4810\times 5^2+1.96^2\times 18.7^2}$$
$$\approx 54 \text{ 人}$$

最后小结本章介绍的抽样全过程。首先对研究的总体必须给予明确的界定,也就是明确所研究对象,从地理位置和单位来看都包括哪些,是什么时间发生的现象⋯⋯比如研究的问题是北京市当前青年求职的意愿,那么,"北京市""青年"就构成了总体地理位置和单位的界定,而"当前"则构成了总体时间上的界定。在总体界定之后,需进一步确定抽样方法和抽样框,抽样方法前面已做介绍,而抽样框,指的是完整的总体单位清单。作为提供原始数据的总体,必须具有完整的总体单位一览表。好的抽样框对于抽样十分重要,它是做好抽样的先决条件。试想,如果抽样框是一份残缺不全的清单,那怎能保证总体中的所有单位都有同等的机会被抽到呢? 抽样框的要求是与抽样方法密切联系的,如果总体很大,一般采用多阶段抽样,这时第一步只需要一份完整的群体清单,对于入样的群体才需要提供进一步的抽样框。而对于总体不太大,如果采用简单随机抽样,则必须具有完整的总体清单。抽样的进一步工作是需确定样本的容量。前面我们谈到了样本容量的确定,是与抽样方法、总体单位间的分散程度 σ^2、允许误差的范围 Δ 和置信度 $1-\alpha$ 有关。其中对实际工作来说,困难最大的是总体的参数 σ^2(对二项总体是总体成数 p)的确定。一般来说,σ^2 可借助已有的资料,或先抽一个小样本来完成,但这些毕竟又会引入未知的误差。因此上述介绍的公式只能作为确定样本容量的参考值。特别对二项总体,如果对总体不清楚,可采用 σ^2 的最大值($\sigma^2=0.25$)做最保守的估算。样本容量的确定除了运用公式外,还取决于抽样调查所能投入的人力、物力和资金。此外,问卷调查的设计往往包括若干项内容,因此是多个变量的。这时如果出现了根据不同变量计算的样本容量各不相同时,可以采取灵活的方式,或取计算中最大的样本容量,或取最主要的变量作为样本容量决定的依据,这些都要根据具体的研究内容而定。

确定了抽样方法和样本容量,进一步将实施抽样,以便确定具体的抽样名单。

至此，抽样过程似乎已经全部完成了。但我们知道，理论上样本容量总是和置信度相联系的，只要不是总体调查，样本精度都只能是具有一定的概率保证，而不会是100%的可靠。比如置信度为95%，则表示置信度之外的样本，平均而言，每20个样本就会出现1个，也就是每20个样本中，就会出现1个不满足精度要求的样本，这样的风险，对于实际的社会调查，所付出的代价还是太大了。特别是大型的社会调查，上千份问卷所花费的人力、物力和资金都是不小的。因此应当尽量避免不合要求样本的出现。为此，实际工作者想出了样本评估的办法。也就是根据抽样名单，统计样本的某些变量，比如性别、年龄、文化程度、职业等，然后比较总体[1]和样本这些变量的分布。例如表15-5至表15-7。

表 15-5 性别分布比较

	男	女
总体	51%	49%
样本	53%	47%

表 15-6 年龄分布比较

	老年	中年	青年
总体	10%	30%	60%
样本	7%	38%	55%

表 15-7 文化程度比较

	文盲	小学	中学	大学
总体	5%	20%	60%	15%
样本	1%	22%	65%	12%

比较的变量越多，说明样本落至置信度以外的可能性越小。样本评估工作，应在问卷调查开展之前进行，以便剔除那些与总体分布偏离较大的样本。这样，对以后资料处理也就更有充分把握了。样本评估目前在规范化的社会调查科研报告中，已成为一项不可缺少的指标，否则成果将很难得到承认。

总结起来，抽样过程为图15-3：

---

[1] 一般情况下，总体的这些基本资料，如性别、年龄、文化……都是有的。

第十五章 抽样

图 15-3 抽样过程

框图中的虚线,表示如果评估不合要求,须重新抽样,确定新的抽样名单。

最后还须强调,作为抽样调查的成果,还须给出样本回收率这项指标。

$$回收率 = \frac{回收有效问卷份数}{发放的问卷份数}$$

发放的问卷数应不少于样本的容量,但在任何情况下都应以发放的问卷份数作为分母,而不是样本容量。回收率不得少于 70%,否则将严重破坏随机抽样的原则。

习 题

1. 设某单位共有 100 户人家。家庭人口数有如下统计结果:

3,2,4,3,5,4,6,4,4,3,4,5,4,3,1,4,3,4,3,5,4,5,3,4,7,6,4,3,4,4,3,4,3,
5,4,2,3,5,3,4,3,4,2,4,5,4,3,6,4,3,5,4,3,4,8,5,4,5,4,3,7,6,
4,3,4,3,5,4,3,4,3,2,4,4,3,5,4,3,2,3,4,6,4,2,5,4,3,5,4,3,4,5,4,3,4,3

(1) 作直方图。

(2) 从总体中做 100 个容量为 $n=10$ 的简单随机抽样,作家庭平均人数 $\overline{X}$ 的直方图。

(3) 把(1)和(2)的结果画在一张图上,并进行比较。

2. 用题 1 中家庭人口数的数据,计算下列情况下样本家庭平均人数 $\overline{X}$ 的标准误差 $\sigma_{\overline{X}}$。

(1) 按简单随机抽样,样本容量 $n=10$。

(2) 把总体 $N=100$ 分作 A、B 两类。各层抽 12 户:$n_A = n_B = 12$。分层的原则是

$$\begin{cases} X \leqslant 4 & 属于 A 类 \\ X \geqslant 5 & 属于 B 类 \end{cases}$$

第十六章

多元分析简述[1]

第一节　控制变量

一、为什么需要多变量统计分析

前面章节只介绍到二变量的统计分析方法,但社会现象仅有二变量的分析往往是不够的,因为社会现象的联系是复杂的,孤立地研究两个现象之间的关系不仅是不够的,有时甚至是错误的。例如对于回归分析来说,一个社会现象的产生,往往是多因造就的结果,不可能只是一因就能产生一果。因此多变量的统计分析是必不可少的,它往往更能反映社会的真实。那么,我们是否就不需要学习单变量、二变量,而是直接学习多变量统计分析方法?不是的,单变量、二变量都是统计分析方法的基础,只有学习了这些基础,才能进一步理解和掌握多变量统计分析技术。下面我们会看到,多变量分析方法实际是基础分析方法的延伸。目前多元统计分析方法可分为三大类:回归分析、聚类分析和判别分析。社会研究中常用的是回归分析,其他两类方法用得很少,因此本书多元统计分析只对多元回归及其有关方法做简要介绍,更多内容读者可参考其他多元分析书籍。[2]

---

[1]　选读。
[2]　例如,卢淑华编著:《多元社会统计分析基础》,北京大学出版社2017年版。

二、相关分析的深入分析——引进其他有关变量

先从一个社会现象说起,当我们研究住房类型 X 和死亡率 Y 之间关系时,经常会有老年公寓比一般公寓的人口死亡率要高,那么,是否意味着住老年公寓 X 会增加人口的死亡率 Y 呢?答案显然不是的。因为只有老人才会住老年公寓,而年龄才是引起死亡的直接因素。可见,当我们关注两个变量 X 和 Y 的相关时,实际这两个变量还和其他有关变量 Z 有着千丝万缕的联系,因此,我们获得 X 和 Y 的相关,实际上是叠加了其他有关变量 Z 共同作用的结果,而一旦其他有关变量 Z 消失或剔除,我们所关注的变量 X 和变量 Y 之间的相关就有可能变化,既有可能增强,也有可能减弱,甚至消失。上例中隐藏在背后的变量年龄(Z),是老年公寓(X)和死亡率(Y)增加的真正原因,是 X 和 Y 两者呈现相关的共因,或者说 Z 是 X 和 Y 产生关系的有关变量。可见,社会现象表面所呈现的相关性,必须正确地剔除其他变量对所研究 X 和 Y 关系的干扰,才能得出正确的结论。

三、统计控制

剔除其他变量常用的方法是控制变量法。所谓控制变量法,就是对研究变量之外的干扰变量,控制它的变化,使之保持恒定值,以期排除它对研究变量 X 和 Y 关系的影响。控制变量法在自然科学中经常运用,自然科学中所谓控制,是指在实验室中通过物理设备,人为地让控制变量达到某个恒定值。例如压力、温度、体积三者有一定的关系,如果只研究其中某两个变量的关系,就必须使另一个变量保持恒定。比如研究压力和体积的关系,那就必须控制温度不变,为此,可运用物理设备,当温度升高或降低时,可以把温度调回去,使之为某个恒定值。社会科学则不然,我们所研究的变量往往是些社会特征,诸如年龄、文化、性别、观念、意向等,这些在研究中是无法控制和无法改变的。例如,一个人的年龄,我们既无法让它保持不变,也无法让成人退回到幼年时代。因此,社会研究中所谓控制,并非实验室的控制,而是统计控制。所谓统计控制,就是根据需要,一次性收集资料,然后对需要控制的变量 Z,按其取值对资料进行分类。对应每一个分类,由于 Z 的取值相同,就等同于自然科学中的变量控制为固定值,所不同的是变量不能人为地变动,而是只能像照相那样,一次完成变量所要收集的所有数据,然后根据需要,用纸和笔对 Z 值进行分类而已。

四、控制变量

统计控制中需要控制的变量,称作控制变量(Control variable)。根据控制变量作用在所研究的变量 X 和 Y 位置不同,有几种主要模式:

(一) 前置变量

如果控制变量 Z 同时作用于变量 X 和变量 Y,是 X 和 Y 因果关系的共因,则称 Z 为 X 和 Y 的前置变量(Antecedent variable)(图 16-1)。

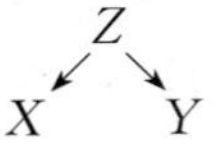

图 16-1 前置变量示意图

例如前面所说老年公寓比一般公寓的人口死亡率要高,但并不意味着老年公寓与人口死亡率有关。因为只有老人才住老年公寓,而老年人群是高死亡率人群,因此年龄(老年)是高死亡率和入住老年公寓的前置变量(图 16-2)。

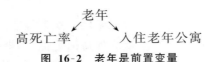

图 16-2 老年是前置变量

我们不妨把前置变量 Z 想象为两条河流的公共源头,一条流到了 X,另一条流到了 Y,源头如果控制住,下游也就没水了。也就是说,前置变量 Z 一旦消失,X 和 Y 的关系也随之消失,因此 X 和 Y 的相关是虚假相关或伪相关。

(二) 中介变量

如果控制变量 Z 是变量 X 产生的结果,而变量 Y 又是变量 Z 产生的结果,变量 Z 存在于关注变量 X 和变量 Y 因果链的中间,则称 Z 是变量 X 和变量 Y 的中介变量(Mediator variable),或者说,X 和 Y 的关系是间接的(图 16-3)。

$$X \rightarrow Z \rightarrow Y$$

图 16-3 中介变量示意图

例如增加教育经费,目的是提高教学质量,但必须经过中间环节,如购买更多教学设备,只有这样,增加教育经费方可转化为提高教学质量。因此,购买教学设备(Z)将是增加教育经费(X)和提高教学质量(Y)的中介变量(图 16-4)。

增加教育经费→购买教学设备→提高教学质量

图 16-4　购买教学设备是中介变量

不妨想象 X 是源头,只有先流过了 Z,然后才能流到 Y,中间的闸 Z 是控制变量,如果中介 Z 不通,下流 Y 也就没水了。

(三)条件变量

控制变量 Z 只是 X 和 Y 存在关系的条件,称 Z 为条件变量(Condition variable)(图 16-5)。

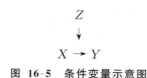

图 16-5　条件变量示意图

当 Z 是 X 和 Y 的条件变量时,则变量 Z 的不同取值 $Z=Z_1, Z=Z_2, Z=Z_3, \cdots, X$ 和 Y 的相关不仅数量不同,甚至相关的方向都可以不同。

例如根据调查,经济发达地区,人们的幸福感与收入几乎无关;而经济落后地区,人们的幸福感与收入有很强的正相关。因此,地区是幸福感与收入存在相关的条件变量(表 16-1)。

表 16-1　幸福感、收入与地区的相关

Z	幸福感与收入的关系
$Z=Z_1$(经济发达地区)	弱正相关或无关
$Z=Z_2$(经济落后地区)	强正相关

(四)曲解变量和压抑变量

除了表 16-1 所举的情况外,控制变量的不同取值 $Z=Z_1, Z=Z_2, Z=Z_3, \cdots, X$ 和 Y 的关系还可呈现为控制变量未分组前倒置的关系,这时称条件变量为曲解变量(Distorter variable);另外还可能,Z 和 Y 的相关,仅出现在控制变量 Z 分组之后,则称 Z 为压抑变量(Suppressor variable)。总之,社会研究中,如果找到了条件变量,会使我们对社会现象的认识大大深入了一步。

五、统计控制方法

统计控制方法主要是将资料按控制变量取值进行分组,然后根据分组前原表和分组后分表中变量 X 和 Y 之间关系 R 的变化,做出相应的判断,以下是几种可能的情况：

(1) 原表 $R \neq 0$，但分表 $R_1 = 0, R_2 = 0, Z$ 是 X, Y 的前置或中介变量，X 和 Y 为虚假相关（图 16-1，图 16-3）。

它表示 Z 是 X 和 Y 完全的有关变量，当 Z 值控制后，X 和 Y 的相关完全消失了。

根据前面控制变量模式的讨论，它既可属前置变量（图 16-1），也可属中介变量（图 16-3），控制变量法不能给出唯一的答案，为了探讨 Z 的性质，需要依靠理论层次的判断以及经验层次的确认。

(2) 原表 $R \neq 0$，但各分表相关不变 $R_1 = R_2 = R$，Z 不是 X, Y 的前置或中介变量（图 16-5）。

对 Z 来说，X 和 Y 为真实相关，当然不排除还可能存在其他的相关变量。

(3) 原表 $R \neq 0$，但分表 $R_1 < R, R_2 < R$（X 和 Y 关系部分真实）。

当有关变量 Z 控制后，X 和 Y 相关方向与原表相同，但相关强度减弱了。说明 Z 部分地解释了 X 和 Y 的相关，同时又存在部分的 X 和 Y 真实相关。Z 既可能是前置变量（图 16-6），也可能是中介变量（图 16-7）。

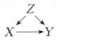

图 16-6　Z 为前置变量的部分真实相关　　图 16-7　Z 为中介变量的部分真实相关

(4) 条件变量。

以上 3 种情况，它们一个共同的特点是分表的相关值都不大于原表，$R_i \leqslant R, i = 1, 2, \cdots$。但如果出现了分表 R_i 大于原表，或分表 R_i 值之间相差很大，甚至方向相反，则称 Z 是条件变量。它表示在不同 Z 值条件下，有不同的 X 和 Y 关系，这称作是控制变量 Z 与研究变量间发生了交互作用。例如表 16-1 所示，在发达地区，收入与人们幸福感的相关很微弱，但在欠发达地区，由于温饱问题是人们首要关注的问题，收入是人们幸福感的主要源泉，收入与人们幸福感呈强相关。因此，地区是收入与人们幸福感相关的条件变量，不同地区收入与人们幸福感的相关程度有很大的差异。

［例］1. 根据抽样调查，旅游意愿（X）与经济收入（Y）有一定的相关（图 16-8 上半部分），$G = 0.54 (\alpha < 0.05)$。

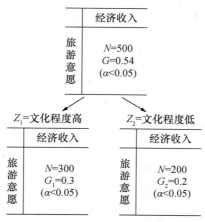

图 16-8 用分表分析三变量关系

但为了进一步探索,引入了控制变量 Z(文化程度),看是否还有文化程度的影响。通过分表,发现 X 和 Y 的关系并未消失,但减弱了(图 16-8 下半部分),$G_1=0.3$,$G_2=0.2$。因此,可以认为,X 和 Y 的相关是由两部分构成的,一部分是由于控制变量 Z 产生的,另一部分是独立于 Z 之外,真实存在的相关。可以认为,经济收入(Y)与旅游意愿(X)有一定的相关,而文化程度(Z)既与经济收入(Y)也与旅游意愿(X)有一定相关,因而有图 16-9。

图 16-9 文化程度是前置变量

最后须指出,统计控制法只是多变量研究的初步,一方面由于分表样本容量的减少,会出现原表的检验有显著性差异,而分表的检验却没有显著性差异。同时,即使分表有显著性差异,由于分表中样本容量的减少,增加了抽样误差,从而也会影响分表参数估计的精度。另外,分表太多,解释的综合力差,因此在多元分析方法中,无论定距或定类变量,此法都不再用了。但在控制变量少、分类数也少的情况下,由于控制变量法只用了列联表进行再分类,操作简便,而结果却十分直观、明了,因此仍不失为常用的方法。

第二节 多元线性回归

一、多元线性回归的建立与检验

（一）为什么要研究多元线性回归

第十二章中所介绍的是一个自变量对应解释一个因变量的线性回归分析，简称一元线性回归。正如上节所介绍的，现实生活告诉我们，社会现象之间的联系，绝非如此简单，只有引入更多的自变量，才能更好地揭示社会现象，多元回归分析则是探索社会因果分析的有力武器。

在探索因果关系的方法中，以自变量与因变量线性关系最为常用，也就是线性回归分析法。对于那些自变量和因变量呈非线性关系的，一般是通过修改模型、适当变换变量使其线性化，以便最终用上线性回归分析法，所以线性回归是探索因果关系的基本方法。

多元线性回归分析法，是一元线性回归的自然延伸，这里是指多于两个自变量对应解释一个因变量的多元线性回归，又称多重回归分析法，或复回归法。对于多个自变量对应多个因变量的多因多果情况，这里不讨论。如同第十二章一元回归方程，对于样本数据建立的多元线性回归方程（Multiple linear regression equation），必须遵循推论统计一般的原则，首先要给出建立方程的假定、求解的方法；继而解释方程中回归系数的意义、方程的标准化；接下来要给出方程的评估、解释力的计算（判定系数 R^2、复相关系数 R）；最后，由于是样本数据，还要给出方程以及回归系数推论到总体的检验。以上各项计算过程都由电脑完成，因此这里只扼要介绍每项内容和必要的公式，以便对电脑输出的结果，不但知其然，还能知其所以然。

（二）多元线性回归方程

多元线性回归方程与一元回归方程相比，自变量数为 k，显然 k 一定是大于 1 的（$k>1$）。

总体的多元线性回归方程有

$$E(y) = \alpha + \beta_1 x_1 + \beta_2 x_2 + \cdots + \beta_k x_k \tag{16-1}$$

其中 $E(y)$ 是因变量 y 的平均值。

首先，对于每一个真实的观测值 y，除了已观测的 k 个自变量外，还应加上

误差项 e:

$$y = \alpha + \beta_1 x_1 + \beta_2 x_2 + \cdots + \beta_k x_k + e \qquad (16\text{-}2)$$

其次,由于自变量数目增至 k 个,和一元回归相比,每一个观测对象,须提供 $k+1$ 项数据,其中一项是因变量 y 的观测值,其他 k 项是 k 个自变量的观测值。如果有 n 个观测值,则可写成 n 行 $k+1$ 列的数据清单。

(三) 多元回归方程建立的假定与最小二乘估计

为了通过样本建立多元线性回归方程,类似于一元回归,还要求式(16-2)的误差项 e_i 满足独立、等方差(σ^2 未知)的正态分布:

$$e_i \sim N(0,\sigma^2) \quad i=1,2,\cdots,n \qquad (16\text{-}3)$$

当满足了以上条件,通过最小二乘法建立的待估回归方程为

$$\hat{y} = a + b_1 x_1 + b_2 x_2 + \cdots + b_k x_k \qquad (16\text{-}4)$$

它是总体回归方程式(16-1)的最佳无偏估计,且满足检验的要求。式(16-4)中的 $a,b_1,b_2,\cdots,b_k$ 和一元回归中的求法很相似,是通过真实观测值 y 与 $\hat{y}$ 距离的平方和求最小值,所求得的 $a,b_1,b_2,\cdots,b_k$ 是总体回归方程式(16-1)最佳无偏估计值。

以二元线性回归方程为例:

$$\hat{y} = a + b_1 x_1 + b_2 x_2 \qquad (16\text{-}5)$$

$$Q(a,b_1,b_2) = \sum (y_i - \hat{y}_i)^2$$

$$= \sum_{i=1}^{n}[y_i - (a + b_1 x_{1i} + b_2 x_{2i})]^2 \qquad (16\text{-}6)$$

根据最小二乘法,求最小值:

$$\begin{cases} \dfrac{\partial Q(a,b_1,b_2)}{\partial a} = 0 \\ \dfrac{\partial Q(a,b_1,b_2)}{\partial b_1} = 0 \\ \dfrac{\partial Q(a,b_1,b_2)}{\partial b_2} = 0 \end{cases} \qquad (16\text{-}7)$$

化解后有

$$\begin{cases} L_{11}b_1 - L_{12}b_2 = L_{1y} \\ L_{21}b_1 - L_{22}b_2 = L_{2y} \end{cases}$$

其中,

$$b_1 = \frac{L_{1y}L_{22} - L_{2y}L_{12}}{L_{11}L_{22} - L_{12}^2} \tag{16-8}$$

$$b_2 = \frac{L_{2y}L_{11} - L_{1y}L_{12}}{L_{11}L_{22} - L_{12}^2} \tag{16-9}$$

$$a = \overline{y} - b_1\overline{x}_1 - b_2\overline{x}_2 \tag{16-10}$$

L_{ij} 是变量离均差的平方和或变量离均差乘积之和,都是观测值的函数:

$$L_{11} = \sum(x_1 - \overline{x}_1)^2 = \sum x_1^2 - \frac{(\sum x_1)^2}{n} \tag{16-11}$$

$$L_{22} = \sum(x_2 - \overline{x}_2)^2 = \sum x_2^2 - \frac{(\sum x_2)^2}{n} \tag{16-12}$$

$$L_{yy} = \sum(y - \overline{y})^2 = \sum y^2 - \frac{(\sum y)^2}{n} \tag{16-13}$$

$$L_{1y} = \sum(x_1 - \overline{x}_1)(y - \overline{y}) = \sum x_1 y - \frac{(\sum x_1)(\sum y)}{n} \tag{16-14}$$

$$L_{2y} = \sum(x_2 - \overline{x}_2)(y - \overline{y}) = \sum x_2 y - \frac{(\sum x_2)(\sum y)}{n} \tag{16-15}$$

$$L_{12} = \sum(x_1 - \overline{x}_1)(x_2 - \overline{x}_2) = \sum x_1 x_2 - \frac{(\sum x_1)(\sum x_2)}{n}① \tag{16-16}$$

对比第十二章第二节中一元回归中的 a 和 b 的计算,可以看出,两者很相似,都是通过 L_{ij} 进行计算的,所不同的是,由于二元回归中自变量增为 2 个,所以不仅有 x_1,x_2,y 的离均差平方和 L_{11},L_{22},L_{yy},还增加了两两变量离均差乘积之和 L_{12},L_{1y},L_{2y}。L_{ij} 增加至 6 个。

[例] 2. 以下是对 20 位同学阅读成绩 y 与阅读能力 x_1 和阅读兴趣 x_2 的调查,试建立二元线性回归方程。

[解]:设计一张二元回归计算表 16-2,将原始数据清单填入表的前三列,

---

① $\sum x_1, \sum x_2, \sum y$ 是 $\sum_{i=1}^{n} x_{1i}, \sum_{i=1}^{n} x_{2i}, \sum_{i=1}^{n} y_i$ 的简写。

第十六章 多元分析简述

据此算出 x_1^2, x_2^2, y^2, $x_1 y$, $x_2 y$, $x_1 x_2$, 再求各列总和, 依次填入计算表 16-2。

表 16-2 数据计算表

y	x_1	x_2	y^2	x_1^2	x_2^2	$x_1 y$	$x_2 y$	$x_1 x_2$
2	2	4	4	4	16	4	8	8
1	2	4	1	4	16	2	4	8
1	1	4	1	1	16	1	4	4
1	1	3	1	1	9	1	3	3
5	3	6	25	9	36	15	30	18
4	4	6	16	16	36	16	24	24
7	5	3	49	25	9	35	21	15
6	5	4	36	25	16	30	24	20
7	7	3	49	49	9	49	21	21
8	6	3	64	36	9	48	24	18
3	4	5	9	16	25	12	15	20
3	3	5	9	9	25	9	15	15
6	6	9	36	36	81	36	54	54
6	6	8	36	36	64	36	48	48
10	8	6	100	64	36	80	60	48
9	9	7	81	81	49	81	63	63
6	10	5	36	100	25	60	30	50
6	9	5	36	81	25	54	30	45
9	4	7	81	16	49	36	63	28
10	4	7	100	16	49	40	70	28
$\sum$ 110	99	104	770	625	600	645	611	538

(1) 计算 L_{ij} 和 L_{iy}

$$L_{11} = \sum (x_1 - \overline{x}_1)^2 = \sum x_1^2 - \frac{\left(\sum x_1\right)^2}{n}$$

$$= 625 - \frac{99^2}{20} = 625 - 490.05 = 134.95$$

$$L_{22} = \sum (x_2 - \overline{x}_2)^2 = \sum x_2^2 - \frac{\left(\sum x_2\right)^2}{n}$$

$$= 600 - \frac{104^2}{20} = 600 - 540.80 = 59.20$$

$$L_{yy} = \sum (y - \overline{y})^2 = \sum y^2 - \frac{\left(\sum y\right)^2}{n}$$

$$= 770 - \frac{110^2}{20} = 770 - 605 = 165.00$$

$$L_{1y} = \sum(x_1 - \overline{x}_1)(y - \overline{y}) = \sum x_1 y - \frac{(\sum x_1)(\sum y)}{n}$$

$$= 645 - \frac{99 \times 110}{20} = 645 - 544.50 = 100.50$$

$$L_{2y} = \sum(x_2 - \overline{x}_2)(y - \overline{y}) = \sum x_2 y - \frac{(\sum x_2)(\sum y)}{n}$$

$$= 611 - \frac{104 \times 110}{20} = 611 - 572 = 39.00$$

$$L_{12} = \sum(x_1 - \overline{x}_1)(x_2 - \overline{x}_2) = \sum x_1 x_2 - \frac{(\sum x_1)(\sum x_2)}{n}$$

$$= 538 - \frac{99 \times 104}{20} = 538 - 514.80 = 23.20$$

（2）计算 a, b_1, b_2

将（1）中计算的 L_{ij} 和 L_{iy} 代入式(16-8)、式(16-9)：

$$b_1 = \frac{100.50 \times 59.20 - 39.00 \times 23.20}{134.95 \times 59.20 - 23.20^2} = \frac{5949.60 - 904.80}{7989.04 - 538.24}$$

$$= \frac{5044.80}{7450.80} = 0.6771$$

$$b_2 = \frac{39.00 \times 134.95 - 100.50 \times 23.20}{134.95 \times 59.20 - 23.20^2} = \frac{5263.05 - 2331.60}{7989.04 - 538.24}$$

$$= \frac{2931.45}{7450.80} = 0.3934$$

因为

$$\overline{y} = \frac{\sum y}{n} = \frac{110}{20} = 5.50, \quad \overline{x}_1 = \frac{\sum x_1}{n} = \frac{99}{20} = 4.95,$$

$$\overline{x}_2 = \frac{\sum x_2}{n} = \frac{104}{20} = 5.20$$

所以

$$a = \overline{y} - b_1 \overline{x}_1 - b_2 \overline{x}_2$$

$$= 5.50 - 0.6771 \times 4.95 - 0.3934 \times 5.20 = 0.1027$$

将 a, b_1, b_2 代入式(16-5)有

$$\hat{y} = a + b_1x_1 + b_2x_2 = 0.1027 + 0.6771x_1 + 0.3934x_2$$

[例]3. 根据上例所得回归方程,设有甲、乙两名学生,甲的阅读能力 x_1 为 2 分,阅读兴趣 x_2 为 4 分;乙的阅读能力 x_1 为 4 分,阅读兴趣 x_2 为 7 分。问:他们的预测阅读成绩为多少分?

[解]:根据题意,甲:$x_1=2, x_2=4$;乙:$x_1=4, x_2=7$

代入回归方程得

$$\begin{aligned}
\hat{y}_甲 &= a + b_1x_1 + b_2x_2 \\
&= 0.1027 + 0.6771x_1 + 0.3934x_2 \\
&= 0.1027 + 0.6771 \times 2 + 0.3934 \times 4 \\
&= 0.1027 + 1.3542 + 1.5736 \\
&= 3.0305
\end{aligned}$$

$$\begin{aligned}
\hat{y}_乙 &= a + b_1x_1 + b_2x_2 \\
&= 0.1027 + 0.6771x_1 + 0.3934x_2 \\
&= 0.1027 + 0.6771 \times 4 + 0.3934 \times 7 \\
&= 0.1027 + 2.7084 + 2.7538 \\
&= 5.5649
\end{aligned}$$

对比回归计算表 16-2 中的原始观测得分:

对于 $x_1=2, x_2=4$,总共有两次不等的 y 观测值:$y=2$ 和 $y=1$,但都不等于回归方程的预测值 $\hat{y}=3.0305$,且预测值 $\hat{y}$ 比观测值 y 大。

对于 $x_1=4, x_2=7$ 也共有两次不等的 y 观测值:$y=9$ 和 $y=10$,也都不等于回归方程的预测值 $\hat{y}=5.5649$,但预测值 $\hat{y}$ 比观测值 y 小。

通过以上两个得分的比较,可知回归方程的预测值,只是总体平均值的预测值,它不仅不等于观测值,也不等于总体的平均值,它只是总体平均值的最佳点估计值。所谓最佳,是指比起其他方法来说,估计的误差要小一些。

(四)回归系数的意义

b_1, b_2 都是回归方程的回归系数,对于一元回归(第十二章第二节),回归系数 b 表示自变量变化 Δx 和因变量平均变化 $\Delta \hat{y}$ 之间的关系:

$$\Delta \hat{y} = b \Delta x$$

即 x 增加 Δx,$\hat{y}$ 将增加 b 个 Δx;当 x 增加一个单位:$\Delta x=1$ 时,$\hat{y}$ 将增加 b 个单位:$\Delta \hat{y}=b$。

对于多元回归,以两个自变量的多元回归为例:

$$\hat{y} = a + b_1x_1 + b_2x_2$$

b_1 表示，在 x_2 不变的情况下，x_1 变化 Δx_1，因变量平均变化：

$$\Delta \hat{y} = b_1 \Delta x_1$$

或者说，在 x_2 不变的情况下，x_1 变动一个单位 $\Delta x_1 = 1$，则 $\hat{y}$ 将变动 b_1 个单位 $\Delta \hat{y} = b_1$。

同理，b_2 表示，在 x_1 不变的情况下，x_2 变化 Δx_2，因变量平均变化：

$$\Delta \hat{y} = b_2 \Delta x_2$$

或者说，在 x_1 不变的情况下，x_2 变动一个单位 $\Delta x_2 = 1$，则 $\hat{y}$ 将变动 b_2 个单位 $\Delta \hat{y} = b_2$。

如果 x_1 和 x_2 都变化，那么因变量变化将是 x_1 和 x_2 变化量的总和：

$$\Delta \hat{y} = b_1 \Delta x_1 + b_2 \Delta x_2 \tag{16-17}$$

可见，对于多元回归的每一个回归系数，都是在其他变量保持不变的情况下来讨论的，所以回归系数又称偏回归系数。

（五）标准回归方程和标准回归系数

这里的 b_1 和 b_2 都是有单位的，为了 b_1 和 b_2 可以进行比较，和一元回归的方法相同，我们将原始数据转化为标准分：

$$z_y = \frac{y - \overline{y}}{S_y} \tag{16-18}$$

$$z_1 = \frac{x_1 - \overline{x_1}}{S_1} \tag{16-19}$$

$$z_2 = \frac{x_2 - \overline{x_2}}{S_2} \tag{16-20}$$

其中 S_y, S_1, S_2 是变量的标准差：

$$S_y = \sqrt{\frac{L_{yy}}{n-1}} \tag{16-21}$$

$$S_1 = \sqrt{\frac{L_{11}}{n-1}} \tag{16-22}$$

$$S_2 = \sqrt{\frac{L_{22}}{n-1}} \tag{16-23}$$

如果用标准分作为观测数据代入式(16-5)，求得的二元回归方程，将是标准回归方程，其系数 B_i 称标准回归系数：

$$\hat{z}_y = B_1 z_1 + B_2 z_2 \tag{16-24}$$

它和普通二元方程的区别是，其系数是没有单位的；其次是不再有常数项 a，这是因为数据的原点移到了原有的均值。

标准回归系数 B_i 和普通回归系数 b_i 之间是可以相互转换的[式(16-25)、式(16-26)]：

$$B_1 = b_1 \frac{S_1}{S_y} \quad (16\text{-}25)$$

$$B_2 = b_2 \frac{S_2}{S_y} \quad (16\text{-}26)$$

[例]4. 接上题，通过已知的 b_i 计算标准回归系数 B_i 和标准回归方程。

[解]：将式(16-21)至式(16-23)代入式(16-25)和式(16-26)，再将所得 B_1 和 B_2 代入式(16-24)得

$$B_1 = b_1 \frac{S_1}{S_y} = 0.6771 \frac{\sqrt{\dfrac{L_{11}}{n-1}}}{\sqrt{\dfrac{L_{yy}}{n-1}}} = 0.6771 \sqrt{\dfrac{L_{11}}{L_{yy}}}$$

$$= 0.6771 \sqrt{\dfrac{134.95}{165.00}} = 0.6123$$

$$B_2 = b_2 \frac{S_2}{S_y} = 0.3934 \frac{\sqrt{\dfrac{L_{22}}{n-1}}}{\sqrt{\dfrac{L_{yy}}{n-1}}} = 0.3934 \sqrt{\dfrac{L_{22}}{L_{yy}}}$$

$$= 0.3934 \sqrt{\dfrac{59.20}{165.00}} = 0.2356$$

标准回归方程

$$\hat{z}_y = B_1 z_1 + B_2 z_2 = 0.6123 z_1 + 0.2356 z_2 \quad (16\text{-}27)$$

（六）判定系数 R^2、复相关系数 R

一元回归中曾介绍了相关系数 r 的平方 r^2，称判定系数(Coefficient of determination)，是配置回归线后预测的改善程度，也是配置回归直线效果的度量指标。对于多元回归方程，多元回归的判定系数与一元回归具有相同的含义，只是多元回归的自变量不止一个，是一组自变量解释的结果，为了与一元回归的表示有所区别，多元回归的判定系数用大写 R 的平方 R^2 表示，R^2 有时还写作带有下标的形式：

$$R^2 = R^2_{y \cdot 12 \cdots n} \quad (16\text{-}28)$$

式(16-28)表示 R^2 是由一组自变量 $x_1, x_2, \cdots, x_n$ 共同对因变量 y 的解释效果。如果自变量只有 2 个：x_1 和 x_2，则写作 $R^2_{y \cdot 12}$，余类推。R^2 仍然具有 PRE 的

性质：

$$\text{PRE} = \frac{E_1 - E_2}{E_1}$$

其中 E_1 为未配置多元回归直线时预测的总误差，它是相对于 y 的均值 $\bar{y}$ 的总离差平方和 TSS：

$$E_1 = \text{TSS} = \sum (y_i - \bar{y})^2 \qquad (16\text{-}29)$$

E_2 为配置了多元回归直线后预测的总误差，它是相对于 y 的预测值 $\hat{y}$ 的总离差平方和，称作剩余平方和 RSS：

$$E_2 = \text{RSS} = \sum (y_i - \hat{y})^2 \qquad (16\text{-}30)$$

两者的差值

$$\text{TSS} - \text{RSS}$$

就是配置了多元回归直线，预测改善掉的误差，或者说，是多元回归直线解释掉的误差，它称作回归平方和 RSSR：

$$\text{RSSR} = \text{TSS} - \text{RSS} \qquad (16\text{-}31)$$

用多元回归中的平方和来表示判定系数 R^2，形式上和一元回归是相同的：

$$R^2 = \frac{\text{RSSR}}{\text{TSS}} = \frac{\text{TSS} - \text{RSS}}{\text{TSS}} = 1 - \frac{\text{RSS}}{\text{TSS}} \qquad (16\text{-}32)$$

判定系数的平方根称复相关系数（Multiple correlation coefficient）R：

$$R = \sqrt{R^2} \qquad (16\text{-}33)$$

[例] 5. 接上题，计算回归方程的判定系数 R^2。

[解]：首先列出所有观测值 y, x_1, x_2 及其对应的回归值 $\hat{y}$ 以及 $y - \hat{y}$（表 16-3）：

表 16-3 数据计算表

y	x_1	x_2	$\hat{y}$	$y - \hat{y} = e$
2	2	4	3.0305	−1.0305
1	2	4	3.0305	−2.0305
1	1	4	2.3534	−1.3534
1	1	3	1.9600	−0.9600
5	3	6	4.4944	0.5056
4	4	6	5.1715	−1.1715
7	5	3	4.6684	2.3316
6	5	4	5.0618	0.9382

(续表)

y	x_1	x_2	$\hat{y}$	$y-\hat{y}=e$
7	7	3	6.0226	0.9774
8	6	3	5.3455	2.6545
3	4	5	4.7781	−1.7781
3	3	5	4.1010	−1.1010
6	6	9	7.7059	−1.7059
6	6	8	7.3125	−1.3125
10	8	6	7.8799	2.1201
9	9	7	8.9504	0.0496
6	10	5	8.8407	−2.8407
6	9	5	8.1636	−2.1636
9	4	7	5.5649	3.4351
10	4	7	5.5649	4.4351

在此基础上，计算出剩余平方和 RSS，再使用已经计算出的结果 $L_{yy}=$ TSS，最终得出 R^2：

$$\text{RSS} = \sum (y_i - \hat{y})^2 = \sum e^2 = 81.6088$$

$$\text{TSS} = \sum (y_i - \overline{y})^2 = 165.0000$$

$$\text{RSSR} = \text{TSS} - \text{RSS} = 165.0000 - 81.6088 = 83.3912$$

所以

$$R^2 = \frac{\text{RSSR}}{\text{TSS}} = \frac{83.3912}{165.0000} = 0.5054$$

这里的 R^2 表示，用二元回归的阅读能力 x_1 和阅读兴趣 x_2 能解释掉 50.5% 阅读成绩 y 的误差。

R 和简单相关系数 r 取值的区别是它只取正值，$0 \leq R \leq 1$。当 $R=1$ 时，表示配置的多元线性回归全部解释了预测的误差；当 $R=0.5$ 时，判定系数 $R^2=0.25$，它解释掉的预测误差是 25%。

（七）多元回归方程的检验

当观测值是来自样本时所建立的多元回归方程，必须进行统计检验，才能推论到总体，这与一元回归是相同的，但原假设改为所有回归系数都为 0，而备择假设改为至少有一个回归系数不为 0：

$$H_0: \beta_1 = \beta_2 = \cdots = \beta_k = 0$$

$$H_1: \text{至少一个}\ \beta_i \neq 0$$

其检验公式为

$$F = \frac{\text{由回归直线解释掉的误差}}{\text{回归直线未能解释掉的误差}}$$

$$= \frac{\sum(\hat{y}-\bar{y})^2/k}{\sum(y-\hat{y})^2/(n-k-1)} = \frac{\text{RSSR}/k}{\text{RSS}/(n-k-1)}$$

$$= \frac{R^2/k}{(1-R^2)/(n-k-1)} = \frac{R^2}{1-R^2} \cdot \frac{(n-k-1)}{k} \quad (16\text{-}34)$$

k 为自变量数目，n 为样本容量，R^2 为多元回归的判定系数。

F 写作 $F(k_1,k_2)$：k_1 等于自变量数目，$k_1=k$；k_2 等于样本容量 n 减去 $(k+1)$，$k_2=n-(k+1)$。

对于确定的 k_1 和 k_2，在显著性水平 α 一定的情况下，将得到确定的 F 临界值 $F_\alpha(k_1,k_2)$。

用公式(16-34)计算的 F 值和临界值 $F_\alpha(k_1,k_2)$ 进行比较，就可确定回归方程是否通过了检验。

[例]6. 接上题，试对所得回归方程进行检验。

[解]：根据上题有 $R^2=0.5054$，$n=20$，k(自变量数目)$=2$，代入公式(16-34)得

$$F = \frac{R^2(20-2-1)}{(1-R^2)\times 2} = \frac{0.5054 \times 17}{(1-0.5054)\times 2} = 8.6856$$

根据书中附表 7，$F_{0.01}(2,17)=6.11$，$F>6.11$，它表示以上配置的二元线性回归方程是有充分把握的（$\alpha<0.01$）。一般来说，由于统计包处理的结果会给出 $F(2,17)=8.6856$ 所对应的概率值 p，只要该 p 值小于 0.05，就可以认为通过了检验。

(八) 回归系数的检验

多元回归方程的检验是对总体方程的检验，其中只要至少有一个回归系数 β_i 不为 0，回归方程就可以有显著性，但并不保证所有回归系数都不为 0。这点和一元回归方程的回归系数检验有所不同，对于一元回归，由于自变量只有一个，所以回归方程的判定系数、相关系数和回归系数的检验都是等效的，只要检验其中一个有显著性，其他两个也同时有显著性。但多元回归方程中的每一个 b_i 须逐个检验其显著性：原假设 H_0 是总体的回归系数 β_i 为 0，备择假设 H_1 是不为 0：

$H_0: \beta_i = 0$

$H_1: \beta_i \neq 0$

第十六章　多元分析简述

以二元回归为例,正如本节(四)所介绍的,回归系数 b_1 表示以 x_2 控制不变情况下,y 增量与 x_1 增量的比值。同理,b_2 是以 x_1 控制不变情况下,y 增量与 x_2 增量的比值,所以回归系数实际是偏回归、净回归系数。而所谓不变,可以理解为前一个自变量 x_1 已经在方程中,现在再增加一个自变量 x_2,看又能净增多少解释的方差,即 $\text{RSSR}(x_2 \mid x_1)$,显然 $\text{RSSR}(x_2 \mid x_1)$ 相比于剩余方差 $\text{RSS}(x_1,x_2)$ 越大,方程中增加解释变量 x_2 越有意义,于是 b_2 有以下偏 F^* 值的检验公式:

$$F^* = \frac{\text{RSSR}(x_2 \mid x_1)}{\dfrac{\text{RSS}(x_1,x_2)}{n-3}} \qquad (16\text{-}35)$$

同理,b_1 有以下偏 F^* 值的检验公式:

$$F^* = \frac{\text{RSSR}(x_1 \mid x_2)}{\dfrac{\text{RSS}(x_1,x_2)}{n-3}} \qquad (16\text{-}36)$$

对于自变量数目 $k=2$,回归系数检验的 F 值临界值,$k_1=1$,$k_2=n-3$,当 $\alpha=0.05$,$n=20$ 时,有

$$F = F_{0.05}(1,17)$$

根据公式(16-35)和式(16-36)计算的 F 值和 F 的临界值比较,就可确定回归方程 b_2 和 b_1 是否通过了检验。

[例]7. 根据[例]2 和[例]5,RSS=81.609,$L_{11}=134.95$,$L_{1y}=100.50$,$L_{22}=59.20$,$L_{2y}=39.00$,$L_{yy}=165.00$,$n=20$,$k=2$,问:本例求得的 b_1,b_2 是否能通过检验($\alpha<0.05$)?

[解]:$\text{RSSR}(x_2 \mid x_1)$ 是自变量 x_1 已在方程中,再增加一个自变量 x_2 所能净增的解释力。它可以用一元回归,只有 x_1 在方程中的情况下,求得的剩余方差 $\text{RSS}(x_1)$,减去 x_1,x_2 都在方程中的剩余方差 $\text{RSS}(x_1,x_2)$:

$$\text{RSSR}(x_2 \mid x_1) = \text{RSS}(x_1) - \text{RSS}(x_1,x_2)$$

本题中,$\text{RSS}(x_1)=90.156$[①],$\text{RSS}(x_1,x_2)=81.609$(见[例]5)

所以有

$$\text{RSSR}(x_2 \mid x_1) = \text{RSS}(x_1) - \text{RSS}(x_1,x_2) = 90.156 - 81.609 = 8.547$$

根据式(16-35):

$$F^* = \frac{\text{RSSR}(x_2 \mid x_1)}{\dfrac{\text{RSS}(x_1,x_2)}{n-3}} = \frac{8.547 \times 17}{81.609} = 1.78$$

[①] 具体计算详见卢淑华编著:《多元社会统计分析基础》,北京大学出版社 2017 年版,第 125、127 页。

根据附表 7，$F_{0.05}(1,17)=4.45$，$F^* < F_{0.05}(1,17)$，b_2 未通过检验（$\alpha <$ 0.05）。

同理，
$$\text{RSSR}(x_1 \mid x_2) = \text{RSS}(x_2)^{①} - \text{RSS}(x_1, x_2) = 139.307 - 81.609 = 57.698$$

根据式（16-36）：
$$F^* = \frac{\text{RSSR}(x_1 \mid x_2)}{\frac{\text{RSS}(x_1, x_2)}{n-3}} = \frac{57.698 \times 17}{81.609} = 12.02$$

根据附表 7，$F_{0.05}(1,17)=4.45$，$F^* > F_{0.05}(1,17)$，b_1 通过检验（$\alpha <$ 0.05）。

b_1 和 b_2 是对总体回归系数 β_1 和 β_2 的点估计值，如果要知道区间估计，还要知道 b_1 和 b_2 的样本方差 $S_{b_1}^2$，$S_{b_2}^2$：

$$S_{b_1}^2 = S_e^2 / [L_{11}(1 - r_{12}^2)] \qquad (16\text{-}37)$$

$$S_{b_2}^2 = S_e^2 / [L_{22}(1 - r_{12}^2)] \qquad (16\text{-}38)$$

其中 $S_e = \sqrt{\dfrac{\text{RSS}}{(n-k-1)}}$，$L_{11} = \sum(x_1 - \bar{x}_1)^2$，$L_{22} = \sum(x_2 - \bar{x}_2)^2$，$r_{12}^2 = \dfrac{L_{12}^2}{L_{11} L_{22}}$。

二、多元线性回归中的多重共线

（一）社会研究中多元回归自变量的特点

由于社会经济生活中的关系是十分复杂的，因此建立的多元回归方程，不仅自变量与因变量有相关，往往自变量都非独立的因素，相互之间存在相关。例如一个人受教育程度 y 会受到家庭经济状况 x_1、父母的文化程度 x_2、居住环境 x_3、学校的质量 x_4 等因素的影响。同时家庭经济状况 x_1 又和父母的文化程度 x_2 是有关系的，同样，居住环境 x_3 和家庭经济状况 x_1 也有关系。这些自变量间存在相关，将给多元回归的检验与分析带来新的特点，下面将讨论自变量 $x_1, x_2, x_3, \cdots$ 间的相关对多元回归方程的影响。

（二）方程中的自变量存在高度相关[多重共线（Multicollinearity）]

当多元回归方程中的自变量间相关不很大时，对方程及其系数的影响是有限的，当引进的自变量间存在高度相关时，影响将加大，甚至会产生错误的判

---

① 具体计算详见卢淑华编著：《多元社会统计分析基础》，北京大学出版社 2017 年版，第 125、127 页。

第十六章 多元分析简述

断。以二元回归方程中回归系数的检验为例，b_2 的检验可以理解为前一个自变量 x_1 已经在方程中，现在再增加一个自变量 x_2，看又能净增多少解释的方差，如果 x_1 和 x_2 有很强的线性相关，当讨论 b_2 时，x_1 已先于 x_2 存在于方程，因此 x_2 对 y 解释力的贡献，已通过 x_1 计算在 x_1 的份额上，随后引入 x_2，所增加的 x_2 对 y 解释力贡献 $RSSR(x_2 | x_1)$ 可能所剩无几，甚至小到偏 F^* 值[式(16-35)]不能通过临界值，从而不能拒绝总体 $\beta_2 = 0$ 的原假设。同样，当进一步讨论 b_1 时，所剩的 $RSSR(x_1 | x_2)$ 也会很小，因此当 x_1 和 x_2 有强相关 $r_{12} \approx 1$ 时，可能出现总体回归方程的检验是通过的，也就是确认至少有一个 b_i 不为 0，而分别检验单个 b_i 时，x_1 和 x_2 的回归系数却都不能通过，出现了总体的解释力、判定系数 $R^2_{y.12}$ 是显著的，但 b_1, b_2 检验都不能通过，且由于 $r_{12} \neq 0$，回归系数的 S_{b_1}, S_{b_2} 都将增加[式（16-37）、式(16-38)]，r_{12} 越大，回归系数的 S_{b_1}, S_{b_2} 越大，因此如果对同一总体同时进行两次抽样，两次抽样所得回归系数，可能出现相差甚远的情况，以下是一个数字例子。

[例] 8. 设对同一总体同时做了两次抽样，所得 y 与自变量 x_1, x_2 的两次样本如下：

样本 1

y	10	15	20	30	35	42	55	70	81	90
x_1	05	07	09	15	18	21	26	33	39	45
x_2	4.9	6.8	8.7	15.5	17.4	20.0	25.0	33.3	39.2	44.5

样本 2

y	10	15	20	30	35	42	55	70	81	90
x_1	05	07	09	15	18	21	26	33	39	45
x_2	4.9	6.8	8.7	15.5	17.4	20.0	25.0	33.3	44.5	39.2

比较两次抽样的结果，可以看出，两次样本数据基本相同，其中只有 x_2 的数据最后两项略有差别，但无论是样本 1 或样本 2，自变量之间都有强相关，$r_{12} = 0.99$，现在用样本 1 和样本 2 做回归得

样本 1：
$$\hat{y} = 0.4761 + 1.2615 x_1 + 0.7814 x_2$$
$$(\alpha > 0.05) \quad (\alpha > 0.05)$$

样本 2：
$$\hat{y} = 0.2303 + 1.7555 x_1 + 0.2926 x_2$$
$$(\alpha < 0.05) \quad (\alpha > 0.05)$$

比较样本 1 和样本 2，它们方程的判定系数 R^2 都大于 0.99，通过了检验，

说明配置回归直线是有意义的。但对回归系数来说,样本1的回归系数 b_1,b_2 检验都未通过;样本2的回归系数 b_1 通过了检验,而回归系数 b_2 未通过检验(b_1,b_2 检验的计算从略,显著性 α 标在方程下一行对应位置的括号内)。同时两次抽样回归系数相差甚大,说明回归系数不稳定,这也是因为自变量间相关性过大,$r_{12}=0.99$,增大了回归系数的 S_{b_1},S_{b_2} [式(16-37)、式(16-38)],从而增大了样本间回归系数的分散性。

(三) 回归方程中遗漏了应该加入的自变量

设总体中真实的情况是因变量 y 与两个自变量 x_1,x_2 有关:

$$y = \alpha + \beta_1 x_1 + \beta_2 x_2 + \varepsilon \tag{16-39}$$

其中自变量 x_1,x_2 存在一定相关,但并非强相关,建立回归方程时,遗漏了与 y 有关的 x_2,使用的方程是

$$y = \alpha + \beta_1 x_1 + \varepsilon \tag{16-40}$$

这时方程中虽然不存在 x_2,但因为 x_2 和 x_1 有关,$r_{12} \neq 0$,被遗漏或被忽略的变量 x_2 会通过引入方程变量 x_1 的传递,隐匿地影响因变量 y,其结果是歪曲了已引入变量 x_1 的作用,导致不仅原有 β_1 数量大小会改变,甚至方向都可能改变。举例说,影响人们长寿是多因素(多变量)的,例如遗传因素、生活方式、社会适应能力、美满的家庭等。如果只强调其中的一个因素,并与因变量(长寿)做一元回归,这时只要所引入的因素和未被引入方程的因素是有相关的,且未被引入的因素确与因变量是有相关的,那么,引入方程因素的判定系数和回归系数将被夸大。因为这些被忽略的因素,虽然未被引入回归方程,但它们通过相关性潜在地起作用,而这些作用被归结到了引入方程因素的名下,这就是所做结论会被夸大的原因。同时,由于忽略变量所引起回归系数改变的方向可正可负,这样的结果,不仅会改变原有 β_1 数量大小,甚至方向都可能改变,结果简化模型对真实的因果关系出现了误导。

(四) 方程中引入了与因变量无关的变量

设总体中真实的情况是因变量 y 只与自变量 x_1 有关:

$$y = \alpha + \beta_1 x_1 + \varepsilon$$

但误增加了与 y 无关的自变量 x_2:

$$y = \alpha + \beta_1 x_1 + \beta_2 x_2 + \varepsilon \tag{16-41}$$

通过样本数据得到的回归方程

$$\hat{y} = a + b_1 x_1 + b_2 x_2 \tag{16-42}$$

式中的 b_2 应该是 $0(b_2=0)$,但这只在 $r_{12}=0$ 时成立。如果 x_2 和 x_1 是有关的,

$r_{12} \neq 0$，S_{b_1} 和 S_{b_2} 都将增加[式 (16-37)、式(16-38)]，这对 x_1 来说，虽然不会改变 b_1 的无偏性：$E(b_1) = \beta_1$，由于 $S_{b_1} \uparrow$，x_1 估计的有效性降低。对 x_2 来说，由于真实的情况与 y 无关，$E(b_2) = \beta_2 = 0$，但由于 $S_{b_2} \uparrow$，x_2 估计的有效性降低，从而导致一次调查结果落入 $\beta_2 = 0$ 的概率下降，因此出现 $b_2 \neq 0$ 的情况。也就是说，虽然总体中 y 与自变量 x_2 无关，但通过样本数据得到的回归方程，其 x_2 的回归系数 b_2 有可能并不等于 0：$b_2 \neq 0$。

小结：通过以上分析，说明多元（线性）回归与一元回归的区别是，方程增加了一个以上的自变量。当自变量间无相关时，多元回归方程中每个自变量的回归系数和回归方程只引入该自变量的回归系数是相同的。同时，多元回归方程解释的总方差，等于每个自变量的一元回归方程解释的方差之和。例如，一元回归方程中只有 x_1，解释的方差是 20%，一元回归方程中只有 x_2，解释的方差是 30%，则方程中同时存在 x_1 和 x_2 时解释的总方差为 50%。但遗憾的是，社会研究中的变量往往是存在相关性的，很少是独立无关的，通过本节"二"中的（二）、（三）、（四）三种情况的讨论，可以看到，当自变量间存在高度相关，也就是多重共线（包括自变量存在线性组合），多元回归方程中的回归系数、检验结果以及多元回归方程解释的总方差都与自变量间无相关时有很大不同。除此之外，由于自变量间存在相关，还存在隐性的干扰，例如，忽略了若干重要的变量，会夸大方程中引入的自变量。而误引入了与因变量无关的自变量，会出现该变量的回归系数不为 0。因此，如果不幸，方程既引入了多重共线的自变量，又忽略了重要变量，还误引入了无关变量，其结果将是面目全非了！目前，多元回归自变量的筛选，一般由电脑操作完成，但有了以上的统计知识，就能正确判断电脑输出的结果。建立因果关系的变量，一定要重视理论分析，绝不可草率设计，以免产生误导。同时，即便是自信有把握的成果，鉴于社会现象联系的复杂性，也要采取谦虚的态度，毕竟仍有挂一漏万的可能。

第三节 其他类型的多元分析

下面介绍的几类多元分析方法，将略去一般回归方法要讨论的内容，如方程求解，方程的检验，方程的评估，判定系数，多个自变量间的多重共线，方程自变量的选择等，有关内容请参考相应的多元分析书籍[①]。这里介绍每种方法所

---

① 如卢淑华编著：《多元社会统计分析基础》，北京大学出版社 2017 年版。

具有的特点,例如虚拟变量法,仅适用于自变量中有定类变量,它的特点或解决的方法是,给定类变量赋予特定数值 0 和 1。而 Logistic 回归则是因变量是定类变量,为了能用上作为因果分析最强有力的回归分析法,将定类型因变量,变换为对应一定特征的群体中发生事件概率 p 对未发生事件概率$(1-p)$比值的对数 Q,这样的变换称 Logistic 变换。所谓 Logistic 回归是 Logistic 变换 Q 与自变量呈线性回归关系,而不是因变量 p 与自变量呈现线性回归关系,因变量 p 与自变量呈现的是复杂的指数关系。

一、具有虚拟变量的多元回归(Multiple linear regression with dummy variables)

上节介绍的多元回归,要求回归方程两边的变量都是定距变量,但社会研究中,往往自变量有定类变量,例如,职工的收入不仅与文化程度有关,还与地区有关,地区就是定类变量。由于定类变量只有类别、没有量的特征,因此不能直接代入式(16-5)和式(16-16)求解。下面介绍的虚拟变量法,则是给定类变量赋予特殊的数值,然后将此特殊数值代入公式,从而得以回归分析。为了与定距变量有所区别,称这样的赋值变量为虚拟变量。

虚拟变量的赋值方法是,如果定类变量的取值有 K 类,则虚拟变量的数目将为 $K-1$ 个,其中必有一类是虚拟变量全为 0,但选择哪一类是虚拟变量全为 0 是任意的。虚拟变量的赋值是特定的,只有 0 和 1 两种取值。

[例]9. 试将变量"性别"赋值为虚拟变量。

[解]:性别分男、女 2 类,$K=2$,所以只需设立 1 个虚拟变量 d,可有 2 种设立方式:

$$d = \begin{cases} 1, & 男 \\ 0, & 女 \end{cases} \quad 或 \quad d = \begin{cases} 1, & 女 \\ 0, & 男 \end{cases}$$

[例]10. 试将变量"地区"(东部、中部和西部)赋值为虚拟变量。

[解]:变量"地区"分东部、中部和西部,共 3 类,$K=3$,所以需设立 2 个虚拟变量 d_1 和 d_2,可有 3 种设立方式:

(1) $d_1 = \begin{cases} 1, & 东部 \\ 0, & 其他 \end{cases} \quad d_2 = \begin{cases} 1, & 中部 \\ 0, & 其他 \end{cases} \quad d_1 = d_2 = 0 \quad 西部$

(2) $d_1 = \begin{cases} 1, & 东部 \\ 0, & 其他 \end{cases} \quad d_2 = \begin{cases} 1, & 西部 \\ 0, & 其他 \end{cases} \quad d_1 = d_2 = 0 \quad 中部$

(3) $d_1 = \begin{cases} 1, & 中部 \\ 0, & 其他 \end{cases}$ $d_2 = \begin{cases} 1, & 西部 \\ 0, & 其他 \end{cases}$ $d_1 = d_2 = 0$ 东部

余类推。以上虽有多种设立方式，但最终结果是一样的。

[**例**]**11.** 设职工收入 y 除了和受教育年限 x 有关外，还与地区有关，设地区分东部、中部、西部 3 类，试作图表示。

[**解**]：由于地区分 3 类，所以设立 2 个虚拟变量 d_1 和 d_2，于是在 y 对 x 回归直线的基础上，还要增加地区的 2 个虚拟变量 d_1 和 d_2：

$$\hat{y} = a + bx + c_1 d_1 + c_2 d_2$$

设 $d_1 = 1$ 为东部，$d_2 = 1$ 为中部，$d_1 = d_2 = 0$ 为西部，当变量间无交互作用时，为 3 条平行的回归线：

东部：$\hat{y} = (a + c_1) + bx$

中部：$\hat{y} = (a + c_2) + bx$

西部：$\hat{y} = a + bx$

3 条平行线的斜率 b 是相同的，只是截距 a 有所不同，其中对应 $d_1 = d_2 = 0$，回归线的截距 a 是其他回归线截距的参照值，其他回归线的截距都是在 a 基础上增加相应的 $c_i (i = 1, 2)$。当 $c_i > 0, c_1 > c_2$ 时，有如下图形（图 16-10）：

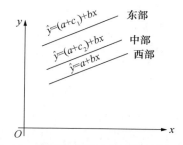

图 16-10　自变量之间无交互作用的回归直线

二、Logistic 回归

（一）Logistic 回归模型研究对象

回顾前面因果分析的内容，因变量始终都只是定距变量，这里将介绍因变量是定类变量的 Logistic 回归法。

因变量是定类变量的情况并不少见，例如，当前国家调整了生育政策，允许夫妇在一定条件下生育第二胎，但对于符合条件的夫妇，并非都有生育二胎的

意愿。为了研究,可以做生育意愿的回归分析,作为自变量有是否符合生育二胎的条件、经济状况、工作条件、身体条件等,但作为多变量分析中的因变量,不可替代的只能是选择"是否愿意生育第二胎"的[0,1]定类变量。又如妻子是否选择就业的问题,作为自变量,可以是既有定距变量,也有定类变量,但因变量只能是妻子就业与否[0,1]的定类因变量。可见,因变量是定类变量并不少见,那么,怎样才能运用上人们赖以分析因果的最基本的回归方法呢? 是否可以如本章所介绍的,当自变量中出现定类变量时,将定类变量转为虚拟变量,然后进一步按回归方法处理呢?遗憾的是,这样的处理,仅限于定类变量出现在自变量;当定类变量出现在因变量时,简单地转换为取值在[0,1]的虚拟变量,将不能满足作为 y 的预测概率值与自变量之间的线性关系,且当预测值接近 0 或 1 时,概率的微小变动难以解释它的含义,也就是说,对于定类变量,直接用[0,1]作因变量是不妥的。为了能用上作为因果分析最强有力的回归分析法,需要将定类因变量做适当变换,下面介绍二分变量的变换。

(二) Logistic 变换和 Logistic 回归

1. Logistic 变换

设多元回归方程有

$$y = \alpha + \beta_1 x_1 + \beta_2 x_2 + \cdots + \beta_k x_k + \varepsilon \tag{16-43}$$

y 为定类型随机变量,用虚拟值

$$y = \begin{cases} 1 & \text{发生} \\ 0 & \text{未发生} \end{cases}$$

为了满足建立回归方程的要求,要将因变量做一定的变换。首先,因变量的取值,不是用每个个体的虚拟观测值[0,1],而是用对应一定特征的群体中,发生事件概率 p 对未发生事件概率$(1-p)$的比值,然后再取比值的对数:

$$Q = \ln[p/(1-p)] \tag{16-44}$$

这样的变换,称 Logistic 变换。

Q 的取值范围:

$$p = 0, \quad \ln 0 = -\infty$$
$$p = 0.5, \quad \ln 1 = 0$$
$$p = 1, \quad \ln \infty = +\infty$$

当 p 从 0→1 时,Q 的取值范围为$(-\infty, +\infty)$(图 16-11)。

第十六章 多元分析简述

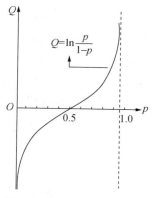

图 16-11 Q 与 p 的关系图

2. Logistic 线性回归

有了 Logistic 变换,我们就可以用 Q 值作为因变量,替代真实的定类型因变量,如果 Q 与 x 呈线性关系,则可写成回归方程式:

$$Q = \beta_0 + \beta_1 x_1 + \beta_2 x_2 + \cdots + \beta_k x_k = \beta_0 + \sum \beta_i x_i \quad (i=1,2,\cdots,k)$$

(16-45)

式(16-45)的自变量部分,既包括定距变量,也包括定类变量,而因变量则是从定类型的二分变量,变换为以 p 值为基础的 Q 值,当式(16-45)线性关系成立时,就称为 Logistic 线性回归。在不产生概念混淆的情况下,简称 Logistic 回归。

3. p 和自变量 x 的关系式

样本数据求得的 Logistic 回归方程式(16-45)是自变量 x_i 和因变量 Q 的关系式,而最终我们关心的是自变量和对应一定特征的群体中因变量发生事件的概率 p 的关系式,为此将式(16-44)代入式(16-45)有

$$\begin{aligned}\ln[p/(1-p)] &= \beta_0 + \beta_1 x_1 + \beta_2 x_2 + \cdots + \beta_k x_k \\ &= \beta_0 + \sum \beta_i x_i \quad (i=1,2,\cdots,k)\end{aligned}$$

经过简单运算就可得

$$p = e^{(\beta_0 + \sum \beta_i x_i)} / [1 + e^{(\beta_0 + \sum \beta_i x_i)}]$$

(16-46)

或写作

$$p = 1/[1 + e^{-(\beta_0 + \sum \beta_i x_i)}]$$

(16-47)

可见在 Logistic 回归中,因变量 p 与自变量呈现的是复杂的指数关系,下

面为了对式(16-47)有形象的了解,假定自变量只有一个 x,式(16-46)简化为
$$p = e^{(\beta_0+\beta x)}/[1+e^{(\beta_0+\beta x)}] \qquad (16-48)$$
当 $\beta_0=-10$,$\beta_1=0.1$,图 16-12 是式(16-48)的示意图。

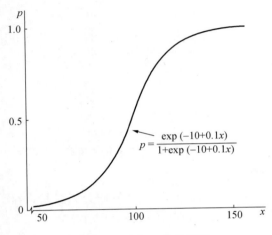

图 16-12　p 与 x 的关系图

纵轴的取值在 $[0,1]$ 是因变量 $y[0,1]$ 的均值 $E(y)=p$,图中因变量用 p 或用 $E(y)$ 是等同的。

[例]12. 根据调查数据,建立了肺癌与本人年龄 x_1、吸烟年限 x_2、标志物是否呈阳性 $x_3(0,1)$、父母是否患癌 $x_4(0,1)$、每天吸烟是否超过 20 支 $x_5(0,1)$ 的 Logistic 线性回归方程有

$Q = 0.0618 - 0.0693x_1 + 0.0243x_2 + 2.0453x_3 + 0.7614x_4 + 1.5641x_5$

若吸烟者 66 岁、烟龄 48 年、标志物检验为阴性、父母未患癌、每天吸烟不超过 20 支,问:吸烟者是否得癌?

[解]:根据题意:$x_1=66$,$x_2=48$,$x_3=0$,$x_4=0$,$x_5=0$
代入本题给出的 Logistic 线性回归方程得
$$Q = 0.0618 - 0.0693 \times 66 + 0.0243 \times 48 = -3.346$$
将 Q 值 -3.346 代入方程(16-44):
$$-3.346 = \ln[p/(1-p)]$$
$$p = 1/[1+e^{-(-3.346)}] = 0.0340$$
一般预测的准则是:若 $p<0.5$,则预测事件为未发生;$p>0.5$,则预测事件会发生。本题 $p<0.5$,预测其癌症没有发生。

4. Logistic 回归系数的意义

(1) 回归系数 β_i

Logistic 回归方程式(16-44)中 β 值称 Logistic 回归系数,式(16-45)至式(16-47)都说明由于 p 和自变量 x_i 呈复杂的指数关系,因此不能像普通回归式那样,用因变量增量与自变量增量之比来解释回归系数。那 Logistic 回归中,如何解释回归系数 β_i 呢?实际上,Logistic 回归中虽然 p 和自变量 x_i 不是线性关系,但式(16-44)表明自变量 x 与因变量 Q 呈线性关系,因此,任一个回归系数 β_i,用偏微商表示为

$$\beta_i = \frac{\partial Q}{\partial x_i}$$

它表示其他变量不变情况下,Q 增量与 x_i 增量的比值

$$\Delta Q = \beta_i \Delta x_i \tag{16-49}$$

当 x_i 增量为一个单位时:$\Delta x_i = 1$,式(16-49)有

$$\Delta Q = \beta_i \tag{16-50}$$

设初始点 $Q = Q_0$,则

$$\Delta Q = Q - Q_0 \tag{16-51}$$

将式(16-44)代入式(16-50)和式(16-51),有

$$\Delta Q = Q - Q_0 = \ln[p/(1-p)] - \ln[p_0/(1-p_0)] = \beta_i \tag{16-52}$$

或写作

$$\frac{p}{1-p} \bigg/ \frac{p_0}{1-p_0} = e^{\beta_i} \tag{16-53}$$

$\frac{p}{1-p}$ 表示的是发生与不发生概率的比值,$\frac{p}{1-p} \bigg/ \frac{p_0}{1-p_0}$ 则表示发生与不发生概率比值变化的倍数,其变化的倍数等于 e^{β_i}。

e^{β_i} 与 β_i 的关系如图 16-13:

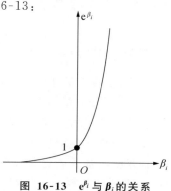

图 16-13 e^{β_i} 与 β_i 的关系

根据图 16-13，Logistic 回归系数 β_i 虽然不能直观表达自变量 x 和因变量 p 的关系，但可以清楚地表达和因变量 p 发生与否概率比值 Odds 的关系（表 16-4）：

表 16-4 β_i 与 Odds 的关系

β_i	e^{β_i}	$[p/(1-p)]/[p_0/(1-p_0)]$	解释
0	1	1	发生与否概率不变
>0	>1	>1	发生与否概率的比值增加了
<0	<1	<1	发生与否概率的比值减少了

（2）β_0 的意义

以上介绍了 Logistic 回归系数 β_i 的意义，那么，β_0 有什么意义呢？β_0 表示当 $x_1, x_2, \cdots, x_k$ 取值都为 0 情况下，取 $x_1=0, x_2=0, \cdots, x_k=0$，代入式 (16-45) 得

$$Q = \beta_0 \tag{16-54}$$

将式 (16-44) 代入式 (16-54)，得

$$\ln[p/(1-p)] = \beta_0 \tag{16-55}$$

或写作

$$e^{\beta_0} = p/(1-p) \tag{16-56}$$

当 $\beta_0=0$，代入式 (16-56)：$p/(1-p)=1$，$p=0.5$，表示事件发生与否是等概的。

当 $\beta_0=1$，代入式 (16-56)：$p/(1-p)=e=2.71$，表示事件发生的概率是不发生概率的 2.71 倍。余类推。

第四节 对数线性模型

一、列联表/对数线性模型（Log-linear model）

对于定类型二分变量的分析，在第十章介绍了列联表，但很多情况是，需要有更多的定类变量进行分析。例如第十章［例］2 中职业的代际流动，如果需要进一步探讨：所谓父辈职业，是指父亲的职业还是母亲的职业？子辈职业是指儿子的职业还是女儿的职业？于是就要增加两个变量：父辈的性别（父和母）与子辈的性别（子和女）。这时要将父辈分成父亲和母亲两个列联表，同样子辈也要分成子、女两个列联表，其结果是原有的一个列联表，分成了 4 个分表，由

于调查总数是既有的,显然分表的频次越来越少,最终将影响到显著性检验。另一方面,随着变量的增多,列联表无法给出变量间的联系和交互作用,因此对于多个定类型多变量的分析,不再用列联表,而是采用本节所介绍的对数线性模型。

二、方差分析的因素分解/列联表的因素分解

在介绍对数线性模型之前,先回忆第十三章二元方差的线性模型中,曾介绍自变量 A 和自变量 B 所形成的方差分析表(表 13-6—表 13-8),每一个格值可分解为因素 A、因素 B 以及 $A \times B$ 共同作用的结果,也就是每一个格值可以看作是由以下 4 部分线性的组合:平均效果、A 的效果、B 的效果和交互作用 $A \times B$ 的效果。

$$y_{ij} = \bar{y} + A_i \text{ 的效果} + B_j \text{ 的效果} + A_i \times B_j \text{ 的效果} \quad (16\text{-}57)$$

那么,类比于方差分析的思路,列联表中的格值是否也可以分解为若干因素作用的结果?这些因素是否可以写作线性组合?答案是分解为若干因素是可以的,但直接写成因素的线性组合是不可以的。方差分析中的格值是有数量大小的定距变量,它可以分解为有数量大小的各因素效果之和,而列联表中的格值是频次,其因素的作用不是频次的增减,而是相对比例的改变,试看表 16-6 是表 16-5 同时都增加 a 倍,其结果正如第十章第一节第三部分所指出,并不能改变变量 x 和变量 y 的关系。

表 16-5 2×2 列联表

x	y	
	y_1	y_2
x_1	F_{11}	F_{12}
x_2	F_{21}	F_{22}

表 16-6 格值都增加 a 倍的 2×2 列联表

x	y	
	y_1	y_2
x_1	aF_{11}	aF_{12}
x_2	aF_{21}	aF_{22}

但这并非格值就不能进行因素分解,实际上,列联表的格值是各因素效果之积。当我们把格值 F_{ij} 看作因变量,它所呈现的频次是在相当于式(16-57) $\bar{y}$ 的原有频次 τ 基础上,乘上 x 效果 τ_i^x 和 y 效果 τ_j^y 以及 x 和 y 的交互作用 τ_{ij}^{xy}:

$$F_{ij} = \tau \tau_i^x \tau_j^y \tau_{ij}^{xy} \quad (16\text{-}58)$$

三、对数线性模型

有了式(16-58),只要将其取自然对数,乘法结构就轻松地变换为线性结构:

$$L_{ij} = \ln F_{ij} = \ln(\tau \tau_i^x \tau_j^y \tau_{ij}^{xy}) = \ln\tau + \ln\tau_i^x + \ln\tau_j^y + \ln\tau_{ij}^{xy} \quad (16\text{-}59)$$

简写作

$$L_{ij} = \mu + \mu_i^x + \mu_j^y + \mu_{ij}^{xy} \quad (16\text{-}60)$$

$$\sum_i \mu_i^x = 0, \sum_j \mu_j^y = 0, \sum_i \mu_{ij}^{xy} = 0, \sum_j \mu_{ij}^{xy} = 0 \quad (i=1,2; j=1,2)$$

$$(16\text{-}61)$$

至此，通过列联表频次取对数，完成了定类变量的线性模型转换，式(16-60)和式(16-61)也适用于 x 和 y 分类数 $n>2$ 的情况，其中 μ_i^x 代表了变量 x 的主效应，μ_j^y 代表了变量 y 的主效应，μ_{ij}^{xy} 代表了变量 x 和变量 y 的交互作用。当主效应值或交互作用值为正值时，代表正效应；负值时代表负效应；交互作用为 0 时，代表因素间无交互作用，是独立模型。以上参数的获得和检验，都由统计包来完成①。

[例]13. 为了解小区居民对社区服务的评价，做了 1000 份的随机抽样调查，有效回收 792 份，以下是小区居民老中青三代与满意度的列联表(表 16-7)②。

表 16-7　三代人满意度统计

x	y		$\sum$
	y_1	y_2	
x_1	53	38	91
x_2	434	108	542
x_3	111	48	159
	598	194	792

注：y_1="满意"，y_2="不满意"，x_1="老年"，x_2="中年"，x_3="青年"。

经过对数线性模型的筛选，确认了主效应和交互作用都是显著的(检验结果从略)，下面是 SPSS 参数估计的结果输出(表 16-8)：

表 16-8　参数估计值一览表

Effect	Parameter	Estimate	Std. Error	Z	Sig.	95%Confidence Interval	
						Lower Bound	Upper Bound
xy	1	−0.260	0.078	−3.332	0.001	−0.413	−0.107
	2	0.269	0.058	4.651	0.000	0.156	0.382

---

① 详见卢淑华编著：《多元社会统计分析基础》，北京大学出版社 2017 年版。
② 数据摘自何晓群编著：《多元统计分析(第 3 版)》，中国人民大学出版社 2012 年版。

(续表)

Effect	Parameter	Estimate	Std. Error	Z	Sig.	95% Confidence Interval	
						Lower Bound	Upper Bound
x	1	−0.683	0.078	−8.737	0.000	−0.836	−0.530
	2	0.883	0.058	15.267	0.000	0.769	0.996
y	1	0.425	0.049	8.703	0.000	0.329	0.520

试对表 16-8 参数结果进行讨论。

[解]：根据表 16-8，无论从显著性水平（$\alpha<0.01$）看，或从区间估计来看，都不包括 0，说明主效应 x 和 y 以及它们的交互作用 xy 都是显著的，根据式（16-60）、式（16-61）[①] 及表 16-8 中的点估计值，结合本题 x 和 y 的具体内容是：

$\mu_1^x = \mu_{老年} = -0.683$

$\mu_2^x = \mu_{中年} = 0.883$

$\mu_3^x = \mu_{青年} = 0 - (-0.683) - 0.883 = -0.200$

$\mu_1^y = \mu_{满意} = 0.425$

$\mu_2^y = \mu_{不满意} = -0.425$

$\mu_{11}^{xy} = \mu_{老年满意} = -0.260$

$\mu_{21}^{xy} = \mu_{中年满意} = 0.269$

$\mu_{31}^{xy} = \mu_{青年满意} = 0 - (-0.260) - 0.269 = -0.009$

$\mu_{12}^{xy} = \mu_{老年不满意} = 0.260$

$\mu_{22}^{xy} = \mu_{中年不满意} = -0.269$

$\mu_{32}^{xy} = \mu_{青年不满意} = 0.009$

根据不同的 μ 值，参数值为正，对频率为正效应，反之为负效应。由于 $\mu_1^y = \mu_{满意}$ 为正值，所以居民多数是满意的。从代际来看，$\mu_{中年}>\mu_{青年}>\mu_{老年}$，说明中年组的满意度最高，青年组次之，最低满意度是老年组。而通过交互作用可知，只有中年组满意度为正值，其他两类人满意度为负值，所以今后应加强满足老年组和青年组的社区服务需求。

[①] 本题式（16-61）中：$i=1,2,3; j=1,2$。

第十七章

纵贯分析简述[1]

第一节 什么是纵贯分析

一、什么是纵贯分析

前面各章节介绍的统计描述或统计推论,都是基于某个时间点或某个时期进行的一次性样本或总体的资料收集,这种一次性收集的数据称截面数据,或称横剖数据或横剖资料。在截面数据中,每个研究的单位或个案,只测量了一次,且测量是在同一时间点或同一时期完成的,例如一次人口普查,就是在同一时间点上完成全部个案测量。同一时期完成的,如年度总产值,则是一年累计的总产值,一般要求测量的时期不能太长,否则会引起变量或条件的改变。用截面数据进行的分析,则称截面分析。当把不同时期或不同时间点收集的数据,按时间序列排列起来,则称纵贯数据。用纵贯数据进行的分析,则称纵贯分析(Longitudinal analysis)。纵贯分析至少包括两个不同时期或时间点的截面数据,截面数据及其分析是纵贯数据及其分析的基础。

二、纵贯分析的功能

什么情况下需要纵贯数据?或者说,纵贯数据具有哪些功能?首先由于有

---

[1] 选读。

了一系列按时序排序的数据,可做动态的比较和分析。例如对社会变迁的描述和分析,是绝对需要纵贯数据的。纵贯数据中用作表示时序的,除了时间本身,还有年龄,例如随着年龄的增长,人智力的发展和个人家庭、事业、成就的发展等。或许有人会问:"这种以年龄为时序的研究,是否可用截面数据中不同年龄来替代?"因为一次截面样本中,往往包含不同的年龄。实际上,纵贯时序数据中不同年龄与截面数据中不同年龄代表的内容是不同的,以分析年龄与生活满意度的关系为例,截面分析提供的是不同年龄满意度的差异,而纵贯分析由于是跟踪固定的样本,提供的是样本中个体随着年龄的增长所产生的对生活满意度的变化,是个体内在年龄增长所产生的年龄与生活满意度关系的变化。

纵贯数据另一个功能是建立因果关系,作为因果关系的三条件是[1]:两者必须共变;两者共变关系不因第三者消失而消失;"因"的发生先于"果"的发生,至少不能晚于"果"的发生。对于截面数据,因为数据是同时收集的,它犹如照相,所有测量是一次完成,第三个条件无法满足,所以截面数据中的因果关系,必须依赖其他理论来确定。纵贯数据由于是一系列按时序排列的数据,因果关系的三条件都能满足,因此根据变量出现的时序,可为因果关系提供定量的佐证。

三、纵贯分析并不是现代科学的产物

早在几千年前,人们就是通过日积月累的观察和记录,从而发现自然界的客观规律,例如海水的潮汐、地震、农业生产中的农时等,无不是周而复始有规律地运行。除了观察,我国自西汉起,就开始有文字记载的人口普查,这些长期对疆域、人口、资源延绵不断的历史记录,为我国研究疆域、人口、资源以及相互关系,提供了可靠的依据。对于现代社会,需要记录的社会资料更多了,因此各国都设有专门的统计机构,定期发布有关全国人口、社会经济、资源、气象、环境等的年鉴资料。这些统计、年鉴为有关领域的纵贯、动态研究提供了丰富、可靠的数据来源。

近年来,随着人民生活水平的提高、以人为本思想的确立,出现了从个人微观层面收集的纵贯数据。比之宏观数据,微观层面收集的数据,不仅包括物质的,还包括精神层面的,如态度、满意度等,收集的单位可以是个人的,还可以是家庭的,甚至是更大的单位。对于如此广泛复杂的调查,年鉴资料已不能全涵

---

[1] 〔美〕斯科特·梅纳德:《纵贯研究(第2版)》,格致出版社、上海人民出版社2012年版,第21页。

盖了，必须设有专项的调查，应该说，社会学的大部分调查，其中包括截面调查，都是微观调查。微观资料虽然内容多样、全面、丰富，但长期跟踪不但价格昂贵，且不免个体会流失、死亡，影响样本质量。纵贯资料的收集出现较晚，国际上最早出现的综合社会调查，至今也只有半个世纪，由于纵贯数据可以开展比截面数据多得多的科学研究，目前已受到各国的重视。我国已经开始这方面的调查，不少高校或科研机构或为跟踪调查立项，或在截面调查中重视后续跟踪数据的收集和积累。这些都为我国开展纵贯研究提供了丰富的资料。

四、纵贯数据收集的方式

纵贯数据是由截面数据按时序串接起来的，根据截面数据样本的不同，分为4种方式[①]：

(1) 总体调查：例如人口普查，是调查人数最完整、收集期最多的总体数据。因为每期都会有一些人死亡，又有一些新生儿，因此每期收集的人口总数会略有不同。

(2) 重复样本调查(Repeated sample survey)：对总体做多次抽样调查，询问相同的问题，但每次样本都是重新抽取的，所以除少数个体可能重复被调查到，大部分个体只有一次被调查到，样本本身并不要求重复调查。

(3) 固定样本调查(Panel survey)：对总体做多次抽样调查，询问相同的问题，但和(2)的收集方式不同，每次使用的是同一个样本，即个体一旦被抽中入样，以后将跟踪到底，每次调查都被访问到，所以又称跟踪调查、追踪调查或同组调查。

(4) 混合型的数据收集方法：(2)和(3)两种方式都各有自己的优点和不足，从样本的代表性来说，重复样本调查每次样本不同，因此可以有新生代加入，保证了样本的代表性，这是重复调查的优点，但不能跟踪个体，因此不能发现个体层次内在的变化，这又是重复调查的不足。而固定样本调查，虽能跟踪个体层次内在的变化，但由于样本固定，不能输入时代的新生力量，样本容易老化，这又是固定样本的不足。为了克服两种方法的不足，出现了在重复调查的样本中加入了一定的固定样本，是混合型的数据收集方法。

---

① 〔美〕斯科特·梅纳德：《纵贯研究(第2版)》，格致出版社、上海人民出版社2012年版，第38页。

五、本章内容介绍的特点

本章介绍的纵贯分析，从内容展开的方式来说，和前面章节有所不同，前面各章是依据变量层次、数目、抽样展开各种统计方法的介绍，因此一种统计方法只在书中出现一次。而本章是纵贯研究的简单介绍，是各种统计方法围绕纵贯分析的综合运用。具体说，本章不是按统计方法，而是按纵贯数据收集方式组织内容的，因而在不同的数据收集方式中，可能出现都采用了同一种统计方法的情况，因此同一种统计方法可能被多次提到或用到。例如纵贯数据共有 4 种收集方式，而相关和回归在多种收集方式中都会用到，因此它们可能多次被提到或用到，这是和本书前面各章所不同的。对于社会研究来说，主要有两种纵贯数据收集方式：重复样本调查，询问的是相同的问题，收集的是不同时期的数据，用的是不同的样本，因此主要是趋势分析；固定样本调查，询问的是相同的问题，收集的是不同时期的数据，但用的是同一样本，每次追踪调查都是相同的调查对象，因此追踪调查在确定因果关系、变量动态相关关系、描述和分析动态变化方面还有很多一般社会调查无法取代的功能。也有人认为，从严格意义上来说，只有追踪调查才能称得上是纵贯研究。

第二节 重复样本调查的数据分析

一、趋势分析方法简介

所谓趋势分析（Trend analysis），就是分析事物的变化，为此必不可少的是，至少进行了两次不同时期或时点的测量。其中重复调查有别于追踪调查的是，重复调查虽然不同时期每次向个案询问的问题是相同的，却是不同的样本，对每个个案来说，都只调查了一次，因此所能分析的是样本的宏观指标，如总量、百分比、特征值等。描述和测量宏观特征值随时间变化的趋势，将是重复调查数据分析的主要内容。下面介绍几种描述和测量趋势的方法。

（一）纵向比较法

最简单的比较或趋势分析只需要两个时期或时点，例如某地对手机的拥有情况做了两次抽样调查：2005 年和 2010 年，抽样人数为 2000 人。2005 年拥有手机的人为 920 人，占总调查人数的 46%；2010 年再次抽样 2000 人，发现拥有手机的人上升为 1760 人，占总调查人数的 88%（表 17-1）。5 年间增加的比例是 88%－46%＝42%。

表 17-1 手机拥有量百分比的比较(括号内是调查人数)

	2005 年	2010 年	增加
全体	46%(2000 人)	88%(2000 人)	42%
其中:			
中青年	50%(1800 人)	90%(1800 人)	40%
老年人	10%(200 人)	70%(200 人)	60%

如果进一步问:"哪一群人占比上升最快?"为此,就可以将老年人和中青年分别统计,发现两次样本中,2005 年中青年拥有手机占调查人数的 50%,而老人只占 10%;而 2010 年的调查,中青年拥有手机的占调查人数的 90%,而老年人占 70%(表 17-1)。这两类人拥有手机的比例都增加了,但老年人增加的百分比更大,是 70%－10%＝60%;中青年组由于拥有量接近饱和,增加的百分比不及老年人,为 90%－50%＝40%。纵向比较法一般要求重复调查的次数不是太多,对于调查次数很多的情况,将采用时间序列分析法。

(二) 时间序列分析法

对于调查次数 $N \gg 1$,可以按调查时间顺序排列,找出数据变化的趋势和规律。常见的趋势有:周期性波动(如交通、物价等)、无规则波动和长期趋势。社会学常见的是长期趋势研究,研究社会现象随着时间上升或下降的变化趋势和规律。常见的统计方法有以下几种。

1. 统计表和统计图

统计表和统计图的制作方法在第二章第一节中已有介绍,这里只就趋势有关的问题,做一些说明。趋势统计表的标识行,第一列是统计的年份,第二列以后都是统计内容的说明。主体行是按年份顺序给出统计的数据。为了看清变化趋势,还可用数据做成统计图,图中的横轴代表了统计年份,纵轴代表了统计的数据。

[例]1. 某旅行社对游客做了每年一次 1000 人的抽样调查,根据年龄别统计:2001 年老年游客仅有 20 人,2002 年为 40 人,2003 年 10 人,2004 年 60 人,2005 年 100 人,2006 年 70 人,2007 年为 150 人,2008 年为 90 人,2009 年为 200 人,2010 年为 180 人。试做统计表、统计图,对趋势做出描述和评价。

[解]:根据调查结果,见统计表 17-2,其中第 2 列是老年游客的百分比,括号内是统计总数。根据每年老年游客百分比绘制的折线图,见图 17-1 的原始数据折线。

表 17-2　老年人参加旅游百分比统计

年份	老年游客百分比	三年移动均值百分比	半列移动均值百分比
2001	2		
2002	4	2.3	
2003	1	3.7	4.6
2004	6	5.7	
2005	10	7.7	
2006	7	10.7	
2007	15	10.3	
2008	9	14.7	13.8
2009	20	15.7	
2010	18		

每年抽样人数 $n=1000$ 人。

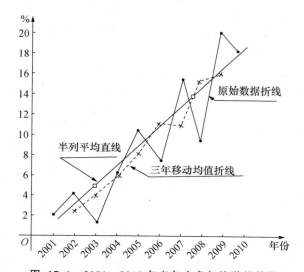

图 17-1　2001—2010 年老年人参加旅游趋势图

结果表示,老年人参加旅游的人数和比例是总体上升的。2001 年参加旅游的人中,老年游客仅占 2%,而 2010 年则上升到 18%。统计图 17-1 表明,虽然每年参加的比例有波动,但折线有上升的趋势。

2. 半列平均法

表 17-2 表明,2001 年至 2010 年参加旅游的老年人占总人数的比例是在增加,尤其是 2006 年以后,老年人参加旅游的比例有飞跃发展。为了把两段时间的特征突显得更明确,可将数据折成两段:2001—2005 年为第一段,2006—2010

年为第二段,并计算两段时间的平均百分比,进行比较。

第一段平均百分比:$\bar{y}_1 = \dfrac{2+4+1+6+10}{5} = 4.6$;第二段平均百分比:$\bar{y}_2 = \dfrac{7+15+9+20+18}{5} = 13.8$。(表17-2第4列)

$\bar{y}_1$ 和 $\bar{y}_2$ 连成的直线(图17-1中半列平均直线)反映了变化的速度 $(13.8-4.6)/10=0.92$,平均每年增长为0.92个百分点,说明老年人参加旅游增长的势头是很大的。半列平均法是最简单的趋势表示。

3. 移动平均法

半列平均法和原始数据的统计图、制表法都各有其不足的地方,半列平均法由于过于简化数据,数据随时间的变化过程被忽略了,而原始数据的统计图和表,数据的真实波动容易与随机因素的干扰相混淆,因此常用的方法是移动平均法,它是将相邻的数据求平均,以便平滑随机因素的干扰,常用的方法有3个原始数据移动平均或5个原始数据移动平均,从而形成新的移动均值数列,表17-3是3个原始数据移动平均法。

表 17-3 移动平均法

t	原始数据	移动均值
1	y_1	
2	y_2	$\bar{y}_2 = \dfrac{1}{3}(y_1+y_2+y_3)$
3	y_3	$\bar{y}_3 = \dfrac{1}{3}(y_2+y_3+y_4)$
4	y_4	$\bar{y}_4 = \dfrac{1}{3}(y_3+y_4+y_5)$
5	y_5	

将表17-2的原始数据,用表17-3计算3年移动的均值,列在表17-2的第3列。图17-1的虚线为3年移动均值折线,它的波动明显小于原始数据的折线图。

4. 最小二乘法

当原始数据绘制在直角坐标上的散点图明显呈一定趋势时,可配置趋势线,趋势线既可是直线,也可是曲线,这里介绍呈线性的趋势线,它最佳的配置方法就是用最小二乘法。最小二乘法在第十二章回归与相关已有介绍,这里将自变量 x 换成时间 t:

$$\hat{y} = a + bt \qquad (17\text{-}1)$$

但式(17-1)中的时间 t，并不是宏观指标的自变量，它只是对变量趋势起到描述和分析的作用。

[例]2. 某地自 2011 年至 2015 年，每年抽取 1000 人，如表 17-4 所示，其中第 3 列 y 为样本年平均收入，试用最小二乘法，求年收入长期趋势线方程。

表 17-4　年平均收入统计

年份	t	y(万元)	t^2	ty
2011	-2	2	4	-4
2012	-1	6	1	-6
2013	0	10	0	0
2014	1	13	1	13
2015	2	16	4	32
$\sum$	0	47	10	35

[解]：由于年份数字太大，出于计算上的方便，将年份改写为 t：当年份＝2011 年，$t=-2$；年份＝2012 年，$t=-1$；年份＝2013 年，$t=0$；年份＝2014 年，$t=1$；年份＝2015 年，$t=2$。趋势线方程式(17-1)中的 a 和 b，根据第十二章式(12-9)和式(12-10)有

$$\bar{t}=0$$

$$a=\frac{\sum y}{n}=\frac{47}{5}=9.4$$

$$b=\frac{\sum ty}{\sum t^2}=\frac{35}{10}=3.5$$

$$\hat{y}=9.4+3.5t$$

有了趋势线方程，预测 2018 年的年平均收入将是

$$\hat{y}=9.4+3.5\times 5=26.9 \text{ 万元}$$

趋势分析方法除了对总体进行趋势分析外，还可以对总体进一步分类，对子样本的趋势做出分析，例如不同性别、不同年龄的趋势分析。

二、总趋势分解[①]

上面介绍了样本总趋势的表示方法，应该说，对于重复样本调查，主要的功能是趋势分析，但对某些具体问题，还可做进一步分析。例如形成总趋势

---

① 吴晓刚主编：《纵贯数据分析》，格致出版社、上海人民出版社 2011 年版，第 167—196 页。

的结构如何？是否只是单一成分？如果总趋势包含多种成分，那各种成分对总趋势的贡献各是多少？由此对总趋势结构进行分解。下面用假想的例子来说明。

[例]3. 某社区对成年居民(20—90岁)有关婚前同居的容忍度，做了长期的研究，其中1992年、1996年、2000年、2004年，共进行了4次抽样调查。根据资料的趋势分析，发现居民的容忍度是逐年上升的，但上升的原因还需进一步分析，例如可能是随着时代的变化，各年龄档的居民看法都发生了变化，从而对婚前同居的容忍度总体提高了；但也可能各年龄档的居民，看法并未发生变化，只是随着保守的老一代，不断地退出历史舞台，而新生的年轻代不断地加入样本，所产生的代际更替作用；也或许是两种因素兼而有之。试分析各种原因对容忍度的贡献。

[解]：首先我们假定居民对婚前同居的容忍度随时代是线性变化的，容忍度与出生年代也是逐年线性变化的，同时这两者是可加的，有了这些线性、可加的假定，建立了以下二元回归方程：

$$y = b_0 + b_1 x_1 + b_2 x_2 + e \tag{17-2}$$

b_0：截距

e：误差

y：被访者的容忍度

x_1：样本调查的年代，用调查年代表示人们看法受时代的影响

x_2：被访者的出生年代，用出生年代表示代际更替

对每一个被访个体，都可写作

$$y_{it} = b_0 + b_1 x_{1it} + b_2 x_{2it} + e_{it} \tag{17-3}$$

其中t表示第t次调查，i表示第i个被访个体，所以y_{it}表示第t次调查中第i个被访个体的y值。

现在假定b_0, b_1, b_2在4次调查中是不变的，在满足这样的假定情况下，可将4次重复调查资料合并在一起，通过最小二乘法，求得回归方程(17-3)中b_0, b_1, b_2。

根据式(17-3)，求第T次样本平均值：

$$E(y_{iT}) = E(b_0 + b_1 x_{1iT} + b_2 x_{2iT} + e_{iT})$$
$$= E(b_0) + E(b_1 x_{1iT}) + E(b_2 x_{2iT}) + E(e_{iT})$$
$$\bar{y}_T = b_0 + b_1 x_{1T} + b_2 x_{2T} \tag{17-4}$$

x_{1T}是第T次调查被访个体看法的平均容忍度，x_{2T}是第T次调查被访个体的平

均出生年代。

同理,第 1 次样本平均值
$$\bar{y}_1 = b_0 + b_1 x_{11} + b_2 x_{21} \tag{17-5}$$

用式(17-4)减式(17-5)有
$$\bar{y}_T - \bar{y}_1 = b_1(x_{1T} - x_{11}) + b_2(x_{2T} - x_{21}) \tag{17-6}$$

式(17-6)表示,从第一次调查到第 T 次调查,居民对婚前同居容忍度的总变化,可以分解为个体自身看法的变化 $b_1(x_{1T} - x_{11})$ 和代际更替 $b_2(x_{2T} - x_{21})$ 两部分。如果通过式(17-6)计算所得的总变化,与样本观测值所计算的总变化比较接近,说明用式(17-2)对总变化的近似分解是有效的。反之,则不能用式(17-2)的回归模型模拟真实情况。

设[例]3 中第 4 次样本测得的容忍度比第 1 次增加 1.22[①]:
$$\bar{y}_4 - \bar{y}_1 = 1.22 \tag{17-7}$$

现在用式(17-6)计算第 4 次样本测得的容忍度比第 1 次增加多少。

第 1 次样本的平均出生年代是 1947.2,第 4 次样本的平均出生年代是 1959.8。根据 4 次样本数据,所得回归方程的 $b_1 = 0.0457$,$b_2 = 0.0508$,代入式(17-6):
$$\begin{aligned}\bar{y}_4 - \bar{y}_1 &= 0.0457(2004 - 1992) + 0.0508(1959.8 - 1947.2) \\ &= 0.55 + 0.64 = 1.19 \end{aligned} \tag{17-8}$$

比较式(17-7)和式(17-8),两者结果(1.22 和 1.19)很接近,说明用回归方程式(17-6)分解总趋势可以是符合实际结果的。它表示对婚前同居容忍度的增加,有一半来自老一代不断退出历史舞台,另一半是个体自身看法的变化。反之,如果式(17-7)和式(17-8)的结果相差甚远,则说明不能进行线性分解。

三、变化的分解和虚拟变量的应用[②]

前面讨论趋势所建立的回归方程式(17-1),从形式上看,时间相当于自变量,但方程两边并不存在因果联系,时间只是描述趋势的必要组成部分,实际上方程并没有研究趋势的原因。当事物呈现长期规律变化的趋势,必然有某种持续的因素在起作用,这种持续因素也就是作用于事物的外界(外生)变量,统计学中称解释变量或自变量 x。设事物和它的解释变量已确定有如下的回归方程:

---

① 本例实测数据详见吴晓刚主编:《纵贯数据分析》,格致出版社、上海人民出版社 2011 年版,第 173—181 页。

② 同上书,第 198—222 页。

$$y = a + bx \tag{17-9}$$

对于重复样本调查,y 值的改变,既可能是变量 x 自身变化引起的,也可能还有截距 a 或回归系数 b 的变化,下面介绍引入虚拟变量对变化进行分解。首先由于式(17-9)回归方程的成立,其均值点$(\bar{y}, \bar{x})$ 必然也通过回归线,因此有

$$\bar{y} = a + b\bar{x} \tag{17-10}$$

对于重复调查,两次 y 均值的变化 $\Delta \bar{y}$ 可写作以下的一般式:

$$\bar{y}_2 - \bar{y}_1 = (a_2 + b_2\bar{x}_2) - (a_1 + b_1\bar{x}_1) = \Delta a + \Delta b \bar{x}_1 + b_1 \Delta \bar{x} + \Delta b \Delta \bar{x} \tag{17-11}$$

式(17-11)表示,从时间点 1 到时间点 2,y 均值的总变化 $\Delta \bar{y}$,可以分解为反映截距的变化 Δa,解释变量自身的变化 $\Delta \bar{x}$ 和解释变量作用的变化 Δb。

如何求得式(17-11)的分解,一种办法是对时间点 1 和时间点 2,各建立回归方程,然后比较两回归方程的各项系数,并对各项差值进行显著性检验。另一种方法是将重复调查的样本合并,引入虚拟变量,这样不仅能分解变化,而且由于样本容量的增加,使检验更可靠,下面用例子来解释。

[例] 4. "有人认为婚礼就应该大操大办,因为人生就这一次。"你是否赞成?如果用 100 分表示完全赞成,你打多少分?

以下是 2004 年和 2014 年两次农村和城市的抽样调查结果(表 17-5):

表 17-5 婚礼得分统计

地区	平均得分(赞成)	
	2004 年	2014 年
城市	14.71	10.48
农村	33.53	40.97

表 17-5 表明,对婚礼的观念或看法,首先是与时俱进的,随着时代的前进,城市和农村的平均得分都在改变;其次是,看法与地区有一定的关系,城市居民比农村的赞成的比例要少些;最后两地随时间的改变规律并不相同,城市居民赞成的比例进一步减少,而农村却有增无减。为了说明这 3 个特点,运用第十六章第三节虚拟变量法,建立包括两个虚拟变量 D 和 G,以及一个 D 和 G 的交互作用项式:

$$E(y) = a + a'D + bG + b'(D \times G) \tag{17-12}$$

y:被访人对"婚礼应大操大办"的评价。完全赞同 = 100 分,完全不赞同 = 10 分。

$E(y)$:样本的平均得分。

D:调查年份。2014 年 $D=1$,其他年份 $D=0$。

G:被访人居住地区。城市 $G=1$,其他 $G=0$。

表 17-6 回归分析输出

	系数	p
a	33.5*	<0.0001
a'	7.4*	0.006
b	−18.8	<0.0001
b'	−11.7	<0.0001

* 表示 $p<0.050$。

将表(17-6)的输出,代入式(17-12)有

$$E(y) = 33.5 + 7.4D - 18.8G - 11.7(D \times G) \qquad (17\text{-}13)$$

用式(17-13)预测 2004 年和 2014 年农村和城市对"婚礼就应该大操大办"看法的平均得分 $E(y)$:

(1) $D=0,G=0$,代入式(17-12)及式(17-13):

$$E(y) = a = 33.5 \qquad (17\text{-}14)$$

式(17-14)是预测 2004 年农村持赞成看法的平均得分。

(2) $D=0,G=1$,代入式(17-12)及式(17-13):

$$E(y) = a + b = 33.5 - 18.8 = 14.7 \qquad (17\text{-}15)$$

式(17-15)是预测城市持赞成看法的平均得分。

比较式(17-15)和式(17-14),城市相对于农村,城市预测值 $E(y)$ 减少了 18.8 分,$b=-18.8$。

(3) $D=1,G=0$,代入式(17-12)及式(17-13):

$$E(y) = a + a' = 33.5 + 7.4 = 40.9 \qquad (17\text{-}16)$$

式(17-16)是预测 2014 年农村持赞成看法的平均得分。

比较式(17-16)和式(17-14),2014 年相对于 2004 年,农村预测值 $E(y)$ 增加了 7.4 分,$a'=7.4$。

(4) $D=1,G=1$,代入式(17-12)及式(17-13):

$$E(y) = (a + a') + (b + b') = 33.5 + 7.4 - 18.8 - 11.7 = 10.4$$
$$(17\text{-}17)$$

式(17-17)是预测 2014 年城市持赞成看法的平均得分。

比较式(17-17)和式(17-14),说明城市和农村的预测值 $E(y)$,其差异除了 2004 年原有的 b,2014 年还增加了 b',而 b' 仅在 D 和 G 都为 1 时才出现,所以称变量 D 和 变量 G 的交互作用。

以上的数量讨论,都是基于变量 D 和 变量 G 的预测值[式(17-13)至式(17-17)]与表 17-5 真实观测值(表 17-6)十分吻合,因此可以认为模型式(17-12)很好地模拟了真实的情况及其变化。反之,如果预测值与观测值相差甚远,模型式(17-12)则不能选作是真实情况的模拟了。

第三节 固定样本调查的数据分析

固定样本调查其实也是重复调查,因此上节重复样本调查所介绍的功能在这里都是适用的。下面介绍的是截面调查和重复调查所没有的功能。为了解这些功能,首先要了解固定样本的数据结构和样本结构。在此基础上,本节将对固定样本调查的特有功能做简要介绍。

一、固定(追踪)样本调查数据结构

表 17-7 是固定(追踪)样本调查数据结构,其中设样本共有 N 个个案,每个个案调查 K 个变量,共调查了 T 次。固定调查的特点是,从第 1 次取样开始,每次调查都是同一批访问对象,因此每一个个案的变量 x 要有 3 个下标:第 1 个表示个案的序号$(1,\cdots,N)$;第 2 个表示数据收集的时间$(1,\cdots,T)$;第 3 个表示变量的序号$(1,\cdots,K)$。这里因变量 y 只设置了 1 个,所以没有变量序号,只有个案与时间 2 个序号。表 17-7 这样的数据结构,只属于固定样本调查;对截面调查而言,只是时间序列中某一次的样本调查。重复调查则虽然包括了时间序列的多次调查,但调查的个案每次并不相同,所以都不能写作表 17-7 的形式。[①]

---

① 详见吴晓刚主编:《纵贯数据分析》,格致出版社、上海人民出版社 2011 年版,第 121 页。

第十七章 纵贯分析简述

表 17-7 固定样本数据结构

		变量1：x_1	变量2：x_2	…	变量K：x_K	因变量：y
时间 1	个案 1	x_{111}	x_{112}	…	x_{11K}	y_{11}
	个案 2	x_{211}	x_{212}		x_{21K}	y_{21}
	⋮					
	个案 N	x_{N11}	x_{N12}		x_{N1K}	y_{N1}
时间 2	个案 1	x_{121}	x_{122}		x_{12K}	y_{12}
	个案 2	x_{221}	x_{222}		x_{22K}	y_{22}
	⋮					
	个案 N	x_{N21}	x_{N22}		x_{N2K}	y_{N2}
时间 T	个案 1	x_{1T1}	x_{1T2}		x_{1TK}	y_{1T}
	个案 2	x_{2T1}	x_{2T2}		x_{2TK}	y_{2T}
	⋮					
	个案 N	x_{NT1}	x_{NT2}		x_{NTK}	y_{NT}

表 17-7 表明，作为固定样本调查的数据结构，必须包含 2 个以上的时间序列调查，$T \geqslant 2$，而且每次调查同一个样本，对入样的个案都要调查 T 次。

二、固定样本调查的样本结构

第六章第二节介绍了样本容量的概念，所谓样本容量就是样本中包含个案（个体）的数目。对截面样本调查而言，每一个案只参加一次调查，因此样本容量的结构是单一的，就是样本调查的个案。但对固定样本来说，通过表 17-7 可知，样本容量中的个案，不是参加一次而是 T 次追踪调查，因此样本不仅和真实的个案有关，还和参加追踪的次数有关，样本的结构将是二维的，它由个案和追踪两个维度所决定。两个维度的数目和次数决定了固定样本调查采用的分析方法和完成的功能。下面将个案数目和调查次数，量化为最简单的"多"和"少"二分形式，形成了 2×2 共 4 类样本结构（表 17-8），进一步根据 4 类样本结构，讨论它们的功能。

表 17-8 个案数目和调查次数的 2×2 列联表

	个案数目少	个案数目多
调查次数少		
调查次数多		

表 17-8 中个案数目少，一般指的是少于 20 个；个案数目多，指的是多于 100 个。调查次数少，指的是少于 10 次；调查次数多，指的是多于 20 次。个案数目介于[20,100]之间，调查次数介于[10,20]之间，属不确定的中间地带。表 17-8 的第一类是个案数目少、调查次数也少的情况，由于数据太少，多做个案分析。和第一类相反，第四类是个案数目和调查次数都足够多，可以进行任何类型的纵贯分析，多见于复杂的多元分析，这里不做介绍。剩下的是调查次数少、个案数目多和调查次数多和个案数目少两类，这两类是本章介绍的重点。其中调查次数少、个案数目多的一类常见于社会科学，例如本章介绍的因果方向的建立，动态纵贯变量的相关以及动态纵贯描述和运用回归进行因果分析的事件史研究。而调查次数多、个案数目少的这一类常见于经济领域，本章介绍的典型范例有自相关和自回归方程等。

三、固定样本调查的功能范例

（一）固定样本调查具有建立因果关系的功能[①]

变量的因果关系是建立回归关系的前提，一般都由理论做出判断，而理论层面无法证明的，借助纵贯固定研究，可为确立变量因果关系提供定量的佐证。本章在第一节阐述了建立因果关系的三条件是：两者必须共变；两者共变关系不因第三者消失而消失；"因"的发生先于"果"的发生，至少不能晚于"果"的发生。对于截面数据，由于数据是同时收集的，它犹如照相，所有测量是一次完成的，因此第三个条件无法满足，而纵贯数据中的重复调查，虽然做了多次重复调查，但对每一个个体只有一次调查，因此也不能辨别因果关系。唯有纵贯数据中的固定样本调查，可以为确定变量的因果关系提供定量的佐证。

确定变量的因果关系，可以有不同的方法，最简单的是跟踪待定因果关系的变量，根据因果关系的三条件，先发生的将判作自变量。例如，为了探明青少年"不良行为"和"吸毒"的因果联系，可以跟踪青少年的行为，每次记录"不良行

[①] 李沛良：《社会研究的统计应用》，社会科学文献出版社 2001 年版，第 368 页。

第十七章 纵贯分析简述

为"和"吸毒"是否发生,从两项都未发生过记起,直到首次出现"发生"的记录。如果首先出现有"发生"记录的变量是"不良行为",则判"不良行为"是自变量;反之,则判"吸毒"是自变量。

"谁先发生谁是因",理论上是成立的,但操作起来有时并非可行,对于有数量大小的变量,下面介绍用相关系数的比较来判定因果关系,它是属于个案数目多、调查次数少的一类样本结构。最极端的情况,只需要两次固定样本调查,例如要探明表17-7中某个变量 x 和 y 的关系,是否是 $x \rightarrow y$。例如,取出时间1和时间2的 x 和 y 的数据,由于个案序号($1,\cdots,N$)和变量序号($1,\cdots,K$)都相同,所以省略不写,只保留数据收集时间,即时间1的 x_1 和 y_1,时间2的 x_2 和 y_2(图17-2)。

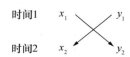

图 17-2　两个时间点的 x 值和 y 值

具体方法是:计算时间1的 x_1 和时间2的 y_2 的相关值,以及时间1的 y_1 和时间2的 x_2 的相关值。在计算时间1的 x_1 和时间2的 y_2 的相关值时,要控制 y_1;而在计算时间1的 y_1 和时间2的 x_2 的相关值时,则要控制 x_1。如果时间1的 x_1 和时间2的 y_2 的相关值,大于时间1的 y_1 和时间2的 x_2 的相关值,则可以认为是 $x \rightarrow y$,反之,则可判作 $y \rightarrow x$,这是因为因果关系中总是因在前,果在后,因此相关系数较大的一组,因果关系可能性更大些。

(二)固定样本调查提供变量动态相关关系

本章第一节在介绍和年龄有关的研究时,曾指出截面研究给出的是不同年龄状态的差异,而纵贯研究给出的才是个体内在年龄增长所产生的变化。下面将根据表17-7,给出两个变量名相同的相关关系,实际上截面数据和纵贯数据操作的是完全不同的数据,因此给出的相关值有时无论方向或大小都并不相同。

1. 纵贯数据中的相关

当我们研究纵贯固定数据(表17-9)两个变量 x_1 和 x_2 相关时,以个案1为例,用的是个案1里变量 x_1 和 x_2 所有时间的数据:

表 17-9　固定样本数据结构

		变量 $1:x_1$	变量 $2:x_2$
时间 1	个案 1	x_{111}	x_{112}
⋮			
时间 2	个案 1	x_{121}	x_{122}
⋮			
时间 T	个案 1	x_{1T1}	x_{1T2}
⋮			

2. 截面数据中的相关

当我们研究截面数据（表 17-10）两个变量 x_1 和 x_2 相关时，以时间 1 为例，用的是时间 1 里变量 x_1 和 x_2 所有个案的数据：

表 17-10　固定样本数据结构

		变量 $1:x_1$	变量 $2:x_2$
时间 1	个案 1	x_{111}	x_{112}
	个案 2	x_{211}	x_{212}
	⋮		
	个案 N	x_{N11}	x_{N12}

所以虽然研究的都是 x_1 和 x_2 的相关，但两者代表的是不同的内容，静态研究的是同一时点外部不同变量值的差异，而固定样本研究的是变量间的相关关系，两者无论大小和方向都可以相同，也可以不相同，下面举一实例。

［例］5. 有人曾在印度根据某地 11 年、11 个区域生育率和识字率的年度调查，结果发现生育率高的地区，也是识字率高的地区，生育率和识字率呈正相关（表 17-11 右半部分），但根据 11 年的固定（追踪）调查，这 11 个区域中的每一个区域随着识字率的提高，生育率都下降了，生育率和识字率呈负相关（表 17-11 左半部分）。这两个相关不仅数值不等，并且方向也不同，那是否其中有一错的？实际二者可能都是对的，只是截面数据的相关表现的是同一时间变量间的外部相关关系，而追踪数据的相关表现的是时间序列里区域本身内部变量间的相关关系。[①] 本例从数量上印证了静态和动态相关是两个不同的概念。

---

① 详见吴晓刚主编：《纵贯数据分析》，格致出版社、上海人民出版社 2011 年版，第 112 页。

第十七章 纵贯分析简述

表 17-11 相关系数比较

时间序列相关 (同区域不同年份)		截面相关 (同年份不同区域)	
区域	相关	年份	相关
No. 1	−0.9	1961	0.5
No. 2	−0.5	1962	0.6
No. 3	−0.9	1963	0.4
No. 4	−0.9	1964	0.6
No. 5	−0.8	1965	0.1
No. 6	−0.7	1966	0.2
No. 7	−0.4	1967	0.3
No. 8	−0.9	1968	0.6
No. 9	−0.3	1969	0.5
No. 10	−0.4	1970	0.6
No. 11	−0.1	1971	0.7

(三) 自相关和自回归方程

当固定样本调查的个案数目少、调查次数多时,就形成了表 17-8 中的另一类样本结构,它在经济领域有着广泛应用,一般称时间序列分析。下面介绍的自相关和自回归就是这类个案数目最少的情况,只有一个个案的时间序列分析。

1. 自相关

前面讨论的是两个变量间的相关关系,但在自然和社会经济生活中往往还存在这类现象,它的出现和现象本身的前状态有关,例如飞机降落时,不能瞬时停下,必须辅以长时间的滑行,这是因为飞机能否停下来,和它落地前的状态是有关的。社会经济的发展,也有它自身的规律,当年的 GDP 和它前一年甚至前几年的 GDP 有关。学生的学业成绩,往往具有连续性。就所研究的变量而言,这里不是探讨和其他变量存在相关性,而是探讨自己的前后期数值之间存在一定的相关关系,这称作时间序列的自相关,简称自相关(Autocorrelation)。虽然自相关在自然和社会经济生活中较为普遍,但能够测定与分析它,必须有跟踪调查。自相关以及由此衍生的自回归,都是跟踪调查特有的功能,虽然从测定方法来说和普通的相关并无不同,但是自相关讨论的是同一变量在不同时序的相关。根据表 17-7,自相关对应的数据为 x_{ij} 或 y_{it}, $t=1,2,\cdots,T$。由于个案序

号 i 和变量序号都是不变的,所以省略,仅写作 x_t 或 y_t,现取 y_t 进行讨论。

设有时间为 t 的时间序列 $y_t : t = 1, 2, \cdots, T$

展开后为 $y_1, y_2, \cdots, y_T$

现在把原时间序列往后移动 1 个时间间隔,形成时间 $t-1$ 的时间序列 y_{t-1};同理,如果把原时间序列往后移动 2 个时间间隔,形成时间 $t-2$ 的时间序列 y_{t-2}。如此做下去,可得到一系列的时间后移的序列(表 17-12):

表 17-12 时间后移数据表

t	1	2	3	4	$\cdots$	T
y_t	y_1	y_2	y_3	y_4	$\cdots$	y_T
y_{t-1}	—	y_1	y_2	y_3	$\cdots$	y_{T-1}
y_{t-2}	—	—	y_1	y_2	$\cdots$	y_{T-2}

表 17-12 表明,时间 $t-1$ 的时间序列 y_{t-1} 将比时间 t 序列 y_t 向后移动 1 个时期,项数将少 1 项。同理,时间 $t-2$ 的时间序列 y_{t-2} 将比时间 t 序列 y_t 向后移动 2 个时期,项数将少 2 项。以此类推,时间 $t-k$ 的时间序列 y_{t-k} 将比时间 t 序列 y_t 向后移动 k 个时期,项数将少 k 项。

现在把 y_{t-1} 看作新的时间序列,并计算它和时间 t 序列 y_t 的相关:

$$r_1 = \frac{\sum_{t=2}^{T}(y_{t-1} - \bar{y}_{t-1})(y_t - \bar{y}_t)}{\sqrt{\sum_{t=2}^{T}(y_{t-1} - \bar{y}_{t-1})^2 \cdot \sum_{t=2}^{T}(y_t - \bar{y}_t)^2}} \quad (17\text{-}18)$$

式中,

$$\bar{y}_{t-1} = \frac{1}{T-1} \sum_{t=2}^{T} y_{t-1}$$

$$\bar{y}_t = \frac{1}{T-1} \sum_{t=2}^{T} y_t$$

r_1 可看作同一时间序列中移后 1 个时期的数值对原序列数值的影响。

同理,可计算 y_{t-2} 和时间 t 序列 y_t 的自相关:

$$r_2 = \frac{\sum_{t=3}^{T}(y_{t-2} - \bar{y}_{t-2})(y_t - \bar{y}_t)}{\sqrt{\sum_{t=3}^{T}(y_{t-2} - \bar{y}_{t-2})^2 \cdot \sum_{t=3}^{T}(y_t - \bar{y}_t)^2}} \quad (17\text{-}19)$$

式中,

第十七章 纵贯分析简述

$$\bar{y}_{t-2} = \frac{1}{T-2} \sum_{t=3}^{T} y_{t-2}$$

$$\bar{y}_{t} = \frac{1}{T-2} \sum_{t=3}^{T} y_{t}$$

r_2 可看作同一时间序列中移后 2 个时期的数值对原序列数值的影响。同理，r_k 可看作同一时间序列中移后 k 个时期数值对原序列数值的影响。

自相关系数可以反映出时序数值之间的关系。例如，当 $r_1 \approx 1$ 时，表示时序相邻数值之间有较强正相关，且数值按同一方向变动；反之，当 $r_1 \approx -1$ 时，表示时序相邻数值之间有较强相关，但数值按相反方向变动。当确定了变量的时序数值存在自相关后，进一步从各自相关值中挑选绝对值最大的，设 r_k 最大，则选时间 $t-k$ 的时间序列 y_{t-k} 为自变量，原时间序列 y_t 为因变量，建立回归方程。若 $r_1 \approx 0$ 时，表示时序相邻数值之间不存在线性相关。

2. 自回归方程

$$\bar{y} = \varphi_0 + \varphi_k y_{t-k} \tag{17-20}$$

自回归方程(Autoregressive equation)式(17-20)系数确定和检验的方法与第十二章相同，但表达的内容是不同的，第十二章介绍的是截面研究，回归方程式(12-16)的两边是两个不同的变量，而自回归方程式(17-20)两边是同一变量，研究的是该变量前后取值之间的相关关系。或者说，截面研究中的回归方程，是用自变量预测因变量；而自回归方程，是用自身过去的观测值来预测自身，式(17-20)称一阶自回归方程，在经济预测中有时需要用到二阶以至 p 阶自回归方程：

$$\hat{y}_t = \varphi_0 + \varphi_1 y_{t-1} + \varphi_2 y_{t-2} + \cdots + \varphi_p y_{t-p} \tag{17-21}$$

3. 自相关和自回归的应用

自相关和自回归都只有在固定(追踪)样本，也就是经济学科的时间序列分析中才有运用。它的特点是研究变量本身的运动，并能识别序列自身的特征，如序列是否具有随机性、平稳性、周期性和季节性。对于那些自身前后期数值之间存在较为明显的关系，又为自相关所证实，且其他解释变量又不够明确的情况下，通过自回归方程有助于了解现象动态的规律性，它的理论根据就是变量本身的运动是有规律可循的，自相关及其序列的数值就是其运动规律的体现。

当代统计预测的理论与方法中，Box-Jenkins 方法被认为是运用得很广泛的。自相关和自回归在其模型确定、估计参数和诊断中都起着重要作用，其中

ARIMA 模型就是在人们不知道有哪些因素影响被测变量的情况下,利用时间序列过去的观测值来预测未来值,它不需要解释变量。①

四、事件史研究

下面介绍的事件史研究,它既可以出现在调查次数少、个案数目多的一类,也可以出现在调查次数多、个案数目多的一类。它在社会科学纵贯研究中有着广泛的应用。它不是为着确定因果关系,而是在确认因果关系的基础上,建立回归模型,对事件进行动态的描述分析和因果分析。

要了解什么是事件史研究,首先要了解统计学中的事件。在本书第三章曾指出,统计学中的事件不是指的确定性事件,而是指的随机性事件,它的发生具有随机性,是可能发生也可能不发生的事件。在截面数据里,是在某个时间点上事件发生与否的研究;而在纵贯固定样本的数据里,事件已不是一次记录,事件史研究(Event history study)就是事件在个体样本或总体样本中发生时间的纵贯记录,以及相关因素的分析。研究事件发生时间的方法在很多领域都早有开展,虽然内容相通,但名称并不同。例如在工业产品中,研究产品的平均老化、使用寿命,称失效分析;在生物统计中,研究人的期望寿命,称生存分析;社会学中此类方法运用得较晚,例如研究一段时间内的职业升迁、婚姻存亡等,称事件史研究。

事件史研究根据事件发生的时间单位分为连续时间法和离散时间法:当事件发生的时间可准确地观测,称连续时间的分析方法;反之,则称离散时间的分析方法。在实际操作中,只要发生的时间单位足够小,如月、日,甚至小时,就可认为时间是在连续的范围内被测量的,一般采用连续时间的分析方法。当时间单位很大时,例如[例]6 中提职事件的发生是以年计算的,就可采用离散时间的分析方法。② 下面用实例感受什么是事件史分析。

[例]6. 设某单位在一年内共接收大学毕业生 100 名,以后每年有一次提职,经过 10 年的观察,其中有 60 人得到了提职,20 人先后离职,20 人始终未获提职。现通过这一同期群的工作升迁史,拟建立升迁概率与它解释变量(自变

---

① 贾俊平等编著:《统计学(第六版)》,中国人民大学出版社 2015 年版,第 250—251 页。
② 〔美〕保罗 · D. 埃里森:《事件史和生存分析(第二版)》,格致出版社、上海人民出版社 2017 年版,第 17—24 页。

第十七章 纵贯分析简述

量)的因果回归关系。

[解]:首先在个人有关提职记录的基础上,统计出历年提职和离职的人数(表 17-13),其中第二列是历次提职人数统计,第三列是离职人数统计,进一步要分析的是提职与哪些因素有关。本例中作为原因的变量(自变量)可以是多种多样的,例如性别、毕业的学校、学业成绩、工作表现、成就等,既有定类变量,也有定距变量。但是作为结果的因变量,是"提职"或"未提职"的二分变量。在回归方程中,当因变量是二分因变量时,由于因变量的取值范围、假定误差的等方差性和正态性都不满足要求,在第十六章第三节第二部分介绍了适用的多元分析方法是 Logistic 回归。Logistic 回归用于截面数据时,每个个案对应的是一次可能发生也可能不发生的随机事件;在纵贯数据中,每个个案对应的不是一次事件,而是多次可能发生的随机事件,例如,如果第一年未能提职,第二年还存在提职的机会,对于那些一直没提职的,直到追踪调查的最后一年,共有 10次机会参加提职,且每年获提职的机会是不等的,因为对于那些已提职或离职的人员,将不再参加下一年的申请了,因此申请提职总人数是逐年减少的。正如第四章第五节所指出,它属于小样本超几何分布,当每年申请提职人数下降时,即便提职名额不变,提职概率还将是上升的。

表 17-13 历年提职和离职人数统计

第×年	提职人数	离职人数	申报提职人数	提职概率
1	1	1	100	0.010
2	3	2	98	0.031
3	6	6	93	0.064
4	7	7	81	0.086
5	10	5	67	0.149
6	13	2	52	0.250
7	15	1	37	0.405
8	3	2	21	0.143
9	1	2	16	0.060
10	1	2	13	0.080
总计	60	30	578	0.104

本例中第 1 年申报提职是新参加工作的总人数 100 人,因此每人提职概率为 1/100=0.010;第 2 年由于第 1 年已有 1 人提职,另有 1 人离职,因此第 2 年参加申报的总人数只有 98 人,这年提职人数为 3 人,因此每人提职概率为 3/98=

0.031；第3年由于第2年有3人提职，另有2人离职，因此第3年参加申报的总人数只有93人，这年提职人数为6人，因此每人提职概率为6/93=0.064；余类推，直到第10年，参加申报的总人数只剩下13人，提职1人，提职概率为1/13=0.080。

可见，为了知道单位时间内发生事件的概率，必须知道每一单位时间内发生事件的数量和中途离职的人数，也就是例中每年提职人数和中途离职人数，有了这两部分的数量，就可以计算出下一单位时间参与概率事件的个案总数，也就是例中每年申报提职人数。在每年申报提职对每个申请人都是等概的情况下，提职人数与申报提职人数之比就是提职概率。在事件史研究中，把中途离职的人数称作删截数量；把单位时间参与概率事件的个案总体，称作风险集，它是单位时间具有发生风险（概率）事件的个案集合，集合中个案的总数，就是风险数量。本例中的每年申报提职人数就是每年的风险数量，而提职概率就是估计概率 P（表17-13）。

进一步是确定个案在时间 t 发生事件的概率 $P(t)$ 与哪些因素或哪些自变量有关，这里概括为两类自变量：一类是不随时间变化的 x_1；另一类随时间变化、称作时变解释变量的 $x_2(t)$。本例发生提职事件是以年计算的，所以采用离散时间分析法的 Logistic 回归，写成因变量 $P(t)$ 和自变量的线性函数有

$$\ln[P(t)/(1-P(t))] = b_0 + b_1 x_1 + b_2 x_2(t) \qquad (17\text{-}22)$$
$$t = 1, 2, \cdots, 10$$

式(17-22)是简化的讨论，实际可能要复杂得多，例如截距 b_0 很可能随时间变化，随时间变化的自变量也可能不仅仅有外因 $x_2(t)$，还有事物自身的生命周期，例如人到一定年龄后，会自然加速死亡；产品也是达到一定使用寿命后，报废会加速；本例中的提职，到达一定工作年限后，提职的概率会增加，因此模型与时间呈曲线关系。现假定增加呈指数型，则式(17-22)将改写为

$$\ln[P(t)/(1-P(t))] = b_0 + b_1 x_1 + b_2 x_2(t) + b_3 t + b_4 t^2 \qquad (17\text{-}23)$$

Logistic 回归的系数 b_0, b_1, b_2, b_3, b_4 以及检验，一般采用最大似然法进行估计，这些和一般统计资料相同，都将由电脑的统计包来完成。

通过以上生活史研究的简单介绍，说明作为固定样本的纵贯数据的每一个案，并非只提供一次观测值，而是可以提供若干次观测值，而且每个个案提供的次数可以并不相同。例如，对第1年提职了的个案，第2年将不再参加申报，因此只提供1次个人记录，也就是1次观测值；到第10年尚未提职的个案，共参加了10次申报，因此将输入10个记录，10年总观测到的将是578个记录，正和表17-10的总申报人次578相同，这是和截面数据每一个个案只输入1次观测

值所不同的。

五、小结

作为本章的小结,回顾一下本章内容的纲目。首先本章根据数据收集的次数,将数据分为一次收集的截面数据和多次收集的纵贯数据。基于截面数据的分析,称截面分析,而基于纵贯数据的分析,称纵贯分析。截面数据是每个研究的单位或个案,只在同一时间点或时间段测量了一次。应该说,本章之前所有各章都是基于截面数据的分析[①],本章才是基于纵贯数据的分析。

那么如何着手分析纵贯数据呢？我们知道,分类法历来是事物最古老,也是最基本的研究方法,因此首先来看纵贯数据是怎样分类的,根据数据收集的方式,纵贯数据的收集可分为总体调查、重复样本调查、固定样本调查和混合型样本调查。4类中除总体调查外,其他3类常见于抽样调查,而混合型是重复样本和固定样本的混合,因此重复样本调查和固定样本调查是纵贯数据中最基本的内容,也是本章介绍的最主要内容。重复样本调查,虽然每次调查的样本具有可比性,但毕竟是不同的样本,因此只能对宏观指标的变化趋势进行描述,在满足线性可加的条件下,可以对总趋势做一些结构性分解。固定样本调查由于它追踪了微观的个体,每次调查是相同的样本,因此它的功能不仅能对宏观指标的变化进行描述,也可微观地追踪动态指标,是研究发展、变化、趋势、历史变迁必不可少的工具,同时也为变量因果关系提供定量的佐证。固定样本的功能,按样本的结构分为4类：个案数目少、调查次数也少的情况,只能进行个案分析；个案数目多、调查次数少的情况多见于社会研究；个案数目少、调查次数多的情况,多见于经济领域的研究；个案数目多、调查次数也多的情况,是功能最强的数据处理工具,多见于复杂的模型研究。

总结起来,纵贯研究是基于纵贯数据进行的研究,不仅包括所有截面数据所能进行的静态研究,还包括有截面数据所不能进行的动态研究,其中固定样本它的功能是横跨宏微两观,纵连动静两态,无所不包,是纵贯研究的佼佼者。但长时间的追踪,难免个案因生病、迁徙、死亡等原因流失,致使样本容量减少、质量下降,而新生代不能加入固定样本,又使样本老化,失去了时代感,因此固定样本并非无懈可击。同时纵贯样本需要多次调查,费用远比截面研究高昂得多,且费时费力。因此有人认为,如果变量的因果关系是明确的,截面研究可以解决的问题,就没有必要用纵贯研究。

---

① 第九章第四节的配对样本、第十四章大部分非参数检验的样本,可视作纵贯数据。

附表 1 随机数字表

	1	2	3	4	5	6	7	8	9	10	11	12	13	14	15	16	17	18	19	20	21	22	23	24	25	26	27	28	29	30	31	32
1	1	5	4	4	2	8	5	8	7	3	5	8	4	0	2	4	3	6	8	4	8	4	8	5	2	6	1	7	5	4	8	8
2	5	4	4	3	4	9	1	1	2	9	2	2	7	0	3	4	7	7	9	8	1	3	1	1	8	7	0	1	2	2	1	0
3	3	2	6	2	2	3	5	2	4	1	1	6	9	1	7	4	7	5	7	6	4	5	5	2	1	7	4	6	2	5	9	3
4	7	8	0	9	0	2	9	7	8	9	5	6	2	4	7	8	7	7	8	0	0	7	0	9	7	2	3	3	7	1	8	1
5	6	8	2	2	4	1	9	4	3	5	9	5	5	1	7	2	4	4	7	3	3	0	9	0	0	1	2	9	4	9	5	0
6	9	1	7	3	9	8	1	4	9	1	5	3	2	0	2	7	6	7	4	5	9	6	4	6	8	1	0	5	3	1	3	3
7	5	3	7	7	7	8	8	6	0	6	3	6	4	1	8	0	8	1	3	4	8	7	1	0	8	8	2	9	8	5	7	2
8	0	1	2	6	4	7	1	2	0	6	3	9	9	2	1	7	2	4	2	3	2	2	3	2	5	0	3	9	8	6	3	7
9	2	3	7	2	2	2	8	7	9	4	4	7	0	1	7	8	8	1	0	3	3	9	7	1	0	8	9	9	5	2	3	4
10	0	3	5	7	4	1	7	4	3	9	9	9	5	2	6	1	9	2	5	5	5	2	8	0	5	7	2	8	0	0	3	2
11	7	8	5	5	9	7	7	7	5	2	5	9	4	2	6	3	8	8	7	8	4	9	1	8	0	0	8	5	9	1	1	8
12	2	5	1	0	4	2	2	1	1	5	4	3	0	1	2	4	1	1	1	2	6	5	8	3	8	2	6	7	4	7	0	7
13	6	6	3	9	4	2	3	3	3	1	2	4	9	7	7	9	6	4	2	5	5	8	7	5	0	6	2	3	3	8	8	3
14	6	7	6	2	4	0	3	5	9	1	0	6	7	2	6	2	7	9	0	5	3	2	9	1	5	3	8	9	5	2	3	4
15	4	5	2	7	8	0	3	0	8	6	4	8	3	3	6	6	7	2	4	5	4	7	8	7	4	3	2	8	0	6	3	2
16	5	6	6	0	9	8	0	3	2	4	5	6	0	8	9	3	4	8	2	2	6	6	6	6	0	9	9	9	6	6	3	7
17	4	1	6	9	1	4	4	5	2	8	8	7	0	7	2	4	1	1	9	4	8	9	8	8	1	6	2	7	1	4	6	7
18	4	5	5	0	1	4	1	4	3	5	8	0	5	8	0	8	7	6	4	4	7	1	7	8	1	3	2	3	2	4	1	8
19	4	6	6	6	2	5	3	3	9	8	9	4	4	1	5	8	5	5	0	5	6	6	9	1	1	5	8	4	2	3	2	6
20	6	6	8	3	6	5	4	4	3	8	4	9	9	0	8	7	0	2	4	5	4	4	3	7	5	8	1	7	9	0	4	2
21	6	5	0	3	0	3	2	9	7	8	8	9	8	2	1	1	0	8	5	2	8	0	6	6	5	7	0	6	1	9	4	0
22	1	6	5	8	4	2	2	8	1	8	6	6	5	3	1	9	3	5	1	6	8	9	8	1	1	4	6	0	3	8	3	6
23	1	3	1	9	1	2	2	4	3	0	4	4	8	8	8	6	3	9	4	6	6	7	7	7	7	7	9	1	0	3	2	3
24	5	0	3	0	4	2	2	7	2	0	7	7	8	0	8	2	8	6	5	4	3	2	9	0	1	1	6	1	6	1	5	2
25	7	8	6	6	2	0	2	9	5	1	5	6	2	0	0	3	2	9	0	4	0	2	3	7	7	6	7	0	2	8	5	2

附表 1（续）

	1	2	3	4	5	6	7	8	9	10	11	12	13	14	15	16	17	18	19	20	21	22	23	24	25	26	27	28	29	30	31	32
26	1	9	8	3	8	9	9	2	1	0	1	7	7	2	6	3	7	6	9	9	4	1	5	1	8	1	3	2	2	2	7	1
27	9	9	4	4	0	8	4	5	7	4	6	8	3	3	3	6	8	0	0	2	0	8	5	7	7	9	8	4	4	8	8	0
28	0	3	0	3	0	9	1	3	4	9	9	0	6	8	9	0	9	9	3	2	0	8	7	1	1	8	8	9	8	8	8	1
29	9	9	3	1	3	8	1	4	9	1	3	8	6	8	2	6	1	2	3	0	1	3	3	7	7	4	1	3	8	8	4	0
30	1	6	1	4	7	6	6	2	9	5	0	0	4	1	0	9	1	0	3	7	2	9	7	8	6	0	7	5	0	9	7	1
31	2	0	6	6	1	1	6	4	3	7	8	8	6	2	5	7	0	6	3	2	0	6	9	3	2	2	6	3	5	2	9	0
32	0	5	1	1	0	2	2	9	9	9	5	1	6	8	0	8	4	4	0	7	7	6	2	4	9	9	3	3	6	6	9	2
33	7	2	4	4	4	5	5	6	1	1	4	0	6	5	7	1	0	1	9	8	8	2	4	0	3	6	1	0	0	5	0	1
34	3	3	1	1	0	8	8	3	9	5	6	8	1	1	6	8	4	1	6	0	0	4	2	9	3	4	8	1	4	4	4	4
35	3	1	1	1	4	3	3	3	7	8	8	2	6	9	8	5	8	8	4	4	7	2	6	4	4	9	5	7	9	9	7	1
36	6	8	7	4	2	1	3	4	4	7	8	5	9	5	9	6	9	0	8	6	2	7	0	1	4	9	6	7	1	5	8	8
37	8	9	8	7	7	0	2	1	9	6	2	8	0	3	7	2	3	6	5	0	6	3	9	7	8	1	5	3	0	1	9	7
38	9	2	0	4	2	5	5	8	6	3	9	3	3	1	7	1	3	5	1	2	8	2	2	0	1	6	6	0	4	1	9	1
39	7	7	4	1	2	5	8	3	7	0	7	6	9	7	9	1	2	3	3	6	8	4	0	3	9	4	6	1	8	3	4	1
40	2	1	8	3	2	1	0	9	2	8	7	2	5	3	3	1	9	8	4	7	7	2	6	4	4	6	2	1	9	8	9	8
41	6	9	2	0	3	0	8	5	2	0	7	9	3	3	9	0	4	4	3	2	9	5	2	4	3	5	8	8	7	6	4	0
42	3	3	7	6	5	5	6	7	4	3	7	1	5	9	3	2	3	9	9	3	7	2	5	7	4	7	5	7	0	8	6	2
43	9	3	7	3	5	5	4	2	6	7	4	4	5	1	9	7	7	6	3	3	3	1	0	3	1	6	6	0	9	3	7	4
44	5	2	3	7	5	9	9	5	9	7	7	5	0	5	2	6	4	5	3	6	6	9	1	3	9	4	4	1	8	7	5	1
45	5	6	6	3	6	7	7	2	3	8	8	8	6	2	4	6	4	6	3	0	7	7	6	5	4	4	9	6	6	4	4	6
46	6	8	5	0	8	1	2	2	4	4	5	8	2	9	4	0	9	6	4	5	9	6	8	8	3	5	8	8	9	6	1	1
47	6	6	1	6	6	7	6	0	4	9	3	5	0	0	3	6	4	5	9	1	8	8	9	8	4	7	5	3	7	4	0	2
48	2	8	3	7	4	2	5	5	8	7	5	7	3	2	2	6	6	3	3	2	7	9	0	2	9	6	6	0	8	5	4	7
49	6	8	7	3	7	9	9	2	9	5	2	7	7	5	4	4	6	5	3	6	7	7	1	3	9	9	4	8	0	5	5	5
50	4	5	2	3	3	7	7	2	8	8	8	7	7	4	4	3	6	3	3	0	7	1	1	5	4	8	9	6	6	6	1	8

附表 2 二项分布表

$$P(X=x)=C_n^x p^x(1-p)^{n-x}$$
$$=\frac{n!}{x!(n-x)!}p^x(1-p)^{n-x}$$

n	x	\multicolumn{11}{c}{p}										
		0.05	0.1	0.2	0.3	0.4	0.5	0.6	0.7	0.8	0.9	0.95
2	0	0.902	0.810	0.640	0.490	0.360	0.250	0.160	0.090	0.040	0.010	0.002
	1	0.095	0.180	0.320	0.420	0.480	0.500	0.480	0.420	0.320	0.180	0.095
	2	0.002	0.010	0.040	0.090	0.160	0.250	0.360	0.490	0.640	0.810	0.902
3	0	0.857	0.729	0.512	0.343	0.216	0.125	0.064	0.027	0.008	0.001	0.000
	1	0.135	0.243	0.384	0.441	0.432	0.375	0.288	0.189	0.096	0.027	0.007
	2	0.007	0.027	0.096	0.189	0.288	0.375	0.432	0.441	0.384	0.243	0.135
	3	0.000	0.001	0.008	0.027	0.064	0.125	0.216	0.343	0.512	0.729	0.857
4	0	0.815	0.656	0.410	0.240	0.130	0.062	0.026	0.008	0.002	0.000	0.000
	1	0.171	0.292	0.410	0.412	0.346	0.250	0.154	0.076	0.026	0.004	0.000
	2	0.014	0.049	0.154	0.265	0.346	0.375	0.346	0.265	0.154	0.049	0.014
	3	0.000	0.004	0.026	0.076	0.154	0.250	0.346	0.412	0.410	0.292	0.171
	4	0.000	0.000	0.002	0.008	0.026	0.062	0.130	0.240	0.410	0.656	0.815
5	0	0.774	0.590	0.328	0.168	0.078	0.031	0.010	0.002	0.000	0.000	0.000
	1	0.204	0.328	0.410	0.360	0.259	0.156	0.077	0.028	0.006	0.000	0.000
	2	0.021	0.073	0.205	0.309	0.346	0.312	0.230	0.132	0.051	0.008	0.001
	3	0.001	0.008	0.051	0.132	0.230	0.312	0.346	0.309	0.205	0.073	0.021
	4	0.000	0.000	0.006	0.028	0.077	0.156	0.259	0.360	0.410	0.328	0.204
	5	0.000	0.000	0.000	0.002	0.010	0.031	0.078	0.168	0.328	0.590	0.774
6	0	0.735	0.531	0.262	0.118	0.047	0.016	0.004	0.001	0.000	0.000	0.000
	1	0.232	0.354	0.393	0.303	0.187	0.094	0.037	0.010	0.002	0.000	0.000
	2	0.031	0.098	0.246	0.324	0.311	0.234	0.138	0.060	0.015	0.001	0.000
	3	0.002	0.015	0.082	0.185	0.276	0.312	0.276	0.185	0.082	0.015	0.002
	4	0.000	0.001	0.015	0.060	0.138	0.234	0.311	0.324	0.246	0.098	0.031
	5	0.000	0.000	0.002	0.010	0.037	0.094	0.187	0.303	0.393	0.354	0.232
	6	0.000	0.000	0.000	0.001	0.004	0.016	0.047	0.118	0.262	0.531	0.735
7	0	0.698	0.478	0.210	0.082	0.028	0.008	0.002	0.000	0.000	0.000	0.000
	1	0.257	0.372	0.367	0.247	0.131	0.055	0.017	0.004	0.000	0.000	0.000
	2	0.041	0.124	0.275	0.318	0.261	0.164	0.077	0.025	0.004	0.000	0.000
	3	0.004	0.023	0.115	0.227	0.290	0.273	0.194	0.097	0.029	0.003	0.000
	4	0.000	0.003	0.020	0.097	0.194	0.273	0.290	0.227	0.115	0.023	0.004
	5	0.000	0.000	0.004	0.025	0.077	0.164	0.261	0.318	0.275	0.124	0.041
	6	0.000	0.000	0.000	0.004	0.017	0.055	0.131	0.247	0.367	0.372	0.257
	7	0.000	0.000	0.000	0.000	0.002	0.008	0.028	0.082	0.210	0.478	0.698

附表 2(续一)

n	x	p										
		0.05	0.1	0.2	0.3	0.4	0.5	0.6	0.7	0.8	0.9	0.95
8	0	0.663	0.430	0.168	0.058	0.017	0.004	0.001	0.000	0.000	0.000	0.000
	1	0.279	0.383	0.336	0.198	0.090	0.031	0.008	0.001	0.000	0.000	0.000
	2	0.051	0.149	0.294	0.296	0.209	0.109	0.041	0.010	0.001	0.000	0.000
	3	0.005	0.033	0.147	0.254	0.279	0.219	0.124	0.047	0.009	0.000	0.000
	4	0.000	0.005	0.046	0.136	0.232	0.273	0.232	0.136	0.046	0.005	0.000
	5	0.000	0.000	0.009	0.047	0.124	0.219	0.279	0.254	0.147	0.033	0.005
	6	0.000	0.000	0.001	0.010	0.041	0.109	0.209	0.296	0.294	0.149	0.051
	7	0.000	0.000	0.000	0.001	0.008	0.031	0.090	0.198	0.336	0.383	0.279
	8	0.000	0.000	0.000	0.000	0.001	0.004	0.017	0.058	0.168	0.430	0.663
9	0	0.630	0.387	0.134	0.040	0.010	0.002	0.000	0.000	0.000	0.000	0.000
	1	0.299	0.387	0.302	0.156	0.060	0.018	0.004	0.000	0.000	0.000	0.000
	2	0.063	0.172	0.302	0.267	0.161	0.070	0.021	0.004	0.000	0.000	0.000
	3	0.008	0.045	0.176	0.267	0.251	0.164	0.074	0.021	0.003	0.000	0.000
	4	0.001	0.007	0.066	0.172	0.251	0.246	0.467	0.074	0.017	0.001	0.000
	5	0.000	0.001	0.017	0.074	0.167	0.246	0.251	0.172	0.066	0.007	0.001
	6	0.000	0.000	0.003	0.021	0.074	0.164	0.251	0.267	0.176	0.045	0.008
	7	0.000	0.000	0.000	0.004	0.021	0.070	0.161	0.267	0.302	0.172	0.063
	8	0.000	0.000	0.000	0.000	0.004	0.018	0.060	0.156	0.302	0.387	0.299
	9	0.000	0.000	0.000	0.000	0.000	0.002	0.010	0.040	0.134	0.387	0.630
10	0	0.599	0.349	0.107	0.028	0.006	0.001	0.000	0.000	0.000	0.000	0.000
	1	0.315	0.387	0.268	0.121	0.040	0.010	0.002	0.000	0.000	0.000	0.000
	2	0.075	0.194	0.302	0.233	0.121	0.044	0.011	0.001	0.000	0.000	0.000
	3	0.010	0.057	0.201	0.267	0.215	0.117	0.042	0.009	0.001	0.000	0.000
	4	0.001	0.011	0.088	0.200	0.251	0.205	0.111	0.037	0.006	0.000	0.000
	5	0.000	0.001	0.026	0.103	0.201	0.246	0.201	0.103	0.026	0.001	0.000
	6	0.000	0.000	0.006	0.037	0.111	0.205	0.251	0.200	0.088	0.011	0.001
	7	0.000	0.000	0.001	0.009	0.042	0.117	0.215	0.267	0.201	0.057	0.010
	8	0.000	0.000	0.000	0.001	0.011	0.044	0.121	0.233	0.302	0.194	0.075
	9	0.000	0.000	0.000	0.000	0.002	0.010	0.040	0.121	0.268	0.387	0.315
	10	0.000	0.000	0.000	0.000	0.000	0.001	0.006	0.028	0.107	0.349	0.599

附表 2(续二)

n	x	\multicolumn{11}{c}{p}
		0.05	0.1	0.2	0.3	0.4	0.5	0.6	0.7	0.8	0.9	0.95
11	0	0.569	0.314	0.086	0.020	0.004	0.000	0.000	0.000	0.000	0.000	0.000
	1	0.329	0.384	0.236	0.093	0.027	0.005	0.001	0.000	0.000	0.000	0.000
	2	0.087	0.213	0.295	0.200	0.089	0.027	0.005	0.001	0.000	0.000	0.000
	3	0.014	0.071	0.221	0.257	0.177	0.081	0.023	0.004	0.000	0.000	0.000
	4	0.001	0.016	0.111	0.220	0.236	0.161	0.070	0.017	0.002	0.000	0.000
	5	0.000	0.002	0.039	0.132	0.221	0.226	0.147	0.057	0.010	0.000	0.000
	6	0.000	0.000	0.010	0.057	0.147	0.226	0.221	0.132	0.039	0.002	0.000
	7	0.000	0.000	0.002	0.017	0.070	0.161	0.236	0.220	0.111	0.016	0.001
	8	0.000	0.000	0.000	0.004	0.023	0.081	0.177	0.257	0.221	0.071	0.014
	9	0.000	0.000	0.000	0.001	0.005	0.027	0.089	0.200	0.295	0.213	0.087
	10	0.000	0.000	0.000	0.000	0.001	0.005	0.027	0.093	0.236	0.384	0.329
	11	0.000	0.000	0.000	0.000	0.000	0.000	0.004	0.020	0.086	0.314	0.569
12	0	0.540	0.282	0.069	0.014	0.002	0.000	0.000	0.000	0.000	0.000	0.000
	1	0.341	0.377	0.206	0.071	0.017	0.003	0.000	0.000	0.000	0.000	0.000
	2	0.099	0.230	0.283	0.168	0.064	0.016	0.002	0.000	0.000	0.000	0.000
	3	0.017	0.085	0.236	0.240	0.142	0.054	0.012	0.001	0.000	0.000	0.000
	4	0.002	0.021	0.133	0.231	0.213	0.121	0.042	0.008	0.001	0.000	0.000
	5	0.000	0.004	0.053	0.158	0.227	0.193	0.101	0.029	0.003	0.000	0.000
	6	0.000	0.000	0.016	0.079	0.177	0.226	0.177	0.079	0.016	0.000	0.000
	7	0.000	0.000	0.003	0.029	0.101	0.193	0.227	0.158	0.053	0.004	0.000
	8	0.000	0.000	0.001	0.008	0.042	0.121	0.213	0.231	0.133	0.021	0.002
	9	0.000	0.000	0.000	0.001	0.012	0.054	0.142	0.240	0.236	0.085	0.017
	10	0.000	0.000	0.000	0.000	0.002	0.016	0.064	0.168	0.283	0.230	0.099
	11	0.000	0.000	0.000	0.000	0.000	0.003	0.017	0.071	0.206	0.377	0.341
	12	0.000	0.000	0.000	0.000	0.000	0.000	0.002	0.014	0.069	0.282	0.540
13	0	0.513	0.254	0.055	0.010	0.001	0.000	0.000	0.000	0.000	0.000	0.000
	1	0.351	0.367	0.179	0.054	0.011	0.002	0.000	0.000	0.000	0.000	0.000
	2	0.111	0.245	0.268	0.139	0.045	0.010	0.001	0.000	0.000	0.000	0.000
	3	0.021	0.100	0.246	0.218	0.111	0.035	0.006	0.001	0.000	0.000	0.000
	4	0.003	0.028	0.154	0.234	0.184	0.087	0.024	0.003	0.000	0.000	0.000
	5	0.000	0.006	0.069	0.180	0.221	0.157	0.066	0.014	0.001	0.000	0.000
	6	0.000	0.001	0.023	0.103	0.197	0.209	0.131	0.044	0.006	0.000	0.000
	7	0.000	0.000	0.006	0.044	0.131	0.209	0.197	0.103	0.023	0.001	0.000
	8	0.000	0.000	0.001	0.014	0.066	0.157	0.221	0.180	0.069	0.006	0.000
	9	0.000	0.000	0.000	0.003	0.024	0.087	0.184	0.234	0.154	0.028	0.003
	10	0.000	0.000	0.000	0.001	0.006	0.035	0.111	0.218	0.246	0.100	0.021
	11	0.000	0.000	0.000	0.000	0.001	0.010	0.045	0.139	0.268	0.245	0.111
	12	0.000	0.000	0.000	0.000	0.000	0.002	0.011	0.054	0.179	0.367	0.351
	13	0.000	0.000	0.000	0.000	0.000	0.000	0.001	0.010	0.055	0.254	0.513

附表 2(续三)

n	x	p										
		0.05	0.1	0.2	0.3	0.4	0.5	0.6	0.7	0.8	0.9	0.95
14	0	0.488	0.229	0.044	0.007	0.001	0.000	0.000	0.000	0.000	0.000	0.000
	1	0.359	0.356	0.154	0.041	0.007	0.001	0.000	0.000	0.000	0.000	0.000
	2	0.123	0.257	0.250	0.113	0.032	0.006	0.001	0.000	0.000	0.000	0.000
	3	0.026	0.114	0.250	0.194	0.085	0.022	0.003	0.000	0.000	0.000	0.000
	4	0.004	0.035	0.172	0.229	0.155	0.061	0.014	0.001	0.000	0.000	0.000
	5	0.000	0.008	0.086	0.196	0.207	0.122	0.041	0.007	0.000	0.000	0.000
	6	0.000	0.001	0.032	0.126	0.207	0.183	0.092	0.023	0.002	0.000	0.000
	7	0.000	0.000	0.009	0.062	0.157	0.209	0.157	0.062	0.009	0.000	0.000
	8	0.000	0.000	0.002	0.023	0.092	0.183	0.207	0.126	0.032	0.001	0.000
	9	0.000	0.000	0.000	0.007	0.041	0.122	0.207	0.196	0.086	0.008	0.000
	10	0.000	0.000	0.000	0.001	0.014	0.061	0.155	0.229	0.172	0.035	0.004
	11	0.000	0.000	0.000	0.000	0.003	0.022	0.085	0.194	0.250	0.114	0.026
	12	0.000	0.000	0.000	0.000	0.001	0.006	0.032	0.113	0.250	0.257	0.123
	13	0.000	0.000	0.000	0.000	0.000	0.001	0.007	0.041	0.154	0.356	0.359
	14	0.000	0.000	0.000	0.000	0.000	0.000	0.001	0.007	0.044	0.229	0.488
15	0	0.463	0.206	0.035	0.005	0.000	0.000	0.000	0.000	0.000	0.000	0.000
	1	0.366	0.343	0.132	0.031	0.005	0.000	0.000	0.000	0.000	0.000	0.000
	2	0.135	0.267	0.231	0.092	0.022	0.003	0.000	0.000	0.000	0.000	0.000
	3	0.031	0.129	0.250	0.170	0.063	0.014	0.002	0.000	0.000	0.000	0.000
	4	0.005	0.043	0.188	0.219	0.127	0.042	0.007	0.001	0.000	0.000	0.000
	5	0.001	0.010	0.103	0.206	0.186	0.092	0.024	0.003	0.000	0.000	0.000
	6	0.000	0.002	0.043	0.147	0.207	0.153	0.061	0.012	0.001	0.000	0.000
	7	0.000	0.000	0.014	0.081	0.177	0.196	0.118	0.035	0.003	0.000	0.000
	8	0.000	0.000	0.003	0.035	0.118	0.196	0.177	0.081	0.014	0.000	0.000
	9	0.000	0.000	0.001	0.012	0.061	0.153	0.207	0.147	0.043	0.002	0.000
	10	0.000	0.000	0.000	0.003	0.024	0.092	0.186	0.206	0.103	0.010	0.001
	11	0.000	0.000	0.000	0.001	0.007	0.042	0.127	0.219	0.188	0.043	0.005
	12	0.000	0.000	0.000	0.000	0.002	0.014	0.063	0.170	0.250	0.129	0.031
	13	0.000	0.000	0.000	0.000	0.000	0.003	0.022	0.092	0.231	0.267	0.135
	14	0.000	0.000	0.000	0.000	0.000	0.000	0.005	0.031	0.132	0.343	0.366
	15	0.000	0.000	0.000	0.000	0.000	0.000	0.000	0.005	0.035	0.206	0.463

附表 3 泊松分布表

$$1-F(x-1) = \sum_{r=x}^{r=\infty} \frac{e^{-\lambda}\lambda^r}{r!}$$

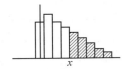

x	λ				
	0.2	0.3	0.4	0.5	0.6
0	1.0000000	1.0000000	1.0000000	1.000000	1.000000
1	0.1812692	0.2591818	0.3296800	0.393469	0.451188
2	0.0175231	0.0369363	0.0615519	0.090204	0.121901
3	0.0011485	0.0035995	0.0079263	0.014388	0.023115
4	0.0000568	0.0002658	0.0007763	0.001752	0.003358
5	0.0000023	0.0000158	0.0000612	0.000172	0.000394
6	0.0000001	0.0000008	0.0000040	0.000014	0.000039
7			0.0000002	0.000001	0.000003

x	λ				
	0.7	0.8	0.9	1.0	1.2
0	1.000000	1.000000	1.000000	1.000000	1.000000
1	0.503415	0.550671	0.593430	0.632121	0.698806
2	0.155805	0.191208	0.227518	0.264241	0.337373
3	0.034142	0.047423	0.062857	0.080301	0.120513
4	0.005753	0.009080	0.013459	0.018988	0.033769
5	0.000786	0.001411	0.002344	0.003660	0.007746
6	0.000090	0.000184	0.000343	0.000594	0.001500
7	0.000009	0.000021	0.000043	0.000083	0.000251
8	0.000001	0.000002	0.000005	0.000010	0.000037
9				0.000001	0.000005
10					0.000001

x	λ		
	1.4	1.6	1.8
0	1.000000	1.000000	1.000000
1	0.753403	0.798103	0.834701
2	0.408167	0.475069	0.537163
3	0.166502	0.216642	0.269379
4	0.053725	0.078813	0.108708
5	0.014253	0.023682	0.036407
6	0.003201	0.006040	0.010378
7	0.000622	0.001336	0.002569
8	0.000107	0.000260	0.000562
9	0.000016	0.000045	0.000110
10	0.000002	0.000007	0.000019
11		0.000001	0.000003

附表 3(续)

x	λ					
	2.5	3.0	3.5	4.0	4.5	5.0
0	1.000000	1.000000	1.000000	1.000000	1.000000	1.000000
1	0.917915	0.950213	0.969803	0.981684	0.988891	0.993262
2	0.712703	0.800852	0.864112	0.908422	0.938901	0.959572
3	0.456187	0.576810	0.679153	0.761897	0.826422	0.875348
4	0.242424	0.352768	0.463367	0.566530	0.657704	0.734974
5	0.108822	0.184737	0.274555	0.371163	0.467896	0.559507
6	0.042021	0.083918	0.142386	0.214870	0.297070	0.384039
7	0.014187	0.033509	0.065288	0.110674	0.168949	0.237817
8	0.004247	0.011905	0.026739	0.051134	0.086586	0.133372
9	0.001140	0.003803	0.009874	0.021363	0.040257	0.068094
10	0.000277	0.001102	0.003315	0.008132	0.017093	0.031828
11	0.000062	0.000292	0.001019	0.002840	0.006669	0.013695
12	0.000013	0.000071	0.000289	0.000915	0.002404	0.005453
13	0.000002	0.000016	0.000076	0.000274	0.000805	0.002019
14		0.000003	0.000019	0.000076	0.000252	0.000698
15		0.000001	0.000004	0.000020	0.000074	0.000226
16			0.000001	0.000005	0.000020	0.000069
17				0.000001	0.000005	0.000020
18					0.000001	0.000005
19						0.000001

附表 4　标准正态分布表

$$\Phi(Z) = \int_{-\infty}^{Z} \frac{1}{\sqrt{2\pi}} e^{-\frac{t^2}{2}} dt$$

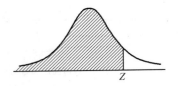

Z	$\Phi(Z)$	Z	$\Phi(Z)$	Z	$\Phi(Z)$	Z	$\Phi(Z)$
0.00	0.5000	0.80	0.7881	1.60	0.9452	2.35	0.9906
0.05	0.5199	0.85	0.8023	1.65	0.9505	2.40	0.9918
0.10	0.5398	0.90	0.8159	1.70	0.9554	2.45	0.9929
0.15	0.5596	0.95	0.8289	1.75	0.9599	2.50	0.9938
0.20	0.5793	1.00	0.8413	1.80	0.9641	2.55	0.9946
0.25	0.5987	1.05	0.8531	1.85	0.9678	2.58	0.9951
0.30	0.6179	1.10	0.8643	1.90	0.9713	2.60	0.9953
0.35	0.6368	1.15	0.8749	1.95	0.9744	2.65	0.9960
0.40	0.6554	1.20	0.8849	1.96	0.9750	2.70	0.9965
0.45	0.6736	1.25	0.8944	2.00	0.9772	2.75	0.9970
0.50	0.6915	1.30	0.9032	2.05	0.9798	2.80	0.9974
0.55	0.7088	1.35	0.9115	2.10	0.9821	2.85	0.9978
0.60	0.7257	1.40	0.9192	2.15	0.9842	2.90	0.9981
0.65	0.7422	1.45	0.9265	2.20	0.9861	2.95	0.9984
0.70	0.7580	1.50	0.9332	2.25	0.9878	3.00	0.9987
0.75	0.7734	1.55	0.9394	2.30	0.9893	4.00	1.0000

附表 5 *t* 分布表

$P(t > t_\alpha) = \alpha$

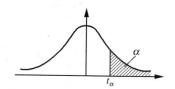

k	α					
	0.25	0.10	0.05	0.025	0.01	0.005
1	1.0000	3.0777	6.3138	12.7062	31.8207	63.6574
2	0.8165	1.8856	2.9200	4.3027	6.9646	9.9248
3	0.7649	1.6377	2.3534	3.1824	4.5407	5.8409
4	0.7407	1.5332	2.1318	2.7764	3.7469	4.6041
5	0.7267	1.4759	2.0150	2.5706	3.3649	4.0322
6	0.7176	1.4398	1.9432	2.4469	3.1427	3.7074
7	0.7111	1.4149	1.8946	2.3646	2.9980	3.4995
8	0.7064	1.3968	1.8595	2.3060	2.8965	3.3554
9	0.7027	1.3830	1.8331	2.2622	2.8214	3.2498
10	0.6998	1.3722	1.8125	2.2281	2.7638	3.1693
11	0.6974	1.3634	1.7959	2.2010	2.7181	3.1058
12	0.6955	1.3562	1.7823	2.1788	2.6810	3.0545
13	0.6938	1.3502	1.7709	2.1604	2.6503	3.0123
14	0.6924	1.3450	1.7613	2.1448	2.6245	2.9768
15	0.6912	1.3406	1.7531	2.1315	2.6025	2.9467
16	0.6901	1.3368	1.7459	2.1199	2.5835	2.9208
17	0.6892	1.3334	1.7396	2.1098	2.5669	2.8982
18	0.6884	1.3304	1.7341	2.1009	2.5524	2.8784
19	0.6876	1.3277	1.7291	2.0930	2.5395	2.8609
20	0.6870	1.3253	1.7247	2.0860	2.5280	2.8453
21	0.6864	1.3232	1.7207	2.0796	2.5177	2.8314
22	0.6858	1.3212	1.7171	2.0739	2.5083	2.8188
23	0.6853	1.3195	1.7139	2.0687	2.4999	2.8073
24	0.6848	1.3178	1.7109	2.0639	2.4922	2.7969
25	0.6844	1.3163	1.7081	2.0595	2.4851	2.7874
26	0.6840	1.3150	1.7056	2.0555	2.4786	2.7787
27	0.6837	1.3137	1.7033	2.0518	2.4727	2.7707
28	0.6834	1.3125	1.7011	2.0484	2.4671	2.7633
29	0.6830	1.3114	1.6991	2.0452	2.4620	2.7564
30	0.6828	1.3104	1.6973	2.0423	2.4573	2.7500

附表 5(续)

k	α					
	0.25	0.10	0.05	0.025	0.01	0.005
31	0.6825	1.3095	1.6955	2.0395	2.4528	2.7440
32	0.6822	1.3086	1.6939	2.0369	2.4487	2.7385
33	0.6820	1.3077	1.6924	2.0345	2.4448	2.7333
34	0.6818	1.3070	1.6909	2.0322	2.4411	2.7284
35	0.6816	1.3062	1.6896	2.0301	2.4377	2.7238
36	0.6814	1.3055	1.6883	2.0281	2.4345	2.7195
37	0.6812	1.3049	1.6871	2.0262	2.4314	2.7154
38	0.6810	1.3042	1.6860	2.0244	2.4286	2.7116
39	0.6808	1.3036	1.6849	2.0227	2.4258	2.7079
40	0.6807	1.3031	1.6839	2.0211	2.4233	2.7045
41	0.6805	1.3025	1.6829	2.0195	2.4208	2.7012
42	0.6804	1.3020	1.6820	2.0181	2.4185	2.6981
43	0.6802	1.3016	1.6811	2.0167	2.4163	2.6951
44	0.6801	1.3011	1.6802	2.0154	2.4141	2.6923
45	0.6800	1.3006	1.6794	2.0141	2.4121	2.6896

附表 6 χ^2 分布表

$P(\chi^2 > \chi_\alpha^2) = \alpha$

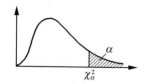

k	α					
	0.995	0.99	0.975	0.95	0.90	0.75
1	—	—	0.001	0.004	0.016	0.102
2	0.010	0.020	0.051	0.103	0.211	0.575
3	0.072	0.115	0.216	0.352	0.584	1.213
4	0.207	0.297	0.484	0.711	1.064	1.923
5	0.412	0.554	0.831	1.145	1.610	2.675
6	0.676	0.872	1.237	1.635	2.204	3.455
7	0.989	1.239	1.690	2.167	2.833	4.255
8	1.344	1.646	2.180	2.733	3.490	5.071
9	1.735	2.088	2.700	3.325	4.168	5.899
10	2.156	2.558	3.247	3.940	4.865	6.737
11	2.603	3.053	3.816	4.575	5.578	7.584
12	3.074	3.571	4.404	5.226	6.304	8.438
13	3.565	4.107	5.009	5.892	7.042	9.299
14	4.075	4.660	5.629	6.571	7.790	10.165
15	4.601	5.229	6.262	7.261	8.547	11.037
16	5.142	5.812	6.908	7.962	9.312	11.912
17	5.697	6.408	7.564	8.672	10.085	12.792
18	6.265	7.015	8.231	9.390	10.865	13.675
19	6.844	7.633	8.907	10.117	11.651	14.562
20	7.434	8.260	9.591	10.851	12.443	15.452
21	8.034	8.897	10.283	11.591	13.240	16.344
22	8.643	9.542	10.982	12.338	14.042	17.240
23	9.260	10.196	11.689	13.091	14.848	18.137
24	9.886	10.856	12.401	13.848	15.659	19.037
25	10.520	11.524	13.120	14.611	16.473	19.939
26	11.160	12.198	13.844	15.379	17.292	20.843
27	11.808	12.879	14.573	16.151	18.114	21.749
28	12.461	13.565	15.308	16.928	18.939	22.657
29	13.121	14.257	16.047	17.708	19.768	23.567
30	13.787	14.954	16.791	18.493	20.599	24.478

附表 6(续一)

k	α					
	0.995	0.99	0.975	0.95	0.90	0.75
31	14.458	15.655	17.539	19.281	21.434	25.390
32	15.134	16.362	18.291	20.072	22.271	26.304
33	15.815	17.074	19.047	20.867	23.110	27.219
34	16.501	17.789	19.806	21.664	23.952	28.136
35	17.192	18.509	20.569	22.465	24.797	29.054
36	17.887	19.233	21.336	23.269	25.643	29.973
37	18.586	19.960	22.106	24.075	26.492	30.893
38	19.289	20.691	22.878	24.884	27.343	31.815
39	19.996	21.426	23.654	25.695	28.196	32.737
40	20.707	22.164	24.433	26.509	29.051	33.660
41	21.421	22.906	25.215	27.326	29.907	34.585
42	22.138	23.650	25.999	28.144	30.765	35.510
43	22.859	24.398	26.785	28.965	31.625	36.436
44	23.584	25.148	27.575	29.787	32.487	37.363
45	24.311	25.901	28.366	30.612	33.350	38.291

附表 6(续二)

k	α					
	0.25	0.10	0.05	0.025	0.01	0.005
1	1.323	2.706	3.841	5.024	6.635	7.879
2	2.773	4.605	5.991	7.378	9.210	10.597
3	4.108	6.251	7.815	9.348	11.345	12.838
4	5.385	7.779	9.488	11.143	13.277	14.860
5	6.626	9.236	11.071	12.833	15.086	16.750
6	7.841	10.645	12.592	14.449	16.812	18.548
7	9.037	12.017	14.067	16.013	18.475	20.278
8	10.219	13.362	15.507	17.535	20.090	21.955
9	11.389	14.684	16.919	19.023	21.666	23.589
10	12.549	15.987	18.307	20.483	23.209	25.188
11	13.701	17.275	19.675	21.920	24.725	26.757
12	14.845	18.549	21.026	23.337	26.217	28.299
13	15.984	19.812	22.362	24.736	27.688	29.819
14	17.117	21.064	23.685	26.119	29.141	31.319
15	18.245	22.307	24.996	27.488	30.578	32.801
16	19.369	23.542	26.296	28.845	32.000	34.267
17	20.489	24.769	27.587	30.191	33.409	35.718
18	21.605	25.989	28.869	31.526	34.805	37.156
19	22.718	27.204	30.144	32.852	36.191	38.582
20	23.828	28.412	31.410	34.170	37.566	39.997
21	24.935	29.615	32.671	35.479	38.932	41.401
22	26.039	30.813	33.924	36.781	40.289	42.796
23	27.141	32.007	35.172	38.076	41.638	44.181
24	28.241	33.196	36.415	39.364	42.980	45.559
25	29.339	34.382	37.652	40.646	44.314	46.928
26	30.435	35.563	38.885	41.923	45.642	48.290
27	31.528	36.741	40.113	43.194	46.963	49.645
28	32.620	37.916	41.337	44.461	48.278	50.993
29	33.711	39.087	42.557	45.722	49.588	52.336
30	34.800	40.256	43.773	46.979	50.892	53.672
31	35.887	41.422	44.985	48.232	52.191	55.003
32	36.973	42.585	46.194	49.480	53.486	56.328
33	38.058	43.745	47.400	50.725	54.776	57.648
34	39.141	44.903	48.602	51.966	56.061	58.964
35	40.223	46.059	49.802	53.203	57.342	60.275
36	41.304	47.212	50.998	54.437	58.619	61.581
37	42.383	48.363	52.192	55.668	59.892	62.883
38	43.462	49.513	53.384	56.896	61.162	64.181
39	44.539	50.660	54.572	58.120	62.428	65.476
40	45.616	51.805	55.758	59.342	63.691	66.766
41	46.692	52.949	56.942	60.561	64.950	68.053
42	47.766	54.090	58.124	61.777	66.206	69.336
43	48.840	55.230	59.304	62.990	67.459	70.616
44	49.913	56.369	60.481	64.201	68.710	71.893
45	50.985	57.505	61.656	65.410	69.957	73.166

附表 7 F 分布表

$$P(F > F_\alpha) = \alpha$$

$\alpha = 0.10$

k_2 \ k_1	1	2	3	4	5	6	7	8	9	10	12	15	20	24	30	40	60	120	∞
1	39.86	49.50	53.59	55.83	57.24	58.20	58.91	59.44	59.86	60.19	60.71	61.22	61.74	62.00	62.26	62.53	62.79	63.06	63.33
2	8.53	9.00	9.16	9.24	9.29	9.33	9.35	9.37	9.38	9.39	9.41	9.42	9.44	9.45	9.46	9.47	9.47	9.48	9.49
3	5.54	5.46	5.39	5.34	5.31	5.28	5.27	5.25	5.24	5.23	5.22	5.20	5.18	5.18	5.17	5.16	5.15	5.14	5.13
4	4.54	4.32	4.19	4.11	4.05	4.01	3.98	3.95	3.94	3.92	3.90	3.87	3.84	3.83	3.82	3.80	3.79	3.78	3.76
5	4.06	3.78	3.62	3.52	3.45	3.40	3.37	3.34	3.32	3.30	3.27	3.24	3.21	3.19	3.17	3.16	3.14	3.12	3.10
6	3.78	3.46	3.29	3.18	3.11	3.05	3.01	2.98	2.96	2.94	2.90	2.87	2.84	2.82	2.80	2.78	2.76	2.74	2.72
7	3.59	3.26	3.07	2.96	2.88	2.83	2.78	2.75	2.72	2.70	2.67	2.63	2.59	2.58	2.56	2.54	2.51	2.49	2.47
8	3.46	3.11	2.92	2.81	2.73	2.67	2.62	2.59	2.56	2.54	2.50	2.46	2.42	2.40	2.38	2.36	2.34	2.32	2.29
9	3.36	3.01	2.81	2.69	2.61	2.55	2.51	2.47	2.44	2.42	2.38	2.34	2.30	2.28	2.25	2.23	2.21	2.18	2.16
10	3.29	2.92	2.73	2.61	2.52	2.46	2.41	2.38	2.35	2.32	2.28	2.24	2.20	2.18	2.16	2.13	2.11	2.08	2.06
11	3.23	2.86	2.66	2.54	2.45	2.39	2.34	2.30	2.27	2.25	2.21	2.17	2.12	2.10	2.08	2.05	2.03	2.00	1.97
12	3.18	2.81	2.61	2.48	2.39	2.33	2.28	2.24	2.21	2.19	2.15	2.10	2.06	2.04	2.01	1.99	1.96	1.93	1.90
13	3.14	2.76	2.56	2.43	2.35	2.28	2.23	2.20	2.16	2.14	2.10	2.05	2.01	1.98	1.96	1.93	1.90	1.88	1.85
14	3.10	2.73	2.52	2.39	2.31	2.24	2.19	2.15	2.12	2.10	2.05	2.01	1.96	1.94	1.91	1.89	1.86	1.83	1.80
15	3.07	2.70	2.49	2.36	2.27	2.21	2.16	2.12	2.09	2.06	2.02	1.97	1.92	1.90	1.87	1.85	1.82	1.79	1.76
16	3.05	2.67	2.46	2.33	2.24	2.18	2.13	2.09	2.06	2.03	1.99	1.94	1.89	1.87	1.84	1.81	1.78	1.75	1.72
17	3.03	2.64	2.44	2.31	2.22	2.15	2.10	2.06	2.03	2.00	1.96	1.91	1.86	1.84	1.81	1.78	1.75	1.72	1.69
18	3.01	2.62	2.42	2.29	2.20	2.13	2.08	2.04	2.00	1.98	1.93	1.89	1.84	1.81	1.78	1.76	1.72	1.69	1.66
19	2.99	2.61	2.40	2.27	2.18	2.11	2.06	2.02	1.98	1.96	1.91	1.86	1.81	1.79	1.76	1.73	1.70	1.67	1.63

附表 7（续一）

k_2 \ k_1	1	2	3	4	5	6	7	8	9	10	12	15	20	24	30	40	60	120	∞
20	2.97	2.59	2.38	2.25	2.16	2.09	2.04	2.00	1.96	1.94	1.89	1.84	1.79	1.77	1.74	1.71	1.68	1.64	1.61
21	2.96	2.57	2.36	2.23	2.14	2.08	2.02	1.98	1.95	1.92	1.87	1.83	1.78	1.75	1.72	1.69	1.66	1.62	1.59
22	2.95	2.56	2.35	2.22	2.13	2.06	2.01	1.97	1.93	1.90	1.86	1.81	1.76	1.73	1.70	1.67	1.64	1.60	1.57
23	2.94	2.55	2.34	2.21	2.11	2.05	1.99	1.95	1.92	1.89	1.84	1.80	1.74	1.72	1.69	1.66	1.62	1.59	1.55
24	2.93	2.54	2.33	2.19	2.10	2.04	1.98	1.94	1.91	1.88	1.83	1.78	1.73	1.70	1.67	1.64	1.61	1.57	1.53
25	2.92	2.53	2.32	2.18	2.09	2.02	1.97	1.93	1.89	1.87	1.82	1.77	1.72	1.69	1.66	1.63	1.59	1.56	1.52
26	2.91	2.52	2.31	2.17	2.08	2.01	1.96	1.92	1.88	1.86	1.81	1.76	1.71	1.68	1.65	1.61	1.58	1.54	1.50
27	2.90	2.51	2.30	2.17	2.07	2.00	1.95	1.91	1.87	1.85	1.80	1.75	1.70	1.67	1.64	1.60	1.57	1.53	1.49
28	2.89	2.50	2.29	2.16	2.06	2.00	1.94	1.90	1.87	1.84	1.79	1.74	1.69	1.66	1.63	1.59	1.56	1.52	1.48
29	2.89	2.50	2.28	2.15	2.06	1.99	1.93	1.89	1.86	1.83	1.78	1.73	1.68	1.65	1.62	1.58	1.55	1.51	1.47
30	2.88	2.49	2.28	2.14	2.05	1.98	1.93	1.88	1.85	1.82	1.77	1.72	1.67	1.64	1.61	1.57	1.54	1.50	1.46
40	2.84	2.44	2.23	2.09	2.00	1.93	1.87	1.83	1.79	1.76	1.71	1.66	1.61	1.57	1.54	1.51	1.47	1.42	1.38
60	2.79	2.39	2.18	2.04	1.95	1.87	1.82	1.77	1.74	1.71	1.66	1.60	1.54	1.51	1.48	1.44	1.40	1.35	1.29
120	2.75	2.35	2.13	1.99	1.90	1.82	1.77	1.72	1.68	1.65	1.60	1.55	1.48	1.45	1.41	1.37	1.32	1.26	1.19
∞	2.71	2.30	2.08	1.94	1.85	1.77	1.72	1.67	1.63	1.55	1.49	1.42	1.38	1.34	1.30	1.24	1.17	—	1.00

$\alpha = 0.05$

k_2 \ k_1	1	2	3	4	5	6	7	8	9	10	12	15	20	24	30	40	60	120	∞
1	161.4	199.5	215.7	224.6	230.2	234.0	236.8	238.9	240.5	241.9	243.9	245.9	248.0	249.1	250.1	251.1	252.2	253.3	254.3
2	18.51	19.00	19.16	19.25	19.30	19.33	19.35	19.37	19.38	19.40	19.41	19.43	19.45	19.45	19.46	19.47	19.48	19.49	19.50
3	10.13	9.55	9.28	9.12	9.01	8.94	8.89	8.85	8.81	8.79	8.74	8.70	8.66	8.64	8.62	8.59	8.57	8.55	8.53
4	7.71	6.94	6.59	6.39	6.26	6.16	6.09	6.04	6.00	5.96	5.91	5.86	5.80	5.77	5.75	5.72	5.69	5.66	5.63
5	6.61	5.79	5.41	5.19	5.05	4.95	4.88	4.82	4.77	4.74	4.68	4.62	4.56	4.53	4.50	4.46	4.43	4.40	4.36
6	5.99	5.14	4.76	4.53	4.39	4.28	4.21	4.15	4.10	4.06	4.00	3.94	3.87	3.84	3.81	3.77	3.74	3.70	3.67
7	5.59	4.74	4.35	4.12	3.97	3.87	3.79	3.73	3.68	3.64	3.57	3.51	3.44	3.41	3.38	3.34	3.30	3.27	3.23
8	5.32	4.46	4.07	3.84	3.69	3.58	3.50	3.44	3.39	3.35	3.28	3.22	3.15	3.12	3.08	3.04	3.01	2.97	2.93
9	5.12	4.26	3.86	3.63	3.48	3.37	3.29	3.23	3.18	3.14	3.07	3.01	2.94	2.90	2.86	2.83	2.79	2.75	2.71

附表 7(续二)

k_2	k_1																	
	1	2	3	4	5	6	7	8	9	10	12	15	20	24	30	40	60	120	∞
10	4.96	4.10	3.71	3.48	3.33	3.22	3.14	3.07	3.02	2.98	2.91	2.85	2.77	2.74	2.70	2.66	2.62	2.58	2.54
11	4.84	3.98	3.59	3.36	3.20	3.09	3.01	2.95	2.90	2.85	2.79	2.72	2.65	2.61	2.57	2.53	2.49	2.45	2.40
12	4.75	3.89	3.49	3.26	3.11	3.00	2.91	2.85	2.80	2.75	2.69	2.62	2.54	2.51	2.47	2.43	2.38	2.34	2.30
13	4.67	3.81	3.41	3.18	3.03	2.92	2.83	2.77	2.71	2.67	2.60	2.53	2.46	2.42	2.38	2.34	2.30	2.25	2.21
14	4.60	3.74	3.34	3.11	2.96	2.85	2.76	2.70	2.65	2.60	2.53	2.46	2.39	2.35	2.31	2.27	2.22	2.18	2.13
15	4.54	3.68	3.29	3.06	2.90	2.79	2.71	2.64	2.59	2.54	2.48	2.40	2.33	2.29	2.25	2.20	2.16	2.11	2.07
16	4.49	3.63	3.24	3.01	2.85	2.74	2.66	2.59	2.54	2.49	2.42	2.35	2.28	2.24	2.19	2.15	2.11	2.06	2.01
17	4.45	3.59	3.20	2.96	2.81	2.70	2.61	2.55	2.49	2.45	2.38	2.31	2.23	2.19	2.15	2.10	2.06	2.01	1.96
18	4.41	3.55	3.16	2.93	2.77	2.66	2.58	2.51	2.46	2.41	2.34	2.27	2.19	2.15	2.11	2.06	2.02	1.97	1.92
19	4.38	3.52	3.13	2.90	2.74	2.63	2.54	2.48	2.42	2.38	2.31	2.23	2.16	2.11	2.07	2.03	1.98	1.93	1.88
20	4.35	3.49	3.10	2.87	2.71	2.60	2.51	2.45	2.39	2.35	2.28	2.20	2.12	2.08	2.04	1.99	1.95	1.90	1.84
21	4.32	3.47	3.07	2.84	2.68	2.57	2.49	2.42	2.37	2.32	2.25	2.18	2.10	2.05	2.01	1.96	1.92	1.87	1.81
22	4.30	3.44	3.05	2.82	2.66	2.55	2.46	2.40	2.34	2.30	2.23	2.15	2.07	2.03	1.98	1.94	1.89	1.84	1.78
23	4.28	3.42	3.03	2.80	2.64	2.53	2.44	2.37	2.32	2.27	2.20	2.13	2.05	2.01	1.96	1.91	1.86	1.81	1.76
24	4.26	3.40	3.01	2.78	2.62	2.51	2.42	2.36	2.30	2.25	2.18	2.11	2.03	1.98	1.94	1.89	1.84	1.79	1.73
25	4.24	3.39	2.99	2.76	2.60	2.49	2.40	2.34	2.28	2.24	2.16	2.09	2.01	1.96	1.92	1.87	1.82	1.77	1.71
26	4.23	3.37	2.98	2.74	2.59	2.47	2.39	2.32	2.27	2.22	2.15	2.07	1.99	1.95	1.90	1.85	1.80	1.75	1.69
27	4.21	3.35	2.96	2.73	2.57	2.46	2.37	2.31	2.25	2.20	2.13	2.06	1.97	1.93	1.88	1.84	1.79	1.73	1.67
28	4.20	3.34	2.95	2.71	2.56	2.45	2.36	2.29	2.24	2.19	2.12	2.04	1.96	1.91	1.87	1.82	1.77	1.71	1.65
29	4.18	3.33	2.93	2.70	2.55	2.43	2.35	2.28	2.22	2.18	2.10	2.03	1.94	1.90	1.85	1.81	1.75	1.70	1.64
30	4.17	3.32	2.92	2.69	2.53	2.42	2.33	2.27	2.21	2.16	2.09	2.01	1.93	1.89	1.84	1.79	1.74	1.68	1.62
40	4.08	3.23	2.84	2.61	2.45	2.34	2.25	2.18	2.12	2.08	2.00	1.92	1.84	1.79	1.74	1.69	1.64	1.58	1.51
60	4.00	3.15	2.76	2.53	2.37	2.25	2.17	2.10	2.04	1.99	1.92	1.84	1.75	1.70	1.65	1.59	1.53	1.47	1.39
120	3.92	3.07	2.68	2.45	2.29	2.17	2.09	2.02	1.96	1.91	1.83	1.75	1.66	1.61	1.55	1.50	1.43	1.35	1.25
∞	3.84	3.00	2.60	2.37	2.21	2.10	2.01	1.94	1.88	1.83	1.75	1.67	1.57	1.52	1.46	1.39	1.32	1.22	1.00

附表 7（续三）

$\alpha = 0.025$

k_2 \ k_1	1	2	3	4	5	6	7	8	9	10	12	15	20	24	30	40	60	120	∞
1	647.8	799.5	864.2	899.6	921.8	937.1	948.2	956.7	963.3	968.6	976.7	984.9	993.1	997.2	1001	1006	1010	1014	1018
2	38.51	39.00	39.17	39.25	39.30	39.33	39.36	39.37	39.39	39.40	39.41	39.43	39.45	39.46	39.46	39.47	39.48	39.49	39.50
3	17.44	16.04	15.44	15.10	14.88	14.73	14.62	14.54	14.47	14.42	14.34	14.25	14.17	14.12	14.08	14.04	13.99	13.95	13.90
4	12.22	10.65	9.98	9.60	9.36	9.20	9.07	8.98	8.90	8.84	8.75	8.66	8.56	8.51	8.46	8.41	8.36	8.31	8.26
5	10.01	8.43	7.76	7.39	7.15	6.98	6.85	6.76	6.68	6.62	6.52	6.43	6.33	6.28	6.23	6.18	6.12	6.07	6.02
6	8.81	7.26	6.60	6.23	5.99	5.82	5.70	5.60	5.52	5.46	5.37	5.27	5.17	5.12	5.07	5.01	4.96	4.90	4.85
7	8.07	6.54	5.89	5.52	5.29	5.12	4.99	4.90	4.82	4.76	4.67	4.57	4.47	4.42	4.36	4.31	4.25	4.20	4.14
8	7.57	6.06	5.42	5.05	4.82	4.65	4.53	4.43	4.36	4.30	4.20	4.10	4.00	3.95	3.89	3.84	3.78	3.73	3.67
9	7.21	5.71	5.08	4.72	4.48	4.32	4.20	4.10	4.03	3.96	3.87	3.77	3.67	3.61	3.56	3.51	3.45	3.39	3.33
10	6.94	5.46	4.83	4.47	4.24	4.07	3.95	3.85	3.78	3.72	3.62	3.52	3.42	3.37	3.31	3.26	3.20	3.14	3.08
11	6.72	5.26	4.63	4.28	4.04	3.88	3.76	3.66	3.59	3.53	3.43	3.33	3.23	3.17	3.12	3.06	3.00	2.94	2.88
12	6.55	5.10	4.47	4.12	3.89	3.73	3.61	3.51	3.44	3.37	3.28	3.18	3.07	3.02	2.96	2.91	2.85	2.79	2.72
13	6.41	4.97	4.35	4.00	3.77	3.60	3.48	3.39	3.31	3.25	3.15	3.05	2.95	2.89	2.84	2.78	2.72	2.66	2.60
14	6.30	4.86	4.24	3.89	3.66	3.50	3.38	3.29	3.21	3.15	3.05	2.95	2.84	2.79	2.73	2.67	2.61	2.55	2.49
15	6.20	4.77	4.15	3.80	3.58	3.41	3.29	3.20	3.12	3.06	2.96	2.86	2.76	2.70	2.64	2.59	2.52	2.46	2.40
16	6.12	4.69	4.08	3.73	3.50	3.34	3.22	3.12	3.05	2.99	2.89	2.79	2.68	2.63	2.57	2.51	2.45	2.38	2.32
17	6.04	4.62	4.01	3.66	3.44	3.28	3.16	3.06	2.98	2.92	2.82	2.72	2.62	2.56	2.50	2.44	2.38	2.32	2.25
18	5.98	4.56	3.95	3.61	3.38	3.22	3.10	3.01	2.93	2.87	2.77	2.67	2.56	2.50	2.44	2.38	2.32	2.26	2.19
19	5.92	4.51	3.90	3.56	3.33	3.17	3.05	2.96	2.88	2.82	2.72	2.62	2.51	2.45	2.39	2.33	2.27	2.20	2.13
20	5.87	4.46	3.86	3.51	3.29	3.13	3.01	2.91	2.84	2.77	2.68	2.57	2.46	2.41	2.35	2.29	2.22	2.16	2.09
21	5.83	4.42	3.82	3.48	3.25	3.09	2.97	2.87	2.80	2.73	2.64	2.53	2.42	2.37	2.31	2.25	2.18	2.11	2.04
22	5.79	4.38	3.78	3.44	3.22	3.05	2.93	2.84	2.76	2.70	2.60	2.50	2.39	2.33	2.27	2.21	2.14	2.08	2.00
23	5.75	4.35	3.75	3.41	3.18	3.02	2.90	2.81	2.73	2.67	2.57	2.47	2.36	2.30	2.24	2.18	2.11	2.04	1.97
24	5.72	4.32	3.72	3.38	3.15	2.99	2.87	2.78	2.70	2.64	2.54	2.44	2.33	2.27	2.21	2.15	2.08	2.01	1.94

附表 7（续四）

k_2	\	k_1																
	1	2	3	4	5	6	7	8	9	10	12	15	20	24	30	40	60	120	∞
25	5.69	4.29	3.69	3.35	3.13	2.97	2.85	2.75	2.68	2.61	2.51	2.41	2.30	2.24	2.18	2.12	2.05	1.98	1.91
26	5.66	4.27	3.67	3.33	3.10	2.94	2.82	2.73	2.65	2.59	2.49	2.39	2.28	2.22	2.16	2.09	2.03	1.95	1.88
27	5.63	4.24	3.65	3.31	3.08	2.92	2.80	2.71	2.63	2.57	2.47	2.36	2.25	2.19	2.13	2.07	2.00	1.93	1.85
28	5.61	4.22	3.63	3.29	3.06	2.90	2.78	2.69	2.61	2.55	2.45	2.34	2.23	2.17	2.11	2.05	1.98	1.91	1.83
29	5.59	4.20	3.61	3.27	3.04	2.88	2.76	2.67	2.59	2.53	2.43	2.32	2.21	2.15	2.09	2.03	1.96	1.89	1.81
30	5.57	4.18	3.59	3.25	3.03	2.87	2.75	2.65	2.57	2.51	2.41	2.31	2.20	2.14	2.07	2.01	1.94	1.87	1.79
40	5.42	4.05	3.46	3.13	2.90	2.74	2.62	2.53	2.45	2.39	2.29	2.18	2.07	2.01	1.94	1.88	1.80	1.72	1.64
60	5.29	3.93	3.34	3.01	2.79	2.63	2.51	2.41	2.33	2.27	2.17	2.06	1.94	1.88	1.82	1.74	1.67	1.58	1.48
120	5.15	3.80	3.23	2.89	2.67	2.52	2.39	2.30	2.22	2.16	2.05	1.94	1.82	1.76	1.69	1.61	1.53	1.43	1.31
∞	5.02	3.69	3.12	2.79	2.57	2.41	2.29	2.19	2.11	2.05	1.94	1.83	1.71	1.64	1.57	1.48	1.39	1.27	1.00

$\alpha = 0.01$

k_2	k_1																		
	1	2	3	4	5	6	7	8	9	10	12	15	20	24	30	40	60	120	∞
1	4052	4999.5	5403	5625	5764	5859	5928	5982	6022	6056	6106	6157	6209	6235	6261	6287	6313	6339	6366
2	98.50	99.00	99.17	99.25	99.30	99.33	99.36	99.37	99.39	99.40	99.42	99.43	99.45	99.46	99.47	99.47	99.48	99.49	99.50
3	34.12	30.82	29.46	28.71	28.24	27.91	27.67	27.49	27.35	27.23	27.05	26.87	26.69	26.60	26.50	26.41	26.32	26.22	26.13
4	21.20	18.00	16.69	15.98	15.52	15.21	14.98	14.80	14.66	14.55	14.37	14.20	14.02	13.93	13.84	13.75	13.65	13.56	13.46
5	16.26	13.27	12.06	11.39	10.97	10.67	10.46	10.29	10.16	10.05	9.89	9.72	9.55	9.47	9.38	9.29	9.20	9.11	9.02
6	13.75	10.92	9.78	9.15	8.75	8.47	8.26	8.10	7.98	7.87	7.72	7.56	7.40	7.31	7.23	7.14	7.06	6.97	6.88
7	12.25	9.55	8.45	7.85	7.46	7.19	6.99	6.84	6.72	6.62	6.47	6.31	6.16	6.07	5.99	5.91	5.82	5.74	5.65
8	11.26	8.65	7.59	7.01	6.63	6.37	6.18	6.03	5.91	5.81	5.67	5.52	5.36	5.28	5.20	5.12	5.03	4.95	4.86
9	10.56	8.02	6.99	6.42	6.06	5.80	5.61	5.47	5.35	5.26	5.11	4.96	4.81	4.73	4.65	4.57	4.48	4.40	4.31

附表 7（续五）

k_2	k_1																	
	1	2	3	4	5	6	7	8	9	10	12	15	20	24	30	40	60	120	∞
10	10.04	7.56	6.55	5.99	5.64	5.39	5.20	5.06	4.94	4.85	4.71	4.56	4.41	4.33	4.25	4.17	4.08	4.00	3.91
11	9.65	7.21	6.22	5.67	5.32	5.07	4.89	4.74	4.63	4.54	4.40	4.25	4.10	4.02	3.94	3.86	3.78	3.69	3.60
12	9.33	6.93	5.95	5.41	5.06	4.82	4.64	4.50	4.39	4.30	4.16	4.01	3.86	3.78	3.70	3.62	3.54	3.45	3.36
13	9.07	6.70	5.74	5.21	4.86	4.62	4.44	4.30	4.19	4.10	3.96	3.82	3.66	3.59	3.51	3.43	3.34	3.25	3.17
14	8.86	6.51	5.56	5.04	4.69	4.46	4.28	4.14	4.03	3.94	3.80	3.66	3.51	3.43	3.35	3.27	3.18	3.09	3.00
15	8.68	6.36	5.42	4.89	4.56	4.32	4.14	4.00	3.89	3.80	3.67	3.52	3.37	3.29	3.21	3.13	3.05	2.96	2.87
16	8.53	6.23	5.29	4.77	4.44	4.20	4.03	3.89	3.78	3.69	3.55	3.41	3.26	3.18	3.10	3.02	2.93	2.84	2.75
17	8.40	6.11	5.18	4.67	4.34	4.10	3.93	3.79	3.68	3.59	3.46	3.31	3.16	3.08	3.00	2.92	2.83	2.75	2.65
18	8.29	6.01	5.09	4.58	4.25	4.01	3.84	3.71	3.60	3.51	3.37	3.23	3.08	3.00	2.92	2.84	2.75	2.66	2.57
19	8.18	5.93	5.01	4.50	4.17	3.94	3.77	3.63	3.52	3.43	3.30	3.15	3.00	2.92	2.84	2.76	2.67	2.58	2.49
20	8.10	5.85	4.94	4.43	4.10	3.87	3.70	3.56	3.46	3.37	3.23	3.09	2.94	2.86	2.78	2.69	2.61	2.52	2.42
21	8.02	5.78	4.87	4.37	4.04	3.81	3.64	3.51	3.40	3.31	3.17	3.03	2.88	2.80	2.72	2.64	2.55	2.46	2.36
22	7.95	5.72	4.82	4.31	3.99	3.76	3.59	3.45	3.35	3.26	3.12	2.98	2.83	2.75	2.67	2.58	2.50	2.40	2.31
23	7.88	5.66	4.76	4.26	3.94	3.71	3.54	3.41	3.30	3.21	3.07	2.93	2.78	2.70	2.62	2.54	2.45	2.35	2.26
24	7.82	5.61	4.72	4.22	3.90	3.67	3.50	3.36	3.26	3.17	3.03	2.89	2.74	2.66	2.58	2.49	2.40	2.31	2.21
25	7.77	5.57	4.68	4.18	3.85	3.63	3.46	3.32	3.22	3.13	2.99	2.85	2.70	2.62	2.54	2.45	2.36	2.27	2.17
26	7.72	5.53	4.64	4.14	3.82	3.59	3.42	3.29	3.18	3.09	2.96	2.81	2.66	2.58	2.50	2.42	2.33	2.23	2.13
27	7.68	5.49	4.60	4.11	3.78	3.56	3.39	3.26	3.15	3.06	2.93	2.78	2.63	2.55	2.47	2.38	2.29	2.20	2.10
28	7.64	5.45	4.57	4.07	3.75	3.53	3.36	3.23	3.12	3.03	2.90	2.75	2.60	2.52	2.44	2.35	2.26	2.17	2.06
29	7.60	5.42	4.54	4.04	3.73	3.50	3.33	3.20	3.09	3.00	2.87	2.73	2.57	2.49	2.41	2.33	2.23	2.14	2.03
30	7.56	5.39	4.51	4.02	3.70	3.47	3.30	3.17	3.07	2.98	2.84	2.70	2.55	2.47	2.39	2.30	2.21	2.11	2.01
40	7.31	5.18	4.31	3.83	3.51	3.29	3.12	2.99	2.89	2.80	2.66	2.52	2.37	2.29	2.20	2.11	2.02	1.92	1.80
60	7.08	4.98	4.13	3.65	3.34	3.12	2.95	2.82	2.72	2.63	2.50	2.35	2.20	2.12	2.03	1.94	1.84	1.73	1.60
120	6.85	4.79	3.95	3.48	3.17	2.96	2.79	2.66	2.56	2.47	2.34	2.19	2.03	1.95	1.86	1.76	1.66	1.53	1.38
∞	7.63	4.61	3.78	3.32	3.02	2.80	2.64	2.51	2.41	2.32	2.18	2.04	1.88	1.79	1.70	1.59	1.47	1.32	1.00

附表 7（续六）

$\alpha = 0.005$

k_2 \ k_1	1	2	3	4	5	6	7	8	9	10	12	15	20	24	30	40	60	120	∞
1	16211	20000	21615	22500	23056	23437	23715	23925	24091	24224	24426	24630	24836	24940	25044	25148	25253	25359	25465
2	198.5	199.0	199.2	199.2	199.3	199.3	199.4	199.4	199.4	199.4	199.4	199.4	199.4	199.5	199.5	199.5	199.5	199.5	199.5
3	55.55	49.80	47.47	46.19	45.39	44.84	44.43	44.13	43.88	43.69	43.39	43.08	42.78	42.62	42.47	42.31	42.15	41.99	41.83
4	31.33	26.28	24.26	23.15	22.46	21.97	21.62	21.35	21.14	20.97	20.70	20.44	20.17	20.03	19.89	19.75	19.61	19.47	19.32
5	22.78	18.31	16.53	15.56	14.94	14.51	14.20	13.96	13.77	13.62	13.38	13.15	12.90	12.78	12.66	12.53	12.40	12.27	12.14
6	18.63	14.54	12.92	12.03	11.46	11.07	10.79	10.57	10.39	10.25	10.03	9.81	9.59	9.47	9.36	9.24	9.12	9.00	8.88
7	16.24	12.40	10.88	10.05	9.52	9.16	8.89	8.68	8.51	8.38	8.18	7.97	7.75	7.65	7.53	7.42	7.31	7.19	7.08
8	14.69	11.04	9.60	8.81	8.30	7.95	7.69	7.50	7.34	7.21	7.01	6.81	6.61	6.50	6.40	6.29	6.18	6.06	5.95
9	13.61	10.11	8.72	7.96	7.47	7.13	6.88	6.69	6.54	6.42	6.23	6.03	5.83	5.73	5.62	5.52	5.41	5.30	5.19
10	12.81	9.43	8.08	7.34	6.87	6.54	6.30	6.12	5.97	5.85	5.66	5.47	5.27	5.17	5.07	4.97	4.86	4.75	4.64
11	12.23	8.91	7.60	6.88	6.42	6.10	5.86	5.68	5.54	5.42	5.24	5.05	4.86	4.76	4.65	4.55	4.44	4.34	4.23
12	11.75	8.51	7.23	6.52	6.07	5.76	5.52	5.35	5.20	5.09	4.91	4.72	4.53	4.43	4.33	4.23	4.12	4.01	3.90
13	11.37	8.19	6.93	6.23	5.79	5.48	5.25	5.08	4.94	4.82	4.64	4.46	4.27	4.17	4.07	3.97	3.87	3.76	3.65
14	11.06	7.92	6.68	6.00	5.56	5.26	5.03	4.86	4.72	4.60	4.43	4.25	4.06	3.96	3.86	3.76	3.66	3.55	3.44
15	10.80	7.70	6.48	5.80	5.37	5.07	4.85	4.67	4.54	4.42	4.25	4.07	3.88	3.79	3.69	3.58	3.48	3.37	3.26
16	10.58	7.51	6.30	5.64	5.21	4.91	4.69	4.52	4.38	4.27	4.10	3.92	3.73	3.64	3.54	3.44	3.33	3.22	3.11
17	10.38	7.35	6.16	5.50	5.07	4.78	4.56	4.39	4.25	4.14	3.97	3.79	3.61	3.51	3.41	3.31	3.21	3.10	2.98
18	10.22	7.21	6.03	5.37	4.96	4.66	4.44	4.28	4.14	4.03	3.86	3.68	3.50	3.40	3.30	3.20	3.10	2.99	2.87
19	10.07	7.09	5.92	5.27	4.85	4.56	4.34	4.18	4.04	3.93	3.76	3.59	3.40	3.31	3.21	3.11	3.00	2.89	2.78
20	9.94	6.99	5.82	5.17	4.76	4.47	4.26	4.09	3.96	3.85	3.68	3.50	3.32	3.22	3.12	3.02	2.92	2.81	2.69
21	9.83	6.89	5.73	5.09	4.68	4.39	4.18	4.01	3.88	3.77	3.60	3.43	3.24	3.15	3.05	2.95	2.84	2.73	2.61
22	9.73	6.81	5.65	5.02	4.61	4.32	4.11	3.94	3.81	3.70	3.54	3.36	3.18	3.08	2.98	2.88	2.77	2.66	2.55
23	9.63	6.73	5.58	4.95	4.54	4.26	4.05	3.88	3.75	3.64	3.47	3.30	3.12	3.02	2.92	2.82	2.71	2.60	2.48
24	9.55	6.66	5.52	4.89	4.49	4.20	3.99	3.83	3.69	3.59	3.42	3.25	3.06	2.97	2.87	2.77	2.66	2.55	2.43

附表 7（续七）

$\alpha = 0.001$

k_2 \ k_1	1	2	3	4	5	6	7	8	9	10	12	15	20	24	30	40	60	120	∞
25	9.48	6.60	5.46	4.84	4.43	4.15	3.94	3.78	3.64	3.54	3.37	3.20	3.01	2.92	2.82	2.72	2.61	2.50	2.38
26	9.41	6.54	5.41	4.79	4.38	4.10	3.89	3.73	3.60	3.49	3.33	3.15	2.97	2.87	2.77	2.67	2.56	2.45	2.33
27	9.34	6.49	5.36	4.74	4.34	4.06	3.85	3.69	3.56	3.45	3.28	3.11	2.93	2.83	2.73	2.63	2.52	2.41	2.29
28	9.28	6.44	5.32	4.70	4.30	4.02	3.81	3.65	3.52	3.41	3.25	3.07	2.89	2.79	2.69	2.59	2.48	2.37	2.25
29	9.23	6.40	5.28	4.66	4.26	3.98	3.77	3.61	3.48	3.38	3.21	3.04	2.86	2.76	2.66	2.56	2.45	2.33	2.21
30	9.18	6.35	5.24	4.62	4.23	3.95	3.74	3.58	3.45	3.34	3.18	3.01	2.82	2.73	2.63	2.52	2.42	2.30	2.18
40	8.83	6.07	4.98	4.37	3.99	3.71	3.51	3.35	3.22	3.12	2.95	2.78	2.60	2.50	2.40	2.30	2.18	2.06	1.93
60	8.49	5.79	4.73	4.14	3.76	3.49	3.29	3.13	3.01	2.90	2.74	2.57	2.39	2.29	2.19	2.08	1.96	1.83	1.69
120	8.18	5.54	4.50	3.92	3.55	3.28	3.09	2.93	2.81	2.71	2.54	2.37	2.19	2.09	1.98	1.87	1.75	1.61	1.43
∞	7.88	5.30	4.28	3.72	3.35	3.09	2.90	2.74	2.62	2.52	2.36	2.19	2.00	1.90	1.79	1.67	1.53	1.36	1.00
1	4053*	5000*	5404*	5625*	5764*	5859*	5929*	5981*	6023*	6056*	6107*	6158*	6209*	6235*	6261*	6287*	6313*	6340*	6366*
2	998.5	999.0	999.2	999.2	999.3	999.3	999.4	999.4	999.4	999.4	999.4	999.4	999.4	999.5	999.5	999.5	999.5	999.5	999.5
3	167.0	148.5	141.1	137.1	134.6	132.8	131.6	130.6	129.9	129.2	128.3	127.4	126.4	125.9	125.4	125.0	124.5	124.0	123.5
4	74.14	61.25	56.18	53.44	51.71	50.53	49.66	49.00	48.47	48.05	47.41	46.76	46.10	45.77	45.43	45.09	44.75	44.40	44.05
5	47.18	37.12	33.20	31.09	29.75	28.84	28.16	27.64	27.24	26.92	26.42	25.91	25.39	25.14	24.87	24.60	24.33	24.06	23.79
6	35.51	27.00	23.70	21.92	20.81	20.03	19.46	19.03	18.69	18.41	17.99	17.56	17.12	16.89	16.67	16.44	16.21	15.99	15.75
7	29.25	21.69	18.77	17.19	16.21	15.52	15.02	14.63	14.33	14.08	13.71	13.32	12.93	12.73	12.53	12.33	12.12	11.91	11.70
8	25.42	18.49	15.83	14.39	13.49	12.86	12.40	12.04	11.77	11.54	11.19	10.84	10.48	10.30	10.11	9.92	9.73	9.53	9.33
9	22.86	16.39	13.90	12.56	11.71	11.13	10.70	10.37	10.11	9.89	9.57	9.24	8.90	8.72	8.55	8.37	8.19	8.00	7.81

* 表示要将所列数乘以 100。

附表 7（续八）

k_2	k_1																	
	1	2	3	4	5	6	7	8	9	10	12	15	20	24	30	40	60	120	∞
10	21.04	14.91	12.55	11.28	10.48	9.92	9.52	9.20	8.96	8.75	8.45	8.13	7.80	7.64	7.47	7.30	7.12	6.94	6.76
11	19.69	13.81	11.56	10.55	9.58	9.05	8.66	8.35	8.12	7.92	7.63	7.32	7.01	6.85	6.68	6.52	6.35	6.17	6.00
12	18.64	12.97	10.80	9.63	8.89	8.38	8.00	7.71	7.48	7.29	7.00	6.71	6.40	6.25	6.09	5.93	5.76	5.59	5.42
13	17.81	12.31	10.21	9.07	8.35	7.86	7.49	7.21	6.98	6.80	6.52	6.23	5.93	5.78	5.63	5.47	5.30	5.14	4.97
14	17.14	11.78	9.73	8.62	7.92	7.43	7.08	6.80	6.58	6.40	6.13	5.85	5.56	5.41	5.25	5.10	4.94	4.77	4.60
15	16.59	11.34	9.34	8.25	7.57	7.09	6.74	6.47	6.26	6.08	5.81	5.54	5.25	5.10	4.95	4.80	4.64	4.47	4.31
16	16.12	10.97	9.00	7.94	7.27	6.81	6.46	6.19	5.98	5.81	5.55	5.27	4.99	4.85	4.70	4.54	4.39	4.23	4.06
17	15.72	10.66	8.73	7.68	7.02	6.56	6.22	5.96	5.75	5.58	5.32	5.05	4.78	4.63	4.48	4.33	4.18	4.02	3.85
18	15.38	10.39	8.49	7.46	6.81	6.35	6.02	5.76	5.56	5.39	5.13	4.87	4.59	4.45	4.30	4.15	4.00	3.84	3.67
19	15.08	10.16	8.28	7.26	6.62	6.18	5.85	5.59	5.39	5.22	4.97	4.70	4.43	4.29	4.14	3.99	3.84	3.68	3.51
20	14.82	9.95	8.10	7.10	6.46	6.02	5.69	5.44	5.24	5.08	4.82	4.56	4.29	4.15	4.00	3.86	3.70	3.54	3.38
21	14.59	9.77	7.94	6.95	6.32	5.88	5.56	5.31	5.11	4.95	4.70	4.44	4.17	4.03	3.88	3.74	3.58	3.42	3.26
22	14.38	9.61	7.80	6.81	6.19	5.76	5.44	5.19	4.99	4.83	4.58	4.33	4.06	3.92	3.78	3.63	3.48	3.32	3.15
23	14.19	9.47	7.67	6.69	6.08	5.65	5.33	5.09	4.89	4.73	4.48	4.23	3.96	3.82	3.68	3.53	3.38	3.22	3.05
24	14.03	9.34	7.55	6.59	5.98	5.55	5.23	4.99	4.80	4.64	4.39	4.14	3.87	3.74	3.59	3.45	3.29	3.14	2.97
25	13.88	9.22	7.45	6.49	5.88	5.46	5.15	4.91	4.71	4.56	4.31	4.06	3.79	3.66	3.52	3.37	3.22	3.06	2.89
26	13.74	9.12	7.36	6.41	5.80	5.38	5.07	4.83	4.64	4.48	4.24	3.99	3.72	3.59	3.44	3.30	3.15	2.99	2.82
27	13.61	9.02	7.27	6.33	5.73	5.31	5.00	4.76	4.57	4.41	4.17	3.92	3.66	3.52	3.38	3.23	3.08	2.92	2.75
28	13.50	8.93	7.19	6.25	5.66	5.24	4.93	4.69	4.50	4.35	4.11	3.86	3.60	3.46	3.32	3.18	3.02	2.86	2.69
29	13.39	8.85	7.12	6.19	5.59	5.18	4.87	4.64	4.45	4.29	4.05	3.80	3.54	3.41	3.27	3.12	2.97	2.81	2.64
30	13.29	8.77	7.05	6.12	5.53	5.12	4.82	4.58	4.39	4.24	4.00	3.75	3.49	3.36	3.22	3.07	2.92	2.76	2.59
40	12.61	8.25	6.60	5.70	5.13	4.73	4.44	4.21	4.02	3.87	3.64	3.40	3.15	3.01	2.87	2.73	2.57	2.41	2.23
60	11.97	7.76	6.17	5.31	4.76	4.37	4.09	3.87	3.69	3.54	3.31	3.08	2.83	2.69	2.55	2.41	2.25	2.08	1.89
120	11.38	7.32	5.79	4.95	4.42	4.04	3.77	3.55	3.38	3.24	3.02	2.78	2.53	2.40	2.26	2.11	1.95	1.76	1.54
∞	10.83	6.91	5.42	4.62	4.10	3.74	3.47	3.27	3.10	2.96	2.74	2.51	2.27	2.13	1.99	1.84	1.66	1.45	1.00

附表 8 相关系数检验表

k	α		k	α	
	0.05	0.01		0.05	0.01
1	0.997	1.000	21	0.413	0.526
2	0.950	0.990	22	0.404	0.515
3	0.878	0.959	23	0.396	0.505
4	0.811	0.917	24	0.388	0.496
5	0.754	0.874	25	0.381	0.487
6	0.707	0.834	26	0.374	0.478
7	0.666	0.798	27	0.367	0.470
8	0.632	0.765	28	0.361	0.463
9	0.602	0.735	29	0.355	0.456
10	0.576	0.708	30	0.349	0.449
11	0.553	0.684	35	0.325	0.418
12	0.532	0.661	40	0.304	0.393
13	0.514	0.641	45	0.288	0.372
14	0.497	0.623	50	0.273	0.354
15	0.482	0.606	60	0.250	0.325
16	0.468	0.590	70	0.232	0.302
17	0.456	0.575	80	0.217	0.283
18	0.444	0.561	90	0.205	0.267
19	0.433	0.549	100	0.195	0.254
20	0.423	0.537	200	0.138	0.181

附表 9 符号秩检验表

n	α		
	0.05(单边)	0.025(单边)	0.005(单边)
	0.1(双边)	0.05(双边)	0.01(双边)
5	0		
6	2	0	
7	3	2	
8	5	3	0
9	8	5	1
10	10	8	3
11	13	10	5
12	17	13	7
13	21	17	9
14	25	21	12
15	30	25	15
16	35	29	19
17	41	34	23
18	47	40	27
19	53	46	32
20	60	52	37
21	67	58	42
22	75	65	48
23	83	73	54
24	91	81	61
25	100	89	68

附表 10 秩和检验表（表中列出了秩和下限 T_1 及秩和上限 T_2 的值）

α=0.05				α=0.025			
n_1	n_2	T_1	T_2	n_1	n_2	T_1	T_2
2	4	3	11				
2	5	3	13				
2	6	4	14				
2	7	4	16				
2	8	4	18				
2	9	4	20				
2	10	5	21				
3	3	6	15				
3	4	6	17				
3	5	7	20	3	5	3	18
3	6	8	22	3	6	3	21
3	7	8	25	3	7	4	23
3	8	9	27	3	8	4	28
3	9	10	29	3	9	5	30
3	10	11	31	3	10	5	33
4	4	12	24	4	4	11	25
4	5	13	27	4	5	12	28
4	6	14	30	4	6	12	32
4	7	15	33	4	7	13	35
4	8	16	36	4	8	14	38
4	9	17	39	4	9	15	41
4	10	18	42	4	10	16	44
				5	5	18	37

附表 11　游程数检验表（$n_1 \geq n_2$）

$\alpha = 0.025$

n_1 \ n_2	2	3	4	5	6	7	8	9	10	11	12	13	14	15	16	17	18	19	20
2																			
3																			
4																			
5			2	2															
6		2	2	3	3														
7		2	2	3	3	3													
8		2	3	3	3	4	4												
9		2	3	3	4	4	5	5											
10		2	3	3	4	5	5	5	6										
11	2	2	3	4	4	5	5	6	6	7									
12	2	2	3	4	4	5	6	6	7	7	7								
13	2	2	3	4	5	5	6	6	7	7	8	8							
14	2	2	3	4	5	5	6	7	7	8	8	8	9						
15	2	3	3	4	5	6	6	7	7	8	8	9	9	10					
16	2	3	4	4	5	6	6	7	8	8	9	9	10	10	11				
17	2	3	4	4	5	6	7	7	8	9	9	10	10	11	11	11			
18	2	3	4	5	5	6	7	8	8	9	9	10	10	11	11	12	12		
19	2	3	4	5	6	6	7	8	8	9	10	10	11	11	12	12	13	13	
20	2	3	4	5	6	6	7	8	9	9	10	10	11	12	12	13	13	13	14

附表 11(续)

$\alpha=0.05$

n_1 \ n_2	2	3	4	5	6	7	8	9	10	11	12	13	14	15	16	17	18	19	20
2																			
3								2	2	2	2	2	2	2	2	2	2	2	2
4					2	2	2	2	3	3	3	3	3	3	3	3	3	3	3
5				2	2	3	3	3	3	3	4	4	4	4	4	4	4	4	4
6			2	3	3	3	3	4	4	4	4	4	5	5	5	5	5	5	5
7			2	3	3	3	4	4	5	5	5	5	5	6	6	6	6	6	6
8		2	3	3	3	4	4	5	5	6	6	6	6	6	7	7	7	7	7
9		2	3	3	4	4	5	5	5	6	6	7	7	7	7	8	8	8	8
10		2	3	3	5	5	5	5	6	7	7	7	7	8	8	8	8	9	9
11		2	3	4	4	5	5	6	6	7	7	8	8	8	9	9	9	9	9
12	2	2	3	4	4	5	6	6	7	7	7	8	8	9	9	9	10	10	10
13	2	2	3	4	5	5	6	6	7	7	8	8	9	9	9	10	10	10	10
14	2	2	3	4	5	5	6	7	7	8	8	9	9	10	10	10	11	11	11
15	2	3	3	4	5	6	6	7	8	8	9	9	9	10	10	11	11	11	12
16	2	3	4	4	5	6	6	7	8	8	9	9	10	10	11	11	11	12	12
17	2	3	4	4	5	6	7	7	8	9	9	10	10	11	11	11	12	12	13
18	2	3	4	5	5	6	7	8	8	9	9	10	10	11	11	12	12	13	13
19	2	3	4	5	6	6	7	8	8	9	10	10	11	11	12	12	13	13	13
20	2	3	4	5	6	6	7	8	9	9	10	10	11	12	12	13	13	13	14

附录　统计术语中英文对照

第 一 章

操作化定义	Operational definition
运算	Operation
全面调查	Complete enumeration
非全面调查	Incomplete enumeration
抽样调查	Sampling survey
统计描述	Descriptive statistics
频次	Frequency
统计推论	Statistical inference
统计归纳	Statistical induction
单变量	Univariate
多变量	Multivariate
变量层次	Level of variate
定类层次	Nominal level
定序层次	Ordinal level
定距层次	Interval level
定比层次	Ratio level

第 二 章

分布	Distributions
频次分布	Frequency distribution
对数的集合	Set of pairs
变量值	Value of the variate
相对频次分布	Relative frequency distribution
完备	Exhaustion
互斥	Mutual exclusion
统计表	Statistical tables

连续型	Continuous type
离散型	Discrete type
组数	Intervals
等距	Equal length
非等距	Unequal length
精度	Degree of accuracy
分组点	Limits
标明组界	Stated limits
真实组界	True limits
极差	Range
数据分组	Grouping the data
组距	Class interval
中心值	Midpoint
统计图	Statistical graphs
圆瓣图	Pie graphs
条形图	Bar graphs
直方图	Histograms
相对频次密度	Relative frequency density
折线图	Line chart
累计图	Cumulative graphs
累计表	Cumulative tables
洛伦茨曲线	Lorenz curve
峰点	Peak
对称	Symmetry
负向偏态	Negatively skewed
正向偏态	Positively skewed
U 形分布	U-shaped distribution
J 形分布	J-shaped distribution
集中趋势	Central tendency
众值	Mode
中位值	Median
未分组数据	Ungrouped data
奇数	Odd

偶数	Even
分组数据	Grouped data
上界	Upper limit
下界	Lower limit
上界累计百分数（比）	Upper cumulative percentage
下界累计百分数（比）	Lower cumulative percentage
均值	Mean
偏态	Skewness
离散趋势	Dispersion tendency
异众比率	Variation ratio
四分互差	Interquartile range
方差	Variance
标准差	Standard deviation

第 三 章

归纳法	Induction
演绎法	Deduction
概率	Probability
随机现象	Random phenomena
可能结果	Possible outcomes
不可能事件	Impossible event
必然事件	Sure/ Certain event
频率	Relative frequency
样本点	Sample point
基本事件	Elementary event
样本空间	Sample space
随机事件	Random event
事件和	Or conjunction
事件积	As-well-as conjunction
互不相容事件	Mutually exclusive events
对立事件	Complementary events
加法公式	Addition rule
乘法公式	Multiplication rule
相互独立的	Stochastically independent

全概公式	Total probability theorem
贝叶斯公式	Bayes' theorem
概率分布	Probability distribution
离散型随机变量	Discrete random variables
连续型随机变量	Continuous random variables
概率密度	Probability density
数学期望	Expectation
矩	Moment
峰态	Kurtosis

第 四 章

二项分布	Binomial distribution
二点分布	Two-point distribution
排列	Permutation
组合	Combinations
多项分布	Multinomial distribution
超几何分布	Hypergeometric distribution
泊松分布	Poisson distribution

第 五 章

正态分布	Normal distribution
标准分	Standard scores
χ^2 分布	Chi-square distribution
t 分布	T-distribution
F 分布	F-distribution
大数定理	Law of large numbers
中心极限定理	Central limit theorem
切贝谢夫不等式	Chebyshev's inequality

第 六 章

参数估计	Parameter estimation
假设检验	Hypothesis test
总体	Population
样本	Sample
简单随机样本	Simple random sample
统计量	Statistics

点估计   Point estimation
无偏估计   Unbiased estimation
方差最小   Minimum variance
抽样分布   Sampling distribution
区间估计   Interval estimation
显著性水平   Significance level
置信区间   Confidence interval
置信度   Confidence coefficient

第 七 章

原假设   Hull hypothesis
备择假设   Alternative hypothesis
单边检验   One-tailed test
双边检验   Two-tailed test
假定   Assumptions
临界值   Critical value
接受域   Acceptance regions
拒绝域   Rejection regions
两类错误   Two types of error
第一类错误   Type 1 error
第二类错误   Type 2 error

第 八 章

大样本   Large-sample
小样本   Small-sample

第 九 章

二分   Dichotomy
独立样本   Independent sample
配对样本   Paired sample

第 十 章

列联表   Contingency table
联合分布   Joint distribution
边缘分布   Marginal distribution
条件分布   Conditional distribution
期望频次   Expected frequencies

相关（关联）	Association
以 χ^2 值为基础	Chi-square based
减少误差比例（PRE）	Proportional reduction in error
系数	Coefficient
概率比	Odd ratio
对数线性法	Log-linear models

第十一章

等级相关	Rank correlation
斯皮尔曼等级相关	Spearman's rank order correlation
同序对	Same ordered pair
异序对	Different ordered pair
同分对	Tied pairs

第十二章

回归	Regression
散布图	Scattergram
最小二乘法	Least-squares criterion
等方差	Equal variance
相关	Correlation
协方差	Co-variance
相关系数	Coefficient of correlation
预测	Prediction

第十三章

方差分析	Analysis of variance
一元方差分析	One-way analysis of variance
相关比率	Correlation ratio
二元方差分析	Two-way analysis of variance
多元方差分析	Multiple-way analysis of variance

第十四章

非参数检验	Nonparametric test
符号检验	Sign test
符号秩检验	Signed-rank test
秩和检验	Rank sum test
游程检验	Run test

累计频次检验	Cumulative frequency test
单向方差秩	One-way analysis of variance-rank
双向方差秩	Two-way analysis of variance-rank

第十五章

简单随机抽样	Simple random sampling
简单重复抽样	Simple sampling with replacement
简单不重复抽样	Simple sampling without replacement
等距（机械、系统）抽样	Systematic sampling
分层（类型、分类）抽样	Stratified sampling
整群（集团）抽样	Cluster sampling
阶段抽样	Multistage sampling
PPS	Sampling with probabilities proportional to size
抽样误差	Sampling error
样本容量	Sample size

第十六章

控制变量	Control variable
前置变量	Antecedent variable
中介变量	Mediator variable
条件变量	Condition variable
曲解变量	Distorter variable
压抑变量	Suppressor variable
多元线性回归方程	Multiple linear regression equation
判定系数	Coefficient of determination
复相关系数	Multiple correlation coefficient
多重共线	Multicollinearity
具有虚拟变量的多元回归	Multiple linear regression with dummy variables
对数线性模型	Log-linear model

第十七章

纵贯分析	Longitudinal analysis
重复样本调查	Repeated sample survey
固定样本调查	Panel survey

趋势分析　　　　　　　　　Trend analysis
自相关　　　　　　　　　　Autocorrelation
自回归方程　　　　　　　　Autoregressive equation
事件史研究　　　　　　　　Event history study

参 考 书 目

Blalock, Hubert M., Jr., *Social Statistics*, 2nd ed., McGraw-Hill Book Co. Inc., 1979.

Iversen, Gudmund R., *Statistics for Sociology*, W. C. Brown Co., 1979.

Johnson, Robert R., *Elementary Statistics*, 4th ed., PWS-KENT Publishing Company, 1984.

Levin, Jack, *Elementary Statistics in Social Research*, 3rd ed., Harper & Row, 1983.

Mendenhall, William, *Introduction to Probability and Statistics*, 7th ed., Duxbury Press, 1987.

Pedhazur, Elazar J., *Multiple Regression in Behavioral Research: Explanation and Prediction*, 2nd ed., Holt, Rinehart and Winston, Inc., 1982.

Tai, Simon W., *Social Science Statistics: Its Elements and Applications*, Goodyear Pub. Co., 1978.

陈家鼎、刘婉如、汪仁官编:《概率统计讲义(第二版)》,人民教育出版社1982年版。

李沛良:《社会研究的统计应用》,社会科学文献出版社2001年版。

卢淑华编著:《多元社会统计分析基础》,北京大学出版社2017年版。

卢淑华编著:《社会统计学概要》,北京大学出版社2016年版。

沈恒范编:《概率论讲义》,人民教育出版社1966年版。

宋元村、黄玉喜编著:《数理统计学》,湖南人民出版社1982年版。

王广森、赵明强:《概率统计方法及其在农业经济管理中的应用》,农业出版社1981年版。

〔美〕David Freedman 等:《统计学(第二版)》,中国统计出版社1997年版。

〔美〕罗伯特·D.梅森:《工商业和经济学中应用的统计方法》,中国人民大学出版社1984年版。

教师反馈及教辅申请表

北京大学出版社本着"教材优先、学术为本"的出版宗旨,竭诚为广大高等院校师生服务。为更有针对性地提供服务,请您认真填写完整以下表格后,拍照发到 ss@pup.pku.edu.cn,我们将免费为您提供相应的课件,以及在本书内容更新后及时与您联系邮寄样书等事宜。

书名		书号	978-7-301-	作者	
您的姓名				职称、职务	
校/院/系					
您所讲授的课程名称					
每学期学生人数		_____人_____年级		学时	
您准备何时用此书授课					
您的联系地址					
联系电话(必填)				邮编	
E-mail(必填)				QQ	
您对本书的建议:					

我们的联系方式:

北京大学出版社社会科学编辑室

北京市海淀区成府路 205 号,100871

联系人:武 岳

电话:010-62753121 / 62765016

微信公众号:ss_book

新浪微博:@未名社科-北大图书

网址:http://www.pup.cn

更多资源请关注"北大博雅教研"